Csanád Bálint

DIE
ARCHÄOLOGIE
DER STEPPE

Csanád Bálint

DIE ARCHÄOLOGIE DER STEPPE

Steppenvölker
zwischen Volga und Donau
vom 6. bis zum 10. Jahrhundert

Herausgegeben von
Falko Daim

BÖHLAU VERLAG WIEN · KÖLN

Gedruckt mit Unterstützung durch den Fonds zur Förderung der wissenschaftlichen Forschung

Umschlagbild: Pegasus, Silber, gegossen. Aus der Gegend von Zarajsk, 6.—7. Jahrhundert. Siehe dazu S. 41 f.
Nach: POSTA, *Studien* 543, Abb. 306: 3.

CIP-Titelaufnahme der Deutschen Bibliothek

Bálint, Csanád:
Die Archäologie der Steppe : Steppenvölker zwischen Volga u.
Donau vom 6. bis zum 10. Jh. / Csanád Bálint. Hrsg. von Falko
Daim. – Wien ; Köln : Böhlau, 1989
ISBN 3-205-07242-1

ISBN 3-205-07242-1

Gesamtherstellung: Druckerei G. Grasl, 2540 Bad Vöslau

Vorwort des Herausgebers

Im eurasischen Steppengürtel bildeten sich im Laufe der Jahrtausende hochspezifische Lebensformen von großer Variationsbreite heraus. Sie können jeweils als Antwort auf die örtlichen natürlichen Gegebenheiten verstanden werden, erwiesen sich jedoch als sehr beständig und sind im allgemeinen auch nach dem freiwilligen oder unfreiwilligen Wechsel des Siedlungsgebietes für längere Zeit beibehalten worden — auch wenn das neugewonnene Areal für andere Wirtschaftsweisen besser geeignet gewesen wäre. Die Völkerschaften der Steppe, oft vereinfachend als Nomaden oder unklar als Halbnomaden bezeichnet, übten auf ihre Nachbarn, deren wirtschaftliche Basis der Ackerbau bildete, ja auf die anschließenden Großreiche (Rom, Byzanz, Persien, China) eine besondere Faszination aus. Man übernahm vielfach nicht nur ihre Kampfweise, sondern auch Trachtelemente — für den Archäologen über die Grabinventare gut faßbar. Umgekehrt bezog zumindest die führende Schicht der Steppenvölker Güter des gehobenen Bedarfs aus den Werkstätten der Machtzentren nebenan, Tributzahlungen, großzügige Geschenke und Raubgut gelangten ebenfalls zu den Steppenleuten und spiegeln sich fallweise im archäologischen Fundgut. Die Auseinandersetzung von den verschiedenen Lebensformen, die Kulturkontakte — überspitzt gesagt — zwischen „Ackerbauern" und „Reiterhirten" gehören zu den aufregendsten Themen der modernen Geschichtsforschung.

In Anbetracht der Bedeutung, welche die euroasiatischen Steppenkulturen nicht nur für die Frühgeschichte Europas haben, scheint es notwendig, die bisher erzielten Forschungsergebnisse zu sichten und eine vorläufige Synthese zu bilden. Mit dem vorliegenden Buch wird ein Schritt in diese Richtung getan, es wird versucht, die Archäologie der Steppenkulturen Osteuropas und des Karpatenbeckens vom 6. bis zum 10. Jahrhundert darzustellen, ergänzt um ein Kapitel zu den mittel- und zentralasiatischen (Alt-) Türken. Ich bin Herrn Koll. Csanád Bálint sehr verbunden, daß er sich der schwierigen Aufgabe unterzogen hat, die weitverzweigte Literatur zu diesem Thema aufzuarbeiten und von seinem Standpunkt aus zu werten. Letzterer entspricht einer der ungarischen Forschungstraditionen, die gerne mit dem Terminus „historische Archäologie" umschrieben wird. Obwohl als Herausgeber Partei, ist es mir wohl gestattet zu bemerken, daß sich der Autor stets bemüht hat, die bei einer unmittelbaren historischen (und soweit irgend möglich: ethnischen) Interpretation auftretenden Gefahren zu vermeiden.

Ich möchte an dieser Stelle allen, die bei der Entstehung des vorliegenden Buches mitgewirkt haben, herzlich danken, ebenso wie dem Fonds zur Förderung der Wissenschaftlichen Forschung in Österreich für die Gewährung eines Druckkostenzuschusses.

Falko Daim

Vorwort

Das vorliegende Buch geht in seinen Anfängen auf ein Handbuch der Ur- und Frühgeschichte Ungarns zurück, in dem die Autoren versuchten, die Ergebnisse aller Wissenschaften, die zur Rekonstruktion des menschlichen Lebens und seiner Voraussetzungen im geographischen Rahmen beitragen können (Archäologie, Anthropologie, Paläontologie, Völkerkunde, Geschichtswissenschaft, Byzantinistik, Slawistik, Uralistik, Orientalistik, Linguistik u. v. a.), zusammenzufassen.[1] Mir fiel — neben einem numismatischen Abschnitt — die Aufgabe zu, die Awaren und landnehmenden Ungarn darzustellen, unter Einschluß der Archäologie der osteuropäischen Steppengebiete, die mit dem Karpatenbecken im Frühmittelalter kulturell in Verbindung standen. Beim Sichten des sehr unübersichtlich und verstreut publizierten Materials zur Geschichte und materiellen Hinterlassenschaft der osteuropäischen Steppenvölker wurde bald der Plan geboren, der Archäologie der frühmittelalterlichen Steppenvölker eine eigene Monographie zu widmen.

Der zeitliche Rahmen der *Archäologie der Steppen* ist einerseits durch das fast gleichzeitige Auftreten der Alttürken in Zentralasien und der Awaren in Mitteleuropa gegeben, andererseits durch den Untergang des Chasarenreiches in Südrußland und die ungarische Staatsgründung im Karpatenbecken. Diese historischen Wendepunkte spiegeln sich oft deutlich in dem archäologischen Nachlaß der genannten Gebiete wider. Einer der zentralen Gesichtspunkte des vorliegenden Werkes ergibt sich damit von selbst: die Frage der Kausalzusammenhänge zwischen kulturellen Erscheinungen und Ereignissen in der euroasiatischen Grassteppe und ihren westlichen Randbereichen.

Der geographische Rahmen ist durch die Ausdehnung der europäischen Steppen gegeben, wovon sich auch die ethnisch-historische Thematik „Archäologie der Steppen" direkt ableitet. S. 18 zeigt die Grenzen der osteuropäischen Steppenzonen. Nördlich, südlich und westlich davon lebten Völker, blühten Kulturen von unterschiedlicher Herkunft. Ein Kapitel scheint vom Schwerpunkt des vorliegenden Buches abzuweichen — das der zentral- und mittelasiatischen Türken. Dieses Volk gab aber nicht nur seinen Namen für die Gesamtbezeichnung der bedeutendsten Gruppe der altaischen Völker („türkische Sprachen und Völker"). Ein Band, den osteuropäischen Steppenvölkern gewidmet, könnte theoretisch vom Umstand absehen, daß die zeitgenössischen asiatischen Steppen jahrhundertelang zum türkischen Kaganat gehört hatten. Der Grund für die Behandlung der Archäologie der Türken — wenn auch nur in einer Art Anhang — liegt darin, daß die Awaren, die etwa zweieinhalb Jahrhunderte im Karpatenbecken herrschten, gerade aus dem Gebiet des späteren türkischen Kaganats auswanderten. Für die Zielsetzung des vorliegenden Buches ist entscheidend, daß in der materiellen und geistigen Kultur weitgehende Parallelen festzustellen sind. Auch das chasarische Kaganat prägten die Türken in jeder Hinsicht: Das Schicksal der Chasaren wurde — zumindest in ihrer ersten Periode — ethnisch und politisch vom Osten beeinflußt.

Eine archäologische Überblicksarbeit mit ähnlicher Thematik wurde bislang nicht publiziert. Das von S. A. PLETNĚVA herausgegebene Werk *Stepi Evrazii* (Moskva 1982) ist am ehesten vergleichbar, behandelt aber lediglich die Gebiete innerhalb der heutigen Sowjetunion.

Mein Betrachtungswinkel unterscheidet sich wesentlich von dem der meisten Synthesen der Frühmittelalterarchäologie, denn im Zentrum des Interesses stehen hier die Fundmaterialien von Steppenvölkern, die ebenso an der Geschichte Europas Anteil hatten, wie beispielsweise die Germanen und Slawen, und die dennoch im allgemeinen nicht entsprechend gewürdigt werden.

Die einzelnen Abschnitte des Werkes sind bewußt von Zielrichtung und Art der Darstellung her verschieden. Dies war notwendig, da der Forschungs- und Publikationsstand für die Awaren und Ungarn wesentlich günstiger ist als für die osteuropäischen, mittel- und zentralasiatischen Steppen. Da die Archäologie der Awaren einen recht hohen internationalen Bekanntheitsgrad erreicht hat, konnte in ihrem Fall, abgesehen von einem kurzen Überblick des Forschungsstandes, das Schwergewicht auf die aktuellen Forschungsprobleme gelegt werden. Für die osteuropäischen, mittel- und zentralasiatischen

---

1 P. HAJDÚ - GY. KRISTÓ - A. RÓNA-TAS, *Bevezetés a magyar őstörténet kutatásának forrásaiba I—III* (Budapest 1976—1980).

Steppen wird eine archäologische Einführung mit der Behandlung der wichtigsten Fundstellen und Kulturgruppen gegeben. Die Archäologie der landnehmenden Ungarn ist der internationalen Forschung wenig geläufig, sodaß es hier geboten schien, über einen Abriß des derzeitigen Wissensstandes hinausgehend die wichtigsten Fundtypen abzuhandeln.

Die von mir verwendete Methode der Darstellung und Auswertung archäologischer Quellen kann als *übergreifend* bezeichnet werden und hat seit GÉZA NAGY (1855—1915) ihre Tradition in der ungarischen Archäologie. Wie meine Lehrer GYULA LÁSZLÓ und ISTVÁN BÓNA versuche ich — selbstverständlich auf der Basis einer typochronologischen Analyse und wo es meinen Kenntnissen nach überhaupt möglich ist — eine Gegenüberstellung der Bodenfunde und der schriftlichen Nachrichten. Wenn sich ein spezialisierter Archäologe bemüht, die Ergebnisse zahlreicher Nachbarwissenschaften in sein Bild einzubauen, geht er einen riskanten Weg, andererseits müßte eine auf breitester Basis entstandene Darstellung, auch wenn der Autor so manche Fehler der Nachbarwissenschaften in Unkenntnis übernimmt oder Details falsch einschätzt, doch der Realität besser entsprechen als die glänzende Auswertung einer einzigen Quellengattung.

Im vorliegenden Werk sollen die frühmittelalterlichen Steppenkulturen Europas, Mittel- und Zentralasiens in ihrer Vernetzung, mit ihren wechselseitigen Einflüssen vorgeführt werden. Die verschiedenartigen Beziehungen der Materialgruppen und Völkerschaften untereinander sind aber nicht nur um ihrer selbst willen von Interesse, sondern werden auch bei der Erarbeitung einer Feinchronologie in den nächsten Jahren eine wesentliche Rolle spielen: Die nordkaukasischen Funde helfen bei der Datierung schwer eingrenzbarer Materialien des Karpatenbeckens, letztere liefern wieder gute Anhaltspunkte für eine chronologische Gliederung und kulturelle Interpretation osteuropäischer Fundmaterialien, denn dank einer günstigen Quellenlage kennen wir die eindeutigen ethnisch-historischen Zusammenhänge des donauländischen Fundgutes. Häufig sind allerdings gerade ethnische Interpretationen nicht mit letzter Sicherheit möglich. In diesen Fällen werden stets weitere Deutungsmöglichkeiten diskutiert.

Bei der Übertragung der cyrillischen Namen und Ortsnamen wird die internationale linguistische Transliteration verwendet. Es ist zu betonen, daß Namen von Fundorten und archäologischen Kulturen aus der UdSSR nicht immer genau transkribiert werden können. Das ist eine Quelle mehrerer Mißverständnisse. So heißt z. B. der berühmte Fundort nicht „Pastyrskoe gorodišče", wie auch die Kultur nicht „Saltovo-Majackoe" heißt; sie sind eigentlich Attributsformen, von denen die Nominativform zu rekonstruieren im Ostslawischen oft unmöglich ist. Die Transkription ist dann sicher, wenn die Nominativform entweder in der Publikation erwähnt oder in Verbreitungs- bzw. Touristenkarten dargestellt wird.

Gewisse Schwierigkeiten gab es bei der Zusammenstellung der Illustrationen. In einigen Fällen wurden die Maße der Objekte offensichtlich ungenau angegeben, dann sollte die Originalgröße aufgrund von Analogien geschätzt werden.

Es ist mir ein Bedürfnis, den Herren Prof. Dr. ISTVÁN BÓNA, Prof. Dr. KÁROLY CZEGLÉDY, Gen.Dir. Dr. ISTVÁN FODOR, Dr. ÉVA GARAM und Dr. LÁSZLÓ KOVÁCS für vielerlei Hinweise und Ergänzungen zu danken, sowie Herrn Dr. ISTVÁN VÁSÁRY für seine Hilfe bei der Transkription orientalischer Namen. Die Übersetzung fertigte Herr ISTVÁN HÉRA an, die Graphiken Herr ÁGOSTON DÉKÁNY, den Abbildungsnachweis und das Register Herr cand. phil. TIVADAR VIDA, die Karten Frau JUDIT MERÉNYI. Um die deutschen Formulierungen und sprachlichen Nuancen bemühten sich meine Wiener Kollegen, besonders Herr Univ.-Doz. Dr. FALKO DAIM und Frau Dr. ANGELIKA HEINRICH-HOLL, Frau GABRIELA KRÄMER, Frau Mag. URSULA ZIMMERMANN und Frau MARTINA PESDITSCHEK. Ihnen allen, die sich um die *Archäologie der Steppen* verdient gemacht haben, bin ich dankbar verbunden.

Budapest, Mai 1988   Csanád Bálint

Inhalt

DIE TÜRKEN

ANHANG

KARTENÜBERSICHT

Osteuropa

Der historische Rahmen

In der osteuropäischen Steppe lebten die Sarmaten, Alanen und verschiedene ostgermanische Völker, als 373/375 die **Hunnen** als erstes Volk nicht-indoeuropäischer Herkunft einfielen. Vermutlich sind sie mit den Hiung-nu der chinesischen und den Hjön der persischen Quellen zu identifizieren, doch ist ungeklärt, ob sie eine türkische, mongolische oder eine andere, uns noch unbekannte Sprache hatten. Von den altaischen Völkerschaften, die von den Hunnen nach Europa mitgeschleppt wurden und die sie in der osteuropäischen Steppe ansiedelten, kennen wir zunächst die **Akatziren** mit Namen, deren Ursprung aber unsicher ist. Obwohl sie nur in den Schriftquellen des 5. Jahrhunderts auftreten, sind sie hier zu nennen, denn da sie nördlich der Krim und südlich der Balten, vielleicht am linken Ufer des Dnepr-Mittellaufs lebten, werden ihre Nachfahren die Ereignisse im Steppengebiet des 6. Jahrhunderts vermutlich miterlebt haben.

Die **Oguren**, **Onoguren** und **Saraguren**, die einer großen Gruppe, dem Ogur-Zweig der Turkvölker angehörten, gelangten gegen 463 nach Europa. Davor wohnten sie im südlichen Teil der Kazachischen Steppe, mußten jedoch dem Druck der Sabiren weichen. Die in verschiedenen Perioden, Gegenden und den unterschiedlichsten ethnischen Zusammenhängen vorkommende Benennung „Bulgar" führte in der Forschung oftmals zu Verwechslungen und Irrtümern. Die Etymologie des Namens ist nach wie vor ungeklärt. Am überzeugendsten scheint die Theorie, „Bulgar" wäre die Selbstbenennung der Ogur-Völker. So könnte die Tatsache erklärt werden, daß alle Völkerschaften, die gegen Ende des 5. Jahrhunderts am Balkan auftauchen, die im 7. Jahrhundert ihre endgültigen Wohnplätze am Balkan nehmen und die sich nach dem 8. Jahrhundert in der Volga-Gegend ansiedeln, gleicherweise den Namen „Bulgar" trugen. Die verbreitete Theorie, die Bulgaren am Pontus wären mit den Hunnen, die sich nach Attilas Tod zurückgezogen hatten, identisch, wird heute stark kritisiert. Vermutlich sind die kleinen hunnischen Stämme sehr rasch von sprachlich und kulturell verwandten Völkerschaften assimiliert worden, nachdem ihre Macht gebrochen worden war. Die Unklarheiten hängen oft bloß mit der archaisierenden Tendenz der byzantinischen Geschichtsschreiber zusammen, verschiedene zweifellos türkische Völker des 5. und 6. Jahrhunderts einfach „Hunnen" zu nennen, obwohl sie bloß „Barbaren" meinten.

Die **Oguren** ließen sich südwestlich der Volga, die Onoguren („zehn Oguren") in der Kuban-Gegend nieder. Bis zu ihrer Eingliederung in das Chasarische Reich stellten die Onoguren, neben den Chasaren, einen zweiten bedeutenden politischen Faktor in der osteuropäischen Steppe dar. Später machen sie eine der wichtigsten ethnischen Komponenten des Kaganats aus. Ihre Unterwerfung durch die Chasaren gegen 650 war die indirekte Folge eines machtvollen Aufschwunges des westtürkischen Kaganats.

Die Oberhoheit der **Awaren** in der osteuropäischen Steppe war nicht so sehr die Folge ihres dortigen Zwischenaufenthaltes 557—568, sondern vielmehr das Ergebnis ihrer Machtausbreitung nach der Landnahme im Karpatenbecken. Gegen 590 schlossen sich ihnen die Stämme der Tarniach und Zabender, welche ebenfalls aus der Steppe kamen, an, 602 wurde der Stammesbund der Anten besiegt. Ab ca. 626 übten die Awaren auch über die Onoguren eine, den Quellen nach zu schließen eher lockere Oberherrschaft aus.

Die **Magna Bulgaria** verdankte ihre kurze Blüte wesentlich der Unterstützung, die der bulgarische Kagan Kuvrat von seinem Freund, dem Kaiser Herakleios bekam. Kuvrat war in Konstantinopel erzogen worden, war getauft und bekam später sogar den byzantinischen Titel eines Patrikios. Dies war nicht unbedingt eine Novität. Schon vorher erlangte der Onkel Kuvrats, Organas, gegen 602 (einer anderen Ansicht nach erst 619) diesen Rang. Das gute Verhältnis der Byzantiner zu den Bulgaren[1] ist auch vom Gesichtspunkt der

---

1 Es wäre möglich, daß bei der byzantinischen Annäherung an die Bulgaren das byzantinisch-chasarische Verhältnis und die chasarisch-bulgarischen Kontakte eine Rolle gespielt haben, doch sind bei der ungünstigen Quellenlage keine weitergehenden Aussagen möglich.

byzantinischen Außenpolitik zu betrachten: Die Byzantiner suchten wohl das Nahverhältnis zu diesem Volk, das von den Awaren abhängig war, weil letztere ihre Nordgrenze bedrohten. Schon im Laufe des 6. Jahrhunderts nahmen verschiedentlich Onoguren das Christentum an, bereits im 7. Jahrhundert wurde ein unabhängiges Bistum unter dem Patriarchat von Gothia (Krim) installiert. Nach dem Tod Kuvrats und als Folge der chasarischen Expansionsbestrebungen zerfiel die Magna Bulgaria. Die abwandernden Donau- und Volgabulgaren errichteten eigene Herrschaften, die Übersiedlung einer dritten Gruppe nach Pannonien spielt bei der Interpretation verschiedener archäologischer Probleme eine gewisse Rolle.

Die **Saraguren** („weiße Oguren") führten 466 einen Feldzug über den Kaukasus und bekriegten 476 an einem unbekannten Ort die Akatziren. Ab dem 6. Jahrhundert treten sie in den Quellen nicht mehr auf.

Nach einer Legende finden die **Utriguren** und **Kutriguren** erstmals in der Mitte des 5. Jahrhunderts Eingang in die europäische Geschichte. Der Zeitpunkt ihres ersten Auftretens und die Endungen ihrer Namen (-gur) weisen darauf hin, daß sie nicht im Zuge der awarisch-türkischen Auseinandersetzung, sondern mit der Einwanderung der Ogur-Völker gegen 463 in die osteuropäische Steppe gekommen sind. Die Utriguren ließen sich östlich des Don nieder, die Kutriguren wohnten westlich des Flusses. Letzteren gelang es, ihre Oberhoheit über den nördlichen Teil der Krim auszudehnen, und Byzanz war gezwungen, den Frieden durch Jahrestribute zu erkaufen. Als der awarische Kagan Bajan die Kutriguren unterworfen hatte, forderte er, gleichsam als deren Erbe, 569—570 die gleiche Summe von Justin II. 527/28 ließ sich ein „hunnischer" König der Bosporus-Gegend namens Gordas taufen, doch nahm sich sein Volk daran kein Beispiel, sondern tötete ihn. Als Antwort darauf und zur Bestrafung nahmen die Byzantiner die Stadt Bosporus ein. Es ist umstritten, welchem Volk der „Hunnenkönig" angehörte, wegen der geopolitischen Verhältnisse wäre vielleicht an die Kutriguren zu denken. In den fünfziger Jahren des 6. Jahrhunderts fielen die Utriguren und Kutriguren mehrmals auf dem Balkan und in der Krim ein. Infolge der geschickten Schaukelpolitik des byzantinischen Kaisers Justinian I. (527—565) rieben sie sich aber bald selbst in inneren Auseinandersetzungen gegenseitig auf. Die Reste der Kutriguren wurden teilweise im Awarenreich assimiliert, andere Gruppen gingen in der Magna Bulgaria auf, wie man auch am Namen eines der Söhne Kuvrats, Kotragos, sehen könnte.

Die **Sabiren** wurden gegen 460 von den Žuan-žuan aus ihrer Urheimat in der Tien-šan- und Ili-Gegend verdrängt. Danach lebten sie bis gegen 506 in der Kazachischen Steppe. Nach einer bereits 400 Jahre alten und immer wieder erneuerten Theorie würde der heutige Name Sibiriens auf die Sabiren zurückgehen. Linguistisch gesehen ist es ungeklärt, zu welcher Gruppe der Turkvölker sie gehörten. Ungefähr nach 506 eroberten sie das Gebiet zwischen der Volga-Mündung und dem östlichen Kaukasus. Ihre südlichen Nachbarn waren die kaukasischen Hunnen, nordöstlich ihres Siedlungsgebiets wohnten die Türken. Ein Teil der Sabiren ließ sich im Kuban-Gebiet nieder. Im 6. Jahrhundert führten sie mehrere Feldzüge über den Kaukasus. In den schriftlichen Quellen werden sie in diesem Zusammenhang „Sabiren", „Hunnen", oder „Chasaren" genannt. 527/28 waren sie mit den Byzantinern gegen die Perser verbündet. Weil „Sabir" einer späteren Quelle nach ausdrücklich die Selbstbezeichnung der Chasaren gewesen wäre und weil eine andere Nachricht sie noch in der Mitte des 8. Jahrhunderts für dasselbe Gebiet bezeugt, stehen die Sabiren im Zentrum der Erforschung der chasarischen Ethnogenese. Nicht weniger wichtig sind sie auch für die ungarische Frühgeschichtsforschung: Eine schriftliche Nachricht besagt, der „alte" Name der Ungarn wäre „Savard" gewesen, an anderer Stelle benennt sie einen Teil der Altungarn als „unerschütterliche Savarten", die jenseits des Kaukasus gelebt hätten, eine zweite Quellengruppe spricht ab der Mitte des 8. Jahrhunderts von einem Volk „Sevorti".

Der Ursprung der **Chasaren** ist nach wie vor eine ungelöste Frage. Nicht immer ist es eindeutig, ob die Bezeichnung „Chasaren" im breiteren politischen oder im engeren ethnischen Sinn benützt wurde. Die Etymologie des Volksnamens selbst ist ungeklärt. Der Oberherrschaft des west-türkischen Kaganats über die Chasaren und der Schreibung des Namens „kazar" wegen schien es bis zuletzt wahrscheinlich, daß sie zur sogenannten gemeintürkischen Gruppe der Turkvölker gehörten. Die Form „kasar", die in einer unlängst in der Mongolei entdeckten Inschrift vorkommt und die mit einer schon vorher bekannten Schreibung einer syrischen Quelle zusammenhängt („qsr"), beweist aber, daß auch die Chasaren den tschuwaschischen bzw. bulgar-türkischen Dialekt gesprochen haben. Die Geschichte der Chasaren und des Chasarischen Kaganats zu schreiben wird nur dann gelingen, wenn sowohl die historischen als auch die linguistischen Daten analysiert werden. Die bisher erschienenen Arbeiten waren stets einseitig orientiert. Die außerordentliche Schwierigkeit dabei besteht in der Notwendigkeit, sowohl turksprachliche als auch byzantinische, arabische, syrische, hebräische, persische, grusinische und armenische Quellen gleichermaßen berücksichtigen zu müssen.

Die Chasaren werden von den Schriftquellen zunächst in einem Gebiet lokalisiert, das früher den Sabiren gehörte. Ihre dortige Hauptstadt war Balāngār. Aus den historischen Ereignissen läßt sich schließen, daß die Chasaren noch um die Mitte des 7. Jahrhunderts Vasallen der Westtürken waren, die in al-Bayḍā (= Šarygšȳn) an der Volga saßen. Von einer absoluten Unabhängigkeit der Chasaren kann wohl erst nach dem Zerfall des westtürkischen Kaganats (766) oder — nach einer anderen Theorie — schon nach 603 die Rede sein. Die Türken erschienen erstmals 567 westlich der Volga, als sie die fliehenden Awaren verfolgten. Da die Verhandlungen mit den Byzantinern ihrer Ansicht nach nicht zufriedenstellend verliefen, nahmen sie 576 den Bosporus ein, anschließend eroberten sie die Taman-Halbinsel und das Vorland des Kaukasus, wobei die Chasaren unter ihre Oberhoheit gelangten.

Einen Wendepunkt in der Geschichte Chasariens bedeutete der Sieg über die Magna Bulgaria. Einen tiefen Einschnitt hinterließ hingegen der arabische Feldzug 737/38, in dessen Verlauf die Eroberer unter der Führung des späteren Kalifen Mervān II. (744—750) weit in das Land nördlich des Kaukasus vordrangen und den Kagan zwangen, den Islam anzunehmen. Während der unter Druck erfolgte Religionswechsel bald wieder rückgängig gemacht wurde, verlagerte sich der Schwerpunkt Chasariens als Folge des arabischen Vorstoßes in das Volga-Don-Gebiet. Das ist auch der Grund, warum die in den dreißiger Jahren des 9. Jahrhunderts mit byzantinischer Hilfe am Don erbaute Festung Šarkel eine so große Rolle spielte. Itīl an der Volga (die genaue Lage ist unbekannt) wurde zur neuen Hauptstadt des Reiches. Es war eine typisch asiatische Stadt mit großer Ausdehnung, hatte vier Stadttore, mehrere Bäder und Märkte sowie eigene Viertel für die Herrschenden und Kaufleute. Eine schriftliche Quelle erwähnt insgesamt 10 chasarische Städte, die ummauert waren.

In der Glanzzeit Chasariens (ab dem 8. Jahrhundert) erstreckte sich die Macht des Kagans im Süden auch auf den Nordkaukasus, im Norden auf Volgabulgarien, im Westen auf den größten Teil der Krim mit Ausnahme des byzantinischen Chersonesos und im 9. Jahrhundert auf einen Teil der ostslawischen Stämme (Poljanen, Severjanen, Vjatičen und Kiev selbst). Der Name der Stadt Tamatarcha (russisch: Tmutorakan') auf der Halbinsel Taman stammt aus der Zeit der Cha-

saren („tamgan tarchan"). Innerhalb der Grenzen des Kaganats lebten aber auch noch andere Völker mit sehr unterschiedlicher Herkunft, z. B. die Alanen, die Abchasen, Zichen, kaukasischen Hunnen, Barsilen, Burtasen, Kalisen und auch die Altungarn. Die Geschichte dieser Völkerschaften im Chasarenreich zu schreiben, erfordert ein umfangreiches wissenschaftliches Rüstzeug. So wird beispielsweise im Zusammenhang mit den slawischen Steuern an die Chasaren oft angenommen, die Altungarn selbst hätten die Steuern für die Chasaren eingenommen. Oder könnten die Quellen unter dem Namen „Chasar" die Ungarn selbst verstehen? Ganz andere Fragen betreffen beispielsweise das Verhältnis einiger noch heute im Kaukasus lebender Völker (Adigen, Kabarden, Balkaren, Awaren) zu den Alanen oder die Türkisierung, die in der Zeit der Chasaren begann und die sich nach der Ansiedlung der Kumanen im 11. Jahrhundert verstärkt fortgesetzt hatte.

Die Kriege mit den Arabern zielten auf die Herrschaft über den Kaukasus, zumindest aber auf die Kontrolle der Pässe ab (Derbent an der Küste und das Darial- oder alanische Tor), wobei die regionalen Machthaber auch eine gewisse Rolle in den Auseinandersetzungen gespielt haben. Keinem der Gegner ist es gelungen, langfristig auf der jeweils anderen Seite des Gebirges Fuß zu fassen. Schon ab der Mitte des 8. Jahrhunderts hatten die Feindseligkeiten nur mehr lokale Bedeutung, bis 800 führten die Abbasiden fast jährlich einen Feldzug gegen das Byzantinische Reich.

Was die Beziehungen der Chasaren zu Byzanz betrifft, so wird allgemein vermutet, daß sie oft miteinander verbündet gewesen sind. Dabei wird ins Treffen geführt, daß die Chasaren bzw. Westtürken 626—628 im byzantinisch-sassanidischen Krieg auf der Seite der Oströmer gestanden sind. Als Justin II. fliehen mußte, wählte er Chasarien als Asylland und vermählte sich nach seiner Rückkehr mit der Schwester des Kagans. Constantin V. heiratete eine Tochter des chasarischen Herrschers. 860 besuchte Cyrill den Kagan, wobei er nicht nur die Heidenmission, sondern auch einen politischen Auftrag verfolgte, denn kurz davor hatten die Chasaren eine byzantinische Stadt auf der Krim erobert. Eine neuerliche, nuancierte Analyse der Schriftquellen zeigte aber, daß diese Anzeichen gutnachbarschaftlicher Beziehungen eher mit einer pragmatischen Politik zusammenhängen, daß aktuelle Vorteile ausgenützt wurden, daß sich Perioden friedlicher Kontakte mit solchen kriegerischer Auseinandersetzungen abwechselten.

Nach der allgemein vertretenen Meinung nahmen die Chasaren das mosaische Bekenntnis an, um die einseitige Parteinahme zugunsten eines der politischen Blöcke, die durch Christentum und Islam repräsentiert wurden, zu vermeiden. Der genaue Zeitpunkt der Annahme des Judentums und die konkrete religiöse Richtung werden nach wie vor diskutiert. Der jüdischen Tradition zufolge fand die Bekehrung gegen 740 statt und die Chasaren hätten die karaitische Richtung eingeschlagen. In einer persischen Quellenkompilation wird das Ereignis in die Zeit von Harūn al-Rasīd (786—809) gestellt und behauptet, die Chasaren hätten sich für die rabbinatische Richtung entschieden. Die Bedeutung des Judentums bei den Chasaren darf aber nicht überschätzt werden: In der Hauptstadt fand man Richter, die nach christlichem, muslimischem, jüdischem und heidnischem Recht urteilten und die traditionellen heidnischen Zeremonien am chasarischen Hof waren mit den Gesetzen der Thora unvereinbar.[2] Offenbar konnte das Christentum in Chasarien auf Dauer Fuß fassen. Dem gotischen Eparchat auf der Krim (Sitz in Doros), das seinerseits dem Patriarchat von Konstantinopel untergeordnet war, gehörten sieben orthodoxe Bistümer an, die der Wahrscheinlichkeit nach alle auf dem Gebiet Chasariens lagen.

Bisweilen wird die Judaisierung der Chasaren auch mit dem Aufstand der Kabaren in Zusammenhang gebracht, über den aber nichts Näheres bekannt ist. Die verbreitetste Etymologie des Volksnamens der Kabaren ist „Empörer". Nachdem die Erhebung der Kabaren gescheitert war, schlossen sie sich den Altungarn an, daher wird angenommen, daß auch die Magyaren zu diesem Zeitpunkt den Chasaren feindlich gegenüberstanden. Der Aufstand fand wohl in den dreißiger oder fünfziger Jahren des 9. Jahrhunderts statt. Die Errichtung der Festung Šarkel wird bisweilen mit der wachsenden Gefahr durch die Altungarn in Zusammenhang gebracht, doch gibt es auch Überlegungen, daß Šarkel gegen die Rūs oder sogar gegen die Petschenegen errichtet worden ist. Nach der Ansicht mancher Historiker könnte die Flucht einiger mohammedanischer Familien 853/54 aus Chasarien nach Armenien mit der erwähnten unglücklichen Rebellion zusammenhängen.

Das 9. Jahrhundert war die Blütezeit des Chasarischen Kaganats, denn zu dieser Zeit, als es seine größte territoriale Ausdehnung erreichte, hatte sich der Handel des Kalifats mit Europa, in dem die Chasaren eine Schlüsselstellung innehatten, voll entfaltet. Neueste Untersuchungen haben gezeigt, daß der Aufschwung des Handels in einem direkten Zusammenhang mit dem Ende der chasarisch-arabischen Kriege steht. Bis dahin wurde der Warenverkehr von Sogdien und vielleicht auch von China — wenn auch in geringerem Umfang — über den Südkaukasus und Azerbajdžan geführt. Aus dem Transithandel flossen die verschiedensten Steuern in die Schatzkammer des Kagans und ermöglichten dadurch auch den Unterhalt einer schwer gerüsteten Kriegerschar.

Zur Lebensweise der Völkerschaften, die innerhalb der Grenzen Chasariens lebten, liefert die Archäologie, seltener auch die Paläozoologie und Paläobotanik konkrete Hinweise, aber auch die schriftlichen Quellen vermögen einiges beizutragen. Sie berichten, daß die Bewohner der Hauptstadt nomadisierten, und wissen einiges über die große Anzahl von Gärten und Weingärten im südlichen Chasarien.

Ein Teil der chasarischen Söldner hing dem Islam an. Um ihre Glaubensbrüder zu rächen, hatten sie 912/913 eine Gruppe der Rūs angegriffen und vernichtet, die von einem Streifzug gegen die an der Küste des Kaspischen Meeres lebenden Araber zurückkehrten. Wir wissen, daß ähnliche Unternehmungen der Rūs zwischen 864 und 884, gegen 910 und 943/44 stattfanden. Sie waren dem Chasarenreich gefährlich geworden, was daraus geschlossen werden kann, daß der Kagan weitere Raubzüge der Rūs in das Gebiet des Kaspischen Meeres untersagte. Fürst Svjatoslav von Kiev eroberte zuerst die Gebiete der ostslawischen Stämme, die bislang an die Chasaren Tribut bezahlt hatten, 965 nahm er mit Unterstützung der Uzen die Festung Šarkel und/oder Itīl ein. Das Ende des Chasarischen Kaganates kam durch einen gemeinsamen Feldzug der Byzantiner, der Rūs und der Kumanen 1015, im Zuge dessen der chasarische Herrscher selbst in Gefangenschaft geriet. Die späteren mittelalterlichen Quellen benützen weiterhin die Bezeichnung „Chasar", doch ist es fraglich, inwieweit es sich dabei um einen Topos der Geschichtsschreiber handelt, oder ob dieser Name auf einen weiterlebenden Rest der chasarischen Bevölkerung bezogen werden darf.

839 kamen Gesandte der Rūs zum Reichstag in Ingelheim. Die Quelle berichtet, sie hätten zuvor bei Kaiser Theophilos vorgesprochen — wahrscheinlich sind sie entlang des Dnepr gezogen —, doch wäre ihr Rückmarsch wegen der Angriffe von „Barbaren" gefährlich gewesen. Von welcher Völkerschaft ist hier die Rede? Des öfteren wird angenommen, die Altungarn hätten der Gesandtschaft zugesetzt. Die Gründe für die Errichtung der Festung Šarkel sind nicht genau bekannt, doch gibt es neben einigen anderen Theorien

---

2 Unpublizierte Überlegungen von K. CZEGLÉDY.

auch die Überlegung, den Chasaren wäre in den Altungarn ein potenter Gegner erwachsen, denn weder die Rūs, noch die Petschenegen konnten zu diesem frühen Zeitpunkt für die Chasaren eine ernsthafte Bedrohung von Westen her darstellen.

Zu den **Altungarn**, die innerhalb der Grenzen des Chasarischen Kaganats lebten, siehe S. 195.

Mit dem Auftreten der **Petschenegen** beginnt eine 350 Jahre dauernde Periode der osteuropäischen Geschichte, während der verschiedene Völkerschaften, welche zur Kipčakgruppe des Oguz-Zweiges der Turkvölker gezählt werden, eine Herrschaft über die Steppen ausübten.

In der Ethnogenese der Petschenegen bilden die Kangaren eine gewichtige Rolle. Sie wohnten wahrscheinlich östlich des Aral-Sees in dem Gebiet, das die chinesischen Quellen als K'ang-kü bezeichnen. Ihre Herkunft ist umstritten. Von der Mitte des 8. Jahrhunderts bis 894 — einer anderen Theorie nach bis 889 —, d. h. bis sie schließlich die Volga überquerten, wohnten die Petschenegen in der Umgebung der Flüsse Ural und Emba. Sie waren in der Mitte des 8. Jahrhunderts hierher gekommen, um dem Druck der Uzen (oder Oguzen, in den russischen Chroniken: „Tork"), auszuweichen, die ihrerseits wieder von den Türgeš und Karluken bedrängt worden waren. Als Urheimat der Petschenegen könnte die Irtyš-Gegend bezeichnet werden. Ab dem Zeitpunkt, an dem sie die Volga erreichten, befanden sie sich in einer ständigen Auseinandersetzung mit den Chasaren. Ihre Ankunft in Europa hatte die Abwanderung der altungarischen Stämme nach Westen zur Folge. Während die Ungarn ihre neuen Wohnsitze im Karpatenbecken nahmen, eroberten die Petschenegen deren frühere Siedlungsgebiete zwischen dem Don und der unteren Donau. Die Petschenegen waren in Sippen unterteilt und in einem Stammesverband organisiert; Großfürst hatten sie keinen. Die Quellen zeigen, daß es sich um ein nomadisches Volk handelt. Im Laufe des 10. Jahrhunderts trieben sie Handel mit Cherson und führten Kriege gegen Bulgarien, Kiev und manchmal auch gegen Byzanz. Einige Gruppen der Petschenegen siedelten sich ab dem Ende des 10. Jahrhunderts in Ungarn an. Gleichzeitig verstärkte sich der Druck der Uzen auf die Petschenegen östlich des Karpatenbeckens, weil erstere der Bedrohung durch die Kumanen (russisch: „polovec", ungarisch: „kun") entgehen wollten. Die Kumanen kamen 1051 über die Volga und ließen sich in der osteuropäischen Steppe nieder, die später nach ihnen benannt wurde: Däšt-i Kipčāk („Pußta der Kumanen").

Die **Schwarzen Bulgaren** sind eines der am wenigsten bekannten Steppenvölker Osteuropas. Was das Attribut „schwarz" betrifft, so ist ungeklärt, ob es sich auf das Aussehen oder die niedrige soziale Stellung der Leute bezieht.[3] In den schriftlichen Quellen treten die Schwarzen Bulgaren als eine Völkerschaft auf, die gleichermaßen Kiev und das Thema Cherson unsicher machte.[4] Es ist nicht geklärt, wo die Schwarzen Bulgaren ihre Wohnsitze hatten. Sowohl das Kuban-Gebiet als auch der Bereich östlich der Krim kommen in Frage.[5] Wir wissen auch nicht, mit welcher bulgarischen Volksgruppe sie in näherer Verwandtschaft stehen könnten. So wäre es denkbar, daß sie sich aus Resten des Stammes des Batbajan, die nach dem Zerfall der Magna Bulgaria nicht abzogen, sondern an Ort und Stelle verblieben, gebildet hatten, oder daß es sich dabei um zurückgebliebene Stammesteile der Horde[6] des Asparuch handelte, denn dieser Sohn Kuvrats war mit seiner Völkerschaft nach Westen abgezogen und gründete das Donaubulgarische Reich.

Literatur

Allgemeines: MARQUART, *Streifzüge*; MORAVCSIK, *Byzantinoturcica*; CZEGLÉDY, *From East*; K. DĄBROWSKI - T. NAGRODZKA-MAJCHRZYK - E. TRYJARSKI, *Hunowie europejscy, Protobułgarzy, Chazarowie, Pieczyngowie* (Wrocław - Warszawa - Kraków - Gdansk 1975). Zu den **Akatziren**: W. B. HENNING, *A Farwell to the Khagan of the Aq-Aqatārān*. Bulletin of the School of Oriental and African Studies 14, 1962, 506—507; K. CZEGLÉDY, *Pseudo-Zacharias Rhetor on the Nomads*. In: *Studia Turcica* 144; O. J. MAENCHEN-HELFEN, *Die Welt der Hunnen* (Wien - Köln - Graz 1978) 289—298; RÓNA-TAS, *Kazar* 357—358, 367. Zu den **Ogur-Völkern** und **Sabiren**: S. PATKANOFF, *Über das Volk der Sabiren*. Keleti Szemle 1, 1900, 258—277; GY. NÉMETH, *Szabirok és magyarok*. MNy 25, 1929, 81—88; MORAVCSIK, *Onoguren*; D. PAIS, *A propos de l'étymologie de l'ethnique ogur*. In: *Studia Turcica* 361—373; S. SZÁDECZKY-KARDOSS, *Kutriguroi*. In: *Paulys Realenzyklopädie der Classischen Altertumswissenschaft*, Suppl. 12, 1970, 516—520; A. MOHAY, *Priskos' Fragment über die Wanderungen der Steppenvölker*. Acta Antiqua Hungarica 24, 1976, 125—140; GOLDEN, *Khazar Studies* 34—36. Zu den **Bulgaren**: BEŠEVLIEV, *Protobulgarische Periode*; GOLDEN, *Khazar Studies*. Zu den **Chazaren**: DUNLOP, *History*; ARTAMONOV, *Istorija chazar*; K. CZEGLÉDY, *Bemerkungen zur Geschichte der Chasaren*. AOH 13, 1961, 239—251; GOLDEN, *Khazar Studies*; RÓNA-TAS, *Kazár*; NOONAN, *Russia*; DERS., *Why Dirhams*; D. LUDWIG, *Struktur und Gesellschaft des Chazaren-Reiches im Licht der schriftlichen Quellen*. (Manuskript, Inaugural-Dissertation, Münster 1982). Zu den **Petschenegen**: O. PRITSAK, *The Pečenegs: A Case of Social and Economic Transformation*. AEMAe 1, 1975, 211—235.

---

3 In verschiedenen Quellen trifft man neben der Bezeichnung „schwarze Bulgaren" auch „schwarze Hunnen", „schwarze Chasaren", und „schwarze Ungarn" an.

4 Das Thema Cherson wurde unter Kaiser Theophylos (829—842) aus den byzantinischen Besitzungen an der Schwarzen Meerküste in der Umgebung der Stadt Cherson gebildet.

5 Siehe dazu S. 126, A. 582.

6 Der Begriff „Horde" bekam erst im 20. Jahrhundert in den europäischen Sprachen eine eher negative Bedeutung. Er kommt vom gemeintürkischen *ordu*, die Bezeichnung für das administrative Zentrum, das Zelt, das Siedlungsgebiet des Herrschers, d. h. das Volk selbst.

Einleitung

Die osteuropäische Steppenzone nördlich des Schwarzen Meeres und des Kaukasus erstreckt sich in ihren Hauptzügen vom Mündungsgebiet der Donau etwa in südwest-nordöstlicher Richtung über Kišinëv — Poltava — Saratov bis zur Volga und dahinter von Kujbyšev und Ufa bis zum Ural. Ein zweites großes zusammenhängendes Gebiet bildet sie zwischen Kama und Vjatka. Im vorliegenden Kapitel beschäftigen wir uns mit dem Teil dieses riesigen Gebietes, der zwischen den Karpaten und der Volga liegt, südlich einer Linie über Voronež und Saratov, und nördlich des Kaukasus. Es handelt sich um ein Gebiet, das oft — vereinfachend und wenig präzise — als osteuropäische oder südrussische Steppe bezeichnet wird. Ausgespart wird der Steppenbereich nördlich der Linie Voronež — Saratov, der vorwiegend von finno-ugrischen Völkern und Ostslawen besiedelt war und ganz anderen archäologischen und ethnischen Kulturkreisen angehörte. Die sog. südrussische Steppe ist lediglich ein Abschnitt der euroasiatischen Steppenzone, der im Westen im Karpatenbecken seine Fortsetzung findet, im Osten weit über den Ural hinausreicht und in die sibirischen und zentralasiatischen Steppenbereiche übergeht. In der ganzen Steppenzone, vor allem aber in den Gebieten, die Gegenstand des vorliegenden Kapitels sind, findet sich die archäologische Hinterlassenschaft aus Asien eingewanderter Nomadenvölker bzw. Funde, die deren Einfluß zeigen.

Es wäre sicherlich unangemessen, wollte man die Funddichte in diesem Gebiet in der Form eines riesigen Dreiecks mit etwa 1000 km Seitenlänge mit dem in Mitteleuropa erreichten Forschungsstand vergleichen. Immerhin nimmt die Zahl und Größe der „weißen Flecken" auf Grund einer intensiven Forschungstätigkeit rasch ab, und es werden laufend neue archäologische Kulturen und Gruppen beschrieben. Besonders intensiv wird seit einigen Jahren die Erforschung verschiedener Gebiete im Kaukasus und am Oberlauf der Volga, sowie im ukrainischen Dnepr-Gebiet betrieben. Die neuesten Entwicklungen in der archäologischen Erforschung dieser Gebiete sind nur mit Mühe zu verfolgen.

Zur Archäologie der südrussischen Steppe und den sehr komplexen Problemen, die damit zusammenhängen (Geschichte der Steppenvölker, der Ostslawen, der Finno-Ugrier und der nordkaukasischen Völker), lag bis vor kurzem nur eine einzige zusammenfassende Arbeit vor, in der jedoch zahlreiche Detailfragen nicht behandelt wurden. Dieses Werk ist zugleich eine der bedeutendsten wegweisenden Synthesen der archäologischen Forschung, welche die gesamte euroasiatische Steppenzone im frühen Mittelalter betrifft.[7] Durch die chronologische Gliederung des gesamten sowjetischen Fundmaterials aus dem 5.—11. Jahrhundert gelang es, zunächst ein typochronologisches Gerüst, teilweise sogar ein Kultursystem aufzubauen, das sowohl in den Einzelheiten, als auch in seinen Zusammenhängen als wertvoller Leitfaden zur Frühmittelalterarchäologie des besprochenen Gebietes dienen kann. Die ausgezeichnete Kenntnis des zentralasiatischen, südost- und mitteleuropäischen Fundgutes, die der Autor mehr als einmal unter Beweis stellt, verdient besonders hervorgehoben zu werden.

Aus methodischer Sicht hat die Arbeit allerdings zwei Schwächen: eine davon wurde bereits vom sowjetischen Kollegen angemerkt. Der Autor des Chronologiesystems machte — von der prinzipiellen Möglichkeit her richtigerweise — auf den fallweise sehr beträchtlichen zeitlichen Abstand zwischen Prägezeit der Fundmünzen aus Gräbern und dem tatsächlichen Zeitpunkt der Bestattungen aufmerksam. Er übertrieb jedoch die sich daraus ergebenden zeitlichen Verschiebungen und datierte einzelne (vor allem hunnische) Fundkomplexe viel zu spät. Die Fehler lassen sich aber leicht korrigieren, was in einigen Fällen auch schon getan wurde.[8] Einen weiteren Einwand könnte man von seiten der ungarischen archäologischen Schule vorbringen, die gewohnt ist, die archäologischen Erscheinungen und historischen Daten, welche das Karpatenbecken betreffen, ge-

7 AMBROZ, *Problemy*.
8 ZASECKAJA, *O chronologii*; DIES., *Bosporskie sklepy*; GOLDINA, *Chronologija*.

meinsam zu betrachten. Wir meinen, daß auffallend neue archäologische Erscheinungen (Funde und Bestattungssitten), sofern sich diese mit entsprechenden Angaben in den schriftlichen Quellen in Einklang bringen lassen, in irgendeiner Weise stets mit dem Auftreten eines neuen Ethnikums zusammenhängen. Dies betrifft auch die Ansiedlung der Awaren im Karpatenbecken sowie die Funde in Osteuropa, welche mit denen der Frühawaren parallelisiert werden können. Zweifelsohne hat die ungarische Forschung noch Probleme mit der Identifikation der Fundmaterialien der ersten landnehmenden Generation der Awaren, doch ist das sicher nicht durch den Mangel an Funden vom frühawarischen Typ in der osteuropäischen Steppe bedingt. Es zeugt von geringer Logik und Inkonsequenz, einerseits zu behaupten, die vielteiligen Gürtelgarnituren vom frühawarischen Typ, die einen symbolischen Wert besaßen, wären in städtischen Werkstätten am Pontus hergestellt worden, gleichzeitig aber die Waffen und Pferdegeschirre, die stets mit den erwähnten Gürtelgarnituren auftreten und die oft in der gleichen Fertigungstechnik hergestellt worden sind, der Schmiedekunst der Steppenvölker zuzuschreiben. Wenn aber die Verbreitung bestimmter Kulturelemente von Ost nach West in den zitierten Arbeiten letztendlich doch mit den Awaren in Verbindung gebracht, die Kultur der Spätawaren hingegen offensichtlich für das Ergebnis einer inneren Entwicklung gehalten wird, wie lassen sich dann die östlichen Parallelen zur spätawarischen Hinterlassenschaft, die in den gleichen Arbeiten nicht analysiert werden, deuten? Natürlich müssen die archäologisch nachweisbaren Veränderungen in der materiellen Kultur in ihren Details minutiös registriert werden, doch ist eine typologische Gliederung u. E. nicht ausreichend. Diese Veränderungen können nicht immer das Ergebnis einer ungestörten Entwicklung sein, in der lediglich byzantinische Einflüsse verarbeitet worden sind, sondern häufig muß auch mit dem Erscheinen neuer Bevölkerungsgruppen gerechnet werden. Dies mag z. B. durch das Auftreten der mittel- und spätawarischen Denkmäler im Karpatenbecken veranschaulicht werden, deren Analyse vermuten läßt, daß sie mit einer neuen Volksgruppe in Zusammenhang stehen. Diese könnte in einer schriftlichen Quelle genannt sein, die vom Zuzug eines der Söhne Kuvrats mit seiner Gefolgschaft nach Pannonien berichtet.[9] Ein Vergleich des Fundgutes mit den schriftlichen Quellen bringt historische Erkenntnisse im engeren Sinn, wiewohl die Überbetonung des Zusammenhanges „Objekt = Ethnikum" —

wie dies in Mittel- und Osteuropa des öfteren geschieht — vermieden werden muß. Kürzlich erschienen zwei weitere ausführliche Arbeiten zu diesem Thema.[10] Die eine hat forschungsgeschichtliche Bedeutung, stellt sie doch einen ersten erfolgreichen Versuch dar, die europäische Steppe im frühen Mittelalter als archäologische Einheit zu betrachten, wobei dem Leser eine detaillierte und reich illustrierte Darstellung einzelner Kulturen und archäologischer Komplexe geboten wird. Die streng angewandte Methode, die sog. „archäologische Triade", hängt eng mit der marxistischen Ausrichtung der sowjetischen Wissenschaft zusammen und besteht aus der typologischen Gliederung, dem Vergleich und der kartographischen Darstellung archäologischer Phänomene. Typologisch wie auch chronologisch lehnen sich die Autoren an das zuvor erwähnte Werk von A. K. AMBROZ an. Die Archäologen, deren Arbeitsgebiet vornehmlich das Karpatenbecken ist und die selbst von den behandelten Fundmaterialien nur einen winzigen Bruchteil aus eigener Anschauung kennen, werden in nächster Zukunft auf dieses beachtliche Werk der sowjetischen Archäologie nicht verzichten können, obwohl sie auf Grund ihrer eigenen Tradition verständlicherweise andere Akzente setzen und bisweilen auch andere Periodisierungen vorschlagen würden. Besonders wichtig wäre es aber nach Ansicht der ungarischen Forschung — wie zuvor schon angedeutet wurde —, die historischen Zusammenhänge besser zu erschließen. Ein anderes zusammenfassendes Werk behandelt mit anspruchsvoller Ausführlichkeit, Liebe zum Detail und ausgewogenen historischen Schlußfolgerungen das archäologische Material der Ostslawen.[11] Unser Überblick weicht naturgemäß in seiner Ausrichtung und in seiner Betrachtungsweise von dem Buch SEDOVS ab, verfolgt daher auch methodologisch einen anderen Weg, doch gilt sein Werk mit Recht als ein niveauvolles Handbuch der gesamten slawischen Archäologie und als eine der bedeutendsten Publikationen der sowjetischen Frühmittelalterforschung, die in den letzten Jahren erschienen sind.

Natürlich ergeben sich vom Standpunkt der ungarischen Archäologie bei der Interpretation der Funde einige Probleme. So wird beispielsweise

---

9 Siehe dazu S. 169, Anm. 42.

10 *Stepi Evrazii;* SEDOV, *Vostočnye slavjane.*

11 In Zusammenhang mit den Slawen in Ungarn wird in der sowjetischen Literatur seit Jahren lediglich BÓNA, *Dunaújváros* zitiert, z. B. bei RUSANOVA, *Slavjanskie drevnosti* 188. Tatsächlich kam BÓNA jedoch zu anderen Ergebnissen, die den Gedankengang von SEDOV, *Vostočnye slavjane* nicht bestätigen. Kurze kritische Anmerkungen aus der Sicht der ungarischen Forschung machen I. ERDÉLYI - E. SIMONOVA, *Rezension:* SEDOV, *Vostočnye slavjane.* AAH 34, 1982, 444—445.

aus den Fundortangaben und den Literaturangaben nicht klar, warum es SEDOV für begründet hält, daß die Penkovka-Kultur — im vorliegenden Kapitel als Prag-Penkovka-Kultur bezeichnet — auch das südliche Siebenbürgen, die Maros-Gegend, den Unterlauf der Donau, aber auch das nur wenig erforschte Mazedonien und Nordserbien umfaßt hätte.[12] Dies scheint umso problematischer, als gerade SEDOV und die überwiegende Mehrheit der sowjetischen Archäologen die Meinung vertreten, die Penkovka-Kultur sei mit den Anten zu identifizieren (siehe Seite 84—88). Eine derartig starke Präsenz der Anten in den genannten Gebieten ist mit schriftlichen Quellen bei weitem nicht zu belegen. In der Argumentation SEDOVs spielen die Awaren, die vom dritten Drittel des 6. bis zum auslaufenden 8. Jahrhundert das Karpatenbecken beherrscht haben, offensichtlich keine Rolle. Man hat den Verdacht, daß hier die kritiklose Übernahme des — erfreulicherweise bald veralteten — Terminus „slawisch-awarisch", der von einigen Exponenten der tschechoslowakischen Archäologie gerne verwendet wird, eine gewisse Rolle spielt. Während jedoch die tschechoslowakischen Kollegen zumeist nur die awarenzeitlichen Gräberfelder, die auf ihrem Staatsgebiet gefunden worden sind, mit dieser Bezeichnung versehen, wendet sie SEDOV auf alle Awarenfunde des Karpatenbeckens an.[13]

Die Datierung der archäologischen Funde aus der frühmittelalterlichen Steppe wird wesentlich von den Münzen bestimmt, die in den Gräbern häufig auftreten. Hier spielen vor allem die byzantinischen Solidi und die arabischen Dirheme sowie deren Nachbildungen eine Rolle. Die sassanidischen Drachmen sind in Europa — mit Ausnahme der Kaukasus-Gegend, vielleicht auch des Kama-Gebietes — aus Gründen, die mit der geographischen Entfernung, den politischen Beziehungen und letztlich mit der Natur der Einfuhr orientalischer Münzen nach Osteuropa, mit der praktisch erst ab Anfang des 9. Jahrhunderts zu rechnen ist, zusammenhängen, für die archäologische Datierung nicht geeignet.[14] Leider finden sich die Münzen weder in einer Menge noch in einer Verbreitung, die eine endgültige Klärung der Datierung ermöglichen würde. Byzantinische Münzen finden sich im Kaukasus, auf der Krim

und im Karpatenbecken häufiger, während die Dirheme etwa gleichmäßig, aber mit geringerer Stückzahl verbreitet sind. Lediglich nördlich und nordöstlich der Steppenzone treten sie zahlreicher auf. Leider ist der Datierungswert dieser Dirheme umstritten,[15] wie auch die Frage, inwieweit sich ein auf Münzen aufgebautes Chronologiemodell auch auf andere Gebiete anwenden läßt. Die großen Veränderungen im Fundmaterial der Steppe, sowohl was die Formen, als auch was die Verzierungsstile betrifft, die wohl als Folge größerer Bevölkerungsverschiebungen entstehen, scheinen sich im großen und ganzen gleichzeitig vollzogen zu haben. So sind z. B. die Übereinstimmungen der münzdatierten Funde vom frühawarischen Typ im Nordkaukasus, am Mitteldnepr und im Karpatenbecken auffallend, weiters die Gemeinsamkeiten zwischen der Saltovo-Majaki-Kultur und der spätawarischen Hinterlassenschaft, aber auch die Verwandtschaft zwischen dem Fundmaterial der landnehmenden Ungarn und dessen östlichen Parallelen. Zahlreiche Funde wie Ergebnisse sowjetischer und ungarischer Studien zeigen, daß sich die wichtigsten typologischen Veränderungen im Fundmaterial und die ethnischen Umwälzungen in der osteuropäischen Steppe und im Karpatenbecken zu etwa derselben Zeit abgespielt haben. Es scheint daher sinnvoll und notwendig, die bislang publizierten Funde vom gleichen methodischen Standpunkt aus zu betrachten, zumal die dabei gewonnenen Resultate für die gesamte euroasiatische Steppe von Bedeutung sein können.

Die Ergebnisse der anthropologischen Forschung, welche bei der Lösung ethnischer Probleme bisweilen Anhaltspunkte bringen können, wurden im vorliegenden Überblick nicht berücksichtigt, da nur sehr wenige Serien bearbeitet worden sind, die überdies von Fundplätzen stammen, welche räumlich und zeitlich weit voneinander entfernt liegen. Sie sollten erst dann in die Untersuchungen einbezogen werden, wenn die Anthropologie bereit ist, über die grundsätzliche Trennung der europiden von den mongoliden Typen hinauszugehen, und sich auf Detailanalysen und historische Interpretationen einläßt. Da sich die türkischen Steppenvölker jahrhundertelang mit europiden Volksgruppen gemischt haben, kann man bei ersteren a priori keine besondere Ausprägung der mongoliden Charakterzüge erwarten. Gleiches gilt natürlich auch umgekehrt: das Fehlen der mongoliden Züge ist noch kein Beweis für die indoeuropäische Abstammung des betreffenden Menschen. Obwohl es

---

12 SEDOV, *Vostočnye slavjane* II: b. Ähnliches läßt sich auch im Zusammenhang mit der Zuordnung der Region am Oberlauf der Theiß an die Korčak-Kultur feststellen. Siehe ebendort.

13 Eine objektive, zurückhaltende Einschätzung der Ausdehnung der slawischen archäologischen Kulturen im 6.—8. Jh. bietet HERRMANN, *Probleme* 59, Abb. 3.

14 BÁLINT, *Dirhem* 107—108.

15 BÁLINT, *Datierung* 139.

einer verbreiteten Praxis der sowjetischen Anthropologie entspricht, eine typologische (rassische) Zuordnung einer Volksgruppe lediglich auf Grund des Vorherrschens oder Fehlens der Langschädel vorzunehmen, und die Archäologie diese Theorien einfach übernimmt, ist die Dolichokranie als mögliches Charakteristikum zur Bestimmung der Rassenzugehörigkeit mit Vorsicht zu behandeln.

Es ist sehr schwierig, zwischen den beiden Extremen bei der Verwertung archäologischer Funde für eine ethnische Interpretation („Objekt ist lediglich ein von Modeströmungen bestimmtes Werkstattprodukt", bzw. „Objekt ist von der Ethnizität des Trägers bestimmt") den richtigen Weg zu finden. So ist schwer zu entscheiden, wie beispielsweise eine östliche Parallele zu einem Objekt oder einem Brauch aus der Awaren- oder ungarischen Landnahmezeit aus der Sicht der Ethnogenese eines bestimmten Volkes zu bewerten ist. Es ist keine leichte und doch häufig gestellte Frage der Archäologie, welche und wie weitgehende Übereinstimmungen von Analogien zu erwarten sind, wenn genetische Zusammenhänge zwischen den Menschen hinter dem Fundgut bestehen. Was beispielsweise die landnehmenden Ungarn betrifft, wird es immer deutlicher, daß es nicht einfach auf die Mangelhaftigkeit der sowjetischen Forschung zurückzuführen ist, wenn es zwar ausgezeichnete östliche Parallelen für landnahmezeitliche Objekte oder Gebräuche gibt, daß aber bis dato kein einziges Grab freigelegt werden konnte, das eindeutig als altungarische Bestattung bezeichnet werden darf. Dieser Umstand ist zu beachten, wenn die Entstehung der materiellen Kultur der landnehmenden Ungarn untersucht wird. Ein archäologischer Niederschlag der raschen Wanderung der Awaren durch die osteuropäischen Steppen ist a priori nicht zu erwarten.[16] Natürlich können wir nicht hinter jedem Objekt oder Grab, das im osteuropäischen Teil der Sowjetunion geborgen werden konnte und Verbindungen zur Steppenkultur aufweist, einen Besitzer türkischer Abstammung vermuten, doch es zeigen dennoch die bereits zahlreichen, in weiten Arealen auftretenden Analogien

vom frühawarischen Typ — bisweilen konkreter als die schriftlichen Quellen —, daß im 6. und 7. Jahrhundert überall in der Steppe und im Pontus (auch) Völker wohnten, deren Kultur Gemeinsamkeiten mit der unserer Frühawaren aufweist. Von den Völkern, welche für die mitteleuropäische Archäologie unmittelbare Bedeutung haben, sind es vielleicht die Spätawaren, deren Ursprung am rätselhaftesten scheint. Einer der Gründe mag darin liegen, daß die Forschung mangels exakter Parallelen noch nicht klären konnte, welche archäologischen Erscheinungen der eurasischen Steppe, die mit den Spätawaren zweifelsohne gemeinsame Merkmale aufweisen, für die Erklärung der spätawarischen Abstammung ausgewertet werden sollen. Beim derzeitigen Forschungsstand könnte es also bei allen drei Völkerschaften (Frühawaren, Spätawaren und landnehmende Ungarn) angebracht sein, alle im weitesten Sinn in Betracht kommende Analogien zu berücksichtigen. Im vorliegenden Kapitel soll in dieser Hinsicht ein erster Schritt versucht werden.

Der folgende Abschnitt ist nicht als Überblick der materiellen Kultur der osteuropäischen Steppenvölker gedacht und es wird auch nicht versucht, alle archäologischen Fragen des 6.—10. Jahrhunderts systematisch und ausgewogen zu behandeln. Diesbezüglichen Erwartungen soll der Band *Stepi Evrazii* gerecht werden. Der Zielsetzung des Buches entsprechend sollen vor allem diejenigen Funde bzw. archäologischen Komplexe und Kulturen beschrieben werden, die für die Archäologie, die Erforschung der Entstehung und Geschichte der Steppenvölker, die während des Frühmittelalters im östlichen Mitteleuropa siedelten, mithin für die Früh- und Spätawaren, aber auch für die landnehmenden Ungarn, relevant erscheinen. Die vorliegende Arbeit kann hinsichtlich der gebotenen Details nur als Skizze, was ihre methodologische Konzeption betrifft, nur als Experiment gelten. Unausgewogenheiten bei Beschreibung und Auswertung einzelner Funde oder Fundkomplexe sind teilweise auf den Informationsstand des Autors, z. T. aber auch auf die gegebene Forschungssituation zurückzuführen.

---

16 I. Bóna *Régészetünk és Kelet-Európa.* MTA II. 28 (1979) 45—46.

DAS KAUKASUS-GEBIET

Das Kaukasus-Gebiet nimmt in der europäischen Archäologie — in allen Perioden — eine Sonderstellung ein. Betrachtet man die geschichtlichen, kulturellen und ethnischen Züge dieser Region im frühen Mittelalter aus der Sicht der ost- und mitteleuropäischen Steppe, so fällt auf, daß sich hier die durch die verschiedenen Völkerwanderungen ausgelösten Veränderungen nur indirekt abzeichnen, vielleicht jeweils nur ein Intermezzo im Leben der heterogenen, aber autochthonen Bevölkerung des „Hohen Berges" darstellen. Es liegt auf der Hand, daß für die archäologische Erforschung der frühmittelalterlichen Steppen vor allem der Nordkaukasus und dessen Vorland von Interesse sein kann. Aus dem transkaukasischen Gebiet sind nur wenige Funde bekannt, welche für die Archäologie der Awaren oder der Chasaren interessant sind. Im vorliegenden Kapitel wird der Raum zu untersuchen sein, der im Süden vom Bergkamm des Kaukasus sowie im Norden von den Flüssen Kuban und Terek begrenzt wird (Karte I). Die Fundmaterialien aus dem Gebiet nordöstlich des Kaukasus bzw. aus Dagestan sollen in Zusammenhang mit der Saltovo-Majaki-Kultur und Chasarien abgehandelt werden.

Nordkaukasus

Die frühmittelalterlichen Funde aus dem Nordkaukasus wurden erst kürzlich zusammenfassend behandelt, wobei die ausschlaggebende Richtung

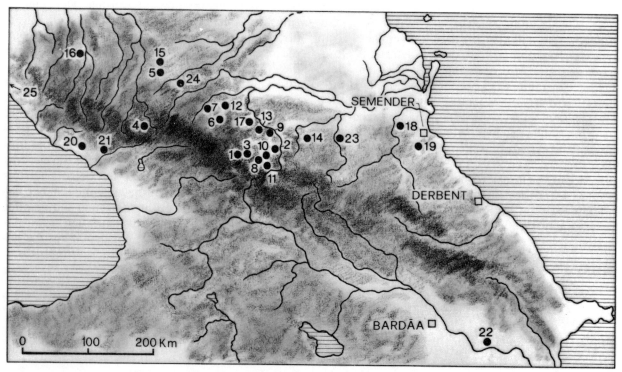

Karte I: Chasarische Städte und wichtigste Fundorte vom Steppentyp aus dem 6.—10. Jahrhundert im Kaukasus-Gebiet. 1: Kamunta, 2: Čmi, 3: Sadon, 4: Uzun-kol, 5: Mokraja balka, 6: Kešene-ala, 7: Pesčanka, 8: Galiat, 9: Balta, 10: Koban, 11: Lac, 12: Moščevaja balka, 13: Martan-ču, 14: Fel'dmaršal'skaja stanica, 15: Eškakon, 16: Kolosovka, 17: Zmejskaja stanica, 18: Čir-jurt, 19: Agač-kala, 20: Verhnaja Ešera, 21: Cebelda (Cibilium), 22: Üč-tepe, 23: Duba-jurt, 24: Direktorskaja gorka, 25: Dyrso. Nach V. A. KUZNECOV, ergänzt.

der sowjetischen Forschung im Zentrum der Auswertung standen. Dabei gelang es, die Hinterlassenschaft der überwiegend regionalen Urbevölkerung herauszuarbeiten.[17] Im Hinblick auf diese Studie können wir uns im folgenden darauf beschränken, einzelne, für die Archäologie der Steppe direkt oder — was im Einzelfall nach eingehender Analyse entschieden werden muß — indirekt relevante Materialien und Fundorte zu behandeln. Oft sind natürlich die Fundmaterialien von Völkerschaften, die sich an einem Siedlungsplatz für kürzere oder längere Zeit niedergelassen haben, von denen der autochthonen Bevölkerung schwer zu unterscheiden. Charakteristische Objekte und Bestattungsriten zeigen nämlich, daß die überwiegende Mehrheit der Gräberfelder sowohl von Zuwanderern wie auch von der örtlichen Bevölkerung, zu der man in diesem Fall auch schon die Alanen zählt, die sich hier gegen Ende des 4. Jahrhunderts angesiedelt haben, belegt wurden. Die historische und archäologische Rolle, welche die Alanen jenseits der Grenzen ihres eigenen Herrschaftsgebiets vom 8.—10. Jahrhundert im Kaukasus gespielt haben, wird in den Publikationen u. E. bisweilen über Gebühr betont, doch würde eine Behandlung der entsprechenden Funde den Rahmen unserer Arbeit sprengen. Wenn das Übergewicht der Urbevölkerung mit Recht besonders hervorgehoben wird, so darf man darüber nicht vergessen, was eine Reihe von authentischen Quellen belegen: In diesem Gebiet am Rande Europas lebten auch Völker, die aus der Steppe kamen, z. B. Hunnen, Sabiren und Awaren, und ein Teil der nordkaukasischen Völkerschaften stand lange Zeit in einem Abhängigkeitsverhältnis zum Chasarischen Kaganat. Es liegt demnach auf der Hand — auch wenn wir derzeit die materielle Hinterlassenschaft der nomadisierenden Völkerschaften aus dem gesamten nordkaukasischen Fundmaterial nicht konkret herauslösen können — daß die Materialien und Bestattungssitten, die mit der Steppenkultur zusammenhängen, nicht bloß mit Handelsbeziehungen oder anderen kulturellen Kontakten erklärt werden können. Der Versuch, alles auf „kulturelle Einwirkungen" zurückzuführen, zeigt sich auch in der Ansicht, die zweifellos mit den Steppenvölkern zusammenhängenden Hügelgräber mit Katakomben in **Čir-jurt** (Dagestan) seien lediglich als Merkmal einer „stark turkisierten" Bevölkerung anzusehen.[18] Bei der historischen und ethnischen Beurteilung des frühmittelalterlichen archäologischen Fundmaterials aus dem Nord-

Abb 1: *Funde aus Kamunta.* 1—3: Ohrgehänge mit pyramiden- bzw. kugelförmigen Anhängern; 4, 5, 7, 8, 10, 11: granulationsverzierte Gürtelbeschläge bzw. Riemenzunge; 6, 9 12: gepreßte Gürtelbeschläge. 6, 9, 12: aus Silber, die übrigen sind aus Gold.

kaukasus wird man eher der Auffassung von M. P. ABRAMOVA und A. V. GADLO folgen können. Noch liegen nicht genügend gut erschlossene und dokumentierte Fundkomplexe aus dem Nordkaukasus-Gebiet vor, die allein ein klareres Bild vom Verhältnis zwischen der Hinterlassenschaft der autochthonen Bevölkerung und den von der Steppe übernommenen Fundtypen und Gebräuchen vermitteln können. Angesichts der sehr intensiven und rasch fortschreitenden archäologischen Untersuchungen sind aber schon für die nächste Zukunft weitreichende Aufschlüsse zu erwarten. Doch schon heute liegen Fundmaterialien aus der Kaukasusregion vor, die bei der archäologischen Untersuchung der Steppenkulturen nicht

---

17 KOVALEVSKAJA, *Severokavkazskie drevnosti.*
18 Ebenda 96

nur Parallelen liefern, sondern auch andere bedeutende, insbesondere typochronologische Aussagen ermöglichen. Bei der geringen Zahl der uns in diesem Zusammenhang interessierenden wichtigeren Fundorte wäre es sinnlos, diese nach kleineren geographischen Einheiten gegliedert vorzustellen (z. B. Ost-, West- und Mittelkaukasus-Region, Flußtäler, oder nach Verwaltungsbezirken). Auch eine chronologische Gliederung wäre in diesem Zusammenhang problematisch, da man so den territorial sehr verschiedenen ethnischen Verhältnissen nicht Rechnung tragen könnte und man stets mit Datierungsschwierigkeiten zu kämpfen hätte, die zu einem unsicheren Ergebnis führen würden. Nach dem derzeitigen Forschungsstand ist es sicherlich zielführender, sie lediglich in ein relatives Chronologiesystem einzuordnen, um die Orientierung zu erleichtern.

Kamunta ist ein in den Bergen von Digorien gelegener Fundort, der in der awarischen Archäologie seit langem und häufig genannt wird.[19] Hier wurde eine unbekannte Zahl von Bestattungen freigelegt, wobei sich aus den Publikationen auch die Grabzusammenhänge nicht rekonstruieren lassen. Das Fundmaterial des Gräberfeldes zeigt mit seinen zahlreichen Ohrgehängen mit pyramiden- und kugelförmigen Anhängern, mit zahlreichen Varianten granulationsverzierter und gepreßter Gürtelverzierung sowie im Kleiderschmuck exakte Parallelen zur frühawarischen Hinterlassenschaft (Abb. 1.). Einige Fundobjekte deuten möglicherweise schon auf das 8. Jahrhundert hin, so z. B. rankenverzierte gegossene Bronzeschnallen, Steigbügel vom Typ Saltovo und andere. Das Fundmaterial des Gräberfeldes wäre von größerem wissenschaftlichen Wert, wenn man die Zusammenhänge der hier in großer Zahl gefundenen sassanidischen Münzen aus dem 6. Jahrhundert, der byzantinischen aus dem 6. und 7. Jahrhundert sowie der arabischen Dirheme aus dem 8. Jahrhundert mit dem übrigen Fundmaterial bekannt gemacht hätte.

Der auch unter dem Namen **Suargom** bekannte Bestattungsplatz bei **Čmi aul** befindet sich in der Nähe von Groznyj, und erbrachte Flachgräber, aber auch Katakomben.[20] Auf Grund der hier gefundenen pyramidenverzierten Ohrgehänge, Gürtelbeschläge mit Filigran und solchen vom Typ Martinovka ist auch dieser Fundort als östliche

Parallele zu den frühawarischen Gräberfeldern schon lange bekannt. Durch eine vollständige Vorlage des Fundmaterials könnte dieser Fundort zu einem der wichtigsten Fixpunkte nicht nur für die nordkaukasische Archäologie, sondern für die Chronologie der gesamten osteuropäischen Steppe werden, da in 15 der 27 Katakomben sassanidische Münzen aus dem 6. Jahrhundert, byzantinische aus dem 6. und 7. Jahrhundert und arabische Münzen aus dem 8. und 9. Jahrhundert zutage kamen. Erst vor kurzem wurden 3 weitere Gräber, darunter eine eigenständige Pferdebestattung, freigelegt, deren Funde zu den charakteristischen Typen der Saltovo-Majaki-Kultur zählen.[21]

Die ärmlich anmutenden Beigaben aus dem bei **Sadon** in Nordossetien freigelegten Katakombengrab — Haarringfragmente, Spiegel und Perlen — dürften für uns dadurch relevant sein, daß diese Funde mit einem durchlochten und stark abgewetzten Solidus des Phokas (602—610) vergesellschaftet waren.[22]

Am **Uzun kol**, dem Kuban-Oberlauf, wurden wenige Bestattungen eines Gräberfeldes aus dem 3. und 4. und eines Friedhofes des 6. und 7. Jahrhunderts freigelegt.[23] Hier ist vor allem Grab 11 zu erwähnen, das einen Steigbügel mit schleifenförmiger Öse und geradem Tritt (!), eine Stangentrense und Beschläge vom Typ Martinovka enthielt.

Der Fundort **Direktorskaja gorka** liegt bei Kislovodsk am Ufer des Flusses Alikonovka und erbrachte 6 Gräber, darunter auch eine Pferdebestattung.[24] Aus den Katakombengräbern stammen für das 7. Jahrhundert bezeichnende Gegenstände (Abb. 2.), so Steigbügel mit schleifenförmiger Öse, gepreßte Gürtel- und Pferdegeschirrverzierungen, darunter auch ein doppelschildförmiger Gürtelbeschlag, eine Schnalle mit Gittermuster und Kreuzmotiv und Fragmente eines Kettenpanzers. Daneben fanden sich aber auch Gegenstände, die für die Saltovo-Majaki-Kultur typisch sind, so Perlen, Schellen, Ösenknöpfe, Gefäße mit Ausgußtülle, wovon eines am Boden mit einem Tamga versehen war.

Am Fluß **Mokraja balka** in der Umgebung von Kislovodsk wurde in mehreren Grabungskampagnen ein Katakombengräberfeld freigelegt, das bislang nur in einigen Teilen publiziert wurde. Seine chronologische Bedeutung reicht ebenfalls

19 E. CHANTRE, *Recherches antropologiques dans le Caucase III* (Paris-Lyon 1887) 11—19; UVAROVA, *Mogil'niki* 293—334.
20 SAMOKVASOV, *Mogily* 175—186; UVAROVA, *Mogil'niki* 111—126; KUSSAEVA, *Archeologičeskie pamjatniki*; V. B. DEOPIK, *Klassifikacija i chronologija alanskich ukrašenij VI—IX vv.* MIA 114 (1963) 122—147.

21 ABRAMOVA, *Novye materialy* 149—154.
22 E. PČELINA, *Ein Katakombengrab in Nordossetien.* ESA 4 (1929) 211—213.
23 T. M. MINAEVA *Poselenija v ust'e v Uzun-kol.* SA 1960/2, 193—204; DIES., *K istorii alan Verchnego Prikuban'ja po archeologičeskim dannym* (Stavropol' 1971) 211—213.
24 ABRAMOVA, *Novye materialy* 135—149.

Abb 2: *Funde aus Direktorskaja gorka.* 1: aus Silber gegossene Gürtelschnalle mit punzierter Verzierung; 2: aus Silberblech gepreßter Gürtelbeschlag; 3, 4: aus Bronzeblech gepreßte Pferdegeschirrbeschläge.

Abb. 3.: *Funde aus Mokraja balka.* 1—4: Ohrgehänge mit pyramiden- bzw. länglichen kugelförmigen Anhängern; aus Gold bzw. Silber; 5, 9, 10: aus Bronze gegossene, durchbrochene Anhänger (Frauentracht); 6: aus Silber gegossener Gürtelbeschlag; 7, 13: aus Bronze gegossene Gürtelschnallen von byzantinischem Typ; 8: goldene Gewandverzierung mit Granulation und Steineinlage; 11: aus Silber gegossener Ring mit Steineinlage; 12: Armring mit offenen Enden, aus Bronze gegossen; 14, 15, 17—19: aus Silberblech gepreßte Gürtelbeschläge bzw. Riemenzungen; 16: aus Silber gegossener Gürtelbeschlag mit doppeltem Adlerkopf; 20—25: aus Silber gegossene Gürtelbeschläge bzw. Schnalle von Typ Martinovka; 26, 27: aus Bronze gegossene Beschläge der Nebenriemen; 28: einschneidiges Schwert aus Eisen.

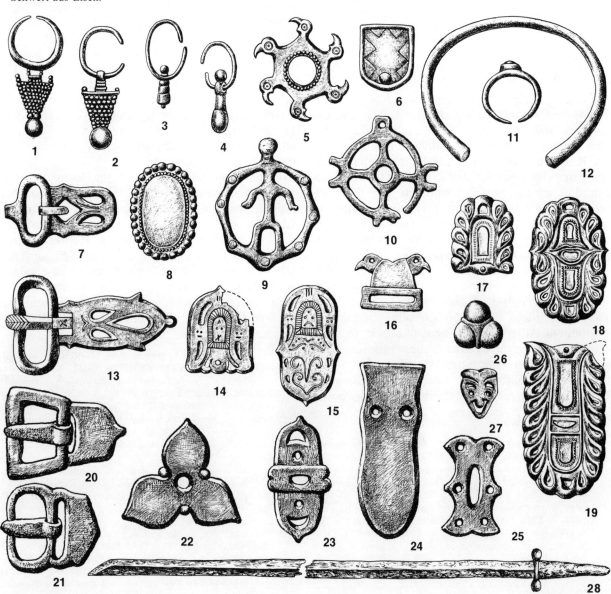

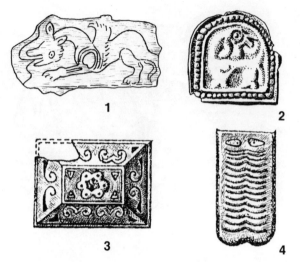

Abb. 4: *Funde aus Pesčanka und Kugul'.* 1: Silberblechfragment (von einer Riemenzunge?) mit punzierter Greifen(?)darstellung; 2: aus Silberblech gepreßter Gürtelbeschlag mit Darstellung eines sich nach hinten kehrenden Wesens; 3, 4: aus Silberblech gepreßte Gürtelverzierungen mit punzierter Verzierung, vergoldet.

weit über den Nordkaukasus hinaus.[25] Abgesehen von den Objekten und Bestattungssitten, die für die Region charakteristisch sind, kamen auch Fundtypen zutage, die mit sassanidischen und byzantinischen Münzen aus dem 6. und 7. Jahrhundert datiert werden können und die offensichtlich im Rahmen kontinuierlicher Kulturbeziehungen dorthin gelangt sind.[26] Auf Grund der Fundkombination scheint es wahrscheinlich, daß die Gürtelbeschläge vom Typ Martinovka sicher schon in der Mitte des 6. Jahrhunderts in Gebrauch waren, da sie hier mit einer Drachme des Kavad I. (488—531) vorkamen. Ohrgehänge mit Pyramidenanhängern sind mit Münzen des Herakleios (613—614) bzw. mit solchen des Khosrau II. (590—628) vergesellschaftet (Abb. 3: 1, 2). Dem Kreis Martinovka gehören Gürtelbeschläge mit doppeltem Adlerkopfornament (Abb. 3: 16) und eine Gürtelgarnitur byzantinischen Typs an. Letztere ist mit einer Münze des Maurikios (589—602) und einer des Khosrau II. datiert und dürfte so in der 1. Hälfte des 7. Jahrhunderts verwendet

worden sein. Von einem Siedlungsplatz bei Kislovodsk stammen ein Follis des Justinian I. (527—565), eine Münze aus Choresm aus der 2. Hälfte des 8. Jahrhunderts und Gürtelbeschläge vom Typ Martinovka.[27]

Die in **Kešene ala** beim Dorf Sovetskoe in Kabardien freigelegten Bestattungen (eines oder mehrerer Gräberfelder) wurden noch nicht regulär vorgelegt. Ein nordost-südwest orientiertes Grab erbrachte einen leicht gekrümmten Säbel und eine gedrungene Lanze,[28] und hängt so eng mit der Kultur der nomadisierenden Steppenbewohner zusammen.

Unter den Funden, die aus einem Katakombengräberfeld bei **Pesčanka** in der Nähe von Nalčik stammen,[29] sind vor allem charakteristische Gürtelverzierungen des 7. und 8. Jahrhunderts zu erwähnen. Sie wurden in Bronzeblech gepreßt oder sind gegossen. Bemerkenswert ist die abwechslungsreiche Ornamentierung mit lockeren Rankenbündeln, in kleine Blütenblätter auslaufenden Palmetten, mit dem zurückblickenden Tier, mit dem geflügelten Greif (Abb. 4: 1, 2) und der von Ranken umgebenen herzförmigen Palmette. Die Gürtelbeschläge, die mit denen der Saltovo-Majaki-Kultur verwandt scheinen, stimmen in ihrer Form mit denen der Spätawaren überein. Die Darstellung eines Greifen auf einem Schmuckstück erinnert an den iranischen Senmurw aus dem 7.—9. Jahrhundert.

Galiat liegt am Ufer des Gyzel (Komi-Don) im nordossetischen Gebiet.[30] Die Beigaben aus den hier freigelegten Katakomben gehören zu den Leitfunden der Archäologie des Steppenraumes, da hier neben einem Solidus des Herakleios und Herakleios Constantinos aus der Zeit um 613 auch ein prägefrischer Dirhem des 'Abd el-Malik aus dem Jahr 701 geborgen wurde. Weitere Funde sind verschiedene Gürtel- und Pferdegeschirrbeschläge, darunter eine Riemenzunge, die eine

25 A. RUNIČ, *Alanskij mogil'nik v „Mokroj balke" u goroda Kislovodska.* MADISO 3 (1975) 132—150; DERS., *Dva bogatych rannesrednevekovych pogrebenija iz kislovodskoj kotloviny.* SA 1977/1, 248—257; G. E. AFANAS'EV, *Chronologija mogil'nika Mokraja balka.* KSIA 158, 1979, 43—51; DERS., *Novye nachodki v Mokroj balke bliz Kislovodska.* SA 1979/3, 171—185; DERS., *Keramika Mokroj balki.* In: *Srednevekovye drevnosti evrazijskich stepej* (Moskva 1980) 57—78; V. B. KOVALEVSKAJA, *Kavkaz i alany* (Moskva 1984) 160.

26 G. E. AFANAS'EV, *Poselenija VI—IX vv Kislovodska.* SA 1975/3, 53—62.

27 Ein Großteil der byzantinischen Münzen in Mokraja balka sind Nachbildungen ('indikacija'): Ė. V. RTVELADZE - A. P. RUNIČ, *Nachodki indikacij vizantijskich monet zblizi Kislovodska.* Viz. Vrem. 32, 1971, 219—222. Zu den neuesten byzantinischen Münzen aus dem Nordkaukasus siehe V. B. VINOGRADOV - H. M. MAMAEV, *K izučeniju vizantijsko-severokavkazskich svjazej. Po archeologičeskim materialam tersko-sulakskogo meždurečʻja.* Viz. Vrem. 44, 1983, 190—195.

28 E. I. KRUPNOV, *Otčet o rabote archeologičeskoj ėkspedicii 1947 goda v Kabardinskoj ASSR.* Učënye Zapiski Kabardinskogo Naučno-Issledovatel'skogo Instituta 4, 1948, 281—328.

29 OAK za 1898, 124—140.

30 E. I. KRUPNOV, *Galiatskij mogil'nik, kak istočnik po istorii alan-osov.* VDI 2/3, 1938, 113—121; DERS., *Iz itogov archeologičeskich rabot.* Izvestija Severo-Osetinskogo Naučno-Issledovatel'skogo Instituta 9, 1940, 130—168; ERDÉLYI, *Az avarság* 55—58, Fig. 31—42.

Granulationsimitation aufweist und unter anderem auch an frühawarische Beschläge erinnert. Weiters fanden sich eine Riemenzunge mit Tierkampfszene, ein Steigbügel vom Typ Saltovo, das guterhaltene Holzgerüst eines Sattels, wobei leider die veröffentlichten Fotos den Aufbau nicht klar erkennen lassen, Stabtrensen, Lanzenspitzen, dreiflügelige Pfeilspitzen und Holzfragmente der Pfeilschäfte, sowie ein Säbel mit scharfem Rücken („elman") (Abb. 5.). Insgesamt stellen die Grabfunde eine hervorragende Analogie zum mittelawarischen Fundgut dar.

Balta liegt ebenfalls unweit vom linken Ufer des Gyzel (Komi-Don) in der Gegend von Ordžonikidze.[31] Die zahlreichen, bereits alt beraubten Katakomben erbrachten Fundobjekte vom Typ Saltovo-Majaki, insbesondere gepreßte Gürtelbeschläge mit Rankenverzierung, Ohrgehänge mit Anhängern, Toilettelöffel und dergleichen mehr.

Koban liegt ebenfalls in der Gegend von Ordžonikidze. Auch hier wurden viele Katakomben, darunter auch 2 Pferdebestattungen zerstört.[32] Unter den hier gemachten Funden befindet sich auch ein Komplex, der wohl aus einem Pferdegrab stammt und dank der ausführlichen Publikation in der Fachwelt gut bekannt ist.[33] Dieser Grabfund vom Typ Saltovo enthielt unter anderem einen Säbel mit Beschlag, eine Gürtelgarnitur, einen verzierten Kopfschmuck vom Pferdegeschirr, die verschiedensten Pferdegeschirrbeschläge, zahlreiche Schmuckstücke und Gebrauchsgegenstände wie Fibeln, Spiegel, Perlen, Ringe, ein Trinkglas und andere.

Im Gemeindegebiet von **Lac**, Ossetien, direkt am Fuß des Kazbekberges, wurde eine Grabhügelgruppe mit relativ reichen Bestattungen vom Typ Saltovo archäologisch erschlossen.[34] Die Trachtbestandteile und Beigaben gehören zu den bekannten Typen der Saltovo-Majaki-Kultur: goldene Ohrgehänge mit Kugelanhängern, ein bronzener Ohrlöffel, Perlen, Spiegel, gepreßte Gürtelverzierungen, ein Beil und anderes. Lediglich das Vorkommen von Fibeln ist für die Saltovo-Majaki-Kultur untypisch.

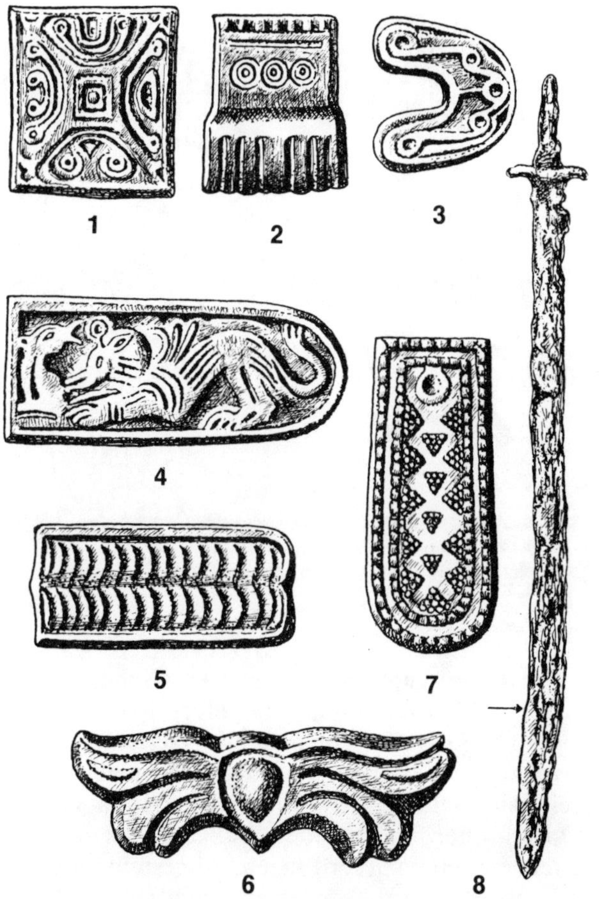

Abb. 5: *Funde aus Galiat.* 1—7: aus Silber gepreßte Beschläge bzw. Riemenzunge des Gürtels bzw. des Pferdegeschirrs. 8: Säbel aus Eisen, mit Rückschneide (Elman).

Neben den genannten gibt es noch einige kleinere Fundorte, die wir nur deswegen erwähnen wollen, weil sie in der Fachliteratur relativ häufig genannt werden. Von nicht geringer Bedeutung sind Funde, die bei **Paškovskaja stanica** am Mittellauf des Kuban gemacht worden sind, so ein Schwert vom Typ des 5. und 6. Jahrhunderts, ein Anhänger in Menschengestalt und ein Schmuckstück in Form dreier Vogelköpfe.[35] Am **Giljač** (Kül-Tübe), einem Nebenfluß des Kuban, wurde ein scheibenförmiges Schmuckstück mit Vogelköpfen gefunden, eine durchbrochene Scheibe, die mit einer menschlichen Figur verziert ist und in ähnlicher Form auch bei den Frühawaren beobachtet werden kann, sowie auch ein deformierter Schädel.[36] Ähnliche Funde wurden in **Pregradnaja stanica** am Fluß Urup gefunden (Abb. 6.).

31 V. I. Dolбežev, *Raskopki bliz Balty, terskoj oblasti.* OAK za 1893, 146—149; Uvarova, *Mogil'niki* 129—135; Kussaeva, *Archeologičeskie pamjatniki.*

32 Uvarova, *Mogil'niki* 91—95.

33 F. Hančar, *Der Inhalt eines Kobaner Katakombengrabes im Wiener Völkerkundemuseum.* MAG 63, 1933, 34—45.

34 E. Pčelina, *Dva pogrebenija alano-chazarskoj kul'tury iz selenija Lac.* Trudy sekcii RANION 4, 1928, 408—426; dies., *Zwei Grabfunde aus der Zeit der alano-chasarischen Kultur im Nord-Kaukasus.* Artibus Asiae 2—3, 1928—29, 144—165.

35 M. V. Pokrovskij, *Paškovskij mogil'nik No. 1.* SA 1, 1936, 159—169.

36 I. M. Minaeva, *Archeologičeskie pamjatniki na r. Giljač v verchov'jach Kubani.* MIA 23, 1951, 273—301.

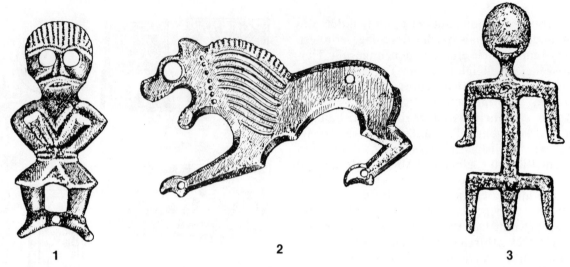

1　　　　　　　　　　　**2**

3

Abb. 6: *Menschen- bzw. Tierdarstellungen von byzantinischem Typ aus dem 6.—7. Jahrhundert.* Pregradnaja stanica und Čufut kale. 1, 2: aus Silber, 3: aus Bronze gegossen.

In **Bajtal-čapkan** im tscherkessischen Gebiet wurden 34 Katakomben freigelegt. Vom Fundgut sind für uns Zierscheiben mit Vogelköpfen, ein Bronzekessel und ein unverzierter bronzener Armreif von Belang. Erwähnenswert sind auch zwei Opfergruben, in denen ein Schädel und Beinknochen von einem Pferd lagen. Angesichts der dort aufgefundenen deformierten Schädel, der Pferdeopfergruben und der Fundobjekte, die — laut Publikation — „auf eine Bevölkerung schließen lassen, die vor allem Viehzucht betrieb", bringt die sowjetische Forschung diesen Fundort mit den Alanen des 5. und 6. Jahrhunderts in Zusammenhang.[37]

Auf einer Anhöhe unweit von Nalčik am Fluß Bol'šaja Laba liegt das Gräberfeld **Moščevaja balka**, das eine Anzahl von Steinkisten- und Katakombengräbern erbrachte. Dank der besonders günstigen Erhaltungsbedingungen waren die Bestattungen samt den Trachtbestandteilen und Beigaben in einem ausgezeichneten Zustand.[38] So

sind es vor allem zahllose, zumeist noch unveröffentlichte Objekte aus organischen Materialien, insbesondere Kleidungsstücke, ein Kopfschmuck (Abb. 7.), ein mit Stroh ausgestopfter kleiner Polster und die Trachtenpuppe eines Kindes, die in ihrem ursprünglichen Zustand ins Museum gelangten. Durch die große Zahl von Textilien unterschiedlichster Herkunft stellt dieser Fundort den Schlüssel zur Geschichte des Seidenhandels in Eurasien dar. Rund die Hälfte der Seidenfragmente stammt erstaunlicherweise aus Sogdien, ein Viertel aus Byzanz, der Rest aus China und nur ganz wenige aus dem Iran. Die sogdischen Seidenstoffe gehören dem aus den Quellen bekannten Typ „zandaniji" an,[39] deren älteste Exemplare hier aus der 2. Hälfte des 7. Jahrhunderts stammen. Diese Funde werfen — mit denen aus Hasaüt und vom Fluß Eškakon (Nordkaukasus) — ein neues Licht auf die nordkaukasische Route der Seidenstraße[40] und stehen in völligem Einklang mit der Nachricht Menanders, wonach die große Straße zwischen Ost und West im 3. Viertel des 6. Jahrhunderts über den Kaukasus führte. Eine große Bedeutung hat in diesem Zusammenhang ein Papierfragment mit chinesischen Notizen zum Fernhandel.[41] Bedauerlicherweise sind

37 I. M. Minaeva, *Mogil'nik Bajtal-čapkan v Čerkesii.* SA 26, 1956, 236—251.

38 A. A. Ierusalimskaja, *Tkan' s Bahromom Gurom iz mogil'nika Moščevaja balka.* Trudy Gos. Ėrm. 5, 1961, 40—50; dies., *Cafetan;* dies., *Tkani;* dies., *Golovnye ubory iz Moščevoj balki (VIII—IX vv) kak social'nyj i ètnokul'turnyj pokazatel'.* In: *XII Krupnovskie Čtenija* (Moskva 1982) 76—77; dies., *Mešočki dlja amuletov iz mogil'nika Moščevaja balka i christianskie „ladanki".* Soobščenija Gos. Ėrm. 47, 1982, 53—56; dies., *Soieries byzantines* 11—38; dies., *„Velikij šelkovyj put'" i Severnyj Kavkaz* (Leningrad 1972); E. Milovanov - A. A. Ierusalimskaja, *Luk iz Moščevoj Balki.* Soobščenija Gos. Ėrm. 41, 1976, 40—43; E. I. Savčenko, *Issledovanie mogil'nika Moščevaja Balka.* AO 1981 (Moskva 1983) 131—132. Einen Teil der Fundobjekte durfte ich 1978 in der Ermitage besichtigen.

39 D. G. Shepherd - W. B. Henning, *Zandanījī Identified?.* In: *Festschrift für Ernst Kühnel* (Berlin 1959) 1—36. Die Stadt Zandan lag bei Buchara.

40 Die letzte publizierte Zusammenfassung des Problemkreises berücksichtigt diese wesentlichen Funde nicht: H.-W. Haussig, *Die Geschichte Zentralasiens und der Seidenstraße in vorislamischer Zeit* (Darmstadt 1983).

41 Die Inschrift ist mit Tuschtinte auf einem rosafarbigen Papier geschrieben: „... 100 Münzen; ... 10. Monat, 4. Tag ... waren verkauft ...." Auf einem anderen, gelben Papier befindet sich eine weitere Inschrift, siehe A. A. Ierusalimskaja, *Alanskij mir na šelkovem puti.* In: *Kul'tura Vostoka. Drevnost' i rannesrednevekov'e* (Leningrad 1978) 151.

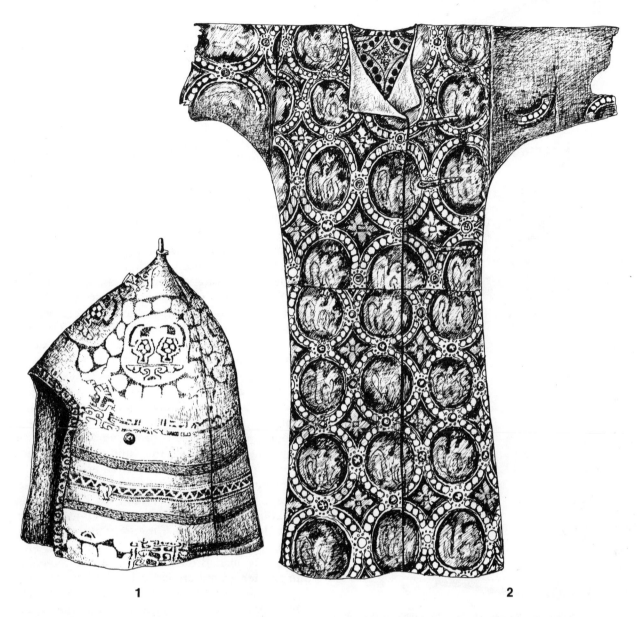

Abb. 7: *Seidene Kleidungsstücke aus Moščevaja balka.*
1: Kappe, 2: Kaftan, beide aus sogdischer Seide.

aber all diese Dinge so einmalig, daß sie mit anderen Fundkomplexen nicht vergleichbar sind. Zur Frage der Kulturzugehörigkeit sind die „gewöhnlichen" Fundtypen doch aussagekräftiger: So fanden sich auch ein gut erhaltener Reflexbogen, ein lederner Bogenköcher (Abb. 8.) und die für die Saltovo-Majaki-Kultur bezeichnende eingeglättete Keramik. Unter den Funden aus Frauengräbern gab es Ohrgehänge mit Kugelanhängern, einen Gürtelbeschlag mit Greifendarstellung sowie eine runde gepreßte Zierscheibe, die dem Kaftanschmuck der ungarischen Landnahmezeit ähnlich ist. Abgesehen von den archäologischen Parallelen wird das Material auch durch einen gelochten (?) Solidus des Leo III.

(717—745) datiert. Der Fund widerlegt auch die in der Waffengeschichte gängige Theorie, wonach der Bogenköcher, in dem der Reflexbogen im gespannten Zustand getragen werden konnte, erst während der Mongolenzeit Verbreitung gefunden hätte.[42]

Aus **Martan-ču**, südwestlich von Groznyj gelegen, sind 3 Gräberfelder aus dem Frühmittelalter bekannt. Das eine bestand aus Katakombengräbern des 5.—8. Jahrhunderts, im zweiten fand sich ebenfalls eine Katakombe aus dem 8.—9.

---

42 K. KŐHALMI, *La periodisation de l'histoire des armements des nomades des steppes.* Études Mongoles 5, 1974, 154. Daß es sich hierbei um keinen Zufall handelt, zeigt eine aus 740 datierte Marmorstatue aus China, worauf ein ebensolcher Bogenköcher dargestellt ist, siehe D. ET V. ELISEEFF, Nouvelles décovertes en Chine (Paris 1983) 188, Fig. 150.

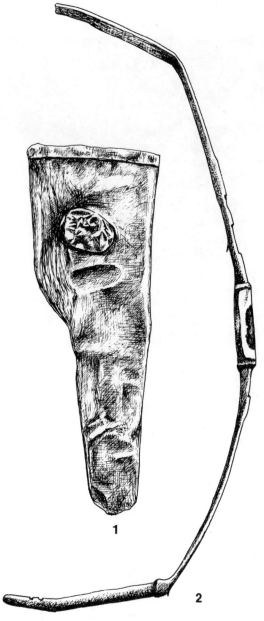

Abb. 8: *Zubehör der Bogenwaffe aus Moščevaja balka.* 1: lederner Bogenköcher mit silberner Blechverzierung in der Mitte; 2: Reflexbogen aus Holz mit knöchernen Versteifungen.

hänge sowie eine nicht näher bestimmte byzantinische Münze. Einige Fundobjekte aus einem Grab mit Säbel und Gürtelgarnitur sind besser bekannt.[44] (Abb. 9.) Die Funde zeigen die charakteristischen Merkmale der Saltovo-Majaki-Kultur und sind — vor allem aus diesem Grund — als Parallelen zu den ungarischen landnahmezeitlichen Materialien anzusehen,[45] wobei vor allem die Beschlagstypen und Säbelknäufe als Analogien hervorstechen. Im Hinblick auf den Wiener Säbel („Schwert Karls des Großen") ist vor allem das kugelförmige Scheidenende erwähnenswert. Was die genannte Spätdatierung durch die sowjetischen Kollegen betrifft, so findet sich in dem bislang publizierten Material nichts, was in das 11. Jahrhundert datiert werden müßte.

Feldmaršal'skaja stanica liegt am rechten Ufer der Sunža am Fuß des Asin-Passes. Anläßlich einer Notbergung wurden hier mehrere Bestattungen freigelegt,[46] die angeblich unter Grabhügeln gelegen sind. Dabei fanden sich vor allem Pferdegeschirrbestandteile vom Typ Saltovo, darunter Steigbügel, Trensen, runde Beschläge sowie eine Satteldecke (?), daneben aber auch Waffen, unter anderem ein Säbel und ein Beil, Ringe, Armreifen, Perlen und eine Schelle. In den Publikationen werden auch bronzene und silberne Helmspitzen, sowie Pferde- und Lammknochen neben den menschlichen Skeletten erwähnt.

Der Fundort **Duba-jurt** liegt in Čečeno-Ingušetien am Fluß Argun. Der Platz ist durch einige Katakombengräber bekannt, die Objekte beinhaltet haben, welche für die Saltovo-Majaki-Kultur kennzeichnend sind.[47] Nennenswert sind vor allem aus Bronzeblech gepreßte Nachbildungen der granulierten Gürtelverzierungen vom Typ Saltovo und gepreßte Gürtelbeschläge aus Silber- bzw. Bronzeblech, die an Materialien der landnehmenden Ungarn erinnern (Abb. 10: 2). Von Interesse sind außerdem eine gegossene Silberschnalle und eine ebensolche Hauptriemen-

Jahrhundert. Das dritte erbrachte 29 Katakombengräber sowie ein Gewölbegrab aus dem 8.—11. Jahrhundert.[43] Das Fundmaterial wurde in einigen Vorberichten kurz angesprochen: Armreifen aus Gold, Bronze und Glas, beinerne Bogenversteifungen, Beile, Köcher, zwei- und dreiflügelige sowie gabelförmige Pfeilspitzen, Ton- und Glasgefäße, Ohrringe mit Kugelreihenge-

43 V. B. VINOGRADOV - H. M. MAMAEV, *Nekotorye voprosy rannesrednevekovoj istorii i kultury naselenija Čečeno- Ingušetii.* In: *Archeologija i voprosy ètničeskoj istorii Severnogo Kavkaza* (Groznyj 1979) 63—67.

44 V. B. VINOGRADOV, *Raskopki u sel. Martan-ču.* AO 1976 (Moskva 1977) 91—92; DERS., *Altungarische Parallelen zu einigen Gräbern des alanischen Gräberfeldes bei Martan-ču.* AAH, 1983, 211—250.

45 U. E. eignen sich diese Befunde nicht für historische Überlegungen im Zusammenhang mit der mutmaßlichen Urheimat der Magyaren im Kaukasus, wie sie bei I. ERDÉLYI, *Über die Zusammenhänge der Grabfunde bei Martan-ču.* AAH 35, 1983, 207—209, geäußert werden.

46 ZAKHAROV - ARENDT, *Levedica* 28—32 und 54, Taf. V/1, 2, 4.

47 A. P. KRUGLOV, *Archeologičeskie raskopki v Čečeno-Ingušetii letom 1936 g.* (Zapiski Čečeno-Ingušskogo Naučno-issledovatel'skogo Instituta Jazyka i Istorii 1, Groznyj 1938) 3—31. Einen Teil der Fundobjekte konnte ich 1983 in der Ermitage besichtigen.

Abb. 9: *Funde aus Martan-ču.* 1: Querschnitt eines Katakombengrabes; 2—5: aus Silber gegossene Gürtelgarnitur; 6: silberner Ohrring mit Kugelreihengehänge; 7: bronzener Ring mit Pasteneinlage; 8: rekonstruierte Taschendecke mit silbernen Beschlägen (Rekonstruktion von V. B. Vinogradov).

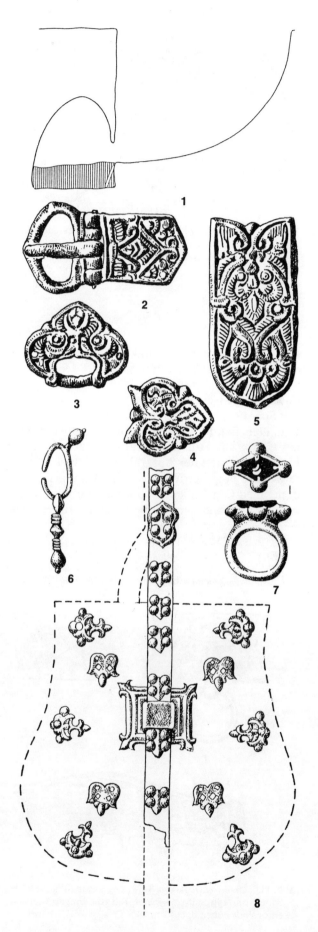

zunge, die mit einem Greifen und einer stehenden Männergestalt mit langem Zopf verziert ist, Melonenkernperlen (Abb. 10: 3) sowie eine gegossene durchbrochene Scheibe aus Bronze, die mit Hilfe eines Dirhemfragments in das 9. Jahrhundert datiert werden kann (Abb. 10: 1). Die Zierscheibe zeigt einen Greifen und darf als eine entfernte Parallele zu ähnlichen Scheiben der ungarischen Landnahmezeit gelten.

Im ausgetrockneten **Flußtal des Eškakon**, unweit von Kislovodsk, wurden mehrere Grabgruppen entdeckt, die auf einer Felsterrasse angelegt worden waren.[48] Für uns ist das Gräberfeld 3 von Belang. In einer Grabnische fand sich ein reich verzierter Säbel vom Typ Saltovo, der einen Griff mit Fingerrasten, einen Knauf aus Silberblech, eine reich mit Palmetten verzierte und hintergrundpunzierte Hängeöse hat (Abb. 11: 4), und dessen Scheide und Griff teilweise mit der Haut eines Wales überzogen sind, der im Indischen Ozean heimisch ist (Trygon Sephon). Außer der Gürtelgarnitur (Abb. 11: 1-3) und den Ösenknöpfen enthält das Inventar auch eine gut erhaltene, aus sogdischer Seide angefertigte Tasche, die auf Grund textilhistorischer Überlegungen in das 8.—9. Jahrhundert datiert wird.[49] Das Grab selbst wurde wohl im 9. Jahrhundert angelegt, zumal Schmuck und Keramik in der Saltovo-Majaki-Kultur gute Parallelen haben. Sonderbarerweise besitzen hier die Töpfe gelochte Lappen, mit deren Hilfe man die Gefäße aufhängen konnte, und die für die Tonkessel typisch sind. In dem Gräberfeld aus dem 5. Jahrhundert fanden sich unter anderem auch je eine Münze von Kavad I. (499—531) und von Tiberios Constantinos (578—582).

Der Fundort **Zmejskaja stanica** fand in Zusammenhang mit den Auseinandersetzungen um den Wiener Säbel („Schwert Karls des Großen") in die mitteleuropäische Literatur Eingang.[50] Tat-

48 V. A. KUZNECOV - A. P. RUNIČ, *Pogrebenie alanskogo družinnika IX v.* SA 1974/3, 196—202; A. P. RUNIČ, *Skel'ni mogyl'niki u verchiv'jach r. Eškakon na Pivničnomu Kavkazi.* Arch. 16, 1975, 65—76.

49 IERUSALIMSKAJA, *K složeniju* 55.

50 I. BÓNA, (Anmerkungen zum Manuskript des Bandes NÁNDOR FETTICH, *Das altungarische Fürstengrab von Zemplín.*) AÉ 93, 1966, 282; BUDINSKÝ-KRIČKA - FETTICH, *Zemplín* 105—109.

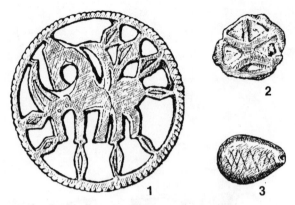

Abb. 10: *Funde aus Duba-jurt.* 1: aus Bronze gegossene, durchbrochene Zierscheibe; 2. Gürtelbeschlag aus gepreßtem Silberblech; 3: melonenkernförmige Perle.

sächlich gehört das Katakombengräberfeld zu einer späten kaukasischen Variante der Saltovo-Majaki-Kultur, und einige der hier geborgenen Funde zeigen eine entfernte Verwandtschaft mit der Schmiedekunst der ungarischen Landnahmezeit. Der Fundort befindet sich am linken Ufer des Terek am Fuß des Berges Kabard. Von den Fundmaterialien der Ausgrabungen, die hier mehrere Jahre lang betrieben worden waren, sind nur diejenigen Objekte der ersten zwei Grabungskampagnen bekannt gemacht worden, die für relevant

51 KUSSAEVA, *Alanskij katakombnyj mogil'nik* 51—61; V. A. KUZNECOV, *Zmejskij katakombnyj mogil'nik (po raskopkam 1957).* MADISO 1, 1961, 62—129; DERS., *Issledovanija katakombnogo mogil'nika v 1958 g.* MIA 114, 1963, 8—47.

gehalten worden sind; außerdem liegt noch ein kurzer Vorbericht der dritten Grabungssaison vor.[51] Das Material aus den 78 Katakomben der ersten zwei Grabungsjahre ist auf Grund der spezifischen Erhaltungsbedingungen sehr reichhaltig, insbesondere was die Holz-, Textil- und Lederfunde betrifft. Der seidene, mit Goldfäden durchwirkte und aus Leder gefertigte Kopfschmuck, die perlenbestickten und mit ledernen Besätzen versehenen Oberkleider, und die bis zu den Knöcheln oder bis zum Knie reichende Fußbekleidung gibt weitreichende Aufschlüsse über die zeitgenössische Tracht. Unter den persönlichen Schmuckgegenständen sind die vielen Haarringe, Bernstein- und Glasperlen, verschiedene Anhänger, darunter ein Kreuz- und ein Bernsteinanhänger mit arabischer Aufschrift, Toilettegegenstände, Armreifen aus Glas, Spiegel und andere Dinge bemerkenswert. Es blieb sogar ein Fragment des Haarbalgs erhalten: Die paarweise verschlungenen dünnen Geflechte waren an beiden Seiten mit runden Bronzeplättchen fixiert. Auch zahlreiche organische Teile des Pferdegeschirrs sind gut erhalten. Zum Vorschein kamen hohe, mit Leder und Textilien überzogene Sättel, die mit Schnitzereien, Glaseinlagen und mit Platten verziert waren, die ihrerseits theriomorphe Ornamente trugen (Abb. 12: 2). Zum Zaumzeug gehörten auch Riemen, die mit Riementeilern und Schnallen versehen waren, sowie reich bearbeitete und mit Menschenfiguren verzierte Satteldecken. Bekannt ist auch der Knebel einer Trense, von den Steigbügeln wissen wir lediglich, daß sie gewölbte Sohlen aufwiesen. Zwischen den Reitergräbern befand sich auch eine eigenständige Pferdebestattung. Was die Waffen betrifft, so ist zunächst die große Anzahl

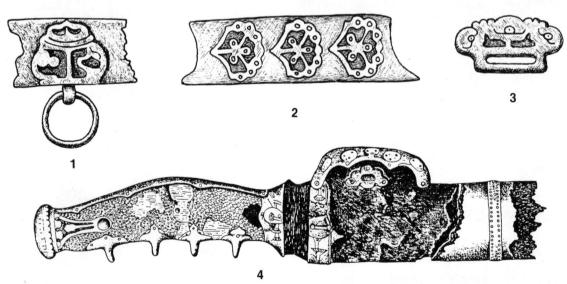

Abb. 11: *Funde vom Eškakon.* 1—3: gegossene Silberbeschläge der Gürtelgarnitur, teils auf originalen Lederriemen erhalten; 4: Säbel vom Typ Saltovo, oberer Teil (die Fingerrasten und der Knauf sind aus Silberblech, der Griff teilweise mit der Haut eines Wales überzogen).

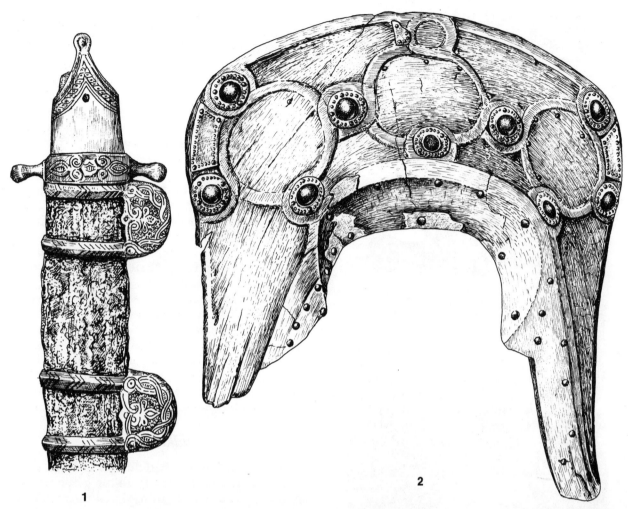

1

2

Abb. 12: *Funde aus Zmejskaja stanica.* 1: oberer Teil eines Säbels mit silbernen Beschlägen; 2: vordere Platte eines Sattels aus Holz, mit Verzierungen aus Silberblech und Glaspasteneinlagen.

der Säbel bemerkenswert. Die veröffentlichten drei Exemplare sind gerade oder nur leicht gebogen und haben scharfe Rücken, je eine silberne Hängeöse und ein kugelrundes Ortband. Die Anordnung der genannten Bestandteile stimmt zweifelsohne mit der des Wiener Säbels („Schwert Karls des Großen") überein, worauf auch die sowjetische Forschung häufig hinweist. Die sehr charakteristische Ornamentik ist aber mit Ausnahme einer palmettenverzierten und hintergrundpunzierten Hängeöse mit den Verzierungen des Wiener Exemplars nur entfernt verwandt (Abb. 12:1). Manche Bögen waren mit Textilien oder Leder überzogen, die Köcher sind angeblich dem „Typ Gorytos" zuzuordnen, die Form der Pfeilspitzen wurde leider nicht beschrieben. Immerhin wurde von Sicheln, Scheren und Mahlsteinen berichtet, die sich im Gräberfeld gefunden hätten. Die sowjetische Forschung datiert das

Gräberfeld in das 10.—12. Jahrhundert, wobei die diskussionswürdige Verwandtschaft der dort gefundenen Säbel mit dem Wiener „Schwert Karls des Großen", der von den sowjetischen Kollegen in das 11. Jahrhundert datiert wird, eine entscheidende Rolle spielt.[52] Zur Datierung wird auch ein Seidenfragment herangezogen, das eine arabische Aufschrift trägt und in das 11.—12. Jahrhundert gesetzt wird. Beide Datierungsversuche sind problematisch; soweit man es überhaupt feststellen kann, dürften auch die arabischen Schriftzeichen eher in das 10. Jahrhundert zu stellen sein.[53] Demgegenüber betonen beide Bearbeiter der publizierten Grabfunde die Verwandtschaft der Fundmaterialien mit denen des Gräberfeldes von Verchne Saltovo und den kaukasischen Funden der Saltovo-Majaki-Kultur. Vor allem der hohe Sattel und die Steigbügel mit gewölbtem Tritt stehen aber in einem gewissen Gegensatz zu den typischen Funden der Saltovo-Majaki-Kultur, sie wurden in dieser Region wohl erst durch die Petschenegen verbreitet.

52 KIRPIČNIKOV, *Sablja* 268—275.
53 Freundliche Mitteilung von Prof. K. CZEGLÉDY.

Abb. 13: *Funde aus Kolosovka.* 1, 2, 4, 5: reich verzierte Beschläge eines Säbels aus gegossener Bronze; 3: Säbelknauf aus Silber mit Palmettenverzierung vom ungarischen Typ.

Das ausgedehnte Gräberfeld von **Zmejsk** wurde offensichtlich sehr lange benutzt. Die bis heute bekannten Katakomben könnten durchaus zwischen dem 9. und 11. Jahrhundert angelegt worden sein. Es ist zu beachten, daß sich das Fundmaterial dieses Gräberfeldes von dem der landnehmenden Ungarn auch dann in jeder Hinsicht unterscheidet, wenn man bei einem Vergleich die typisch kaukasischen Objekte, beispielsweise Trachtbestandteile, Glasgefäße und anderes mehr, außer acht läßt. Die hier vertretene Flechtbandornamentik, die Perlenzier und die sehr eigenwillig stilisierten Tierfiguren, aber auch viele andere Fundtypen widersprechen dem ungarischen Formwollen auf das heftigste.

Kolosovka, am Oberlauf des Fars, wo mehrere Brandbestattungen freigelegt werden konnten,[54] wird in der mitteleuropäischen Archäologie ebenfalls im Zusammenhang mit der Diskussion um den Wiener Säbel bisweilen genannt. Die in Kolosovka gefundenen Säbel mit scharfem Rücken erinnern sowohl von ihren Bestandteilen (Knauf, Hängeösen, Scheidenende), aber auch von der Anordnung der einzelnen Bestandteile her zweifelsohne an das „Schwert Karls des Großen", doch unterscheiden sich die kaukasischen Exemplare in allen ihren Einzelheiten und besonders in der Ornamentik, in der Ausführung der Tierfiguren und in der Zahnschnittornamentik von dem Wiener Stück (Abb. 13: 1, 2, 4, 5). Eine Ausnahme bildet ein Knauf, dessen Palmettenzier, sogar in der Technologie ihrer Ausführung, vollkommen mit den für die ungarische Landnahmezeit typischen Motiven übereinstimmt (Abb. 13: 3). Neben den drei Säbeln erbrachte das Gräberfeld zahllose weitere Fundmaterialien, die auf eine autochthone kaukasische Bevölkerung hinweisen, die keine engeren Verbindungen zur Steppe hatte. Eine Ausnahme stellt ein sogenannter Taschenhängebeschlag dar, wie er in ähnlicher Form bei den landnehmenden Ungarn gut bekannt ist.

Südkaukasus

In dem reichen Gräberfeld von **Cebelda** (Cibilium)[55] wurde eine Gürtelgarnitur gefunden, die an die Objekte von Martinovka erinnert und die mit charakteristischen Gegenständen der autochthonen Bevölkerung und mit Münzen des Justinian I. vergesellschaftet war (Abb. 14: 1—12, 16).

Eine ebensolche Gürtelgarnitur wurde bei **Verchnaja Ešera** zusammen mit einem Schwert mit P-förmiger Hängeöse geborgen (Abb. 14: 13—15).[56]

Bei **Abram** am Fluß **Dyrso** wurde eines der bedeutendsten frühmittelalterlichen Gräberfelder des Kaukasus freigelegt.[57] Seine frühe Periode fällt zwar aus dem chronologischen und kulturellethnischen Rahmen der vorliegenden Übersicht, doch zeigen sich deutliche Bezüge zur Steppenkultur, und überdies reicht die Belegung des

54 P. A. DITLER, *Mogil'niki v rajone poselka Kolosovka na reke Fars.* Sbornik Materialov po Archeologii Adygei 2, 1961, 127—187.

55 JU. N. VORONOV, *Novye pamjatniki cebel'dinskoj kul'tury v Abchazii.* SA 1973/1, 171—190; JU. N. VORONOV - N. K. ŠENKAO, *Vooruženie voinov Abchazii IV—VII vv.* In: *Drevnosti*, 121—165.

56 JU. N. VORONOV - O. CH. BGRAŽBA, *Novye materialy VII v. iz mogil'nikov Abchazii.* KSIA 158, 1979, 67—71.

57 DMITRIEV, *Mogil'nik 52—57*; DERS., *Rannesrednevekovye fibuly iz mogil'nika na r. Dyrso.* In: *Drevnosti 69—107*.

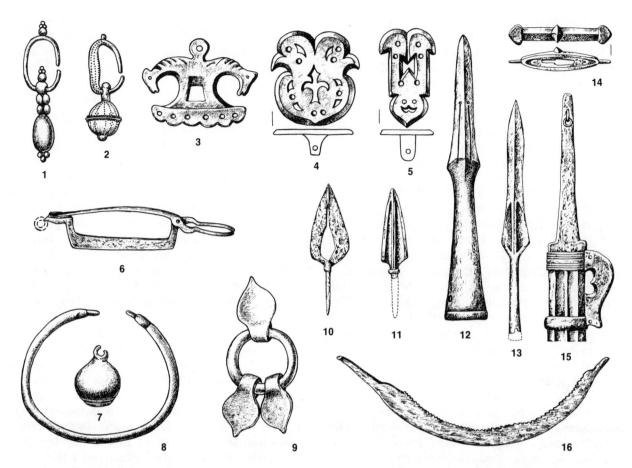

Abb. 14: *Funde am Dyrso und aus Verchnaja Ešera.* 1, 2: Ohrringe mit Kugelanhängern aus Silber bzw. Gold; 3: aus Bronze gegossener Hängeschmuck; 4, 5: silberne gegossene Gürtelbeschläge; 6: Eisenfibel mit umgeschlagenem Fuß; 7: aus Bronze gegossener Ösenknopf; 8: aus Bronze gegossener Armring mit offenen Enden; 9: Riemenverteiler des Pferdegeschirrs aus gegossenem Silber; 10, 11: eiserne Pfeilspitzen; 12, 13: eiserne Lanzenspitzen; 14: bronzene Parierstange eines Schwertes; 15: oberer Teil eines Schwertes mit silbernen P-förmigen Hängeösen; 16: eiserne Sichel mit Sägezahnung.

Friedhofs noch in das 6. Jahrhundert hinein, sodaß kurz darauf eingegangen werden soll. Die überwiegende Mehrheit der etwa 350 reich ausgestatteten Gräber kann auf Grund der mit Goldblech überzogenen Plattenfibeln mit Steinbesatz, eines Kubooktaederohrringes, der Ohrgehänge mit Pyramidenverzierung, der Schwerter mit Tauschierungen und jener mit P-förmigen Hängeösen, der Pferdegeschirre und Gürtelschnallen, sowie einiger bosporanischer und byzantinischer Münzen in das 4.—6. Jahrhundert datiert werden. Es wurden 16 eigenständige Pferdebestattungen freigelegt, wobei die Pferde aufgeschirrt und mit Waffen beerdigt wurden. Die mit Schuppen verzierten goldplattenverkleideten Sättel dienen als wichtige Analogien bei der Analyse euroasiati-

scher Sättel der Hunnenzeit.[58] Ein Teil der Objekte zeigt Gemeinsamkeiten mit Funden, die im allgemeinen in das 5. Jahrhundert datiert werden; ein anderer Teil des Materials aus Abram dürfte jedoch erst aus dem 6. Jahrhundert stammen. Aufgrund der chronologischen Stellung und des allgemeinen Charakters des Friedhofes könnte man annehmen, daß hier ein Gräberfeld der kaukasischen Hunnen[59] freigelegt worden ist. Die sowjetischen Kollegen neigen allerdings eher dazu, es mit den Tetraxita-Goten[60] in Zusammenhang zu bringen, was unbegründet scheint, weil diese Pferdegräber mit Geschirr und Waffenbeigaben bei

58 Der publizierte Rekonstruktionsversuch überzeugt nicht: A. V. DMITRIEV, *Pogrebenija vsadnikov i boevych konej v mogil'nike épochi pereselenija narodov na r. Djurso bliz Novorossijska.* SA 1979/4, 215 mit Abb.5/b; A. K. AMBROZ, *K stat'e A. V. Dmitrieva.* Ebenda 230 mit Abb. 1. Die vorgeschlagenen Rekonstruktionen sind nicht als endgültig zu betrachten; der vordere Sattelbogen wird aus logischen Gründen und nach den zentralasiatischen Analogien sicher nicht so hoch gewesen sein. Es bedarf weiterer Beweise dafür, daß die schmalen, gebogenen Bänder jeweils an den hinteren Enden der Seitenbretter befestigt waren.

59 Zu den historischen Fragen in diesem Zusammenhang siehe K. CZEGLÉDY, *Kaukázusi hunok, kaukázusi avarok.* AT 2, 1955, 121—124 GOLDEN, *Khazar Studies* 90—93, 259—261.

60 Dazu siehe DMITRIEV und AMBROZ.

den Ostgermanen kaum vorhanden sein konnten. Es ist interessant, daß die hier oft vorkommende Schuppenzier im Nordkaukasus mit Sicherheit auch noch in der 2. Hälfte des 6. Jahrhunderts bekannt war.[61] Eine direkte oder indirekte Verbindung — zumindest ein Teil der hier bestatteten Bevölkerung — mit dem zentralasiatischen Kulturbereich beweist auch ein Knochenschnallentyp, der unseres Wissens in der eurasischen Steppe erst während der Türkenzeit (T'ou-kiu) allgemein verbreitet wurde.[62]

Derselbe Fundplatz erbrachte auch einen Gräberfeldteil aus dem 8. und 9. Jahrhundert, wobei der Grabungsleiter die dort auftretende Kombination von Funden des Typus Saltovo-Majaki mit dem Nachweis des Brandbestattungsritus für einmalig hält.[63] Dem steht entgegen, daß an der Ostküste des Schwarzen Meeres auch in anderen Friedhöfen die Brandbestattung neben den Pferdebestattungen auftritt, die zweifelsohne mit der Steppenkultur zusammenhängen.[64] Die Tatsache, daß bisher Brandbestattungen vom Typus Saltovo-Majaki sehr selten festgestellt worden sind, läßt sich leicht damit erklären, daß diese — wie die Gruben am Dyrso zeigen — häufig in einer geringen Tiefe von nur 30—60 cm liegen und bei der Bodenkultivierung leicht zerstört werden. Der aufgefundene Schmuck, die Pferdegeschirre, Waffen, Keramik und Arbeitsgeräte stimmen völlig mit den charakteristischen Funden der Saltovo-Majaki-Kultur überein. In einem Grab wurde sogar ein Solidus des Leo III. (720—741) geborgen. Bemerkenswert ist der außerordentlich gute Zustand der Eisengegenstände, der eine Folge der Brandbestattung sein könnte. Die Säbel gehören zu den am reichsten verzierten Stücken der Saltovo-Majaki-Kultur; ihre baldige Veröffentlichung wird unter anderem auch zu einer besseren Beurteilung des bisher alleinstehenden Säbels von Zsebes (siehe Abb. 75: 1) und der Entwicklung der landnahmezeitlichen Säbel wesentlich beitragen.

Eine historisch hochbedeutende und — was die ethnische Zuordnung betrifft — wohl eindeutige Bestattung wurde im Ostteil des Südkaukasus gefunden. Bei der Freilegung von drei bronzezeitlichen Hügelgräbern in **Üč tepe** (türkisch: drei Hügel) am Fluß Kura in Azerbaidžan stieß man auf das Grab eines vornehmen Kriegers, das nicht nur Einflüsse der Steppenkultur aufwies, sondern zweifellos die Bestattung einer türkischen Volksgruppe darstellt.[65] Unter einem überdimensionalen Hügel, in der Mitte einer ungewöhnlich großen Grube von 14 × 2,5 m (Abb. 15: 9) lag etwa ein Meter über der Grabsohle das Skelett eines Mannes von turanidem Typ[66] in nordost-südwestlicher Orientierung. Der Bestattete hatte einen Gürtel mit gepreßten Goldblechbeschlägen, die überdies mit Granulationsimitationen verziert waren, und der 7 Nebenriemenbeschläge aufwies (Abb. 15: 3—5). Ein zweiter Gürtel trug unverzierte Silberbeschläge und Riemenzungen (Abb. 15: 2, 7, 8). Weiters enthielt das Grab Hals-, Arm- und Beinreifen aus Golddraht sowie ein mit Goldblech überzogenes Schwert mit P-förmigen Hängeösen (Abb. 15: 10) und ein Gefäß von unbekannter Form. Für die zeitliche Einordnung mag ein, offenbar abgegriffener, Solidus des Justinus I. (518—527) sowie ein Ring, der eine Inschrift in Pehlevi (mitteliranische Sprache) trägt und der in das 6.—8. Jahrhundert datiert wird,[67] Anhaltspunkte geben. Einer in der Fachliteratur geäußerten Auffassung entsprechend könnte die Bestattung aus der Zeit vor den Feldzügen der Chasaren in den Südkaukasus, das heißt also aus dem 6. Jahrhundert stammen und somit das Grab eines vornehmen Sabiren sein.[68] Zwar haben die archäologischen Gründe, mit denen diese Frühdatierung untermauert wurde, nur ein geringes Gewicht, doch stehen auch die Gegenargumente auf tönernen Füßen, denn andere Bestattungen der Sabiren aus dem 6. und solche der Chasaren aus dem 6. und 7. Jahrhundert sind nicht bekannt. Zieht man aber die erheblichen Gemeinsamkeiten des Materials von Üč tepe mit dem der Frühawaren in Betracht, insbesondere was das Schwert und die Gürtelgarnituren betrifft, so könnte man das Grab auch um ein weniges später datieren

61 A. P. RUNIČ, *Rannesrednevekovye sklepy Pjatigor'ja.* SA 1979/4, 243 mit Fig. 8/4

62 Zu diesem Fundtyp siehe: K. MESTERHÁZY, *Népvándorláskori csontcsatok.* AÉ 96, 1969, 242—245.

63 DMITRIEV, *Mogil'nik* 54—55

64 E. P. ALEKSEEVA, *Pogrebal'nyj obrjad i material'naja kul'tura rannesrednevekovych adygskich plemen.* MADISO 3, 1975, 41. Nicht erwähnt wird die bei Novorossijsk freigelegte angebliche Urnenbestattung, in der Dirheme aus dem 9. Jh. lagen. Zusammen mit diesem Fundgut gelangten auch andere Objekte, die offensichtlich aus späteren Perioden stammen, in das Museum. Vgl. ZAKHAROV - ARENDT, *Levedica* 56.

65 A. A. JESSEN, *Raskopki bol'šogo kurgana v uročišče Uč-tepe.* MIA 125, 1965, 153—192.

66 V. V. GINZBURG, *Antropologičeskaja charakteristika čerepa čeloveka iz vpusknogo pogrebenija kurgana No 3 v uročišče Uč-tepe.* MIA 125, 1965, 192—193. GINZBURG spricht von einem „sredneaziatskij" (= mittelasiatischen) Typ; die Begriffe „turanid" und „mittelasiatisch" (= „pamirid") sind entsprechend der Terminologie von LIPTÁK, *Avars* 20 zu verstehen.

67 V. V. LUKONIN, *Nadpis na perstene iz kurgana v Uč-tepe.* MIA 125, 1965, 193.

68 FĒDOROV - FĒDOROV, *Rannye tjurki* 64—66.

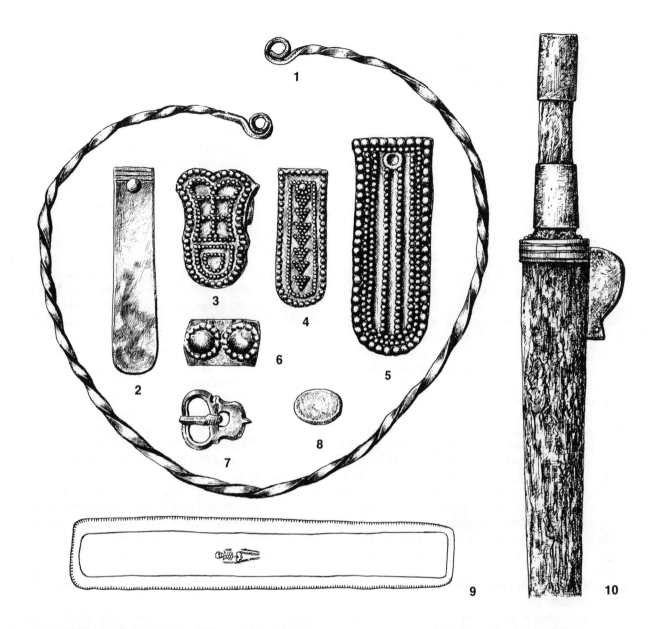

Abb. 15: *Funde aus Üč tepe.* 1: Halsreif aus tordiertem Silberdraht; 2, 7, 8: silberne Riemenzunge, Gürtelschnalle und Beschlag; 3—5: aus Goldblech gepreßter Gürtelbeschlag bzw. Riemenzungen; 9: Grabplan; 10: oberer Teil des eisernen Schwertes mit silbernen Griffbeschlägen und P-förmigen Hängeösen.

und in dem hier Bestatteten einen Chasaren sehen, der 628 in der Schlacht von Tiflis[69] gefallen ist, als die Chasaren mit den Byzantinern verbündet waren. Es drängt sich unweigerlich die Frage auf, ob nicht die zwei weiteren Hügel (siehe den Namen des Fundortes: „Drei Hügel") ebenfalls Bestattungen dieser Art bergen.

69 Zu den einschlägigen Quellen und dem historischen Hintergrund siehe K. CZEGLÉDY, *Herakleiosz török szövetségesei.* MNy 49, 1953, 319—323.

Der Kaukasus und seine Kulturbeziehungen

Dank ihrer günstigen geographischen Lage gelangten die Bewohner des Kaukasusraumes ohne eine lange Reihe von Vermittlern offensichtlich bald nach deren Emission in den Besitz sassanidischer, byzantinischer und arabischer Münzen. So läßt sich auch erklären, daß im Gegensatz zu anderen Regionen Osteuropas die Münzen in verhältnismäßig großer Zahl und in den verschiedensten Fundkombinationen geborgen werden konnten. Im allgemeinen würde dies eine genaue Datierung der Funde ermöglichen, wobei sich die einzelnen zeitlichen Einordnungen gegenseitig stützen würden. Leider muß man aber oft mit erheblichen Verzögerungen rechnen, denn im Gegensatz zu dem prägefrischen Dinar von Galiat war der Solidus des Justinus I. vermutlich rund hundert Jahre älter als das wohl 628 angelegte Fürstengrab von Üč tepe, in dem er gefunden wurde. Aber selbst angesichts einiger Unsicherheiten im Detail sind so manche typochronologische Ergebnisse bemerkenswert. So bestätigt sich die Ansicht, daß Gürtelbeschläge vom Typ Martinovka wohl schon in der Mitte des 6. Jahrhunderts Verbreitung fanden, wie die Funde von Mokraja balka, Čmi, von Dyrso und von Skalistoe auf der Krim zeigen.[70] Die Kombination dieser Gürtelbeschläge mit der Imitation einer byzantinischen Münze des Herakleios und Herakleios-Constantinos (613—641) in Grab 81 des Gräberfeldes I von Čir-jurt beweist offenkundig, daß diese Gürtelbeschläge im 2. Drittel des 7. Jahrhunderts noch in Verwendung waren. Gürtel mit granulierten Beschlägen wurden schon zu Beginn des 7. Jahrhunderts von Steppenfürsten getragen, wie der großartige Fund von Üč tepe beweist, andererseits kommen gepreßte Gürtelbeschläge mit Sicherheit noch am Beginn des 8. Jahrhunderts bisweilen vor, so in Galiat, aber auch im Inventar der Bestattung II in der östlichen Grabkammer von Kugul. Waffengeschichtlich, insbesondere für die Entwicklung der Säbel, ist von Bedeutung, daß ein gerades einschneidiges Schwert, dessen kurze, in Kugeln endende Parierstange an die der mittelawarischen Säbel erinnert, in Moščevaja balka zusammen mit den Münzen des Maurikios und Khosrau II. zutage kam. Die vergleichbaren Schwerter von Voznesenka und Arcybaševo wurden bislang rein typologisch in die erste Hälfte des 7. Jahrhunderts gestellt. Bei der Datierung des echten Säbels mit scharfem Rücken („elman") — in Osteuropa frühestens in den Beginn des 8. Jahrhunderts — stützte man sich auf den erwähnten Dinar von Galiat. Im selben Grab, wie auch in einem der Gräber von Pesčanka, das aber keine Münzen enthielt, fand sich eine Riemenzunge, die mit einem Mischwesen verziert ist, das wohl den unmittelbaren Vorläufer der spätawarischen Greife darstellt. Dem Grab von Galiat kommt sicher auch bei der chronologischen Fixierung eines türkischen (T'ou-kiu) Grabes bei Samarkand[71] und bei der zeitlichen und kulturellen Einordnung der Senmurw-Darstellung der Sassaniden eine bedeutende Rolle zu. Doch auch für die Lösung einiger Probleme im Zusammenhang mit der Saltovo-Majaki-Kultur ist das Grab von Galiat wichtig, denn der für diese Kulturgruppe entscheidende Steigbügeltyp ist bereits zu dieser Zeit nachweisbar. Die Vergesellschaftung einiger Objekte vom Typ Saltovo mit Funden des 7. Jahrhunderts in Kislovodsk-Direktorskaja gorka zeigt,

daß auch von diesem Gesichtspunkt her die Fundkombination des Grabes von Galiat kein Einzelfall ist.

Die Zahl der Funde des 6. und 7. Jahrhunderts aus dem Kaukasus, die mit der frühawarischen Kultur zusammenhängen, ist in den letzten Jahren sprunghaft angestiegen, sodaß es wohl gerechtfertigt ist, die Qualität der Kontakte zwischen den Frühawaren und dem Kaukasus aus archäologischer und historischer Sicht neu zu betrachten, zumal wir ja auf diese Weise zu Erkenntnissen kommen, welche die frühe chasarische Geschichte betreffen. Vor allem aus der Verbreitung der Gürtelbeschläge vom Typ Martinovka lassen sich einige Schlüsse ziehen. Zum einen treten sie stets dort auf, wo auf Grund von schriftlichen und archäologischen Quellen die Anwesenheit der türkischen Steppenvölker bezeugt ist, z. B. in Sibirien, im Nordkaukasus und im Karpatenbecken oder in der Kama-Gegend. So wird es wohl zulässig sein, eine archäologische Fundgruppe in der Mitteldnepr- Gegend, wo wir keinerlei schriftliche Angaben über die Geschichte und die kulturellen Zusammenhänge haben, und wo die Gürtelbeschläge vom Typ Martinovka ebenfalls auftreten, entsprechend zu beurteilen. Eine Ausnahme bildet das Vorkommen der gleichen Gürtelbeschläge auf der Krim, wo wir nicht unbedingt mit der Ansiedlung einer Steppenbevölkerung rechnen müssen. Anhand der Gürtelbeschläge vom Typ Martinovka kann vielleicht auch die übergeordnete Frage untersucht werden, auf welche Weise sich die Einheitlichkeit und gleichzeitig die Variationsbreite einer archäologischen Erscheinung manifestiert. Form und Verzierung der Martinovka-Beschläge sind zwar sehr charakteristisch: Sie setzen sich vom zeitgenössischen Gürtelzierat, sowohl von dem in der Steppe gebräuchlichen wie auch von den byzantinischen Produkten, auffallend ab, zeigen aber Gemeinsamkeiten mit den zentralasiatischen, türkischen oder türkenzeitlichen Gürteln. Gleichzeitig zeigen typologische Untergruppen in ihrer Verbreitung deutliche Unterschiede, was aber nicht überraschen darf. Bestimmte Beschlagsvarianten finden sich vor allem im Kama-Gebiet und in Westsibirien, andere, damit verwandte Typen sind in anderen Regionen anzutreffen, kommen aber gerade an der Kama nur in geringerer Zahl vor. Gerade die Verbreitung dieser Gürtelbeschläge in der Kama-Gegend und in Sibirien zeigt auch, daß man sie nicht als rein byzantinische Produkte sehen darf, wie vermutet worden ist.[72] Gleichwohl

---

70 Dazu siehe S. 24—36, 76 und 90.
71 SPRIŠEVSKIJ, *Pogrebenie* 33—42.

72 AMBROZ, *Problemy* 118.

zeigt die große Zahl norditalischer Erzeugnisse,[73] daß Byzanz hier zumindest eine Rolle als Vermittler gespielt hat. Die kaukasischen Funde werden hier auch in Zukunft eine Schlüsselfunktion innehaben. Sie werden am ehesten die Erstellung einer Feinchronologie der Gürtelbeschläge vom Typ Martinovka sowie Erkenntnisse über das Verhältnis der Chasaren zu den Sabiren, wie auch zur Frage der ethnischen Zusammensetzung des Kaganats, ermöglichen.

Was den äußerst problematischen und bislang ungeklärten Ursprung der Spätawaren betrifft, so reichen die derzeit verfügbaren archäologischen Daten wohl noch nicht aus, um zu entscheiden, ob im letzten Drittel des 7. Jahrhunderts auch Volksgruppen der Kaukasus-Gegend in das Karpatenbecken gekommen sind. Unseres Erachtens dürfte dies eher unwahrscheinlich sein, denn die kaukasischen Funde, die Ähnlichkeiten mit denen im Karpatenbecken aufweisen, hängen lediglich mit der Ausdehnung der Saltovo-Majaki-Kultur zusammen, beweisen aber keine direkten Kulturbeziehungen mit dem Karpatenbecken.

Die kaukasischen Fundkomplexe aus dem 8.—10. Jahrhundert enthalten zahllose Funde, die mit der Kultur der landnehmenden Ungarn zusammenhängen, doch wird diese Tatsache kaum auf grundlegende historische oder ethnische Zusammenhänge zurückgeführt werden dürfen. Die Ausstrahlung bzw. spezifische Ausprägung der Saltovo-Majaki-Kultur im Kaukasus wurde bislang noch nicht untersucht. Gerade bei den Bestattungssitten zeigen sich aber kaum Übereinstimmungen mit denen der Spätawaren und Ungarn. Interessanterweise sind von den Funden der Saltovo-Majaki-Kultur im Fundmaterial des Don- und Obervolga-Gebiets gerade jene Typen nur selten belegt, die als Parallelen zum ungarischen Material der Landnahmezeit häufig erwähnt werden. Die hauptsächliche Aussagekraft der kaukasischen, mit den Steppenkulturen zusammenhängenden Funde liegt auf anderem Gebiet: Auf Grund der kaukasischen archäologischen Funde lassen sich ethnogenetische Prozesse fassen, Beziehungen zwischen sehr verschiedenen Kulturen, aber auch Vorgänge, die viel eher mit der Geschichte des Chasarischen Kaganats zu-

sammenhängen als mit der Kultur der Spätawaren oder der landnehmenden Ungarn. Die Theorie zur kaukasischen Urheimat der Altungarn ist bereits sehr alt und wurde noch bis vor kurzem in der Forschung vertreten. Es scheint daher nicht sinnvoll, das Problem mit nur wenigen Sätzen abzuhandeln, obwohl zu seiner endgültigen Klärung die archäologischen Funde, vor allem aber deren eklatanter Mangel, sicher aussagekräftiger sind, als die wenigen, chronologisch und geographisch unsicheren, linguistischen Daten. Bezüge in der materiellen Kultur sind nur über vermittelnde Zwischenglieder gegeben, sodaß die alte Hypothese über den Aufenthalt der alten Magyaren im Kaukasus nunmehr auch archäologisch nicht mehr vertretbar scheint. Die neueren sprachwissenschaftlichen Überlegungen können somit auch archäologisch bestätigt werden. Als interessantes und häufig erwähntes Objekt, das einen gewissen Zusammenhang zwischen dem Kaukasus und der mitteleuropäischen materiellen Kultur aufzeigen könnte, ist der Wiener Säbel, das sogenannte „Schwert Karls des Großen" anzuführen. Sowohl das Wiener Stück wie auch mehrere nordkaukasische Säbel aus dem 9. und 10. Jahrhundert sind mit der Haut derselben Walart (Trygon sephon) überzogen. Es wäre aber zu früh, allein aus dieser Tatsache chronologische oder kulturhistorische Folgerungen zu ziehen, insbesondere was einen möglichen kaukasischen Ursprung des Wiener Säbels betrifft.[74] Vielmehr dürften die außerordentlich günstigen Erhaltungsbedingungen in der Kaukasus-Region eine entscheidende Rolle gespielt haben. Die Verwendung der Walhaut als Überzug für die Säbelscheide und den Griff der Waffe mag allgemein verbreitet gewesen sein, wie dies für ferne Gegenden (Kuban, Vjatka) manchmal belegt ist.[75]

Marginal sollte wenigstens angemerkt werden, daß sich in dem derzeit verfügbaren Fundmaterial keine Objekte oder Fundkombinationen befinden, die mit den sogenannten „sawardischen Magyaren", die sich angeblich im 8. Jahrhundert im Kaukasus angesiedelt haben, in Verbindung gebracht werden können (Constantinos Porphyrogennetos, De administrando imperio Par. 38.).

---

73 Zuletzt J. Werner, *Nomadische Gürtel bei Persern, Byzantinern und Langobarden*. In: *La civiltà dei Longobardi in Europa*. Accademia Nazionale dei Lincei 371, 1974, 109—139, bes. 122 mit Fig. 9 und 124 mit Fig. 10 sowie Taf. V und VI.

74 Kuznecov - Runič, *Pogrebenie* 201.
75 Zakharov - Arendt, *Levedica* 57—58 mit Anm. 19, 62.

DAS VOLGA-DON-GEBIET

Die nördliche Grenze des Areals, das in diesem Abschnitt behandelt werden soll, verläuft durch Voronež und Saratov, wo Gebiete beginnen, die anderen Kultur- und Sprachgruppen angehören; im Süden reicht es bis in die Kuban- und Terek-Gegend. Die so umschriebene Region entspricht im wesentlichen dem Kernstück des Chasarischen Kaganats. Daher erscheint es besonders beachtenswert, daß sich der archäologische Forschungsstand bezüglich der Don-Region im 6. und 7. Jahrhundert von dem des 8.—10. Jahrhunderts scharf unterscheidet. Während die erste Periode vom archäologischen Standpunkt so gut wie unerforscht ist, stellt dieses Gebiet zugleich den am besten erforschten Teil, ja den Kern des Chasarischen Kaganats dar. Ab dem 8. Jahrhundert wird hier das Bild von der Saltovo-Majaki-Kultur bestimmt.

Wie und aus welchen Kulturgruppen könnte sie sich entwickelt haben? Anhand der heute zur Verfügung stehenden Publikationen ließe sich die Frage nicht befriedigend beantworten. Abgesehen von einem Katalog der Funde des 6.—7. Jahrhunderts vom Unterlauf des Don[76] bleibt die Region in der Frühmittelalterliteratur unerwähnt. Die in nächster Zeit zu erwartenden Veröffentlichungen von vor-saltovozeitlichen Gräbern, die im letzten Jahrzehnt um der Stadt Volga-Donsk freigelegt worden sind, werden hier jedoch Entscheidendes zur Klärung vieler kulturhistorischer Fragen beitragen.[77] Die Lage stellt sich demnach grundsätzlich anders als die der Krim dar, wo die saltovo- und vor-saltovozeitlichen Funde in den gleichen, zumeist kontinuierlich belegten Gräberfeldern vorkommen. Da wir fast keine Funde des 6.—7. Jahrhunderts vom oberen Don-Gebiet kennen, läßt sich nicht beurteilen, ob dort die Saltovo-Majaki-Kultur keine lokalen Vorformen besitzt (was für eine Einwanderung der Saltovo-Majaki-Leute sprechen würde), oder ob sich hier nur wieder einmal der ungünstige Forschungsstand bemerkbar macht. Generell läßt sich aber sagen, daß mit der Saltovo-Majaki-Kultur grundsätzlich neue Fundtypen in der osteuropäischen Steppe auftauchen: Anstelle der bis dahin verbreiteten gepreßten und/oder granulationsverzierten treten nun gegossene Gürtelbeschläge auf, statt der runden Steigbügel mit aufgebogener Öse kommen nun hufeisenförmige mit geschmiedeter Öse und geradem Tritt vor, anstelle des Schwertes der Säbel. Gleichzeitig finden sich nun eine Reihe zuvor unbekannter Schmuck- und Gefäßformen.

Soll das Phänomen vom historischen Standpunkt betrachtet werden, so ist das nur auf breitester Basis möglich. Im Karpatenbecken bildet sich die mittel- und spätawarische Kultur gerade zu dem gleichen Zeitpunkt heraus, wie in Osteuropa die Saltovo-Majaki-Kultur. Beide unterscheiden sich in den gleichen Elementen (Bestattungssitten, Fundtypen) von ihren Vorformen, d. i. die materielle Hinterlassenschaft der Frühawaren bzw. die Funde der Vor-Saltovo-Zeit. Viele Archäologen, auch der Autor, bringen die Veränderungen im Karpatenbecken mit einem bekannten historischen Ereignis in Zusammenhang, es ist aber unbestreitbar, daß die Kulturwechsel im Ural-Kama-Gebiet, im Nordkaukasus, am Unterlauf des Don und des Kuban, auf der Krim und im Karpatenbecken miteinander in Zusammenhang stehen und nicht ausschließlich mit ethnischen und politischen Vorgängen erklärt werden dürfen.

Vergleicht man die Verbreitungskarte der Saltovo-Majaki-Kultur im Dongebiet mit der der vorhergehenden Periode (6.—7. Jahrhundert), wird bald klar, daß die wesentlich größere Zahl bekannter Funde aus der späteren Periode schwer erklärbar ist; erstens weil ein derartig großer zahlenmäßiger Unterschied bei den Funden der Gegend zwischen Kuban, Terek und der Volga aus

---

76 B. A. RAEV, *Katalog archeologičeskich kollekcij* (Novočerkassk 1979); Dazu: A. I. SEMËNOV, *Rezension* in: SA 1982/4, 278—284.

77 A. I. SEMËNOV informierte mich freundlicherweise über die noch unpublizierten Ausgrabungen im Don-Gebiet. Auch der kurze Bericht über einige bei Čeburgol', unweit des Kuban-Unterlaufs zerstörte Pferdebestattungen ist von großem Wert, insbesondere wurden anläßlich der Publikation einer silbernen Gurtschnalle vom Typ des 6.—7. Jh.s dreiflügelige Pfeilspitzen und mehrere „Säbel" (?) erwähnt: A. I. SEMËNOV, *Rannesrednevekovaja serebrjanaja prjažka iz čeburgol'skogo kurgana na Kubani.* Soobšč. Gos. Ėrm. 47, 1982, 89—90.

dem 6.—7., verglichen mit denen des 8.—10. Jahrhunderts nicht anzutreffen ist; zweitens ist uns aus den schriftlichen Quellen bekannt, daß hier bereits im 6. und 7. Jahrhundert zahlreiche türkische Volksgruppen wohnten (Kutriguren, Utriguren, später zeitweise an beiden Ufern des Don die Bevölkerung der Magna Bulgaria, nach dem Zerfall des Bulgarischen Reiches das zurückgebliebene Volk des Batbajan usw.), sodaß die scheinbare Zunahme an Funden nicht einfach mit der Zuwanderung neuer Volksgruppen erklärt werden kann. Auch ist in diesem Zusammenhang die ungeklärte Frage von Bedeutung, worin die archäologische Hinterlassenschaft der Alanen, die in der osteuropäischen Steppe nach dem Ende der Hunnenzeit gelebt haben, bestehen könnte. In der sowjetischen Archäologie wurde noch kürzlich ein Großteil der Funde, die am Mittellauf der Volga gemacht worden sind, in das 6.—8. Jahrhundert datiert und kurzschlüssig als „spätsarmatisch-alanisch" bestimmt, und dies, obwohl man schon vor langer Zeit auf mongolide anthropologische Elemente aufmerksam wurde, die mit den Funden gemeinsam auftreten. In anderen Fällen wurde — methodisch verfehlt — der umgekehrte Weg beschritten, indem die Funde zunächst diese ethnische Zuordnung („spätsarmatisch-alanisch") erfahren haben, aus der dann sekundär das Alter der Grabkomplexe bestimmt wurde. Obwohl dieser Weg heute nicht mehr üblich ist, bleibt das ursprüngliche Problem ungelöst.

Angesichts des ungünstigen Publikationsstandes können im folgenden nur wenige Fundorte aus der Don- und Volga-Gegend beschrieben werden, deren Material aus dem 6. und 7. Jahrhundert stammt.

6.—7. Jahrhundert

Die Pferdebestattung von **Arcybaševo** stammt aus dem Quellgebiet des Don, unweit der Stadt Rjazań', kam also in einem Gebiet zutage, das weit nördlich der Verbreitungsgrenze der übrigen Funde mit Steppencharakter liegt.[78] Von den Fundumständen ist uns nichts bekannt. Aus dem Grab wurden folgende Funde geborgen: Pyramidenverzierte Ohrgehänge aus Gold, Gürtelgarnituren aus Gold und Silber, wobei die Goldbe-

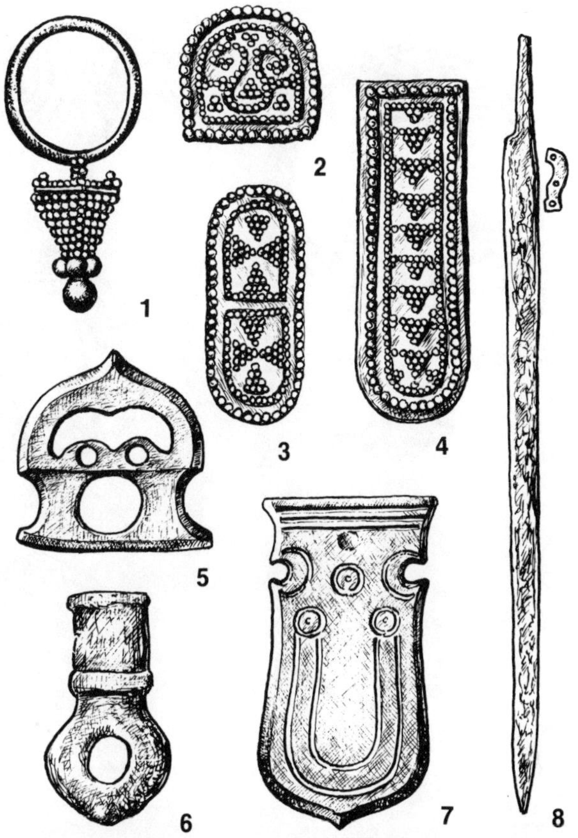

Abb. 16: *Funde aus Arcybaševo.* 1: goldenes Ohrgehänge mit pyramidenförmigem Anhänger; 2—4: granulationsverzierte goldene Gürtelbeschläge bzw. Riemenzunge; 5—7: Gürtelbeschläge bzw. Riemenzunge aus gegossenem Silber; 8: einschneidiges Schwert mit P-förmiger Hängeöse.

schläge granulationsverziert sind, die silbernen den Typ Martinovka vertreten, eine Stangentrense, ein leicht gekrümmtes einschneidiges Schwert mit P-förmigen Attachen, dreiflügelige Pfeilspitzen und die verzierten Knochenplatten eines Köchers (Abb. 16). Die Form des Gefäßes, das laut Fundbericht zum „Saltovoer Typ" gehören soll, ist nicht bekannt. Das Grab wird wohl in das erste Drittel des 7. Jahrhunderts zu datieren sein. Ein Pendant der langgestreckten goldenen Gürtelbeschläge mit runden Enden wurde etwa 1000 km östlich von hier in Ufa gefunden.[79]

Verschiedene Silbergegenstände kamen bei ZARAJSK, ebenfalls unweit von Rjazan', zutage[80]

---

78 A. L. MONGAJT, *Archeologičeskie zametki. 1. Mogila vsadnika u s. Arcybaševo.* KSIIMK 41, 1951, 124—130; ERDÉLYI, *Az avarság* 74 mit Fig. 46—47. (Nach der Mitteilung von MONGAJT ist die Fundortangabe des bei ERDÉLYI, Fig. 46 dargestellten Schwertes falsch.) Die Ausbildung der Schwertspitze entspricht der des awarischen Exemplares von Csóka (Čoka, Jugoslawien), abgebildet bei I. KOVRIG - J. KOREK, *Le cimetière de l'époque avare de Csóka.* AAH 12, 1960, 275, Fig. 6.

79 R. B. ACHMEROV, *Ufimskie pogrebenija VI—VIII vekov n. ė.* KSIIMK 40, 1951, 125—127.

80 PÓSTA, *Studien* 541—544. Auf Mißverständnisse um die Lokalisierung des Fundortes und auf die Bedeutung der Funde von Zarajsk und Arcybaševo wies BÓNA, *Avar letetei* 126, Anm. 9, hin. Siehe noch Anm. 452 des vorliegenden Bandes.

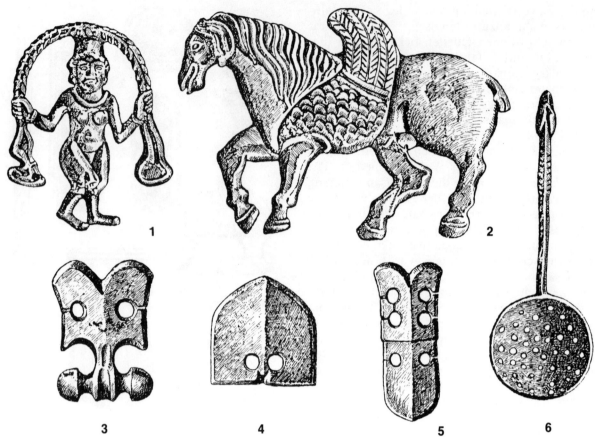

Abb. 17: *Funde aus Zarajsk (?)*. 1: Darstellung einer tanzenden Frau; 2: Pegasus-Darstellung; 3—5: Gürtelbeschläge vom Typ Martinovka; 6: Sieblöffel — alle aus gegossenem Silber.

(Abb. 17). Nach der Veröffentlichung, die lediglich eine Auswahl zeigt, besteht der Hauptteil der Funde aus Gürtelbeschlägen vom Typ . Martinovka, daneben sind noch ein Torques aus Silberblech und ein Sieblöffel erwähnenswert. Besonders interessant sind eine Pegasus-Darstellung, ein fliegender Vogel (Wildente ?) und eine Tänzerin mit einem rätselhaften Gegenstand (Tuch, Seil ?) in den Händen (Zu den letzteren siehe S. 108). Wie erwähnt, kamen diese beiden Funde weit nördlich der Steppe zutage, in einem Gebiet, wo zu jener Zeit finno-ugrische Völkerschaften lebten (Zur Archäologie letzterer siehe Anm. 1, Bd. V). Da in den Grabbeigaben von Arcybaševo und Zarajsk kein einziges Stück der lokalen Bevölkerung gefunden wurde, ist die Vermutung gestattet, daß die beiden genannten Gräber tatsächlich hierher aus der Steppe eingedrungenen Kriegern gehört haben.

Zu Beginn der fünfziger Jahre wurden an der Volga einige archäologische Großprojekte durchgeführt, als deren Ergebnis einige Gräber aus der Umgebung von **Saratov** und des heutigen *Volgograd* am linken Volgaufer bekannt geworden

sind, die für die Archäologie der Steppenvölker eine gewisse Bedeutung haben.[81] Der damaligen Auffassung entsprechend wurden sie ethnisch als „sarmatisch-alanisch" klassifiziert. Daß demgegenüber diese Gräber deutliche Verbindungen mit türkischen Steppenvölkern zeigen, wurde später erkannt.[82] Grabbau und Orientierung der Gräber waren einheitlich: Sie wiesen im allgemeinen gewölbte Nischen auf und waren nordost-südwestlich orientiert. Auch die Ausstattung der Gräber ist sehr ähnlich: Zu Füßen des Toten oder in der Grabfüllung fanden sich die Reste der partiellen Pferdebestattung sowie der Speisebeigaben. Von den bescheidenen Trachtbestandteilen und sonstigen Beigaben können eine Schnalle, eine Pfeilspitze, ein kurzes Schwert, ein Beschlag vom Typ

81 I. V. Sinicyn, *Archeologičeskie pamjatniki v nizov'jach reki Ilovki*. Učënye Zapiski Saratovskogo oblastnogo muzeja 39, 1954, 230—231; ders., *Archeologičeskie issledovanija zavolžskogo otrjada (1951—1953 gg)*. MIA 60, 1959, 109—111; E. K. Maksimov, *Pozdnejšie sarmato-alanskie pogrebenija V—VIII vv na territorii Nižnego Povolž'ja*. (Trudy Saratovskogo Muzeja Kraevedenija — Archeologičeskij Sbornik 1, Saratov 1956) 65—68; K. F. Smirnov, *Kurgany u sel. Ilovatka i Politotdel'skoe stalingradskoj oblasti*. MIA 60, 1959, 219—221; Erdélyi, *Az avarság* 75—76.
82 K. F. Smirnov, *Archeologičeskie stat'i v Trudach Saratovskogo Oblastnogo Muzeja Kraevedenija*. SA 1962/2, 270.

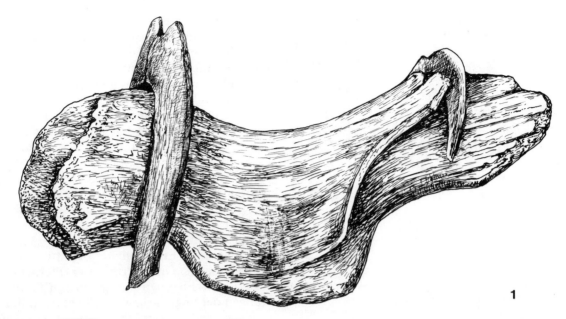

1

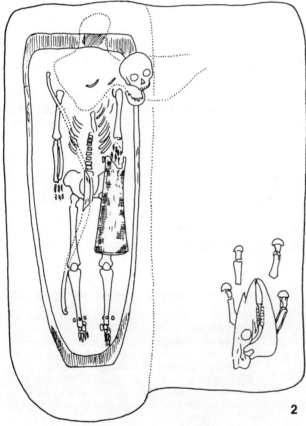

2

Abb. 18: *Funde aus dem Mittlerem Volga-Gebiet.* 1: Holzsattel aus Borodaëvka; 2: Grabplan aus Avilovka (Bestattung im Sarg und mit partieller Pferdebestattung).

Martinovka und eine Gürtelgarnitur zu einer chronologischen Einordnung des Inventars führen.

Für die Geschichte des Sattels in der frühmittelalterlichen Steppe scheint der Fund von **Boroda-**

ëvka[83] wichtig (Abb. 18), dessen Holzkonstruktion fast vollständig erhalten blieb. Er beweist, daß die europäischen Reiterhirten denselben Satteltyp, dessen seitliche Sattelbretter sich nach unten zu verbreiterten, verwendeten wie ihre Verwandten in Zentralasien.[84] Die Gräber von **Dorofeevo**[85] sind nur durch einen kurzen Grabungsbericht bekannt. Auch hier wurde die partielle Pferdemitbestattung geübt. Eines der Gräber zeigte eine gewölbte Nische, ein weiteres je einen Sockel links und rechts der Bestattung. Die Gräber waren west-ost-ausgerichtet, enthielten an Trachtbestandteilen und Beigaben einen goldenen Kleiderbesatz, Schmuck und einen Bronzekessel. Nach Meinung des Ausgräbers können die Inventare auf Grund der mitgegebenen durchlochten Solidi des Phokas (602—610), des Herakleios und Herakleios Constantinos (610—641) in die Mitte oder in die zweite Hälfte des 7. Jahrhunderts datiert werden. Es ist zu hoffen, daß mit einer Zunahme ähnlicher Funde die Archäologie früher oder später den schriftlichen Quellen zur Geschichte der bulgarisch-türkischen Stämme im 6. und 7. Jahrhundert eigene Ergebnisse entgegensetzen kann.

Aus der Umgebung der Halbinsel Taman sind nur wenige Gräberfelder aus dem 6. und 7. Jahrhundert bekannt. Die dörflichen Siedlungen der Zeit entsprechen dem Siedlungstyp der Saltovo-

83 Detallierte Abbildungen in: ERDÉLYI, *Az avarság* Fig. 49—50.
84 BÁLINT, *Selles*, 3—4.
85 K. S. LAGOCKIJ - V. P. ŠILOV, *Issledovanija Volga-Donskoj èkspedicii* (AO 1976, Moskva 1977) 157—159.

Abb. 19: *Funde aus dem Kuban-Gebiet*. 1: Greifdarstellung mit Tierkampfszene auf einer aus Bronze gegossenen Gürtelschnalle; 2: granulationsverzierte goldene Riemenzunge.

Majaki-Kultur am Asovschen Meer. Die Archäologie der auch in der Chasarenzeit bewohnten Städte Bosporus, Phanagoria, Tamatarcha ist weniger gut erforscht als die der späteren Zeit.[86]

Das Gräberfeld von **Borisovo**[87] bei Novorossijsk erbrachte 205 Gräber mit Gürtelgarnituren, Waffen, Pferdegeschirren, die mit denen der Steppenvölker des 6.—7. Jahrhunderts weitgehende Gemeinsamkeiten haben. Neben Gürtelbeschlägen von Typ Martinovka und einer granulationsverzierten Hauptriemenzunge (Abb. 19: 2) befanden sich hier eine Gürtelschnalle vom byzantinischen Typ, dreiflügelige Pfeilspitzen, die Parierstange eines Säbels, die P-förmige Attache eines Schwertes, Gurtschnallen aus Knochen und viele andere Dinge. Manche Funde (Steigbügelpaar vom Typ Saltovo, Pferdegeschirrbeschläge, die Parierstange eines Säbels und Kampfmesser), die aus einer späteren Zeit stammen, deuten auf die kontinuierliche Belegung des Gräberfeldes hin. Die Hypothese, daß die Bevölkerung hinter dem Gräberfeld mit den Utriguren zu identifizieren wäre,[88] ist derzeit nicht beweisbar. Bei

diesem Gräberfeld zeigt sich an der Wende vom 7. zum 8. Jahrhundert eine sprunghafte Zunahme der Brandbestattungen, was für die ethnische Auswertung der Totenverbrennung bei den Steppenkulturen von Bedeutung sein kann.[89]

Das Grab 341 des Friedhofs von **Kepy** (Halbinsel Taman)[90] gehört chronologisch zwar schon dem 8.—10. Jahrhundert an, ist aber aus einem anderen Grund schon hier zu behandeln. In dem west-ost-orientierten Grab fand sich ein männliches Skelett sowie verschiedene Trachtbestandteile und Beigaben, u. a. ein Henkelkrug byzantinischen Typs und ein eisernes Beil. Neben dem Skelett wurden Fragmente einer partiellen Pferdemitbestattung in entgegengesetzter Ausrichtung dokumentiert. Ein ähnlicher Bestattungsritus (entgegengesetzte Orientierung der Pferdemitbestattung) wurde bei den hunderten von Pferdebestattungen der ungarischen Landnahmezeit in keinem einzigen Fall beobachtet, während im Gebiet der Don-Variante der Saltovo-Majaki-Kultur zwei derartige Männergräber (West-Ost-Orientierung, partielle Pferdemitbestattung in entgegengesetzter Ausrichtung, gewölbte Nischen)[91] bekannt sind. Die Beigaben des Grabes 341 von Kepy geben für die ethnische Bestimmung des Bestatteten wenig her. Angesichts dieser Tatsachen scheint die Bestimmung des Grabes als Bestattung eines Altmagyaren [92] unbegründet.

8.—10. Jahrhundert

Die *Saltovo-Majaki-Kultur* gilt als die bedeutendste, räumlich und zeitlich ausgedehnteste archäologische Erscheinung der osteuropäischen Steppe im frühen Mittelalter. Sie repräsentiert im wesentlichen — jedoch nicht allein und ausschließlich — die materielle Kultur des Chasarischen Kaganats.[93] Bislang wurden mehrere hun-

---

86 Das vom kulturellen Standpunkt hierher zu zählende Gräberfeld von **Dyrso** wurde zusammen mit den kaukasischen Funden behandelt. Siehe dazu S. 34—36 und GADLO, *Problema* 55—65; PLETNĚVA, *Saltovo-majackaja kul'tura* 67—68, Fig. 42.

87 V. SACHANEV, *Raskopki na Severnom Kavkaze v 1911—1912 godach*. IAK 56, 1914, 75—219; ERDÉLYI, *Az avarság* 21—22 mit Fig. 3—7.

88 GENING - CHALIKOV, *Rannye bolgary* 122—123; ERDÉLYI, *Az avarság* 21. ERDÉLYI zitiert in einer Fußnote die Auffassung von J. HARMATTA, wonach „die Utriguren nach dem Auftreten der Awaren verschwunden und wahrscheinlich in den Onoguren aufgegangen seien".

89 KOVALEVSKAJA, *Severokavkazskie drevnosti* 93.

90 N. P. SOROKINA, *Srednevekovye pogrebenija iz nekropol'ja goroda Kepy na Tamanskom poluostrove* In: *Ékspedicii Gosudarstvennogo Istoričeskogo Muzeja* (Moskva 1969) 124—130; ERDÉLYI, *Les anciens Hongrois* 249—252. Aller Wahrscheinlichkeit nach handelt es sich um das Grab eines onogur-bulgarischen Mannes. Vgl. dazu FODOR, *Altungarn* 55—56 Anm. 62.

91 L. S. KLEJN - B. A. RAEV - A. I. SEMĚNOV - A. V. SUBBOTIN, *Katakomba skifskogo épochi i saltovskij kurgan na Nižnem Donu* (AO 1971, Moskva 1972) 133—134; K. I. KRASIL'NIKOV, *Rannepečenežskoe pogrebenie v s. Gorškovke*. SA 1978/4, 261—264.

92 ERDÉLYI, *Les anciens Hongrois* 251.

93 Die Forschungsgeschichte, eine kurze Zusammenfassung des Problems, Literatur und Einzelheiten bietet LJAPUŠKIN, *Pamjatniki*, DERS., *Dneprovskoe lesostepnoe levoberež'e v épochu železa*. MIA104, 1961, 187—197; PLETNĚVA, *Ot kočevij*; DIES., *Chazary*; DIES., *Chasaren*; DIES., *Saltovo-majackaja kul'tura*; ŠRAMKO, *Drevnosti* 265—291; BÁLINT, *Addenda*.

44

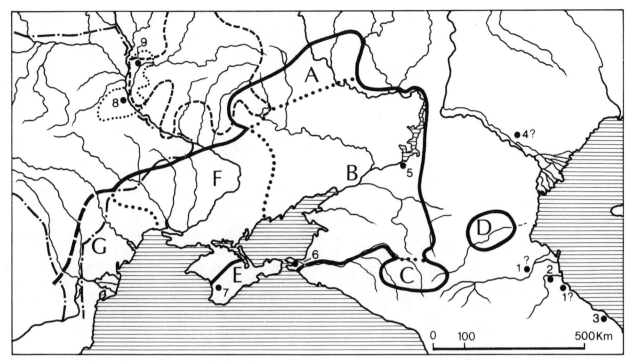

Karte II: Chasarien: Städte, die Saltovo-Majaki-Kultur und ihre Varianten und die mit Chasarien benachbarten ostslawischen Kulturen.

Zeichenerklärung: Städte: 1: eventuelle Lokalisierungen Semenders (nach Magomedov), 2: Bālāngār, 3: Derbent, 4: eventuelle Lokalisierung Itils (nach Magomedov), 5: Šarkel, 6: Tamγan Tarchan bzw. Tmutarakan (= Kerč), 7: Chersonesos, 8: Kiev, 9: Černigov.

A—G: *die Varianten der Saltovo-Majaki-Kultur.* A: oberes Don-Gebiet, B: unteres Don-Gebiet bzw. Kuban-Gebiet, C: nordkaukasische Variante, D: dagestanische Variante, E: Krim-Variante, F: unerforschte Steppenvariante, G: die Balkan-Donau- bzw. Dridu-Kultur (nach Pletněva).

Die ostslawischen Kulturen: – – – – –: die Romni-Borševo Kultur — (nach Suchobokov), • • • • •: Kurgangräber der Poljanen im 10.—12. Jahrhundert (nach Rusanova), — • — •: die Luka Kultur (nach Michajlina-Timoščuk).

dert Fundorte dieser Kultur bekannt. Was ihre territoriale Ausdehnung betrifft, läßt sich ein engeres und ein weiter gespanntes Gebiet unterscheiden: Das vom Don, dem Unterlauf der Volga und dem Kaukasus begrenzte Areal ist das eigentliche Chasarien. Das Gebiet um das Volgaknie, Baschkirien, das Land am Mittellauf des Dnepr und die Region am Unterlauf der Donau sowie die Krim umfaßten ein Areal, auf dem nach der Lebensform und kulturellen Zugehörigkeit Völkerschaften ansässig waren, die mit den Chasaren gewisse Verwandtschaft zeigen. Die sowjetische Forschung bezieht die Saltovo-Majaki-Kultur nur bis zur westlichen Staatsgrenze in ihre Untersuchungen ein. Fundorte, die ebenfalls zur Saltovo-Majaki-Kultur gezählt werden müssen, finden sich allerdings auch an der Westküste des Schwarzen Meeres. Ihre Erforschung wird aber allenfalls im Zusammenhang mit der Balkan-Donau- bzw. Dridu-Kultur betrieben, also vom Gesichtspunkt der bulgarischen Geschichte des 8.—10. Jahrhunderts an der Donau (Karte II). Zu einer weiteren Komplikation trägt der Umstand bei, daß die Dridu-Kultur in der rumänischen Ar-

chäologie teilweise als ein organischer Teil der Geschichte des rumänischen Volkes betrachtet wird.[94]

Die verschiedenen Varianten der Saltovo-Majaki-Kultur unterscheiden sich offenbar nicht scharf voneinander, sie zeichnen sich allerdings durch einen sehr unterschiedlichen Forschungsstand aus. Am besten erforscht ist eine Variante, die durch Fundplätze am Donec und am Oberlauf des Don repräsentiert wird (Karte III).[95] Eine spezielle Ausprägung der Saltovo-Majaki-Kultur zeigen Fundmaterialien vom Unterlauf des Don, aus dem Gebiet des Asovschen Meeres und aus Dagestan; das Bild, das sich auf deren Basis zeichnen läßt, wird immer detaillierter. Eine zusammenfassende Darstellung der Krim-Variante der Saltovo-Majaki-Kultur ist im Druck, während ähnliche Arbeiten über bulgarische Gruppen im

---

94 Vgl. dazu Anm. 668.
95 Diese Gegend ist durch Prospektionen und durch mehrere Ausgrabungen gut erforscht; die Funddichte gibt eine Vorstellung über die Bedeutung der Saltovo-Majaki-Kultur.

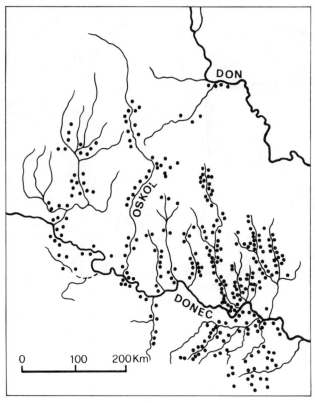

Karte III: Funddichte der Saltovo-Majaki Kultur am nördlichen Lauf des Dons (nach Krasil'nikov und Sedov).

Kaukasus und an der Volga noch ausstehen. Völlig unbekannt ist dagegen die „Steppen"-Variante in der Ukraine.[96]

Die Saltovo-Majaki-Kultur dauert nach der Auffassung von S. A. PLETNĚVA, die in der sowjetischen Fachliteratur fast durchwegs anerkannt wird, von der Mitte des 8. Jahrhunderts bis zum Beginn des 10. Jahrhunderts. Diese chronologische Einordnung beruht auf zwei historischen Hypothesen: Die Entstehung der Saltovo-Majaki-Kultur wird mit der Übersiedlung kaukasischer Alanen — angeblich im Jahr 737 — in Zusammenhang gebracht, wodurch die petschenegische Herrschaft ihr Ende gefunden haben soll. Für den Fall zusätzlicher Hinweise auf eine größere zeitliche Ausdehnung der Saltovo-Majaki-Kultur, sowohl was deren Beginn als auch was deren Ende

betrifft, müßte man zu dem Schluß kommen, daß die Entwicklung der Saltovo-Majaki-Kultur mit der Geschichte des Chasarischen Kaganats durchaus kongruent läuft. Eine Diskussion in dieser Richtung wird in der sowjetischen Fachliteratur nicht geführt,[97] doch findet sich in den Arbeiten, die sich mit den Randgebieten bzw. Teilproblemen der Saltovo-Majaki-Kultur befassen, bisweilen die Ansicht, daß der Beginn der Saltovo-Majaki-Kultur oder zumindest das erste Auftreten von Fundtypen, die für die Saltovo-Majaki-Kultur charakteristisch sind, in ihrem späteren Verbreitungsgebiet an das Ende des 7. bzw. an die Wende vom 7. zum 8. Jahrhundert zu setzen sei.[98] Diese Datierung wurde anhand bislang unveröffentlichter Funde aus der Don-Region und der Gegend um das Asovsche Meer und mittels einiger Gräberfelder aus dem Kama-Gebiet, die recht gut chronologisch analysiert sind, erarbeitet. Weiters spielen hier die neue Chronologie von Funden der Dnepr-Gegend aus dem 7. und 8. Jahrhundert und auch die eingehende Analyse von Fundobjekten vom Typ Saltovo aus dem 7. und 8. Jahrhundert von der Krim eine Rolle. Dabei ergibt sich wohl nicht ganz zufällig eine gewisse Parallelität mit der Archäologie der Awaren im Karpatenbecken, wo am Beginn des 8. Jahrhunderts unter anderem die Bronzegußindustrie auftritt. Was das Ende der Saltovo-Majaki-Kultur betrifft, so gibt es keinen Grund, dieses nicht mit dem Zerfall des Kaganats in Zusammenhang zu bringen, denn in den Grabkammern von Saltovo sind noch Dirheme aus der ersten Hälfte des 10. Jahrhunderts belegt, und die für die späte Saltovo-Majaki-Kultur kennzeichnenden Fundtypen finden sich im Nordkaukasus bisweilen gemeinsam mit Funden aus dem 10. Jahrhundert. Diesem Umstand wird in einer neuen Zusammen-

---

96 Man versuchte, eine ethnische Folgerung daraus zu ziehen, daß am Unterlauf der Volga und an der Nord-Nordwest-Küste des Kaspischen Meeres keine Siedlungen vorkommen; in diesem Gebiet seien nur kurzfristige Ansiedlungen (russ.: stojanka) zu finden: V. D. BE-LECKIJ, *Žilišča Sarkela-Beloj veži*. MIA 75, 1959, 133—134, Anm. 169. Bei der Betrachtung einer naturgeographischen Karte wird aber klar, daß das Küstengebiet eine salzige Sandheide, also nicht für langfristiges, seßhaftes Leben geeignet war.

97 Die einzige Andeutung von Meinungsverschiedenheiten findet sich bei S. A. PLETNĚVA, *Konferencija po archeologii „prabolgar"*. SA 1977/2, 284.

98 Zum Vorkommen des Gürtelschmucks vom Typ Saltovo in der Kama-Region: GOLDINA, *Chronologija* 84—85, Fig. 1.; GENING, *Chronologija* 100—101, Tabelle. Zur Saltovo-Majaki-Kultur in der Dnepr-Gegend: SUCHOBOKOV - JU-RENKO, *Ètnokul'turnye processy* 139, Fig. 3/8. Zur Keramik und den Siedlungsplätzen vom Typ Saltovo-Majaki in der Gegend des Asovschen Meeres am Ende des 7. Jhs: GADLO, *Problema* 29; DERS., *Pamjatniki* 102; I. A. BAR-ANOV, *Nekotorye itogi izučenija tjurko-bolgarskich pamjatnikov Kryma*. Pliska-Preslav 2, 1981, 57—61; V. S. FLĚROV, *O chronologii saltovo-majackoj kultury* In: *Problemy chronologii archeologičeskich pamjatnikov stepnej zony Severnogo Kavkaza* (Rostov 1983) 103—106; AJBABIN, *Pogrebenija* 184. Indirekt schließt sich auch ER-DÉLYI, *Az avarság* 116 in Ermangelung der Fundobjekte vom Typ Saltovo im Gräberfeld Nevolino dieser Datierung an.

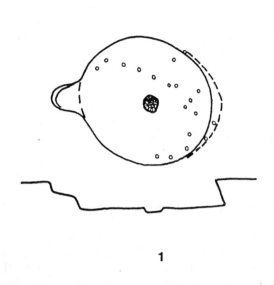

1

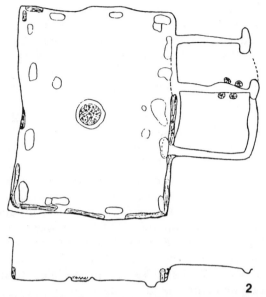

2

Abb. 20: *Wohngebäude der Saltovo-Majaki-Kultur.* 1: jurtenförmiges Gebäude mit südlichem Eingang; 2: viereckiges Wohnhaus mit Nebenräumen — Feuerplatz in beiden Fällen in der Mitte.

fassung Rechnung getragen, wobei das Ende der Saltovo-Majaki-Kultur schon in die Mitte des 10. Jahrhunderts, in manchen Fällen sogar in das ausgehende 10. Jahrhundert datiert wird.[99] Eine innere Chronologie der zwei- bis dreihundert Jahre lang bestehenden Saltovo-Majaki-Kultur wurde von der sowjetischen Archäologie noch nicht erarbeitet. In Anbetracht der enormen territorialen Ausdehnung können auch die Ergebnisse gut gegrabener und analysierter Fundplätze nur mit großer Umsicht auf andere Fundkomplexe bezogen werden.[100]

Siedlungen der Saltovo-Majaki-Kultur sind überwiegend einphasig. Im allgemeinen bestehen sie aus einer kleineren, mit Steinmauer oder Erdwall umgebenen Befestigung und einer daran anschließenden Siedlung, die sich bis zu 400 × 500 Meter ausdehnt. Die überwiegende Mehrzahl der untersuchten Wohnbauten war in den Boden eingetieft, bisweilen blieben die Mauern bis in 1 Meter Höhe erhalten. Die Häuser waren meist klein und rechteckig (durchschnittlich 3 × 5 m), das Dach ruhte auf Pfosten. Charakteristisch sind Feuerplätze, die mit einfachen Steinplatten umgeben waren (Abb. 20: 2). Eher selten sind kreisrunde Wohnplätze mit einem

Durchmesser von 3—5 Meter, die üblicherweise als die Fundamentierungen von Jurten bezeichnet werden (Abb. 20: 1). Diese wurden zumeist nur 10—50 cm eingetieft, doch ist auch ein Typ belegt, dessen Sohle wesentlich tiefer liegt. Entlang der Fundamente dieser „Jurten" oder Rundhütten findet sich stets eine Reihe von Pfostenlöchern, in der Mitte ein tellerförmig eingetiefter Feuerplatz mit einem Durchmesser von 50—80 cm oder eine quadratische Kochstelle, die mit etwa 50 cm großen Tonplatten ausgelegt worden war. Auch zur Frage dieser „Jurten" ist noch nicht das letzte Wort gesprochen, zumal auch verschiedene rechteckige Wohngebäude, die in Čir-jurt zutage gekommen sind, als „jurtenförmig" bezeichnet werden.[101] Dabei darf die Möglichkeit nicht außer acht gelassen werden, daß einfache Jurten überhaupt nicht eingetieft waren, und so archäologisch kaum festgestellt werden können. Höchst bedeutend ist auch der Nachweis von temporären Wohnplätzen, wie er an mehreren Fundorten gelungen ist. Sie finden sich entlang von Flüssen oder über den Wasserläufen auf einem Plateau, breiten sich über mehrere hundert Meter aus (zwischen 3 und 45 Hektar), sind entweder einschichtig oder weisen gar keine Kulturschicht auf. Häufig erbrachten die Ausgrabungen hier nur oberflächliche Funde und keinerlei eingetiefte Objekte.[102] Häufig vorkommendes Keramikmaterial dieser Siedlungsplätze sind Fragmente von Amphoren (50—70 %), wobei noch nicht untersucht wurde, wie deren großer Anteil am Gesamtmaterial zu

---

99 PLETNĚVA, *Saltovo-majackaja kul'tura* 64. Eine realistische historische Einschätzung des Feldzuges von Svjatoslav zeigt GADLO, *Ětničeskaja istorija* 205—209.

100 Einzelne Details bringen die zitierten Werke von LJAPUŠKIN und PLETNĚVA.

101 Vielleicht handelt es sich hier bloß um das verbreitete Problem einer uneinheitlichen Terminologie. MAGOMEDOV, *Obrazovanie* 148, Fig. 57.

102 K. I. KRASIL'NIKOV, *Vozniknovenie osedlosti u prabolgar Srednedonec'ja.* SA 1981/4, 110—125.

deuten ist. Weiters sind zweiteilige Häuser mit Lehmwänden[103] oder Steinmauern bekannt. Vorrats- oder Abfallgruben kommen natürlich bei allen Siedlungsplätzen vor. In der Anordnung der einzelnen Gebäude zeigen sich keinerlei Gesetzmäßigkeiten. Derartige Siedlungen, die nach den letzten Feldbegehungen während der Spätawarenzeit und der ungarischen Landnahmezeit im Karpatenbecken existiert haben, könnte man als Siedlungsplätze mit netzartiger Struktur (russ.: gnezdo) bezeichnen. Die Häusergruppen standen 100—200 Meter voneinander entfernt. Ein großer Teil der Steinbefestigungen der Saltovo-Majaki-Kultur mit einer Mauerdicke von 4—5 m und einem Grundriß von 100 × 200 Meter wurde aus der Skythenzeit übernommen und erneuert. Einem anderen Typ gehören das nach byzantinischem Vorbild erbaute Šarkel sowie einige dieser Festung ähnliche Komplexe an.

Den überwiegenden Teil der in den Siedlungen freigelegten und geborgenen Fundobjekte bildet — wie immer und überall — das Scherbenmaterial. Die *Keramik* der Saltovo-Majaki-Kultur stellt nicht nur für die Archäologie Chasariens ein wesentliches Quellenmaterial dar, sondern auch für die der Spätawaren, Donaubulgaren und der landnehmenden Ungarn (Abb. 21.). Durch die Saltovo-Majaki-Kultur wurden in der osteuropäischen Steppe viele verschiedene Gefäßformen verbreitet, die bis dahin nicht bekannt waren, insbesondere der Tonkessel, die Feldflasche und ein bestimmter Amphorentyp, aber auch verschiedene Verzierungsweisen wie das Einglätten von Mustern, und auch die Fertigungstechnik, die Anwendung der Drehscheibe. Gerade letztere hat eine grundlegende kulturgeschichtliche Bedeutung bei den Ostslawen.[104] Lediglich die scheibengedrehten Gefäße wurden bislang typologisch untersucht. Ein erster zusammenfassender Überblick sämtlicher Keramikvarianten der Saltovo-Majaki-Kultur wird derzeit vorbereitet.[105] Das Verhältnis der scheibengedrehten zur handgeformten Ware ist in den Siedlungen und Gräberfeldern verschieden: Während die scheibengedrehte Ware in den Siedlungen nur einen Anteil von 1,5—20 % ausmacht, stellt sie im Fundmaterial der Gräberfelder mit rund 90 % den Hauptanteil. Eine für die Saltovo-Majaki-Kultur bezeichnende Gefäßart ist eine sehr formenreiche, dünnwandige und gut gebrannte graphitgraue Keramik, die überdies eine eingeglättete Verzierung zeigt (Abb. 21: 5, 6). Die Herkunft der Technologie dieser feinen Ware ist ungeklärt, während das Einglätten der Gefäßoberfläche wohl auf byzantinische Werkstattraditionen zurückgeht (Die Art und Weise dieser Übernahme sind jedoch unerforscht). Ähnlich gut gebrannte Keramik wurde im 6.—7. Jahrhundert in Dagestan verwendet. Für die Archäologie der Awaren und der ungarischen Landnahmezeit ist der Tonkessel (Abb. 21: 9) von Bedeutung, dessen handgeformte und scheibengedrehte Form in der Saltovo-Majaki-Kultur in den überprüfbaren Fällen gemeinsam vorkommt.[106] In der sowjetischen Forschung wurde die Chronologie der scheibengedrehten Tonkessel mit Hilfe der Stratigraphie von Šarkel erstellt. Für die handgeformten wird ein petschenegischer Ursprung angenommen, wobei man sich auf die genannte chronologische Gliederung sowie auf einen rumänischen Aufsatz stützt, in dem die am Unterlauf der Donau gefundenen, allerdings scheibengedrehten Exemplare den Petschenegen zugeschrieben wurden.[107] Soweit der Autor bei der Durchsicht zahlloser Keramikfragmente aus

---

103 Z. B. K. I. Krasyl'nikov, *Žitlo saltivs'koji kul'tury na Donečyni.* Arch. 14, 1974, 85.

104 Darauf verwies Pletnëva, *Ot kočevij* 112.

105 Siehe Keramik.

---

106 Ljapuškin, *Pamjatniki* 147; ders., *Karnauchovskoe poselenie.* MIA 62, 1958, 307, Abb. 52/3—6; S. A. Pletnëva, *Keramika Sarkela-beloj veži.* MIA 109, 1963, 223, Fig. 10 und 238, Abb. 24; Kuznecov, *Glinjanye kotly* Fig. 34—39; A. V. Gadlo, *Rannesrednevekovoe selišče na beregu kerčenskogo proliva.* KSIMMK 113, 1968, 84; Fodor, *Ursprung* 335, Fig. 2 und 336, Anm. 111 und 118.

107 Diaconu, *K voprosu* 250—263. In Kenntnis des Artikels von Comşa, *La civilisation* oder zumindest dessen Tabelle I wäre die von der überwiegenden Mehrheit der sowjetischen Forscher immer noch vertretene chronologische Einordnung und ethnische Bestimmung der Tonkessel nicht durchgeführt worden, wie z. B. bei Pletnëva, *Ot kočevij* 109—110. Die genannte Tabelle zeigt, daß die handgeformten und langsam scheibengedrehten Tonkessel am Unterlauf der Donau wesentlich früher auftreten, als die schnell scheibengedrehten. Zumindest die ersteren können daher unmöglich von petschenegischem Ursprung sein. Auch andere Kollegen schrieben die Tonkessel aus dem 10.—13. Jh. in Mitteleuropa den Petschenegen zu. Literatur und kritische Beurteilung der Interpretation bei Fodor, *Ursprung* 324—326, zuletzt: Takács, *Tonkessel* 128—135. Fodors Beweisführung wäre noch hinzuzufügen, daß die genauen Analogien der auf den von Diaconu publizierten Kessel eingeritzten Tierdarstellungen — in der sowjetischen Forschung bekannt sein sollten — in der Saltovo-Majaki-Kultur und nicht auf petschenegischen Objekten (z. B. *Stepi Evrazii* 164, Fig. 50) auftreten. Von einigen Archäologen wurden außer den Petschenegen auch die Kumanen und sogar die Slawen als mögliche Urheber der Tonkessel in Betracht gezogen, obwohl aufgrund der vorliegenden Daten völlig eindeutig scheint, daß die Drehscheibenkessel, die im Karpatenbecken zutage gekommen sind, von den landnehmenden Ungarn aus dem Verbreitungsgebiet der Saltovo-Majaki-Kultur mitgebracht worden sind. Die in Moldavien und am Unterlauf der Donau gefundenen Objekte sind Produkte der dortigen Variante der Saltovo-Majaki-Kultur, also der Balkan-Donau-Kultur und deren Weiterentwicklung; vgl. dazu Fodor, *Ursprung* 346—347.

Abb. 21: *Keramik der Saltovo-Majaki-Kultur.* 1: handgeformter Deckel mit eingeritzten Runenzeichen; 2: scheibengedrehter Topf mit Linienmuster; 3: kugelförmiges Gefäß, dessen Hals durch Rippen gegliedert ist; 4: handgeformtes Öllicht (?); 5: scheibengedrehtes, schwarzes Töpfchen mit eingeglättetem Muster; 6: Pythos, in identischer Technik hergestellt; 7: handgeformtes Ölgefäß oder Butterfaß; 8: scheibengedrehte Feldflasche; 9: scheibengedrehter Tonkessel.

Šarkel sehen konnte, wurden die Exemplare in der Ermitage fast durchwegs auf der Scheibe hergestellt. Es wäre demnach, wieder einmal mehr, das Problem einer einheitlichen Terminologie zu klären. Es ist bedauerlich, daß die sowjetische Forschung die vielen hundert Fundorte im Karpatenbecken, an denen árpádenzeitliche scheibengedrehte Kesselfragmente (10.—13. Jahrhundert)[108] gefunden worden sind, in ihre Überlegungen nicht mit einbezieht. Eine frühere Ansicht, nach der die handgeformten Tonkessel älter sind und mit den Bulgaren des 6. und 7. Jahrhunderts in Zusammenhang stehen[109] — eine Theorie, die mit den bisherigen Erfahrungen im Karpatenbecken durchaus im Einklang steht[110] — wird derzeit strikt abgelehnt.[111] Nach einer in Vorbereitung befindlichen Übersicht hätte es den Anschein, als ob die scheibengedrehten Tonkessel bei der Don-Variante der Saltovo-Majaki-Kultur zahlenmäßig selten vorkommen, während die handgeformten am Asovschen Meer und am Kaukasus, auch was die Stückzahl betrifft, häufiger belegt sind.[112] Tonkessel sind nicht in allen Teilen des Kaganats gleich verbreitet. In größerer Zahl sind sie aus der Umgebung von Šarkel, dem mittleren Nordkaukasus und dem Kuban-Gebiet bekannt. Beim derzeitigen Forschungsstand läßt sich bereits erkennen, daß in bestimmten Gebieten der Saltovo-Majaki-Kultur bzw. Chasariens keine Tonkessel auftreten. Sie sind für den östlichen Nordkaukasus (NB: das Kerngebiet Chasariens!), das untere und mittlere Volgagebiet, die Volga-Kama-Belaja- und die Dneprgegend nicht belegt.[113] Die klare Verteilung der bekannten Exemplare bestätigt den engen Zusammenhang der Tonkessel mit den Onogur-Bulgaren. Zu den charakteristischen Gefäßarten gehört auch die Amphore. Die frühesten Beispiele stammen aus den Städten am Asovschen Meer und auf der Krim und werden in das 7. Jahrhundert datiert. Später wurde sie auch in der Don-Region verwendet. Unter den Gefäßarten, die auf einer drehbaren Unterlage hergestellt worden sind, finden sich kleinere Trinkgefäße mit tierförmigem Henkel, zweihenkelige Vorratsgefäße (Abb. 21: 3), Butterfässer (Abb. 21: 7), bauchige, im Querschnitt asymmetrische Feldflaschen (Abb. 21: 8), kugelige Töpfe und Näpfe, die am Bauch häufig kammverziert oder mit Eindrücken dekoriert sind. Die zur Herstellung der Keramik verwendeten Töpferöfen der Saltovo-Majaki-Kultur sind mit einigen Beispielen belegt, sie sind zweigeteilt und mit einem Rost versehen.[114] Durch glückliche Fundumstände wurden auch einige Holzgefäße konserviert, deren Form mit der einiger Tongefäße übereinstimmt.[115]

Die *Arbeitsgeräte*[116] (Abb. 22.) sind höchst wichtig für die Beurteilung der wirtschaftlichen Entwicklung des gesamten Osteuropa. Sie sind Zeugnisse nicht nur eines entwickelten technischen Niveaus, sondern des abgeschlossenen Prozesses der Spezialisierung in der handwerklichen Tätigkeit. Sie zeigen, daß sowohl Ackerbau wie auch Viehzucht getrieben wurde. Der Pflug war mit Sech und asymmetrischer Pflugschar ausgestattet und repräsentiert dementsprechend das höchste technologische Niveau im damaligen Europa. Daneben kennen wir Hacken, Spatenbeschläge, Sicheln von zwei verschiedenen Typen, kurze Sensen, Rebmesser, Mahlsteine. In der Tierhaltung wurden Fesseln, Scheren für die Schafschur und Kuhglocken verwendet. Als Fischereigeräte sind bisher Angelhaken, Fischhaken, Netzsenker, Fischgabel, Zweizack und Dreizack publiziert. Aus der Saltovo-Majaki-Kultur kennen wir zahlreiche verschiedenartige Geräte zur Holzbearbeitung wie Sägen, Ziehmesser, Drehmesser, Stichel und Hohlbeile. Weiters wurden die verschiedenartigsten Werkzeuge, die in der Metallgießerei und zur Eisenverarbeitung benötigt wurden, gefunden, darunter Hammer, Zange, Beißzange, Amboß, Raspel und auch Punzen und Punzierhammer sowie Pinzetten.[117] Wichtige Belege für den Stand der Metallurgie in der Saltovo-Majaki-Kultur sind die zweiteiligen Eisenerzreduktions-

108 Monographische Bearbeitung: TAKÁCS, *Tonkessel*
109 KUZNECOV, *Glinjanye kotly* 38—39.
110 Vgl. dazu BÁLINT, *Tonkessel*.
111 KOVALEVSKAJA, *Archeologičeskie sledy* 50—51.
112 Freundliche Mitteilung von A. N. SAVČENKO (Rostov-na-Donu) 1976. Genauere Angaben wurden bislang nicht veröffentlicht. Beim Studium des Fundgutes der Volga-Don-Expeditionen, unter Einschluß des Materials aus Šarkel, mußte der Autor den Eindruck gewinnen, daß hier terminologische Schwierigkeiten vorliegen: Ein Großteil der von der sowjetischen Forschung als „handgemachte" Keramik bezeichneten Ware wurde tatsächlich auf einer langsamen Scheibe hergestellt. Vgl. BÁLINT, *Tonkessel*.
113 BÁLINT, *Tonkessel*.

114 KRASIL'NIKOV, *Gončarnaja masterskaja* 267—278.
115 V. S. FLËROV - V. M. KOSNJANENKO, *Saltovo-majackie derevjannye sosudy s Nižnego Podon'ja*. SA 1980/4, 272—275.
116 LJAPUŠKIN, *Pamjatniki* 117—125; S. S. SOROKIN, *Železnye izdelija Sarkela-beloj veži*. MIA 75, 1959, 135—199; PLETNĚVA, *Ot kočevij* 144—161; V. K. MICHEEV, *Klad železnych izdelij s selišča saltovskoj kul'tury*. SA 1968/2, 297—300; DERS., *Doslïženija remeslennikov saltovskoj kul'tury* (Char'kov 1968); DERS., *Podon'e* 25—97.
117 Es ist fast unmöglich, den Verwendungszweck der verschieden geformten Äxte und Beile genau zu bestimmen. Nur aufgrund ihrer Größe wagt man zu beurteilen, ob sie entweder zur Holz- oder Eisenbearbeitung geeignet waren oder als einfache Äxte zur täglichen Arbeit gedient haben könnten.

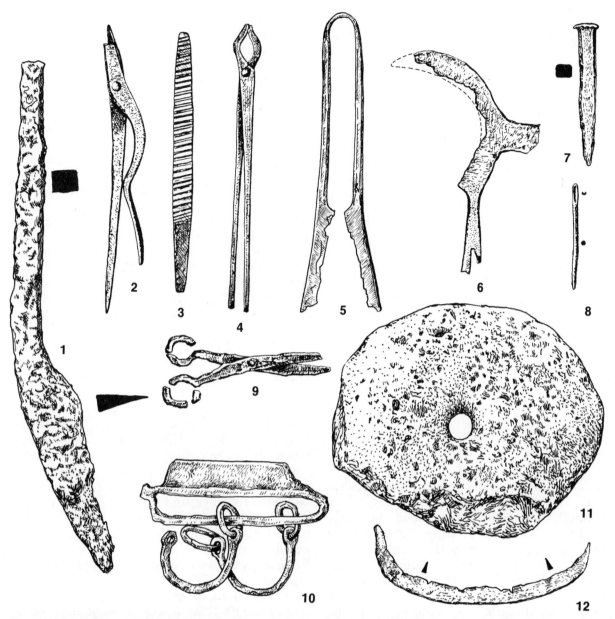

Abb. 22: *Arbeitsgeräte der Saltovo-Majaki-Kultur.* 1: Pflugeisen; 2: Schere zum Metallschneiden; 3: Raspel; 4: Zange; 5: Schafschere; 6: Rebmesser; 7: Punzeisen; 8: Nadel; 9: Schere; 10: Fußeisen; 11: Mahlstein; 12: kurze Sense — außer 11 alle aus Eisen.

öfen.[118] Sie gehören dem gleichen Typ an wie die der Spätawaren.[119]Zeugnisse der ausgezeichneten chirurgischen Kenntnisse sind die Schädeltrepanationen. In einem Fall wurde der herausgeschnittene Schädelteil mit einem runden Silberblech bedeckt.[120] Zu den häufigsten Funden der Siedlungsplätze gehören die verschiedensten Spinnwirtel und Ringe. Durch die Analyse der Samen- und Getreidekörner lassen sich die Angaben der schriftlichen Quellen zum Ackerbau in

Chasarien bestätigen und ergänzen (Zwergweizen, Gerste, Hirse, Hanf, Melone und Gurke).[121] Die prozentuelle Verteilung der Tierknochen, die als Abfall im Bereich der Siedlungen auftreten, ent-

---

118 G. E. AFANAS'EV - A. G. NIKOLAENKO, *O saltovskom tipe syrodutnogo gorna.* SA 1982/2, 168—175.

119 G. VASTAGH, *A szaltovói vasolvasztó kemencékről.* Iparrégészeti Tájékoztató 2, 1983, 12.

120 K. I. KRASIL'NIKOV - A. A. RUSENKO, *Pogrebenie chirurga na drevnebolgarskom mogil'nike u s. Željove.* SA 1981/2, 284—285.

---

121 Dank der umsichtigen Materialsammlung und Auswertung konnten auf den Ziegelsteinen von Čir-jurt 29 verschiedene Pflanzen- und Obstabdrücke bzw. -kerne nachgewiesen werden. Siehe dazu MAGOMEDOV, *Obrazovanie* 97—98.

spricht schon auf den ersten Blick dem Bild einer Großviehhaltung, ergänzt durch Ackerbau (Tabelle 1).

Tabelle 1. Prozentuelle Verteilung der Tierknochen in den Siedlungen der Saltovo-Majaki-Kultur, aufgrund von Pletnёvas, Gadlos, Flёrovs und Magomedovs Angaben[122].

Fundort / Tierart %	Sdlg. geg. Sarkel	Dmitrovskoe	Karnauhovo	Zaplavska	Bogojavlenskoe	Andrej-aul	Rogalik	Podgaevka	Novolimarevka	Verhnee Saltovo	Majaki
Pferd	24	24	18	18	17	12	—	—	—	29	—
Rind	39	29	30	63	29	40	49	46	60	45	31
Schaf/Ziege	24	24	27,	15	14	37					
Schwein	13	10	20		11						
Kamel	+		+								
Esel					+						
Huhn			+								
Gans			+								
Fisch			+								
Hund			+	+	+	+					
Katze			+								
Vogel			+								
kleines Raubtier			+								
Wildschwein			+								
Hirsch			+								

Für die *Gräberfelder* der Saltovo-Majaki-Kultur waren — so schien es lange Zeit — die Gruben- und Katakombengräber bezeichnend. In letzter Zeit häufen sich indes auch die Belege für die Brandbestattung und die Anlage von Hügelgräbern, an einigen Fundorten konnte darüber hinaus ein bislang unbekannter Bestattungsritus dokumentiert werden: Unter den Grabhügeln lagen Katakombengräber. Gegenüber den einfachen Erdbestattungen bilden die relativ aufwendig gebauten Gewölbegräber eine zahlenmäßig kleine Gruppe. In einigen einfacheren Flachgräbern konnten immerhin Spuren primitiver Sargkonstruktionen festgestellt werden. Die Katakombengräberfelder sind in größerer Zahl am Oberlauf des Don und am Nordkaukasus vertreten. Einfachere Flachgräber befinden sich in den Gräberfeldern aller Kulturvarianten. Es ist sicher kein Zufall, daß in den besser erforschten Fundorten wie Saltovo, Čir-jurt und Volokanova beide Grabformen vorkommen, wenngleich auch in voneinander getrennten Gräberfeldern in unmittelbarer Nachbarschaft. Das Fundmaterial der Katakomben- und Erdgräber zeigt keine typochronologischen Unterschiede, allenfalls machen die Fundkomplexe der Katakombengräber insgesamt einen reicheren Eindruck als die der Erdgräber. Früher wurde dies gerne als Symptom für soziale Unterschiede interpretiert,[123] heute nimmt man an, daß dabei der Anteil der Alanen an der Bevölkerung der Saltovo-Majaki-Kultur eine Rolle spielt. Eine endgültige Klärung der Frage wird weiterer Untersuchungen, besonders aber größerer Grabungen bedürfen. Weitere Unterschiede sind im Grabritus zu beobachten: In den Katakomben finden sich häufig Doppel- oder Familienbestattungen. In der Körperlage und auch bei den Gefäßbeigaben gibt es geschlechtsspezifische Abweichungen: Männer wurden lang ausgestreckt, Frauen in leichter Hockstellung begraben; Männer bekamen Krüge mit, Frauen Töpfe. Was die Ausstattung der Gräber betrifft, so finden sich die reichsten Grabinventare der Saltovo-Majaki-Kultur im allgemeinen unter den Hügelgräbern, was nicht erstaunlich ist, weil ihre Anlage einen außerordentlichen Arbeitsaufwand bedeutete. In letzter Zeit nehmen die Belege für komplette Pferdebestattungen zu, in den Katakombengräbern sind sie allerdings nach wie vor eher selten. Beachtlich ist die Zahl der partiellen Pferdebestattungen. Für die Analyse der beiden Bestattungstypen (Pferdebestattung und partielle Pferdebestattung) sind jene Fälle wichtig, in denen die eine wie die andere Form im selben Friedhof belegt ist.[124] Relativ selten sind Bestattungen, wo nur das Pferdegeschirr mitgegeben worden ist. Ungeklärt ist auch noch die Bedeutung eines Begräbnisritus, bei dem nicht das getötete Pferd, sondern ein Schafskopf und vier Beine zu Füßen des Toten gelegt worden sind.[125] Sollten die Schafsteile vielleicht das Pferd ersetzen, das zum Schlachten zu schade war?[126] Dank besonders sorgfältiger Beobachtungen wissen wir immer mehr über den Aufbau des Sarges, über das mit Stroh ausgestopfte Kopfkissen des Toten und die Speisebeigaben (Fleischsorten und Körner).

122 PLETNĚVA, *Ot kočevij* 147; GADLO, *Kočev'e* 124; BÁLINT, *Addenda.* 407, Anm. 49; MICHEEV, *Podon'e* 46.

123 V. A. GORODCOV, *Rezultaty archeologičeskich issledovanij v Izjumskom uezde Char'kovskoj gubernii 1901 g.* (Trudy XII AS. 1, Moskva 1905) 212—213: N. B. ŠEJHOV, *Pogrebal'nyj obrjad v rannesrednevekovom Dagestane kak istoričeskij istočnik.* KSIIMK 46, 1952, 103.

124 D. T. BEREZOVEC, *Raskopki v Verchnem Saltove 1959—1960 gg.* KSIA (Kiev) 12, 1962, 22; S. A. PLETNĚVA - A. G. NIKOLAENKO, *Volokonovskij drevnebolgarskij mogil'nik.* SA 1876/3; FODOR, *Altungarn* 55, Anm. 62.

125 S. I. TATARINOV - A. G. KOPYL, *Dronovskie drevnebolgarskie mogil'niki na r. Severskoj Donec.* SA 1981/1, 300—307.

126 Vgl. dazu S. 261 und Abb. 128.

Die für die Saltovo-Majaki-Kultur bezeichnenden *Schmuckstücke* der Frauen sind insbesondere Ohrgehänge mit einfachen Glaspastenperlenanhängern oder mit Kugelreihenanhängern, steinbesetzte Fingerringe, durchbrochene Ohrlöffel aus Bronze, Anhänger in Tierform, aus Tierzähnen oder -knochen gefertigte Amulette, Bronzespiegel mit geometrischen Mustern, Ösenknöpfe und verschiedene Perlen (Abb. 23: 1—3, 13, 14). Die wichtigsten Trachtbestandteile, die in Männergräbern aufgefunden werden können, sind natürlich die Einzelteile des beschlagenen Gürtels, an Beigaben sind vor allem Waffen und Pferdegeschirre zu nennen. Der Aufbau der Gürtel läßt sich nicht durch die Analyse detaillierter Grabzeichnungen erfragen, da solche nicht publiziert wurden, sondern bestenfalls durch den Vergleich der verschiedensten Beschlagstypen (Abb. 23: 4—12, 17—21). Vermutlich hingen vom Gürtel mehrere Nebenriemen herab. Zahlreiche Riemenzungen und Beschlagstypen sind vertreten: Große und kleine Riemenzungen, runde, quadratische, dreieckige Beschläge und Lochschützer, massive und längliche Schnallen, „gehörnte" Schnallen (Abb. 23: 16) und schließlich ein sehr charakteristischer Beschlagstyp, dessen unteres Glied die Form eines Ringes hat (Abb. 23: 6). Die Gürtelgarnituren wurden im allgemeinen in Bronze gegossen oder aus Bronze- bzw. Silberblech hergestellt. Es wird sogar die Ansicht vertreten, daß die Gürtelgarnituren aus Blechteilen gegen Ende der Saltovo-Majaki-Kultur häufiger auftreten.[127] Als Verzierungsmotive dienten am häufigsten Palmetten und geometrische Muster, zuweilen kommen auch Greifendarstellungen oder andere imaginäre Wesen vor (Abb. 19: 1;

Abb. 23: *Schmuck der Saltovo-Majaki-Kultur*. 1, 2: aus Silber gegossene Ohrgehänge; 3, 13: aus Bronze gegossener Hängeschmuck; 4—12, 17—21: aus Silber gegossene Gürtelbeschläge; 14: aus Bronze gegossene Schelle; 15: bronzene Taschenaufhängsel; 16: aus Bronze gegossene „gehörnte" Schnalle.

24: 1). In diesem Zusammenhang sind aus Knochen geschnitzte Tiegel zu erwähnen, die ebenfalls mit eingeritzten Tierfiguren verziert sind (Abb. 25: 6).

Es ist auffallend, daß die Ornamentik der Gürtelbeschläge in der Saltovo-Majaki-Kultur ungleich weniger variiert wird als bei den Awaren oder den landnehmenden Ungarn, obwohl es hier doch um ein wesentlich größeres Gebiet als das Karpatenbecken geht. In dieser Richtung ist die Forschung noch nicht weit gediehen; typologische Zusammenfassungen liegen noch nicht vor. Sollte sich der erste Eindruck allerdings behaupten, wird man daraus Rückschlüsse auf die Wirtschaftsstruktur und/oder den Binnenhandel, vielleicht sogar auf die politische Organisation Chasariens, ziehen können.

Die wertvollste *Waffe* des frühmittelalterlichen Steppenkriegers war der Säbel, der in Osteuropa im Zuge der Ausbreitung der Saltovo-Majaki-Kultur in Verwendung kam. Die meisten Säbel hatten — soweit dies beim Erhaltungszustand noch nachweisbar ist — gegen die Spitze zu einen scharfen Rücken (elman).[128] Der Griff ist im allgemeinen gerade, zylindrisch und trug einen aus Knochen geschnitzten Knauf. Die Parierstange ist kurz und gerade, die Hängeattachen gebogen und länglich. Das Scheidenende ist zumeist gerade. Manchmal sind auch Kampfmesser belegt, die sich von den Säbeln lediglich in ihren Abmes-

---

127 PLETNĚVA, *Saltovo-majackaja kul'tura* 74.

128 Freundliche Mitteilung von L. KOVÁCS, der diese Beobachtung anläßlich seiner Materialstudien gemacht hat.

Abb. 24: *Funde aus dem unterem Don-Gebiet.* 1: aus Bronze gegossener Gürtelbeschlag; 2: handgemachtes Tongefäß mit eingeritzter Darstellung oder Zeichen.

sungen unterscheiden. Kampfbeile sind zweischneidig, am häufigsten finden sich solche mit breiter Schneide. Den Aufbau der Köcher kennen wir ausschließlich aus Rekonstruktionen. Der in der Saltovo-Majaki-Kultur benützte Köchertyp kommt in der gesamten eurasischen Steppe vor. Gleiches gilt für den zusammengesetzten Reflexbogen, dessen Enden mit Beinversteifungen versehen sind. Die überwiegende Mehrzahl der Pfeilspitzen ist dreiflügelig; sehr selten kommen in den Bestattungen Lanzen als Beigaben vor.

Das *Pferdegeschirr* gilt als die häufigste Beigabe der Männergräber. Während der Saltovo-Majaki-Kultur findet in der osteuropäischen Steppe ein völlig neuer Steigbügeltyp mit flachem Tritt Verbreitung (Abb. 25: 4). Eher selten finden sich Steigbügel mit schleifenförmiger Öse; sie gehören wohl einer frühen Periode dieser Kultur an. Unter den Trensen sind die mit S-förmigen Psalien zu erwähnen, von denen so manche Enden besitzen, die an Pferdeköpfe (?) erinnern. Pferdegeschirre aus reicheren Gräbern waren zumeist mit kreisrunden, ovalen oder blattförmigen glatten Bronze- oder Silberplättchen verziert. Bisweilen findet sich auch ein Kopfschmuck, der an der Stirn des Pferdes befestigt war. Es scheint, als wäre in den Katakombengräbern des Don-Gebietes eine Häufung von derartig verzierten Pferdegeschirren festzustellen.[129] Zum Pferdegeschirr gehören stets 1—3 Gurtschnallen.

Über den *Ursprung der Saltovo-Majaki-Kultur* und ihre Zusammensetzung wurden schon viele Theorien entwickelt. Aus methodischen Gründen, meist aber bloß wegen der geringen Fundanzahl,

wurde die Saltovo-Majaki-Kultur lange Zeit nur mit dem einen oder anderen Volk in Verbindung gebracht, mit den Chasaren, Ungarn usw. In den fünfziger Jahren war man — wahrscheinlich eine späte Auswirkung der Lehren des sowjetischen Linguisten I. JA. MARR, der stets die Rolle der autochthonen Bevölkerung überschätzte — bemüht, die meisten Elemente der Saltovo-Majaki-Kultur von Völkerschaften herzuleiten, die ihrerseits als sarmatisch-alanisch bestimmt worden waren. Die Rolle der türkischen Volksgruppen wurde damals in der sowjetischen Archäologie noch als unbedeutend eingeschätzt. Heute wird die Entstehung der Saltovo-Majaki-Kultur auf zwei Volksgruppen bulgarisch-türkischen und alanischen Ursprungs zurückgeführt, wobei mit einem Übergewicht oder sogar einer entscheidenden Rolle[130] der Bulgaro-Türken zu rechnen ist. Man ist sich darin einig, daß an der Herausbildung verschiedener regionaler Varianten auch andere Völker beteiligt gewesen sein müssen, doch wird von der sowjetischen Forschung gleichzeitig der einheitliche Charakter dieser in einem enormen Gebiet verbreiteten Kultur unterstrichen.

Die regionale Variante der Saltovo-Majaki-Kultur am Asovschen Meer und am Unterlauf des Don wird richtigerweise mit den Bulgaro-Türken (oder mit verschiedenen bulgaro-türkischen Stämmen ?) gleichgesetzt. Neuere Forschungen zeigen, daß sie ein zusammenhängendes Gebiet bis zu den nördlichen Ausläufern des Kaukasus umfaßt. Ihre hervorstechendsten Merkmale lassen sich wie folgt charakterisieren: In diesem Bereich kommen häufig Bauwerke mit kreisrundem Grundriß vor („Jurten"), handgeformte Tonkessel und primitive Feldflaschen. Diese Variante der Saltovo-Majaki-Kultur setzt sich auch vom anthropologischen Gesichtspunkt her von ihrer Umgebung ab (kleiner, rundschädeliger Menschentyp). Demgegenüber ist die am Oberlauf des Don vorkommende Variante der Saltovo-Majaki-Kultur wohl weniger bedeutend, aber besser erforscht. Sie wird im allgemeinen mit den Alanen in Zusammenhang gebracht. Hier finden sich vorwiegend quadratische Häuser, Katakombengräber und auf der Drehscheibe hergestellte Tonkessel. Anthropologisch gesehen herrscht hier ein langköpfiger, europider Typ vor. Die übrigen Varianten der Saltovo-Majaki-Kultur sind wenig erforscht oder publiziert, dementsprechend sind weitergehende Interpretationen nicht möglich; man wird auf die wichtigeren Materialpublikationen warten müssen. Gleiches gilt für die an-

129 PLETNĚVA, *Saltovo-majackaja kul'tura* 85.

130 Ebendort 65.

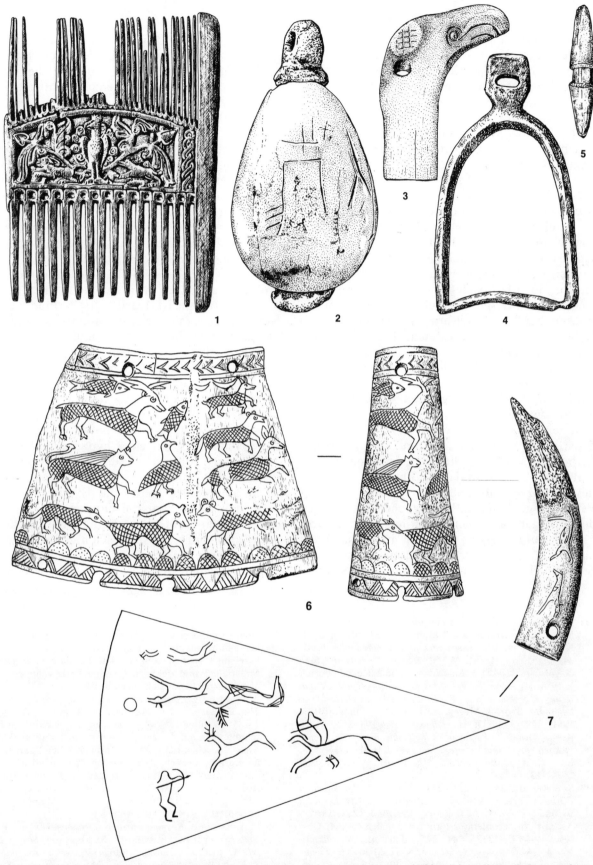

Abb. 25: *Sonstige Gegenstände der Saltovo-Majaki-Kultur.* 1: byzantinischer Beinkamm mit Pfauendarstellung; 2: Lassoende aus Knochen mit eingeritzten Runenzeichen; 3: knöchernes Stangen- oder Peitschenende mit Vogelkopf; 4: Steigbügel-Typ der Saltovo-Majaki-Kultur; 5: Gegenstand aus Knochen zur Befestigung des Zaumzeuges; 6: Tiegel aus Knochen mit eingeritzter Darstellung verschiedener Tiere; 7: Gegenstand aus Knochen mit eingeritzter Darstellung einer Jagdszene, vermutlich zum Knotenlösen.

thropologischen Daten.[131] Die bislang vorliegenden Analysen stützen sich auf eine sehr geringe Zahl von Skelettfunden, sodaß weiterführende Aussagen noch nicht möglich sind. Die Wurzeln der materiellen Kultur dieser Varianten sind noch ungeklärt.

Die Saltovo-Majaki-Kultur zeigt Gemeinsamkeiten nicht nur mit der spätawarischen materiellen Hinterlassenschaft, sondern auch mit dem Fundgut der landnehmenden Ungarn. Die meisten östlichen Analogien sowohl für das spätawarische Material wie für das der Ungarn findet sich im Bereich der Saltovo-Majaki-Kultur, was auch vom historischen Standpunkt sicher von Bedeutung ist. Der Zusammenhang mit den Spätawaren ist bei weitem nicht in allen Einzelheiten erforscht, doch läßt sich ein solcher anhand vieler Details nachweisen, so bei diversen Schmuckstücken, bei den Gürtelgarnituren mit zahlreichen Nebenriemen und gegossenen Beschlägen, bei den Waffen, den Pferdegeschirren — bezeichnenderweise kommt der Säbel zusammen mit dem Steigbügel mit flachem Tritt vor —, bei der Keramik und den Bestattungssitten.[132] Der Vergleich des Fundmaterials der Saltovo-Majaki-Kultur mit dem der Altungarn hat seinerzeit zu den verschiedenartigsten Theorien inspiriert. Die historische Richtigkeit wird zwischen den Extremen (Identität der Saltovo-Majaki-Kultur mit den Altungarn bzw. vollständige Negierung jeglicher Verbindungen) liegen.[133] Möglicherweise gingen die Altungarn aus dem Völkerbund der Saltovo-Majaki-Kultur hervor, ohne daß man deshalb die Saltovo-Majaki-Kultur als urmagyarisch bezeichnen dürfte.[134] Die Verbindung der Saltovo-Majaki-Kultur mit dem Fundgut der ungarischen Landnahmezeit wird durch viele verschiedene, zahlenmäßig jedoch nicht umfangreiche Typen und Kulturelemente dokumentiert: Einige Ohrgehänge, Haarschmuck, ein Fingerringtyp, verschiedene Waffenarten, die auf der Scheibe gedrehten Tonkessel, Amulette aus Tierknochen, die West-Ost-Orientierung der Bestattungen und die einfachen Erdgräber sind besonders zu erwähnen. Von weitreichender historischer Bedeutung ist auch die Vermutung, die bulgarisch-türkischen Lehnwörter dürften zu einer Zeit (und in einer Region) in die ungarische Sprache aufgenommen worden sein, als die Altungarn mit der Saltovo-Majaki-Kultur einen engen Kontakt hatten.[135]

Ein wesentliches archäologisch-historisches Problem, das auch vom methodischen Standpunkt interessant ist, betrifft die Verbindung des Nordkaukasus mit der Don-Variante der Saltovo-Majaki-Kultur. Bestimmte Schmuck- und Keramiktypen, die Katakombengräber und — nun vom anthropologischen Standpunkt — ein langschädeliger europider Menschentyp — belegen Verbindungen, die verschieden interpretiert werden können. Schon zu Beginn des Jahrhunderts und später zu wiederholten Malen wurde dieses Phänomen mit einer hypothetischen Wanderung einer Völkerschaft, den Alanen, vom Kaukasus in die Don-Region erklärt.[136] Vom historischen Standpunkt wurde die Hypothese aufgestellt, daß diese alanische Gruppe vor den Arabern flüchten mußte, die 737 tief nach Chasarien eingefallen sind.[137] Es stellt sich nun die Frage, ob die Ähnlichkeiten im Fundmaterial und in den Bestattungssitten sowie die anthropologischen Pa-

131 G. I. ČUČUKALO, *Čerepa iz Verchne-saltovskogo mogil'nika.* Materialy po Antropologi Ukrainy 2, 1927, 207—216; K. N. NADŽIMOV, *O čerepach zlivkinskogo mogil'nika.* KSIÈ 24, 1955, 66—74; M. M. GERASIMOV, *Skelety drevnych bolgar iz raskopok v s. Kajbely.* Antropologičeskij Sbornik 1, 1956, 146—165; V. V. GINZBURG, *Antropologičeskie materialy k probleme proischoždenija naselenija chazarskogo kaganata.* Sbornik Muzeja Antropologii i Ètnografii 13, 1951, 329—372; DEBEC, *Paleoantropologija* 252; T. S. KONDUKTOROVA, *Paleoantropologičeskie materialy iz majackogo mogil'nika.* In: *Majackoe gorodišče* 200—236.

132 BÁLINT, *A szaltovo-majaki* 56; ERDÉLYI, *Az avarság* 150—153.

133 SAMOKVASOV, *Mogily* 233—234; T. J. ARNE, *La Suède et l'Orient* (Uppsala 1914) 95; ZAKHAROV - ARENDT, *Levedica* 76 und 78; M. I. ARTAMONOV, *Rezension: ZAKHAROV - ARENDT,* In: Problemy Istorii Dokapitalističeskich Obščestv 9—10, 1935, 244—245; FETTICH, *Metallkunst* 46—47; ARTAMONOV, *Sarkel* 160; N. JA. MERPERT, *O genezise saltovskoj kul'tury.* KSIIMK 36, 1951, 15—29; FEHÉR, *Zur Geschichte* 294—296; FODOR, *Altungarn* 15—18.

134 MERPERT, *Ugorskie (vengerskie) plemena* 682; I. ERDÉLYI - L. S. GUMILJOV, *A nomád világ egysége és sokrétűsége.* AÉ 96, 1969, 58. Aus Chasarien und dem Gebiet zwischen

Dnepr und dem Unterlauf der Donau kennen wir noch keine Fundkomplexe, die *im engeren Sinn* als altungarisch bezeichnet werden könnten. Die bis dato vorliegenden Materialien sind dennoch für eine Diskussion des Problems ausreichend. Siehe dazu S. 136—142.

135 A. BARTHA, *Gazdaságtörténet és szavak.* Mny 65, 1969, 23—25; BÁLINT, *A szaltovo-majaki* 60; FODOR, *Altungarn* 7—63. Es soll aber erwähnt werden, daß ein Teil der Forschung auch mit der Möglichkeit rechnet, daß die bulgarisch-türkischen Lehnwörter der ungarischen Sprache erst im Karpatenbecken, also von den überlebenden Resten der Awaren übernommen worden sind, siehe TOMKA, *Avarkori régészetünk* 183—184; aber als erster schon LÁSZLÓ, *Élete* 69—70. Kritik zu dieser Meinung siehe FODOR, *Altungarn* 60—61, Anm. 83.

136 V. A. BABENKO, *Raspovsjuždenija starodavnoj kul'tury v mežach Evropy* (Charkiv 1902) 12; SAMOKVASOV, *Mogily* 232; A. A. SPICYN, *Istoriko - archeologičeskie razyskanija.* ŽMNPr 19, 1909, janvar' 70—71; ARTAMONOV, *Sarkel* 159—160; ZAKHAROV - ARENDT, *Levedica* 71; HORVÁTH, *Üllő* 126; LJAPUŠKIN, *Pamjatniki* 137 und 145; PLETNĚVA, *Ot kočevij* 184—185.

137 Zuletzt: PLETNĚVA, ebendort.

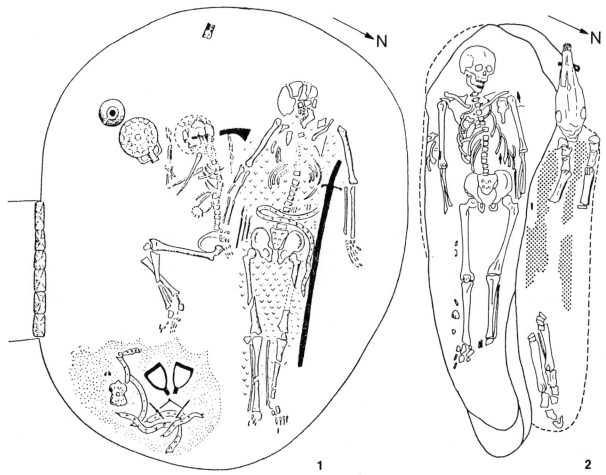

Abb. 26: *Bestattungen auf dem Gebiet Chasariens.* 1: Podgorovka, Plan eines Katakombengrabes; 2: Šarkel, Kurgangräberfeld, Bestattung mit „ausgestopfter Pferdehaut".

rallelen, verbunden mit einer vagen historischen Theorie, schon ausreichen, die Entstehung der Saltovo-Majaki-Kultur — natürlich unter Mitwirkung der dort ansässigen bulgarisch-türkischen Völkerschaften — zu erklären. Nach dieser Theorie wären alanische Volksgruppen vor den arabischen Kriegerscharen 737 aus dem Kaukasus in das Dongebiet geflohen. Unbestreitbar gibt es im Kulturgut der Don-Region des 8.—10. Jahrhunderts Elemente, die dort zuvor unbekannt waren, sofern eine derartige Aussage beim ungünstigen Forschungsstand der Archäologie des 5.—7. Jahrhunderts überhaupt möglich ist. In dem genannten Überblick der Archäologie des Kaukasus-Gebietes, gerne zur Unterstützung dieser historischen Hypothese zitiert, wird die Theorie der Abwanderung einer alanischen Völkerschaft nicht vertreten, da sich in den bekannten Schriftquellen keine Hinweise auf ein derartiges Ereignis finden.[138] Der Kriegszug des arabischen Feldherrn Merwān berührte die Alanen eigentlich nicht[139] und die geringfügigen

Abwanderungen diverser Völkerschaften, die er auslöste, führten in genau die entgegengesetzte Richtung.[140] Der einzige Angriff der Araber gegen die Alanen in dieser Periode fand im Jahr 739 statt, doch wird die vorübergehende Eroberung dreier Festungen[141] wohl kaum eine Abwanderung ganzer Völkerschaften ausgelöst haben.[142] Dank der arabischen, armenischen und grusinischen Quellen

138 V. A. KUZNECOV, Rezension: PLETNĚVA, *Ot kočevij.* SA 1969/2, 296—300.

139 Nach den Berichten von Tabarī und al-Kūfī erfaßte der Feldzug die Städte Derbent, Semender und al-Baydā in der Umgebung des Kaspischen Meeres und führte dann in Richtung Norden entlang der Volga in das Siedlungsgebiet der Burtassen. Vgl. DUNLOP, *History* 81—84; ARTAMONOV, *Istorija chazar* 218—224.

140 Die Araber siedelten damals nach Berichten von al-Kūfī 20.000 Burtasfamilien im Kaukasus an. Siehe dazu A. Z. V. TOGAN, *Ibn Fadlān's Reisebericht.* Abhandlungen für die Kunde des Morgenlandes 24/3, 1939, 296—297.

141 Zur Chronik des Tabarī, siehe DUNLOP, *History* 81.

142 In der jüngsten Überblicksarbeit zur Saltovo-Majaki-Kultur wird die Umsiedlung in die Don-Region nicht für eine Fluchtbewegung gehalten, sondern als „massenhaftes Nomadisieren" bezeichnet, an dem die Alanen — und das ist ein wesentliches neues Moment —, die sich den umsiedelnden Onoguren angeschlossen hatten, beteiligt waren. Siehe dazu PLETNĚVA, *Saltovo-majackaja kul'tura.* 65.

ist die Geschichte des Kaukasus im 8. Jahrhundert recht gut bekannt. Daß sie in dieser Beziehung schweigen, dürfte kein Zufall sein.

Die Kulturelemente, die am Oberlauf des Don mit den Alanen kaukasischer Herkunft in Zusammenhang gebracht werden, kommen neben solchen bulgarisch-türkischen Charakters vor. So findet sich in der unmittelbaren Nachbarschaft des bekannten Katakombengräberfeldes von Saltovo ein nach Meinung der sowjetischen Kollegen etwa gleichzeitiger Friedhof mit einfachen Erdgräbern.[143] Ein Teil der sog. chasarischen Runeninschriften kam ebenfalls in dieser Region zum Vorschein,[144] außerdem ist zu berücksichtigen, daß mehrere Merkmale der Siedlung und Gräber des Fundortes Majaki selbst denen ähnlich sind, die mit den Bulgaren in Zusammenhang gebracht werden.[145] Es wurde bereits darauf verwiesen, daß die Katakomben (Abb. 26: 1) und die Dolichokranie am Oberlauf des Don keine Vorgeschichte haben. Es ist allerdings zweifelhaft, ob sie — wie dies manchmal geschieht — bedingungslos mit den Alanen in Zusammenhang gebracht werden dürfen, denn erstens ist durchaus nicht sicher, daß die Katakombengräber der Kaukasusregion ausschließlich auf die Alanen zurückgeführt werden können,[146] zweitens gehört — anthropologisch gesehen — ein Viertel oder Fünftel der einfachen Bevölkerung der Festung Šarkel ebenfalls

dem langschädeligen Typ an[147], dessen materielle Hinterlassenschaft zur südlichen Variante der Saltovo-Majaki-Kultur gehört. Daß die Alanen einen so großen Anteil an der Bevölkerung der chasarischen Städte ausgemacht haben sollen, ist höchst unwahrscheinlich (anders verhält es sich mit der Mittelschicht, die wohl aus den Kriegern bestanden hat); Langschädel wurden beispielsweise auch in Bol'še Tarchany an der Kama-Mündung[148] gefunden, wiewohl dort kaum mit *kaukasischen* Alanen gerechnet werden kann. Der breitgesichtige brachykrane Typ ist — wenn auch in kleiner Anzahl — auch im Katakombengräberfeld von Saltovo belegt.[149] Aus methodischer Sicht ist es allerdings fragwürdig, einen anthropologischen Menschentyp direkt mit einem bestimmten Ethnikum zu verknüpfen, auch die Dolichokranie ist kein ethnisches Merkmal per se. Übrigens zeigen neuere Forschungen, daß die Bedeutung der Katakombengräber im oberen Don-Gebiet bis heute ein wenig übertrieben wurde. Bis jetzt kennen wir aus dem gesamten Don-Donec-Gebiet insgesamt 9 Katakombengräber; diese Zahl steht neben den 65 einfachen Erdgräbern, die im oberen Don-Donec-Gebiet ebenso häufig sind[150] und läßt kaum an eine bedeutende ethnische Gruppe denken (wenn diese Grabform überhaupt ein ethnisches Merkmal ist !). Wenn wir für die Variante der Saltovo-Majaki-Kultur am oberen Don und Donec um jeden Preis eine eigene Bestattungsform absondern wollten, wäre zu bedenken, daß die Brandbestattungen dort noch häufiger sind (z. Z. an 15 Fundorten belegt).[151] Solange keine weiteren richtungweisenden Angaben publiziert werden, ist im Zusammenhang mit der hypothetischen Wanderung der kaukasischen Alanen[152] also Vorsicht geboten.[153] Das Schwerge-

143 O. V. IČENSKAJA, *Ob odnom iz variantov pogrebal'nogo obrjada saltovcev po materialam netajlovskogo mogil'nika*. In: *Drevnosti Podneprov'ja 80—96*; DIES., *Osobennosti pogrebal'nogo obrjada i datirovka nekotorych učastkov saltovskogo mogil'nika*. In: *Materialy po chronologii archeologičeskich pamjatnikov Ukrainy* (Kiev 1982) 140—148; PARCHOMENKO, *Netajlovka* 75—87.

144 Diesen Widerspruch versuchen M. I. ARTAMONOV, *Nadpisi na baklažkach novočerkasskogo muzeja i na kamnjach majackogo gorodišča*. SA 19, 1954, 268; DERS., *Istorija Chazar* 313 und FODOR, *Altungarn* 31; DERS., *Wanderung* 231—232 aufzulösen, indem sie annehmen, daß die Alanen bereits türkisiert waren. G. F. TURČANINOV, *O jazyke nadpisej na kamnjach majackogo gorodišča i fljagach novočerkasskogo muzeja*. SA 1964/1, 80 nimmt an, daß die in der Majaki-Kultur gefundenen Runeninschriften alanischen Ursprungs sind. Seine u. E. abwegige Idee hat kein beachtliches Echo gefunden. Wenig bekannt ist der Name des Fundorts dieser berühmten Feldflaschen: Stanica Krivjanskaja.

145 S. A. PLETNĚVA, *Drevnie bolgary v bassejne Dona i Priazov'ja*. *Pliska-Preslav* 2, 1981, 14. Die freigelegten Gräber werden als bulgarische Bestattungen bezeichnet: S. A. PLETNĚVA - G. E. AFANAS'EV - A. Z. VINNIKOV, *Sovetsko-bolgaro-vengerskaja ėkspedicija*. (AO 1981, Moskva 1983) 78; V. S. FLËROV, *Majackij mogil'nik*. In: *Majackoe gorodišče* 197 schreibt das Katakomben-Gräberfeld von Majaki einer „anderen" Alanengruppe zu.

146 MAGOMEDOV, *K voprosu* 51—53; M. P. ABRAMOVA, *K voprosu ob alanskoj kul'ture Severnogo Kavkaza*. SA 1978/1, 72—82.

147 Siehe Anm. 178, 179 und 180.

148 P. LIPTÁK, *Antropológiai források. A magyarság török összetevőjének antropológiája*. In: *Bevezetés a magyar őstörténet kutatásának forrásaiba* 1/1 (Budapest 1976) 213.

149 DEBEC, *Paleoantropologija* 215—255.

150 Aufgrund von MICHEEV, *Podon'e* 109, Fig. 1

151 Ebendort

152 I. FODOR nimmt eine alanische Komponente der Saltovo-Majaki-Kultur vom Kaukasus an (*Contacts* 62, Anm. 13) 28, Anm. 18) und warnt, diese Alanen mit denen in früheren Jahrhunderten in der Steppe lebenden zu identifizieren (wie dies ARTAMONOV, *Šarkel* 161—162 vorgeschlagen hat). FODOR meint, sie hätten auch mit der Völkerschaft nichts zu tun, die in einer chinesischen Aufzeichnung der Zeit um 600 (vgl. K. CZEGLÉDY, *Ogurok és türkök Kazáriában*. In: *Őstörténeti Tanulmányok* 59—63) für einen Stamm der Onoguren gehalten wird, der am Kuban gelebt hat.

153 Falls es eine Abwanderung aus dem Kaukasus in das Dongebiet tatsächlich gegeben hat, wäre wohl eher an die Onogur-Bulgaren zu denken: V. A. KUZNECOV, Rezension: PLETNĚVA, *Ot kočevij*. SA 1969/2, 296—300. Der Vollständigkeit halber sei auch auf eine Theorie ver-

wicht Chasariens hat sich ohne Zweifel bis zur zweiten Hälfte des 8. Jahrhunderts in die Regionen nördlich des heutigen Dagestan verschoben. Für den Fall, daß dies mit einer „Völkerwanderung" verbunden war, müßte man annehmen, die Chasaren seien zusammen mit den von ihnen unterworfenen Völkern in ein anderes Gebiet gezogen. Einige Elemente der verschiedenen territorialen Varianten der Saltovo-Majaki-Kultur — so zeigt eine gute Beobachtung — sind im archäologischen Fundgut des Terek-Sulak-Zwischenstromgebiets allerdings bereits früher nachweisbar.[154] Das könnte wohl bedeuten, daß auch die anderen Übereinstimmungen des Fundgutes aus dem Terek-Sulak-Gebiet mit dem der Saltovo-Majaki-Kultur — insbesondere in den Keramikformen — ebenfalls als Zeichen für die Zugehörigkeit zu derselben kulturellen Einheit zu werten sein werden. Sicher ist aber das Problem der Binnenwanderungen noch nicht abschließend geklärt.

Eine historische Interpretation der verschiedenen regionalen Ausprägungen der Saltovo-Majaki-Kultur würde einer exakten, methodisch fundierten Analyse bedürfen. Im Fall einer archäologischen Kultur, die in nordsüdlicher wie westöstlicher Richtung eine Ausdehnung von rund 1000 km hat, kann es nicht verwundern, daß bei allen Ähnlichkeiten und Gemeinsamkeiten im Fundmaterial, Siedlungswesen und Totenbrauchtum lokale Varianten entstehen, ohne daß diese kurzschlüssig historisch zu deuten wären. Die sowjetische Forschung sieht in der Saltovo-Majaki-Kultur — völlig zu Recht — die archäologische Hinterlassenschaft des Chasarischen Kaganats, das heißt also eines *politischen* Gebildes und nicht nur die materiellen Reste zweier Völkerschaften. Eine ganz andere Frage ist jedoch, welchem Volk oder welchen Völkern bei der Bildung der Kultur die entscheidende Rolle zugekommen ist. Der Grund für die Einheitlichkeit der Saltovo-Majaki-Kultur mag im gemeinsamen Ursprung ihrer Träger im Steppenmilieu und in einer gemeinsamen Lebensform liegen. Die individuellen Züge, welche lokale Gruppen innerhalb der Kultur zeigen, werden von deren Beziehungen zu den Nachbarn und den anschließenden Großkulturen bestimmt oder zumindest beeinflußt worden sein. Die Untersuchung dieser regionalen Ausprä-

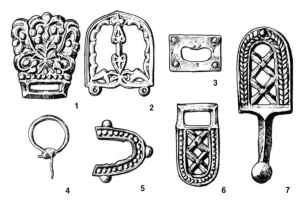

Abb. 27: *Der Fund von Stolbica.* 1—3, 5—7: Gürtelbeschläge; 4: Fragment eines Ohrgehänges — alle aus Bronze gegossen.

gungen und ihrer Merkmale erlaubt fallweise einen Einblick in überregionale Beziehungen und Zusammenhänge, manchmal auch in die Geschichte der frühmittelalterlichen Völker. Mit jeder neuen Materialpublikation wächst unsere Möglichkeit, das Material fein zu untergliedern und nuancierter zu betrachten. Eventuell können in der Folge auch weitere Lokalvarianten bzw. eine feinere Gliederung der soziologischen Struktur der Saltovo-Majaki-Kultur beschrieben werden. Daß dieser Weg möglicherweise erfolgsträchtig ist, soll durch vier Grabfunde veranschaulicht werden, die aus der Zeit und dem Verbreitungsgebiet der Saltovo-Majaki-Kultur stammen, ja geradezu aus dem Kernstück des Areals, mit der Saltovo-Majaki-Kultur selbst jedoch keine enge Verbindung zu haben scheinen und dementsprechend in der sowjetischen Literatur auch nicht gemeinsam mit der Saltovo-Majaki-Kultur behandelt werden.[155]

Der Fund von **Stolbica** kam am Oberlauf des Don zutage (Abb. 27.)[156]. Er besteht aus einigen in Bronze gegossenen Gürtelgarniturteilen, aus den Solidi des Theodosius III. (716—717) und Leo III. (717—741), Panzerhemd, Schwert und einem Helm. Die Beschläge weichen in ihrer Form und Ornamentik von denen der Saltovo-Majaki-Kultur ab, stehen hingegen den spätawarischen Gürtelteilen nahe, wie wir sie aus dem Karpatenbecken kennen.[157] Sie sind durchbrochen und mit kleinen und großen Blättern verziert. Die Form eines Hakenbeschlags erinnert hingegen an die der Türken. Ein quadratischer, durchbrochener Beschlag ist im Grabfund von Mala Pereščepino und im awarischen Material des 7. Jahrhunderts belegt.

wiesen, die besagt, daß die allgemeine Verschlechterung der Lebensumstände eine Umsiedlung verschiedener Völkerschaften nach dem Norden bewirkt hat: G. E. Afanas'ev, *K voprosu o proischoždenii alanskogo varianta saltovo-majackoj kul'tury.* In: *Antičnye gosudarstva i varvarskij mir.* (Ordžonikidze 1981) 48—64.

154 Abramova — Magomedov, *O proischoždenii kul'tury* 139.

155 Dazu auch Semёnov, *Chudožestvennyj metall* 90.

156 Kropotkin, *Klady* 24 und Fig. 18/1; Erdélyi, *Az avarság* 54 Fig. 29.

157 Bóna, *Iváncsa* 260, Anm. 151.

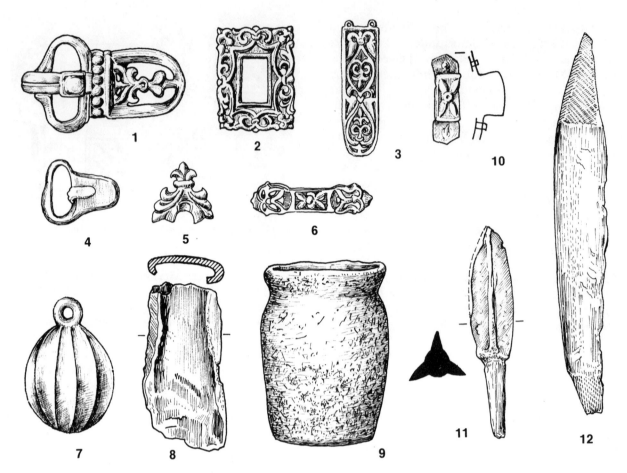

Abb. 28: *Der Fund von Veselovskij.* 1—6: aus Bronze gegossene Gürtelbeschläge; 7: aus Bronze gegossener Ösenknopf; 8: Beil aus Eisen; 10: Aufhängsel aus Bronzeplättchen; 11: dreiflügelige Pfeilspitze; 12: knöcherne Versteifung eines Bogengriffes.

Aus dem zerstörten Hügelgrab von **Popov-les**, am Fluß Oskol gelegen, wurden außer dem Skelett, das angeblich ost-west-orientiert war, ein Helm, ein „gerades Schwert", ein Panzerhemd, Gürtelverzierungen aus Gold und Silber, Schwertzubehörteile sowie Solidi des Artemisios Anastasios (713—716) und des Leo IV. (775—780) geborgen.[158]

Im Meierhof **Veselovskij** an einem toten Arm des Manič am Unterlauf des Don wurde ein Hügelgrab untersucht, das einen Durchmesser von 18 m aufwies. Es enthielt unter anderem eine Pferdebestattung in einem Gewölbegrab. Neben einem nordwest-südost ausgerichteten männlichen Skelett lagen verschiedene Beigaben (Abb. 28): eine durchbrochen gegossene bronzene Gürtelgarnitur, ein Bogenspanner aus Knochen, ein Köcher aus Birkenrinde mit einem beinernen

Deckel, Pfeilspitzen, eine Tasche, eine Queraxt, eine Schelle, ein Eisenkessel, ein tönerner Topf und etliches mehr. Außerdem wurden Särge und ein Totenbett (?) beobachtet.[159] Die mit kleinen Lilien verzierten Gürtelbeschläge stehen denen von Stolbica sehr nahe. [160]

Der Fund von **Romanovskaja stanica** stammt aus dem Pferdegrab, das unter einem Kurgan in der Gegend von Cimljansk, unweit der Donmündung, nordwest-südost-orientiert angelegt worden war. Er besteht aus zwei goldenen Mantelschließenpaaren von höchster Qualität in der Form zweier Quadrate sowie aus einem Ohrgehänge mit Anhänger, einer gepreßten Goldscheibe und einem Solidus des Leontius II. (695—698).[161] Bei Landbegehungen wurde in dem nie beackerten Gelände ein um den Hügel angelegtes Grabensystem im Ausmaß von 40 × 60 m entdeckt, das

158 N. MAKARENKO, *Otčet ob archeologičeskich issledovanijach v charkovskoj i voronežskoj gubernijach v 1905 g.* IAK 19, 1906.

159 M. G. MOŠKOVA - V. E. MAKSIMENKO, *Raboty bagaevskoj ekspedicii v 1971 g.* In: *Archeologičeskie pamjatniki Nižnego Podon'ja II* (Moskva 1974) 45—48, Taf. XXII/4, 8, 9, 11, Taf. XXVIII und XXIX; ERDÉLYI, *Az avarság* 152—153, Fig. 89—91.

160 Ein verwandter Gürtelbeschlag wurde in der Gegend von Novorossijsk geborgen. A. A. SPICYN, *Mogil'nik VI—VII vv. v černomorskoj oblasti.* IAK, 1907, 106—119.

161 Die frühere Bestimmung als Leo III. ist verfehlt, siehe SEMĚNOV, *Chudožestvennyj metall* 92

am Unterlauf des Don nicht alleine dasteht: Bis dato konnten hier über 50 Hügelgräber mit Grabensystemen festgestellt werden, einige sogar durch Solidi des 8. Jahrhunderts datiert.[162] Damit steht die Wallanlage von Voznesenka (S. 92) nicht mehr alleine. [163] Das Agraffenpaar besitzt vorläufig keinerlei Parallelen. Umgeben von Rankenornamenten trägt es Tierdarstellungen (Pfau und Hahn) in byzantinischem Stil, in der Mitte sind Saphire eingesetzt, der Rahmen ist überdies mit echten Perlen besetzt.[164] Das Grab wird aufgrund einiger spätawarenzeitlicher Analogien [165] und der Datierung des Grabfundes von Mala Pereščepino an das Ende des 7. Jahrhunderts und das erste Viertel des 8. Jahrhunderts datiert.[166] Die Zuordnung der Ornamentik der Mantelschließenpaare an die Schule „A" der sogdischen Toreutik[167] mag wohl eine rein stilistische Bestimmung sein, da wir es in diesem Fall mit einer Goldschmiedearbeit zu tun haben, die dem byzantinischen Kulturkreis angehört (wenn nicht eine echte byzantinische Arbeit ist!). Die numismatische Untersuchung ergab, daß zwischen der Prägezeit der Münzen der oben erwähnten Funde und der Mitgabe im Grab wenig Zeit, vielleicht ein paar Jahre, verstrichen sein

Abb. 29: *Der Fund von Romanovskaja stanica.* 1: Ohrgehänge mit Anhängsel, ursprünglich mit Stein oder Glas versehen; 2: gepreßte und punzierte Agraffen, bei den Schließen mit Perlen versehen, in der Mitte ein Saphir eingesetzt; 3: Fragment einer runden Kleiderverzierung mit gepreßter Rankenornamentik — alle aus Gold.

dürfte.[168] Ein anderes gemeinsames Merkmal der hier beschriebenen vier Grabfunde ist die aufwendige Anlage der Gräber unter Hügeln. Angesichts der verschiedenen Fakten vermutet mancher Forscher, daß die beschriebenen Gräber der chasarischen Herrscherschicht zuzuordnen sind.[169] Die außergewöhnliche Qualität des Fundmaterials aus den Hügelgräbern von Čir-jurt läßt dies durchaus vorstellbar erscheinen. Eine besonders schwerwiegende Frage wirft eine Bemerkung auf, wonach sich die Bestattungsform dieser Gräber grundsätzlich von denen der Mala Pereščepino-Gruppe unterscheidet (letztere seien nicht unter Kurganen bestattet worden).[170] Wenn man noch hinzufügt, daß die Gräber des Gebietes am Unterlauf des Don im 7. Jahrhundert durch die partielle Pferdebestattung charakterisiert werden und ebendort im 8. Jahrhundert ganze Pferdemitbestattungen praktiziert werden,[171] kann dieser Umstand nicht einfach mit chronologischen Unterschieden erklärt werden (Mala Pereščepino-Gruppe: gegen Mitte des 7. Jahrhunderts, Romanovskaja-Gruppe: Ende 7.—8. Jahrhundert), so als hätten die in Magna Bolgaria zurückgebliebenen Gruppen bald neue Bestattungsformen angenommen. Es bleibt nur die Hoffnung auf baldige

162 Mündliche Mitteilung von A. I. SEMËNOV.

163 SEMËNOV, *Chudožestvennyj metall* 100, Anm. 59.

164 KROPOTKIN, *Klady* Fig. 18/ 2, 3, 5; ERDÉLYI, *Az avarság* 54—55, Fig. 30. Das Stück wird ausführlich besprochen bei SEMËNOV, *Chudožestvennyj metall* 92—95.

165 Der Hinweis auf die spätawarischen zweiteiligen Agraffen scheint mir eine sehr vage und weite Analogie zu sein, da letztere echte lokale Produkte sind. Daß sie analog sind, könnte — wie es in der osteuropäischen Archäologie in mehreren Fällen zu bemerken ist — mit der gemeinsamen Quelle, d. h. dem Einfluß der byzantinischen Kultur erklärt werden.

166 SEMËNOV, *Chudožestvennyj metall* 91.

167 EBENDORT

168 SEMËNOV, *Vizantijskie monety* 182.

169 Ebendort, 181—182.

170 SEMËNOV, *K rekonstrukcii* 97.

171 Freundliche Mitteilung von A. I. SEMËNOV.

61

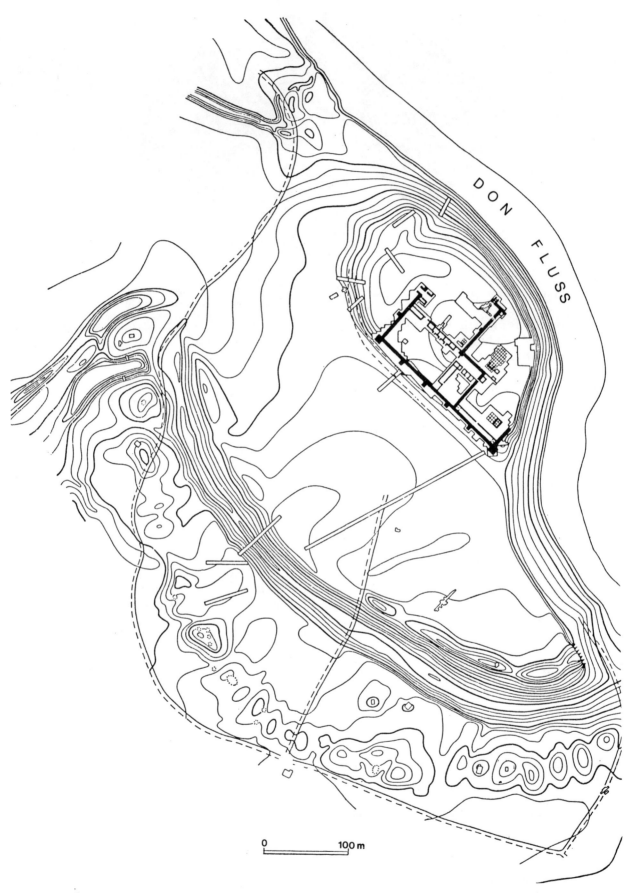

Abb. 30: *Die Festung von Šarkel*. Der freigelegte Teil und die Suchgräben in der Umgebung (nach M. I. Artamonov).

Veröffentlichung der in diesem Gebiet freigelegten Gräber des 6.—8. Jahrhunderts und auch auf weitere glückliche Funde.

Von den bislang untersuchten Städten Chasariens konnte lediglich das in den dreißiger Jahren des 9. Jahrhunderts mit byzantinischer Hilfe errichtete **Šarkel** am linken Donufer identifiziert werden (Abb. 30). Kurz vor dem 2. Weltkrieg und in den fünfziger Jahren wurde ein Großteil der eigentlichen Festung Šarkel, der Stadt, sowie des dazugehörenden Nomadengräberfeldes aus dem 9.—10. Jahrhundert freigelegt. Am rechten Ufer, in einem der Stadt gegenüberliegenden Siedlungsplatz, wurden ebenfalls Grabungen vorgenommen.[172] Nicht ausgegraben wurden das chasarenzeitliche Gräberfeld von Šarkel (9. Jahrhundert) sowie ein Teil des Bestattungsplatzes mit den nomadischen Hügelgräbern. Dieses Areal liegt heute unter dem Wasserreservoir von Cimljansk. Die Burg am rechten Ufer scheint die ältere zu sein. Hier fanden sich Überreste einer Festung aus weißen Kalksteinblöcken und eines Siedlungsplatzes vom Typ Saltovo-Majaki. Dazu wurde die Ansicht geäußert, vor dem Bau der Festung hätte es hier keine Siedlung gegeben. Das Gräberfeld aus dem 9. Jahrhundert, das der Saltovo-Majaki-Kultur zuzurechnen ist, und die Siedlungen mit runden, jurtenartigen Fundamentgrundrissen werden von der sowjetischen Forschung als die Hinterlassenschaft der Handwerker, die am Bau beteiligt waren, interpretiert.[173] Da sich in manchen Gebäuden menschliche Skelette fanden, wird vermutet, daß die Festung ein gewaltsames Ende gefunden haben muß. Bei den Füßen eines weiblichen Skeletts wurden Dirheme gefunden, die vielleicht in der Fußbekleidung versteckt waren, und von denen der jüngste zwischen 809 und 813 geprägt worden war. Demgemäß könnte der Angriff in das erste Drittel des 9. Jahrhunderts datiert werden. Die eigentliche Festung Šarkel am linken Ufer wurde wohl erst später gebaut. Sie hat einen quadratischen Grundriß von 193,5 × 133,5 m, ihre Mauern wurden ohne Fundamentierung aus quadratischen Steinen und Ziegeln errichtet. Diese Technik scheint ein lokales „barbarisches" Spezifikum in der Saltovo-Majaki-Kultur, im Nordkaukasus und in Mittelasien zu sein.[174] Die Mauern erreichen eine Stärke bis zu 3,75 m, sie sind durch vorspringende quadratische Basteien gegliedert. Das Haupttor befand sich bei der nordwestlichen Bastei, die anderen Tore führten zum Fluß. Im Inneren der Festung sind zwei getrennte Bereiche festzustellen: In der Zitadelle wohnte vermutlich die Herrenschicht, Leute nomadischer Herkunft, während im übrigen Teil der Festung Siedlungsreste vom Typ Saltovo-Majaki gefunden wurden und überdies die Reste von Bewohnern aus der Zeit nach der russischen Eroberung. Während jeder der verschiedenen Perioden bestanden innerhalb der Mauern etwa 100 Häuser, was auf die Anzahl der eigentlichen Stadtbewohner schließen läßt, die nach der Hochrechnung der sowjetischen Kollegen etwa bei 400 gelegen haben muß. Dazu kommen noch die Krieger, also die Besatzung der Festung. In einem der eingetieften Häuser wurde ein kleiner Schatzfund entdeckt, der Brandspuren aufwies und der aus einer silbernen Gürtelgarnitur (Abb. 23: 9—12, 17—20),[175] aus bronzenem Kleiderbesatz und aus arabischen Münzen bestand, die als Teile einer Halskette zwischen Perlen aufgefädelt waren. Da der jüngste Dirhem in der Zeit zwischen 943 und 954 geprägt wurde, dürfte die Verbergung des Schatzes tatsächlich mit dem Feldzug Svjatoslavs 965 in Zusammenhang stehen. Mit der russischen Eroberung hat wohl auch der Tod eines Mannes zu tun, dessen Skelett in einem Graben freigelegt wurde. Er hatte ein Papierstück bei sich, das vor 810 in Samarkand gefertigt worden war.[176] Die Grabfunde aus dem 10. und 11. Jahrhundert und auch die anthropologische Analyse zeigen eindeutig, daß das Leben in der Festung auch nach der russischen Eroberung nicht zum Erliegen kam. Bestimmte Fundtypen zeigen das Erbe der Saltovo-Majaki-Kultur, so der gegossene Bronzebrustschmuck, Ohrgehänge mit Perlreihenanhängern, Ösenknöpfe und vieles mehr. Eine Vielzahl von anderen Funden erinnern an die zeitgenössischen Grabfunde des einfachen ungarischen Volkes aus dem 10. und 11. Jahrhundert, an die sog. Bijelo Brdo-Kultur: zylindrische Perlen, Kaurischnecken, Schellen, Armreifen mit gedrehten Enden und solche, die aus drei tordierten Drähten hergestellt worden waren.[177] Unter den anthropologisch untersuchten Schädeln ist vor allem der in Mittelasien vorkommende pamiride Typ (russ.: „sredneaziatskij") am stärksten vertreten (siehe Tabelle 2).

172 ARTAMONOV, *Sarkel*; DERS., *Sarkel - Belaja veža*; DERS., *Istorija chazar* 288—323; *Trudy Volgo-Donskoj Ékspedicii*, *I.—III.* MIA 62, 1958, MIA 75, 1959, MIA 109, 1963.

173 Es ist allerdings nicht einzusehen, warum ausgerechnet die Handwerker in Jurten gewohnt haben sollen.

174 G. E. AFANAS'EV, *Nekotorye itogi izučenija Majackoj kreposti*. In: *Krupnovskie čtenija po archeologii Severnogo Kavkaza* (Moskva 1980) 51—53.

175 Zur Rekonstruktion siehe T. I. MAKAROVA - S. A. PLETNĚVA, *Pojas znatnogo voina iz Sarkela*. SA 1983/2, 62—70.

176 In Samarkand befand sich die erste Papiermühle außerhalb Chinas.

177 Zur sog. Bijelo Brdo-Kultur siehe BÁLINT, *Bjelo brdo*; DERS., *Süd-Ungarn*.

Tabelle 2. Das prozentuelle Vorkommen der anthropologischen Typen in den Gräberfeldern von Šarkel[178].

Fundort Taxon %	Großes Gräberfeld	Gräberfeld um die Burgmauern	Gräberfeld in der Burg***	Gräber in Kurganen
Europid	22,6	14,8	26,6	11,1
Mediterran	18,7	17,4	27,6	3,7
Nordoid	13,2	15,7		
Armenoid	9,4	4,4		7,4
Pamirid	28,1	29,6	33,3	33,3
Turanid	6,6*	16,6**	13,3	33,3
Mongolid				11,1

* In der Publikation wurde die Anwesenheit turanider Bevölkerung mit Fragezeichen versehen, da sie in der frühesten Periode nicht mit Sicherheit festgestellt werden konnten.
** Hier zusammen, mit den mongoliden Typen gerechnet.
*** Um das Jahr 960.

Das Auftreten einer turaniden Komponente weist ebenfalls auf den asiatischen Ursprung eines Teiles der Bevölkerung (russ.: „južnosibirskij tip") hin. Beachtenswert ist, daß auch der mediterrane Typ (russ.: „sredizemnomorskij"), der den Bestatteten in den Saltovoer Katakomben nahesteht, einen beträchtlichen Anteil hat.[179] Außerhalb der Burgmauer wurden etwa drei Viertel eines Nomadengräberfeldes aus dem 9. und 10. Jahrhundert freigelegt. Unter kleinen Kurganen lagen 44 Gräber, die archäologisch und anthropologisch in zwei Gruppen geteilt werden können.[180] Für die erste Gruppe sind Gegenstände typisch, die von der sowjetischen Forschung als petschenegisch bestimmt worden sind: Scheren, Ringtrensen ohne Gelenk und Bronzeanhänger, sowie — anthropologisch gesehen — europide und pamiride Elemente. In der zweiten Gruppe finden sich Taschenaufhängebeschläge (Abb. 23:15), Säbel und Lanzen und vorwiegend mongolide und turanide anthropologische Typen, die auch bei den landnehmenden Ungarn nachzuweisen sind. Bestattungen mit „ausgestopfter Pferde-

haut" (Abb. 26:2) kommen in beiden Gruppen vor, solche, die lediglich Pferdegeschirre enthielten, lediglich in der 2. Gruppe.

Seit den sechziger Jahren wird in Dagestan, das von der sowjetischen Archäologie als die Wiege Chasariens betrachtet wird, die Grabungstätigkeit mit immer mehr Druck betrieben. Unter der Voraussetzung, daß die Identifikation richtig ist, gilt **Balangar** als die archäologisch am zweitbesten erforschte Stadt Chasariens. Der am rechten Ufer des Flusses Sulak am Fuß der Berge gelegene Fundort Čir-jurt[181] wird wegen seiner geographischen Lage, auf Grund der hier freigelegten Gräberfelder und der Datierung der Kirchen sowie wegen des auffallenden Steppencharakters eines Teils der freigelegten Fundobjekte vom Leiter der zuletzt durchgeführten Grabungen für die ehemalige Hauptstadt Chasariens gehalten. Ein wesentlicher Teil des Fundplatzes liegt heute unter einem modernen Wasserreservoir. Aus der Umgebung der Stadt sind außerdem eine Wallburg beträchtlicher Größe, zwei Kirchen, eine Töpferei sowie Reste von mehreren Gräberfeldern bekannt. Innerhalb der 1 x 1,2 km großen Erdburg wurden Spuren von mehreren Wohn- und Wirtschaftsgebäuden gefunden. Der Siedlungsplatz war von einer dicken Steinmauer eingefriedet. Die beiden christlichen Kirchen aus dem 6.—8. Jahrhundert standen mit einer Entfernung von etwa 700 m relativ nahe beieinander. Sie hatten rechteckige Grundrisse und mittelgroße Abmessungen (7,5 × 15 bzw. 6,3 × 13,2 m). In der einen fanden sich Reste eines tönernen Altarkreuzes in rekonstruierbarem Zustand.[182] In den ersten drei Gräberfeldern gab es zum überwiegenden Teil Katakombengräber, in geringerer Zahl einfache Erdbestattungen und einige Gewölbegräber. Ungeachtet der unterschiedlichen Grabformen nimmt die sowjetische Forschung sowohl für das Fundmaterial wie auch für die dahinterstehenden Völkerschaften einen einheitlichen Ursprung an und vermutet lediglich gesellschaftliche Unterschiede als

178 Gestützt auf V. V. GINZBURG, *Antropologičeskij sostav naselenija Sarkela-Beloj veži i ego proischoždenie.* MIA 109, 1963, 260—281 und DERS., *Kraniologičeskie materialy iz pravoberežnego cimljanskogo gorodišča* sowie unter Verwendung des taxonomischen Systems von P. LIPTÁK, *Avars* 18—28.
179 Der sog. grazil-mediterrane Typ kommt auch bei den landnehmenden Ungarn vor. Siehe dazu LIPTÁK, *Awaren* 252—253.
180 BÁLINT, *Tombes* 23. Die anthropologischen Analysen nach der Terminologie von P. LIPTÁK und nach L. G. BUIČ, *Čerepa iz kočevničeskogo mogil'nika vozle Sarkela-Beloj veži.* MIA 109, 1963, 420—449.

181 MAGOMEDOV, *Kostjanye nakladi*; DERS., *Chazarskie poselenija*; DERS., *Drevnie političeskie centry Chazarii.* SA 1975/3, 63—74; DERS., *Pogrebal'nye sooruženija*; DERS., *Verchnečirjurtovskij kurgannyj mogil'nik.* MAD 7, 1977, 5—35; DERS., *K voprosu*; DERS., *Rannesrednovekovye cerkvy Verchnego Čirjurta.* SA 1979/3, 186—202; DERS., *Krepostnye sooruženija Chazarii.* MAD 9, 1980, 170—189; DERS., *Naselenie primorskogo Dagestana v VII—VIII vv.* Pliska-Preslav 2 (1981) 109—126; DERS., *Obrazovanie* 61—94, 125—132, 158—164, 196—197, 209—210; PUTINCEVA, *Verchnečirjurtovskij mogil'nik*; FĔDOROV, *Pogrebal'nye sooruženija* 214.
— Literatur zur Lokalisierung von Bälängärs bei MAGOMEDOV, *Obrazovanie* 46—49.
182 Bislang fanden sich im ehemaligen Gebiet des Kaganats keinerlei Spuren jüdischer oder islamischer Religion aus chasarischer Zeit.

Ursache der verschiedenartigen Grabformen. Andererseits wurde erst kürzlich vergleichbares Material aus den Erdgräbern von Čir-jurt untersucht und als bulgarisch bezeichnet.[183] Beim Vergleich der Katakomben mit den einfachen Erdgräbern des Gräberfeldes von Saltovo zeigt sich ein ähnliches Phänomen: Im Fundmaterial der auf unterschiedliche Art angelegten Gräber gibt es keinen wesentlichen Unterschied.[184] Die Beobachtungen an den verschiedenen Grabformen werden möglicherweise schon bald eine wichtige Rolle bei der ethnischen Interpretation der Saltovo-Majaki-Kultur spielen.[185] Was das anthropologische Material der Katakombengräber von Čir-jurt betrifft, so basiert die im Zusammenhang mit der Saltovo-Majaki-Kultur immer wieder zitierte Dolichokranie lediglich auf den Maßen von einigen Dutzend Schädeln.[186] Sicherlich wäre es lohnend, die Frage auf einer wesentlich breiteren Materialbasis erneut aufzuwerfen.

Das Katakombengräberfeld I ist der größte frühmittelalterliche Bestattungsplatz Norddagestans und wird in der Fachliteratur ausführlich erörtert. Von den Funden der nahezu einhundert Gräber,[187] die auf einem Gebiet von rund einem Hektar freigelegt worden waren, interessieren uns hier vornehmlich die Gürtelbeschläge vom Typ Martinovka, ein Ohrgehänge mit pastenperlenverziertem Anhänger sowie die für die Saltovo-Majaki-Kultur typischen gehörnten Gürtelbeschläge (wie Abb. 23: 16). Eine byzantinische oder auf byzantinischen Einfluß zurückgehende runde Spange mit farbigen Glaseinlagen scheint ebenfalls von Bedeutung. Anhaltspunkte für die absolute Datierung des Friedhofes liefern sowohl ein

ägyptischer Seidenstoff[188] vom Typ des 6.—7. Jahrhunderts sowie lokale Imitationen der Solidi des Herakleios. Der Belegungszeitraum des Gräberfeldes wird in das 5.—7., in das 6.—7. bzw. in das 7.—8. Jahrhundert gesetzt.[189] Einige Ohrgehänge und Fibeln unterstützen eher die frühe Datierung, somit dürften der Seidenstoff und die Münzimitation, welche die Steppenarchäologie besonders interessiert, aus einer späten Periode des Gräberfeldes stammen. Wichtig ist der kaum beachtete Umstand, daß in demselben Gräberfeld auch einfache Erdgruben beobachtet wurden, die nord-süd- und nordwest-südost-orientiert waren. Ihre ursprüngliche Anzahl muß wesentlich höher gewesen sein als die der tatsächlich freigelegten, denn bei den Erdarbeiten, die vor dem Beginn der Ausgrabungen durchgeführt worden sind, wurden vor allem gerade diese Gräber zerstört. Für die Belegungschronologie ist die Beobachtung einer Superposition von Bedeutung: Eines der Katakombengräber wurde von einem Erdgrab geschnitten. Auch sonst spricht einiges dafür, daß der Typus des einfachen Erdgrabes längere Zeit in Gebrauch gewesen ist. Die Beigaben der Erdgräber stimmen im allgemeinen mit denen der Katakomben überein, machen aber insgesamt einen ärmlicheren Eindruck.

Wenngleich die Zahl der geborgenen und ordnungsgemäß dokumentierten Schädel eher gering ist, zeigt es sich doch, daß einige der mit Sicherheit aus Erdgräbern stammenden Schädel dem brachykranen Typus angehören und ausgeprägte mongolide Züge tragen. Angeblich stehen sie den Schädeln nahe, die im Gräberfeld von Zlivki am Donec in der Nähe der Mündung des Oskol geborgen worden sind, und die von der sowjetischen Fachwelt allgemein als bulgarisch angesehen werden.[190] Die ethnische Bestimmung der Bevölkerung, die auf diesem Gräberfeld bestattet hatte, wird derzeit heftig diskutiert und ist beim heutigen Forschungsstand nicht endgültig beweisbar. Der Friedhof wird verschiedentlich einer autochthonen Bevölkerung, dann wieder den Alanen zugeschrieben, den Sabiren, einer Mischbevölkerung, die aus Alanen und Sabiren bestand, den Sabir-Bulgaren, und es wurde auch schon die Ansicht geäußert, daß man es hier aufgrund der Mischung von Alanen, Sabiren und Bulgaren mit einem spezifischen „Balangar-Ethnikum" zu tun

183 FĔDOROV, *Pogrebal'nye sooruženija* 214; KOVALEVSKAJA, *Severokavkazskie drevnosti* 95.

184 Beobachtung anläßlich meiner, 1981 im Institut für Archäologie an der Akademie der Wissenschaften der Ukraine durchgeführten Materialstudien. FĔDOROV, *Pogrebal'nye sooruženija* 213 betont, daß die Katakomben- und Grubengräber an Fundplätzen, an denen beide Bestattungsformen gleichermaßen vorkommen, territorial voneinander getrennt liegen, das heißt offenbar, daß es sich um getrennte Friedhöfe handelt.

185 Wie zum Beispiel die Bestimmung der sog. alanischen Katakombengräberfelder am Oberlauf des Don: S. 58.

186 T. S. KONDUKTOROVA, *Antropologičeskaja charakteristika čerepov iz Verchnego Čir-jurtovskogo mogil'nika v Dagestane.* Voprosy Antropologii 25, 1967, 117—129. Das Werk von A. G. GADŽIEV, *Proischoždenie narodov Dagestana po dannym antropologii* (Machačkala 1965) stand mir nicht zur Verfügung.

187 I. P. KOSTJUČENKO legte hier weitere „nahezu 150 Gräber" frei, über die uns allerdings nichts bekannt ist. Vgl. dazu FĔDOROV, *Pogrebal'nye sooruženija* 205 und 218.

188 A. A. IERUSALIMSKAJA, *Zapadnye tkani na Dal'nem Vostoke.* In: *Kultura i isskustvo Indii i stran Dal'nego Vostoka.* (Leningrad 1975) 49, Fig. 11; DIES., *Tkani* 118.

189 PUTINCEVA, *Verchnečirjurtovskij mogil'nik.* 264; V. B. DEOPIK, *Klassifikacija bus Jugo-vostočnoj Evropy VI—IX vv.* SA 1964/3, 202; KOVALEVSKAJA, *Archeologičeskie sledy* 46.

190 GADŽIEV Anm. 186 zitiert FĔDOROV, *Pogrebal'nye sooruženija* 215.

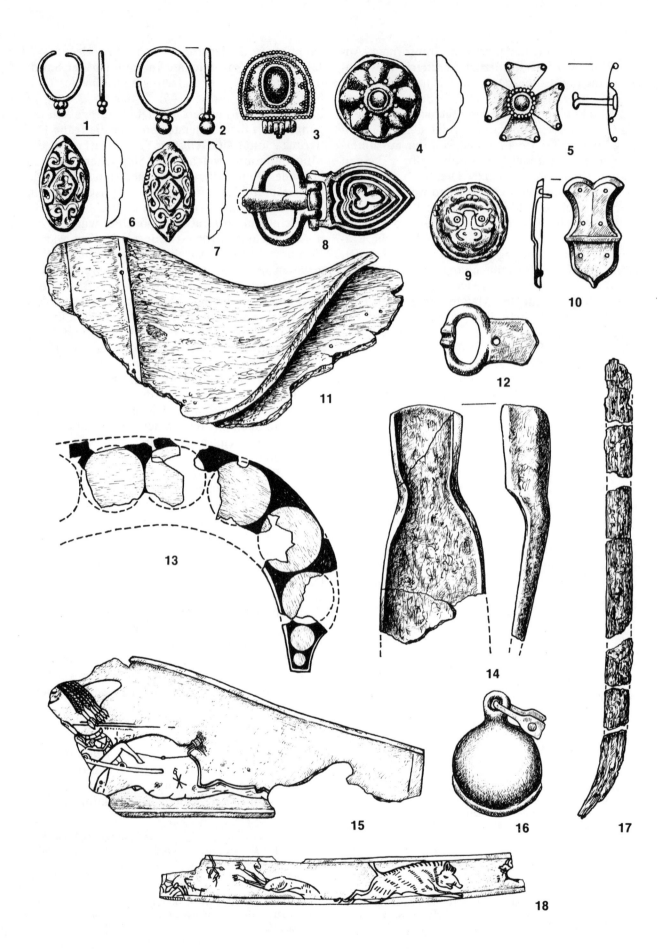

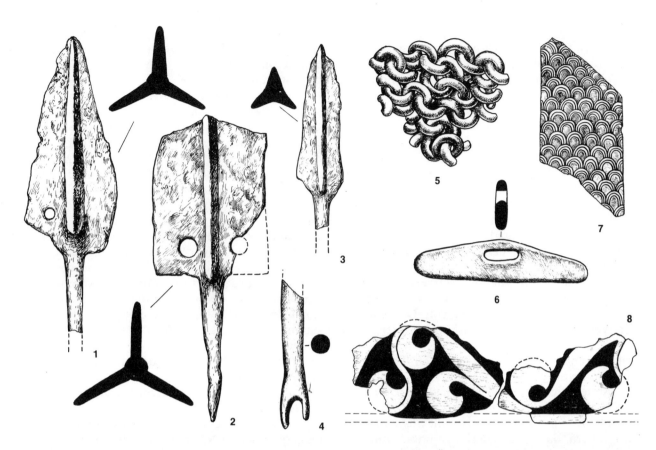

hat.[191] Schon vor dem Beginn der eigentlichen Ausgrabungen kamen hier Gräber zum Vorschein, doch sind das Fundmaterial und die Befunde selbst den örtlichen Grabungsleitern nicht bekannt. Die beiden anderen Katakombengräberfelder haben in der Literatur keinen Niederschlag gefunden, doch sollen die Grabbeigaben dem Vernehmen nach dort ärmlicher sein.

Abb. 31: *Funde von Čir-jurt, Kurgangräberfeld.* 1, 2: goldene Ohrgehänge mit perlenähnlichen Anhängseln; 3: granulationsverzierter Kleidungszierat aus Gold, in der Mitte Steineinlage; 4: gepreßte goldene Kleiderverzierung; 5: kreuzähnliche Kleiderverzierung aus Goldplatten; 6, 7: gepreßte Kleider- (oder: Pferdegeschirr-)verzierungen aus Gold; 8, 12: aus Bronze gegossene Schnallen; 9: aus Gold gepreßte Verzierung mit Löwenkopf(?)darstellung; 10: aus Silber gegossener Gürtelbeschlag vom Typ Martinovka; 11: Reste eines Sattels; 13, 15, 18: mit eingeritzten Zeichnungen verzierte Knochenplatten des vorigen Sattels; 14: eisernes Beil; 16: aus Bronze gegossenes Lassoende (russ.: „kisten'"); 17: Fragmente eines Säbels.

---

191 V. G. KOTOVIČ - N. ŠEJCHOV, *Archeologičeskoe izučenie Dagestana za 40 let.* Učěnye Zapiski IlJal 8 (1961) 358; zitiert nach FĚDOROV, *Pogrebal'nye sooruženija* 205, Anm. 4; PUTINCEVA, *Verchnečirjurtovskij mogil'nik* 263; V. A. KUZNECOV, *Alanskie plemena Severnogo Kavkaza.* MIA 106, 1962, 33; FĚDOROV - FEDĚROV, *Rannye tjurki* 122, 347—354; ABRAMOVA - MAGOMEDOV, *O proischoždenii* 139, Anm. 7. Es ist fraglich, ob man von einem Bālāngār-Volk sprechen darf, und wieweit unter dieser Bezeichnung nicht die Bewohner einer ähnlich lautenden Stadt oder Region zu verstehen sind.

Abb. 32: *Funde von Čir-jurt, Kurgangräberfeld.* 1—3: dreiflügelige Pfeilspitzen aus Eisen; 4: unteres Ende eines Pfeiles aus Holz; 5: Fragmente eines Kettenpanzers aus Eisen; 6: beinerner Bolzen (?) zur Befestigung des Steigbügels; 7: Fragment einer Goldlamelle mit gepreßter Verzierung; 8: Fragment einer beinernen Platte mit eingeritzter Verzierung, Hintergrund bemalt (?).

Eine neuartige und bisher auch in der archäologischen Forschung unbekannte Bestattungssitte wurde an zwei Bestattungsplätzen mit Hügelgräbern festgestellt, wo die Skelette in Katakomben unter Kurganen gefunden worden sind. Alle Gräber sind alt beraubt, was angesichts der noch auf uns gekommenen reichen Ausstattung nicht überrascht. Einige Grabhügel waren ausgesprochen groß (Durchmesser: 30—50 m, Höhe: 3—4 m). Die zahlreichen Fundobjekte, Schmucksachen, Waffen und Pferdegeschirre, gehören in den Kreis der Steppenfunde, sie vermögen das Bild, das man bislang von der Hinterlassenschaft der Steppenvölker gewonnen hat, lediglich um ein paar neue Typen zu bereichern. Einer dieser Typen ist ein Knebel aus Knochen, der zur Befestigung des Steigbügels gedient haben könnte (Abb. 32: 6). Weiters ist ein gut erhaltenes Sattelbrett zu nennen, aber auch eine mit Jagdszenen verzierte Knochenplatte, die einstmals den Sattel

67

verziert hat [192] (Abb. 31: 11, 13, 15, 18). Überraschend ist das häufige Vorkommen von Kettenpanzern und Goldschmuck (Abb. 31: 1—4, 6, 7); 32: 5). In manchen Katakomben fand man Spuren von Särgen, die aus Schilfrohr geflochten waren, was als archäologische Kuriosität dieser Periode gilt. In 5 Hügelgräbern fanden sich byzantinische Münzen bzw. deren Nachbildungen aus dem 7. Jahrhundert. Das Gräberfeld läßt sich daher in das 7. bzw. an den Beginn des 8. Jahrhunderts stellen. Diese Datierung steht in vollem Einklang mit den Angaben der schriftlichen Quellen über die Geschichte der Stadt, die ihre Blütezeit im 7. Jahrhundert erlebt haben soll und deren Verfall durch den Feldzug Merwāns begonnen hat. Die archäologische Forschung vertritt den Standpunkt, daß die immerhin dreihundert Jahre andauernde Kontinuität der Siedlungsplätze in den Küstengebieten von Dagestan an der Wende vom 8. zum 9. Jahrhundert oder zu Beginn des 9. Jahrhunderts abgebrochen ist.[193] Die schriftlichen Nachrichten berichten für diesen Zeitraum von einem Einschnitt in der chasarischen Geschichte, sodaß die genannte Datierung auch von historischem Standpunkt möglich scheint. Das 6. Gräberfeld besteht aus einfachen Erdgräbern, das Fundmaterial ist unbekannt.[194]

Semender, die dritte bedeutende Stadt Chasariens, konnte trotz mehrfacher Versuche noch nicht lokalisiert werden. Im allgemeinen wird sie mit der Erdburg von Šelkovskaja am linken Ufer des Unterlaufs des Flusses Terek identifiziert, andere Forscher nehmen an, daß sie sich in der Nähe von Tarki bei Machačkala oder im Gebiet von Machačkala selbst befunden haben soll.[195] Die Ortsbestimmungen stützen sich vornehmlich auf die Analyse der schriftlichen Quellen und auf Ergebnisse von Feldbegehungen. Die in Betracht gezogenen Fundplätze lassen sich allerdings mit Šarkel oder Balangar - Čir-jurt nicht vergleichen. So weiß man von dem Burgwall und dem Gräberfeld bei Tarki lediglich durch Hinweise aus der Literatur. Beziehungen zur Kultur der Steppe zeigen so manche Fundobjekte, die in den Grabgewölben gefunden worden sind, insbe-

sondere dreiflügelige Pfeilspitzen, eine Lanzenspitze, ein Säbel und eine arabische Münze aus dem 8. Jahrhundert, die allesamt aus Pferdegräbern stammen.[196]

Von chasarenzeitlichen Fundorten in Dagestan[197] seien zwei kurz erwähnt: **Agač kala** bei Bujnaks wurde in der Fachliteratur lange als das einzige chasarische oder chasarenzeitliche Gräberfeld angeführt.[198] Hier wurden drei Grabkammern und 13 einfache Erdgräber mit den üblichen Fundtypen der Saltovo-Majaki-Kultur gefunden: Das reiche Fundmaterial ist im wesentlichen unpubliziert. Vor den drei Grabgewölben lagen drei dazugehörende Pferdebestattungen. **Andrej aul** ist ein weiterer wichtiger Fundort in Dagestan. Der riesige Burgwall, der Siedlungsplatz und das Gräberfeld mit Erdbestattungen und Katakombengräbern erstreckte sich entlang des Flusses Aktaš.[199] Ein Großteil der bisher freigelegten Denkmäler stammt aus der Zeit vor dem 8. Jahrhundert. Die Bedeutung der Fundobjekte besteht darin, daß unter ihnen auch einige Haupttypen der späteren Saltovo-Majaki-Kultur vertreten sind,[200] was zur Klärung der Frage nach deren Entstehung beitragen könnte.

Die chasarische Hauptstadt **Itil** wurde bis heute nicht gefunden. Nach einer heftig umstrittenen Theorie soll sie im Delta der Volga, deren Arme ständig ihren Lauf änderten, untergegangen sein.[201] Auch im Zusammenhang mit **Varačan**, der Hauptstadt der kaukasischen Hunnen sind mehr Fragen offen als gelöst. Da eingehendere Untersuchungen noch nicht stattgefunden haben, und das wenige Fundmaterial noch nicht publiziert worden ist, kann nicht entschieden werden, ob die umfangreichen Siedlungsreste von Urcek am Kulac-čaj, wo sich eine Burg, ein Festungssystem und Überreste eines hochentwickelten Terrassenackerbaus fanden, tatsächlich als Reste Varačans anzusehen sind.[202] Es ist allerdings auch möglich, daß letztere mit der heutigen Stadt Bujnaks oder mit dem in der Nähe gelegenen Bašli aul iden-

Istorii Dagestana 2, 1975, 301—309; GADLO, *Étničeskaja istorija* 152—153; MAGOMEDOV, *Chazarskie poselenija* 200—216; DERS., *Obrazovanie* 52—59, 92; FĒDOROV - FĒDOROV, *Rannye tjurki* 118—125.

196 MAGOMEDOV, *Obrazovanie* 93, 202—203, 213.
197 EBENDORT 196—214.
198 K. F. SMIRNOV, *Agačkalinskij mogil'nik — pamjatnik chazarskoj kul'tury Dagestana.* KSIIMK 38, 1951, 113—119; MAGOMEDOV, *Obrazovanie* 92.
199 D. M. ATAEV - M. C. MAGOMEDOV, *Andrejaulskoe gorodišče.* In: *Drevnosti Dagestana* (Machačkala 1974) 121; ABRAMOVA - MAGOMEDOV, *O proischoždenii*; MAGOMEDOV, *Obrazovanie* 200—201, 211—212.
200 ABRAMOVA - MAGOMEDOV, *O proischoždenii* 139.
201 L. N. GUMILĒV, *Otkrytie Chazarii* (Moskva 1967) 79—80 und 98—101; DERS., *New Data* 92.

192 Die Waffen- und Haartracht des darauf dargestellten Reiters verdient besondere Beachtung.
193 MAGOMEDOV, *Pogrebal'nye sooruženija* 64; DERS., *Obrazovanie* 60.
194 FĒDOROV, *Pogrebal'nye sooruženia* 213—214.
195 L. I. LAVROV, *Tarki do XVIII veka. Učënye Zapiski Naučno-issledovatel'skogo Instituta IJaL* (Machačkala 1958) 13—15; GUMILĒV, *New Data* 81—84; KOTOVIČ, *O mestopoloženii* 194—197; DERS., *Archeologičeskie dannye k voprosu o mestonachoždenii Semendera.* MAD 5, 1974, 232—255; G. S. FEDĒROV, *K voprosu o mestonachoždenii stolicy Chazarskogo kaganata g. Semendera.* Voprosy

tisch sind.[203] Auch die Publikation des Fundgutes aus dem Gräberfeld, das in der Nähe der Erdfeste Urcek freigelegt worden ist, wäre ein Gewinn für die Forschung.[204]

Weitreichende Aufschlüsse versprechen auch die Ausgrabungen bei **Derbent**, einem strategisch wichtigen Punkt an der Straße, die entlang des Kaspischen Meeres gegen Norden führt. Sie befinden sich allerdings noch im Anfangsstadium. Nach den bisher publizierten Grabungsergebnissen entwickelte sich aus einer sassanidischen Festung gegen die Gefahr aus dem Norden eine der bedeutendsten frühmittelalterlichen Städte des Kaukasus. Sie bestand aus einer Zitadelle, einem oberen und einem unteren (dem bedeutendsten) Stadtteil. Nach der Eroberung durch die Araber entwickelte sich ein Handelsviertel, und es wurde eine Moschee gebaut. Die zahlreichen Funde bezeugen einen lebhaften Handel mit Mittelasien (sassanidische Münzen, Keramik), dem Südkaukasus und Vorderasien (Schmuck, Glas, Waffen, etc.).[205]

Der *Handel* in Chasarien insgesamt und die Waren, welche durch dieses Gebiet ihren Weg genommen haben, sind aus den schriftlichen Quellen gut bekannt.[206] Die archäologischen Funde entsprechen den schriftlichen Nachrichten nur zum Teil, da Handelsgüter aus organischen Materialien zumeist vergangen sind. Was die nicht so vergänglichen Dinge betrifft, vermag die Archäologie allerdings das Bild zu ergänzen.[207] Dabei ist zu berücksichtigen, daß die archäologischen Funde aus Gräbern und Siedlungskomplexen die Intensität des Fernhandels nicht direkt widerspiegeln, da die Zielgruppe des Handels, eine gehobene Bevölkerungsschicht, in unserem Fundmaterial nur ausnahmsweise repräsentiert ist. Zeugnisse der verschiedenartigen Kontakte mit Byzanz sind die Solidi, sehr selten einzelne Schmuckstücke, Knochenkämme (Abb. 25: 1) und Seidenfragmente sowie die im Kaukasusraum häufigen Gläser und Armreifen, aber auch die in der 2. Hälfte des 10. Jahrhunderts in ganz Südosteuropa verbreitete glasierte Keramik.[208]Ein großer Teil der Amphoren, deren weite Verbreitung im Bereich der Saltovo-Majaki-Kultur als Beleg für den Binnenhandel gelten kann, stammt aus den Städten des Pontus. Da die Amphoren nicht um ihrer selbst willen gehandelt worden sind, müssen wir annehmen, daß Wein und Oli-

202 KOTOVIČ, *O mestopoloženii* 192; FĔDOROV - FĔDOROV, *Rannye tjurki* 190; GADLO, *Ětničeskaja istorija* 143.

203 S. T. EREMJAN zitiert ARTAMONOV, *Istoria chazar* 186; V. MINORSKY, *A New Book on the Khazars*. Oriens 11, 1958, 126.

204 MAGOMEDOV, *Obrazovanie* 214.

205 GUMILĔV, *New Data* 67—70; A. A. KUDRJAVCEV, *Složenie istoričeskoj topografii srednevekogo Derbenta*. In: *Drevnie i srednevekovye archeologičeskie pamjatniki Dagestana* (Machačkala 1980) 190—211; DERS., *Archeologičeskie pamjatniki rannesrednevekovogo Dagestana*. MAD 7, 1977, 90—97; DERS., *Razvitie torgovli v Derbente v VI — polovine XIII v*. In: *Bartol'dskie čtenija* (Moskva 1980) 108—116; NOONAN, *Dirhams* 266—270.

206 V. V. KROPOTKIN, *Ěkonomičeskie svjazi Vostočnoj Evropy v I tys. n. ě*. (Moskva 1967) 118—121; NOONAN, *Russia* 269—302.

207 BÁLINT, *Addenda* 409—410.

208 *Stepi Evrazii* 165, Fig. 51/ a-e; A. V. BANK, *Greben' iz Sarkela-beloj veži*. MIA 75, 1959, 333—339; IERUSSALIMSKAJA, *Soieries byzantines* 11—38; Z. A. L'VOVA, *Stekljanye braslety i busy iz Sarkela-beloj veži*. MIA 75, 1959, 307—332; B. A. ŠELKOVNIKOVA, *Polivnaja keramika Sarkela-Beloj veži*. MIA 75, 1959, 273—306; MAKAROVA, *Polivnaja posuda* 8—30.

Abb. 33. *Tierdarstellungen der Saltovo-Majaki-Kultur*. 1: aufgezäumtes Pferd; 2: zweihöckriges Kamel — die beiden Zeichnungen sind in Stein geritzt.

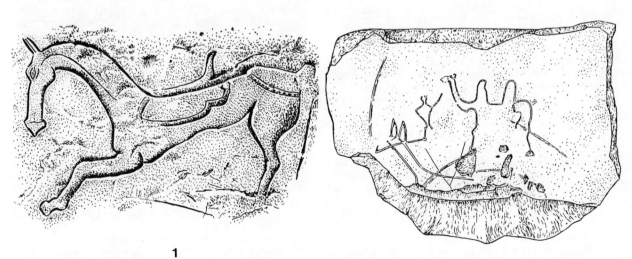

1

2

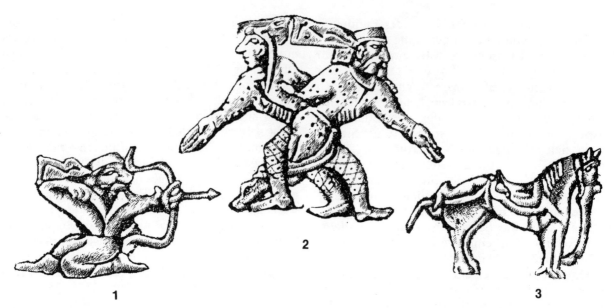

2

1   **3**

Abb. 34: *Ausgewählte Szenen vom Rand der Silberschale von Kockij gorodok.* 1: bogenschießender Krieger, auf den Knien liegend, in einen Kaftan gekleidet. 2: ringende Krieger bzw. Helden; 3: aufgezäumtes Pferd.

venöl nach dem Norden gebracht worden sind.[209] Durch byzantinische Vermittlung dürften auch Keramikprodukte aus Vorderasien[210] und ein Seidenstoff ägyptischer Provenienz[211] in das Gebiet des Chasarischen Kaganats gelangt sein. Die Kaufleute von Chorezm und die Händler aus dem arabischen Kalifat brachten in Mittelasien geprägte Münzen, sogdische Seidenstoffe, bestimmte Keramikarten und Silberschüsseln in das Gebiet nördlich des Kaukasus.[212] In diesem Zusammenhang sind auch die im Verbreitungsgebiet der Saltovo-Majaki-Kultur zutage gekommenen Kameldarstellungen[213] (Abb. 33: 2) und Kamelknochenfunde[214] zu sehen. Eine besondere Bedeu-

tung hat das Vorkommen einer zweiarmigen Waage.[215] Im Kaganat begann man mit dem Aufbau einer eigenen Münzprägung.[216] Eine der Münzen trägt die arabische Aufschrift „Land der Chasaren",[217] andere zeigen — wie auf einigen Tongefäßen und Ziegeln von Šarkel — tamgaähnliche Zeichen.[218]

Die erhaltenen Beispiele der sog. chasarischen *Runenschrift*[219] finden sich vor allem an Objekten der Saltovo-Majaki-Kultur. Es ist nicht überraschend, daß sie mit den türkischen Schriftzeichen aus Zentralasien verwandt, aber nicht identisch ist, und daß vielfältige Ähnlichkeiten mit den Inschriften am Schatzfund von Nagyszentmiklós

209 PLETNĚVA, *Ot kočevij* 129—131; KLJAŠTORNYJ, *Chazarskaja nadpis'* 270—275.

210 MAKAROVA, *Polivnaja posuda* 32—33.

211 Siehe Anm. 188

212 Hier ist das Vorkommen eines mit Kobalt polierten Gefäßfragmentes in Tmutorakan, dessen Analogie aus Samarra bekannt ist, siehe MAKAROVA, *Polivnaja posuda* 34.

213 Die Primitivität der Darstellungen, die sich auf Ziegeln, Blocksteinen und verschiedenen Knochengeräten finden, beweist, daß es sich nicht um Produkte des Kunsthandwerks handelt. Vermutlich haben einfache Leute abgebildet, was sie selbst gesehen haben.

214 NOONAN, *Russia* 296—298; A. A. IERUSALIMSKAJA, *K složeniju školy chudožestvennogo šelkotkačestva v Sogde.* In: *Srednjaja Azija i Iran* (Leningrad 1972) 5—46; MAKAROVA, *Polivnaja posuda* 31—34. DARKEVIČ, *Chudožestvennyj metall* 154; ARTAMONOV, *Sarkel-belaja veža* 54, 73, Fig. 51/1; V. V. KROPOTKIN, *Karavannye puti v Vostočnoj Evrope* In: *Kavkaz i Vostočnaja Evropa v drevnosti* (Moskva 1973) 227—230; PLETNĚVA, *Chazary* 31. Eine Kameldarstellung ist auch auf einem 1978 in Majaki zutage

gekommenen Stein mit Runeninschriften zu sehen (siehe PLETNĚVA, *Risunki* 79, 14/1). Die Kameldarstellungen in Chasarien sind naive Ritzzeichnungen auf Knochengeräten und Blocksteinen, daher keine Ergebnisse künstlerischer Betätigung. Vielmehr kann angenommen werden, daß hier die lokale Bevölkerung ihre — wohl nichtalltäglichen — Eindrücke festhielt. Im Zusammenhang mit der Frage, wie weit die arabischen Händler nach Norden vorgedrungen sind, werden demnach die Ritzzeichnungen berücksichtigt werden müssen.

215 MICHEEV, *Podon'e* 127, Abb. 18: 7, 8.

216 E. ZAMBAUR, *Die Münzen der Chasaren.* Monatsblatt der Numismatischen Gesellschaft in Wien 8, 1911, 313—315; TH. S. NOONAN, *Did the Khazars possess a Monetary Economy?* AEMAe 2, 1982, 219—267.

217 A. A. BYKOV, *O chazarskom čekanke VIII—IX vv.* Trudy Gosudarstvennogo Ėrmitaža 12, 1971, 26—36; DERS., *Three Notes on Islamic Coins from Hoard in the Soviet Union.* In: *Studies in Honour of G. C. Miles* (Beirut 1974) 203.

218 A. M. ŠČERBAK, *Znaki na keramike i kirpičach iz Sarkela Beloj-veži.* MIA 75, 1959, 362—389.

219 Eine zusammenfassende Darstellung wird, nach freundlicher Mitteilung, von S. G. KLJAŠTORNYJ vorbereitet. Einen vorzüglichen Überblick gibt TRYJARSKI, *Schriften.*

(Siehe dazu S. 187—192) festzustellen sind.[220] Angesichts der fragmentarischen Überlieferung der kurzen chasarischen Inschriften war eine Entzifferung bislang nicht möglich. Die Auswertung eines Textes, der in Majaki gefunden worden ist und 78 Schriftzeichen umfaßt, wird uns hoffentlich einer Lösung näherbringen. Tamgas bzw. tamgaähnliche Zeichen sind auch an verschiedenen Objekten zu sehen, so an Gefäßen und an einigen Dirhemnachbildungen. Bisweilen hat man noch weiche, ungebrannte Ziegel mit einfachen Zeichnungen, Pferden, Reitern oder einem Lebensbaum (Abb. 33: 1) versehen. Diesen Brauch bewahrten auch die in das Donau-Gebiet abgezogenen Bulgaren.[221]

Daß über die *Kunst Chasariens* gesprochen werden kann, ist mitnichten selbstverständlich. Merkwürdigerweise sind uns wenige Goldschmiedearbeiten von höherer Qualität geblieben, die mit großer Wahrscheinlichkeit im Kaganat erzeugt worden sind. Mit Sicherheit erkennt die Forschung als einheimische Produkte lediglich die Verzierungen des persönlichen Schmuckes an. Schwieriger sind einige Silbergefäße zu beurteilen, über die in der Literatur die verbreitete Behauptung herrscht, daß sie Erzeugnisse der chasarischen Toreutik wären.[222] Ihre geringe Zahl ist sehr auffallend — die Ursache dieser Erscheinung und/oder dieses wissenschaftlichen Eindrucks ist nicht erforscht. Unter ihnen ist am wahrscheinlichsten als chasarisches Produkt die in Kockij gorodok am Fluß Ob gefundene Silberschale anzusehen, an deren Rand typische saltovoide Palmetten zu sehen sind. Die ebendort dargestellte Szene ist Interpretationsversuchen nach als Darstellung aus einer türkischen Heldensage zu betrachten.[223]

Die **Petschenegen** übersiedelten 892 aus dem Gebiet jenseits der Volga in die osteuropäische Steppe. Ihre archäologischen Denkmäler kennen wir vorläufig nur durch Bestattungen, die verstreut vom Tiefland am Kaspischen Meer, Südbaskirien und der südrussischen Steppe bis hin zur Donaumündung vorkommen. Bis dato wurden noch nicht einmal 100 Bestattungsplätze publiziert,[224] doch finden sich unter den Fundkomplexen der großen Expeditionen, die in den vergangenen zwei Jahrzehnten durchgeführt worden sind, noch etwa ebensoviele, die der Veröffentlichung harren. Das einzige größere zusammenhängende, vielleicht aber nur zum Teil petschenegische Gräberfeld kennen wir aus den Bestattungen unter Kurganen in Šarkel. Das osteuropäische Fundmaterial der Petschenegen aus dem 10. und 11. Jahrhundert und ihre Bestattungssitten unterscheiden sich grundlegend von den osteuropäischen Funden der vorangehenden Perioden. Sie lassen sich auch von den petschenegisch-uzischen Funden aus dem 12. Jahrhundert klar trennen. Die Vorstellung, daß eine bestimmte Bestattung, bei der das mitbegrabene Pferd in entgegengesetzter Orientierung beerdigt wurde und die Fundobjekte vom Typ Saltovo-Majaki enthielt, als das früheste petschenegische Denkmal anzusehen wäre,[225] reizt zum Widerspruch. Derartige Gräber finden sich auch anderswo in der Kuban-Variante der Saltovo-Majaki-Kultur, beispielsweise in Kepi, während bei den Petschenegen das Gewölbegrab und der Steigbügel vom Typ Saltovo völlig unbekannt sind. Daher kann das genannte Grab von Garšovka kaum als petschenegische Bestattung gelten, wiewohl ein gewisser petschenegischer Einfluß möglich scheint. Die innere Chronologie der Funde vom petschenegischen Typ aus dem 10. und 11. Jahrhundert ist noch nicht erarbeitet worden. Die bekannten Grabfunde bieten insgesamt ein ziemlich ärmliches Bild: Schmuckstücke, Kleiderverzierungen, Gürtelgarnituren und Pferdegeschirrbeschläge zeigen keine so bunte Vielfalt, wie man sie in der Saltovo-Majaki-Kultur, bei den Spätawaren oder bei den landnehmenden Ungarn antrifft. Ein ähnliches Phänomen ist auch bei den zentralasiatischen Türken im 6.—9. Jahrhundert zu beobachten. Den überwiegenden Teil der erhaltenen Gegenstände machen auch dort einfache

220 Nach einer von A. Róna-Tas und I. Vásáry freundlicherweise erteilten Auskunft über ihre Arbeit, die derzeit vorbereitet wird. Inzwischen hat G. Vékony einen Entzifferungsvorschlag unterbreitet, wonach der Text ungarisch wäre: *Késő népvándorláskori rovásfeliratok.* Életünk 22/1, 1985, 147—168. Mit seiner Hypothese schließt sich Vékony indirekt der Theorie der „doppelten Landnahme" der Ungarn an (Vgl. Exkurs und S. 175, Anm. 92).

221 D. Ovčarov, *Grafitti médiéveaux de Pliska et de Preslav.* IAI 35, 1979, 48—64; ders., *Rannosrednevekovnite grafitni risunki ot Bălgarija i văprosăt za tehnija proizvod.* Pliska-Preslav 2, 1981, 92—98; Pletněva, *Risunki* 57—94; E. Tryjarski, *Alte und neue Probleme der runenartigen Inschriften Europas. Ein Versuch der Entzifferung der Texte aus Murfatlar und Pliska.* In: Runen 53—80; H.-W. Haussig, *Der historische Hintergrund der Runenfunde in Osteuropa und Zentralasien.* Ebenda 81—132.

222 Darkevič, *Chudožestvennyj metall* 167—170.

223 M. P. Grjaznov, *Drevnejšie pamjatniki geroičeskogo ěposa narodov Južnoj Sibiri.* Archeologičeskij Sbornik 3 (Leningrad 1961) 10; Darkevič, *Chudožestvennyj metall* 169; H. Nickel, *About the Sword of the Huns and the "Urepos" of the Steppes.* Metropolitan Museum Journal 7, 1973, 131—142.

224 Dazu siehe die wertvollen Zusammenfassungen von Pletněva, *Pečenegi, torki i polovcy* 153—161; dies., *Pečenegi, torki, polovcy* 214—218. Den neuesten Überblick persönlicher Schmucksachen bietet L. M. Gavrilina, *Kočevničeskie ukrašcenija X. v.* SA 1985/3, 215—225.

225 K. L. Krasil'nikov, *Rannepečenežskoe pogrebenie v s. Gorškovke.* SA 1978/4, 261—264.

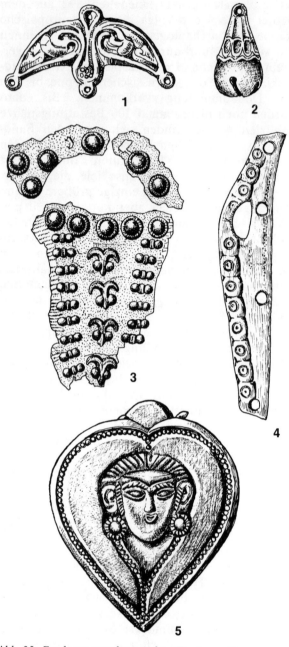

derverzierungen, Eisenmesser, einen Spinnwirtel und Dirheme aus der Mitte des 10. Jahrhunderts.[226] Ein weiteres bedeutendes Inventar stammt aus der Umgebung des Dorfes **Uvak** unweit des Ilek, eines Nebenflusses des Ural. Es enthielt eine ausgestopfte Pferdehaut, Sattelbretter und dazugehörende Stoffreste, ein Pferdegeschirr, eine Perlenkette, Ösenknöpfe, Anhänger, Gürtelschnallen, eine Schere, einen Spiegel, einen Kamm, ein Messer, eine Nadel, eine Peitsche, Reste beschlagener Stiefel und unzählige Seiden- und Textilfragmente.[227] (Abb. 35: 1—3) Die charakteristischsten Beigaben der petschenegischen Frauengräber sind die Flügelanhänger (Abb. 35: 1) und durchbrochener Bronzezierat sowie die eisernen Scheren. Aus Männergräbern stammen verschiedene Fundtypen, die sonst aus den frühen Kulturen der osteuropäischen Steppe nicht oder nur sehr selten bekannt sind. Dazu gehören die fast kreisrunden Steigbügel mit angeschmiedeter Öse und die Bestattung mit ausgestopfter Pferdehaut, die allerdings schon früher, wenn auch sporadisch vorkommt. Die sowjetische Archäologie hält — wohl zu Recht — auch die gelenklose Ringtrense für ein ethnospezifisches Merkmal. All dies läßt sich in den Gräbern der südrussischen Steppennomaden auch in späteren Jahrhunderten nachweisen. Ein Teil der Waffen und Pferdegeschirrtypen, die wir bei den landnehmenden Ungarn finden, hängt typologisch eher mit dem Fundmaterial der gleichzeitigen und etwas jüngeren Petschenegen als mit dem älteren, teilweise noch gleichaltrigen Fundgut der Saltovo-Majaki-Kultur zusammen, obwohl letztere den Ungarn schon auf Grund der geographischen Lage und der ethnisch-kulturellen Zusammenhänge unbedingt nähersteht. Als Beispiel mag der Säbel dienen, dessen Klinge bei den Ungarn ebenso gekrümmt ist wie bei den Petschenegen, während die Träger der Saltovo-Majaki-Kultur Langwaffen mit gerader Klinge verwendeten. Die Säbel der Petschenegen und Uzen im 12. Jahrhundert sind im allgemeinen noch stärker gekrümmt. Weitere typologische Gemeinsamkeiten zwischen dem petschenegischen und ungarischen Material zeigt der Steigbügel mit gewölbtem Tritt im Gegensatz zu dem der Saltovo-Majaki-Kultur, der eine gerade Sohle aufweist. Ähnliches läßt sich bei den Pfeilspitzen beobachten, die in der Saltovo-Majaki-Kultur dreiflügelig, bei den Petschenegen und Ungarn aber flach sind, sowie bei den Knochenknebeln zur Befestigung des Steigbügels.

Abb. 35: *Funde von petschenegischem Typ.* 1: aus Bronze gegossener Flügelanhänger; 2: aus Bronze gegossener Ösenknopf (oder Schelle?); 3: aus Silber gegossene Stiefelbeschläge auf Lederresten, in situ; 4: geschnitzte Knochenplatte zum Aufhängen des Bogenköchers; 5: aus Silber gegossener Pferdegeschirrbeschlag.

Waffen und Pferdegeschirre aus; Schmuck kommt nur selten vor. Bei den Petschenegen kommen ausnahmsweise auch Frauengräber mit sehr reichem Inventar vor, wie zum Beispiel das Grab von **Lapas**, das an der Mündung der Volga gefunden worden ist. Es enthielt Perlen, Ösenknöpfe, Rosetten und runde Beschläge, Armreifen, Ohrlöffel, Fingerringe, Klei-

226 V. A. FILIPČENKO, *Pogrebenie X v astrachanskoj oblasti u s. Lapas.* SA 1959/2, 239—242.
227 E. A. FĒDOROVA-DAVYDOVA, *Pogrebenie znatnoj kočevnicy v orenburgskoj oblasti.* MIA 169, 1969, 262—266.

Es zeigen sich aber auch bedeutende, oder zumindest bedeutend scheinende Unterschiede. Z. B. sehen die Beile bei den landnehmenden Ungarn anders aus als bei den Petschenegen. Die Köcherbefestigungen aus Bein (Abb. 35: 4), die gelenklosen Ringtrensen und die eisernen Scheren kommen bei den Petschenegen, nicht aber bei den landnehmenden Ungarn vor. Auffällig ist auch der Unterschied in der Ornamentik. Die Metallgegenstände der Ungarn sind reicher und häufiger verziert als die der Petschenegen.

Daß bei den Petschenegen ganz andere Einflüsse wirksam werden als bei den Ungarn, zeigt das Kurgangräberfeld bei **Novonikolskoe** am Mittellauf der Volga. Hier wurden blattförmige Pferdegeschirrbeschläge geborgen, die jeweils in der Mitte die Darstellung eines Menschengesichtes aufweisen und so den unmittelbaren Einfluß der mittelasiatischen Kunst zeigen[228] (Abb. 35: 5). Die petschenegische Grabkeramik ist nur durch wenige Funde repräsentiert und wird im Gegensatz zur ungarischen Keramik der Landnahmezeit handgeformt. Die eigenständigen Pferdebestattungen — im Karpatenbecken zu dieser Zeit unbekannt — stellen in der südrussischen Steppe des 10. und 12. Jahrhunderts wie auch in einigen Gräberfeldern der Saltovo-Majaki-Kultur keine Seltenheit dar. Bezeichnend für die osteuropäische Steppenkultur ist auch die Bestattungssitte, dem Toten eine mit Stroh ausgestopfte Pferdehaut *auf* den Sarg zu legen. Daneben kommen auch — teilweise partielle — Pferdemitbestattungen vor, wobei die Tiere ihren Besitzern entgegengesetzt orientiert worden sind. Insgesamt zeigt das Fundgut vom petschenegischen Typ aus dem 10. und 11. Jahrhundert, verglichen mit dem archäologischen Material aus dem 12. und 13. Jahrhundert, für das ein petschenegisch-uzischer Ursprung angenommen wird, vor allem chronologische, aber nur in geringem Maß typologische Unterschiede. Auch die Bestattungssitten entsprechen einander weitgehend.[229]

---

228 A. S. Komantseva, *Les sépultures nomades tardives du cimetière de Novonikolskoe.* In: *Anciens Hongrois* 347 und Taf. IV/1.

229 Pletněva, *Pečenegi, torki i polovcy* 161—172; dies., *Pečenegi, torki, polovcy* 218—22.

KRIM

In der Archäologie der frühmittelalterlichen Krim spielt die Frage nach der Kontinuität der antiken Städte, der Gründung der sogenannten mittelalterlichen Höhlenstädte sowie das Problem des Weiterlebens der Goten eine zentrale Rolle. Eine Untersuchung dieser Problemkreise würde aber den Rahmen des vorliegenden Bandes sprengen. Für die Archäologie der Steppen ist in diesem Zusammenhang vor allem interessant, daß auf der Krim so manche Fundobjekte aus dem Steppenmilieu des 6. und 7. Jahrhunderts in gut datierbaren Fundkomplexen auftreten. Wir besitzen noch zu wenige archäologische Hinweise, um zu klären, wie stark die Oberhoheit der Chasaren ab 787 über die ehemals unabhängige bzw. unter einem byzantinischen Protektorat stehende Gothia war und in welcher Form sich der chasarische Einfluß in der materiellen Kultur niederschlägt. Die ausführlichen Publikationen stehen noch aus und werden — insbesondere was die Verfeinerung der Chronologiemodelle betrifft — die Forschung letztendlich ein gutes Stück vorwärts bringen. Da das Fundmaterial von der Krim, soweit es aus gut erschlossenen, größeren Gräberfeldern stammt, oft eher das kontinuierliche Weiterleben der lokalen Völkerschaften vermuten läßt, haben die Objekte aus dem Steppenbereich lediglich den Charakter von Modeartikeln. Gegen die stärkere Anwesenheit von Steppenvölkern spricht auch die Tatsache, daß ein Teil der dortigen Friedhöfe des 6. und 7. Jahrhunderts — wohl als Folge eines Einflusses des Christentums — kaum Grabbeigaben zeigt. Insbesondere lassen sich im allgemeinen keine Waffen, Pferdegeschirre und Pferdebestattungen nachweisen. Anders sieht es im nördlichen und nordwestlichen Steppenteil der Halbinsel aus, in dem offensichtlich verschiedene nomadische Völker gelebt haben. Hoffentlich wird man darüber aus der Publikation von I. A. BARANOV, die sich derzeit im Druck befindet, mehr erfahren. BARANOV konnte in mehreren Ausgrabungen Pferdebestattungen mit Fundmaterial der Steppenkultur freilegen.

Das Gräberfeld von **Suuk su** (heute: Artek) erfreut sich regelrechter Berühmtheit, obwohl es nur ausschnittsweise publiziert ist.[230] Hier wurden über 200 Gräber freigelegt. Auf Grund ihrer unterschiedlichen Tiefe und der Uneinheitlichkeit des Fundmaterials war es von Anfang an klar, daß die Gräber zwei verschiedenen Perioden angehören. Die ältere Schicht ist mit etwa 120 Gräbern gut vertreten und enthält äußerst wichtige Parallelen zum germanischen Fundmaterial des Karpatenbeckens aus dem 5. und 6. Jahrhundert. Weiters gehören gegossene Armreifen mit breiten, offenen Enden dazu, tierornamentierte, kreuzförmige, palmetten- und rankenverzierte byzantinische Schnallen, Bügelfibeln und goldene Gürtelgarnituren vom Typ Martinovka gemeinsam mit byzantinischen Münzen aus dem 5.—7. Jahrhundert. In der sowjetischen Fachliteratur hat sich für diese Objekte eine Datierung in die zweite Hälfte des 6. und die 1. Hälfte des 7. Jahrhunderts eingebürgert. Die Steppenforschung zeigt auch ein großes Interesse für das — allerdings großteils noch unpublizierte — Material aus den etwa 100 Gräbern der sogenannten oberen Schicht des Gräberfeldes. Sie enthielten unseres Wissens rankenverzierte, aus Bronze gegossene Gürtelgarnituren vom Typ Saltovo sowie handgeformte Töpfe.

Ein ähnliches Bild zeigt ein Gräberfeldteil auf der Anhöhe **Sacharna golivka** unweit vom Fluß Čornoj. Sowohl die chronologische Einordnung wie auch das Spektrum der Fundtypen ist mit dem des Bestattungsplatzes von Suuk su vergleichbar.[231]

Das Gräberfeld **Čufut kale** befindet sich südöstlich von Bachčisaraj. Hier wurden über 100 vorwiegend Kammer- und Gewölbegräber freige-

230 N. REPNIKOV, *Nekotorye mogil'niki oblasti krymskich gotov.* IAK 19, 1906, 1—80; DERS., *Nekotorye mogil'niki oblasti krymskich gotov.* Zapiski Imperatorskogo Odesskogo Obščestva Istorii i Drevnostej 27, 1907, 101—132; V. V. KROPOTKIN, *Mogil'nik Suuk-su i ego istoriko-archeologičeskie značenie.* SA 1959/1, 181—194; V. K. PUDOVIN, *Datirovka nižnego sloja mogil'nika Suuk-su (550—650 gg).* SA 1961/1, 177—185.

231 V. V. BORISOVA, *Mogil'nik u vysoty „Sacharnaja golovka".* Chersonesskij Sbornik 5, 1959, 169—190; E. V. VEJMARN, *Mogil'nik bilja vysoty „Sacharna golivka".* Arch. Pam'. 13, 1963, 42—63.

legt.[232] Von den Fundobjekten wurden vor allem kreuzförmige, gegossene und kreuzverzierte Plattenschnallen byzantinischen Typs, Tierkopffibeln und Gürtelgarnituren vom Typ Martinovka bekannt. Die Inventare können auf typologischer Grundlage und mit Hilfe der byzantinischen Münzen aus dem 4.—8. Jahrhundert bzw. deren Nachbildungen in die Zeit zwischen der zweiten Hälfte des 5. und dem Beginn des 9. Jahrhunderts datiert werden. Eine ausführliche Veröffentlichung dieses Gräberfeldes wäre auch wegen der eventuellen Identifizierung von Čufut kale mit der byzantinischen Stadt Phullai[233] von großem Interesse.

Eski-kermen liegt ebenfalls bei Bachčisaraj und zwar südwestlich des Ortes. Aus dem Gräberfeld, das in das 5.—8. Jahrhundert datiert werden kann, sind nur wenige Funde bekannt, darunter auch pyramidenverzierte Ohrgehänge, byzantinische Schnallen sowie gegossene rankenverzierte Gürtel und solche vom Typ Martinovka.[234]

Das singuläre Kindergrab von **Ajbazovskoe** beim ehemaligen Theodosia ist im Gegensatz zu den bisher aufgezählten mit hoher Wahrscheinlichkeit einer türkischen Völkerschaft zuzuordnen. Auf Grund der Nordost-Südwest-Orientierung, des neben dem Schädel aufgefundenen Gefäßes mit stark ausladendem Rand und frühawarischen Merkmalen und auf Grund der Knochenschnalle, die im Lendenbereich aufgefunden worden war, dürfte das Grab im 6. oder 7. Jahrhundert angelegt worden sein.[235]

Der Grabfund von **Tepsen'** besteht aus einer

Abb. 36: *Ausgewählte Funde aus der Krim.* 1: Ohrgehänge mit Perlenanhänger; 2: Kreuz; 3: Fibelbruchstück; 4, 5, 8—12: Gürtelbeschläge; 6, 7: Preßmodeln zur Herstellung von Gürtelbeschlägen; 13: bemalter Tonkrug, in den Medaillons Darstellung von Enten in sassanidischem Stil. — 1—12: aus gegossener Bronze.

232 V. V. KROPOTKIN, *Mogil'nik Čufut-kale v Krymu.* KSIA 100, 1965, 108—115; ERDÉLYI, *Régészeti tanulmányúton* 231. Zur zusammenfassenden Darstellung der Höhlenstädte auf der Krim gibt E. V. VEJMARN, *„Peščernye goroda" Kryma v svete archeologičeskich issledovanij 1954—1955 gg.* SA 1958/1, 71—79; DERS., *O dvuch nejasnych voprosach srednevekov'ja Jugozapadnogo Kryma* In: *Archeologičeskie issledovanija* 46—82; D. L. TALIS, *Oboronitel'nye sooruženija jugo-zapadnoj Tavriki kak istoričeskij istočnik.* In: *Archeologičeskie issledovanija na juge Vostočnoj Evropy* (Moskva 1974) 89—113.

233 V. V. KROPOTKIN, *Iz istorii srednevekovogo Kryma. Čufut-kale i vopros o lokalizacii goroda Fully.* SA 28, 1958, 198—218.

234 N. I. REPNIKOV, *Èski-kermen v svete archeologičeskich razvedok 1928—29 gg.* Izvestija Gosudarstvennoj Akademii Istorii Material'noj Kul'tury 12, 1932, 107—152; DERS., *Raskopki Eski-kermenskogo mogil'nika v 1928 i 1929 gg.* Ebendort 153—180; *Materialy Èski-kermenskoj ékspedicii 1931—1933 gg.* Izvestija Gosudarstvennoj Akademii Istorii Material'noj Kul'tury 117, 1935; E. V. VEJMARN, *Oboronitel'nye sooruženija Èski-kermena.* In: *Istorija i archeologija srednevekovogo Kryma* (Moskva 1958) 7—54; ERDÉLYI, *Régészeti tanulmányúton* 232.

235 I. T. KRUGLIKOVA, *Pogrebenie IV—V. vv. n. è, v der. Ajbazovskoe.* SA 1957/2, 253—257; AMBROZ, *Problemy* 123, Anm. 59.

Männerbestattung und einem gleich orientierten Pferdeskelett. Das Zaumzeug war mit Beschlägen aus runden und quadratischen Platten dekoriert. Auf Grund einer gegossenen Gürtelgarnitur, bei der Schnalle wie Beschläge mit großformatigen Ranken verziert sind, wurde der Fund bei der Veröffentlichung zu recht in die 1. Hälfte des 8. Jahrhunderts datiert. Nach Meinung des Bearbeiters wäre im Bestatteten ein bulgarischer Krieger zu sehen.[236] Abgesehen vom genannten Grabfund wurden in Tepsen' auch Siedlungsreste vom Typ Saltovo-Majaki freigelegt, doch darf der östliche Teil der Krim nach Ansicht eines Kollegen nicht zur Saltovo-Majaki-Kultur gerechnet werden,[237] eine Meinung, die später keine Unterstützung fand.

Die Veröffentlichung der reichen Funde eines etwa 800 Gräber umfassenden Bestattungsplatzes von **Skalistoe** bei Bachčisaraj wird die Archäologie der Krim auf eine neue Basis stellen.[238] Eine große Anzahl von Gürtelgarnituren vom Typ Martinovka und Saltovo sind mit Hilfe byzantinischer Münzen datierbar.[239] In einem eigenen Artikel wurde ein Henkelkrug vom Typ Saltovo behandelt, der mit einer Bemalung versehen ist, die einen Vogel in einem Medaillon zeigt (Abb. 36: 13), wie er von spätsassanidischen Seiden und Metallarbeiten gut bekannt ist.[240]

Zumindest ebenso wichtig ist das Gräberfeld von **Lučistoe** unweit von Simferopol'.[241] Die nicht beraubten und nun sorgfältig untersuchten Grabkammern aus dem 4.—7. Jahrhundert erbrachten der osteuropäischen Archäologie ein grundlegendes Fundmaterial: verschiedenste Fibeln (Maskenfibeln, nordeuropäische und donauländische Typen, Fibeln vom Typ Kerč), Schnallen vom Typ Suuk su und solche byzantinischer Herkunft, Funde vom Typ Martinovka, ein arianisches Medaillon u. v. a. Abgesehen davon, daß

die einzelnen Fundkomplexe eine feine relativ-chronologische Gliederung ermöglichen, stützen verschiedene byzantinische Münzen eine absolute Datierung des Modells.

Aufgrund der schriftlichen Quellen wissen wir, daß die Krim ab dem 8. Jahrhundert ein Teil des Chasarischen Kaganats war. Im archäologischen Fundmaterial spiegelt sich diese Tatsache in einer nicht unwesentlichen Anzahl von Fundobjekten vom Typ Saltovo-Majaki wieder.[242] Das einschlägige Material wurde allerdings nur zu einem geringen Teil und in Auswahl publiziert.[243] Die in Entstehung begriffene Monographie über die Krim-Variante der Saltovo-Majaki-Kultur wird nicht nur der besseren Kenntnis der Fundobjekte dieser Zeit dienen, sondern vielleicht auch die Beantwortung der Frage ermöglichen, ob an Stelle der hier gewählten Bezeichnung vielleicht tatsächlich der Terminus „Nördliche Kultur am Schwarzen Meer"[244] zu verwenden wäre. Diese Begriffskonstruktion sollte aber nicht den Blick auf die Bedeutung der Saltovo-Majaki-Kultur für die frühmittelalterliche Kultur auf der Krim verstellen, eine Bedeutung, die im Fundmaterial anhand vieler Einzelheiten ersichtlich ist. Die Rolle der Bulgaren, Chasaren und der zugezogenen Byzantiner wird ebenfalls klar werden, wobei letzteren nicht nur die Kreuze und Schnallen im Fundmaterial verdankt werden, sondern auch ein bestimmtes Totenbrauchtum, die Bestattungen in Steinplattengräbern. Anläßlich der Freilegung eines Baues von einem Typ, der im 8. und 9. Jahrhundert in den Steppengebieten verbreitet war und der in der Folge zur Entdeckung einiger Gräber vom Typ Saltovo-Majaki führte, stellten die Grabungsleiter zu recht fest, daß die ethnische Bestimmung der Bevölkerung auf der frühmittelalterlichen Krim in Ermangelung aussagekräftiger Daten noch aussteht.[245]

236 Ajbabin, *Pogrebenija* 179 mit Fig. 6, 180 und 184.
237 M. A. Frondžulo, *Raskopki srednevekogo poselenija na okraine s. Planerskoe 1957—1959 gg.* In: *Archeologičeskie issledovanija* 99—132.
238 E. V. Vejmarn, *Skalistinskij sklep 420.* KSIA 158, 1979, 34—37; Rudakov, *Élementy*; Erdélyi, *Régészeti tanulmányúton.* 232. Ich danke Herrn Koll. E. V. Vejmarn für die Erlaubnis, die Zeichnungen der Funde aus dem Gräberfeld durchzusehen (1978). Eine vollständige Publikation des Materials und der Befunde bereitet A. I. Ajbabin vor.
239 A. I. Ajbabin, *Saltovskie pojasnye nabory iz Kryma.* SA 1977/1, 225—239; ders., *Pogrebenija.*
240 E. V. Vejmarn - A. P. Smirnov, *Sosud s rospis'ju iz mogil'nika v s. Skalistoe.* KSIA 100, 1964, 102—107.
241 A. I. Ajbabin, *Raskopki rannesrednevekovych mogil'nikov v gornom Krymu.* (AO 1983, Moskva 1985) 255; ders., *Raskopki mogil'nika u s. Lučistoe.* (AO 1983, Moskva 1985) 255. Der Ausgrabungsleiter bereitet derzeit die Gesamtpublikation des Friedhofes vor.

242 Pletněva, *Saltovo-majackaja kul'tura.* 67—68 und 74, Fig. 42. Die Frage findet in dem Band „*Krym i Kavkaz v épohu srednevekov'ja*" der Reihe „Archeologija SSR", der zur Zeit vorbereitet wird, ausführliche Behandlung.
243 Außer den zitierten Arbeiten siehe auch I. A. Baranov, *Srednevekovaja litejnaja forma iz starogo Kryma.* SA 1977/2, 242—246; G. D. Belov, *Raskopki v severnoj časti Hersonesa v 1931—1933 gg.* MIA 4, 1941, 202—267; Ju. Ju. Marti, *Razvedočnye raskopki vnegorodskih sten Tiritaki.* MIA 4, 1941, 25—36.
244 A. L. Jakobson, *Krym v srednie veka* (Moskva 1973) 30; Rudakov, *Élementy* 109.
245 A. I. Ajbabin - I. A. Baranov, *Raskopki v pos. Kurortnyj.* AO 1974 (Moskva 1975) 245—246.

DIE REGION AM
MITTEL-DNEPR UND DNESTR

In diesem Kapitel soll nicht nur die Archäologie der Steppenbevölkerung, sondern in geringem Maß auch die jener Ostslawen behandelt werden, welche die angrenzende Waldzone bewohnten. Von besonderer Bedeutung ist das Verhältnis der beiden ethnischen Gruppen zueinander, soweit es vom archäologischen Fundmaterial her beurteilt werden kann. Zwei Umstände machen es indes einem außenstehenden Beobachter schwer, sich einen klaren Überblick zu verschaffen: Zum einen stellt die Erforschung der ostslawischen Ethnogenese innerhalb der sowjetischen Archäologie einen Forschungsschwerpunkt dar, der sich ungemein dynamisch entwickelt.[246] Die ostslawische Archäologie befindet sich in ständiger Bewegung, sowjetische Forscher entdecken stets neue Gruppen und Kulturen und stellen neue typochronologische Systeme auf. [247] Eine weitere Schwierigkeit rührt daher, daß in der sowjetischen Fachliteratur oft zum selben Problem diametral entgegengesetzte Ansichten vertreten werden, beispielsweise ob die Keramik am Ober- und am Mittellauf des Dnepr im 6.—8. Jahrhundert Gemeinsamkeiten aufweist oder nicht, was praktisch bedeutet, ob die Region am Mittellauf des Flusses vorwiegend von baltischen oder bereits von slawischen Völkerschaften besiedelt war. Es konnte immer noch nicht entschieden werden, ob die Černjachov-Kultur weiterlebt und wenn ja, in welcher Form. Die Auseinandersetzungen in der Wissenschaft hängen größtenteils damit zusammen, daß weitreichende Fragen auf der Basis einer *relativ* geringen Anzahl von Funden diskutiert werden müssen. Einige Kulturen bestehen nicht selten aus nur 30—50 Fundplätzen. Aus einem etwa 400 km langen Abschnitt am Mittellauf des Dnepr, der sonst verhältnismäßig gut erforscht ist, kennen wir nur ungefähr 100 Fundorte aus dem 6.—10. Jahrhundert.

Aus der Ukraine wurde nicht einmal ein Dutzend Gräber aus dem 6.—8. Jahrhundert publiziert, deren Inventare mit der Steppenkultur in Zusammenhang gebracht werden können. Nicht ohne Grund stellte ein sowjetischer Archäologe fest, daß die Penkovka-Kultur, die für die slawische Archäologie am Mitteldnepr eine Schlüsselrolle innehat, noch immer nicht ausreichend erforscht ist.[248] Eine gewisse Rolle mag auch die Tatsache spielen, daß die Typochronologie der slawischen Archäologie hauptsächlich auf Keramikfunden aufgebaut sein muß, weil brauchbare Metall- und Münzfunde weitgehend fehlen. Da die Keramik im allgemeinen aus lokaler Produktion stammt, wurden so gut wie nie große Serien hergestellt, sondern zahlreiche verschiedene Formen und Verzierungsarten. Die Einteilung der handgeformten Gefäße in Typen und Varianten ist natürlicherweise höchst subjektiv und davon abgeleitete Ergebnisse dementsprechend problematisch. Da hier überdies praktisch keine schriftlichen Quellen zur Verfügung stehen, ergibt sich aus alldem, daß die frühmittelalterliche Archäologie dieser Gegend Europas noch am Beginn steht, und die Hoffnung auf zukünftige neue Funde und auf neue Methoden gerichtet ist.

Die Archäologie der Dnepr-Dnestr-Region vom 6. bis 10. Jahrhundert wird im allgemeinen durch verschiedene Kulturen und einzelne Fundkomplexe charakterisiert. Es spricht allerdings einiges dafür, daß zwischen den diversen Kulturen und Gruppen doch engere Zusammenhänge gesucht werden müssen, nicht zuletzt deshalb, weil sie in demselben Gebiet und zur selben Zeit nebeneinander bestanden. Es wird daher sinnvoller sein, sie nach Kulturmodellen getrennt darzustellen, das heißt sie in Funde mit Steppencharakter, slawischen oder gemischten Typs zu teilen.[249] Dabei muß aber klar sein, daß bei dieser

---

246 Die jüngste und bislang ausführlichste Zusammenfassung dazu bietet SEDOV, *Vostočnye slavjane.*

247 So wird zum Beispiel nach wie vor darüber diskutiert, ob die Kultur von Volyncevo in das 6.—8. oder 8.—10. Jahrhundert zu datieren ist.

248 GORJUNOV, *Rannie ětapy* 85.

249 In dieser Weise methodisch korrekt PRICHODNJUK, *Archeologicni pam'jatky* 82 und 91.

Vorgangsweise ganze Volksgruppen vorschnell unter den allgemeinen Sammelbegriff „Nomaden" fallen können, und man nimmt sich darüber hinaus a priori die Möglichkeit, archäologische Funde mit konkreten Völkerschaften zu verknüpfen. Zwar spiegeln die Termini „gemischt" und „vom osteuropäischen Typ" die Tatsache vorteilhaft wider, daß Teile eines Fundkomplexes, insbesondere eines Verwahrfundes, aus verschiedenen ‚Kulturkreisen und von diversen Völkerschaften stammen können, doch verdecken derartige Begriffe die ethnisch-kulturelle Zugehörigkeit der ehemaligen Besitzer, bzw. werden Materialanalysen auf die lange Bank geschoben, die zur Bestimmung dieser Zugehörigkeit notwendig wären.[250] Voraussetzung für gesicherte historische Interpretationen dieser Art sind natürlich gut gegrabene und publizierte Fundverbände und man wird dementsprechend auf weitere Veröffentlichungen von Materialien aus dem Bereich der Steppenkulturen hoffen.

6. — 7. Jahrhundert

Die archäologische Forschung stellte drei große Kulturen heraus, die in der Mittel-Dnepr- und Dnestr-Region im 6. und 7. Jahrhundert bestanden. Im Steppenbereich war die Pen'kovka-Kultur verbreitet, nordwestlich und nördlich davon lassen sich zwei andere große archäologische Kulturbereiche unterscheiden: Im Flachland von Podolien-Volhinien sind die Denkmäler vom Typus Korčak verbreitet, am Oberlauf des Dnepr hingegen, dessen südliche Grenze der Pripjat' und die Sejma bilden, die Tušemlja-Koločin-Kultur. Diese drei Regionen bzw. Kulturbereiche entsprechen möglicherweise drei ethnischen Gruppen: In der Steppenzone lebten nach den Schriftquellen verschiedene türkische Völkerschaften bzw. Splittergruppen. Die sowjetische Forschung dagegen rechnet mit einer geringen Präsenz iranischer Volkselemente bei einer dominanten slawischen Besiedlung. Nordwestlich davon lebten nach den archäologischen Quellen Slawen bzw. nördlich der Steppen — ebenfalls auf Grund einer archäologischen Identifizierung — Volksgruppen baltischen Ursprungs. Die ethnischen Zuordnungen der drei Kulturgruppen sind nicht allgemein aner-kannt: Die problematische Interpretation der ersten Gruppe wird heftig diskutiert, während die der zweiten eindeutig scheint. Was die dritte archäologische Gruppe, die Tušemlja-Koločin-Kultur, betrifft, zeichnet sich erst eine Lösung ab, wobei die baltischen Kulturen bzw. Völkerschaften eine große Rolle spielen (Karte IV).

Alle drei Kulturbereiche stehen in einer komplizierten Wechselwirkung zueinander. Als eines der wichtigsten archäologischen Probleme der Mittel-Dnepr-Region gilt die Erschließung der Zarubinci-Kultur, bisweilen auch als Spätzarubinci-Kultur oder seltener als Počep-Kultur bezeichnet. Die Spätzarubinci-Kultur, die im allgemeinen als die materielle Hinterlassenschaft der Urslawen gedeutet wird, bestand etwa vom 2. vorchristlichen bis in das 2. Jahrhundert nach Chr. Eines der archäologischen Hauptprobleme des Mittel-Dnepr-Gebietes stellt die Überbrückung zwischen dem Ende der Spätzarubinci-Kultur und dem 8. Jahrhundert dar, wobei die Fundmaterialien des 8. Jahrhunderts zweifellos als slawisch gelten können.[251] In der Kiewer Kultur, die erst vor kurzem umschrieben worden ist,[252] kommen offensichtlich Funde vom Spätzarubinci-Typ vor, mit deren Hilfe die Zarubinci-Kultur „aufwärts" bis in die Mitte des 1. Jahrtausends „ausgedehnt" werden kann. Das würde bedeuten, daß sie sich chronologisch mit der Černjachov-Kultur überschneidet, bzw. in ihrer nördlichen und/oder westlichen Nachbarschaft bestanden hätte. Vorläufig ist allerdings noch umstritten, ob die Kiewer Kultur tatsächlich als direkte Vorläuferin der Pen'kovka-Kultur angesehen werden kann.[253] Einer anderen Theorie zur Folge wäre die Koločin-Kultur von der Kiewer abzuleiten.[254]

Ein zweiter Problemkreis betrifft den baltischen Ursprung der Bevölkerung im Oberdnepr- und Desna-Gebiet, deren Slawisierung ebenfalls umstritten ist. Unter Heranziehung archäologischer, namenskundlicher, anthropologischer und linguistischer Daten wurde der baltische Ursprung u. E. überzeugend bewiesen.[255]

250 So ist beispielsweise allgemein bekannt, daß in den europäischen Kulturen seit frühesten Zeiten Armreifen getragen wurden. Daraus folgt allerdings nicht zwingend, daß auch die ehemaligen Besitzer der Fundkomplexe, welche die in der frühmittelalterlichen Steppe vorkommenden Armreifen begleiten, ebenfalls von lokalem europäischen Ursprung sind. Sie könnten genausogut — wie das übrige Fundgut — aus der Steppe stammen.

251 Z. B. TRET'JAKOV, *Finno-ugry* 265; ARTAMONOV, *Nekotorye voprosy* 246 bezweifelt die ethnische Bestimmung als slawisch und stellt die Kontakte mit den sicherlich slawischen Kulturen des 8. Jahrhunderts in Abrede.

252 V. M. DANILENKO, *Pizn'ozarubynec'ki pam'jatky kyjivs'kogo typu.* Arch. 19, 1976, 65—92.

253 PRICHODNJUK, *Ob ětnokul'turnoj situacii* 110—111; SEDOV, *Vostočnye slavjane* 27—28.

254 GORJUNOV, *Rannie ětapy* 90

255 SEDOV, *Vostočnye Slavjane* 63—65; DERS., *Ešče raz o vkladke baltov v kul'turu vostočnych slavjan* SA 1973/3, 73—82; Im Gegensatz dazu: G. F. SOLOVEVA, *O roli baltskogo substrata v istorii slavjanskich plemen Verchnego Podneprov'ja.* SA 1971/2, 124—133; GORJUNOV, *Rannie ětapy* 91.

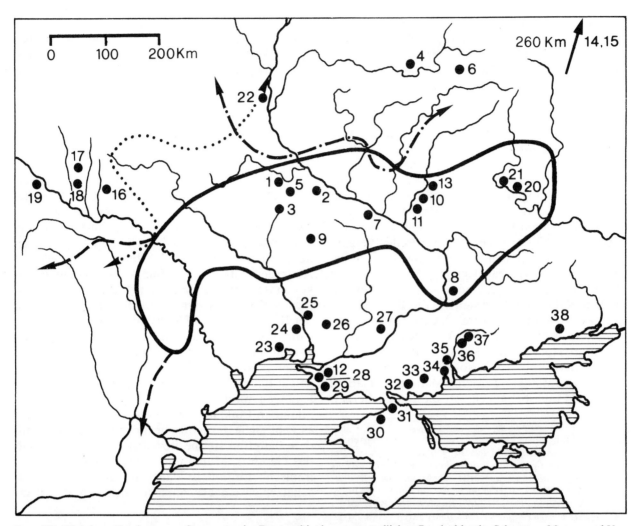

Karte IV: Wichtigste Fundorte vom Steppentyp im Dneprgebiet bzw. am nördlichen Randgebiet des Schwarzen Meeres und Verbreitung der Pen'kovka-Kultur und der benachbarten archäologischen Kulturen.

1—38: *Fundorte vom Steppentyp:* 1: Martinovka, 2: Chacki, 3: Vilchovčik, 3: Charivka, 5: Malij Ržavec, 6: Sudža, 7: Pen'kovka, 8: Voznesenka, 9: Glodosy, 10: Mala Pereščepino, 11: Novye Senžary bzw. Začepilovka, 12: Kelegeja, 13: Makuchivka, 14: Zarajsk, 15: Arcybaševo, 16: Ust'e biskupie, 17: Chomjakovo, 18: Zalesie, 19: Krylos, 20: Pavlovka, 21: Sloboda Limarovka, 22: Kiev, 23: Jablonja, 24: Kovalevka, 25: Novaja Odessa, 26: Christoforovka, 27: Kostogryzovo, 28: Černomorskoe, 29. Bechtery, 30: Portovoe, 31: Risovoe, 32: Sivašovka, 33: Sivasškoe, 34: Rodionovka, 35: Malaja Ternovka, 36: Akkermen, 37: Bol'šoj Tokmak, 38: Oktjabrskoe (nach Sedov, Orlov und Bálint).

Verbreitung von archäologischen Kulturen: ——: Pen'kovka, — • —: Koločin-Tušemli, • • •: Korčak (nach Rusanova).

Vom Standpunkt der Steppenforschung wären vor allem die Fragen in Zusammenhang mit der Pen'kovka-Kultur vorrangig zu klären. Derzeit sieht es so aus, als würde sich zwischen der Pen'kovka-Kultur und der Černjachov-Kultur keine direkte Verbindung nachweisen lassen. Es ist auch (noch) nicht klar, welche ethnischen Gruppen hinter der Pen'kovka-Kultur zu vermuten sind, welche Völker vor der Blütezeit dieser Kultur hier lebten, was aus ihnen später geworden ist und welche Funde im Mittel-Dnepr-Gebiet als die ältesten slawischen Denkmäler aufgefaßt

werden dürfen. Dem Interessierten steht zu dieser Frage bereits eine reiche und vom Umfang her täglich zunehmende Fachliteratur zur Verfügung.

Die Kultur von **Černjachov** (in Rumänien Cerniachov-Sîntana de Mureş-Kultur, in Ungarn marosszentannai kultúra[256] genannt) fand im Gebiet zwischen der Nordwestküste des Schwarzen Meeres und dem Sejma, Dnepr bzw. dem Ober-

---

256 In der deutschsprachigen Fachliteratur wird daher bisweilen der Begriff „Typ Marosszentanna" gebraucht.

lauf des Maros Verbreitung.[257] Die Bezeichnung für die Kultur ist in der sowjetischen Fachliteratur erst seit den späten fünfziger Jahren gebräuchlich. Bis dahin kannte man sie als „Urnenfelderkultur" (russ.: kul'tur polej pogrebenij).[258] In der Sowjetunion gibt es über tausend Fundplätze, die dieser Kultur zuzuordnen sind, und dazu eine sehr reiche Literatur. Obwohl sie ihre Blütezeit im Zeitraum vom 2. bis 4./5. Jahrhundert erlebte, soll sie kurz behandelt werden, weil sie in der Sowjetunion in den Theorien um die slawische Ethnogenese eine zentrale Rolle spielt und damit der Bezug zur Archäologie der Steppenvölker evident ist.

Während die Černjachov-Kultur in den vergangenen drei Jahrzehnten als eindeutig slawisch bestimmt worden ist, hält sich die Meinung — in letzter Zeit hat sie durch neue Ausgrabungen zusätzlich Nahrung bekommen —, die Basis für die Černjachov-Kultur wäre ein gemischtes Ethnikum.[259] Ihre möglichen Verbindungen zu anderen archäologischen Kulturen des 6. und 7. Jahrhunderts und — falls solche existierten — die Art dieser Kontakte werden diskutiert, vor allem wird die Frage behandelt, ob die mit Sicherheit

schon als slawisch zu bezeichnenden Denkmäler des 8.—10. Jahrhunderts ihre Wurzeln in der Černjachov-Kultur haben.[260] In ihrem Fundmaterial lassen sich viele römische Einflüsse nachweisen. Die antiken Städte am Pontus haben einen unbestreitbaren Einfluß auf die materielle Kultur ausgeübt. Einige Fundtypen und Bestattungssitten zeigen Gemeinsamkeiten mit den früheren lokalen sarmatischen Denkmälern und mit den sarmatisch-alanischen Funden am Unterlauf der Volga. In einer anthropologischen Auswertung wurden ebenfalls Ähnlichkeiten der Bevölkerung der Černjachov-Kultur mit den Sarmaten betont, während eine andere vergleichende Studie unter anderem auf Parallelen zu den poljanischen Schädeln des 10.—12. Jahrhunderts hinweist.[261] Außerdem sind unleugbar starke Gemeinsamkeiten des anthropologischen Materials der Černjachov-Kultur am Unterlauf des Dnepr mit dem der Reihengräber in Deutschland evident.[262] Es ist ganz offenkundig, daß in den nordwestlichen Regionen der Černjachov-Kultur — im Bereich der späteren Korčak-Kultur — schon damals Slawen gelebt haben,[263] wobei die archäologischen Überlegungen mit den Ergebnissen der slawischen Philologie in Einklang stehen: Im Ostslawischen gibt es zahlreiche germanische Lehnwörter, insbesondere betreffen sie die Bewaffnung, den Haushalt, das Geschirr, Münz- und Bekleidungswesen. Der iranische Einfluß ist dagegen sehr gering einzuschätzen.[264] Höchstwahrscheinlich läßt sich dem-

257 Die umfangreiche Literatur dazu wird in den jüngsten zusammenfassenden Arbeiten zitiert: M. B. Ščukin, *Das Problem der Černjachov-Kultur in der sowjetischen archäologischen Literatur.* Zeitschrift für Archäologie 9, 1975, 25—41; V. D. Baran, *Černjachivska kul'tura* (Kyjiv 1981); E. A. Symonovič - N. M. Kravčenko, *Pogrebal'nye obrjady plemen černjachovskoj kul'tury* (Arch. SSSR DI-22, Moskva 1983); V. D. Baran - N. I. Magomedov, *Černjachovskaja kul'tura.* In: *Ėtnokul'turnaja karta* 42—51. Ich danke Frau Dr. G. Gomolka (Berlin, DDR), die einen zusammenfassenden Überblick der Černjachov-Kultur in Bulgarien vorbereitet, für weitgehende Informationen.

258 Die erste Publikation und Bestimmung als slawische Hinterlassenschaft: V. V. Chvojka, *Polja pogrebenij v Srednem Pridneprov'e.* Zapiski Russkogo Archeologičeskogo Obščestva 12, 1901, 172—190.

259 J. Kudláček, *Kultur der Gräberfelder des Typus Čeŕnahov in der Ukraine und die Problematik der Anten.* SIA 5, 1957, 399; Ju. V. Kucharenko, *Ėkonomičeskij stroj i byt vostočnych slavjan v pervoj polovine I. tys. n. ė.* In: *Očerki* 76, Anm. 1; Ščukin, *Sovremennoe sostojanie* 79—84; V. V. Kropotkin, *Černjachovskaja kul'tura i Severnoe Pričernomor'e.* In: *Problemy sovetskoj archeologii* (Moskva 1978) 147—163; V. D. Baran, *Slavjane v seredine I tysjačeletija n. ė* In: *Problemy ėthnogeneza slavjan* (Kiev 1978) 25. Allein M. I. Artamonov bezeichnete diese Kultur schon sehr früh in einem Vortrag als vorwiegend gotisch. Bedauerlicherweise wurde das in Leningrad 1955 gehaltene Referat nicht vollinhaltlich gedruckt, es kamen lediglich die Thesen zur Veröffentlichung. Beachtenswert sind die Überlegungen Kucharenkos: „Leider sind wir noch nicht in der Lage, aus der Černjachov-Kultur diejenige Fundgruppe auszusondern, die den Slawen angehörte — wenn dies überhaupt jemals möglich sein wird." (Ju. V. Kucharenko, *Ėkonomiceskij stroj i byt vostočnych slavjan v pervoj polovine I tysjačeletija* (Archeologija SSSR v III—IX vv., Moskva 1958) 76, A. 1.

260 P. N. Tret'jakov, *U istokov drevnerusskoj narodnosti* (Leningrad 1970) 95; Artamonov, *Nekotorye voprosy* 248; Suchobokov - Jurenko, *Ėtnokul'turnye processy* 127. Ein neuer Versuch, den Hiatus zu überbrücken: L. V. Vakulenko - O. M. Prichodnjuk, *The Problem of Succession between the Remains of Chernyakhovsk Culture and the Early Medieval Period in the Light of New Investigation in the Middle Dniester Basin.* SlA 33, 1985, 135—136. Bei der immer wiederkehrenden Grundfrage der Archäologie des Mittel-Dnepr-Gebietes im Frühmittelalter, d. h. ob die Černjachov-Kultur weitergelebt hat, ist zu berücksichtigen, daß die Struktur ihrer Viehzucht sich von den späteren, als slawisch angesehenen Siedlungen „scharf unterscheidet", siehe N. G. Bělan, *Do istoriji myslyvstva i travyncyvstva u plemen Pravoberežnoj Ukrajini y I tysjačolitti n. ė.* Arch. 24, 1977, 37.

261 Velikanova, *K ėtničeskoj antropologii* 66—67; T. S. Konduktorova, *Antropologičeskie materialy černjachovskoj kul'tury Ukrainy.* In: *Mogil'niki černjachovskoj kul'tury* (Moskva 1979) 164.

262 Nach Velikanova, *K ėtničeskoj antropologii* 62, Fig. 6.

263 Herrmann, *Probleme* 49 und 63, Anm. 5.

264 M. Vasmer, *Die alten Bevölkerungsverhältnisse Russlands im Lichte der Sprachforschung.* Vorträge und Schriften der Preussischen Akademie der Wissenschaften 5, 1941, 8 und 10. Die sowjetische Archäologie beurteilt die Situation entgegengesetzt: Ihrer Meinung nach wären die ostslawisch-alanischen Kontakte von besonderer Bedeutung, die Ostgermanen hätten keine Rolle gespielt.

nach die Kultur nicht in ihrem ganzen Umfang mit den Slawen identifizieren.[265] Schon auf Grund der Schriftquellen, aber auch der archäologischen Daten wegen, muß verschiedenen ostgermanischen Völkerschaften eine bedeutende Rolle in der Ausprägung dieser Kultur zugeschrieben werden. Zahlreiche hier belegte Fundobjekte, Schmuckstücke, Keramikformen, Kultgegenstände, Bestattungsriten, das Langhaus (russ.: bol'šoj dom) und die Verbreitung von Funden mit Runeninschriften[266] können mit einer ostgermanischen Völkerwanderung in Zusammenhang gebracht werden, die über die Przeworsk- und Wielbark-Kultur,[267] über die Weichsel und Masurien bis nach Südskandinavien verfolgt werden kann. Auch in der Walachei, in Siebenbürgen,[268] im Karpatenbecken jenseits der Theiß und in Nordbulgarien verweisen die Gegenstände vom Typ Černjachov eher auf die Goten und nicht auf andere Völkerschaften.[269] Der Untergang der Černjachov-Kultur wird am Ende des 4. und am Beginn des 5. Jahrhunderts anzusetzen sein und im allgemeinen mit den Eroberungen der Hunnen erklärt.[270] Natürlich gibt es keinen Grund anzunehmen, die Bevölkerung der Černjachov-Kultur wäre in der Folge komplett verschwunden, doch die Argumente für das Weiterleben der Kulturgruppe (quadratische Hausform, bestimmte Typen der handgeformten Keramik) scheinen nicht überall stichhaltig. Manche Kollegen machen auf das „ständig absinkende Niveau" aufmerksam, das zwischen der Černjachov-Kultur, den als antisch bestimmten Denkmälern des 6.—7. Jahrhunderts und dem 10. Jahrhundert zu konstatieren ist.[271]

Die **Korčak-Kultur**[272] gilt als eine lokale Variante der in Mitteleuropa gut bekannten Kultur, die durch die Urnen vom Prager Typ charakterisiert ist.[273] Abgesehen von manchen — durchaus nicht zu unterschätzenden — Ausnahmen[274] ist sich die internationale Forschung darin einig, daß die Korčak-Kultur unmittelbar mit der Ausbreitung der Slawen im 6. Jahrhundert in Zusammenhang zu bringen ist. Mithin stellt sie die materielle Hinterlassenschaft der Ostslawen des 6. und 7. Jahrhunderts dar.[275] Die sowjetische und teilweise auch die polnische Archäologie sieht ihre Ursprünge in der Przeworsk-Kultur, die in der 1. Hälfte des 20. Jahrhunderts noch mit den Wandalen verbunden worden ist.[276] In der Folge wurde die Meinung vertreten, die Korčak bzw. Prag-Korčak-Kultur sei als die Hinterlassenschaft der Sklavenen anzusehen.[277]

Die rund 150 Fundorte der Korčak-Kultur wurden in der Region zwischen dem rechten Ufer des Pripjat' und dem Oberlauf des Prut entdeckt. Anscheinend strahlte sie von hier nach Süden und Osten aus.[278] Die vereinfachend als Korčak-Kultur bezeichnete Fundgruppe erfuhr im Verlauf

265 ŠČUKIN, *Sovremennoe sostojanie* 79; VÁNA, *Betrachtungen* 233.

266 ŠČUKIN, *Sovremennoe sostojanie* 80, 82, 83 und 85, Fig. 1—4.

267 Die jüngsten Zusammenfassungen dazu: K. GODŁOWSKI, *Die Przeworsk-Kultur der mittleren und späten Kaiserzeit.* Zeitschrift für Archäologie 2, 1968, 265—275; DERS., *Przeworska kultura.* In: *Słownik starożytności słowiańskich* IV (Wrocław 1970) 390—393; JU. V. KUCHARENKO, *Mogil'nik Brest-Trišin* (Moskva 1980) 65, Fig. 15; *Problemy kultury Wielbarskiej* (Słupsk 1981), darin siehe insbesondere R. WOŁĄGIEWICZ, *Kultura Wielbarska — problemy interpretacji etnicznej* 101, Fig. 5. D. N. KOZAK, *Pševorskaja kul'tura i volyno-podol'skaja kul'tura.* In: *Ètnokul'turnaja karta* 25—34.

268 WERNER, *Zur Herkunft* 251.

269 I. BÓNA, *Az újhartyáni germán lovassír.* Arch.Ért. 88, 1961, 195, Anm. 8. DERS., *Vierteljahrhundert* 274; M. PÁRDUCZ, *Tcherniahow-Sîntana de Mureş — frühgepidische Kulturen in Ungarn.* AAH 26, 1974, 199.

270 ARTAMONOV, *Istorija chazar* 47, M. B. ŠČUKIN, *O verchnej chronologičeskoj granice černjachovskoj kul'tury.* KSIA 158, 1979, 17—22.

271 V. V. KROPOTKIN, *Iz istorii denežnego obraščenija v Vostočnom Evrope v I tys. n.è.* SA 1958/2 264; A. P.

Smirnov, *K voprosu ob istokach priazovskoj Rusi.* SA 1958/2, 270—279.

272 Bis zur Freilegung und Veröffentlichung der Siedlungen, die nahe des Dorfes Korčak am Tererëv, einem rechten Nebenfluß des Mittel-Dnepr, entdeckt worden sind, hat man Keramikobjekte, wie sie gefunden wurden, dem Typ Žitomir zugeordnet. Vgl. JU. V. KUCHARENKO, *Slavjanskie drevnosti V—IX vekov na territorii Pripjatskogo Poles'ja.* KSIIMK 57, 1955, 33—38.

273 V. P. PETROV, *Pamjatniki korčakskogo tipa.* MIA 108, 1963, 16—38; I. P. RUSANOVA, *Poselenie u s. Korčaka na r. Tererëva.* MIA 108, 1963, 39—50; HERRMANN, *Probleme* 64, Anm. 8 und 9; GODŁOWSKI, *Die Frage* 423—426; SEDOV, *Vostočnye slavjane* 10—19; V. D. BARAN, *Pražskaja kul'tura.* In: *Ètnokul'turnaja karta* 76—85.

274 J. BÖHM, zitiert bei: A. TOČÍK, *Zur Problematik der slawischen Besiedlung der südwestlichen Slowakei bis zum IX. Jh.* St. Zv. SAV 16, 1968, 255; Z. TRNÁČKOVÁ, *K datováni kostrového hrobu ze Sližan na Moravě.* Pam. Arch. 52, 1961, 442—449; I. BÓNA, *Über einen archäologischen Beweis des langobardisch-slawisch-awarischen Zusammenlebens.* St. Zv. AU SAV 16, 1968, 35—45; DERS., *Die langobardische Besetzung Südpannoniens und die archäologischen Probleme der langobardisch-slawischen Beziehungen.* Zeitschrift für Ostforschung 28, 1979, 402—404; HERRMANN, *Probleme* 50 und 64, Anm. 10.

275 WERNER, *Zur Herkunft* 250 schreibt sie (auch) den Westslawen zu.

276 Zusammenfassend dargestellt bei SEDOV, *Vostočnye slavjane* 18—19. Zur kritischen Einschätzung der Kontakte GODŁOWSKI, *Die Frage* 421.

277 Siehe SEDOV, *Vostočnye slavjane* 19. Im Gegensatz dazu KURNATOWSKA, *Die „Sclaveni"* 51—66. Die historisch-methodologischen Schwächen der vollständigen Identifizierung dargestellt bei HERRMANN, *Probleme* 53.

278 RUSANOVA, *Slavjanskie drevnosti* 76, A. 28; HERRMANN, *Probleme* 51; SEDOV, *Vostočnye slavjane* 11/a.

ihrer Entwicklung eine beträchtliche Ausdehnung, erreichte immer andere Regionen, verändert dabei aber auch im Detail ihre charakteristischen Züge.[279] Das erste Auftreten der Kultur wird um die Mitte des 5. Jahrhunderts vermutet, ihre Blütezeit fällt in das 6. und 7. Jahrhundert. Bei der chronologischen Einordnung stützt man sich auf die Typologie der Urnen vom Prager Typ, auf die wenigen Metallfunde, die in den Siedlungen und Bestattungsplätzen geborgen werden konnten (einfache Fibeln aus Eisen, gegossene Silberarmreifen mit breiten Enden) sowie diverse archäometrische Untersuchungen mancher Funde (Radiokarbon-Methode, archäomagnetische Datierung). Die einzelnen Siedlungsplätze sind sehr klein, selten größer als ein Hektar, und lassen auf eine niedrige Einwohnerzahl schließen. Im allgemeinen dürften nicht mehr als 5 bis 7 Häuser zur gleichen Zeit gestanden sein. Soweit dies die Dicke der Kulturschicht beurteilen läßt, bestanden die Siedlungen zumeist nur wenige Jahrzehnte.[280] Die rechteckigen, 2,5 × 4 m breiten Häuser in der Dnestr-Region waren in die Erde eingetieft und mit Steinöfen ausgestattet. Die späteren Bauten in Polesje befanden sich mehr oder weniger an der Erdoberfläche. Es scheint, daß die Lehmöfen, die wohl zum Kochen dienten, am Ausklang der Kultur auftauchen. In der frühen Periode befanden sich die Bestattungsplätze entweder im Bereich der Siedlung selbst oder zumindest in deren unmittelbarer Nachbarschaft. Die eingeäscherten Toten wurden in Urnen bestattet, die in geringer Tiefe oder unter flachen Grabhügeln liegen. Die Luka-Kultur, die vom 8.—9./10. Jahrhundert bestand, gilt in jeder Hinsicht als direkte Fortsetzung der Korčak-Kultur.

Die **Volyncevo-Kultur**[281] ist lediglich durch einige Fundplätze vertreten, die am linken Ufer des Dnepr in der Umgebung des Flusses Sejma entdeckt worden sind. Ein einzelner Fundplatz ist aus der Umgebung von Kiew bekannt. Die Siedlungsplätze waren im allgemeinen unbefestigt und bestanden aus quadratischen, in den Boden eingetieften Häusern. Manchmal konnten Öfen festgestellt werden, welche in die aufgehenden Mauern eingesenkt waren. Die Bestattungsplätze bestanden auch hier aus Urnengräbern. Die Töpfe dieser Kultur zeigen charakteristische Formen: Sie haben keinen ausgebildeten Mundsaum, einen zylindrischen, gedrungenen Hals und einen ausladenden Bauch. Schulter und Bauch tragen oft eingedrückte oder eingeglättete Verzierungen. Früher

nahm man an, daß in den Gräberfeldern vom Typ Volyncevo die Bevölkerung der Romni-Borševo-Kultur bestattet worden war,[282]dagegen wurde aber auch die Meinung vertreten, die Volyncevo-Kultur hätte das 8. Jahrhundert nicht überlebt[283] und wäre demnach — im wesentlichen — in das 3. Viertel des ersten Jahrtausends zu datieren.[284] Was das Ende der Kultur betrifft, so kann es auf Grund der mitteleuropäischen Parallelen, insbesondere wegen des in Bronze gegossenen, sog. brillenförmigen Ohrgehänges von Biticy,[285] das in diesem Zusammenhang häufig zitiert wird, wohl kaum vor dem 9. Jahrhundert datiert werden.[286] Die derzeit noch wenigen bekannten Fundorte der Volyncevo-Kultur bieten wenig Anhaltspunkte für eine genauere, sichere Datierung, sodaß man vorläufig diese wenigen Hinweise nicht außer acht lassen darf. Auch die verschiedentlich an der Keramik vom Typ Volyncevo und an den erwähnten Funden von Biticy festgestellten Merkmale, die als „saltovoid" bezeichnet werden,[287] lassen sich noch nicht endgültig beurteilen. Insbesondere läßt sich noch nicht feststellen, inwieweit diese Beobachtung chronologisch umgelegt werden kann, was bedeuten würde, daß die Volyncevo-Kultur im 8. bis 9. Jahrhundert bestand,[288] und ob dieses Spezifikum entsprechend der Praxis der sowjetischen Archäologie unter den Sammelbegriff „steppennomadisch" fällt. Gerade hier macht sich der eklatante Mangel an Detailstudien zur Steppenkeramik des 6.—8. Jahrhunderts bemerkbar. Entsprechend einer anderen These wäre darin eine Bestattungsform der sog. Kultur von Pastyrske zu sehen (siehe unten).[289] Es wurde auch überlegt, ob die Gräber vom Typ Volyncevo nicht doch als Relikt der Černjachov-Kultur zu verstehen sind und als solches als Teil der Romni-Kultur zugerechnet werden müßten.[290] Eine weitere Theorie besagt, daß dahinter die Vorfahren der Severjanen zu sehen seien.[291] Im Rahmen der neuesten Untersu-

279 HERRMANN, *Probleme* 52—53.
280 Das Bild zeigt eine tiefgreifende Änderung erst im 8. Jahrhundert.
281 SUCHOBOKOV, *Slavjane* 49—57.

282 LJAPUŠKIN, *K voprosu* 59—83.
283 D. T. BEREZOVEC, *Doslidžennja na teritoriji putivl'skogo rajonu sums'koji obl.* Arch. Pam'. 3, 1952, 243—250; SUCHOBOKOV - JURENKO, *Ètnokul'turnye processy* 136.
284 O. V. SUCHOBOKOV, *Do pytannja pro pam'jatky volyncev'skogo typu.* Arch. 21, 1977, 50—66.
285 LJAPUŠKIN, *K voprosu* 72, Fig. 10.
286 BÁLINT, *Süd-Ungarn.*
287 SUCHOBOKOV, *Slavjane* 147; E. A. GORJUNOV, *O pamjatnikach volyncevskogo tipa.* KSIA 144, 1975, 8.
288 KRAVČENKO, *Issledovanie* 89.
289 ARTAMONOV, *Bolgarskie kul'tury* 29; DERS., *Nekotorye voprosy* 253.
290 LJAPUŠKIN, *K voprosu* 82—83; DERS., *Slavjane Vostočnoj Evropy nakanune obrazovanija drevnerusskogo gosudarstva.* MIA 152, 1968, 61—62.
291 D. T. BEREZOVEC, *Severjane* (Avtoreferat kand. diss.) (Moskva 1969) 18.

chungen wurde die letztgenannte Theorie weitergeführt und ausgeweitet. So wird die Kultur von Volyncevo als materielle Hinterlassenschaft stark slawisierter iranischsprachiger Völkerschaften der Waldsteppe betrachtet. Die Kultur von Volyncevo wäre demnach eine frühe Erscheinung der Romni-Kultur, die ihrerseits tatsächlich eng mit den Severjanen zusammenhängt.[292] Eine andere Überlegung geht von der Gleichzeitigkeit der Kulturen von Volyncevo und Romni aus[293] und nimmt an, die Bevölkerung hinter der Volyncevo-Kultur wäre aus den Trägern der Pen'kovka-Kultur hervorgegangen.[294] Um diese Frage abschließend beurteilen zu können, wäre unbedingt eine wesentliche Bereicherung des Fundmaterials notwendig.

Eine zentrale Frage betrifft den Zeitpunkt, an dem sich die Masse der Ostslawen am linken Ufer des Dnepr-Mittellaufs angesiedelt hat, ob dies schon vor oder erst nach dem 8. Jahrhundert der Fall war. In diesem Zusammenhang wurde die Meinung geäußert, daß es vor den Chasaren, mithin vor der Wende vom 7. zum 8. Jahrhundert, in dieser Region keine seßhaften Völkerschaften gab und sich die Slawen erst im 8. Jahrhundert hier niederließen.[295] Diese Theorie wurde aber von der neueren sowjetischen Forschung verworfen; die Slawen werden als Ureinwohner der Region betrachtet, die hier seit der Mitte bzw. dem ersten Drittel des 1. Jahrtausends ansässig waren.[296] Verschiedene, wenig beachtete Hinweise — Keramik und Schmucktypen, insbesondere sehr charakteristische emailverzierte Fibeln,[297] Gewässer- und Ortsnamen — lassen allerdings erneut die Frage aufkommen, ob die Grundbevölkerung dieser Region nicht doch von den ostbaltischen Völkerschaften gebildet wurde.[298] Das würde natürlich auch bedeuten, daß die frühesten slawischen Ansiedlungen am Don doch später zu datieren wären, und würde eine andere ethnisch-kulturelle Einschätzung der dortigen Funde aus dem 8. Jahrhundert verlangen.

Auf die Frage der **Uličen** und **Tivercen**, mit denen Oleg, der Fürst von Kiev 885 Krieg führte, wäre ebenfalls kurz einzugehen, zumal in der sowjetischen und rumänischen archäologischen Forschung ihre Siedlungsplätze des 6.—9. Jahrhunderts im allgemeinen in der Steppe und zwar südlich der Stromschnellen des Dnepr bzw. am Lauf des Prut und Dnestr vermutet werden.[299] Es wurden bereits mehrere Versuche unternommen, diese beiden slawischen Stämme zu lokalisieren und ihre archäologischen Hinterlassenschaften zu umschreiben. Die diesbezüglichen Untersuchungen dürfen jedoch nicht als abgeschlossen gelten. Aus den russischen Chroniken ist lediglich bekannt, daß die Uličen irgendwann „unten" am Dnepr wohnten und später in das Gebiet zwischen Bug und Dnestr übersiedelten. Es ist aber unklar, wie dieses „unten" zu verstehen ist, welcher Standpunkt der Angabe zugrunde liegt, auf welchen Dnepr-Abschnitt es mithin zu beziehen wäre.[300] Selbst der Zeitpunkt der Übersiedlung ist unbekannt, vielleicht fand sie erst unter dem Druck der herannahenden Petschenegen im 10. Jahrhundert statt.[301] Nach dem Bekanntwerden der ersten Funde vom Typ Pen'kovka schien das Problem gelöst,[302] doch wurden letztere von der sowjetischen Forschung einhellig den Anten zugeschrieben. Während der Ort ihrer frühesten Ansiedlungen also nach wie vor unbekannt ist, lagen ihre Siedlungen im 10. Jahrhundert bereits weit nördlich der Steppenzone, die hier im Zentrum unseres Interesses liegt.[303] Die Glaubwürdigkeit der Berichte über die Uličen und Tivercen in den russischen Chroniken wird durch den Umstand beeinträchtigt, daß beide Stämme in einem Abschnitt erwähnt werden, der durch spätere Eintragungen stark umgestaltet worden ist.[304]

292 SUCHOBOKOV, *Slavjane* 137 und 140—144.
293 LJAPUŠKIN, *K voprosu* 83; KRAVČENKO, *Issledovanija* 89—90.
294 GORJUNOV, *Rannye ėtapy* 87.
295 I. I. LJAPUŠKIN, *Dneprovskoe lesostepnoe Levobrež'e v ėpochu železa* MIA 104, 1961, 181—182; DERS., *Nekotorye voprosy iz predistorii vostočnych slavjan.* KSIA 100, 1965, 180—182; ARTAMONOV, *Istorija chazar* 289; DERS., *Voprosy rasselenija* 56 und 62.
296 TRET'JAKOV, *Finno-ugry* 246; SYMONOVIČ, *O svjazach* 50—51; SUCHOBOKOV, *Slavjane* 150—151; SUCHOBOKOV - JURENKO, *Etnokul'turnye processy* 124.
297 G. F. KORZUCHINA, *Predmety ubora s vyemčatymi ėmaljami V — pervoj poloviny VI v. n. ė. v Srednem Podneprov'e.* (Archeologija SSSR EI-43, Leningrad, 1978); E. L. GOROCHOVSKIJ, *O gruppe fibul s vyemčatoj ėmal'juiz Srednego Podneprov'ja.* In: *Novye pamjatniki* 115—151. Die neue, von ihm vorgeschlagene, Datierung (3.—4. Jh.) dürfte zu früh sein: DERS., *Chronologija ukraščenij s vyemčatoj ėmal'ju Srednego Podneprov'ja.* In: *Materialy po chronologii archeologičeskich pamjatnikov Ukrainy* (Kiev 1982) 125—140.

298 SEDOV, *Slavjane* 48—53 und 162—170; RUSANOVA, *Slavjanskie drevnosti* 84.
299 M. CIŞVASI-COMŞA, *Slavii de răsărit pe teritoriul R. P. R. şi pătrunderea elementului romanic în Moldova pe baza datelor arheologice.* SCIV 9, 1958, 83 mit Fig. 2; SEDOV, *Vostočnye slavjane* 130—132.
300 BEREZOVEC, *Poselenie uličej* 145.
301 B. A. RYBAKOV, *Uliči.* KSIIMK 35, 1950, 3—17; SEDOV, *Vostočnye slavjane* 132.
302 BEREZOVEC, *Poselenie uličej.*
303 ARTAMONOV, *Istorija chazar* 424.
304 AVENARIUS, *Die Awaren* 199—201. BOLDUR's Behauptung, wonach diese Stämme Abkömmlinge der spätneolithisch-kupferzeitlichen Cucuteni-Tripolje-Kultur wären (Enigma 87—88.), ist sowohl historisch wie archäologisch völlig unhaltbar.

Auch die Archäologie der Tivercen steht noch am Anfang.[305] Nach der letzten vorgetragenen Kette aufeinander basierender, im einzelnen aber unbewiesenen Hypothesen wären sie lediglich eine antisch-slawische Völkerschaft im Dnestr-Becken zur Zeit der Černjachov-Kultur gewesen, deren Siedlungsgebiet später, jedoch noch vor der Ansiedlung der Altungarn in Etelköz auch auf die Nordostecke des Karpatenbeckens (sowjetische Bezeichnung: Zakarpatskaja oblast') ausgedehnt worden wäre.[306] Unsicher ist auch die Identifikation des bei Braneşti im sowjetischen Moldavien freigelegten Gräberfeldes[307] mit den Tivercen, weil das dort freigelegte ärmliche Fundgut des 10. Jahrhunderts und auch die vom ethnischen Standpunkt wenig charakteristischen Bestattungssitten eine ethnische Bestimmung schwerlich zulassen. Hinsichtlich der Siedlungsplätze der zwei slawischen Völkerschaften um die Jahrtausendwende scheint die Verbreitungskarte von SEDOV[308] am verläßlichsten, insbesondere, wenn man bedenkt, daß in anderen sowjetischen Arbeiten Etelköz, die letzte Heimat der Ungarn vor der Landnahme im Karpatenbecken, in der Steppe *südlich* der beiden Völkerschaften vermutet wird.[309] Sofern die Berichte der russischen Chroniken über die Uličen und Tivercen glaubwürdig sind, dürften sie im 10. Jahrhundert nicht (mehr ?) unter der Oberherrschaft des Chasarischen Kaganats gestanden haben, die immerhin bis nach Kiev gereicht hat. Sie wurden nicht unter den Stämmen angeführt, die den Chasaren Steuern zu zahlen hatten. Dieser Umstand fügt sich nahtlos in das bisherige Bild: Die Uličen und Tivercen lebten zu dieser Zeit wohl bereits nördlich der Buschsteppe.

Die **Pen'kovka-Kultur** nimmt gegenwärtig in der archäologischen Erforschung der ostslawischen Ethnogenese einen ersten Platz ein.[310] Sie war hauptsächlich in der Buschsteppe zwischen Don und Dnestr verbreitet, die meisten Fundplätze wurden am Mitteldnepr festgestellt, vielleicht wird die Verbreitungskarte in dieser Hinsicht vom Forschungsstand bestimmt. Manche

Kollegen halten die Suceava-Şipot-Kultur in der Moldau oder zumindest deren Steppenkomponente für die Fortsetzung der Pen'kovka-Gruppe.[311] Die Pen'kovka-Kultur ist lediglich durch ihre Siedlungsplätze bekannt, die durchschnittlich 0,25—1,2 ha groß waren und auf denen 5—25 Häuser standen. Sie waren gewöhnlich quadratisch, der Ofen befand sich in einer Ecke. Daneben kommen auch kreisrunde bzw. jurtenförmige Siedlungsobjekte mit einem Durchmesser von 6—7 m vor. In diesem Fall befand sich der einfache Feuerplatz oder das Hauptpfostenloch in der Mitte. Die Keramik zeichnet sich durch eine besondere Formenvielfalt aus. Es gibt handgeformte, nur leicht profilierte bauchige Gefäße, wobei sich der größte Durchmesser in der halben Höhe des Gefäßes befindet. Außerdem sind byzantinische Amphoren, aber auch graue und schwarze Drehscheibengefäße belegt. Letztere tragen eingeglättete Muster. Mit Hilfe der sog. „antischen Typen", die nach der sowjetischen Forschung die Metallgegenstände der Pen'kovka-Kultur ausmachen, wird das Fundmaterial üblicherweise in das 6. und 7. Jahrhundert datiert.[312] Manche Kollegen vermuten jedoch deren Beginn im 5. Jahrhundert und nehmen an, daß sie bis ins 8., vielleicht sogar bis ins 9. Jahrhundert weitergelebt hätte.[313]

Die ethnische Zugehörigkeit der Pen'kovka-Kultur wird fast ausschließlich auf der Basis einer typologischen Untersuchung der verschiedenen Keramikformen und der sich daraus ergebenden Beziehungen zu anderen Kulturgruppen diskutiert. Es gibt zu dieser Frage zwei grundsätzlich verschiedene Ansichten. Der größte Teil der sowjetischen und internationalen Forschung hält die Pen'kovka-Kultur für antisch, *d. h.* slawisch.[314] Manche meinen sogar, sie sei mit einem bestimmten Stamm, den Uličen, zu identifizieren.[315] Andere Kollegen halten sie für eine Fortsetzung der Černjachov-Kultur oder meinen zumindest, daß sie mit Slawen zusammenhängt, die im 6. und 7. Jahrhundert im Bereich der Černjachov-Kultur

305 G. B. FËDEROV, *Tivercy*. VDI 1952/2, 250—259; SEDOV, *Vostočnyeslavjane* 129—130.

306 SEDOV, *Vostočnye slavjane* 129—130.

307 G. B. FËDEROV, *Rabota Prutsko-dnestrovskoj ékspedicii v 1963 g*. KSIA 113, 1968, 93.

308 SEDOV, *Vostočnye slavjane* 271.

309 Zwischen Dnepr, Don und den östlichen Karpaten lokalisiert sie ARTAMONOV, *Istorija chazar* 424; PLETNĚVA, *Chazary* 44. Allein BOLDUR, *Enigma* 88. lokalisiert sie in seinem irreführenden Gedankengang im 9. Jh. am Unterlauf des Dnepr und Dnestr.

310 Die besten zusammenfassenden Darstellungen dazu bieten RUSANOVA, *Slavjanskie drevnosti* 85—112; SEDOV, *Vostočnye slavjane* 19—28; O. M. PRICHODNJUK, *Pen'kovskaja kul'tura*. In: *Étnokul'turnaja karta* 85—92.

311 KURNATOWSKA, *Słowiańszczyzna* Abb. 1; O. M. PRICHODNJUK, *K voprosu o prisutstvii antov v karpato-dunajskich zemljach*. In: *Slavjane* 183. Abb. 1.

312 GODŁOWSKI, *Die Frage* 243; SEDOV, *Vostočnye slavjane* 26.

313 RUSANOVA, *Slavjanskie drevnosti* 111; PRICHODNJUK, *Archeologični pam'jatki* 12.

314 GODŁOWSKI, *Die Frage* 426; VÁŇA, *Betrachtungen* 234; GORJUNOV, *Rannie étapy* 84—85; SEDOV, *Vostočnye slavjane* 28. Die Aussage der zeitgenössischen Quellen ist nicht ganz eindeutig, doch unterscheiden einige die Slawen von den Anten (Mychael Syrus; Jordanes, Romana 52; Procopius, Anecdota 114).

315 SMILENKO, *Slov'jany* 114; SEDOV, *Slavjane* 63; DERS., *Formirovanie* 118—124.

gesiedelt hätten.[316] Die erste Variante wurzelt in der These, die Černjachov-Kultur könnte einfach mit den Slawen gleichgesetzt werden.[317] Zurückhaltender sind Überlegungen, die den Zusammenhang der Pen'kovka-Kultur mit den Anten zwar nicht direkt bezweifeln, jedoch auf die Schwächen des Standpunkts hinweisen.[318] Am überzeugendsten scheint eine Theorie, die Pen'kovka-Kultur wäre von einer gemischten Bevölkerung getragen worden.[319] Sie wirkt insgesamt plausibler und ist mit den historisch-kulturellen Zusammenhängen besser in Einklang zu bringen. Die Vertreter dieser Ansicht halten die Verbindungen der Pen'kovka-Kultur zur früheren, im 5. Jahrhundert bereits verschwundenen Černjachov-Kultur für vordergründige Ähnlichkeiten einzelner Keramikformen, die für eine ethnische Interpretation keinerlei Bedeutung haben.[320] Berührungspunkte mit der gleichzeitigen Tušemlja-Koločin- bzw. mit der Korčak-Kultur ergeben sich an der Nord- und Nordostgrenze des Verbreitungsgebietes. Einer der Hauptvertreter dieser Auffassung meint, in der Pen'kovka-Kultur wären drei Komponenten voneinander zu trennen, zunächst eine slawische, eine, die auf eine Steppenbevölkerung — wohl „alanisch-bulgarischen" (?) Ursprungs — zurückzuführen wäre sowie eine Komponente, die noch nicht endgültig interpretiert werden kann, die aber noch mit der Černjachov-Kultur oder mit den Anten zusammenhängt.[321] Eine andere, damit verwandte Vorstellung geht davon aus, daß die Fundobjekte vom Typ Martinovka-Pastyrske den Anten *und* einer Nomadengruppe, wahrscheinlich den Kutriguren zuzuschreiben wäre.[322] Um zu veranschaulichen, wie kompliziert die Forschungssituation ist, sollen nur kurz zwei andere Hypothesen angesprochen werden. Eine führt zu der Annahme, die Pen'kovka-Kultur wäre auf eine Slawengruppe zurückzuführen, die aus dem ethnisch ebenfalls umstrittenen Gebiet des Dnepr-Oberlaufs gekommen sein soll. Nach der anderen Theorie handelt es sich um eine Weiterentwicklung der Kiewer Kultur, die ihrerseits einen ungeklärten ethnischen Ursprung hat (baltisch oder slawisch?). Die Vertreter dieser These sehen sie als Nachfolger der Spätzarubincer Kultur.[323] Die Theorie, daß die Pen'kovka Kultur mit den Kutrigur-Bulgaren zusammenhängt,[324] wurde von der sowjetischen Archäologie einhellig verworfen. Dennoch verweisen so manche Kulturelemente der Pen'kovka-Kultur auch auf die Existenz von Steppenvölkern, die sich nicht einfach mit abstrakten „Einflüssen" erklären lassen.[325]

Die Begründung für die Bestimmung der Pen'kovka Kultur als slawisch wird darin gesucht, daß ihre Tonware der in der Dnestr-Region, in der Moldau und in Bulgarien als slawisch bezeichneten Keramik des 8. und 9. Jahrhunderts ähnlich sei.[326] Dabei ist aber zu bedenken, daß damals gerade in diesen Gebieten die Balkan-Donau-Kultur verbreitet war, die ihrerseits mit der Saltovo-Majaki-Kultur zusammenhängt und im großen und ganzen den materiellen Niederschlag des bulgarischen Zarenreiches darstellt. Die bulgarisch-türkische Präsenz in der Balkan-Donau-Kultur wird sogar in überkritischen Stellungnahmen anerkannt. Ein ausschließlich slawisches Ethnikum der Pen'kovka-Kultur wäre nur dann in Betracht zu ziehen, wenn ihre Beziehungen zu den archäologischen Kulturen des 8. und 9. Jahrhunderts, die ihrerseits mit Sicherheit von Slawen getragen worden sind, überzeugend nachgewiesen werden könnte und wenn eine Erklärung für die Tatsache gefunden würde, warum die Südgrenze der slawischen Stämme des 9. und 10. Jahrhunderts genau entlang der nördlichen Verbreitungsgrenze der Pen'kovka-Kultur verlief.

Einen Beweis für das komplexe Ethnikum der Pen'kovka Kultur könnte man in dem Gräberfeld von **Dmitrovskoe** sehen, das am Flüßchen Koroča, nordöstlich von Char'kov freigelegt worden war

316 WERNER, *Zur Herkunft* 249.
317 SYMONOVIČ, *O svjazah* 47—49; SEDOV, *Formirovanie* 116—130; BARAN, *K voprosu* 76.
318 HERRMANN, *Probleme* 57.
319 RUSANOVA, *Slavjanskie drevnosti* 110—112; SIMONOVA, *Rezension* 235. Um Mißverständnisse zu vermeiden, soll noch einmal ausdrücklich betont werden, daß die hier vorgetragene Auffassung über die Pen'kovka-Kultur die Slawen keinesfalls völlig ausschließen will; es geht dabei nur um eine Kritik an einer übertriebenen Gleichsetzung.
320 BEREZOVEC, *Poselenie uličej* 203; GORJUNOV, *Nekotorye voprosy* 112; RUSANOVA, *Slavjanskie drevnosti* 110.
321 RUSANOVA, *Slavjanskie drevnosti* 111—112.
322 W. SZYMAŃSKI, *Słowiańszczyzna wschodnia* (Wrocław 1973) 33—34. Nach COMŞA, *Romains* 112 wären sie antisch *oder* kutrigurisch.

323 TRET'JAKOVS und PRIHODNJUKS Artikel, die dem Autor nicht zugänglich waren (nach SEDOV, *Vostočnye slavjane* 26—27): V. D. BARAN, Beitrag in: *Rapports* 35; DERS., *K voprosu* 76.
324 ARTAMONOV, *Etničeskata* 8.
325 BÁLINT, *Östliche Beziehungen* 132—137. SEDOV spricht neuerdings auch von der Existenz einiger nomadischer Elemente: V. V. SEDOV, *IV. Meždunarodnyj kongress slavjanskoj archeologii.* KSIA 171, 1981, 3—9.
326 SEDOV, *Vostočnye slavjane* 19. Der sowjetischen Forschung sind die Analogien in der awarischen Töpferkunst unbekannt, nicht zuletzt, weil sie von der ungarischen Archäologie bislang nicht entsprechend bearbeitet worden sind. Der einzige diesbezügliche Hinweis findet sich bei A. T. SMILENKO, *K izučeniju lepnoj keramiki pen'kovskich pamjatnikov.* In: *Drevnaja Rus' i slavjane* (Moskva 1978) 162.

und im Detail noch nicht publiziert ist. Der Fundort wurde als der östlichste Punkt der Pen'kovka-Kultur bezeichnet und kann zugleich als der nordwestlichste der Saltovo-Majaki-Kultur gelten. Neben Katakombengräbern vom Typ Saltovo wurden auch Urnengräber freigelegt, wobei die Gefäße den Zusammenhang mit der Pen'kovka-Kultur beweisen sollen, nach Meinung anderer Kollegen allerdings eher dem Typus Volyncevo angehören.[327] Das gemeinsame Vorkommen zweier verschiedener Bestattungssitten am selben Fundplatz bedeutet nicht notgedrungen auch die Gleichzeitigkeit der beiden. Die Autorin des Grabungsberichtes übernahm ohne nähere Begründung den wenig gebräuchlichen spätesten Datierungsansatz für die Pen'kovka-Kultur. Auch andere Kollegen nehmen an, daß bei der Ausprägung der Pen'kovka Kultur bestimmte Steppenkomponenten eine Rolle spielen. Daher bedeutet die Benützung von Gefäßen nomadischen Typs bei den Brandbestattungen von Dmitrovskoe nicht unbedingt, daß diese den „Nomaden" der Saltovo-Majaki-Kultur zuzuschreiben wären. Sie könnten durchaus auch älter sein, bzw. von einem anderen Steppenvolk stammen. Bei anderer Gelegenheit hat die Autorin mit Recht selbst darauf hingewiesen, daß die Brandbestattung an sich in der osteuropäischen Steppe nicht unbedingt ein Zeichen des slawischen Ethnikums sein müsse, da diese Sitte doch auch bei türkischen Völkern gebräuchlich war.[328] Seitdem wurden Fundobjekte vom Typ Saltovo auch in anderen Regionen in Zusammenhang mit Brandbestattungen gefunden.[329] Ohne daß wir in die Ausgrabungsunterlagen Einsicht nehmen konnten, geht doch unseres Erachtens aus dem Gesagten hervor, daß die Gleichzeitigkeit der Bestattungen vom Typ Pen'kovka und der Katakombengräber vom Typ Saltovo im Gräberfeld von Dmitrovskoe noch nicht als bewiesen angesehen werden kann. Das bedeutet gleichzeitig, daß dieser Friedhof nur sehr bedingt als Nachweis einer slawischen Komponente des Chasarischen Kaganats herangezogen werden kann. Außer in Dmitrovskoe

wurden Brandbestattungen mit Gefäßen vom Typ Pen'kovka auch bei Andrusovka, in der Nähe der Einmündung des Tjašmin in den Dnepr, entdeckt.[330]

Der Ausdruck „Denkmäler der Anten" oder „antische Typen" ist schon mehr als 50 Jahre alt.[331] Sie umfassen unter anderem die sogenannten slawischen Bügelfibeln (französisch: fibule digitale; russisch: pal'čataja fibula), die gegossenen silbernen Armreifen mit breiten Enden, sternverzierte Ohrgehänge sowie die Beschläge in Menschen- und Tiergestalt aus dem Fund von Martinovka.[332] Die Verbreitung der genannten Fundtypen ist sehr verschieden, gemeinsam sind sie tatsächlich im Gebiet zwischen Mittel-Dnepr und Mittel-Dnestr nachgewiesen. Die „slawischen Bügelfibeln" sind am Mittellauf des Dnepr, auf der Krim, im Karpatenbecken und sporadisch auch nördlich dieser Gebiete belegt. Am häufigsten wurden sie am Unterlauf der Donau gefunden.[333] Diese Verbreitung beweist nach einer in der sowjetischen Fachwelt allgemein verbreiteten Auffassung die Präsenz der slawischen Völkerschaft,[334] die mit der Pen'kovka Kultur in Zusammenhang stehen soll: der Anten.[335] Vom methodischen Standpunkt aus ist die Argumentationskette, zumindest aber die Identifizierung mit den Anten, mehr als fragwürdig.[336] Eine eingehende

327 S. A. PLETNĚVA, *Rabota Levoberežnogo otrjada* (AO 1970, Moskva 1971) 72—74; DIES., *Ob ětničeskoj neodnorodnosti naselenija Severo-zapadnogo chazarskogo pograničja*. In: *Novoe v archeologii* (Moskva 1972) 108—118.

328 PLETNĚVA, *Ot kočevij* 100—102. Wenig bekannt ist, daß eine ähnliche Stellung schon früher, unter schwierigeren wissenschaftspolitischen Umständen, eingenommen wurde: N. JA. MERPERT, *Voprosy proischozdenija bulgar v knige A. P. Smirnova „Volzskie bolgary"*. SA 17, 1953, 279.

329 MICHEEV, *Podon'e* 10 und 23. Es ist auch hier zu bemerken, daß die Brandbestattungen in der Saltovo-Majaki-Kultur im oberen Don- und Donec-Gebiet überhaupt häufig sind, siehe EBENDORT 109, Fig. 1. und S. 58.

330 D. T. BEREZOVEC, *Mogil'niki uličiv u dolyni r. Tjasmynu*. In: *Slov'jano-rus'ki starožytnosti* (Kiev 1969) 58—71.

331 A. A. SPICYN, *Drevnosti antov*. In: Sbornik A. I. Sobolevskogo (Leningrad 1928, Reprint: Amsterdam 1975) 492—495.

332 Bisweilen wurde sogar der ganze Fund von Martinovka den Anten zugeschrieben.

333 WERNER, *Slawische Bügelfibeln* 150—172; DERS., *Neues zur Frage* 117—119; SÓS, *Csepel* 50; M. COMŞA, *Unele consideratii cu privire cu originea şi apartenenta etnică a complexelor cu fibule „digitale" de tip Gîmbas-Cosoveni*. Apulum 11, 1973, 262 mit Fig. 6; SEDOV, *Vostočnye slavjane* 23 und Karte 5 „g"; BÁLINT, *Östliche Beziehungen* Taf. I/1—2.

334 RYBAKOV, *Drevnie rusi* 57—71; WERNER, *Slawische Bügelfibeln*.

335 V. V. SEDOV, *Proischoždenie i ranjaja istoria slavjan*. (Moskva 1979) 127—128; DERS., *Anten* 28; DERS., *Vostočnye slavjane* 26.

336 H. KÜHN, *Das Problem der masurgermanischen Fibeln in Ostpreußen*. In: *Festschrift La Baume* (Bonn 1956) 83; E. ŠTURMS zitiert nach WERNER, *Neues zur Frage* 114; P. AURELIAN, *Fibulele „digitale" de la Historia*. SCIV 16, 1965, 95; ARTAMONOV, *Voprosy rasselenija* 61; HERRMANN, *Probleme* 54; BÁLINT, *Östliche Beziehungen* 135. Auch TRET'JAKOV, *O drevnejšich rusach* 181 kommt richtigerweise zum Schluß, daß sich die territoriale Verbreitung der sog. „Denkmäler der Anten" nicht mit dem ehemaligen Siedlungsgebiet der Anten deckt, wie es aufgrund der Quellen rekonstruiert werden kann. Seinem weiteren Gedankengang, in dem er eine frühere Idee RYBAKOVS weiterentwickelt, nach der diese Fundobjekte Denkmäler eines Stammes der Rüs wären — er bezeichnet sie folgerichtig als „Denkmäler der Russen" —, ist Mangels an Beweisen nicht zuzu-

Analyse von Fundmaterialien aus Bulgarien, wo zu diesem Zeitpunkt slawische Völkerschaften lebten, hat gezeigt, daß der byzantinische Einfluß bei der Erklärung dieser Fragen unterschätzt worden ist und daß die Maskenfibel nicht weiter als ethnischer Indikator für eine slawische Präsenz betrachtet werden kann.[337] Der genannte Armreiftyp ist in der Steppe seit dem 5. Jahrhundert nachgewiesen und in dieser Zeit auch im Karpatenbecken belegt. Die Ohrgehänge mit Sternzier stellen verschiedene Varianten eines der Genese nach wohl byzantinischen Typs dar, der vom 6. bis zum 9. Jahrhundert in Verwendung stand. Er ist in ganz Südosteuropa verbreitet, vor allem in Oltenien, aber auch im awarenzeitlichen Karpatenbecken. Die Spiralanhänger können als Spezifikum der Dnepr-Oka-Region gelten. Die Beschläge und Figuren aus dem Fund von Martinovka sind in ähnlicher Form während des 6. und 7. Jahrhunderts im ganzen mittelasiatischen und osteuropäischen Steppenbereich nachzuweisen. Zu guter Letzt ist die Lokalisierung der Anten für das 6. und 7. Jahrhundert und damit eine direkte Verbindung mit den hier genannten Fundtypen keinesfalls gelöst. Es scheint daher notwendig, die ethnische Zuweisung der genannten Fundgegenstände an die Anten bzw. Slawen, die von der sowjetischen Archäologie bis heute allgemein akzeptiert worden ist,[338] neu zu überdenken und gegebenenfalls zu revidieren.

Bei der immer wieder gleich durchgeführten Interpretation der genannten Fundtypen wurde stets die ernste Warnung eines bekannten sowjetischen Sprachwissenschaftlers mißachtet, der zu bedenken gab, die Schriftquellen könnten mit der Bezeichnung „Anten" teilweise die Awaren des 6. Jahrhunderts meinen.[339] Konträr dazu steht die Ansicht einiger sowjetischer Archäologen, die in dem Namen der „Anten" sogar einen Oberbegriff für sämtliche ostslawische Stämme sehen.[340] Als unzutreffend erwies sich auch die 1919 vorgeschlagene Identifizierung der „Anten" mit dem ostslawischen Stamm der Vjatičen aufgrund der Tatsache, daß letztere in einer persischen Kompilation „v.nt.t" genannt werden.[341] Diese und ähnliche Theorien wurden in der bislang objektivsten Zusammenschau des Forschungsstandes der ostslawischen Frühgeschichte als „patriotische Bemühungen" bezeichnet.[342] Bei Jordanes findet sich die Angabe über das Siedlungsgebiet der Anten: „. . . sie sind vom Danaster bis hin zum Danaper verbreitet . . ." (Par. 35), womit wohl ein früherer Zustand wiedergegeben wird.[343] Die meisten sowjetischen Archäologen vermuten daher das Siedlungsgebiet der Anten in der Region Mittel-Dnepr bis Dnestr. Lediglich ein einziger Kollege warnt vor einer allzu engen Auslegung der Quellenstelle, da sie doch sehr allgemein gehalten ist und zu vielerlei Vermutungen Anlaß geben könnte.[344] In einer zweiten Nachricht werden die Anten im Gebiet nördlich der Utriguren, die gegen Mitte des 6. Jahrhunderts zwischen Meotis und Don gewohnt haben, lokalisiert (Prokopios BG IV. 4. und IV. 5.). In einer dritten Quelle werden sie als Völkerschaft bezeichnet, die gegen 580 nördlich des Unterlaufs der Donau wohnt (Johannes Ephesinos VI. 47). Von einer einzigen Ausnahme abgesehen[345] wurde die letztgenannte Quellenstelle bislang von der sowjetischen archäologischen Forschung ignoriert,[346] genauso wie eine Beschreibung des Maurikios (Strategikon XI. 4. 23). Nach dem Strategikon leben

stimmen. Nicht von ungefähr blieb seine Idee sogar in der sowjetischen Archäologie unbeachtet. V. POPOVIĆ, *Les témoins archéologiques des invasions avaro-slaves dans l'Illyricum byzantin.* Mélanges de l'École Française de Rome 87, 1975, 445—504. Die ungarische archäologische Forschung verwies als ersteanläßlich einer 1952 veranstalteten Diskussion auf die Schwächen der These, die Maskenfibel wäre grundsätzlich slawisch. Als Anhaltspunkt für diese Bestimmung diente J. WERNER die Annahme, daß das übliche Fibelpaar der Goten bei den Slawen auf eine einzige Fibel reduziert worden wäre. In diesem Zusammenhang verwies aber N. FETTICH darauf, daß auch die Maskenfibel am Mittellauf des Dnepr häufig paarweise zutage kam und lediglich in den Veröffentlichungen nur ein einziges Exemplar abgebildet wurde. Vgl. H. J., *Beszámoló Fettich Nándor „Régészeti tanulmányok a késői hun fémművesség történetéhez" c. könyvének megvitatásáról.* AÉ 81, 1954, 204—206.

337 ST. MICHAILOV, *Die Bügelfibeln in Italien und ihre historische Interpretation.* Schriften zur Ur- und Frühgeschichte 30, 1977, 317—327. Auf die Bedeutung des kulturellen Einflusses hat bereits P. AURELIAN, wie A. 336, hingewiesen.

338 Ausnahmen: I. I. LJAPUŠKIN, *O datirovke gorodišč romensko-borševskoj kul'tury.* SA 9, 1947, 134; KORZUCHINA, *K istorii* 70; GORJUNOV, *Nekotorye voprosy* 104.

339 FILIN, *Obrazovanie* 61. Siehe dazu auch HERRMANN, *Probleme* 53 f.

340 B. A. RYBAKOV, *Anty i Kievskaja Rus* VDI 1, 1939, 317—337. Dazu kritisch KORZUCHINA, *K istorii* 62; ARTAMONOV, *Istorija chazar* 49.

341 B. A. RYBAKOV, *Slavjane v Evrope v épochu krušenija rabovladel'českogo stroja.* In: *Očerki* 49. Schon 1919 wurde in der Linguistik darauf hingewiesen, daß eine Auflösung der Form „v.NT.t" als „Ant" jeder wissenschaftlichen Begründung entbehrt: FILIN, *Obrazovanie* 59.

342 FILIN, *Obrazovanie* 59.

343 Eine einseitige Auslegung der Quellen nahm SEDOV, *Anten* vor.

344 GORJUNOV, *Nekotorye voprosy* 104.

345 KORZUCHINA, *K istorii* 73 vertritt die Auffassung, daß die antischen Stämme am Dnepr von den Anten am Unterlauf der Donau streng zu trennen sind, liefert dazu allerdings keine weiteren Argumente.

346 Das vollständige Quellenmaterial und die wichtigsten Literaturangaben über die Anten bieten M. H. - D. L., *Antes*

die Anten in Wäldern, an Flüssen, an schwer erreichbaren stehenden Gewässern und in der Nähe von Mooren. Auf Grund dieser sehr konkreten Beschreibung der Landschaft wäre gerade das Steppengebiet als möglicher Wohnsitz der Anten ausgeschlossen.[347] In der Byzantinistik wurde ein anderer Ansatz für die Lokalisierung der Anten gefunden: Gestützt auf die Erwähnung bei Johannes Ephesinos und auf einige Berichte über kriegerische Auseinandersetzungen mit den Anten ab der Mitte des 6. Jahrhunderts wird angenommen, daß letztere zwischen dem Delta der Donau und dem Dnepr und Dnestr gelebt haben müssen, weil sie von Justinian (527—565) zum Schutz des Reiches vor den Bulgaren in dieser Gegend angesiedelt worden waren.[348] Auch von Seiten der ostslawischen Philologie wird vor allzu eiligen Behauptungen gewarnt: Die Slawen im Dneprgebiet hatten mit den „Anten" nichts zu tun.[349] Aus all dem folgt wieder, daß es keinen zwingenden Grund gibt, die unter dem Begriff „Denkmäler der Anten" subsummierten, ganz verschiedenartigen Fundtypen auf die Anten zu beziehen. Abgesehen von den Spiralanhängern, die als regionale Spezifika zu betrachten sind, kommen alle genannten Typen und auch die „slawischen Bügelfibeln", bei denen die Sprossen und der Fuß mit menschlichen Köpfen verziert sind, während der Frühawarenzeit im Karpatenbecken sowie im Bereich der sogenannten Keszthely-Kultur vor. Die sowjetische Archäologie hat diesem Phänomen noch keine Beachtung geschenkt, in der ungarischen Archäologie war lange Zeit hindurch die Auffassung verbreitet, die Bügelfibeln in awarischen Komplexen wären als Nachweis ostslawischer Frauen anzusehen, die mit den Frühawaren in das Karpatenbecken gekommen sind.[350] Auch wenn sich die beiden Gruppen von Hypothesen zur ethnischen Interpretation der „antischen Typen" an diesem Punkt treffen, ist dies noch lange kein Beweis für die Richtigkeit der Auffassung. Wesentlich wahrscheinlicher ist allerdings, daß man es hier mit einer osteuropäischen Modeerscheinung zu tun hat,[351] die aus einer gemeinsamen, wohl byzantinischen Wurzel entstanden ist. Der typologische Ursprung der Bügelfibeln liegt natürlich bei den Germanen des 5. und 6. Jahrhunderts, während bei konkreter Betrachtung die Fibelform, ihre Verzierung und die Tracht selbst wohl auf byzantinischen Einfluß zurückzuführen sein sollten. Die sternverzierten Ohrgehänge und die gegossenen silbernen Armreifen gehen auf das byzantinische Kunsthandwerk zurück, wiewohl die meisten Stücke offensichtlich in lokalen Werkstätten hergestellt worden sind. Gleiches läßt sich vielleicht auch von den menschen- und tierförmigen Anhängern, wie sie im Fund von Martinovka entdeckt worden sind, sagen. Auch die Gürtelgarnituren vom Typ Martinovka, die in der Steppe zwischen Kaukasus und Theiß im 6. bis 7. Jahrhundert verbreitet waren, hängen ursächlich mit der byzantinischen Ausstrahlung nach Osteuropa zusammen.

Fundkomplexe mit Steppenmerkmalen

Grabfunde

Der Fund von **Martinovka** (Abb. 37) stellt einen bekannten Komplex der osteuropäischen Steppe im Frühmittelalter dar. Manche Archäologen haben eine ganze Kultur nach ihm benannt[352] und so den heftigen Widerspruch der sowjetischen archäologischen Forschung ausgelöst.[353] Der Fund von Martinovka wurde beim Fluß Ros, am rechten Ufer des Mitteldnepr, freigelegt. In der Literatur wird er im allgemeinen als Schatz erwähnt, doch dürfte es sich dabei um einen Grabfund handeln. Gleiches hat sich auch beim Fund von Mala Pereščepino herausgestellt, wie die

In: *Glossar zur frühmittelalterlichen Geschichte im östlichen Europa* A 3—4 (Wiesbaden 1973—1975) 110—111. Zum Ursprung des Volksnamens Ant siehe N. ŽUPANIĆ, *Der Anten Ursprung und Name.* In: *Compte-rendu du IIIe Congrès International de Études ByzantinsAthènes, 1930* (Athènes 1932) 331—335; G. VERNADSKY, *On the Origins of the Antes.* Journal of American Oriental Society, 1939, 56—66; ZD. VINSKI, *Zur Problematik des alten Iran und Kaukasus mit Hinblick auf die Herkunft der Anten und Weißen Kroaten.* (Zagreb 1940); STEIN, *Histoire* 61; BOLDUR, *Enigma* 55—58.

347 Ich danke Herrn Prof. Dr. S. SZÁDECZKY-KARDOSS, der eine Arbeit über die Anten vorbereitet, für die Analyse der Quelle.

348 MARQUART, *Chronologie* 78; L. HAUPTMANN, *Les rapports des Byzantins avec les Slaves et les Avares pendant la seconde moitié du VIe siècle.* Byzantion 4, 1949, 146; STEIN, *Histoire* 522; LEMERLE, *Invasions* 282; D. OBOLENSKY, *The Empire and its Neighbours.* 565—1018. In: *The Cambridge Medieval History IV. The Byzantine Empire, Part 1: Byzantium and its Neighbours (Cambridge 1966)* 476, Anm. 2; LAUTERBACH, *Untersuchungen* 593; AVENARIUS, *Awaren* 173 und 200. Nach E. Č. SKRIŽENSKAJA, *O sklavenach i antach, o mursianskom ozere i gorode Novietune.* Viz. Vrem. 12, 1957, 19 sollen die Anten das Angebot Justinians ausgeschlagen haben, weil sie ihre Kraft so hoch eingeschätzt haben (?).

349 FILIN, *Obrazovanie* 62.

350 SÓS, *Oroszlány* 120—124; DIES, *Csepel* 50.

351 BÓNA, *Opponensi vélemény* 57; BÁLINT, *Östliche Beziehungen* 135.

352 FETTICH, *Metallkunst* 124—133; VINSKI, *Zu den Funden;* ARTAMONOV, *Voprosy;* DERS., *Étničeskata;* DERS., *Slavjane i bolgary v Podneprov'e.* In: *Berichte über den II. Internationalen Kongreß für Slawische Archäologie* I (Berlin 1970) 119—132.

353 TRET'JAKOV, *Čto takoe* 102—113.

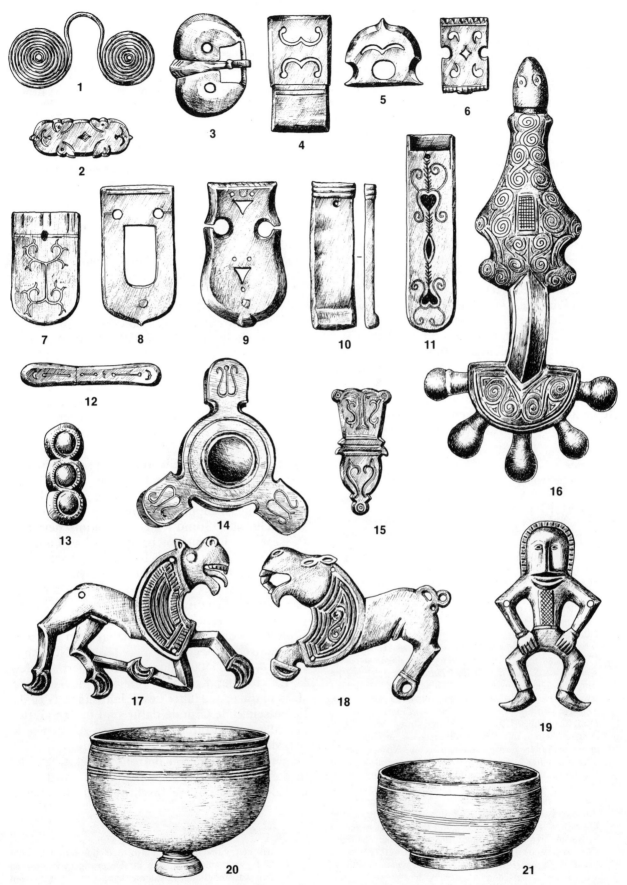

Abb. 37: *Funde aus Martinovka. 1:* spiralverziertes Anhängsel; 2—15: aus Silber gegossene Gürtelbeschläge vom Typ Martinovka; 16: aus Silber gegossene Fibel vom Dnepr-Typ: 17—19: aus Silber gegossene Menschen- bzw. Tierdarstellungen; 20:
Gefäß aus Bronze; 21: Silberschale.

nochmalige Bearbeitung der schon vor langer Zeit publizierten Daten gezeigt hat. Die meisten Teile des Komplexes von Martinovka, zumindest soweit er in das Museum gelangt ist, sind aus Silber. Das Fundgut besteht aus Gebrauchsgegenständen (Gefäße, ein Kelch, ein Krug, eine Schüssel, ein Löffel), aus Schmuck (Hals- und Armreifen, Spiralanhänger, eine Fibel) und Waffen (Schwert mit P-förmigen Attachen), aus vielerlei Gürtelschmuck und Pferdegeschirrbeschlägen. Die meisten Fundobjekte lassen sich auf einen byzantinischen Einfluß zurückführen oder hängen mit der Steppenkultur zusammen. In der sowjetischen Fachliteratur wird ein Teil der Schmuckstücke als „europäisch" bezeichnet, worunter der Einfluß der „örtlichen Bevölkerung"[354] zu verstehen wäre (z. B. Spiralanhänger). Die bekanntesten Stücke des Fundkomplexes sind die silbernen Menschen- und Tierfiguren, die als Verzierungen der Sattelbögen interpretiert worden sind.[355] (Abb. 6 und 37: 17—19) Parallelen dazu finden sich an vielen Stellen in Süd- und Osteuropa. Sie sind schwerlich als Denkmäler der ostslawischen Kultur zu betrachten, sondern viel eher als Produkte der Steppenkultur unter starkem byzantinischen Einfluß.[356] Zu den Waffen und Pferdegeschirren

Abb. 38: *Funde aus Glodosy.* 1: goldene Ohrgehänge mit pyramidenförmigem Anhänger, reich granulationsverziert und mit Steineinlagen; 2. goldener Ohrring mit kugeligem Anhänger; 3—6, 9: goldene Anhänger von verschiedenen Typen mit Stein- bzw. Pastaeinlagen; 7, 8: goldene Ringe mit Steineinlagen; 10, 11: gepreßte Silberbeschläge des Pferdegeschirrs; 12, 13: gepreßte Riemenzungen aus Silberblech; 14: eisernes Beil; 15: eiserner Steigbügel; 16: Bruchstücke eines sassanidischen Silbergefäßes (Rekonstruktion von A. T. Smilenko); 17: eiserne Lanze; 18: goldene Parierstange und Scheide mit P-förmiger Hängeöse und mit Steineinlagen.

finden sich gute Vergleichsobjekte bei den Frühawaren und in der zeitgenössischen eurasischen Steppe. Zu den sehr charakteristisch verzierten und gegossenen silbernen Gürtelbeschlägen fand man Parallelen im Gebiet zwischen Kazachstan und dem Karpatenbecken, aber auch im Vorland des Nordkaukasus, in Baschkirien und am Unterlauf der Donau.

Die als „Typ Martinovka" bezeichneten Gürtel- und Pferdegeschirrbeschläge sind unverwechselbar (Abb. 37: 2—12, 15). Die Verzierung besteht aus spiegelbildlichen geometrischen Mustern, die mit gewundenen Linien verbunden sind. Sie wurden als abstrakte Tierfiguren, auch als Menschengesichter gedeutet, andere verstehen sie als Tamgas oder Rangabzeichen. Es ist auch durchaus vorstellbar, daß man es hier mit ehemaligen Tamgas, Sippenzeichen, zu tun hat, die — vielleicht auf Grund eines byzantinischen Einflusses — hier nur mehr dekorative Funktion haben, vielleicht tatsächlich zu schematischen Gesichtsdarstellungen umfunktioniert wurden. Sehr wesentlich ist das häufige Vorkommen der sogenannten Hakengürtelbeschläge, die der Form nach mit türkischen Gürtelverzierungen übereinstimmen, wobei allerdings letztere von der zentralasiatischen Archäologie — wohl fälschlicherweise — etwa 100 Jahre später datiert werden. U. E. wird der Komplex von Martinovka spätestens in die erste Hälfte des 7. Jahrhunderts zu datieren sein. Die Gründe dafür sind in den Gürtelbeschlägen und ihren Verzierungen zu suchen, in der Maskenfibel und in einem byzantinischen Silbergefäß, das einen Kontrollstempel trägt, der in der Zeit von 565—578 verwendet worden ist, und das überdies eine Inschrift trägt, die sich in

---

354 Die Bezeichnung „örtliche Bevölkerung" wird häufig für Volksgruppen verwendet, die einen Gegensatz zu den Steppenvölkern bilden.

355 LÁSZLÓ, *Études* 277—278, Fig. 81—82. Die Schwäche dieser Rekonstruktion liegt darin, daß es im Fundgut mehr tier- und menschenförmige Beschläge gibt, als nach der dargestellten Anordnung auf dem Sattel Platz gefunden hätten.

356 PRICHODNJUK, *Ob ětnokul'turnoj situacii* 118; *Stepi Evrazii* 181, Fig. 64/1, 3, 10—12, 30, 46, 56, 65. Ausgezeichnete Parallelen aus dem Karpatenbecken zur Menschendarstellung von Martinovka — und insbesondere zu deren Gürtel- und Haartracht — bei É. SZ. GARAM, *Spätawarenzeitliche durchbrochene Bronzescheiben.* AAH. 32, 1980, 171, Fig. 6. 6; A. KISS. *Archäologische Angaben zur Geschichte des Sattels des Frühmittelalters.* AR 21, 1984, 199, Abb. 20. Die Menschendarstellungen werden vielleicht etwas voreilig mit dem Schamanismus in Zusammenhang gebracht von I. KOVRIG, *The Tiszaderzs Cemetery.* In: *Avar Finds* 229 (Abb. 70: 9). Diese Figuren sind — wie auch die Bronzescheiben mit Tierdarstellungen — im allgemeinen in jenen Teilen Europas nachzuweisen, wo ein direkter oder indirekter byzantinischer Einfluß bestand. Aus dem Umstand, daß in denselben Gebieten auch die Süd- und Ostslawen gelebt haben, folgt noch nicht zwingend, daß diese Ornamente, wie die sowjetische Forschung übereinstimmend glaubt, als slawische Spezifika zu gelten hätten. Besonders bemerkenswert ist, und das spricht gegen die Slawentheorie, ihr Auftreten im Nordkaukasus-Gebiet. Die sowjetische Fachliteratur stützt sich auf J. WERNER, *Slawische Bronzefiguren aus Nordgriechenland.* Abhandlungen der Deutschen Akademie der Wissenschaften. Klasse für Gesellschaftswissenschaften 1953, 3—8; später traten auch die südosteuropäischen Archäologen WERNERS Standpunkt bei. Ihr Auftreten im kaukasischen,

awarischen, italischen und merowingischen Bereich macht es U. E. wahrscheinlich, daß ihr Ursprung in Byzanz zu suchen ist; mögliche Zusammenhänge mit den Slawen sind in jedem einzelnen Fall zu untersuchen. Siehe dazu auch BÁLINT, *Östliche Beziehungen* 142. A. 39 und A. 88 des vorliegenden Bandes.

1

2

3

4

5

6

7

8

9

10

11

12

13

14

15

16

17

18

das Jahr 577 datieren läßt.[357] (Abb. 37: 21) Ein zusätzliches Argument liefert das Schwert mit P-förmigen Attachen, das in dieser Form bei den Mittel- und Spätawaren nicht mehr vorkommt. Vergleicht man den Komplex von Martinovka mit dem von Mala Pereščepino, so wird man feststellen, daß beide Funde unterschiedliche Kulturtraditionen repräsentieren.[358] Mit an Sicherheit grenzender Wahrscheinlichkeit ist der Komplex von Martinovka um einiges älter als der von Mala Pereščepino, der in die Mitte des 7. Jahrhunderts datiert werden konnte. Daß die beiden Funde gleichzeitig sind,[359] kann wohl ausgeschlossen werden,[360] wiewohl eine entsprechende Datierung vorgeschlagen worden ist. Eine Zuweisung der Funde von Martinovka an die Anten, Russen oder Ostslawen[361] kommt nicht in Betracht.

Ein ungeheuer reicher Grabfund mit 2,5 kg Gold- und 1 kg Silberobjekten wurde in **Glodosy** am Ufer des Baches Suchyj Tašlik gefunden[362] (Abb. 38). Neben angebrannten menschlichen Skeletteilen wurden auch Pferde- und Schafknochen geborgen. Nach mündlichen Berichten lagen die Knochen an zwei Stellen, darüber die Beigaben. Der größte Teil der Edelmetallgegenstände besteht aus äußerst niveauvollen Werken der byzantinischen Schmiedekunst, die einzelnen Objekte sind mit Granulationen, Edelstein- und Glaspasteneinlagen verziert. Unter anderem wurden folgende Fundobjekte aufgenommen: zwei Paar pyramidenförmige Ohrgehänge, davon einer mit Millefiori-Einlagen, drei Halsketten mit Anhängern, davon einer halbmondförmig mit daranhängenden Halbedelsteinen, der andere kreisrund, drei verzierte Fingerringe, davon einer mit Edelsteinbesatz, eine Hauptriemenzunge, wie sie auch im Martinovka-Kreis zu beobachten ist, die eine byzantinisch anmutende Strichpunktverzierung trägt, eine Nebenriemenzunge, Schnallen, Verzierungsteile eines Schwertes mit P-förmigen Attachen, die mit farbigen Glaspasteneinlagen versehen sind, eine einfache Lanzenspitze, Fragmente von dreiflügeligen Pfeilspitzen, ein Steigbügel mit schleifenförmiger Öse, möglicherweise auch eine Ringtrense (fragmentiert), eine Eisen-

hacke und eine kleine Schüssel, Fragmente eines Kelches und eines Kruges. Bemerkenswert ist, daß lediglich die Objekte eindeutig byzantinischer Provenienz und das Schwert von hoher Qualität sind, während die bodenständigen nomadischen Beigaben der Bestatteten von bloß durchschnittlichem Niveau sind. Beispielsweise hatte der Gürtel keine Beschläge. Zur dritten Gruppe der Fundobjekte gehört zumindest ein Silbergefäß von mittelasiatischer Form (Abb. 38: 16). Es wurde bei der Verbrennung am stärksten in Mitleidenschaft gezogen. Die sowjetische Archäologie datiert das Grabmal im allgemeinen an das Ende des 7. bzw. an den Beginn des 8. Jahrhunderts, wobei die Idee im Vordergrund steht, es wäre hier ein slawischer Fürst bestattet worden, der sich dem Vormarsch der Chasaren widersetzt hat. Wahrscheinlicher ist allerdings die zeitliche Fixierung des Komplexes in das 2. Drittel des 7. Jahrhunderts. Was die ethnische Bestimmung des Toten als Slawen betrifft, stützte man sich allein auf die Sitte der Totenverbrennung bzw. auf die (falsche) Vorstellung, daß diese bei den türkischen Völkern unbekannt wäre.[363] Angesichts der Parallelen zu den Fundobjekten und im Hinblick darauf, daß der Gesamtkomplex von den zeitgenössischen, mit Sicherheit slawischen Denkmälern wesentlich abweicht, ist kaum daran zu zweifeln, daß der hier begrabene Mann aus der Steppe stammt. In der neueren sowjetischen Literatur wird dies auffallenderweise nicht bestritten.

Der Fundort **Voznesenka** liegt im Gebiet der heutigen Stadt Zaporož'e am linken Dnepr-Ufer, auf einer Anhöhe unweit eines bedeutenden Flußüberganges.[364] In dieser Gegend verläuft die Grenze zwischen der Gras- und der Buschsteppe. Der Fund (Abb. 39), der zunächst als der Schatz von Neskrebovka bekannt wurde, kam im Inneren einer aus Erde und unbehauenen Steinen gebauten, mehr oder weniger quadratischen Wallanlage zum Vorschein (Länge 82 m, Breite 51 m, Höhe der Umwallung 0,9 m). Der Zeitpunkt ihrer Entstehung ist unbekannt, manche halten sie für ein nomadisches Fürstenquartier,[365] das heißt gleichaltrig mit dem Fund selbst. Neulich wurde überzeugend auf die zentralasiatischen Parallelen zu diesem Bauwerk hingewiesen.[366] Innerhalb der Mauern fand sich ein 3,5 × 2,5 m großer Platz mit

357 MACULEVIČ, *Vizantijskij antik* Taf. V/2; CRUIKSHANK-DODD, *Stamps* 100—101.

358 SMILENKO, *Rečovi skarby* 155, 159.

359 WERNER, *Slawische Bügelfibeln* 170; AMBROZ, *Problemy* 122.

360 I. P. ZASECKAJA - B. I. MARŠAK - M. B. ŠČUKIN, *Obzor diskussii na simpoziume*. KSIA 158, 1979, 123.

361 RYBAKOV, *Drevnie rusi* 76—89; DERS., *Problema proischoždenija Rusi*. In: *Očerki* 754; TRET'JAKOV, *O drevnejšich rusach* 182; SMILENKO, *Rečovi skarbi* 159.

362 SMILENKO, *Glodos'ki skarby*; ERDÉLYI, *Az avarság* 37—38, Fig. 13.

363 SMILENKO, *Glodos'ki skarby* 57—58.

364 GRINČENKO, *Pam'jatka*; PRICHODNJUK, *Archeologični pam'jatki* 85—91; ERDÉLYI, *Az avarság* 42—43 Fig. 20—23. Über ihre awarischen Beziehungen É. SZ. GARAM, *Der Fund von Vörösmart im archäologischen Nachlaß der Awarenzeit*. FA 33, 1982, 200.

365 BEREZOVEC, *Slov'jany* 57; PLETNĚVA, *Ot kočevij* 102.

366 *Stepi Evrazii* 20; AMBROZ, *O voznesenskom komplekse*.

Abb. 39: *Funde aus Voznesenka*. 1: Doppelschildförmiger Gürtelbeschlag, gepreßtes Silberblech; 2: granulationsverzierte Riemenzunge aus Goldblech; 3, 6, 7: gepreßte Gürtel- bzw. Pferdegeschirrbeschläge, Material unbekannt, verschollen; 4: dreiflügelige Pfeilspitze aus Eisen; 5, 8, 11: punzverzierte Beschläge eines Schwertes oder Kampfmessers (Griff, Scheidenmundblech und Ortband), Material unbekannt; 9: langohriger Steigbügel aus Eisen mit geradem Tritt, silbertauschiert; 10: Byzantinische Statue eines Adlers aus Bronze, gegossen; 12: einschneidiges Schwert aus Eisen.

Brandspuren und zwei 1,5 m tiefe Gruben, die der Publikation nach folgende Fundobjekte enthielten: 58 Stück vollständige und fragmentierte Steigbügel, 40 Stück Stangentrensen — alles aus Silber gegossen, an einem Steigbügel sogar Goldeinlagen, 60 eiserne und über 40 Stück bronzene Gürtel- und Gurtschnallen, drei gerade, einschneidige Schwerter, davon eines mit P-förmigen Attachen, 4 Kampfmesser und etwa 1400 Gürtel- und Pferdegeschirrbeschläge aus Gold und Silber. Dreiflügelige Pfeilspitzen unbekannter Anzahl (letztere wurden mit den aus der Festung stammenden vermischt), Glieder eines Kettenpanzers, Fragmente mehrerer byzantinischer bzw. sassanidischer Silberschüsseln[367] sowie zwei Statuen im byzantinischen Stil, die im 4. oder 5. Jahrhundert hergestellt worden waren und einen Löwen und einen Adler darstellen. An der Brust des Adlers befindet sich ein Kreuz mit griechischem Monogramm, das als „Petros" aufgelöst worden ist und aus einer späteren Zeit, vielleicht aus dem 7. und 8. Jahrhundert, stammen soll.[368] Von großer Bedeutung ist das Vorkommen von Fragmenten eines sassanidischen Gefäßes.[369] Die Steigbügel haben im allgemeinen lang ausgezogene, manche auch schleifenförmige Ösen und gerade bzw. gewölbte Sohlen. Abgesehen vom Material (Silber) verdient auch die Goldtauschierung besondere Beachtung. Die Stangentrensen gehören unzähligen Varianten an, das gleiche gilt für die Schnallen und Beschläge. Die Parierstangen der Schwerter sind kurz, mit zwiebelförmig verbreiterten Enden. Möglicherweise waren die Scheiden und Knäufe mit den zum Fund gehörenden ranken- und palmettenverzierten Gold- und Silberplatten bedeckt. Unter den Gürtelbeschlägen gibt es auch solche, die mit Granulation, Bandgeflecht, Ranken und Palmetten reich dekoriert waren, sowie runde und rosettenverzierte. Einen guten Datierungswert haben die kleinen, goldenen Glöckchen, deren Analogien bislang aus dem Karpatenbecken des 7. Jahrhunderts bekannt sind.[370] Ungeklärt ist, ob man es hier mit einer Brandbestattung oder einem symbolischen Grab, vielleicht aber mit einem verborgenen Schatz zu

tun hat. Außerdem scheint es möglich, insbesondere, wenn man die zentralasiatischen Beziehungen des Komplexes bedenkt, daß es sich hier um den „Scheiterhaufenfund" der führenden Persönlichkeit eines Steppenvolkes handelt.[371] Innerhalb der Festungsmauern kamen an verschiedenen Stellen Pferdeknochen und Gefäßfragmente zutage, die denen von Kancirka ähnlich sein sollen, was aber nicht belegt und nicht kontrollierbar ist (siehe unten). Der Fund wird in der sowjetischen Fachliteratur an das Ende des 7. und den Beginn des 8. Jahrhunderts, meist aber in das 8. Jahrhundert datiert.[372] Bisher wies nur eine Kollegin darauf hin, daß der Fund möglicherweise schon im 7. Jahrhundert angefertigt worden ist, was der Datierung der byzantinischen Beigaben voll entspricht.[373] Auf Grund der engen Verwandtschaft des Komplexes mit den frühawarischen Funden und im Hinblick darauf, daß er mit den spätawarischen Funden und denen vom Typ Saltovo absolut nichts gemein hat, scheint eine zeitliche Fixierung des Komplexes in die erste Hälfte des 7. Jahrhunderts wesentlich wahrscheinlicher. Außerdem spielt sein typologisches Verhältnis zu dem münzdatierten Kreis von Mala Pereščepino eine Rolle, aber auch das Vorkommen der langausgezogenen Steigbügelösen und Schwerter. Was die ethnische Zuordnung betrifft, so konnte sich die sowjetische Forschung bislang nicht festlegen und zählt den Fund abwechselnd zur slawischen oder türkischen Hinterlassenschaft.[374] Die Vermutung, die Fundobjekte würden die Bestattung eines slawischen Hauptführers, zwei kleinerer Fürsten, vier vornehmer und 26 gemeiner Mitglieder einer Družina[375] oder sogar die Ausrüstung einer Kriegerschar[376] repräsentieren, entbehrt jeder Grundlage. Im Hinblick auf den zentralasiatischen Steppencharakter des Fundes in seiner Gesamtheit,[377] aber auch der einzelnen Objekte, wird der Komplex mit einem türkischen Volk des 7. Jahrhunderts in Zusammenhang gebracht werden müssen. Es wäre durchaus vorstellbar, die Wallanlage als Rest einer der Fürstenfestungen zu betrachten, die von den Zentralasiaten gut bekannt sind.[378]

367 Eine ist bei Maculevič, *Vizantijskij antik* 140, Fig. 1 abgebildet. A. I. Semënov informierte mich freundlicherweise davon, daß im Zuge der Neubearbeitung des Komplexes mehrere bislang unbekannte Stücke vorgelegt werden können. Zu den Fundumständen wurden ebenfalls neue Einzelheiten in Erfahrung gebracht. So zeigte sich, daß die Wallanlage von Voznesenka eine gute Analogie zu der von Romanovskaja stanica darstellt.

368 Maculevič, *Vojskovoj znak.*

369 Mündliche Mitteilung von A. I. Semënov.

370 László, *Études* Taf. IV/1—4, VI/13—18, XV/17, 18; Bóna, *A népvándorlás kora* Fig. 22.

371 Das ist die Meinung von Ambroz, *O voznesenskom komplekse,* dem widerspricht aber das Vorkommen von verbrannten Menschenknochenfragmenten, siehe Smilenko, *Les ensembles 131,* A. 9.

372 *Stepi Evrazii* 18; Ajbabin, *Pogrebenija* 178.

373 Cruikshank-Dodd, *Stamps* 260 f.

374 Grinčenko, *Pam'jatka* 63; Korzuchina, *K istorii* 70; Artamonov, *Istorija chazar* 175.

375 Smilenko, *Slov'jany* 109.

376 Maculevič, *Vojskovoj znak* 185; Artamonov, *Bolgarskie kul'tury.*

377 Siehe A. 366 u. 369.

378 E. Esin, *Baliq and Ordu. The early Turkish circumvallations in architectural aspects.* CAJ 27, 1983, 168—208.

Der Fund von **Kelegeja** kam bei der Stadt Cherson zutage.[379] Eine eingehende Untersuchung steht noch aus, in der Fachliteratur wird er nur selten genannt. Er besteht aus Schmuckstücken byzantinischen Charakters und solchen, die der Steppenkultur angehören (Abb. 40). Ein Teil der Objekte wurde — soweit man dies von den publizierten Fotos her beurteilen kann — aus Gold gefertigt, darunter Halsreifen, ein Kreuz mit Steineinlagen, Fingerringe, die ebenfalls mit Steineinlagen und gezahntem Bandgeflecht dekoriert sind, eine fragmentierte flache byzantinische Schüssel,[380] Solidi des Herakleios (610—641) und Constans II. (641—668),[381] die teilweise zu Anhängern umgearbeitet worden waren, zwei Glasbecher, Perlen. An weiteren Fundobjekten wären eine Gürtelschnalle, eine mit gezahntem Rahmen und Bandornamentik verzierte Riemenzunge, ein goldenes Trinkhorn, das Ende einer Schwertscheide mit eingelegten Steinen, Pseudoschnallen, halbkreisförmige Pferdegeschirrbeschläge und pyramidenförmige Ohrgehänge zu erwähnen. Zum Fundort gehörten auch verzierte Plättchen, wohl aus Silber, die möglicherweise Reste eines sassanidischen Gefäßes darstellen. Auf Grund des byzantinischen Kreuzes,[382] der Münzen und der Ähnlichkeiten mit den früh- und mittelawarischen Denkmälern läßt sich der Fund in das erste oder zweite Drittel des 7. Jahrhunderts datieren.

Der Fund von **Makuchivka** kam am Fluß Kolomak unweit von Poltava zum Vorschein.[383] Er ist zwar unpubliziert, doch wurden der goldene Beschlag einer Schwertscheide, eine mit Filigran (?) und Glaseinlagen verzierte Goldplatte und ein Solidus (Herakleios und Söhne, vielleicht vom Jahr 637/638) bekannt.

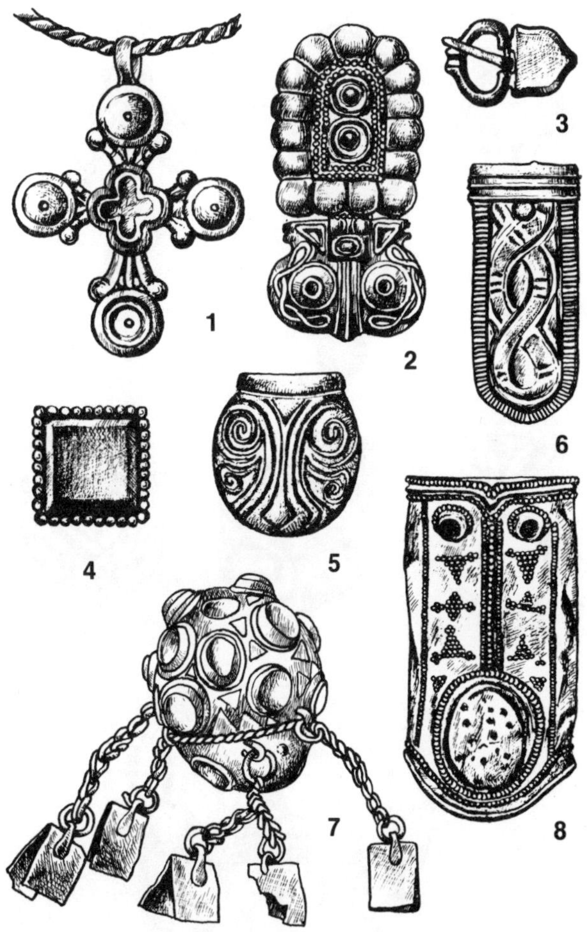

Abb. 40: *Funde aus Kelegeja.* 1: gegossenes Kreuz aus Bronze (?) an einem Halsring getragen; 2: goldene Pseudoschnalle mit Steineinlagen; 3: gegossene Gürtelschnalle aus Silber; 4: Kleiderverzierung mit Steineinlage (Material unbekannt); 5: gepreßter Pferdegeschirrbeschlag aus Silber; 6: silberne Riemenzunge mit Rankenornamentik des II. Stils; 7: Fragment eines Ohrgehänges vom Typ Untersiebenbrunn, Krim; genauer Fundort unbekannt; 8: granulationsverziertes Schwertortband mit Steineinlagen, aus Gold.

379 I. V. FABRICIUS, Litopys Muzeju 8, Cherson 1927, 15—16; MAROSI - FETTICH, *Dunapentele* 59, Fig. 22.; FETTICH, *Metallkunst* Taf. CXXVIII/1, CXXIX/1—46; ERDÉLYI, *Az avarság* 41—42, Fig. 18. Die richtige Benennung des Fundortes teilte I. ERDÉLYI mit.

380 MACULEVIČ, *Vizantijskij antik* 140.

381 KROPOTKIN, *Klady* 37.

382 Eine ausgezeichnete Parallele — wenn auch von besserer Qualität — ist aus dem 2. Schatz von Zypern bekannt, siehe K. BROWN, *The Gold Breast Chain from the Early Byzantine Period in the Römisch-Germanisches Zentralmuseum*. In: *Römisch-Germanisches Zentralmuseum*, Monographien 4 (Mainz 1984) Taf. 15. Dieser Kreuztyp war auf der Krim, durch eine Münze von Constantinos Pogonatos (668—685) in das letzte Drittel des 7. Jh.s datiert, als Lokalprodukt verwendet, siehe AJBABIN, *Pogrebenija* 185. Abb. 10: 10

383 SMILENKO, *Glodos'ki skarby* 46 und 79, Anm. 26; ARTAMONOV, *Bolgarskie kul'tury* 16; SEMËNOV, *K rekonstrukcii* 93; laut EBENDA 97 Anm. 9 bereitet er eine Bearbeitung des Fundes vor: *K rekonstrukcii sostava Makuchovskoj nachodki.* Soobščenija Gos. Ěrmitaža 51 (im Druck).

Zwischen **Začepilovka** und **Novye Senžari**, also südöstlich unweit von Mala Pereščepino wurde ein Grab mit vollständiger Pferdebestattung angefahren, die Funde gingen aber leider verloren. Dank einer skizzenhaften Beschreibung und einer schlechten Fotoaufnahme kann man sich dennoch ein Bild machen.[384] (Abb. 41) Das Fundgut bestand aus einigen byzantinischen Schmuckstücken und anderen Wertgegenständen sowie aus der charakteristischen Ausrüstung vornehmer Nomaden: Zwei goldene Ohrgehänge, wobei zum einen wahrscheinlich noch zwei dreieckige, mit

384 SMILENKO, *Nachodka*. Das Foto durfte ich 1978 anläßlich einer Studienreise am Archäologischen Institut Leningrad einsehen. Siehe auch ERDÉLYI, *Az avarság* 38 f, Fig. 15 a. Weitere Angaben verdanke ich der mündlichen Mitteilung von A. I. SEMËNOV.

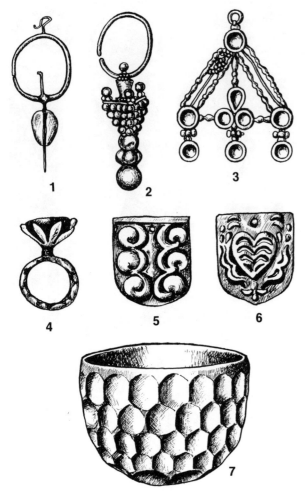

Abb. 41: *Funde aus Novye Senžari*. 1: goldener Ohrring mit Amethyst-Anhänger; 2: goldenes Ohrgehänge mit pyramidenförmigem Anhänger; 3: aus Gold gegossener Anhänger; 4: goldener Ring mit Steineinlage; 5, 6: aus Goldblech gepreßte Gürtelbeschläge; 7: sassanidische Glastasse mit gedrehter facettierter Verzierung.

Pasten- und Steineinlagen verzierte, Anhänger gehörten, ein massives goldenes Armreifenpaar mit offenen Enden, Glaspasten- und Karneolperlen, zwei Goldringe, davon einer mit einem geschnittenen Stein, ein 97 cm langer Golddraht, der vielleicht den Kleidersaum verziert hat, dünne Goldplatten, die möglicherweise an der Kleidung aufgenäht waren, das Fragment eines Bronzespiegels, eine Glastasse mit Henkel, ein facettierter Glaspokal von sassanidischer Herkunft, ein Steigbügelpaar mit schleifenförmiger Öse, Fragmente von mehreren Stangentrensen, eine aus Knochen gemacht, eine Gurtschnalle, eine ranken- bzw. herzmusterverzierte Nebenriemenzunge aus Gold, Fragmente eines Kettenpanzerhemdes, 15 dreiflügelige Pfeilspitzen, das Fragment eines „Säbels" (?), an dessen nur teilweise erhaltenem Griff

Spuren einer Goldplattierung zu sehen sind, 18 halbkugelförmige Pferdegeschirrbeschläge aus Silber, 7 Solidi (Herakleios Constantinos und Heraklonas, 631—641, Herakleios mit Söhnen), wobei die jüngsten kurz vor 646 geprägte Münzen des Constans II. darstellen.[385] In der sowjetischen Fachliteratur wird der Grabfund mit Recht dem Kreis von Mala Pereščepino zugezählt,[386] was eine Datierung in das zweite Drittel des 7. Jahrhunderts wahrscheinlich macht. Dieser Fund repräsentiert offensichtlich die Überreste eines vornehmen Steppenbewohners[387] und hat mit den Slawen nichts zu tun.[388]

Der Fund von **Mala Pereščepino** (ukrainischer Ortsname — russisch: Malaja Pereščepina) gilt sowohl dem Umfang nach, aber auch hinsichtlich der Qualität der einzelnen Stücke als der reichste Grabfund der europäischen Steppe im frühen Mittelalter.[389] Er wurde 1913 bei Poltava entdeckt und besteht aus etwa 25 kg Gold- und 50 kg Silbergegenständen. Die Veröffentlichung eines Artikels von G. F. KORZUCHINA leitete in der sowjetischen Fachliteratur eine neue Phase ein,[390] denn bis zu diesem Zeitpunkt hielten ihn die meisten Archäologen für einen Schatz, wodurch seine offenkundigen Verbindungen zur Steppenkultur vernebelt wurden.[391] Einer der Entdecker des Fundes erinnerte sich noch 50 Jahre später an die menschlichen Skelettreste.[392]

Einige Fundobjekte wurden näher behandelt,[393] doch gibt es bis dato keine vollständige und aus-

---

385 BAUER, *Münzkunde* 228; KROPOTKIN, *Klady* 36.

386 SMILENKO, *Les ensembles* 127; DERS., *Nachodka* 165.

387 KORZUCHINA, *K istorii* 68.

388 SMILENKO, *Nachodka* 166.

389 I. A. ZARECKIJ, *Klad najdennyj pri sele Malaja Pereščepina konstanstinogradskogo uezda poltavskoj gubernii.* Trudy Poltavskoj Učënoj Archivnoj Komissii 9, 1912, 181—206; BOBRINSKOJ, *Pereščepinskij klad* 111—120. N. MAKARENKO, *Pereščepinskij klad (pribavlenie).* IAK 46, 1912, 207—211; ERDÉLYI, *Az avarság* 30—37, Fig. 8—11.

390 KORZUCHINA, *K istorii*, scharf kritisiert von M. JU. BRAJČEVSKIJ, *O nekotorych spornych voprosach rannej istorii vostočnych slavjan.* KSIA (Kiev) 6, 1956, 79—86.

391 Bisweilen wird auch jetzt noch die Ansicht geäußert, es würde sich bei dem Komplex um einen Verwahrfund handeln, wobei zentralasiatische Parallelen eine Rolle spielen. Siehe dazu AMBROZ, *O voznesenskom komplekse* 217.

392 SMILENKO, *Les ensembles* 131, Anm. 9; ERDÉLYI, *Az avarság* 30.

393 V. BENEŠEVIČ - M. FARMAKOVSKIJ, *K izučeniju Pereščepinskogo klada.* IAK 49, 1913, 101—127; L. A. MACULEVIČ, *Bol'šaja prjažka pereščepinskogo klada i pseudoprjažki.* (Seminarium Kondakovianum 1, 1927) 127—140; L. MATZULEWITSCH, *Byzantinische Antike. Studien auf Grund der Silbergefäße der Ermitage* (Archäologische Mitteilungen aus russischen Sammlungen II, Berlin - Leipzig 1929, Reprint: Berlin 1974), 5, 80—86, 101—103, 107—108; CRUIKSHANK-DODD, *Stamps* 54—55, 118—121, 208 f, 224—225.

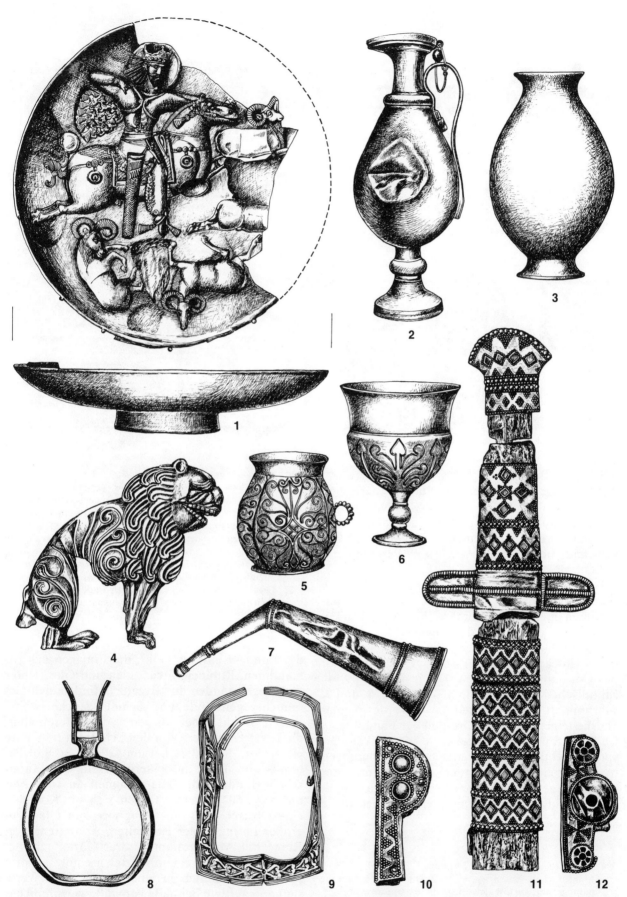

Abb. 42: *Funde aus Mala Pereščepino.* 1: sassanidische Schale mit königlicher Jagdszene; 2: sassanidischer Krug; 3: einfacher Topf; 4: gepreßte Löwendarstellung, vermutlich vom Sattel; 5: Töpfchen mit gepreßter und punzierter Ornamentik; 6: Kelch mit punzierter Ornamentik; 7: Trinkhorn; 8: gegossener Steigbügel; 9: Randbeschläge des Bogenköchers (Rekonstruktion von Gy. László); 10: P-förmige Hängeösen eines Schwertes, granulationsverziert und mit Steineinlage; 11: oberer Teil eines mit granulierten Beschlägen reich verzierten Schwertes; 12: 3-förmige Hängeösen eines Schwertes, granulationsverziert und mit Steineinlage. — 1, 8: aus Silber, die übrigen aus Gold.

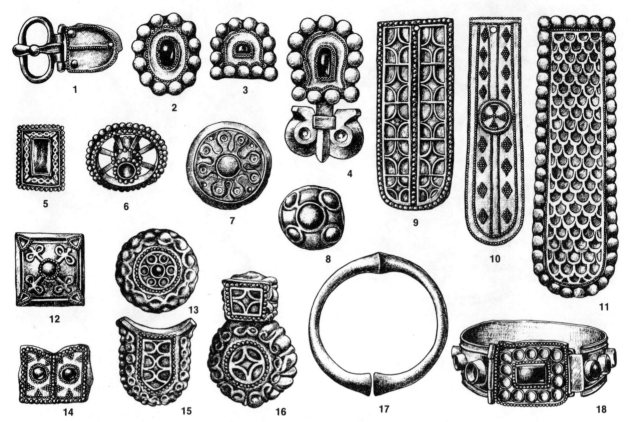

führliche Bearbeitung des Fundmaterials.[394] Neben einigen Versuchen, die Funde in Gruppen zusammenzufassen und ihrer Verwendung gemäß zu rekonstruieren,[395] liegt auch eine Skizze vor, die sich mit dem Ursprung der verschiedenen Gegenstände beschäftigt,[396] sowie eine Beschreibung der einzelnen Typen.

Die in die Ermitage gelangten Objekte stammen aus mehreren Jahrhunderten und repräsentieren mehrere Kulturbereiche (Abb. 42, 43). Eines der Gefäße trägt den Stempel von Anastasius I. (491—518), während die spätesten datierbaren Stücke in den 641—646 geprägten Solidi des Constans II. vorliegen. Die insgesamt 69 byzantinischen Münzen stammen aus dem 6. und 7. Jahrhundert,[397] ein Großteil davon wurde an einer Halskette getragen. Der Großteil der Fundobjekte ist byzantinischen, einige auch spätantiken Ursprungs, einige sind barbarische Nachahmungen byzantinischer Stücke oder stammen aus der Steppe. Eine eigene Gruppe besteht aus sassanidischen Goldgefäßen. Die meisten Schmuckstücke

Abb. 43: *Funde aus Mala Pereščepino.* 1—3, 9—11: Gürtelbeschläge bzw. Riemenzungen von verschiedenem Typ; 4: Pseudoschnalle mit Steineinlage; 5: gegossener und granulationsverzierter Kleiderschmuck mit Steineinlage; 6: Kleiderverzierung von unbekanntem Typ; 7, 8: gepreßte Kleiderverzierungen; 12: gegossene Kleiderverzierung mit Steineinlagen; 13, 15, 16: gepreßte Pferdegeschirrbeschläge mit Pasteneinlagen; 14: granulationsverzierter Beschlag mit Steineinlage, vermutlich vom Griff eines Kampfmessers; 17: gegossener Armring mit offenen Enden; 18: Spangenarmreif mit Steineinlagen. — Alle aus Gold.

des Fundes sind aus Gold, die Einlagen aus Almandinen, Rubinen, Smaragden und Glas. Unter den Gegenständen aus Byzanz befinden sich Gebrauchsgegenstände und Schmuckstücke, wobei es den Anschein hat, als wären die ersteren älter, die letzteren jünger. Von den Schüsseln trägt eine ein Kreuz, die andere hat um 520 der Bischof Paternus von Tomi ausbessern lassen. Die liturgischen Handwaschgefäße stammen aus der Zeit um 582—602. Weiters finden sich im Komplex eine Obstschüssel, eine Amphore, ein Glas, ein großer Löffel, ferner Halsreifen, Armreifen, zwei Ringe mit Monogrammen, drei Gürtel mit Beschlägen u. a. Zu einem Gürtelensemble gehörte eine wahrscheinlich in einer kaiserlichen Werkstatt angefertigte Schnalle von außergewöhnlicher Schönheit, ein zweiter Gürtel war mit granulationsverzierten Beschlägen und einer Hauptriemenzunge mit einem Kreuzmotiv versehen. Der

394 Ein Autorenkollektiv der Ermitage (Z. A. L'VOVA, B. I. MARŠAK, I. V. SOKOLOVA, V. N. ZALESSKAJA) bereitet die monographische Gesamtvorlage des Komplexes vor.
395 LÁSZLÓ, *Études* 279, Fig. 83.
396 MARŠAK - SKALON, *Pereščepinskij klad.*
397 KROPOTKIN, *Klady* 36, Fig. 16; BÁLINT, *Östliche Beziehungen* 144, Anm. 54b.

dritte Gürtel dürfte angesichts der flachen Riemenzungenbeschläge und der Schnalle zu den Fundobjekten gehören, die mit der Steppenkultur zusammenhängen. Hierher gehören wohl auch ein Zikadenfibelpaar, zwei breite cloissonierte Bandarmreifen mit Halbedelsteineinlagen und vier unterschiedlich große Trinkgefäße mit Henkeln. Typisch für die Steppenvölker sind außerdem die 21 byzantinischen und mittelasiatischen Kelche, wohl verschiedenen Ursprungs, davon einige mit eingeritzten Schriftzeichen, ein Trinkhorn, Teile des Pferdegeschirrs und einer einmalig reichen Waffenausstattung. Ein Henkelgefäß kann dem sassanidischen Kunsthandwerk zugeordnet werden, desgleichen eine Obstschüssel, ein flacher Silberteller mit einer Jagdszene von Šapur II. (310—363), der im Iran hergestellt worden war und sogdische Zeichen trägt[398] sowie eine Fußschüssel. Ein Teil der erwähnten Kelche und Henkelgefäße hängt ihrer Form nach mit den Produkten der sogdischen Schmiedekunst zusammen, zahlreiche andere Objekte haben ihre Parallelen unter den frühawarischen Funden. Dies gilt insbesondere für die Steigbügel mit lang ausgezogenen Ösen aus Silberguß, für das mit Goldplatten verkleidete lange Szepter,[399] für den Sattel, die Schwerter mit P-förmigen und dreilappigen Attachen.[400] Dieser Umstand kann zu weitführenden Folgerungen kulturgeschichtlicher Natur führen. Für den Köcher und die Pfeilspitzen, das Kampfbeil, die ovalen, mit Steineinlagen verzierten Gürtelbeschläge und die Pseudoschnallen, doch auch für das Trinkhorn und einige Kelche finden sich Vergleichsstücke unter den frühawarischen Funden des Karpatenbeckens. Zum Gesamtbild des Fundgutes mit Steppencharakter gesellt sich eine intensive byzantinische Komponente. Die ungewöhnlich starken Verbindungen zu Byzanz zeigen sich in der Vielfalt der einschlägigen Gegenstände, in ihrer Stückzahl und auch im ausnehmend hohen künstlerischen und technischen Niveau. Besonders auffällig sind auch die doppelgewichtigen Solidi, die nur zu besonderen Anlässen geprägt worden waren.[401] In der internationalen

und der sowjetischen Fachliteratur wird das Grab auch heute noch zumeist an das Ende des 7. oder den Beginn des 8. Jahrhunderts datiert.[402] Vermutlich wurde es aber um die Mitte des 7. Jahrhunderts angelegt.[403] Darauf deutet die Schlußmünze der insgesamt 69 Münzen, die zwischen 641 und 646 geprägt worden waren,[404] aber auch die Parallelen, die viele Fundobjekte aus Mala Pereščepino im frühawarischen Fundgut des Karpatenbeckens haben. Es sind keinerlei Ähnlichkeiten mit den Funden vom Typ Saltovo-Majaki zu erkennen.

Die ethnische Zugehörigkeit des im Grab bestatteten hochrangigen Führers wurde ausführlich diskutiert. Seit dem Artikel von G. F. KORZUCHINA gilt die Auffassung über die slawische Herkunft[405] des Fundmaterials selbst in sowjetischen Forscherkreisen als überholt. Aufgrund der Datierung des Grabes sind die früher publizierten Ansichten über eine awarische[406] oder gar chasarische[407] Zugehörigkeit des Bestatteten praktisch ausgeschlossen, zumindest aber höchst unwahrscheinlich, denn nach 630 gab es östlich der Karpaten keine awarische Oberhoheit mehr, während die vordringenden Chasaren wohl kaum einen hochrangigen Fürsten so weit entfernt von ihrem Herrschaftszentrum in einem frisch eroberten Gebiet bestattet haben dürften. Am wahrscheinlichsten ist wohl die Hypothese über den bulgarischen Ursprung des Toten.[408] Sowohl auf Grund des Fundortes wie auch im Hinblick auf die Datierung

398 HARPER, Silver Vessels 81 f, 138, A. 46.
399 Eine neue und überzeugende Rekonstruktion wird A. I. SEMËNOV verdankt (freundliche Mitteilung). Ursprünglich hielt man es für ein Peitschen- oder Zeltstabende.
400 Neuere eingehende Analysen des reich mit Granulation verzierten Schwertes haben ergeben, daß verschiedene Teile des Griffes — alle natürlich aus Gold — auf der Rückseite in logischer Reihenfolge die ersten fünf Buchstaben des griechischen Alphabets zeigen (Z. A. L'VOVA - A. I. SEMËNOV, K proverke osnovanij rekonstrukcii pereščepinskogo meča. Archeologičeskij Sbornik 26 (1985) 81, Abb. 3, rechts).
401 BAUER, Münzkunde 228.

402 BOBRINSKOJ, Pereščepinskij klad 119; A. M. TALLGREN, Zur osteuropäischen Archäologie. Finnisch-ugrische Forschungen 20, 1929, 45; N. FETTICH, Zum Problem des ungarländischen Stils II. ESA 9, 1934, 321; CSALLÁNY, Rapports 360; AJBABIN, Pogrebenija 166—180.
403 ŁOWMIANSKI, Początki 249; BÓNA, Iváncsa 260.
404 W. HAHN, Moneta Imperii Byzantini III (Österreichische Akademie der Wissenschaften, philosophisch-historische Klasse, Denkschriften 148, 1981) 136 und freundliche briefliche Mitteilung.
405 M. JU. BRAJČEVSKIJ, Ants'kyj period v istorii schidnych slov'jan. Arch. 7, 1952, 28 und 31; B. A. RYBAKOV, Anty i kievskaja Rus' VDI 1, 1939, 330. Die Ansicht TRET'JAKOVS wurde von KORZUCHINA, K istorii 70 mitgeteilt.
406 LÁSZLÓ, Études 278—284. GY. LÁSZLÓ hat seine Ansicht im Rahmen der Diskussion über das Manuskript von ERDÉLYI, Az avarság (1976) zurückgenommen. Die Ansicht, daß das Grab von nicht-awarischer Herkunft sein dürfte, findet sich erstmals in einem Diskussionsbeitrag von D. CSALLÁNY in: J. HARMATTA - GY. LÁSZLÓ, Régészeti tanulmányok az avar társadalom történetéhez c.munkája megvitatásáról. MTA II. OK. 7, 1955, 101.
407 KORZUCHINA, K istorii 68; MARŠAK - SKALON, Pereščepinskij klad 10; NOONAN, Russia 283.
408 HORVÁTH, Üllő 124; ARTAMONOV, Istorija chazar 174—175; CSALLÁNY, Bácsújfalu 140—141; BÓNA, Ivácsa; BÁLINT, Östliche Beziehungen 137. Zu den awarisch-bulgarischen Kontakten siehe É. GARAM, Középavar kor 135—143.

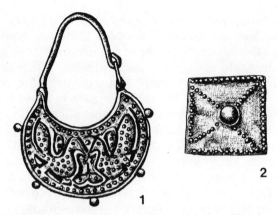

Abb. 44: *Funde aus Zaliman.* 1: byzantinisches Ohrgehänge mit Pfauendarstellungen; 2: gepreßter Kleiderschmuck mit Steineinlage — beide aus Gold.

des Grabes und die Parallelen zum awarischen Fundgut — besonders wegen der intensiven byzantinischen Verbindungen — wird man bei der Interpretation des Grabfundes an Kuvrat oder dessen unmittelbare Umgebung denken müssen. In Zusammenhang mit dem Fund von Mala Pereščepino wird der Name Kuvrats erstmals bei I. BÓNA[409] erwähnt. Nach Fertigstellung des ungarischen Manuskriptes der vorliegenden Arbeit erschien eine Arbeit von J. WERNER,[410] wo — wie sich auch aus dem Titel [411] schließen läßt — das Grab mit der Bestattung Kuvrats identifiziert wird. Die archäologische und in geringerem Maß historisch angelegte Untersuchung wird durch die Auflösung des Monogrammes eines Siegelringes als Χοβρατου (und Varianten) und den Entzifferungsvorschlag zu einem zweiten als Χοβρατου Πατρικιου (Fachgutachten von W. SEIBT, Wien) bekräftigt. [412] Kann es ein Zufall sein, daß der in seiner Art einzigartige doppelgewichtige Solidus gerade von Herakleios I. geprägt worden ist, der mit Kuvrat schon seit seiner Jugend eng befreundet war (Johannes von Nikiu) ?[413]

Die Gräber von Savinci, Josipivka und Velikij Tokmak sind weit bescheidener ausgestattet. **Savinci** liegt am rechten Ufer des Donec-Oberlaufs südlich von Charkov.[414] Aus einem SW-NO-orientierten Grab wurde neben byzantinischen Ohrgehängen mit einem halbmondförmigen Glied und einem Ohrgehänge vom Typ Saltovo mit Kugelanhängern, neben Perlen und offenen Armreifen auch ein gepreßter goldener Kleiderschmuck gefunden, dessen Größe, Verzierung und Glaspasteneinlage den mittelawarischen Gürtelbeschlägen vom Typ Szeged-Átokháza nahesteht (Abb. 44.). Der zweite Fundort, **Josipivka**, liegt am Mittellauf des Flusses Orel.[415] In einem Grab, das SO-NW-ausgerichtet war, fanden sich unter anderem eine durchlochte Münze des Herakleios und Herakleios-Constantinos III. (613—641). Beim Kopf des Toten lag ein Tierskelett. Nach der Grabskizze könnte es sich dabei um ein Schaf handeln. Das Grab von **Velikij Tokmak** wurde am Unterlauf des Dnepr, am Fluß Moločnaja unter einem Grabhügel freigelegt.[416] Die Grabgrube war O-W-orientiert und wies einen Absatz bzw. eine Bank auf. Neben einem Menschenskelett lagen eine Schnalle byzantinischer Art aus dem 6. Jahrhundert und zwei Gürtelbeschläge vom Typ Martinovka sowie ein handgeformtes Gefäß.

Durch kurze Veröffentlichungen und mündliche Hinweise wurden noch einige weitere Gräber aus dem 6. bis 7. Jahrhundert bekannt, die der Steppenkultur zugerechnet werden müssen. Sie kamen im Gebiet nördlich der Krim ans Tageslicht. So fand man beispielsweise zwei Bestattungen, die in den Grabhügeln bei **Risovoe** freigelegt wurden, mit ärmlichen Beigaben (Gürtelbeschläge vom Typ Martinovka, Bogen mit Knochenversteifungen, ein hohes handgeformtes

409 BÓNA, *Iváncsa* 260 und 263.
410 J. WERNER, *Der Grabfund von Malaja Pereščepina und Kuvrat, Kagan der Bulgaren.* (Abhandlungen der Bayerischen Akademie der Wissenschaften, phil.-hist. Klasse, Neue Folge 91, München 1984).
411 Es ist höchst wahrscheinlich, daß Kuvrat den Titel „Kagan" annahm, man muß aber feststellen, daß er in keiner Quelle als solcher genannt wird. Siehe MORAVCSIK, *Byzantinoturcica II.* 332—334.
412 Zur Problematik der durchaus plausiblen Ergebnisse der Studie siehe Cs. BÁLINT, *Zur Identifizierung des Grabes von Kuvrat.* AAH 36, 1984, 263—269. Vgl. auch Ders., A. 413.
413 R. H. CHARLES, *The Chronicle of John, Bishop of Nikiu* (London - Oxford 1916) 197. — Wenn der Autor dieser Zeilen einerseits die Identifizierung des Grabes mit Kuvrat für wahrscheinlich hält, so hat er andererseits einige kritische Vorbehalte gegenüber der Arbeitsmethode und Darstellungsweise von J. WERNER, siehe A. 412. Zur Identifizierung des Grabes mit Kuvrat, die von höchster historischer und archäologischer Bedeutung ist, er-

schienen mehrere Aufsätze/Publikationen, von denen nicht eine das Ergebnis in Abrede stellt, z. B. SCHULZE-DÖRRLAMM, Rezension. Mit der Methode von H.-W. HAUSSIG (Einige Bemerkungen zu der Arbeit von J. Werner über den Schatz von Malaja Pereščepina. Materialia Turcica 10, 1984, 1—30.) und von M. KAZANSKI – J.-P. SODINI (Byzance et l'art „nomade": Remarques à propos de l'essai de J. Werner sur le dépot de Malaja Pereščepina. Revue Archéologique 1987/1 71—83.) kann ich jedoch nicht übereinstimmen (darüber ausführlicher in: Die Identifizierung des Grabes von Kuvrat. AOH, im Druck).
414 M. L. MAKAREVIČ, *Pochovannja sarmats'kogo ta saltivs'kogo typiv Siverskomu Doncu.* Arch. 20, 1957, 146—149.
415 O. S. BELJAEV - I. O. MOLODČYKOVA, *Pochovannja kočivnykiv na r. Orel'.* Arch. 28, 1978, 89—90.
416 K. F. SMIRNOV, *Kurgany bilja m. Velykogo Tokmaka.* Arch. Pam'. 8, 1980, 169.

Gefäß).[417] Bei **Sivašovka**, im Bereich des Flusses Sivaš kamen partielle und vollständige Pferdebestattungen (Abb. 45.), Gürtelgarnituren und Pferdegeschirre vom Typ Martinovka, ein Schwert mit P-förmigen Attachen und verschiedene, meist dreiflügelige Pfeilspitzen ans Tageslicht.[418] Zwischen dem Fluß Ingulec und der Dnepr-Mündung bei **Belozero** lag unter einem flachen Grabhügel eine O-W orientierte Bestattung, wahrscheinlich mit partieller Pferdemitbestattung. Unter ihren Beigaben sind uns Gürtelbeschläge vom Typ Martinovka und granulierte Pferdegeschirrbeschläge bekannt.[419] Beim Dorf **Dymovka** an einem Nebenfluß des Südlichen Bug, fand man das Grab eines ärmlich bestatteten Mannes und daneben ein Pferdegrab.[420] Das von einem Fachmann freigelegte Grab von **Portovoe** ist lediglich teilweise publiziert.[421] Neben dem relativ reich ausgestatteten Krieger lag sein Pferd. Unter den Beigaben sind uns knöcherne Bogenversteifungen, ein Schwert, Pfeilspitzen, Gürtel- und Pferdegeschirrbeschläge bekannt. (Den Typ der letzteren läßt weder die Beschreibung noch die Zeichnung genau erkennen.)[422]

Eine wichtige Frage läßt sich anhand des Katakombengrabes von **Jasinova** erörtern, das zwischen dem südlichen Bug und Dnestr freigelegt wurde.[423] (Abb. 46.) In der sowjetischen Fachliteratur wurde es bis zur neuesten Bearbeitung nur selten erwähnt.[424] Es enthielt ein Ohrgehängepaar mit Amethystanhängern, eine rankenverzierte gepreßte Gürtelgarnitur aus Gold, einen Steigbügel mit lang ausgezogener Öse und Fragmente eines zweischneidigen Schwertes sowie eine Ringtrense mit großen Ringen. Der Fund wird aufgrund des Ohrgehänges und des Steigbügels, der Formen der Gürtelbeschläge und ihrer Verzierungen in das zweite Drittel oder in die zweite Hälfte des 7. Jahrhunderts zu datieren sein. Welchem Ethnikum hat der ehemalige Besitzer des Fundes, der weder rein awarisch ist, noch der Saltovo-

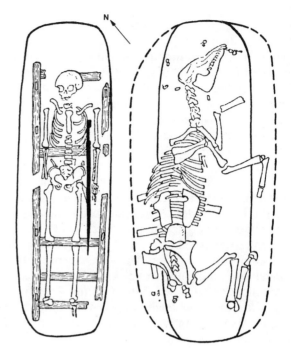

Abb. 45: *Grab mit Pferdemitbestattung bei Sivašovka.* Der Mann lag wahrscheinlich auf einem Totenbett oder einer Totenbahre (?).

Abb. 46: *Funde aus Jasinova.* 1: goldenes Ohrgehänge mit Amethyst-Anhänger; 2: aus Goldplatte gepreßter Gürtelbeschlag; 3: goldener Anhänger von unbekanntem Typ; 4: goldener Ring mit Steineinlage; 5: Fragment eines Schwertes (?), die Parierstange ist mit Goldblech bedeckt.

417 A. A. ŠČEPINSKIJ - E. N. ČEREPANOVA, *Severnoe Prisivaš'e* (Simferopol'1969) 136—137 und 218—219.

418 R. S. ORLOV, *Kul'tura kočevnikov IV—VIII vv.* In: *Ětnokul'turnaja karta* 100—103

419 AJBABIN, *Pogrebenie* 198, Fig. 8: 1—7.

420 PÓSTA, *Studien* 266—270; AJBABIN, *Pogrebenie* 198, Fig. 8: 8—15, 22.

421 AJBABIN, *Pogrebenie* 199—200.

422 Wieweit die Terminologie in der Literatur uneinheitlich verwendet wird, zeigt die Beschreibung der Grabform von Portovoe. Es wird hier als „gewölbtes Grab" (russ.: podbojnaja mogila) bezeichnet (EBENDORT 199), obwohl aus der Grabzeichnung klar ist, daß es sich hier um ein Stufengrab handelt.

423 OAK 1899, 91; PÓSTA, *Studien* 350—353; ERDÉLYI, *Az avarság* 37, Fig. 12.

424 *Stepi Evrazii* 21; AJBABIN, *Pogrebenie* 191—205.

Kultur im engeren Sinn zuzuordnen ist, angehört, welches Steppenvolk hat hier in der Nähe des Dnestr im 7. Jahrhundert gelebt und ein vornehmes Mitglied begraben ? Bestattungen in Katakomben lassen zunächst an die Saltovo-Majaki-Kultur und somit an die Chasaren denken, wie dies AJBABIN tut, der eine Datierung in die erste Hälfte des 8. Jahrhunderts vorschlägt.[425] Falls die Zuordnung richtig ist, hätte dies eine weitreichende siedlungshistorische Bedeutung, siehe den Drang der Chasaren nach Westen. Der Autor dieser Zeilen hält aber eine ältere Datierung des Grabes (aufgrund der Preßtechnik der Gürtelgarnituren und der von AJBABIN aufgezeigten Analogien zwischen der Ornamentik der Beschläge und einigen Verzierungselementen im Fund von Mala Pereščepino, nicht zuletzt auch aufgrund des Schwerttyps) für wahrscheinlicher. Bei einer Datierung ins 7. Jahrhundert wäre also zu bedenken, wieweit dieses Grab mit der Wanderung der Asparuch-Horde, d. h. der künftigen landnehmenden Bulgaren, in das Donau-Gebiet, also bis 681, in Zusammenhang gebracht werden könnte. Daher ist wohl beachtenswert, daß uns aus der Dnestr-Region (wenn auch aus etwas nördlicheren Gebieten) noch weitere, zumindest teilweise mit der Steppenkultur zusammenhängende Fundobjekte des 7. Jahrhunderts, wie die pyramidenverzierten Ohrgehänge aus **Ust'e biskupe** (Abb. 51: 3) oder die Schatzfunde von Krylos und Zalesie bekannt sind. Der sassanidische Fund von Chomjakovo muß über Chasarien in diese Region gelangt sein. Es wäre interessant zu wissen, wie die letztgenannten Fundkomplexe von der ukrainischen Archäologie, die sich mit der Vergangenheit dieser Region eingehend beschäftigt, eingeschätzt werden.

Die Grabfunde mit Steppenmerkmalen zwischen Don und Dnepr sind zahlenmäßig so gering und oftmals schwer datierbar, sodaß es zu gewagt wäre, sie historisch zu interpretieren. Es liegt auf der Hand, daß die relative Konzentration der Fundorte nördlich der Krim nur eine Folge der Forschungsintensität sein kann. Diese Gräber sind vor allem durch N-S-Orientierung, in den meisten Fällen durch Pferdemitbestattung und durch relativ häufige Keramikbeigaben charakterisiert. Leider erlaubt es die Zahl der zu einer Analyse verfügbaren Angaben nicht, irgendwelche Unterschiede zwischen der partiellen und

der vollständigen Variante der Pferdebestattung zu untersuchen. Beachtenswert ist jedoch, daß diese Männer nur Gürtel mit Beschlägen vom Martinovka-Typ trugen. Wegen des Mangels an relativ gut datierbaren Beigaben wäre es schwierig, eine feinere Chronologie der genannten Gräber zu geben. Lediglich die Gürtelgarnituren vom Typ Martinovka bieten dazu einen Anhalt: sie sollten in der zweiten Hälfte des 6. Jahrhunderts und bis zur Mitte/ zweites Drittel des 7. Jahrhunderts in Mode gewesen sein.[426] Es ist erstaunlich, daß das Fundgut von Voznesenka und Kelegeja fast keine Gemeinsamkeiten mit den genannten Gräbern aufweist, obwohl sie aus derselben Periode und von demselben Gebiet wie letztere stammen. Dieser Unterschied kann wohl nicht allein mit der unterschiedlichen sozialen Zugehörigkeit oder mit feinerem chronologischem Unterschied erklärt werden. Die künftige Forschung wird beleuchten, wieweit diese Erscheinung mit einer ethnisch-kulturellen Zugehörigkeit in Zusammenhang stehen kann. Ebensolche Gründe kann man beim Vergleich der genannten Gräber und Funde mit denen von Mala Pereščepino annehmen. Neben den starken sozialen und geographischen Unterschieden, abgesehen von der jüngeren Grablegung von Mala Pereščepino, lohnt es sich zu berücksichtigen, daß die 3-förmige Schwertattache, der gepreßte halbkugelförmige Pferdegeschirrbeschlag und die granulierte Pseudoschnalle im gesamten Osteuropa nur in Mala Pereščepino und in Kelegeja vorkommen[427] und daß hier — genauso wie in Glodosy, Kelegeja, Voznesenka und Jasinovo — kein Gürtel mit Martinovka-Beschlägen vorhanden ist. Es ist klar, daß die ausführliche Vorlage der Grabgruppe nördlich der Krim, und selbstverständlich eine intensivere Freilegung von Steppendenkmälern, die Forschung um wesentliche Daten zur Archäologie des 6. und der ersten zwei Drittel des 7. Jahrhunderts bereichern würde. Die bewegte und komplizierte Geschichte Osteuropas, das ganz verschiedenen Kulturbereichen angehört hat, wird erst danach klarer sein.

Verwahrfunde

In der sowjetischen Fachliteratur werden einige vor langer Zeit zum Vorschein gekommene Objekte als **Schatzfunde** erwähnt. Da die Umstände,

---

425 AJBABIN, ebendort. Dieser Datierung schließt sich aufgrund der Ohrgehänge mit Amethystanhänger auch SCHULZE-DÖRRLAMM, Rezension 853 an. Da aber die Form der Ohrgehänge rein östliche Herkunft widerspiegelt, ist der Hinweis auf die Chronologie der Amethystanhänger in Mittel- und Westeuropa für das Dnestr-Gebiet nicht zwingend.

426 BÁLINT, *Vestiges* 196

427 Dieser Umstand deutet die Möglichkeit an, daß die genannten awarischen Fundtypen tatsächlich im Karpatenbecken herausgebildet worden sind. Dazu sollten die früheren ungarischen Stellungnahmen beachtet werden, welche die Kontakte zwischen Mala Pereščepino und dem frühawarischen Fundgut immer betonten.

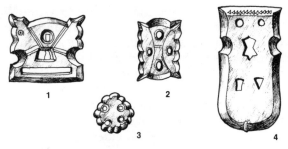

Abb. 47: *Schatzfund von Vilchovčik.* Aus Silber gegossene Gürtelbeschläge vom Typ Martinovka.

unter denen sie aufgefunden worden sind, ungeklärt sind, kann auch nicht entschieden werden, ob es sich dabei nicht um Grabinventare handelt, ähnlich wie bei den genannten Komplexen von Mala Peresčepino und Glodosy.

Die Funde von **Chacki, Smela**[428] und **Vilchovčik** — letzterer wurde tatsächlich in einer Häuserecke als Schatz verborgen[429] (Abb. 47.) — bestehen unter anderem aus Gürtelgarnituren vom Typ Martinovka. Besonders erwähnt werden sollten die granulationsverzierten Gürtelbeschläge von Chacki (Abb. 48: 6, 7). Ebendort fand sich auch ein trapezförmiger Anhänger mit punziertem Rand (Abb. 48: 5), der unter anderem im gleichzeitigen Fundgut vom Mittellauf des Dnepr belegt ist. Ähnliche frühawarische Funde werden manchmal als Beweis der ostslawischen Präsenz im Karpatenbecken des 6.—7. Jahrhunderts betrachtet.[430] Aus dem Fundgut von **Malyj Ržavec** sind Halsreifen und Ringe, beides mit eingedrehten Enden, bekannt (Abb. 48: 1), wobei letztere auch im Fund von Martinovka belegt sind und offensichtlich ein Spezifikum der Mittel-Dnepr-Region darstellen.[431] Der Fund von **Sudža** wurde am Oberlauf des Psjol geborgen.[432] Zusammen mit den Schmuckstücken wurde auch ein „Schwert" gefunden, weswegen es sich wohl kaum um einen Schatz im engeren Sinn handelt. In der Publikation sind spiralverzierte, runde und trapezförmige Anhänger, eine Fibel, unverzierte Halsreifen und eine Gürtelgarnitur vom Typ Martinovka zu sehen. Das Alter der genannten Funde läßt sich nur in einem sehr weit

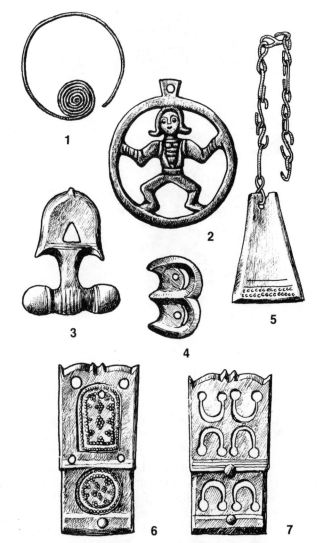

Abb. 48: *Funde aus dem Mittleren Dnepr-Gebiet.* 1: bronzener Ohrring mit Spiralende; 2: aus Bronze gegossene, durchbrochene Zierscheibe mit Menschendarstellung; 3, 4: aus Silber gegossene Gürtelbeschläge; 5: trapezförmiger bronzener Anhänger mit Kette; 6, 7: aus Silber gegossene Gürtelbeschläge mit Granulation bzw. durchbrochener Verzierung.

gesteckten Rahmen bestimmen, sie kamen wohl zwischen der Mitte des 6. und dem Ende des 7. Jahrhunderts in die Erde.[433]

Der „Schatzfund" von **Ivachniki** bei Poltava läßt sich derzeit nicht genau datieren.[434] Der trapezförmige Anhänger, die aus dicken Drähten gefertigten silbernen Halsreifen und eine schildförmige Fibel vom Typ Pastyrske lassen vermuten,

428 A. BOBRINSKOJ, *Kurgany i slučajnye archeologičeskie nachodki bliz mestečka Smely.* III (Sanktpetersburg 1901) Taf. IX und XIV.

429 PRICHODNJUK, *Archeologični pam'jatki* 99, Fig. 61; 101.

430 SÓS, *Oroszlány* 116—120; DIES., *Csepel* 50; Richtigstellungen dazu: BÓNA, *Opponensi vélemény* 57.

431 RYBAKOV, *Drevnie rusi* 76, Fig. 16.

432 B. A. RYBAKOV, *Novyj sudžanskij klad antskogo vremeni.* KSIIMK 27, 1949, 75—90.

433 Ähnlich datiert diese Schatzfunde auch PRICHODNJUK, *Archeologični pam'jatky* 111, ausgenommen den Komplex von Chacki, den er aufgrund der Ähnlichkeit mit den Gräbern von Voznesenka und Arcybaševo, wobei er die in der sowjetischen Archäologie verbreitete Datierung akzeptiert, in die erste Hälfte des 8. Jh.s setzt.

434 G. F. KORZUCHINA, *Russkie klady IX—XIII vv.* (Moskva - Leningrad 1954) Taf. I.

Abb. 49: *Byzantinische Schale aus Zalesie*. Aus Silber, punzierte Innenseite.

daß er aus dem Ende des 6. oder dem 7. Jahrhundert stammt, aber in Hinblick auf den mit den Funden vergesellschafteten verzierten Fingerring vom Typ Saltovo könnte auch noch der Beginn des 8. Jahrhunderts in Betracht kommen. Die anläßlich der Publikation des Fundes genannte Datierung — 9. Jahrhundert — ist jedenfalls zu spät. Lediglich durch einige Hinweise wurde ein „Schatz" von **Poltava** bekannt, der unter anderem silberne Halsreifen, einen silbernen Armreif, Ohrgehänge und unverzierte Ringe enthielt.[435]

Aus dem nördlichen Bereich des Mittel-Dnestr kamen zwei Schatzfunde des 7. Jahrhunderts in das Museum, die trotz der chronologischen Übereinstimmungen, der formalen Ähnlichkeiten mit zeitgenössischen Komplexen, nur selten in den archäologischen Studien über diese Gegend erwähnt und lediglich zum Vergleich mit Funden vom Typ Martinovka und Pastyrske behandelt werden.[436] Der Fund von **Krylos** besteht aus einer vergoldeten Silberschüssel mit griechischer Aufschrift, aus einem niellierten Kreuz, aus einem Halsreif, der zwar gegossen ist, aber die Torsion der Drähte imitiert, und aus einem gegossenen silbernen Armreifenpaar mit breiten Enden.[437] Der

Schatz von **Zalesie** ist gut bekannt.[438] (Abb. 49, 50). Er soll in einem Tongefäß gefunden worden sein und bestand ursprünglich aus 28—30 Silberschmuckstücken. Die einzelnen Objekte repräsentieren eine sehr hohe Qualitätsstufe — die Armreifen, die mit Granulation, Steineinlagen und Anhängern reich verzierten Halsreifen, die halbmondförmigen Ohrgehänge, ein Kelch und eine byzantinische Tasse, die mit einem Bodenstempel versehen ist, mit dessen Hilfe ihre Herstellung in die Zeit zwischen 520 und 550 datiert werden kann. Die Verbergung des Komplexes wird für das 6. oder 7. Jahrhundert vermutet. Veschiedentlich wurde dafür ein slawischer, kutrigurischer, kutrigur-slawischer, byzantinisch-onogurischer Ursprung angenommen.[439] Einer ebenfalls publizierten Ansicht zufolge wäre er der Schatz eines byzantinischen Goldschmiedes, der ihn 568 verborgen haben soll.[440] Beim derzeitigen Forschungsstand scheint eine Datierung an das Ende des 6. oder in das 7. Jahrhundert und die byzantinische Herstellung am wahrscheinlichsten. Der Schatz von **Kuczurmare**, Cuciurul Mare, heute: Velikij Kučurov, UdSSR, gefunden in der Bukovina, wird in der sowjetischen archäologischen Literatur nie erwähnt. Aufgrund der offiziellen Stempel des Kaisers Herakleios von 613-629/630 auf dem reich verzierten Eimer, können 9 Silbergefäße wohl in die erste Hälfte des 7. Jahrhunderts datiert werden.[441] Ihr Vorkommen in diesem Gebiet schließt die Möglichkeit aus, diesen Schatz mit irgendeinem Steppenvolk in Zusammenhang zu bringen. Im Licht der erwähnten Schatzfunde ist jedoch die besondere Lage des ostkarpatischen Raumes, was die Beziehungen zu Byzanz betrifft, besonders bemerkenswert. Einen Interpretationsversuch können aber nur künftige, viel intensivere Forschungen erbringen.

In der sowjetischen archäologischen Literatur finden sich nur vereinzelte Hinweise auf den „aus östlichen Gefäßen bestehenden Schatz",[442] der bei

435 Ebendort 38. Den Ohrgehängen ähnliche Funde kamen in Novotroickoe am Psjol, einem linken Nebenfluß des Mitteldnepr, zutage: I. I. LJAPUŠKIN, *Gorodišče Novotroickoe.* MIA 74, 1958, 97 mit Fig. 63 und 130 mit Fig. 85/5.

436 ARTAMONOV, *Nekotorye voprosy* 248.

437 V. V. KROPOTKIN, *Klad veščej VII veka iz s. Krylos v Podnestrov'e.* AAC 12, 1971, 65—70; DERS., *Vizantijskaja čaša* 194—195.

438 FETTICH, *Späthunnische Metallkunst* Taf. I—IX. Der Fund — genauso wie fast alle, die in diesem Buch betrachtet werden — hat natürlich nichts mit der „späthunnischen Metallkunst" zu tun.

439 ŁOWMIANSKI, *Początki* 364; ALFÖLDI, *Bestimmung* 300—301; FETTICH, *Vestiges* 95—96; BÓNA, *Vierteljahrhundert* 273;

440 B. SVOBODA, *Der Verwahrfund eines byzantinischen Meisters in Zemiansky Vrbovok (Südslowakei)* Pam. Arch. 44, 1953, 101—108; CRUIKSHANK-DODD, *Stamps* 272—273. Über die awarischen Beziehungen des Schatzes siehe GARAM, *Sirobulus* 215.

441 R. NOLL, *Vom Altertum zum Mittelalter* (Wien 1974²) 84 mit weiterer Literatur.

442 KORZUCHINA, *K istorii* 78; SEDOV, *Vostočnye slavjane* 126. Eine ausführliche Darstellung bietet P. BIEŃKOWSKI, *O skarbie srebrnym z Choniakowa na Wołyniu.* Światowit 13, 1929, 149—181.

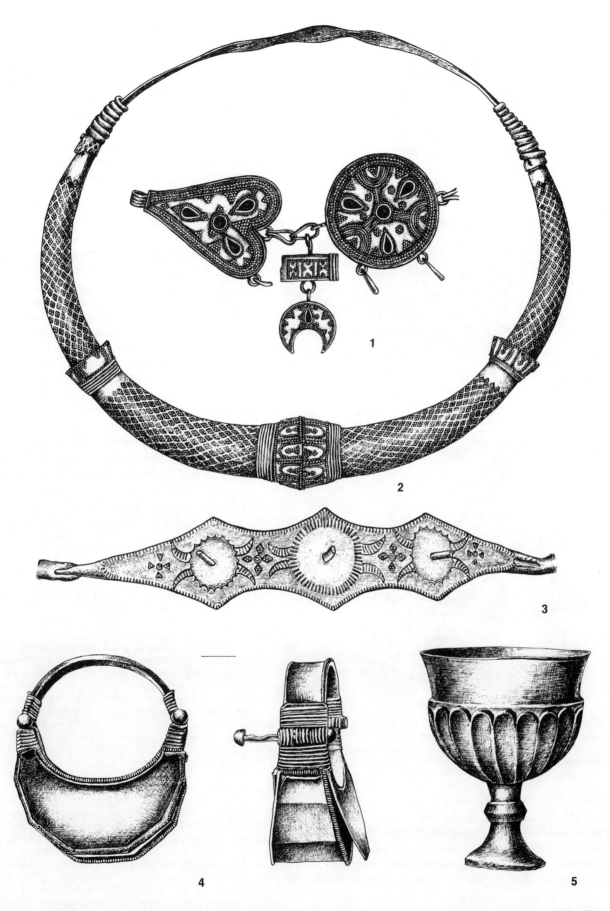

Abb. 50: *Schatzfund von Zalesie.* 1: granulationsverzierte Anhänger (Detail); 2: granulationsverzierter und punzierter Halsreif; 3: Vorderseite eines punzierten Halsreifs; 4: Armband; 5: Kelch — alle aus Silber.

diesem Zusammenhang nicht uninteressanter Fundort, **Ust'e biskupie**,[444] liegt in der Region am Oberlauf des Dnestr und erbrachte pyramidenförmige goldene Ohrgehänge. Für all die zuletzt genannten Fundorte gilt, daß wir keinerlei archäologische, nicht einmal indirekte historische Angaben über den Aufenthalt von Steppenvölkern in diesem Gebiet besitzen. Demgegenüber kennen wir aus dieser Gegend eine große Anzahl von Funden, die unbestreitbar mit den Slawen zusammenhängen (Typus Korčak)[445]. Mithin drängt sich die Frage auf, wie diese archäologischen Funde, die im slawischen Bereich zutage gekommen sind, historisch interpretiert werden können. Einer der sowjetischen Kollegen bringt sie mit den Feldzügen der Slawen und Awaren gegen Byzanz in Verbindung.[446] Diese Aussage ist aber nicht neu: Die sowjetischen Kollegen haben im Gebiet der Ukraine gemachte Funde byzantinischer Herkunft schon oft mit den slawisch-byzantinischen Auseinandersetzungen in Verbindung gebracht. Da die hier behandelten Funde nahe der Straße von Kiev zum Verecke-Paß ans Tageslicht gekommen sind, könnten sie auch mit den Ostduleben zusammenhängen, die kurze Zeit unter der Oberhoheit der Awaren gelebt haben sollen.[447] Dem ist allerdings einiges entgegenzuhalten: So ist zu beachten, daß die Schätze am Mittel-Dnestr nicht ausschließlich byzantinischen Ursprungs sind, sondern daß hier auch Meisterwerke der mittelasiatischen Schmiedekunst gefunden

Abb. 51: *Funde aus Chomjakovo und Ust'ie biskupie.* 1: sassanidische Silberschale, von unten gesehen; 2: sassanidisches Silberrhyton; 3: Ohrgehänge mit pyramidenförmigem Anhänger, aus Gold und mit Granulation verziert.

Chomjakovo am Oberlauf des Dnestr entdeckt und ein einziges Mal zusammen mit den beiden vorgenannten erwähnt wurde.[443] Von dem Fund blieben lediglich zwei spätsassanidische Obstschüsseln und zwei Antilopenkopfrhytone (Saiga tatarica) erhalten (Abb. 51: 1, 2). Ein weiterer, in

444 W. Antoniewicz, *Archeologia Polski* (Warszawa 1928) 217 und 274 mit Fig. 41.

445 Das Verbreitungsgebiet der Pen'kovka-Kultur lag weiter südöstlich. Sedov, *Vostočnye slavjane* 13, Karte 2; Rusanova, *Slavjanskie drevnosti* 109 mit Fig. 38/„v".

446 Kropotkin, *Vizantijskaja čaša* 195.

447 Die neueste Zusammenfassung des archäologischen Materials, das mit den Duleben in Zusammenhang gebracht wird: Sedov, *Vostočnye slavjane* 90—94. Seit langem wird diskutiert, ob der berühmte Abschnitt der russischen Urchronik über die Unterdrückung der Duleben durch die Awaren auf die östlichen oder die böhmischen Duleben zu beziehen ist und welches Steppenvolk unter der Bezeichnung „Awaren" eigentlich gemeint ist. Vgl. dazu Marquart, *Streifzüge* 123, 125—127, 146—147; Moravcsik, *Onoguren* 87; *Povest' Vremennych Let* (hrsg. von S. D. Lihačev, Moskva 1950) II, 22; B. Zásterová, *Les Avares et les Doulèbes d'après le témoignage de la Chronique de Kiev* (résumé) Vznik a Počátky Slovanov 3, 1960, 33—37; Boba, *Nomads* 43—47; Avenarius, *Awaren* 193—217; A. Kollautz, *Nestors Quelle über die Unterdrückung der Duleben durch die Obri (Awaren).* Die Welt der Slawen 27, 1982, 307—320. Neuere Forschungen haben aber gezeigt, daß die gern in der osteuropäischen Literatur zitierten Awaren betreffende Stellen aus der Nestor-Chronik keine einheimisch-ostslawischen Traditionen wiedergibt, sondern aus byzantinischen kirchlichen Kreisen stammt und durch die Bulgaren überliefert wurde, siehe Váczy, *Awaren.*

443 Artamonov, *Nekotorye voprosy* 248.

1　　　　　　　　　　　　**2**

wurden bzw. solche, die auf mittelasiatische Anre-
gungen zurückgehen. Es ist daher eher unwahrscheinlich, daß die Schatzfunde am Mittel-Dnestr
mit den Anten, Sklavenen oder Duleben in einem
engeren Zusammenhang stehen, da die ehemaligen Besitzer in der ukrainischen Steppe einen
engen Kontakt mit Persien hatten und dies — berücksichtigt man den historisch-kulturellen Kon-
text — eher für ein Steppenvolk zutreffen kann.

Funde vom sassanidischen Typ zwischen Don und Dnestr

Die sowjetische Archäologie hat die zwischen
Don und Dnestr geborgenen Materialien vom
sassanidischen Typ bislang nicht ausreichend gewürdigt. Sie werden lediglich in Werken, die der
mittelasiatischen Schmiedekunst gewidmet sind,
nicht aber in lokalgeschichtlichen und siedlungs-
archäologischen Arbeiten behandelt. In ihrer Gesamtheit werfen diese Gegenstände sehr gewichtige, bislang nicht gestellte Fragen auf, so nach
dem Beginn der (Handels-?) Beziehungen der
Steppenvölker am Pontus zum Osten bzw. nach
Mittelasien. Außer in dem bereits oben erwähnten
Fund von Chomjakovo wurden auch in Glodosy,
Voznesenka und Kelegeja Fragmente eines sassanidischen Kruges bzw. einer sassanidischen
Schüssel freigelegt. Das reiche sassanidische Material im Grabfund von Mala Pereščepino ver-

Abb. 52: *Sassanidische Krüge aus Sloboda Limarovka und Pavlovka.* 1: punzierter Silberkrug; 2: punzierter Silberkrug,
reich vergoldet.

dient besondere Beachtung, wobei zu bemerken
ist, daß sich auf der silbernen Jagdschale eine spätere Inschrift in sogdischen Buchstaben befindet.[448]. Aufmerksamkeit verdienen auch zwei
sassanidische Krüge, die in der Nachbarschaft
von Charkov geborgen werden konnten.[449] Der
Krug von **Pavlovka** ist flach und trägt an beiden
Seiten Medaillons mit Senmurw-Darstellungen.[450]
(Abb. 52: 2) Er gehört zu den wichtigsten östlichen Parallelen der Krüge 2 und 7 des Schatzes
von Nagyszentmiklós. An dem Stück von **Slo-
boda-Limarovka** ist eine antikisierend dargestellte
Frauengestalt — in der Fachliteratur als Bac-
chantin bezeichnet — zu sehen (Abb. 52: 1). Über
die Umstände der Entdeckung ist nichts bekannt,
auch muß die chronologische Einordnung noch

---

448 HARPER, *Silver Vessels* 81—82 und 138 mit Anm. 46.
449 SMIRNOV, *Serebro* Taf. XLVI und XLIX.
450 Der persische Pfauendrache wird in der Literatur allgemein als „Senmurw" bezeichnet und unterscheidet sich
grundsätzlich vom vorderasiatisch-antik-byzantinischen
Greif. Die Benennung ist mittelpersisch (Pehlevi) und
kommt vom altpersischen „saena merego", eine Bezeichnung, die oft in der Avesta vorkommt. Er galt in der persischen Welt als hilfreiches, schützendes Wesen.

offen bleiben wie auch im Fall einer Silberschale, die aus der Umgebung von Kiev stammt, und deren Boden mit einem Blumenkranz („Girlande") verziert ist. [451] Als letzte in dieser Reihe kann die Frauenfigur aus **Zarajsk**[452] erwähnt werden, die einen unbestimmten Gegenstand in ihren Händen hält. Zu dieser Szene kann ebenso der Krug 7 von Nagyszentmiklós als Analogie genannt werden.[453] Der eventuelle Hintergrund ist aufgrund einer Silberschale, auf der eine Frau in ähnlicher Weise ein vollkommen identisches Tuch oder Seil in den Händen hält,[454] im sassanidischen Persien zu suchen. Es ist schon deshalb angebracht, die sog. sassanidischen Gegenstände gemeinsam zu behandeln, weil ähnliche Stücke aus den benachbarten Regionen unbekannt sind. In weitaus größerer Zahl kennen wir sie aus der Kama-Ural-Region, und sie sind auch im Kaukasusgebiet weit verbreitet, was aus der geographischen Lage zum Sassanidenreich und den intensiven Handelsbeziehungen verständlich scheint und allgemein bekannt ist.

Die Krüge aus der Umgebung von Charkov lassen sich relativ gut datieren. Aufgrund von nahestehenden Vergleichsstücken würde der Krug von Pavlovka aus dem 6.–7. Jahrhundert stammen.[455] Der andere wie auch das Rhyton von Chomjakovo, stammen aus dem 6. bis 7. Jahrhundert.[456] Eine ähnliche Datierung kann man auch für das Gefäß von Mastjugin vorschlagen, da am Hals der besten Analogie dazu (Fundort unbekannt)[457] typische Senmurw-Darstellungen zu sehen sind. Wann genau die genannten Stücke in die Erde kamen, läßt sich nicht sagen; eine Orientierung gibt aber die Tatsache, daß der Hauptteil der gut datierbaren sassanidischen Objekte in Osteuropa im 6. und in der ersten Hälfte des 7. Jahrhunderts in die Erde gelangte.[458] Auf eine

ähnliche Datierung weisen auch die drei Grabfunde hin. Die Anlage des Grabes von Mala Pereščepino läßt sich sehr genau datieren. Dementsprechend gelangten die sassanidischen Objekte vor der Mitte des 7. Jahrhunderts in den Besitz des in der Nähe von Poltava bestatteten Mannes. Eine ähnliche Datierung hat auch der Fund von Kelegeja. Ebenfalls aus der 1. Hälfte, spätestens jedoch aus der Mitte des 7. Jahrhunderts dürften die Gräber von Glodosy und Voznesenka stammen. Die Frage, wie die sassanidischen Gegenstände zu jener Zeit dorthin gelangen konnten, wurde nur einmal gestellt. Eine im Zusammenhang mit dem Grab von Mala Pereščepino entwickelte These — die sassanidischen Objekte könnten anläßlich der Belagerung von Tiflis 626 erbeutet worden sein[459] — läßt sich, auch wenn diese Vermutung zutrifft, nicht unbedingt auch auf die anderen Fundobjekte beziehen. (Der Fund von Kelegeja könnte auch aus der Zeit stammen, als der Vornehme von Mala Pereščepino bereits beerdigt wurde, der chronologische Schwerpunkt des Komplexes von Kelegeja könnte etwas später liegen, als der des Grabinventars von Mala Pereščepino.) Die seit langer Zeit bestehenden guten Beziehungen zwischen Persien und der Uralregion scheinen eine brauchbare Erklärung für das Auftreten sassanidischer Gegenstände am Ural zu liefern.[460] Derartige Kontakte schienen aber im Fall der Steppenregion am Pontus, die ständig von Völkerwanderungswellen überlaufen worden ist, bisher undenkbar zu sein. Auch die Chasaren kommen in diesem Fall nicht direkt in Betracht,[461] da sie bis zur Mitte des 7. Jahrhunderts noch nicht so weit nach Westen, über den Don, vorgedrungen sein können. Ob die Magna Bulgaria, die nicht einmal 50 Jahre bestand, zu Persien Beziehungen irgendwelcher Art unterhalten hat, ist un-

451 Ebendort Taf. CXVI/296.
452 Aufgrund des Tagebuches von B. Pósta, der 1897–1898 in Rußland eine Studienreise gemacht hatte, schlug I. Bóna die Identifizierung der Funde von „Saraj (?)" mit Zarajsk in der Umgebung von Rjazan' vor, Bóna, *Avar letei* 126. A. 9. Während der Fahnenkorrekturen des vorliegenden Bandes teilte A. I. Semënov freundlicherweise mit, daß diese Identifizierung aufgrund der zur Zeit in Leningrad und im Museum von Rjazan' vorliegenden Angaben nicht bestätigt werden konnte und daß die Klärung dieser Frage weiterer Untersuchungen bedarf.
453 Mavrodinov, *Nagyszentmiklós* Taf. XIII.
454 Harper, *Silver vessels* Taf. 36.
455 Darkevič, *Chudožestvennyj metall* 68.
456 P. Oliver-Harper, *The Royal Hunter. Art of the Sassanian Empire* (New York 1978) 57 und 60–61; Darkevič, *Chudožestnennyj metall* 76, Abb. 7: 2).
457 Smirnov, *Serebro* Taf. XLVIII.
458 Noonan, *Russia* 275.

459 Die Theorie wurde vermutlich unter Berücksichtigung einer Nachricht von Movsēs Dasxuranci Par. 14 formuliert, diese aber nicht zitiert: Maršak - Skalon, *Pereščepinskij klad* 12.
460 Die Hälfte aller derzeit bekannter iranischer Silbergegenstände wurde im Volga-Ural-Gebiet gefunden. Eine Auswahl der reichen einschlägigen Literatur: V. N. Černecov, *K voprosu o proischoždenii vostočnogo serebra v Priob'e*. Trudy Instituta Ētnografii 1, 1947, 114–120; A. P. Smirnov, *Očerki drevnej i srednevekovoj istorii narodov Srednego Povolž'ja i Prikam'ja*. MIA 28, 1952, 111–124; A. A. Jessen, *Rannye svjazi Priural'ja s Iranom*. SA 16, 1952, 206–231; O. N. Bader - V. A. Oborin, *Na zar'e istorii Prikam'ja* (Perm' 1958) 165–168; R. R. Mukaševa, *Iz istorii torgovych svjazej Srednej Azii s plemenami južnogo Priural'ja v rabovladel'českoj periode*. Trudy Samarkandskogo Gosudarstvennogo Universiteta 218, 1972, 115–121; V. Ju. Leščenko, *Ispol'zovanie vostočnogo serebra na Urale*. In: Darkevič, *Chudožestvennyj metall* 176–188; Noonan, *Russia* 293–295.

bekannt, ganz zu schweigen davon, daß das Zentrum der Bulgaren an der Meotis, also weit entfernt von dieser Region, vermutet wird. Auch von möglichen mittelasiatischen Kontakten der Utriguren und Kutriguren wissen wir nichts, obwohl das schwerlich als Argument zu werten sein wird. Aber allein die Tatsache, daß mittelasiatische Goldschmiedeprodukte bereits im 7. Jahrhundert in die Gebiete westlich des Don gelangen konnten, würde nach einer historischen Erklärung verlangen. All die mittelasiatischen Krüge, Schalen usw. dieser Zeitstufe, die in Chasarien und westlich davon gefunden worden sind, lassen sich nicht unbedingt und ausschließlich mit der Beute von Tiflis und von Dastgärd erklären. Angesichts der großen geographischen Entfernung des Don-Dnestr-Gebietes von Mittelasien und der relativen Nähe zum byzantinischen Reich sowie der bekannt guten Kontakte Kuvrats zum Hof von Konstantinopel könnte man an das Bulgarenreich als Vermittler denken. Ein Teil der behandelten Funde stammt aber wahrscheinlich aus der Zeit *vor* Kuvrat (Glodosy, Voznesenka). In Form einer sehr vagen Hypothese könnte man überlegen, ob nicht die Handelsbeziehungen des Nord-Kaukasus-Gebietes mit Mittelasien, die anhand der Seidenfunde von Moščevaja balka und Hasaüt erstmals nachgewiesen wurden und die schon ab der Mitte des 7. Jahrhunderts eingesetzt haben,[461] nicht doch eine Fernwirkung bis ins Don-Dnepr-Gebiet auch schon in der ersten Hälfte des 7. Jahrhunderts ausgeübt haben könnten. Daß diese Kontakte nicht ausschließlich mit dem Iran und Sogdien gepflegt wurden (siehe Mala Pereščepino), sondern auch mit den Provinzen südlich des Kaukasus, zeigt die Herstellung des Kruges von Pavlovka in Azerbajdžan, Giljān oder Tabaristān. Das Vorkommen der letztgenannten Goldschmiedearbeit in der Poltava-Gegend könnte auch die vermittelnde Rolle des Nord-Kaukasus unterstreichen. Jedenfalls wäre es an der Zeit, die Beziehungen der osteuropäischen Steppe nach Mittelasien einer genaueren Untersuchung zu unterziehen. Es könnten dabei nicht nur die sassanidischen Verzierungen des Kruges von Skalistoe, sondern auch die mittelasiatischen Wurzeln der spätawarischen Kultur konkreter eingeschätzt werden.

* * *

Über die Ethnizität der Völkerschaften am Mittel-Dnepr und Dnestr im 7. und 8. Jahrhundert und das spätere Schicksal der Völker, die uns aus den Schriftquellen bekannt sind, wissen wir sehr wenig. Die Umschreibung der Pen'kovka-Kultur und ihre Bestimmung als slawische Hinterlassenschaft durch die sowjetische Archäologie wurde zur Grundlage für die einhellige Ablehnung der Auffassung, die Mittel-Dnepr-Region wäre vor dem 7. Jahrhundert im wesentlichen nur von nomadischen Völkerschaften bewohnt gewesen, während die Slawen erst später Fuß gefaßt hätten. In Zusammenhang mit der slawischen Ansiedlung im 6. und 7. Jahrhundert tauchten in jüngster Vergangenheit erneut durchaus begründete Zweifel auf.[463] Das Hauptproblem ergibt sich aus der geringen Sequenz der byzantinischen Quellen, die sich auf die meisten Gebiete Mittel- und Osteuropas in dieser Zeit beziehen. Zu der hier behandelten Landschaft schweigen sie völlig. Gleichermaßen ist auch die Zahl der archäologischen Funde, die über das politische Leben der hier nomadisierenden Völkerschaften Auskunft geben könnten, sehr gering. Die auch sonst höchst problematische Verbindung von schriftlichen und gegenständlichen Quellen ist dementsprechend in unserem Fall ein besonders riskantes Unterfangen. Dazu kommt, daß in den schriftlichen Quellen dieser Zeit Völkerschaften auftauchen, die möglicherweise den hier behandelten Raum betreffen und über deren Schicksal und archäologische Denkmäler uns so gut wie nichts bekannt ist. Genau genommen ist es also ungeklärt, von welchen Völkerschaften dieser Teil der osteuropäischen Grassteppe in den erwähnten Jahrhunderten bewohnt war. Mit der einhelligen — wenn auch nicht einwandfreien — Lokalisierung der Anten in der Mittel-Dnepr-Region durch die sowjetische Forschung ist unseres Erachtens diese wichtige historische Frage noch lange nicht beantwortet. Vollkommen unbekannt ist beispielsweise die archäologische Hinterlassenschaft der Akatziren im 5. Jahrhundert, die zwischen dem slawischen Siedlungsgebiet und dem Dnepr gelebt haben. In der archäologischen Forschung wurde bislang die Tatsache, daß am Schwarzen Meer bereits im 5. Jahrhundert verschiedene bulgaro-türkische Völkerschaften zugewandert sind (Hunnen,[464] „Hunno-Bulgaren",[465] Saraguren), nicht berücksichtigt. Die Frage nach ihrem Schicksal im 6. und 7. Jahrhundert wurde überhaupt noch nicht gestellt. Es ist natürlich unsicher, ob die Oberherrschaft der Türken (T'u-kiu)

461 An die Chasaren dachten MARŠAK - SKALON, *Pereščepinskij klad* 10.
462 NOONAN, *Dirhams* 254—257.

463 SIMONOVA, *Rezension* 235.
464 Die in „extrema monoris Scythiae" (Jordanes) zugewanderten Hunnen haben nach BEŠEVLIEV, *Protobulgarische Periode* 72, vor 469 einen Pufferstaat gebildet.
465 MORAVCSIK, *Byzantinoturcica* 108.

über die Völkerschaften am Pontus im letzten Viertel des 6. Jahrhunderts[466] überhaupt einen archäologischen Niederschlag ergeben hat, theoretisch ist jedoch auch mit ihrer Präsenz zu rechnen. Die Frage, wie sich die materielle Kultur der Goten nach dem Ende der Černjachov-Kultur entwickelt hat, was aus den Anten geworden ist und wie deren archäologische Hinterlassenschaften nach ihrer letzten Erwähnung in den Schriftquellen (602)[467] aussehen mag — sofern die ethnische Bestimmung ihrer Denkmäler des 6. und 7. Jahrhunderts stichhaltig ist —, all diese Fragen gehören einem ganz anderen Problemkreis an. Weiters ist schwer zu entscheiden, ob es unter den mehr als ein Dutzend Grabfunden des 6. und 7. Jahrhunderts, die mit der Nomadenkultur in Zusammenhang stehen, welche gibt, die den Awaren zugeschrieben werden können, die wahrscheinlich bis zum Aufstand des bulgarischen Herrschers Kuvrat (630) eine Oberhoheit über die osteuropäischen Steppengebiete ausgeübt haben (Patriarch Nikephoros).[468] Ab dem 6. Jahrhundert wird in der Baukunst, der Keramik und der Schmiedekunst in der Dnepr-Region ein Einfluß spürbar, der zweifelsohne mit einer nomadisie-

renden Völkerschaft — wohl türkischen Ursprungs — zusammenhängt. Die Frage, um wen es sich hier handeln könnte, ist ungelöst, ja wird in der sowjetischen Fachliteratur — verglichen mit ihrem Gewicht — selten aufgegriffen.[469]

Mit der vermutlich gelungenen Identifizierung des Bestatteten von Mala Pereščepino als Kuvrat wird die Frage, wie die Poltava-Gruppe historisch zu interpretieren ist,[470] noch dringender. Immerhin wurden die Gräber rund 500 km von der Magna Bulgaria, die den schriftlichen Quellen zufolge am Asovschen Meer gelegen war, entfernt aufgefunden. Um den Widerspruch aufzulösen, wurde eine These aufgestellt, die natürlich noch von mehreren Seiten überprüft werden muß: Nach der Auseinandersetzung mit den Chasaren wäre Kuvrat gegen Westen gezogen. Demnach müßte es schon zu Lebzeiten Kuvrats zu einem Zerfall der Magna Bulgaria gekommen sein; der älteste Sohn Kuvrats hätte die Herrschaft über die im Meotis-Gebiet verbliebenen Bulgaren übernommen, während Kuvrat, und wohl auch Asparuch, mit ihren Völkerschaften abgezogen wären.[471]

Betrachtet man die archäologischen Funde, so stößt man auf eine weitere Reihe vorläufig ungelöster historischer Probleme: Besitzen wir bereits irgendwelche archäologische Funde der Kuči-Bulgaren, welche von Anania Sirakac'i erwähnt werden und die nach der Ansicht einiger Kollegen während des 7. Jahrhunderts im Areal zwischen Dnepr und Don gelebt haben?[472] (Die bisher in sehr geringer Anzahl bekannten Funde erlauben keine Beantwortung dieser Frage.) Wie verhalten sich die verschiedenen Fundgruppen zwischen Mittel-Dnepr und Mittel-Dnestr aus dem 7. Jahrhundert, die vollkommen verschiedenen Kulturbereichen angehören, zu den historischen Daten? Ist es nicht vorstellbar, daß die Zusammenhänge, die kleineren und größeren Über-

466 Die Türken kontrollierten 576—591 den Bosporus: Mo-RAVCSIK, *Byzantinoturcica* 76—77. Um 584—585 rettete der awarische Kagan seine Familie und die Schätze vor den Türken aus Anchialos nach Sirmium (Mychael Syrus. Vgl. Szádecky-Kardoss, *Az avar történelem* 92). 589 hielten sich die Türken am linken Donauufer am Unterlauf des Flusses auf, der Kaiser warnte die Awaren vor der Gefahr (Menander, Fr. 43).

467 Als die Anten, verbündet mit den Byzantinern, im Sommer 602 das Land der Slawen verwüsteten, wurden sie von den Awaren, wahrscheinlich aus Rache, angegriffen und ihre Macht gebrochen. Dazu Beševliev, *Protobulgarische Periode* 117 f.

468 Szádecky-Kardoss, *Ein Versuch*; I. S. Čičurov, *Vizantijskie istoričeskie sočinenija* (Moskva 1980) 161. Die sowjetische archäologische Forschung untersucht diese Quellenangabe nicht näher. Indirekt erkennt N. Ja. Merpert, *Avary v Vostočnoj Evrope* In: *Očerki* 584ˇ dennoch eine Art der awarischen Oberhoheit an, wenn er schreibt, es sei anzunehmen, daß die Macht der Awaren nie bis nach Kuban, ja nicht einmal bis zum Don gereicht hatte und daß „von einer dauerhaften Macht der Awaren am Pontus keine Rede sein kann". An einer anderen Stelle wird demgegenüber der Aufstand Kuvrats gegen die Awaren als eine Erfindung des Gelehrten Nikephoros bezeichnet: N. Ja. Merpert, *Drevnejšie bolgarskie plemena v Pričernomor'e* In: *Očerki* 596. Im Gegensatz zu der früheren Übersetzung der Quelle in das Russische (E. E. Lipšic, *Kratkaja istorija Nikofora, patriarcha Konstantinopol'skogo*. Viz. Vrem. 3, 1950, 349—387) wird in der neuen kritischen Ausgabe (Čičurov, 174—176, A. 59 und 65) selbst die Möglichkeit einer Oberhoheit der Awaren über Kuvrat und seine Völkerschaft abgelehnt. In der Byzantinistik wird mit der Oberherrschaft seit Organas, dem Onkel Kuvrats (ab etwa 600), gerechnet. Vgl. Lauterbach, *Untersuchungen* 588. Siehe auch: Golden, *Khazar Studies* 44.

469 Ausgenommen: Artamonov, *Bolgarskie kul'tury*; ders., *Nekotorye voprosy*; Gorjunov, *Nekotorye voprosy* 109—110; Tret'jakov, *Nekotorye itogi izučenija slavjanskich drevnostej v Podneprov'e.* In: *Les Slaves* 15; Hynku - Rafalovič, *Slavjane* 165.

470 Bálint, *Vestiges* 199; ders., *Östliche Beziehungen* 137.

471 Nach der Korrespondenz des chasarischen Kagans Joseph haben die Chasaren die abziehenden Bulgaren bis an die Donau verfolgt: P. K. Kokovcov, *Evrejsko-chazarskaja perepiska v X veke* (Leningrad 1932) 92.

472 *Moïse de Corène* 25. Vgl. F. Vestberg, *K analizu vostočnych istočnikov v Vostočnoj Evrope.* ŽMNPr 14, 1908, 48—49; Avenarius, *Awaren* 160. Artamonov (*Istorija chazar* 168) und Vestberg lokalisieren sie am Dnepr bzw. in der Gegend der Dnepr-Mündung, während Beševlievs (*Protobulgarische Periode* 146) Ansicht nach die Kuči-Bulgaren mit jener bulgarischen Völkerschaft ident wären, die nach Jordanes (Getica § 63) „supra mare Ponticum" lebten.

lappungen der Fundgruppen in diesem Gebiet eine historische Ursache haben, die weit über die bloße geographische und zeitliche Verbreitung der Funde hinausgeht ? Die schmiedetechnischen Übereinstimmungen zwischen den Funden vom Typ Martinovka und den Schätzen vom Typ Pastyrske und deren offensichtliche Gemeinsamkeiten mit bestimmten Grabfunden des Kreises um Mala Pereščepino sind beispielsweise erklärungsbedürftig. Daß die einzelnen Kulturgruppen mehr als ein nachbarschaftliches Verhältnis zueinander haben, zeigt auch ein Verwahrfund mit Objekten vom Typ Martinovka aus einem Haus der Pen'kovka Kultur, die selbst der sowjetischen Forschung nach enge Beziehungen zur Steppenkultur hat, sowie das zeitweilige Vorkommen von — unter anderem — „antischen Funden" in Pen'kovka-Siedlungen[473]. Der Umstand, daß die Pen'kovka-Kultur nur durch Siedlungen repräsentiert wird, während bislang keiner ihrer Bestattungsplätze bekannt geworden ist, sollte zu neuen Überlegungen anregen. Ein gemeinsames Merkmal der oben angesprochenen verschiedenen Grab- und Schatzfunde besteht darin, daß die meisten Objekte einen starken byzantinischen Einfluß bzw. starke Verbindungen zu Byzanz zeigen (Schmuckstücke, Gebrauchs- und Luxusgegenstände, Münzen und Kreuze). Alle Fundobjekte, insbesondere solche, die auf byzantinischen Ursprung oder zumindest byzantinische Anregung zurückgehen, haben gute Analogien in der frühawarischen Kultur des Karpatenbeckens, die spätestens gegen 670 zu Ende geht. Eine historische Erklärung für dieses Phänomen steht noch aus. Auch die Schätze vom Oberlauf des Dnestr warten noch auf eine historische Auswertung. Hängen diese Verbindungen zu Byzanz, die sich in der materiellen Hinterlassenschaft der osteuropäischen Steppe in einer einmaligen Intensität zeigen, mit dem Kreis um den bulgarischen Herrscher Kuvrat zusammen? Aus historisch-geographischer Sicht ist es doch höchst auffällig, daß vier der bedeutendsten Bestattungen von vornehmen Männern oder Kriegern unterschiedlichen Ranges und Reichtums im zweiten Drittel des 7. Jahrhunderts nicht in der Grassteppe, sondern an ihrer Grenze im engeren Umkreis des Flusses Orel bekannt geworden sind (Mala Pereščepino, Novye Senžary, Makuchivka, Josipivka). Lediglich der Fund von Jasinova nimmt eine gewisse Sonderposition ein: Aufgrund seiner Datierung an das Ende des 7. oder in das 8. Jahrhun-

dert sowie aufgrund der Tatsache, daß es sich um ein Katakombengrab handelt, wird er als Zeugnis für das früheste Vordringen der Chasaren gegen Westen zu interpretieren sein.

8.—10. Jahrhundert

Die archäologische Erforschung der Ostslawen, die am Rande der Steppe lebten, und die Identifizierung bekannter Fundkomplexe mit konkreten Völkerschaften, die aus den schriftlichen Quellen bekannt sind, ist für die einzelnen Stämme und Kulturen verschieden weit gediehen. So ist noch unbekannt, wo die Tivercen und Uličen gesiedelt haben und welche archäologischen Komplexe ihnen zuzuordnen sind. Die Hinterlassenschaft der Duleben konnte erst in den vergangenen Jahren abgegrenzt werden. Das Fundgut der Poljanen aus dem 11.—12. Jahrhundert ist bekannt, nicht aber das der früheren Perioden, obwohl wir sehr gute Kenntnisse über Kiev, ihr Zentrum im 9. und 10. Jahrhundert, haben. Das Siedlungsgebiet und die materielle Kultur der Severjanen ist mit der Romni-Kultur zu identifizieren und am besten erforscht. Die Kultur von Borševo ist dank einiger ausgezeichnet publizierter Fundorte bekannt und mit den Vjatičen gleichzusetzen, die an der Nordgrenze der Steppe wohnten.

Die **Luka-Kultur** ist nach einem Fundplatz in der Nähe des Dorfes Rajki bei Berdičev benannt (daher: „luka rajkoveckaja"). Unter dieser Bezeichnung werden entweder die Korčak-Kultur oder — besser — diejenigen Materialien und Befunde aus dem 8.—10. Jahrhundert zusammengefaßt, die sich direkt aus der Korčak-Kultur entwickelt haben. Eine zusammenfassende Bearbeitung der Luka-Kultur liegt nicht vor.[474] Ihr Fundgut ist nicht immer klar von dem der Korčak-Kultur zu trennen, was zu terminologischen Schwierigkeiten geführt hat. In der Keramik und im Hausbau ist ein kontinuierlicher Übergang zwischen den beiden Gruppen zu beobachten. Metallfunde, auf denen die Chronologie aufgebaut werden könnte, sind in beiden Perioden äußerst selten. Die handgeformten Töpfe sind von der Form her den Urnen vom Prager Typ ähnlich, wenn auch vielleicht die Schulter etwas höher liegt. Die auf der Drehscheibe hergestellten Gefäße setzten sich allerdings klar ab, nicht bloß durch die Technologie ihrer Herstellung, sondern auch durch ihre Verzierung mit Wellenlinien und

473 Der Zusammenhang von „Funden der Anten" mit der Pen'kovka-Kultur wird von der sowjetischen Archäologie nun allgemein akzeptiert: Vgl. Gorjunov, *Nekotorye voprosy* 105; siehe S. 84—88.

474 I. P. Rusanova, *Slavjanskie drevnosti VI—IX. vv. meždu Dneprom i Zapadnym Bugom.* (Archeologija SSSR E 1—25, Moskva 1973) 10—16; Sedov, *Vostočnye slavjane* 90—92; Michajlina - Timoščuk, *Slavjanskie pamjatniki* 205—215.

aparallelen Strichen. Auch die Backteller werden weiterhin verwendet, doch ist nun ihr Rand stärker ausgeprägt und die Wand dünner. Die prozentuelle Verteilung der handgeformten Gefäße und der Drehscheibenware ergibt ein gutes Bild von der Entwicklung der ostslawischen Keramik.[475] Im 8. Jahrhundert findet sich in den Siedlungsplätzen am Oberlauf des Prut ausschließlich handgeformte Ware, im 9. Jahrhundert macht sie noch 60—80 % des Gesamtmaterials aus. Die auf der Drehscheibe geformten Töpfereierzeugnisse finden erst ab dem Beginn des 10. Jahrhunderts stärkere Verbreitung. Die Luka-Kultur unterscheidet sich von der Korčak-Kultur vor allem dadurch, daß ihre Siedlungsplätze befestigt sind und die Zahl der Brandbestattungen unter den einzelnen Grabhügeln ungleich größer ist.[476] Die Grabhügel sind flach und haben bei einem Durchmesser von max. 5 m eine Höhe von höchstens 1/2 Meter. Der Mittelteil ist von einem schmalen Graben umgeben, birgt zumeist zwei bis drei Bestattungen und zeigt Brandspuren. In wenigen anderen Fällen wurde die Asche in kleine, 30—60 cm tiefe und 20—45 cm breite Gruben gestreut. Die Luka-Kultur war weit verbreitet: Podolien, das Seret-Dnestr-Zwischengebiet, das Areal am rechten Ufer des Mitteldnepr und ein Streifen zwischen dem Prut und den Karpaten bis zur Donau zeigt die weite Ausdehnung.[477] Angesichts dessen hätte es keinen Sinn, die Luka-Kultur mit einem einzigen ostslawischen Stamm in Verbindung zu bringen. Eine in Volhinien besonders hervortretende Untergruppe wird allerdings mit den Duleben identifiziert.[478] Im 8. Jahrhundert beherrschte die Luka-Kultur das Bild am Mittellauf des Dnepr, wobei sie hier, nach der Auffassung eines sowjetischen Kollegen, aus einer lokalen Kulturgruppe, der sogenannten Sachnovkaer Variante entstanden sein soll.[479] Falls dies unzutreffend wäre, und sich die Luka-Kultur doch von Volhinien bis an den Mittellauf des Dnepr ausgedehnt hätte, so würde dies wohl die spätestmögliche slawische Durchdringung des Raumes anzeigen.

Die Stadt **Kiev** steht mit einem der kompliziertesten und umstrittensten Problemkreise des frühmittelalterlichen Europa in Zusammenhang.[480]

Über die Frage der Entstehung der politischen Rolle und der ethnischen Zusammensetzung dieses zentralen Siedlungsplatzes gibt es zwei grundsätzlich verschiedene Konzeptionen.[481] Die eine Hypothese geht davon aus, daß sich die Rolle des Ortes als politisches, wirtschaftliches und religiöses Zentrum kontinuierlich seit dem 6. Jahrhundert entwickelt hat, wobei der Handel keine besondere Rolle gespielt hätte. Der zweiten Theorie zufolge hätte die Stadt im 10. Jahrhundert einen rasanten Aufschwung genommen, und zwar in dem Moment, als sie zur Schaltstelle des internationalen Fernhandels wurde. Die Diskussion beschäftigt sich mit dem zahlenmäßigen Verhältnis zwischen den lokalen autochthonen und den hinzugekommenen Bevölkerungselementen, mit der politischen Bedeutung und der ethnischen Zuordnung mancher archäologischer Funde.[482] Alle Archäologen sind sich indes einig, daß sich die Stadt aus mehreren Siedlungskernen herausgebildet hat. Selbst der Ursprung des Namens der Stadt war bislang nicht abzuklären. So wird darüber diskutiert, ob die Stadt nach dem legendären slawischen Fürsten der russischen Urchronik Kij (Povest' Vremennych Let) oder nach einem (hypothetischen) hwārezmischen Kriegsführer, dessen Name Kuyāwa gewesen wäre,[483] benannt worden war. Obwohl das in letzter Zeit nicht mehr geschehen ist,[484] wäre auch zu berücksichtigen, daß Kiev um die Mitte des 10. Jahrhunderts in Byzanz unter der Bezeichnung Sambatas bekannt war (DAI Par. 9), was nach neuester Auslegung auf den Markt zurückzuführen ist, der dort jeden Samstag abgehalten worden ist.[485] Eine kürzlich veröffentlichte hebräisch verfaßte Schriftquelle sowie eine dazugehörende Glosse in Runenschrift[486] haben die Diskussionen über die Beziehungen Kievs zur Steppe neu entfacht. Nach der Meinung eines maßgeblichen Judaisten hat man es dabei mit einer Quelle zu tun, die gegen 930 entstanden sein muß. Sie berichtet über eine chasarische Volksgruppe jüdischen Glaubens in einer Stadt namens Qyywb (= Qiyyob).[487] Wie die ersten Rezensionen zeigen,[488] wird diese Quellen-

475 MICHAJLINA - TIMOŠČUK, Slavjanskie pamjatniki 206—213.
476 Die sowjetische Forschung schließt aus, daß diese Phänomene auch eine Änderung der ethnischen Zusammensetzung der Bevölkerung anzeigen könnten.
477 In der letztgenannten Region war die Kultur von Hlincea I verbreitet, die aber der Kultur von Luka zugerechnet werden kann. Vergleiche dazu S. 130—131.
478 SEDOV, Vostočnye slavjane 92—94.
479 PRICHODNJUK, Archeologični pam'jatky 15.
480 Die neueste Zusammenfassung aus sowjetischer Sicht bietet TOLOČKO, Drevnij Kiev.

481 Einen ausgewogenen Überblick gibt CALLMER, The Archeology 29—52.
482 CALLMER, The Archeology 29.
483 N. GOLB - O. PRITSAK, Khazarian Hebrew Documents of the Tenth Century (Ithaca - London 1982) 49.
484 Ausnahme: LEBEDEV, Época vikingov 240—241
485 Ebendort 53, A. 41.
486 Nach O. PRITSAK: „ich habe es gelesen".
487 Ebendort.
488 L. LIGETI, The Khazarian Letter from Kiev and his Attestation in Runiform Script. Acta Linguistica Hung. 31, 1981, 5—18; P. B. GOLDEN, A New Discovery: Khazarian Hebrew Documents of the Tenth Century. Harvard Ukrainian Studies 8, 1984, 474—476.

stelle noch eine rege Diskussion entfachen, nicht nur wegen der eklatanten historischen Bedeutung der Stelle selbst, sondern auch, weil die Interpretation der Erstveröffentlichung mit Sicherheit zu weit getrieben worden ist. Die überzogene Hypothese, der in Kiev noch im 10. Jahrhundert gebräuchliche Titel „Kagan" wäre ein Ausdruck der ostslawischen Bestrebungen, es den Chasaren gleichzutun, sollte lediglich zur Bekräftigung des herrschaftlichen Charismas dienen oder hätte etwas mit den aus dem Karpatenbecken nach dem Osten zurückgewanderten Onoguren (?) zu tun, könnte man damit ad acta legen.[489] Diese neu entdeckte in Hebräisch abgefaßte Quelle, die über eine Gemeinde jüdischen Glaubens in Kiev um 930 berichtet, kann auch für die ungarische Frühgeschichtsforschung von besonderer Bedeutung sein. Die Möglichkeit, daß die ungarische Bezeichnung für die Juden („zsidó") ostslawischer Herkunft sei, erscheint dank dieses Briefes in einem neuen Licht.[490]

Der heutige Forschungsstand des Problemkreises Kiev wurde erst kürzlich erneut dargestellt.[491] Das Verhältnis einiger älterer Fundquellen im Stadtgebiet zu den Siedlungsplätzen des 9. und 10. Jahrhunderts und deren Bewohnern scheint wegen einiger chronologischer und methodischer Schwierigkeiten nicht endgültig geklärt zu sein. Sicher ist allerdings, daß sich in Kiev an der Wende vom 9. zum 10. Jahrhundert entscheidende Veränderungen ergeben haben. Es entstanden drei befestigte Siedlungen, zu denen später noch eine vierte und auch eine Holzkirche hinzukamen. Zwischen den einzelnen Siedlungszentren verschwanden die Grenzen, und die Siedlungen wuchsen im Laufe eines Jahrhunderts auf etwa die 10fache Größe an. An dem Siedlungsplatz Starokievska Hora („Alt-Kiever Berg") wurden die Reste eines mit Fresken und Marmorplatten großzügig ausgestatteten Hauses entdeckt,

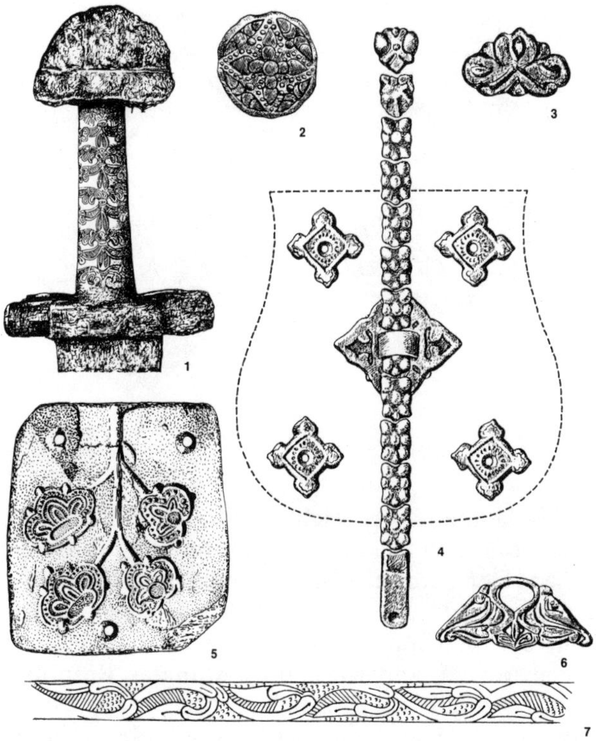

Abb. 53: *Funde von altungarischem Typ in der Umgebung von Kiev.* 1: Schwert, der Griff mit punziertem Silberblech überzogen; 2: gepreßte Kleiderverzierung aus Silber; 3: aus Silber gegossener Gürtelbeschlag; 4. Rekonstruktion einer mit Beschlägen verzierten Tasche (nach I. Fodor); 5: Gußform zur Herstellung von Gürtelbeschlägen; 6: aus Bronze gegossener Taschenaufhänger; 7: Ornamentik der Blutrinne des sog. Hojnovskij-Säbels (Detail).

das man mit dem Palast von Olga/Oleg identifiziert hat, eine Ansicht, die von anderer Seite jedoch bezweifelt wurde.[492] Das Zentrum von Handwerk und Handel war anscheinend im Stadtteil Podol, dessen Anfänge nicht vor das 9. Jahrhundert zurückreichen. Hier wurden unter anderem vier Gußformen zur Anfertigung von Gürtelgarnituren gefunden, die der Steppenkultur des 9.—10. Jahrhunderts angehören. Ihrer Form und ihrer Zusammensetzung nach sind sie mit denen der landnehmenden Ungarn vergleichbar, weichen in ihrem Verzierungsstil jedoch von den magyarischen Typen ab (Abb. 53: 5). An der Seite einer der Gußformen ist ein Wort in arabischer Schrift eingeritzt, das möglicherweise „türk" heißt.[493]

489 BOBA, *Nomads* 14 und 47; P. B. GOLDEN, *The Question of the Rus' Qaganate.* AEMAe 2, 1982, 77—79 und 351.

490 Eine übertrieben kritische Stellungnahme des etymologischen Wörterbuches der ungarischen Sprache (*A magyar nyelv történeti-etimológiai szótára,* III, Hg. L. Benkő, Budapest 1976, 1217—1218.) lehnt die Möglichkeit einer ostslawischen Herkunft des ungarischen Wortes „zsidó" (Jude) ab, ohne die historischen Umstände berücksichtigt zu haben, nämlich wo und wann die Ungarn mit dem Judentum in Kontakt gekommen sein könnten. Laut Prof. K. Czeglédy's mündlicher Mitteilung sollte man hier auch folgendes berücksichtigen: Erstens hatten die Altungarn vielfältige Kontakte mit dem Chasarischen Kaganat, wo der jüdische Glaube bekanntlich verbreitet war, und zweitens ist fast sicher, daß die Altungarn in Kerč, wo sie den Byzantinern Sklaven ostslawischer Herkunft verkauften — wie auch in anderen Handelszentren an der Schwarzmeerküste — und auch jüdische Händler treffen konnten.

491 Siehe dazu A. 480 und 481.

492 KARGER, *Kiev* II. 67. Der Name des Fürsten ist auch von den sowjetischen Linguisten als normannisch anerkannt, siehe FILIN, *Obrazovanie* 203. Anm. 107.

493 K. N. GUPALO - G. J. IVAKIN, *O remeslennom proizvodstve na Kievskom Podole.* SA 1980/2, 211; DIESELBEN, *Nabor litejnich form dlja pojasnych ukrašenij X v.* In: *Drevnosti Podneprov'ja* 105—113; TOLOČKO, *Drevnij Kiev* 54. Nach I. G. DOBROVOL'SKIJ, „*Jazid*", B. I. MARŠAK (siehe GUPALO - IVAKIN, *Proizvodstvo* 211, Anm. 32) und nach einer freundlichen Auskunft von Prof. K. CZEGLÉDY: „Türk".

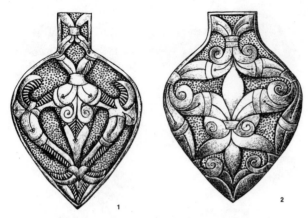

Abb. 54: *Funde von altungarischem Typ in der Umgebung von Kiev.* 1, 2: aus Silber gegossene Pferdegeschirrbeschläge, teils vergoldet.

Wir kennen zwei wichtige Gräberfeldteile aus Kiev, die sich in das 10. Jahrhundert datieren lassen. Der nördliche ist noch nicht im Detail ausgewertet und publiziert, doch wurden hier zu Beginn des Jahrhunderts Hunderte Grabhügel freigelegt. Belegt sind Körperbestattungen, Brandbestattungen und aus Holzbalken gezimmerte Grabkammern.[494] Der südliche Gräberfeldabschnitt ist besser untersucht. Unter und in der Umgebung der Dezimalkirche vom Ende des 10. Jahrhunderts befanden sich gleichartige Gräber. Möglicherweise gab es hier schon vor der Gründung der Kirche ein heidnisches Heiligtum.[495] Die meisten sowjetischen Forscher sind sich darin einig, daß der Grabkammerritus hier fremden (das heißt: skandinavischen) Ursprungs sei.[496]

Vom Standpunkt einer Archäologie der Steppenvölker sind diejenigen Bestattungen von besonderem Interesse, welche von der sowjetischen Forschung den Angehörigen der Družina (Gefolgschaft) zugeschrieben werden. Was die Bestattungssitten betrifft, so zeigt lediglich die W-O-Orientierung der Gräber eine gewisse Ähnlichkeit mit den Bestattungen der landnehmenden Ungarn. Die Pferdebestattungen unterscheiden sich hingegen grundsätzlich von den ungarischen. Was das eigentliche Fundgut betrifft, so sind typologische Verwandschaften lediglich bei den Schmuckstücken, den Gürtelgarnituren, Pferdegeschirren und einem Teil der Waffen nachzuweisen. Große Ösenperlen, gepreßter runder Kleiderschmuck, Beile, Pfeilspitzen, Gürtelbeschläge, Taschenaufhängebeschläge, birnenförmige Steigbügel, Riementeiler und Schellen von Pferdegeschirren finden sich in ganz ähnlicher Form hier wie dort

(Abb. 53: 2—4, 6). In der Umgebung der Dezimalkirche wurde ein Schwert vom Typ Petersen-X gefunden, welches um den Griff eine punzierte Silberplatte trug, deren Ornamentierung eine der wichtigsten östlichen Parallelen zum landnahmezeitlichen Palmettenstil darstellt.[497] (Abb. 53: 1) Der sog. Chojnovskij-Säbel, der ebenfalls aus Kiev stammt, wurde nach der Ansicht ungarischer Archäologen aller Wahrscheinlichkeit nach von einem altungarischen Waffenschmied hergestellt,[498] mindestens gehört die Verzierung der Blutrinne zum breiteren Kreis der altungarischen Kunst (Abb. 53: 7). Mit dieser ranken- und palmettenverzierten sowie hintergrundpunzierten, mit einem Kupferstreifen eingelegten Blutrinne gilt er als die nächste Analogie des Wiener Säbels,[499] des sog. Schwertes Karls des Großen.[500] Mehrere Bestattungen des großen Gräberfeldes um die Dezimalkirche wurden als die von Angehörigen der Družina interpretiert. Ihre Waffen, Pferdegeschirre und Gürtelverzierungen stimmen teilweise mit denen der landnehmenden Ungarn überein.[501] Ein verwandtes Grab wurde auch in einem anderen Teil der Stadt freigelegt.[502]

Die Beziehungen der Schmiedekunst der landnahmezeitlichen Ungarn zur Umgebung von Kiev ist auch unter dem Gesichtspunkt einiger Funde aus Černigov und Umgebung, nördlich von Kiev, zu beurteilen. Die Ornamentik dieser Objekte trägt zum Verständnis des ungarischen Verzierungsstils bei; sie stellen offensichtlich ein Spezifikum dieser Mischkultur dar, die in Kiev entstanden ist. Besonders hervorstechend sind nicht so sehr die dort gefundenen Taschenbeschläge, die Gürtelbeschläge und Pferdegeschirrteile, die mit so manchen Funden der ungarischen Landnahmezeit übereinstimmen, sondern die ausgewogene Harmonie zwischen Gegenstand und Ornamentik. Die blattförmigen Pferdegschirrbeschläge von Tabajivka, Šestovici und Černigov-Berjozki[503]

494 KARGER, *Drevnij Kiev* I; TOLOČKO, *Istorična topografija* 68.
495 KILIEVIČ, *Rozkopky* 92—93.
496 KIRPIČNIKOV - LEBEDEV - BULKIN - DUBOV - NAZARENKO, *Russko-skandinavskie svjazi* 24—38.

497 FETTICH, *Metallkunst* Taf. XXXIX.
498 FODOR, *Wanderung* 262—265.
499 FETTICH, *Metallkunst* Taf. LXXVII—LXXVIII.
500 Den sowjetischen Forschungsstand repräsentiert KIRPIČNIKOV, *Oružie* 65. Zur Literatur siehe S. 214, Anm. 70.
501 M. K. KARGER, *Pogrebenie kievskogo družinnika X v.* KSIIMK, 1940, 79—82; DERS., *Kiev* I, 153—154 und 187—188.
502 KILIEVIČ, *Rozkopky* 93.
503 D. I. BLIFEL'D, *Desnjans'ka archeologična ėkspedicija 1949 r.* Arch. Pam'. 5, 1955, 19 und Taf. II/1, 4, 7; DERS., *Davn'oruski pam'jatky Šestovci* (Kiev 1977) Taf. IV/2. Aus diesem Gräberfeld kamen übrigens sehr viele Fundtypen zutage, die — ohne daß hier direkte Verbindungen irgendwelcher Art mit den Altungarn postuliert werden sollen — Gemeinsamkeiten mit den Materialien der landnehmenden Ungarn aufweisen. R. S. ORLOV, *Nekotorye formirovanija drevnerusskogo chudožestvennogo remesla.*

(Abb. 54.) fügen sich mit den Rankenkompositionen, der Riefelung der Ränder und der Punkt-Strich-Verzierung der inneren Felder sowie mit der Hintergrundpunzierung vollkommen in das ungarische Fundmaterial des 10. Jahrhunderts ein. Das bedeutet natürlich nicht, daß die mit diesen Gegenständen bestatteten Personen deshalb gleich als Altungarn betrachtet werden dürfen. Die Funde, welche die Archäologie der landnehmenden Ungarn *direkt* betreffen, stammen fast durchwegs aus Gräbern, deren Anlage und Ausstattung dem ungarischen Totenbrauchtum fremd, zumindest aber dafür untypisch ist, und nicht aus Fundkomplexen, die mit den Steppenkulturen zusammenhängen. Offensichtlich hat man es hier mit einer Vermischung verschiedenster Kulturelemente (baltisch, skandinavisch, slawisch und für die Steppenkultur charakteristisch) und wohl auch mit Funden einer ethnisch nicht homogenen Bevölkerung zu tun. Dies ist der Grund, daß die sowjetischen Archäologen immer wieder und mit großem Nachdruck betonen, die Družina sei in der Kiever Rus eine Gesellschaftsschicht ohne ethnische Spezifikation gewesen. Sicherlich darf aber die Argumentation nicht überzogen werden. Nicht jeder Fundkomplex mit den Charakteristika der Steppenkultur aus der Umgebung von Kiev darf kurzschlüssig einer Bevölkerungsgruppe ohne eindeutige Ethnizität zugeordnet werden; in einigen Fällen werden genauere Aussagen über die Völkerschaft hinter dem archäologischen Material, zumindest aber über die Handwerker möglich sein.[504]

Sicher kann das bislang vorliegende Fundgut nicht als archäologischer Beweis für den Aufenthalt von Altungarn am Ende des 9. Jahrhunderts in Kiev herangezogen werden — wiewohl wir entsprechende schriftliche Nachrichten dafür besitzen.[505] Dennoch zeigt die Tatsache, daß die

Analogien des landnahmezeitlichen Fundmaterials in dieser Gegend ziemlich häufig sind, daß Kiev oder zumindest der Kiever Umgebung in der altungarischen Geschichte eine bedeutende Rolle zugekommen sein muß, die nun von den archäologischen Funden reflektiert wird. Wir warten optimistisch auf künftige Forschungen, denn in den jüngsten sowjetischen Publikationen wird die Anwesenheit von „nomadischen" Elementen anerkannt.[506]

Wie sich aus den Mitteilungen der Schriftquellen schließen läßt, wohnten die **Poljanen** im Flachland um Kiev, am rechten Dnepr-Ufer, wahrscheinlich im Gebiet zwischen den Flüssen Ros und Irpen. Die sowjetischen Archäologen sehen allerdings schon seit langer Zeit einen Widerspruch zwischen der geringen Ausdehnung dieses Gebiets und der bedeutenden Rolle Kievs, des zentralen Hauptortes der Poljanen.[507] Diesen (scheinbaren) Widerspruch versuchen manche Kollegen aufzulösen, indem sie die Grenzen des poljanischen Siedlungsgebietes wesentlich weiter ziehen, und damit auch das linke Ufer des Dnepr dazurechnen.[508] Als archäologische Basis der Argumentation dienen Hügelgräber aus dem 10.—12. Jahrhundert,[509] wobei aber die frühesten Bestattungen dieser Art in das 9. Jahrhundert datiert werden müssen, was die sowjetischen Kollegen auch zugeben. Der Bestattungsritus in Zusammenhang mit den genannten Hügelgräbern ist nicht einheitlich. Es kommen sowohl Brand- wie auch Körperbestattungen vor. In letzter Zeit brachte man eine spezielle Variante der Brandbestattung mit den Poljanen in Zusammenhang: Auf einer eingeebneten Lehmschicht wurde die Asche verstreut und darüber der Grabhügel errichtet.[510] Um die Jahrtausendwende vollzog sich der Übergang von der Verbrennung zu den Hügelgräbern mit Körperbestattung. Der Grund dafür wird nur sehr selten angesprochen. In zwei Dritteln der freigelegten Hügelgräber fanden sich keinerlei Beigaben. Das sehr ärmliche Fundgut zeigt Ähn-

In: *Novye pamjatniki* 166 mit Fig. 1/1—5 und 169 mit Fig. 3—4; DERS., *Pivdennorus'kyj centr chudožn'oji metalloobroby X st.* Arch. 44, 1983, 29—47. Zu ihrer Einschätzung siehe FODOR, *Altungarn* 87—95.

504 FODOR, *Altungarn* 94 vermutet, daß altungarische Goldschmiede in Kiev zurückgeblieben sind und slawische Handwerker ebenfalls in altungarischem Stil gearbeitet haben.

505 Wortkarge und unklare Quellenangaben mit diskutabler Glaubwürdigkeit über einen möglichen Aufenthalt bei Kiev: Anonymus, De Gesta Ungarorum, Kap. 8—10; *Povest' Vremennych Let* 6390 (= A. 882) und 6406 (= A. 896). Wertvoller und doch ebenso schwer zu interpretieren ist der Bericht der genannten Quelle über einen Ort bei Kiev, der als „ungarischer Berg" („ugorskaja gora") bezeichnet wird. Die Kontakte der Magyaren zu Kiev im 9. Jh. sind nicht geklärt, die Mittel- und Osteuropaforschung läßt diese Frage, abgesehen von wenigen Ausnahmen, seit gut einer Generation unbeachtet: GYÖRFFY,

Tanulmányok 68; GY. KRISTÓ, *Kijev a magyar krónikákban.* Tiszatáj 36, 1982, 8 und 61—64. Von der relativ jüngeren westeuropäischen Literatur kommt in Betracht: G. VERNADSKY - M. FERDINÁNDY, *Studien zur ungarischen Frühgeschichte*(Südosteuropäische Arbeiten 47, München 1957) 112—114; A. V. SOLOVIEV, *Die angebliche ungarische Herrschaft in Kiev im 9. Jahrhundert.* Jahrbücher für Geschichte Osteuropas 8, 1960, 123—129. Mit anzweifelbaren historischen Folgerungen: BOBA, *Nomads* 47.

506 O. P. MOCJA, *Pytannja ètničnogo skladu naselennja davn'ogo Kyeva (za materialamy nekropoliv).* Arch. 31, 1971, 34—35.

507 B. A. RYBAKOV, *Poljane i severjane.* SÈ 6—7, 1947, 81.

508 SEDOV, *Vostočnye slavjane* 106—107.

509 I. P. RUSANOVA, *Kurgany poljan X—XII vv.* (Archeologija SSSR El-24, Moskva 1966).

510 SEDOV, *Vostočnye slavjane* 108.

lichkeiten mit dem der Gräber von Volhinien-Podolien: Einfache Haarringe, Perlen, Ringe, Messer, Feuersteine, Halsreifen, manchmal lediglich ein einzelner Armreif.[511] Merkwürdigerweise zeigt dieses Fundgut, das den Poljanen zugeschrieben wird, keinerlei Verbindung zu den Steppenkulturen.

Archäologische Denkmäler vom Wikingertyp aus der Umgebung von Kiev

Die Wikingerfrage ist zugleich Skylla und Charybdis der frühen russischen Geschichte[512] — entsprechend sind die Probleme der Archäologie bei der Beschäftigung mit diesem wichtigen Problemkreis. In den Standpunkten der sich geradezu feindlich gegenüberstehenden Gruppen, die sich seit der Mitte des 18. Jahrhunderts herausgebildet haben, ist neuerdings eine erfreuliche Annäherung zu verzeichnen. Die sowjetische Archäologie, z. T. auch die sowjetische Geschichtswissenschaft, bezieht nunmehr keinen ausgeprägten antinormannistischen Standpunkt mehr,[513] so wie auch die skandinavische Forschung zugibt, daß in Osteuropa Fundobjekte nordischen Ursprungs oder vom nordischen Typ nicht unbedingt auf die Präsenz skandinavischer Siedler zurückzuführen sind. Vieles mag über Vermittlung der Balten oder Finnen nach Osteuropa gekommen sein.[514]

Die wichtigsten Zentren der Wikinger, die sich im 9. Jahrhundert in Osteuropa angesiedelt haben, lagen weit nördlich der Steppengebiete. Hier sind vor allem Aldejgjuborg (Alt-Ladoga) am Ufer des Ladoga-Sees, Holmgard (Novgorod) an der Volchov-Mündung und Gnězdovo in der Umgebung von Smolensk, wo sich mehrere tausend Hügelgräber befinden, zu nennen. Die Archäologie Kievs im 9. und 10. Jahrhundert bildet einen eigenen Problemkreis. Obwohl es möglich ist, daß die Wikinger — wie authentische Quellen berichten — den Dnepr nicht nur als Wasser-

straße benutzten, sondern an dessen Unterlauf auch verstreut kleinere Siedlungsplätze anlegten[515], sind Gräberfelder und Funde, die mit den Skandinaviern in Verbindung gebracht werden können, lediglich am Rande der Steppe und nördlich davon bekannt (Umgebung von Kiev, Černigov und eventuell Voronež). Verschiedene Einzelfunde (Schmuck, Schwert, Ortband, Helm), die am Don und an der Wolga gefunden worden sind,[516] hängen vielleicht mit Streifzügen der Skandinavier zusammen.[517] Aus Gründen der Siedlungsgeographie wäre auch mit der Möglichkeit zu rechnen, daß ein großer Teil der Einflüsse der späten Kulturen, die im Fundmaterial der normannischen Gräber festgestellt werden können, bisweilen sogar in den wikingerzeitlichen Fundkomplexen in Skandinavien selbst auftreten, durch Vermittlung der Ungarn in den Norden gelangte.

Vor einiger Zeit wurden die in Čornaja Mogila bei Černigov geborgenen Trinkhörner[518] in der ungarischen Fachliteratur ausführlich behandelt. Dabei kam man zur Annahme, daß es sich bei den silbernen Randbeschlägen um Meisterwerke der altmagyarischen Schmiedekunst handelt. Die Figuren an dem größeren Trinkhorn wurden als Darstellungen von Altungarn betrachtet.[519] Die Interpretation und kulturelle Zuordnung der beiden Stücke ist allerdings zweifelhaft. Sicher finden sich an den Stücken Merkmale, die mit solchen der landnahmezeitlichen materiellen Kultur verwandt sind (Typ der dargestellten Bögen, Pfeilspitzen und Köcher, im Hintergrund runde Punzierung, die gestrichelten Ränder der Palmetten,

---

511 Ebendort.

512 A. BARTHA, *Hungarian Society in the 9th and 10th Centuries* (Studia Historica 85, Budapest 1975) 36.

513 KLEJN - LEBEDEV - NAZARENKO, *Normanskie drevnosti*; L. S. KLEJN, *Soviet Archeology and the Role of Vikings in the Early History of the Slavs*. NAR 6, 1973, 1—4; G. S. LEBEDEV - V. A. NAZARENKO, *The Connections between Russians and Scandinavians in the 9th—11th Centuries*. NAR 6, 1973, 5—9; A. N. KIRPIČNIKOV - G. S. LEBEDEV - V. A. BULKIN - I. V. DUBOV - V. A. NAZARENKO, *Russko-skandinavskie svjazi ėpochi obrazovanija kievskogo gosudarstva na sovremennom ėtape archeologičeskogo izučenija*. KSIA 160, 1979, 24—38; wichtig ist die indirekte Anerkennung von LEBEDEV, *Ėpocha vikingov* 247, wo er das Jahr 977 als Ende „des Epilogs der normannischen Periode" bezeichnet.

514 CALLMER, *The Archeology* 29; STALSBERG, *Scandinavian Relations*.

515 Mehrere Flußschnellen tragen Namen, die einen skandinavischen Ursprung haben. CONSTANTINOS PORPHYROGENNETOS, *De Administrando Imperio* Par. 9. Die letzte Analyse der Stelle nahm vor: DAVIDSON, *Viking Road* 80—96.

516 Ė. LENC, *Predmety vooruženija i konskogo ubora, najdennye bliz sela Dem'jankovki, melitopol'skogo uezda*. IAK 1902, 81—94; F. BRAUN, *Švedskaja runičeskaja nadpis, najdennaja na o. Berezani*. IAK 23, 1907, 66—75; KIRPIČNIKOV, *Oružie* 23, Fig. 2. Zur Datierung siehe A. STALSBERG, *Skandinavskie vikingetidsfunn fra det gammelrussiske riket*. Fornvännen 74, 1979, 151—160; DIES., *Zu Datierungen der frühen wikingerzeitlichen Funde skandischer Herkunft in der alten Rus'*. Acta Universitatis Upsaliensis, Figura 19, 1981, 53—62; KLEJN - LEBEDEV - NAZARENKO, *Normanskie drevnosti* 244; R. ROLLE, *Dnjepr*. Reallexikon der Germanischen Altertumskunde 5, 1984, 515—544.

517 Zu den typologischen Ähnlichkeiten zwischen den Funden skandinavischen Typs, den aus den sogenannten Družina-Gräbern geborgenen Objekten und dem Fundgut der ungarischen Landnahmezeit vergleiche FODOR, *Baltikumi Kapcsolatai*.

518 B. A. RYBAKOV, *Drevnosti Černigova*. MIA, 1940, 24—51; SEDOV, *Vostočnye slavjane* 253—254 und 285.

519 FETTICH, *Metallkunst* 87—88; LÁSZLÓ, *Művészete* 74—79; DERS., *Steppenvölker* 105—107.

das lange Haargeflecht einer der Menschengestalten), insgesamt betrachtet unterscheiden sich allerdings die dargestellten Wesen und die aus ihnen entspringenden Ranken am Mundblech des größeren Trinkhorns sowie das Bandgeflechtornament am kleineren wesentlich von der landnahmezeitlichen Kunst. Auch die Verwendung des Trinkhorns bei „familiären" Bestattungen und die Tatsache, daß sich der Tote in einer Grabkammer aus Balkenwerk befand, unterscheidet den Fund grundsätzlich von der bekannten Hinterlassenschaft der landnehmenden Ungarn. Viel eher hängt er wohl mit der Kultur um Kiev in Zusammenhang, mit der die Altungarn bis zum Ende des 9. Jahrhunderts in einer Art Wechselwirkung standen. Der Grabkomplex ist durch eine Münze Constantins VII. (945—959) in die zweite Hälfte des 10. Jahrhunderts datiert. Dieser Umstand ist nicht nur für die genannten Trinkhörner von Interesse, sondern auch für die Datierung der Steigbügel mit stark gewölbtem Tritt, die denen der landnehmenden Ungarn nahestehen, und des Säbels mit stark gekrümmtem Ende, der bei den Petschenegen im 10. und 11. Jahrhundert gebräuchlich war.

Die Funde vom Typ Borševo wurden lange Zeit zum Kreis der **Romni-Kultur** gezählt. Die Abtrennung des Typs Borševo ist das Ergebnis der im vergangenen Jahrzehnt geleisteten Arbeit.[520] Im slawischen Gebiet des 8.—10. Jahrhunderts, welches an den Bereich der Steppenkultur angrenzt, ist die Borševo-Kultur am besten erforscht. An der nördlichen Grenze der Buschsteppe zwischen Kiev und Charkov wurden nahezu 100 Fundplätze der Borševo-Kultur freigelegt.[521] Die zeitliche Stellung zwischen dem 8. und dem Beginn des 11. Jahrhunderts wird von der Forschung allgemein anerkannt; im Zuge einer eingehenden Analyse wird sie sich möglicherweise in eine frühere und eine spätere Phase gliedern lassen. Die Siedlungsplätze sind sehr ausgedehnt — einer davon erstreckt sich 1,5 km entlang des Donez-Ufers — und zeichnen sich durch eine lockere Struktur aus. Die quadratischen Häuser sind 0,5—1,2 m in die Erde eingetieft und teilweise von beachtlicher Größe (12 bis 25 m²). Man betrat sie über 2—4 Stufen. An den Mauern fanden sich häufig Spuren von gezimmerten oder mit Lehm verstrichenen Holzverkleidungen. Während einer der Grabungen stieß man sogar auf die Reste eines Mauereinschnittes, der als Fenster rekon-

struiert wurde (?).[522] In den Häusern der Romni-Kultur wurden aus Lehm gebaute oder in die Mauer eingetiefte Öfen beobachtet. Die nicht befestigten Siedlungsplätze befanden sich stets in der unmittelbaren Nachbarschaft von Erdburgen, die im Altertum errichtet und nun neuerlich instand gesetzt worden waren. An den Bestattungsplätzen standen gewöhnlich Grabhügel mit einem Durchmesser von 5—12 m und einer Höhe von 1,5—3 m. Unter den Tumuli finden sich die handgeformten Urnen mit der Asche der Bestatteten, doch ist bisweilen auch die Sitte festzustellen, die Asche einfach in eine Grube zu streuen. Die Urnenbestattung ist bei den Slawen vom 8.—10. Jahrhundert allgemein verbreitet. Da mehrere große Siedlungsgrabungen durchgeführt werden konnten, ist auch das Wirtschaftsleben, der Alltag in diesem Kulturbereich relativ gut bekannt. Außer den Geräten, die häufig an Siedlungsplätzen des Frühmittelalters gefunden werden, wie Messer, Hammer, Greifzange, beinerne Ahle, Spinnwirtel u. a. wurden hier auch zahlreiche Eisenreduktionsöfen sowie Gußlöffel zur Verarbeitung von Buntmetallen entdeckt. Das Stück Wachs, das in einem Gefäß gefunden wurde, zeugt von der Bienenzucht. Was die eigentlichen Speisereste betrifft, so stammt der weitaus größte Teil der Knochenfunde von Haustieren. Die zahlenmäßig dennoch bedeutenden Wildtierknochen und die flachen, deltaförmigen Pfeilspitzen belegen die Jagd. Das Verhältnis der Pferde- und Schafknochen zu den Rindvieh- und Schweineknochen ist an den Siedlungsplätzen der Romni-Kultur und denen des Typus Borševo sehr ähnlich: 20—30 % stammen stets von Pferd und Schaf, 60—70 % von Rind und Schwein. Schmucksachen und Waffen sind nur sehr vereinzelt belegt (Ohrgehänge, Spiegel, Gürtelbeschläge, Säbel), die wenigen Objekte entsprechen den charakteristischen Typen der Saltovo-Majaki-Kultur, die weiter südlich verbreitet war. Unter den Keramikfunden sind vor allem die handgeformten Typen vertreten, während die scheibengedrehten erst im 10. Jahrhundert häufiger vorkommen. Die beherrschenden Topftypen wurden von der Volyncevo-Kultur übernommen. Der slawische Ursprung der Kultur ist nicht zu bezweifeln, die Identifizierung mit den Severjanen sehr wahrscheinlich. Der Verfall dieser Kultur wird üblicherweise in das 10. und den Beginn des 11. Jahrhunderts datiert, den Grund dafür sieht man — ähnlich wie beim Untergang der anderen Kulturen in der Waldsteppe Osteuropas — in den

---

520 Suchobokov, *Slavjane*; A. N. Moskalenko, *Slavjane na Donu* (Voronež 1981).
521 Sedov, *Vostočnye slavjane*.

522 B. A. Šramko, *Novye detali ustrojstva ranneslavjanskich žilišč*. SA 1960/3, 319—321.

Verheerungen durch die Petschenegen. Sicher spielt hier allerdings auch die Gründung des Kiever Staates um die Jahrtausendwende eine gewisse Rolle, die zu politischen Erschütterungen, zu wirtschaftlichen und gesellschaftlichen Prozessen geführt haben dürfte.[523]

Die **Kultur von Borševo** ist vor allem dank zweier großer und bedeutender Ausgrabungen (Borševo, Titčicha) bekannt.[524] Die begründete Abtrennung der Romni-Kultur wurde auf der Basis der dort gewonnenen Befunde vorgenommen. Die beiden Siedlungen befinden sich am Don, etwa 20 bzw. 90 km südlich von Voronež. In der gleichen Region, im nördlichen Grenzgebiet der Saltovo-Majaki-Kultur, finden sich weitere Fundplätze, die mit denen von Borševo und Titčicha Gemeinsamkeiten aufweisen.[525] Alle ihre Funde sind in das 8.—10. Jahrhundert zu datieren. Die Häuser haben im allgemeinen eine unregelmäßige, rechteckige Form. Sie sind 20—120 cm in die Erde eingetieft und durchschnittlich 15—25 m² groß. Die Mauern waren zumeist mit Balken bzw. Brettern verkleidet, und man nimmt an, daß auch das Dach aus Holz gefertigt war. Die Feuerplätze wurden mit Steinen ausgelegt oder mit Lehm verstrichen, es kommen aber auch beide Varianten in einem Haus vor. In einigen Fällen konnten kaminartige Öffnungen zum Ableiten des Rauches beobachtet werden. Die Bestattungen kennen wir vornehmlich durch die beiden bei der Siedlung von Borševo freigelegten Hügelgräbergruppen. Die Tumuli sind durchschnittlich 1,5—2 m hoch und haben einen Durchmesser von rund 10 m. Die Asche der Verbrannten wurde in eine Kammer gestreut, die mit Balken und Steinplatten ausgelegt war. Die Kammern waren quadratisch, eine Seite blieb offen, und die Gefäße stellte man als Beigaben zum „Eingang". Der Großteil des Fundgutes besteht aus Keramik. 85 % der Gefäße sind handgeformt, haben einen hohen und scharfen Schulterumbruch, einen runden Körper und sind unverziert. Die übrigen entsprechen im allgemeinen dem Typ Saltovo, sind gedreht, mit Wellenlinien und Einstichen verziert. Eine geringe Zahl handgeformter Gefäße unterscheidet sich von denen, die von Borševo bekannt sind, aber auch vom Typ Saltovo-Majaki. Sie können am ehesten mit den gleichzeitigen Gräberfeldern der Mordwinen in Verbindung gebracht werden. Im Fundmaterial befindet sich auch eine beachtliche Zahl von verschie-denen Arbeitsgeräten, die mit dem Ackerbau der Bevölkerung zu tun haben, sowie Reste von Feldfrüchten (Pflugscharen, Sicheln, Mahlsteine sowie Weizen-, Gerste-, Hirse- und Erbsenkörner). Angelhaken und Harpunen hängen mit der Fischerei zusammen, flache Pfeilspitzen aus Eisen und Knochen mit der Jagd. Ein umfangreiches Fundgut gewährt uns Einblicke in Handwerk (Metallschere, Pinzetten, Meißel, Ahlen, Beile, Gußtiegel) und das Alltagsleben (Messer, beinerne Ahlen, Schaber, Spinnwirtel). Manche Schmucksachen zeigen Gemeinsamkeiten mit solchen der Saltovo-Majaki-Kultur (Perlen, Gürtelbeschläge, steinverzierte Fingerringe, Armreifen aus Glas, Ösenknöpfe, Schellen, beinerne Taschenverschlüsse, ein Dirhem als Anhänger), während andere Fundobjekte von Gebieten bekannt sind, die im Nordwesten angrenzen (Lunula, sog. Sieben-Platten-Ohgehänge). Die prozentuale Verteilung der Tierknochen zeigt ungeachtet aller im Fundgut vertretenen Ackerbaugeräte und Werkzeuge, daß bei der Bevölkerung nicht der Ackerbau, sondern Jagd und Fischfang dominierten. Der Anteil der Haustierknochen an den Nahrungsmittelresten von Borševo liegt bei 15,59 %, der Anteil der Wildtiere bei 31,75 % und der der Fische bei 52,64 %. Eine ähnliche Verteilung zeigen die identifizierten Knochen von Titčicha: 12,2 % stammen von Haustieren, die übrigen vom Wild, von Fisch und Vogel. An beiden großen Siedlungsplätzen wurden auch Kamelknochen gefunden.

Die Borševo-Kultur gilt in der Fachliteratur als Hinterlassenschaft der ostslawischen Vjatičen. In Anbetracht des Fundgutes, das auf eine Lebensweise schließen läßt, in der die Fischerei und die Jagd ein auffallendes Schwergewicht hat, ist diese Zuordnung mit Vorsicht zu behandeln. Dazu kommt, daß sich das Zentrum des Siedlungsgebietes der Vjatičen vom 8.—14. Jahrhundert weit nördlich des Areals der Borševo-Kultur erstreckte.[526] Ein Teil der sowjetischen Forschung versuchte, den Widerspruch aufzulösen, indem eine slawische Volksgruppe am Don angenommen wird, die in der russischen Urchronik nicht erwähnt wurde.[527] Ein zweiter Lösungsversuch besteht in der Annahme, die Vjatičen, die am Oberlauf des Don lebten, wären nach dem Zerfall Chasariens — eine Folge nomadischer Kriegszüge — nach gelegentlichen Ansiedlungen im 8. und 9. Jahrhundert nun massenhaft in die Region am

523 Suchobokov, *Slavjane* 153—154.
524 P. P. Efimenko - P. N. Tret'jakov, *Drevnerusskie poselenija na Donu*. MIA 8, 1948; A. N. Moskalenko, *Gorodišče Titčicha*. (Voronež 1965).
525 Sedov, *Vostočnye slavjane* 135, Karte 20.
526 V. V. Sedov, *Rannye kurgany vjatičej*. KSIA 135, 1973, 11 mit Fig. 4; Ders., *Vostočnye slavjane* 140—143.
527 Sedov, *Vostočnye slavjane* 140—143.

Mittellauf der Oka übersiedelt.[528] Eine dritte Theorie nimmt an, daß im 9. Jahrhundert, vielleicht aber schon früher, eine Zuwanderung slawischer Gruppen vom Oberlauf der Oka stattgefunden hat.[529] Die genannten Hypothesen haben gemeinsam, daß sie die Möglichkeit erst gar nicht in Betracht ziehen, daß hier andere als slawische Völkerschaften eine Rolle spielen könnten — vor allem ist mit den Finno-Ugriern und/oder den Alanen zu rechnen. Die slawische Zugehörigkeit der Hügelgräber um Voronež ist natürlich nicht in Zweifel zu ziehen.

Materialien und Befunde mit Steppenmerkmalen

Im Bereich der **Erdburg von Pastyrske** (russisch: pastirskoe gorodišče) wurden zu verschiedenen Zeiten Ausgrabungen durchgeführt, jedoch zumeist mit unzureichenden Methoden und schlecht dokumentiert.[530] Das Fundmaterial ist praktisch unpubliziert, es wurden nur wenige Einzelheiten bekannt.[531] Bedauerlicherweise sind die Fundzusammenhänge nicht mehr rekonstruierbar, sodaß moderne Bearbeitungsmethoden ausscheiden und als Folge weitergehende ethnisch-historische Schlußfolgerungen im Zusammenhang mit dem Fundplatz nicht mehr zu ziehen sind. Die Erdburg wurde in der bisherigen Literatur verschieden beurteilt. So wurde sie als Sitz eines chasarischen Statthalters bezeichnet, der über die slawische und bulgarische Bevölkerung geherrscht hätte,[532] und als Siedlung der Pen'kovka-Kultur, deren Fundmaterial deutliche Einflüsse der Saltovo-Kultur zeigt.[533] An anderer Stelle wurde die Burg den Kutriguren zugeschrieben, die vor den Chasaren geflüchtet sind und sich hier mit den Slawen vermischt hätten.[534] Die Burg von Pastyrske wurde auch als slawisches bzw. bulgarisches Handwerkerzentrum interpretiert,[535] ein anderes Mal als ein Handelsstützpunkt und politisches Zentrum der Slawen, repräsentativ für die Pen'kovka-Kultur.[536] Der Fundplatz befindet sich auf einer rund 3,5 ha großen, leicht ovalen Erdburg am Fluß Ros, die aus der Skythenzeit stammt. Es wurden sowohl Häuser und andere Siedlungsspuren als auch vergrabene Horte entdeckt. Die Häuser standen an der Oberfläche (4 Stück) oder waren eingetieft (15 Stück). Lediglich die letzteren wurden publiziert. Sie waren quadratisch und hatten mit Steinen ausgelegte Feuerplätze. Für die Drehscheibenkeramik[537] sind der kugelförmige Topf vom Typ Pastyrske sowie dessen verschiedene Varianten bezeichnend, wobei vor allem die graue Färbung und die eingeglättete Oberfläche der Gefäße und Töpfe hervorstechen. Die Einglättverzierung wurde zu recht mit der Töpferei der Saltovo-Majaki-Kultur in Zusammenhang gebracht,[538] doch zeigen sich kleinere Ähnlichkeiten auch an anderen Details. Nach dem persönlichen Eindruck des Autors dürfte ein großer Teil der Keramik von Pastyrske mit der Saltovo-Majaki-Kultur zusammenhängen. Demgegenüber wird bisweilen die Ansicht vertreten, daß die Funde von Pastyrske in den Kreis der Prag-Pen'kovka Kultur einzureihen sind.[539] An anderer Stelle wurde die Meinung geäußert, die Denkmäler von Pastyrske könnten weder zu den Fundkomplexen der Pen'kovka Kultur noch zu denen der Saltovo-Majaki-Kultur gerechnet werden.[540] Die Ähnlichkeit der handgeformten Töpfe und Tassen von Pastyrske[541] mit denen der Černjachov-Kultur[542] hängt sicher mit der Fertigungsart der Gefäße zusammen, die den Eindruck bestimmt. Direkte Verbindungen zwischen der Keramik von Pastyrske — wie auch der Töpferei der Pen'kovka Kultur — und der Černjachov-Kultur sind so gut wie ausgeschlossen.[543] Die Hortfunde von Pastyrske bestehen aus silbernen Schmuckgegenständen, wobei vor allem die Ohrgehänge mit Sternornament, die häufig als „Typ Pastyrske" bezeichnet werden, die massiven Arm-

528 A. V. CIRKIN, *O kul'turnych svjazach mordvy s vjatičami v VIII—XII vv.* SA 1968/4, 77.

529 A. Z. VINNIKOV, *Slavjanskie kurgany lesostepnogo Dona* (Voronež 1984) 186—187.

530 RUSANOVA, *Slavjanskie drevnosti* 88.

531 M. JU. BRAJČEVSKIJ, *Raboty na pasterskom gorodišče v 1949 g.* KSIIMK 36, 1951, 155—162; DERS., *Pastyrs'kyj skarb 1949. r.* Arch. 7, 1952, 161—173; DERS., *Pastyrskoe gorodišče v svjazi problemoj vostočnaslavjanskich plemen.* KSIA (Kiev) 1, 1952, 27—28; DERS., *Novi rozkopky na Pastyrs'komu gorodyšči.* Arch. Pam'. 5, 1955, 67—76; DERS., *Issledovanija pastyrskogo gorodišča v 1955 g.* KSIA (Kiev) 7, 1957, 95—99; DERS., *Novye nachodki VII—VIII vv. n. è. na Pastyrskom gorodišče.* KSIA (Kiev) 10, 1960, 106—108; A. T. BRAJČEVSKAJA, *Kuznica na Pastyrskom gorodišče.* KSIA (Kiev) 9, 1959, 99—103; PRICHODNJUK, *Archeologični pam'jatki* 136.

532 BEREZOVEC, *Slov'jany ji plemena* 55.

533 BRAJČEVSKIJ zitiert bei PRICHODNJUK, *Archeologični pam'jatky* 102 war nicht zugänglich.

534 ARTAMONOV, *Ètničeskata prinadležnost* 8.

535 PRICHODNJUK, *Archeologični pam'jatki* 102 zitiert eine mir nicht zugängliche Arbeit von TRET'JAKOV; ARTAMONOV, *Nekotorye voprosy* 249.

536 SMILENKO, *Slovjany* 69—70.

537 PRICHODNJUK, *Ob ètnokul'turnoj situacii* 120, Fig. 4; DERS., *Archeologični pam'jatky* 105—106, Fig. 66—67.

538 PRICHODNJUK, *Ob ètnokul'turnoj situacii* 121—122.

539 SEDOV, *Vostočnye slavjane* 22—24.

540 SMILENKO, *Slov'jany* 94—95.

541 PRICHODNJUK, *Archeologični pam'jatki* 104, Fig. 65.

542 A. T. SMILENKO, *Slov'jany i stepovi plemena v Pivdennomu Podniprov'ji.* Arch. 7, 1972, 70.

543 RUSANOVA, *Slavjanskie drevnosti* 110.

reifen mit breiten Enden und die sog. slawischen Maskenfibeln hervorzuheben sind. Durch die genannten Objekte wird die Gesamtheit der Funde von Pastyrske im allgemeinen in die Zeit zwischen 6. und 8. Jahrhundert datiert, doch kann dies in Ermangelung einer ausführlichen Dokumentation nicht näher kontrolliert werden. Auf typologischer Basis sind jedoch Eingrenzungen möglich, wodurch sowohl die Schatzfunde als auch die Keramik genauer datiert werden können. In den Horten befindet sich kein Objekt, keine Form, kein Verzierungselement, das weit in das 8. Jahrhundert datiert werden müßte und auf die Saltovo-Majaki-Kultur verweisen würde. Dies führte zu der Annahme, daß die Ursache für die Verbergung der Schätze und das Ende der Erdburg als solche im Aufschwung der Saltovo-Majaki-Kultur bzw. in der chasarischen Eroberung zu sehen sei.[544] Indirekt könnte das natürlich auch bedeuten, daß die verschiedenen Elemente der Steppenkultur im Fundmaterial Pastyrske nichts mit den Chasaren bzw. deren lokalen Statthaltern zu tun hätten, sondern mit anderen nomadischen Völkerschaften, die vor dem Aufschwung der Saltovo-Majaki-Kultur dort gelebt hatten. Im Gegensatz zu den Schatzfunden ist ein Teil der Keramik vom Typ Pastyrske, vielleicht sogar ein Großteil der Siedlungsreste, in das 8. Jahrhundert zu datieren. Dies würde bedeuten, daß die Erdburg in chasarischer Zeit noch benützt worden ist.

In **Kancirka** (zwischen den Dörfern Ljubimovka und Fedorivka am Dnepr) wurde ein Töpferzentrum freigelegt, das aufgrund seiner Ausdehnung in der Steppe bislang alleine dasteht.[545] An drei voneinander nicht weit entfernten Siedlungsplätzen wurden bei Ausgrabungen 12 „Werkstätten" und 17 Brennöfen gefunden. Form und Aufbau der sog. Werkstätten sind gänzlich verschieden von denen der Wohngebäude; die Töpferöfen sind kreisförmig und besitzen einen Rost mit 12—14 kleinen Löchern. Die große Menge von Gefäßfragmenten wurde in einem kurzen Überblick in mehrere Gruppen eingeteilt:[546] Die erste Gruppe umfaßt die eingeglätteten Henkelkrüge, die in Form und Technik denen der Saltovo-Majaki-Kultur entsprechen. Die zweite Gruppe umfaßt hohe, auf einer langsamen Drehscheibe hergestellte, mit Wellenlinien verzierte oder unverzierte Töpfe sowie kleine

Henkeltassen. Die unverzierten Kochgefäße wurden in einer dritten Gruppe zusammengefaßt. Im Hinblick auf einen Keramiktyp der ungarischen Landnahmezeit ist ein kugelförmiges Gefäß[547] beachtenswert, dessen Hals durch waagrechte Rippen gegliedert ist. Die Funde werden nach verschiedenen Autoren vom Ende des 7. bis zum Beginn des 9.,[548] in das 6. und 7.,[549] bzw. in das 8. Jahrhundert[550] datiert. Angesichts der zahlreichen Ähnlichkeiten mit Typen der Saltovo-Majaki-Kultur scheint die Datierung in spätere Perioden wahrscheinlicher. Archäomagnetische Messungen, die an 2 Öfen durchgeführt werden konnten, ergaben zunächst Datierungen an das Ende des 6. bzw. an den Beginn des 7. Jahrhunderts, später wurde aber die zeitliche Stellung zweier Öfen in das 7. und die eines weiteren in das 8. Jahrhundert ermittelt,[551] was durchaus glaubwürdig scheint und die Datierung des ersten Auftretens der Saltovo-Majaki-Kultur wohl beeinflussen wird. In der Fachliteratur werden die Funde von Kancirka zumeist den Alanen zugeordnet, wobei zumeist mit der alanischen Komponente der Saltovo-Majaki-Kultur und mit ähnlichen Gefäßen vom Nordkaukasus argumentiert wird. Bisweilen werden aber auch andere — allerdings nicht näher genannte — nomadische Völker als Träger der Kultur bezeichnet.[552] Eine ganz andere Theorie besagt, die ältesten Öfen von Kancirka wären an der Wende vom 6. zum 7. Jahrhundert von den Awaren zerstört worden.[553] Die Hypothese, die sich auf eine einfache Haushaltskeramik stützt sowie auf die genannten archäometrischen Messungen, scheint kaum beweisbar zu sein.[554]

„Schatzfunde" vom Typ Saltovo-Majaki

Verwahrfunde vom Typ Saltovo-Majaki sind aus der Umgebung von Charkov und vom Mittellauf des Dnepr bekannt. Möglicherweise handelt

---

544 TRET'JAKOV, Čto takoe 112; A. I. AJBABIN, K voprosu proischoždenii serežek pastyrskogo typa. SA 1973/3, 71—72; ARTAMONOV, Nekotorye voprosy 250.

545 MINAEVA, Keramika; SMILENKO, Slovjany 118—157; DIES., Die Keramik der Töpferwerkstätten von Balka Kancerka im Dneprgebiet. In: Keramik

546 SMILENKO, Slovjany 118—157.

547 MESTERHÁZY, Kerámiánk 101—109. In der ungarischen Forschung wird angenommen, daß dieser Gefäßtyp für das 10. Jh. charakteristisch ist. Vgl. neuerdings KVASSAY, Kerámia 24—27. Eine Zusammenfassung der Fundobjekte außerhalb des Karpatenbeckens bieten KOPERSKI - PARCZEWSKI, Das altungarische Reitergrab 224—226, und FODOR, Észrevétel 113, Anm. 42.

548 MINAEVA, Keramika 126—128.

549 SMILENKO, Slov'jany 155.

550 PRICHODNJUK, Archeologični pam'jatky 91.

551 SMILENKO, Slov'jany 155; G. F. ZAGNIJ - O. M. RUSAKOV, Archeovekovye variacii geomagnitnogo polja jugo-zapada SSSR (Kiev 1982) 124—125.

552 PRICHODNJUK, Archeologični pam'jatky 83—84 zitiert dem Autor nicht zugängliche Arbeiten von ARTAMONOV und TRET'JAKOV.

553 Da die zugrundeliegenden archäometrischen Messungen revidiert werden mußten (Mitteilung von A. T. SMILENKO), ist die These nicht mehr haltbar.

554 SMILENKO, Slov'jany 157.

es sich — zumindest in einigen Fällen — nicht um Horte, sondern um Brandbestattungen oder Leichenopfer. Der Fundkomplex von **Topoli** besteht aus Schmucksachen, Waffen, Pferdegeschirren und Geräten.[555] (Abb. 55.) Die einzelnen Objekte weisen an den Oberflächen — der Publikation zufolge — Brandspuren auf. Ihr Zustand nach der Restaurierung erinnert an die frühawarischen sog. Scheiterhaufenfunde.[556] Zu den Funden gehören ein zusammengebogener Säbel und ein Kampfmesser, beide mit scharfem Rücken ('Elman'), eine schmale Lanzenspitze, ein Beil, dreiflügelige Pfeilspitzen, fünf Steigbügel mit geradem Tritt, eine Stangentrense, wobei die Enden der Psalien an Tierköpfe erinnern, eine Gurtschnalle, ein Eisenmesser und eine Sichel. An der Tülle der Lanzenspitze befindet sich ein durchlochter Fortsatz zur Befestigung des Schaftes, wie man ihn auch bei frühawarischen Lanzenspitzen findet.[557] Weiters fanden sich in Bronze gegossene Gürtelbeschläge, eine Bronzefibel, ein Anhänger, der aus Kettengliedern zusammengesetzt ist (mit eingehängten Ringen und länglichen Plättchen mit gebogenen Enden) sowie Fragmente des Henkels eines bronzenen Kessels. Was die chronologische Einordnung der Objekte betrifft, so zeigen sich vor allem bei den Steigbügeln und der Sichel Zusammenhänge mit der Saltovo-Majaki-Kultur. Wegen der ähnlichen Zusammensetzung der Komplexe werden die Funde von Topoli meistens gemeinsam mit den Gegenständen behandelt, die aus zwei „Schatz"gruben im Gräberfeld von **Novo pokrovki** am Fluß Uda stammen.[558] Der Friedhof besteht aus Brandschüttungsgräbern, die noch keine detaillierte Publikation erfahren haben, die sehr wenig Beigaben erbrachten und auch nicht genau datiert werden können. Lediglich einige Kettenpanzerfragmente verdienen besondere Beachtung. Im Rahmen des zitierten Vorberichtes wurden die Bestattungen mit Vorbehalt in das 6.—8. Jahrhundert datiert. Einer anderen Theorie zufolge dürften sie in der Zeit der Saltovo-Majaki-Kultur oder früher angelegt worden sein.[559] In den Gruben lagen Eisengegenstände, insbesondere ein zusammengebogener Säbel, ein Kampf-

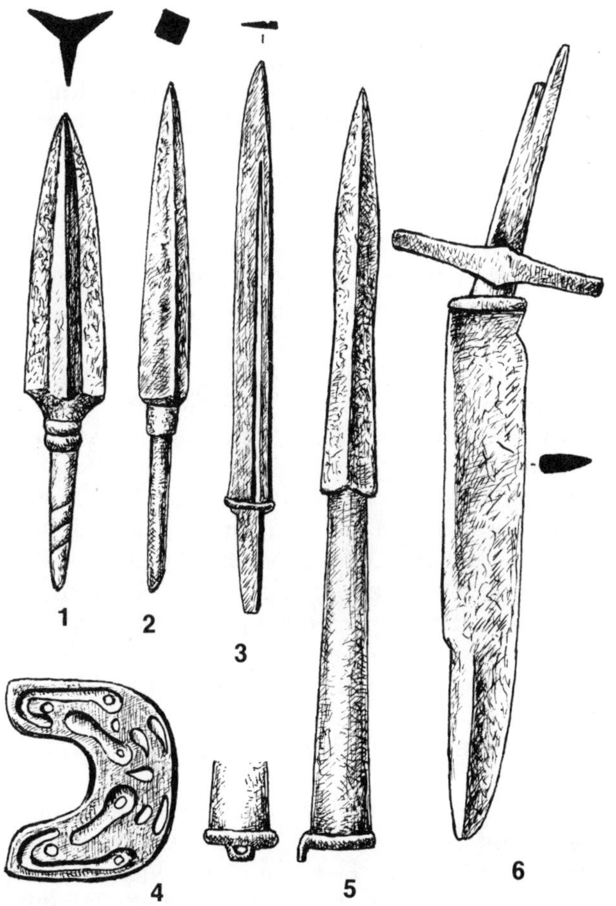

Abb. 55: *Sog. „Verwahrfunde" der Saltovo-Majaki Kultur.* 1, 2: drei- bzw. vierflügelige Pfeilspitze; 3: Langmesser mit Blutrinne; 4: aus Bronze gegossener Lochschützer (Gürtelbeschlag); 5: Lanzenspitze mit Tülle; 6: Kampfmesser mit Parierstange und Elman (Rückschneide).

messer, eiserne Trensen, eine Gurtschnalle, eine Lanzenspitze, diverse dreiflügelige Pfeilspitzen, eine Sichel und eine Gürtelschnalle. Daß die Funde mit den Slawen in Zusammenhang stehen,[560] läßt sich ausschließen. Sie sind mit Sicherheit einem Steppenvolk zuzuordnen, das hier an der Wende vom 7. zum 8. Jahrhundert gelebt hat.[561] Nach der Veröffentlichung der Brandbestattungen der Saltovo-Majaki-Kultur bei Suchaja Gomol'ša sind die Funde von Topoli und Novo pokrovki neu zu interpretieren.[562]

Der Schatz von **Charivka** wird im allgemeinen ebenfalls den Horten vom Typ Pastyrske zugerechnet. Er fand sich in einem Gefäß vom Typ Volyncevo in der Nähe von Putilov am linken Ufer des Dnepr-Mittellaufs.[563] Er umfaßt einein-

555 KUCHARENKO, *O nekotorych* 99—102; PLETNĚVA, *Ot kočevij* 101; ERDÉLYI, *Az avarság* Fig. 65.
556 Aufgrund meiner persönlichen Eindrücke im Historischen Museum Moskau (1978). Ähnliche Fundobjekte, die möglicherweise aus einzelnen Brandgräbern stammen, sind in der zentralasiatischen Steppe, aber auch bei den Frühawaren anzutreffen. ERDÉLYI, *Az avarság* 44; CSALLÁNY, *Bácsújfalu* 133—140.
557 BÓNA, *Szegvár* 48.
558 KUCHARENKO, *O nekotorych* 102—106.
559 ŠRAMKO, *Drevnosti* 248; ARTAMONOV, *Bolgarskie kul'tury* 18.

560 RYBAKOV, *Drevnie rusi* 102. Nach der Meinung von KUCHARENKO, *O nekotorych* 107 sind hier slawische Elemente mit Steppenmerkmalen vermischt.
561 PLETNĚVA, *Ot kočevij* 101; ERDÉLYI, *Az avarság* 44 und 79.
562 MICHEEV, *Podon'e* 10.
563 D. T. BEREZOVEC, *Charivs'kyj skarb.* Arch. 6, 1952, 109—119.

halb Kilogramm Silber- und etwas Goldschmuck sowie 110 Kaurischnecken. Trotz einiger Fibeln und der massiven Armreifen mit breiten Enden, die mit den Funden von Pastyrske übereinstimmen, unterscheidet sich dieser Schatz in der Zusammensetzung, der Chronologie und der Technik von den übrigen Schatzfunden dieses Kreises. Die Beschlagstypen, die Palmettenverzierung und nicht zuletzt die Gußtechnik der Gürtelgarnitur deuten auf die Blütezeit der Saltovo-Majaki-Kultur[564] sowie auf die spätawarischen Funde hin. Auch zu dem Ohrgehängepaar mit großer Bommelzier und den filigranverzierten Ohrgehängen finden sich im Karpatenbecken und entlang des Unterlaufs der Donau gut datierbare Analogien aus der Spätawarenzeit. Der Schatz von Charivka wird daher in das 8. Jahrhundert, ja vielleicht sogar in dessen 1. Hälfte gestellt. Sollte sich diese Datierung als richtig erweisen, so hat dies auch für die Beurteilung der Handelsbeziehungen Osteuropas mit dem asiatischen Raum eine gewisse Bedeutung, da wir im Fundort von Charivka das erste Auftreten der Kauri-Schnecke in der frühmittelalterlichen Steppe dokumentiert hätten.

Der Fund von **Fativiž** stammt aus der Umgebung von Sumi an der Nordgrenze der Auensteppe[565] (Abb. 56: 1—6). In den sowjetischen archäologischen Arbeiten über die Periode und/oder die Region wird er nicht erwähnt. Er gilt in jeder Hinsicht als einzigartig. Wie bei einigen anderen Komplexen dieser Art ist auch hier nicht geklärt, ob es sich tatsächlich um einen Schatzfund handelt, oder ob die Objekte aus einem Grab stammen. Die in Silber gegossene Gürtelgarnitur gehört zu den besten Parallelen der spätawarischen Gürtel, sowohl was die Form, als auch was die Technik und Befestigung der Beschläge betrifft. Soweit bislang bekannt, ist auch die Art, silberne Beschläge zu gießen, für die Saltovo-Majaki-Kultur höchst ungewöhnlich, während die auf den Beschlägen dargestellte Szene — Raubvogel kleines Tier in den Krallen haltend — aus der genannte Kultur gut bekannt ist. Die nächsten Analogien zu den sog. brillenverzierten Ohrhängen befinden sich unter den westslawischen Funden des 9. Jahrhunderts, das Motiv selbst ist spätrömischen Ursprungs. Unseres Erachtens läßt sich der Fund wohl in das 9. Jahrhundert datieren.[566] Eine einzige unpublizierte Parallele, der Fund aus einem Hügelgrab, das in der Nähe des Dorfes Lebedki im Orel-Gebiet freigelegt wurde, ist lediglich aus einer kurzen Anmerkung bekannt.[567]

Die Schmucksachen aus **Zarajsk** bei Rjazan'[568] werden in der Fachliteratur als Schatz bezeichnet. Da die Fundumstände unbekannt sind, ist auch hier nicht zu entscheiden, ob man es hier nicht doch mit einem Grabfund zu tun hat. Neben den Ohrgehängen,[569] deren Ringe mit sieben dreieckigen Fortsätzen versehen sind und die auf byzantinische Einflüsse zurückgehen, im 10. und 11. Jahrhundert aber ein regionales ostslawisches Charakteristikum darstellen dürften (Radimič, Vjatič ?), tritt noch ein weiterer Ohrgehängetyp und eine Hauptriemenzunge auf. Der Ring des genannten Ohrschmucks paßt typologisch in die Saltovo-Majaki-Kultur, sein langes gegossenes Anhängerglied stimmt hingegen mit seltenen Ohrgehängen des Karpatenbeckens überein, die an den Beginn des 10. Jahrhunderts datiert werden können. Auf der Hauptriemenzunge ist ein von einem Greifen bedrohter Damhirsch vor einem Lebensbaum (?) stehend dargestellt (Abb. 56: 7). Die in Silber gegossene Hauptriemenzunge mutet mit der dargestellten Szene und dem Perlrand neben den sonst üblichen Varianten der Gürtelgarnitur in der Saltovo-Majaki-Kultur fremdartig an. Sie dürfte eher dem Kunsthandwerk der landnehmenden Ungarn nahestehen. Der Komplex wird wohl in die 2. Hälfte des 9. Jahrhunderts zu datieren sein und gehört zu den direkten Vorgängern der ungarischen Schmiedekunst des 10. Jahrhunderts.

Der Teil eines Siedlungsplatzes, der auf der Flur Bazničesko freigelegt werden konnte, gehört zu den bekannten Fundorten von **Ripnev** bei Lvov. Die hier geborgenen Funde zeichnen sich durch besondere Beziehungen zum Westen aus — für Volhinien nicht ungewöhnlich. Im besonderen Maß zeigt sich dies bei den Gefäßen von Ripnev: Die Verzierung der Mundsäume mit Einstichen und Wellenlinien findet sich im Karpatenbecken in großer Zahl. Auch die Sporen, die einem Typ entsprechen, der für das sog. großmährische Fundgut charakteristisch ist, sowie die Tül-

564 Kravčenko, *Issledovanie* 89.
565 V. Kozlovs'ka, *Sribnyj skarb časiv velykogo pereslennja narodiv z s. Fativyž na Černigovščyni.* In: *Zbirnik M. S. Gruševskogo* (Kiev 1928) 44—52; Fettich, *Fativizs* 79—87; Erdélyi, *Az avarság* 137—138, Fig. 79—83.

566 Eine Einschätzung aus der Sicht der spätawarischen Archäologie und der ungarischen Frühgeschichtsforschung geben Fettich, *Fativizs*; Erdélyi, *Az avarság* 137—138; Bálint, *Süd-Ungarn.*
567 Erdélyi, *Az avarság* 138.
568 Rybakov, *Remeslo* 103—104.
569 T. V. Ravdina, *Drevnejškie semilopastnye vysočnye kol'ca.* SA 1975/3, 218—223; G. F. Solov'eva, *Semilučevye visočnye kol'ca.* In: *Drevnjaja Rus'i slavjane.* (Moskva 1978) 171—178.

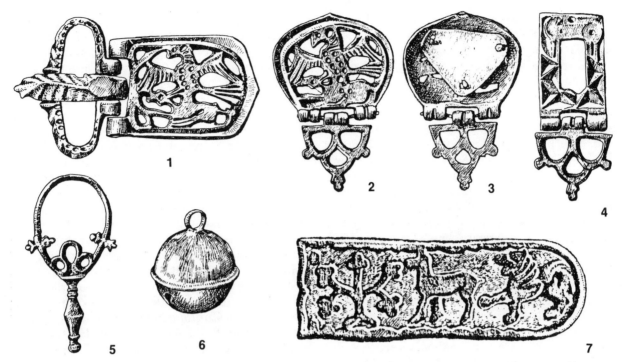

1   **2**   **3**   **4**

5   **6**   **7**

lenpfeilspitzen mit lang ausgezogenen Flügeln kommen in Volhinien sonst nicht vor. Sie dürften zusammen mit einer in Bronze gegossenen, spätawarischen Nebenriemenzunge dorthin gelangt sein.[570]

Abb. 56: *Funde von Fativiž und Zarajsk.* 1—4: aus Silber gegossene Gürtelbeschläge; 5: aus Bronze gegossene Ohrgehänge mit sog. Brillenverzierung; 6: Schelle aus Bronzeblech; 7: aus Silber gegossene Riemenzunge, Hintergrund vergoldet.

* * *

Wohl im 8. Jahrhundert entstand das im großen und ganzen jahrhundertelang bestehende ethnische Bild der Mittel-Dnepr- und -Dnestr-Region: die Slawen siedeln die Waldzone auf, während die Vorbevölkerung akkulturiert wird. Sie erweitern ihre Einflußsphären allmählich nach Süden und Osten bis weit in die Steppenzone, und es bilden sich Stammesgruppen, die aus späteren Quellen bekannt sind, sich in Ausnahmefällen sogar archäologisch identifizieren lassen. In der Nachbarschaft der Steppenvölker lebten die Tivercen, Uličen, Poljanen, Severjanen und Vjatičen.[571]

Die schriftlichen Nachrichten zeigen, daß in der Steppe selbst seit dem Beginn des Frühmittelalters Völkerschaften unterschiedlicher Herkunft lebten und verschiedene Nomadengruppen die Herrschaft ausübten. Da die Erforschung der Slawen und der Steppenbewohner in der Dnepr-Dnestr-Region im Zeitraum vom 8.—10. Jahrhundert weniger weit gediehen ist als für die vorange-

gangenen Perioden,[572] ist auch das archäologische Bild der Steppenvölker dieser Zeit sehr lückenhaft. Dies ist umso bedauerlicher, als es die ungarische Urgeschichte unmittelbar betrifft. Die sowjetische Archäologie vertritt die Meinung, daß dieses Gebiet vom Ende des 7. bzw. dem Beginn des 8. Jahrhunderts bis etwa gegen Ende des 9. Jahrhunderts von einer noch unerforschten Variante der Saltovo-Majaki-Kultur bestimmt wird, die sich in der Steppenzone herausgebildet hat. Dieser Umstand wird von den sowjetischen Kollegen wohl zu Recht mit der Ausdehnung des Chasarischen Kaganats in Zusammenhang gebracht. Dabei ist es noch ungeklärt, in welcher Form der chasarische Einfluß bei den Severjanen, Poljanen, Vjatičen und Radimičen, die unter chasarischer Oberhoheit gestanden sind, archäologisch zum Ausdruck gekommen sein mag. Sicher erschöpft er sich bei den genannten ostslawischen Volksgruppen nicht einfach im Gebrauch von einzelnen Gefäßen und Schmucktypen vom Typ Sal-

---

570 Vgl. V. V. Aulich, *Slavjanskoe poselenie v s. Ripneva (Ripnev I) l'vovskoj oblasti.* MIA, 1963, 373 mit Fig. 5/1 und 377 mit Fig. 9/1, 2, 8, 16.

571 Zu den anderen ostslawischen Stämmen siehe Sedov, *Vostočnye slavjane.*

572 Am Unterlauf des Dnepr wurden nomadische Gräber aus dem 8. und 9. Jh. freigelegt, die uns aber nur aufgrund einer Verbreitungskarte bekannt sind: Sedov, *Vostočnye slavjane* 124, Karte 17 „e".

tovo und einer stärkeren Verbreitung des Pferdes, die sich im Knochenmaterial der ergrabenen Siedlungsplätze zeigt.

Die ausführliche archäologische Bearbeitung der heute noch weitgehend unbekannten Steppenvariante der Saltovo-Majaki-Kultur[573] hätte für so manche Probleme der mitteleuropäischen und osteuropäischen Kulturgeschichte eine Schlüsselrolle. Welchen archäologischen Niederschlag hat die chasarische Macht in Kiev, bevor die ostslawischen Stämme in den Herrschaftsbereich einbezogen werden? Welches Bild zeigt die archäologische Hinterlassenschaft der ungarischen Stämme, die hier mindestens zwei Generationen gelebt haben ? (In der ungarischen Tradition heißt dieses Land Etelköz.) Spiegelt sich der Aufenthalt der Ungarn im Kiever Fundmaterial wider? All diese Fragen werden von der sowjetischen archäologischen Forschung zur Zeit nicht behandelt. Auch für die historische Beurteilung einer anderen archäologischen Gruppe, der Balkan-Donau-Kultur wäre eine nähere Kenntnis der Steppenvariante der Saltovo-Majaki-Kultur von

Bedeutung. Denn wenn erstere, wie behauptet, tatsächlich mit der Ausbreitung der Donaubulgaren gegen Norden zusammenhängt, sich tatsächlich aus örtlichen (slawischen) und neu angesiedelten Völkerschaften (die Gefäße angefertigt haben, welche einem Typ Saltovo zugerechnet werden) zusammensetzte, dann mußten die letzteren natürlich aus Bulgarien stammen. Doch könnte diese Steppenkomponente nicht mit Völkerschaften zusammenhängen, die in sowjetischen Arbeiten schon des öfteren erwähnt worden sind und deren Keramik als „saltovoid" bezeichnet wurde? Es wäre doch sicher ein Verlust für die Forschung, wenn man sich Interpretationsmöglichkeiten durch vorgefaßte historische Konzeptionen verstellt. Es scheint, als ob verschiedene Steppenvölker hier bereits Spuren hinterlassen hätten, lange vor dem Auftreten der Donau-Balkan- und der Saltovo-Majaki-Kultur.[574] Wie im Zusammenhang mit vielen anderen Fragen richtet sich auch hier unsere Hoffnung auf die Intensivierung der Forschung in naher Zukunft.

---

573 Die erste kurze archäologische Mitteilung zu diesem Thema brachte ŠVECOV, *Pogrebenija*, ohne die historischen Fragen zu berühren.

574 Authentische Schriftquellen beweisen die Anwesenheit verschiedener türkischer Völkerschaften an der Küste des Schwarzen Meeres seit etwa 480. Vgl. A. 585 und 586.

DAS GEBIET ZWISCHEN
DNESTR UND DEM
UNTERLAUF DER DONAU

Die Region zwischen dem Dnestr und dem Unterlauf der Donau im Frühmittelalter wird von der sowjetischen und rumänischen Archäologie selbstverständlich unter dem Aspekt der ostslawischen bzw. der rumänischen Ethogenese untersucht. Die bulgarische Archäologie, die sich für die Vergangenheit ihres Volkes interessiert, versteht das Gebiet erst für die Zeit nach dem 9. Jahrhundert als Teil ihres Forschungsbereiches, der nicht zum Gegenstand der vorliegenden Arbeit gehört. Im folgenden wird versucht, den derzeitigen Forschungsstand vom Aspekt der Steppenkultur zu skizzieren.

Die sowjetischen und rumänischen Untersuchungen zum Frühmittelalter in diesem Bereich beziehen sich vor allem auf das Weiterleben der Černjachov-Kultur und der römischen Traditionen, auf die Rolle des byzantinischen Einflusses, auf die Ausbreitung der Slawen sowie letztendlich auf die Untersuchung der Balkan-Donau-Kultur, die mit der Ausdehnung des Bulgarischen Kaganats in Zusammenhang gebracht wird.[575] Aus dem Gebiet zwischen Dnepr und unterer Donau stammen einige frühmittelalterliche Grabfunde, die unbestreitbar mit der Steppenkultur zusammenhängen. Die historisch-ethnische Auswertung der vorläufig noch eher geringfügigen Funde vom Steppentyp, die an Siedlungsplätzen derzeit geborgen worden sind, scheint äußerst kompliziert und befindet sich vorläufig noch im Anfangsstadium. Der überwiegende Anteil derartiger Funde, bloß grob klassifiziert als „Steppentyp", „Typ Saltovo" oder Keramik vom „Typ Pastyrske" bezeichnet, ist im wesentlichen unerforscht.[576] Angesichts dieser Situation läßt sich häufig noch nicht entscheiden, wie die Gefäße

und Töpfe und andere Dinge, die unbestreibar mit der Steppenkultur zusammenhängen und hier im 8., vielleicht aber schon im 7. Jahrhundert auftreten, historisch zu bewerten sind. In der Diskussion dieser Frage wird beispielsweise die umfassende Publikation des Fundmaterials von Ětulija-VI unweit von Prut eine entscheidende Rolle spielen.[577] Solang diese nicht vorliegt, läßt sich nicht beurteilen, ob das dort freigelegte Gebäude ohne Fundamentierung — diese Bauform ist auch für die öffentlichen Gebäude in Chasarien bezeichnend — und das daneben entdeckte „jurtenförmige" eingetiefte Haus sowie die dort aufgefundene Keramik tatsächlich direkt mit dem Aufenthalt des Asparuh in Onglos zusammenhängen, wie dies vom Ausgrabungsleiter — höchst riskant — vermutet wird.[578] Die entscheidende Frage ist, ob eine Komponente der Balkan-Donau-Kultur des 9.—10. Jahrhunderts, die von einem Großteil der Forschung zumindest teilweise mit der Steppenkultur in Zusammenhang gebracht wird, wirklich erst während der Ausdehnung des bulgarischen Staates gegen Norden zusammenhängt[579] oder ob diese „Steppen-" oder „Nomaden-"Elemente schon früher hier vorhanden waren. So manche Elemente der Ětulia-VI- und der Suceava-Şipot-Kultur[580] sowie diverser Steppeneinflüsse,[581] die in der Keramik der Hlincea-I-Kultur

575 Vgl. FĚDOROV - ČEBOTARENKO, *Pamjatniki*; B. O. TI-
MOŠČUK, *Slov'jany Pivničnoji Bukovyny V—IX. st.* (Kiev 1976); TEODOR, *Teritoriul*.

576 I. G. HYNKU, *Slavjane v Prutsko-Dnestrovskom meždureč'e.* AAH 17, 1965, 19—22.

577 G. F. ČEBOTARENKO - T. A. ŠČERBAKOVA, *Roskopki poselenja u s. Ětulija.* In: *Archeologičeskie issledovanija v Moldavii* (Kišněv 1974) 140—150.

578 G. F. ČEBOTARENKO, *Kamennyj dom épochi rannego srednevekov'ja na poselenii Ětulija VI.* In: *150 let* 169—171.

579 Den Standpunkt der rumänischen Forschung in dieser Frage spiegelt eine Formulierung wider, in der es um den Durchzug der Völkerschaft Asparuchs durch das Dobrudscha-Gebiet der Moldau geht: BĂRZU, *Der Fortbestand* 77 und 78.

580 COMŞA, *Romains* 112.

581 COMŞA, *Slavii* 88. In einer späteren Arbeit (*Ceramică* 223) nennt sie die nomadischen Völkerschaften vor dem Auftreten der Petschenegen „bulgarisch-chasarisch-alanische Elemente".

nachweisbar sind, scheinen ebenfalls darauf hinzudeuten, daß es hier ein bodenständiges Kulturelement gibt, das den Steppenvölkern zugeschrieben werden muß. Einige Kollegen[582]versuchten dies historisch insofern zu erklären, als sie die östliche Grenze des bulgarischen Staates in der frühesten Zeit am Dnestr bzw. sogar jenseits davon, in der Dnepr-Region ziehen.[583]Demgegenüber rechnen die meisten rumänischen, sowjetischen und bulgarischen Archäologen mit dem Auftreten der Bulgaro-Türken zwischen Dnestr und Donau erst ab dem Beginn des 9. Jahrhunderts in Zusammenhang mit der Ausbreitung der Balkan-Donau-Kultur. Dem stehen einige schriftliche Nachrichten entgegen: Zumindest seit dem Anfang des 6. Jahrhunderts ist mit der Präsenz der Bulgaren, vor allem aber der Kutriguren am linken Donauufer zu rechnen,[584] da sie nach ersten Einbrüchen um 480 im Lauf des 6. Jahrhunderts immer häufiger Angriffe gegen Byzanz[585] unternahmen.[586] Von den Anten teilen die Byzantiner mit, daß sie gegen 545 in dieser Region seßhaft wurden. Ihre archäologische Hinterlassenschaft auszugliedern, ist eine noch unbewältigte Aufgabe der Archäologie. Es ist anzunehmen, daß sich bei der Verknüpfung der Anten und Sklavenen mit dem archäologischen slawischen Material aus dem Gebiet zwischen Donau und Dnestr nur geringe Schwierigkeiten ergeben werden.

Folgt man der archäologischen und historischen Literatur zum 6. und 7. Jahrhundert, so haben die Awaren die Region zwischen Dnepr und unterer Donau lediglich als Aufmarschgebiet für ihre Raubzüge gegen Byzanz und die Anten gesehen.[587]Andererseits läßt sich einigen Bemerkungen von Menander und Euagrios entnehmen, daß sich die Awaren gerade im Zeitraum zwischen 562 und 568 am Unterlauf der Donau aufgehalten haben.[588] Nach einer anderen Quelle, die von der Archäologie bislang übersehen worden ist (Anania Sirakac'i), haben hier auch noch im 7. Jahrhundert Awaren gewohnt, weil Asparuch bei seiner Landnahme an der Donau die Awaren der Insel Peuke vertrieben haben soll,[589] die sicher am Mündungsgebiet der Donau zu suchen ist, vielleicht sogar mit Onglos selbst identifiziert werden kann. Bislang wurde lediglich ein einziges Grab südlich der Karpaten bekannt, das mit den Spätawaren in Zusammenhang gebracht werden kann, und das in Tîrgşor, an der Mündung der Jalomiţa, entdeckt worden war[590] (Abb. 57: 1—4). Die Orientierung des Grabes, die Bestattung mit ausgestopfter Pferdehaut sowie die Beigaben (mit flachen Ranken verzierte, aus Bronze gegossene Schnalle, ein Peitschenknauf aus Bein, ein Paar eiserner Steigbügel mit gewölbtem Tritt) stützen sowohl die chronologische Einordnung wie auch die ethnische Bestimmung, die bei der Veröffentlichung geäußert worden ist (awarisch 7.—8. Jahrhundert). Eine konträre Ansicht vertrat ein Kol-

582 CHYNKU - RAFALOVIČ, *Slavjane* 167; KURNATOWSKA, *Słowiańszczyzna* Fig. 4; D. ANGELOV, *Bulgarien*. In: *Enzyklopädie* 59, Fig. 24. Im Hinblick auf die behauptete Lokalisierung der Schwarzen Bulgaren im Gebiet zwischen Dnestr und Prut sind zu berücksichtigen: MARQUART, *Chronologie* 90. In einer späteren Arbeit lokalisierte sie MARQUART, *Streifzüge* 503, 517—519 zwischen Dnepr und Chasarien, d. h. östlich des Flusses. Weitere Literatur: FR. VESTBERG, *Zapiska Gotskago Toparha*. Viz. Vrem. 15, 1908, 229, 234; C. A. MACARTNEY, *On the Black Bulgars*. Byzantinisch-neugriechische Jahrbücher 8, 1931, 150—158; A. V. GADLO, *O černych i vnutrennych bolgarach*. Doklady po Ètnografii Geografičeskogo Obščestva 6, 1968, 3—23; E. MAKAROVSKIJ, *K voprosu o severo-vostočnoj granice Bolgarii v seredine X v*. In: *150 let* 171—173; F. E. WOZNIAK, *The Crimean Question, the Black Bulgarians and the Russo-Byzantine Treaty of 944*. Journal of Medieval History 5, 1979, 110—126.

583 In den schriftlichen Quellen findet sich ein zusätzliches Argument: Einer der Heerführer des Omurtag (814—831) fiel am Dnepr. Siehe dazu V. BEŠEVLIEV, *Die protobulgarischen Inschriften* (Berlin 1963) 281; I. A. BOŽILOV, *One of Omurtag's Memorial Inscriptions*. Bălgarski Istoričeski Pregled 1, 1973, 72—76. Aus diesem Grund ist die moderne bulgarische Geschichtsforschung der Ansicht, daß die nordöstliche Grenze Bulgariens im 9. Jh. am Dnepr lag. Vgl. auch: D. ANGELOV (Hg.), *Istorija na Bălgarija II. — Părva bălgarska dăržava* (Sofija 1981) 140—141.

584 MARQUART, *Chronologie* 78. Im Gegensatz zur sowjetischen und rumänischen Forschung zeichnet die bulgarische Geschichtswissenschaft manchmal ein anderes Bild, indem sie in der Stepperegion von Prut und Dnepr seit dem 6. Jh. mit den Urbulgaren — die „Hunnen" des Prokopios (= Awaren) und die Kutriguren, Utriguren einbezogen — rechnet. Vgl. z. B. D. ANGELOV, *Die bulgarischen Slawen und die Nomaden (VI—XII Jh.)*. Pliska-Preslav 3, 1981, 7—9.

585 STEIN, *Histoire* 17, 61, 89 usw; LEMERLE, *Invasions* 283—286; LAUTERBACH, *Untersuchungen* 604—606.

586 Gerade von den Kutriguren berichtet Agathias 5, 11, 5, daß sie ihr Lager „nicht weit von der Donau" aufschlugen.

587 G. B. FĖDOROV, *Naselenie prutsko-dnestrovskogo meždureč'ja v I tys. n. ė*. MIA 89, 1960, 232.

588 Die erwähnten Quellen sind zusammengestellt bei SZÁDECKY-KARDOSS, *Ein Versuch* 64 und 65.

589 *Moïse Corène* 20; MARQUART, *Chronologie* 88; ARTAMONOV, *Istorija chazar* 169; BEŠEVLIEV, *Protobulgarische Periode* 174. Nach der Meinung BEŠEVLIEVS ist die Idee DIACONUS „ganz abwegig". Er beweist, daß Onglos zwischen Dnestr- und Donmündung zu suchen ist. BEŠEVLIEV, ebendort 174 f mit A. 6, 8 und 9; P. DIACONU, *Le problème de la localisation de l'Onglos*. Dacia 14, 1970, 325—334.

590 GH. DIACONU - P. DIACONU, *Un mormint de călăreț din secolul VII descoperit la Tîrgşor*. SCIV 13, 1962, 165—171. Dieses Grab kann unter keinen Umständen in das 6. Jh. datiert werden. Dadurch ist die Auffassung zwingend falsch, daß dieses Grab die Richtung des Awarenfeldzugs von 579 anzeigen. M. RUSU, *Les populations du groupe turc, les Slaves et les autochtones du bassin carpato-danubien aux VIe-IXe siècles*. Pliska-Preslav 3, 1981, 97.

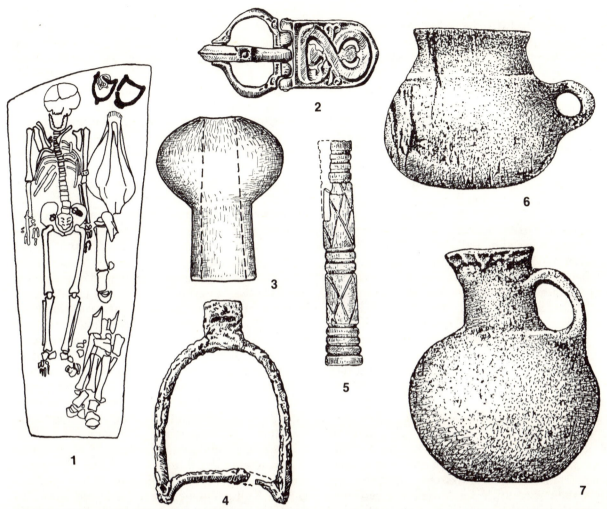

Abb. 57: *Funde von spätawarischem Typ östlich der Karpaten.*
1: Grabplan von Tîrgşor: partielle Pferdemitbestattung mit „ausgestopfter Haut" und Sattelbestattung; 2: aus Bronze gegossene Gürtelschnalle mit Rankenmotiv; 3: beinernes Peitschenende; 4: Steigbügel von spätawarischem Typ; 5: beinerner Nadelbehälter mit gedrehter Verzierung; 6: Töpfchen vom Typ „gelbe Keramik"; 7: scheibengedrehter Tonkrug mit vermutlichem „nomadischen" Charakter.

lege:[591] Das Grab könnte auch jedem anderen Volk gehört haben, der Mangel an vergleichbaren Funden würde lediglich zeigen, daß die Region jenseits der Karpaten im heutigen Rumänien *nicht mehr* (Hervorhebung des Autors) unter der direkten Oberhoheit der Awaren gestanden ist. Angesichts der völligen Übereinstimmung der Trachtbestandteile und Beigaben aus dem Grab mit den spätawarischen Funden sowie der Ähnlichkeit des Bestattungsritus und im Hinblick auf die schriftlichen Nachrichten muß man den Verfassern der Erstpublikation recht geben. Das Vorkommen der typischen spätawarischen gelben Keramik im Gräberfeld von Sultana am linken Ufer der Donau zeigt (Abb. 57: 6), daß die Anlage des Grabes von Tîrgşor nicht ganz zufällig erfolgte, sondern durchaus historisch zu interpretieren ist. Die anthropologische Untersuchung konnte eine „enge Verwandschaft" der Bevölkerung von Sultana mit den Awaren beweisen, die gelbe Keramik

ist somit nicht das Ergebnis von Handelsbeziehungen. Der rumänische Kollege, der das Gräberfeld von Sultana bearbeitet hat, möchte selbst die Möglichkeit nicht ausschließen, daß es ein Zeichen der Ausdehnung des awarischen Machtbereiches von Regionen südöstlich der Karpaten darstellt[592] und nicht bloß von durchziehenden Horden angelegt worden ist. Wenn also die Zuordnung des Grabes von Tîrgşor und ein Teil des Gräberfeldes von Sultana zur spätawarischen

591 K. Horedt, *Das Awarenproblem in Rumänien.* St. Zv. AU SAV 16, 1968, 105.

592 B. Mitrea, *Şantierul Sultana (r. Olteniţa).* MCA 8, 1962, 667—673: ders., *La céramique jaune de haute époque féodale de la nécropole de Sultana (dép. d'Ilfov).* Dacia 17, 1973, 343—349.

Kultur außer Frage steht, so steht es doch unter den sog. protobulgarischen Gräbern alleine da. Die wenigen spätawarischen Objekte in protobulgarischen Komplexen[593] sind ganz offensichtlich als Fremdmaterialen in das bulgarische Milieu gelangt, weil die protobulgarischen Friedhöfe einen ganz anderen Charakter haben.

Was die Magyaren betrifft, die vor der Landnahme im Karpatenbecken rund zwei Generationen am Unterlauf der Donau und am Dnestr lebten (Etelköz), so haben sich die bisherigen archäologischen Arbeiten, die sich mit diesem Gebiet beschäftigen, der Frage nicht gestellt, inwieweit konkrete Materialien oder Befunde mit den Magyaren in Zusammenhang stehen könnten. Es wird lediglich erwähnt, daß die Ungarn nach den Angriffen der Petschenegen ihre bisherigen Lager verließen.[594] In der archäologischen Forschung spricht man hier von den Slawen und Urrumänen (?), andererseits jedoch nur von „Nomaden", obwohl aus den schriftlichen Quellen klar hervorgeht, welches Steppenvolk damals in dieser Gegend gelebt hat.

Die Frühmittelalterforschung, die sich mit dem Gebiet zwischen Prut und dem Unterlauf der Donau beschäftigt, nimmt an, daß die Bevölkerung des 6.—10. Jahrhunderts sehr gemischten Ursprungs war. Die Meinungen unterscheiden sich lediglich, was die Beurteilung des Verhältnisses zwischen dem slawischen und dem autochthonen (romanisierten thrakischen) Element betrifft. Selten wird auch die Auffassung vertreten, die möglicherweise zeitgleichen ostslawischen und Balkan-Donau-Kulturen hätten tatsächlich nebeneinander existiert.[595] Ein guter Kenner des Materials hat aber gezeigt, daß sich das behauptete Zusammenleben in den Fundkomplexen nicht widerspiegelt.[596] Was die Präsenz spätromanisierter Kulturelemente nördlich des Donauunterlaufs betrifft, insbesondere das Auftreten by-

zantinischer Importwaren und Drehscheibenkeramik in klassischer Tradition, so ist dies wohl nicht so sehr mit der bodenständigen Bevölkerung in Zusammenhang zu bringen, wie von der rumänischen Forschung vermutet wird, sondern mit der großangelegten Umsiedlung, manchmal auch mit der Flucht großer Bevölkerungsteile aus dem byzantinischen Bereich in das Barbarikum zwischen dem 5. und 7. Jahrhundert.[597] Die Ansiedlung von großen romanisierten Volksgruppen nördlich der Donau wurde auch noch im 9. Jahrhundert fortgesetzt (Continuatio Georgii Monachi = Symeon Logothetes).

Die historischen, ethnischen und teilweise auch kulturellen Prozesse im Frühmittelalter zwischen Dnestr und dem Donauunterlauf waren hauptsächlich durch die Slawen bestimmt.[598] Zumindest seit dem 6. Jahrhundert lebten die Sklavenen nördlich des Unterlaufs der Donau (Jordanes).[599] Es ist sehr schwer, die nach ganz verschiedenen historischen und methodischen Gesichtspunkten erforschten archäologischen Kulturen zwischen Prut und Dnestr bzw. Prut und Donau miteinander und auch mit zeitgenössischen Kulturen der Mittel-Dnepr- und Dnestr-Gegend zu vergleichen, da die Kollegen im allgemeinen lediglich die Funde und Befunde ihrer eigenen Länder betrachten und vornehmlich eine eigene, in sich geschlossene Terminologie benützen.[600] So endet die Untersuchung der Dridu- oder Balkan-Karpaten-Kultur (rumänische Terminologie), bzw. Balkan-Donau-Kultur (sowjetischer Fachausdruck) üblicherweise am Prut, wobei Materialien und Befunde aus dem Nachbarstaat lediglich als Analogien zitiert werden. Dadurch kam es unter anderem zu schwerwiegenden Unterschieden in der chronologischen Einordnung der Kulturgruppen: Während in Rumänien die Balkan-Karpaten-Kultur in das 9.—10. Jahrhundert datiert wird, setzt die sowjetische Fachwelt die Balkan-Donau-Kultur in das 10.—12. Jahrhundert. Aufgrund der archäologischen Arbeiten der einzelnen Länder, die oft gegeneinander polemisieren, scheinen sich aber drei archäologische Kulturkreise abzuzeichnen. Hier ist zunächst die regionale Vorbe-

593 Ž. VĂŽÁROVA, *Slavjani i nomadi na teritorijata na dnešnite bălgarski zemi ot kraja na VI—XI v.* Pliska-Preslav 2, 1981, 53 mit Fig. 24 und 25.

594 In einer erst vor kurzem erschienen Arbeit wird dies damit begründet, daß die Ungarn in den Quellen westlich des Dnepr vor 890 nicht erwähnt werden (BĂRZU, *Der Fortbestand* 78). In diesem Zusammenhang genügt es, darauf hinzuweisen, daß die Magyaren am Unterlauf der Donau erstmals 830 belegt sind (Symeon Logothetes) und daß in einem um 860 angefertigten geographischen Werk die Donau als ein Grenzfluß der Ungarn eingezeichnet ist (Ibn Rusta - Džajhānī).

595 I. G. CHYNKU, *K voprosu o sootnošenii vostočnoslavjanskoj i balkano-dunajskoj kul'tur lesostepnoj polosy Moldavii* (Trudy Gos. Istoriko-kraevedčeskogo Muzeja 2, Kišiněv 1969) 106—120.

596 Ebendort 120.

597 WERNER, *Zur Herkunft* 244; BÓNA, *Dunaújváros* 71.

598 S. DOLINESCU-FERCHE, *Les rapports des Slaves et des autochtones au Bas-Danube (VIe siècle de n. e.) et la lumière de l'archéologie et des sources écrites.* In: *Rapports* 171—176; I. NESTOR, Beitrag in: *Les Slaves* 51 leugnet diese Möglichkeit.

599 Eine nach JORDANES durchgeführte archäologische Analyse versuchte KURNATOWSKA, *Die „Sclaveni"* 51—53.

600 Zu den chronologisch-methodologischen Schwierigkeiten eines Vergleichs siehe RAFALOVIČ, *Slavjane* 38. Das Fundmaterial der betreffenden Region wird unseres Wissens allein von KURNATOWSKA, *Słowiańszczyzna* in einer historisch-archäologischen Einheit betrachtet.

völkerung zu nennen, auf die nicht nur Byzanz, sondern auch die Völkerwanderung direkt oder indirekt eingewirkt hatten. Der zweite Kulturkreis ist der slawische, dessen Funde und Bodendenkmäler vom 6. bis zum 8. Jahrhundert eher geringfügig, ab dem 8. Jahrhundert aber massenweise verbreitet und ethnisch gut bestimmbar sind. Der dritte hängt mit den Protobulgaren und anderen Steppenvolksgruppen zusammen, doch ist die archäologische Hinterlassenschaft der Reiterhirten vorläufig nur für die Zeit ab dem 10. Jahrhundert mit größerer Sicherheit nachzuweisen.

Für die Beurteilung der Siedlungsstrukturen zwischen Dnestr und Donau im Frühmittelalter ist auch eine authentische Quelle von Bedeutung, die von verlassenen christlichen Städten, aus Stein gebaut, zwischen Dnestr und Donau in der Mitte des 10. Jahrhunderts berichtet (DAI Par. 37). Die sowjetische archäologische Forschung bringt diese im allgemeinen mit dem Stamm der Tivercen in Verbindung,[601] doch sind gegen diese historische Theorie ernsthafte Bedenken anzumelden.[602]

Die **Kultur von Ipoteşti-Cîndeşti-Ciurel-Costişa**[603] war im Gebiet zwischen Prut, Karpaten und Donau, vor allem aber in Muntenien verbreitet. Ihre charakteristischen Kulturelemente entsprechen in den Bereichen östlich des Prut vom Standpunkt der sowjetischen Forschung den Materialien und Befunden, die dort durchaus wohlbegründet mit den Erscheinungen der Korčak-Kultur verglichen werden. Man ist sich allgemein einig darin, diese Kultur, oder zumindest einen Teil derselben, im Gebiet zwischen dem Unterlauf des Dnestr und der Donau als die früheste archäologische Hinterlassenschaft der Slawen anzusehen.[604] In der Benennung bzw. Klassifizierung der Kultur durch die rumänische Archäologie sind Auffassungsunterschiede festzustellen: Es ist zu bezweifeln, ob die Funde vom Typ Ciurel bzw.

Costişa in den definierten Rahmen passen.[605] Viel eher sieht es so aus, als ob sich die Kultur von Ipoteşti-Cîndeşti teilweise als Folge regionaler spätantiker Einflüsse entwickelt hat,[606] während die Funde vom Typ Ciurel Verbindungen zur Korčak-Kultur der Dnestr-Gegend zeigen.[607] Die Ipoteşti-Cîndeşti-Kultur wird im allgemeinen in das 6.—7. Jahrhundert datiert. Die Funde vom Typ Costişa-Botoşana in der Moldau, die scheinbar die ältesten sind, stammen hingegen aus der ersten Hälfte des 6. oder bereits aus der zweiten Hälfte des 5. Jahrhunderts.[608] Nach Auffassung der rumänischen Archäologen hätten letztere ethnische und kulturelle Elemente der Slawen übernommen.[609] Anläßlich der letzten überblicksmäßigen Bearbeitung der Ipoteşti-Ciurel-Cîndeşti-Kultur wurde sie in das 5.—7. Jahrhundert datiert und als die materielle Hinterlassenschaft einer „lokalen Bevölkerung" interpretiert, welche slawische Elemente assimiliert hätte.[610] Von der Ciurel-Costişa-Kultur sind über 40 durchwegs unbefestigte Siedlungsplätze bekannt. Charakteristisch sind quadratische, aus Stein gebaute Häuser mit Feuerstellen, wobei die Dachkonstruktion auf lediglich zwei gegenüberliegenden Pfosten lastet. Die befestigten Siedlungen sind in der Prut-Gegend erst ab dem 10. Jahrhundert belegt. Die Keramik nimmt im sehr armen Fundgut der Siedlungsplätze den wichtigsten Platz ein. Es sind vor allem handgeformte, ihrem Typ nach den Funden der Korčak-Kultur nahestehende Gefäße und Backteller sowie Drehscheibengefäße, die auf byzantinische Einflüsse zurückgehen.[611] Unter den Schmucksachen finden sich auch die für die Pen'kovka Kultur charakteristischen Masken- und Fingerfibeln sowie sternverzierte Ohrgehänge, wie sie auch bei den Frühawaren bekannt waren. Vom Gesichtspunkt der

601 PLETNĚVA, *Pečenegi, torki i polovcy* 214; G. A. FĚDOROV-DAVYDOV, *Kočevniki Vostočnoj Evropy pod vlastju zolotoordynski chanov* (Moskva 1966) 137.

602 SÂMPETRU, *La région* 243—245.

603 V. TEODORESCU, *Despre cultura Ipoteşti-Cîndeşti în lumine cercetărilor arheologice din Nord-estul Munteniei (regiunea Ploieşti)*. SCIV 15, 1964, 485—503; S. DOLINESCU-FERCHE, *Ciurel, habitat des VIe-VIIe siècles de notre ère*. Dacia 23, 1979, 179—230.

604 M. COMŞA, *Contribution à la question de la pénétration des Slaves au sud du Danube devant les VIe-VIIe siècles d'après données archéologiques du Dobroudja*. In: *I Międzynarodowy Kongres* 322—330; WERNER, *Zur Verbreitung* 244; KURNATOWSKA, *Die „Sclaveni"* 55—58; RAFALOVIČ, *Slavjane*; D. GH. TEODOR, *Les plus anciens Slaves dans l'Est de la Roumanie* In: *Berichte* 201—211; PRICHODNJUK, *K voprosu* 188—189.

605 Die Literatur dieser Diskussion zitiert bei VÉKONY, *A koraavarkori* 212, Anm. 22.

606 Vgl. COMŞA, *Romains* 110—111. Um verbreiteten historischen Überinterpretationen vorzubeugen, sei daran erinnert, daß dieses Phänomen auch bei anderen zeitgenössischen Kulturen in Mitteleuropa zu beobachten ist: HERRMANN, *Probleme* 56—57.

607 KURNATOWSKA, *Słowiańszczyzna* Fig. 1, 2, 3, und 80, Fig. 14.

608 M. COMŞA, *Einige Betrachtungen über die Ereignisse im 6.—7. Jh. an der unteren Donau*. Sla. Ant. 21, 1974, 65—85.

609 BÂRZU, *Der Fortbestand* 73, 80.

610 S. DOLINESCU-FERCHE, *La culture „Ipoteşti-Ciurel-Cîndeşti" (Ve—VIIe siècles). La situation en Valachie*. Dacia 28, 1984, 117—147.

611 Nach der Auffassung eines Kollegen kommen hier gepidische Werkstattraditionen zum Tragen, was aber kaum möglich ist. Vgl. VÉKONY, *A koraavarkori* 232.

Steppenkultur scheint es von Bedeutung, daß auf dem Gebiet des Awarenreiches des 6. bis 7. Jahrhunderts mehrere Parallelen zur Keramik der behandelten Kultur nachzuweisen sind — eine Tatsache, der bislang noch nicht nachgegangen wurde.[612] Einige sowjetische Kollegen halten die Materialien und Befunde vom Typ Ciurel vom ethnischen Standpunkt gesehen für uneinheitlich und nehmen an, daß bei der Ausprägung dieser Kultur auch eine Steppenkomponente wirksam wird. Dabei haben sie besonders Gefäße im Auge, die sie als „Typ Pastyrske" bezeichnen, und mit Hinweis auf die Saltovo-Majaki-Kultur nehmen sie an, daß eine alanisch-bulgarische Völkerschaft auch bei der Genese des Typus Ciurel beteiligt war.[613] Den Grund für den Verfall der Ciurel-Costişa Kultur gegen Ende des 7. Jahrhunderts sieht man in den Folgen der slawisch-awarischen Kriege (?) und im Durchzug der Donaubulgaren.[614] Daneben wurde aber auch die Meinung geäußert, die Ipoteşti-Cîndesti-Ciurel-Costişa-Kultur sei infolge einer Völkerwanderungswelle gegen 680 untergegangen, was auch für die Awarenforschung nicht belanglos ist.[615]

Die **Suceava-Şipot**-Kultur war östlich der Karpaten etwa gleichzeitig mit der vorangehend behandelten und auch auf demselben Gebiet verbreitet. Die Grenzen ihrer Ausdehnung erreichte sie im Süden am Unterlauf der Donau. Im Gebiet zwischen Prut und Dnestr entsprechen die beiden archäologischen Kulturen den Fundorten vom Typ Chanska-II, Chuča und Selişte-I.[616] Im Gegensatz zur Ipoteşti-Cîndesti-Çiurel-Kultur ist sie als lokale Variante der Pen'kovka Kultur anzusehen,[617] die vielleicht gegen Ende des 6. Jahrhunderts einsetzt. Allerdings betrachtet sie die rumänische Forschung als die gemeinsame archäologische Hinterlassenschaft der örtlichen Bevölkerung („Urrumänen") und der Slawen.[618] Für die Siedlungsplätze sind kleinere Häuser mit steinernen Feuerplätzen oder Öfen bezeichnend. Im Keramikmaterial finden sich neben handgeformten Stücken auch die bauchigen Pen'kovka-

Gefäße, manchmal — im gegebenen Fall als „Typ Pastyrske" bezeichnet[619] — auch graue eingeglättete Töpfe und Schalen sowie Fragmente byzantinischer Amphoren aus dem 6. und 7. Jahrhundert. All das findet sich zwischen Prut und Dnestr, bisweilen auch gemeinsam mit Gefäßen vom Typus Korčak. Im bekanntesten Gräberfeld dieser Kultur (Sărăta-Monteoru)[620] wurden rund 1500 Urnenbestattungen freigelegt, wobei unter den wenigen Trachtbestandteilen und Beigaben, in Hinblick auf unsere Fragestellung, die Maskenfibeln und die Pfeilspitzen awarischen Typs hervorzuheben sind. Manche Archäologen sind indes der Ansicht, daß dieses Gräberfeld der Kultur von Ipoteşti-Cîndeşti zuzuordnen ist.[621] Daß die eingeglättete Keramik, die zum Typ Saltovo gerechnet werden kann, und die Gefäße vom Typ Pen'kovka zusammen vorkommen,[622] kann verschieden interpretiert werden. Könnte es bedeuten, daß die eingeglättete Ware vom Typ Saltovo in das 7. Jahrhundert zu datieren ist? In diesem Fall würde dann das gleichzeitige Auftreten der Keramik vom Typ Pen'kovka eventuell das erste Auftreten der Steppenkulturen anzeigen. Eine andere Möglichkeit wäre, daß das gemeinsame Vorkommen der Keramik vom Typ Pen'kovka und der eingeglätteten Keramik sich auch im Rahmen der Kultur von Suceava-Şipot im 8. Jahrhundert fortgesetzt hat. Für die Frühdatierung der eingeglätteten Keramik spricht, daß Keramikfragmente vom Typ Saltovo bei einer Großgrabung zwischen Prut und Dnestr *unter* dem Horizont des 8. und 9. Jahrhunderts zum Vorschein kamen.[623] Jedenfalls betont die Forschung, daß sich die Keramik in einem Horizont weiterentwickelt, der durch den Fundort Hlincea-I aus dem 8.—9. Jahrhundert charakterisiert wird.

Die **Fundmaterialien vom Typ Hlincea I**[624] treten an der Wende vom 7. zum 8. oder gegen die Mitte des 7. Jahrhunderts erstmals westlich des Prut auf.[625] Die verwandten Materialien, die aus dem Bereich östlich des Flusses stammen, werden von der sowjetischen (moldauischen) Forschung der Luka-Kultur zugerechnet und aufgrund deren

612 Ebendort 212—225.
613 RAFALOVIČ, *Slavjane* 148—149.
614 FĔDOROV - POLEVOJ, *Archeologija* 298—300; PRICHODNJUK, *K voprosu* 189.
615 M. COMŞA, *Direction et étapes de la pénétration des Slaves vers la péninsule balkanique aux VIe-VIIe s.* Balcanoslavica 1, 1972, 27.
616 I. A. RAFALOVIČ, *Ranneslavjanskoe selišče Chuča VI—VII vv.* KSIA 105, 1965, 123—128; DERS., *Poselenie Vi-VII vv. u s. Chanska.* KSIA 113, 1968, 94—102.
617 KURNATOWSKA, *Słowiańszczyzna* Fig. 1/30.
618 D. G. TEODOR, *Unele probleme privind evoluţia culturii materiale din Moldova în secolele VI—X.* Carpica 2, 1969, 253—307; DERS., *Teritoriul* 33.

619 RAFALOVIČ, *Slavjane* 36.
620 I. NESTOR - E. ZAHARIA, *Săpaturile de la Sărăta-Monteoru.* MCA 5, 1959, 511—518.
621 E. ZAHARIA, *Données sur l'archéologie des IVe-XIe siècles sur le territoire de la Roumanie.* Dacia 15, 1971, 269—287. Zu dieser Ansicht siehe VÉKONY, *A koraavarkori* 226, Anm. 297.
622 RAFALOVIČ, *Slavjane* 140.
623 RAFALOVIČ, *Slavjane* 39; ČEBOTARENKO, *Kalfa* 208.
624 TEODOR, *Teritoriul* 67—99.
625 COMŞA, *Romains* 113.

Chronologie in das 8. bis 9. Jahrhundert gestellt.[626] Ihre Verbreitung hängt wahrscheinlich mit dem Zustrom neuer, wohl ostslawischer Völkerschaften zusammen, deren archäologisches Material sich grundlegend von dem der Vorbevölkerung unterscheidet. Dies gilt sowohl für die Siedlungsstruktur — nun entstehen länger bewohnte, weitläufig angelegte Haufensiedlungen — als auch für die Anzahl der Fundplätze (aus dem Gebiet der sowjetischen Moldau sind aus dem 6. und 7. Jahrhundert etwa 30, aus dem 8. und 9. Jahrhundert ca. 80 Siedlungsplätze bekannt).[627] Es treten nun neue Häuserkonstruktionen auf, die Häuser sind tiefer in den Boden eingelassen und das Dach ruht auf einem Balkengerüst. Auch die Keramik zeigt nun starke Unterschiede von der früher vertretenen, statt des Typus Pen'kovka tritt der Typus Luka auf. Im Gebiet zwischen Dnestr und Donau lassen sich die ältesten, mit Sicherheit slawischen Gräberfelder in das ausgehende 9. Jahrhundert datieren. Zu den Bodendenkmälern vom Typ Hlincea-I sind derzeit lediglich einige Urnengräber zu zählen. Man nimmt an, daß die meisten der seichten Brandgräber vom Pflug zerstört worden sind. Bisweilen wird die überzogene[628] Vermutung geäußert, das Dnestr-Becken wäre im 10. Jahrhundert ein Teil des Kiever Fürstentums gewesen. Man begründet dies nur mit dem Vorkommen der Funde vom Typ Hlincea-I in Moldavien. Im Gegensatz dazu sind manche sowjetische und rumänische Kollegen der Ansicht, die Funde vom Typ Hlincea-I seien ab der Mitte des 10. Jahrhunderts nicht mehr nachzuweisen, was sie auf die Zuwanderung der Petschenegen zurückführen.[629]

Die **Balkan-Donau-Kultur** wird in Rumänien zumeist auch Dridu- oder Balkan-Karpaten-Kultur genannt. Ihre etwa 350 Fundorte, die in einem Gebiet zwischen dem Unterlauf des Dnestr, den Karpaten und dem Donauunterlauf festgestellt werden konnten,[630] zeigen ein ziemlich einheitliches Bild.[631] Die Balkan-Donau-Kultur wird im allgemeinen in das 9.—11. Jahrhundert

datiert.[632] Bei den sowjet-moldawischen Kollegen ist eine spätere Datierung in das 10.—14. Jahrhundert üblich,[633] der man sich jedoch schwer anschließen kann. Hingegen ist zu betonen, daß im Fortleben so mancher Elemente dieser Kultur auch nach der Jahrtausendwende nichts Überraschendes zu sehen ist. Was das erste Auftreten dieser Kultur betrifft, so scheint eine bislang unbeachtete Münzdatierung bedeutsam: Ein Gefäß vom Typ Dridu wurde mit einer Münze vom Beginn des 8. Jahrhunderts gefunden.[634] In einem Fall wurde die Entstehung dieser Kultur am Ende des 9. bzw. am Beginn des 10. Jahrhunderts mit der Vertreibung der Magyaren aus Etelköz in Zusammenhang gebracht. Das würde für die Siedlungsgeschichte bedeuten, daß sich erst nach diesem Zeitpunkt die Bulgaren nach Norden ausbreiten konnten.[635] Die unbefestigten Siedlungsplätze der Balkan-Donau-Kultur haben stets eine große Ausdehnung und — soweit dies mit Hilfe der in Rumänien üblichen Suchgräben überhaupt festgestellt werden kann — eine lockere Struktur. Die eingetieften quadratischen Häuser sind mittelgroß (15—25 m²), die Wände waren bisweilen mit Brettern verkleidet. Es gab gleichermaßen Öfen aus Stein und solche aus Lehm, während Feuerplätze seltener belegt sind. Auch ein aus Lehm errichteter sogenannter Brotbackofen ist nachgewiesen sowie Öfen, die in Hausmauern eingelassen waren,[636] was angesichts der ungarischen Analogien aus dem 10.—12. Jahrhundert von Interesse ist. Das sehr große und abwechslungsreiche keramische Fundmaterial besteht hauptsächlich aus Drehscheibengefäßen, die von der Magerung und dem Brand her sehr einheitlich sind. Sie lassen sich nach anderen Gesichtspunkten in zwei Gruppen teilen: Die Gefäße der ersten Gruppe sind mit dicht nebeneinander eingerissenen parallelen Linien, seltener mit Wellenlinien verziert (Abb. 58: 3). Sie entsprechen in Form und Verzierung völlig den Gefäßtypen der Saltovo-Majaki-Kultur. Zumeist handelt es sich um Krüge, die oft auch Bodenstempel tragen. Daneben gibt es auch Tonkessel, die in eine späte Periode dieser Gruppe datiert werden (Abb. 58: 1). Ein Teil der Keramik der Balkan-Donau-Kultur

626 Zur Abstimmung der sowjetischen und rumänischen archäologischen Beobachtungen siehe M. PETRESCU-DÎMBOVIȚA, *Resultatele ultimelor cercetari de tip romen-borșevo și importanța lor pentru arheologie R. P. R.* SCIV 5, 1954, 569—584.

627 RAFALOVIČ, *Slavjane* 43.

628 A. P. KAŽDAN, Rezension: G. B. FËDOROV. Byzantinoslavica 23, 1962, 371.

629 DIACONU, *Les Petchénègues* 16—17.

630 Freundliche Mitteilung von V. I. KOZLOV, Leningrad.

631 Eine zusammenfassende Darstellung gibt es nur über die in der Sowjetunion zutage getretenen Denkmäler: PLETNĚVA, *Balkano-dunajskaja kul'tura*. Darüber hinaus bietet auch CHYNKU, wie Anm. 595, einen guten Überblick.

632 COMȘA, *La civilisation*; DIES., *Cu privire la evolutia culturii balcano-dunarene in sec. IX—XI. (Studie preliminar).* SCIV 14, 1963, 107—122.

633 PLETNĚVA, *Balkano-dunajskaja kul'tura* 76.

634 D. GH. TEODOR, *Contributii la cunoasterea culturii Dridu pe teritoriul Moldava.* SCIV 19, 1968, 240; ČEBOTARENKO, *K voprosu.*

635 ARTAMONOV, *Bolgarskie kul'tury* 31.

636 A. A. KRAVČENKO, *Poselenie IX—X vv n. ė. u sela Safjany.* Materialy po Archeologii Severnogo Pričernomor'ja 7, 1971, 72.

ist mit rundum laufenden Linien verziert, die in regelmäßigen Abständen durchkreuzt werden. Ähnliche Verzierungsformen sind auch bei der Keramik von Šarkel zu beobachten. Die zweite Gruppe ist durch eine eingeglättete Keramik gekennzeichnet, grau und gut gebrannt, wie sie aus der Saltovo-Majaki-Kultur gut bekannt ist. Sie ist abwechslungsreicher als die der ersten Gruppe, hier finden sich Krüge, Töpfe, Schüsseln und Schalen. Auch hier kommen Bodenstempel vor, wobei bisweilen auch Runenzeichen und griechische Buchstaben belegt sind. Neben diesen beiden Gruppen finden sich in den Siedlungsplätzen auch Fragmente von Gefäßen byzantinischen Typs und sogar echte Importware, allerdings in einer unbedeutenden Menge. Von den genannten Tonkesseln ist leider nur bekannt, daß sie durchwegs auf der Drehscheibe hergestellt worden sind — im Gegensatz zu einigen bulgarischen Vergleichsstücken. Soweit man von den veröffentlichten Mundsaumtypen schließen kann,[637] stimmen sie typologisch völlig mit den Kesseln des Karpatenbeckens aus dem 10.—12. Jahrhundert überein. Die rumänischen und sowjetischen Archäologen datieren sie in das 10.—12. Jahrhundert, wobei der Beginn der Balkan-Donau-Kultur für das 10. Jahrhundert angenommen wird.[638]

Hier ist anzumerken, daß die den ungarischen ähnlichen scheibengedrehten[639] Tonkessel in Bulgarien im 2. Drittel des 10. Jahrhunderts auftreten.[640] Wie die Untersuchungen eines deutschen Archäologen gezeigt haben, hängen sie mit den Einflüssen eines Steppenvolkes zusammen.[641] Dabei mögen die Raubzüge der Magyaren in das Byzantinische Reich eine gewisse Rolle gespielt

637 Die beste Darstellung bietet Čebotarenko, *Naselenija* 11—12 mit Abb. 2, 3.

638 Comşa, *Ceramică* 202—203; Čebotarenko, *Naselenija* 10.

639 Die Frage der handgeformten Tonkessel, die zweifellos älter sind als die scheibengedrehten und einem anderen Problemkreis angehören (Verbindungen mit der Saltovo-Majaki-Kultur und den Spätawaren), soll hier nicht behandelt werden, weil es im unteren Donaugebiet keine direkten Zusammenhänge zwischen den handgeformten und den scheibengedrehten Kesseln gibt.

640 Materialveröffentlichungen: L. Dončeva-Petkova, *Srednevekovni glineni sădove s vătrešni uši.* Archeologija (Sofia) 13/4, 1971, 32—38; D. Il. Dimitrov, *Nomadska keramika v severoiztočna Bălgarija.* Izvestija na Narodnija Muzej, Varna 11, 1975, 37—58; Z. N. Vǎžarova, *Slavjani i nomadi na teritorijata na dnesnite bălgarski zemi ot kraja na VI—XI v.* Pliska-Preslav 3, 1981, 16—65. Eine vorzügliche Zusammenfassung bietet L. Dončeva-Petkova, *Mittelalterliche Tonkessel aus Bulgarien.* In: *Keramik.*

641 M. Wendel, *Zu einigen Funden von Kesseln mit Innenösen in der frühmittelalterlichen slawisch-bulgarischen Siedlung bei Krivina, Bez. Ruse, VR Bulgarien.* Pliska-Preslav 3, 1981, 91.

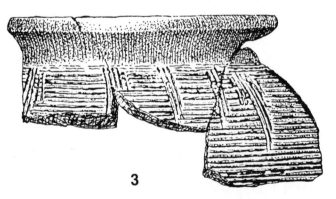

Abb. 58: *Funde der Balkan-Donau Kultur.* 1: scheibengedrehter Tonkessel mit Bodenstempel; 2: Gegenstand aus Knochen zur Herstellung von Linien und Wellen auf Gefäßen; 3: Keramikfragment mit typischer Ornamentik.

haben;[642] mit einer Beteiligung der Petschenegen, die häufig angenommen wird, rechnet der genannte Autor nicht. Eine nuancierte Bearbeitung der Tonkessel der Balkan-Donau-Kultur, die im Gebiet der Sowjetunion gefunden worden sind, hat gezeigt, daß die topf- und eimerförmigen mit den Bulgaren zusammenhängen, während die den Metallkesseln ähnlichen Exemplare von petschenegischer Herkunft sind.[643] Obwohl der zitierte Autor keine feinchronologische Analyse durchgeführt hat, dürften seine Ergebnisse vom historischen Standpunkt aus durchaus realistisch sein. Besonders interessant ist sein Hinweis, daß die Tonkessel nicht in allen Siedlungen der Balkan-Donau-Kultur vorkommen. Beim heutigen Forschungsstand ist es kaum möglich zu beurteilen, ob das ungleichmäßige Vorkommen der Tonkessel lediglich chronologische Gründe hat oder mit verschiedenen Ethnika zusammenhängt.

In den Häusern fanden sich im allgemeinen doppelkonische Spinnwirtel, beinerne Ahlen, seltener eiserne Messer. In der Balkan-Donau-Kultur kommen sowohl Körper- wie auch Brandbestattungen vor. Die ersteren sind häufiger und vor allem in der Dobrudscha belegt. Oft wurden auch Reste von Speisebeigaben dokumentiert. Die Gräber sind W-O-orientiert und was das Totenbrauchtum betrifft, stimmen sie mit den in Bulgarien freigelegten protobulgarischen Bestattungen überein. Die Gräberfelder von Limbar' und Cepreria[644] in der Nähe von Kišinëv sind besonders zu erwähnen. Die Datierungen in das 10.—12. Jahrhundert, vom Ausgräber vorgeschlagen, bzw. in das 12.—14. Jahrhundert, wie sein Kritiker annehmen möchte, dürften allerdings beide zu spät angesetzt sein.[645] Die ärmliche Ausstattung der

Gräber hängt vielleicht bereits mit dem Einfluß des Christentums zusammen. Die Speisebeigaben, aber auch die anthropologischen Merkmale[646] der Bestatteten weisen allerdings klar darauf hin, daß die Menschen in diesem Gräberfeld zumindest teilweise aus der Steppe stammen. Der Bearbeiter des Fundmaterials hält die Gräber allerdings für Bodendenkmäler der „Vlachen, Türken, Mongolen und Slawen".[647] Sofern man darunter Kulturen, anthropologische Typen, nicht jedoch ethnische Einheiten versteht, könnte man dem zustimmen, abgesehen von den Vlachen und Slawen, die nicht in Betracht kommen. In der kritischen Neubearbeitung des Fundmaterials aus dem Gebiet zwischen Prut und Dnestr wird allerdings auf das ostslawische Element ein großes Gewicht gelegt.[648]

An einigen Schädeln der genannten Gräberfelder wurden symbolische Trepanationen beobachtet. Ähnliche Fälle kennen wir aus Baschkirien[649] und aus den Katakombengräbern von Saltovo sowie aus den Erdgräbern von Bol'še Tarchany, Dmitrovka, Zlivki (alle drei gehören der Saltovo-Majaki-Kultur an) und bei den Donaubulgaren aus Dagestan und aus dem Nordkaukasus.[650] Symbolische Trepanationen sind aber auch etliche Male bei den Spätawaren[651] und in

642 Seinem Gedankengang folgend, ist es schwer vorstellbar, daß Reiterscharen von ein paar hundert Kriegern die unhandlichen Tonkesseln (bis 30 cm Durchmesser) an die feindlich eingestellte lokale Bevölkerung am Balkan weitergegeben hätten.

643 G. POSTIKĖ, *Glinjanye kotly na territorii Moldavii v rannesrednevekovnoj periode*. SA 1985/3, 227—239.

644 I. G. CHYNKU, *Limbar' — srednevekovyj mogil'nik XII—XIV vekov v Moldavii* (Kišinëv 1970); DERS., *Kěprěrija*.

645 ČEBOTARENKO, *Naselenija* neigt zu extremen Spätdatierungen, wobei seine Literaturzitate zur Frage der Tonkessel die willkürliche Vorgangsweise verraten: Er datiert die Siedlung von Chanska in das 10.—12. Jh. mit dem Hinweis, ähnliche Keramikformen gäbe es in der Saltovo-Majaki-Kultur und „aus dem Gebiet Ungarns". Tatsächlich wurden die Analogien aus dem Karpatenbecken niemals auschließlich in das 11. oder gar 12. Jh. datiert, sondern stammen aus dem beginnenden 10. Jh., wie FODOR, *Ursprung*, von ČEBOTARENKO zitiert, klar gezeigt hat. Die von FODOR für die ethnische Interpretation gegebenen Hinweise wurden ebenfalls unberücksichtigt gelassen. Ungeachtet seiner Spätdatierung der Siedlung von Chanska finden sich die Tonkessel in der von ihm publi-

zierten typochronologischen Tabelle bereits im 9. Jahrhundert — ein klarer Gegensatz ! Vermutlich dachte er bei der Eintragung an die chronologische Bestimmung KRASIL'NIKOVS, der die von ihm publizierten Funde in das 9. Jh. gestellt hat, Objekte, die mit denen von Chanska sowohl typologisch wie von der Machart her eng verwandt sind. Daß die Datierung ČEBOTARENKOS zu spät ist, zeigt nicht zuletzt seine eigene typochronologische Tabelle: Limbar' — von 13 Fundtypen stammen 6 aus dem 9. Jh.; Cepreria — 6 von 8 Typen; Chanska — 5 von 15 Typen. Ein zusätzliches Argument für die Datierung der Balkan-Donau-Kultur in das 10. Jh. stellt eine Pfeilspitze mit gegabeltem Blatt dar, die in Branešti-XIII gefunden und von I. G. CHYNKU, *Poselenija XI—XIV vekov v orgeevskich kodrach Moldavii* (Kisinëv 1969) 73, Fig. 20/6 publiziert wurde und deren Analogien bislang ausschließlich von Komplexen der ungarischen Landnahmezeit (10. Jh.) bekannt sind.

646 Dazu vgl. VELIKANOVA, *K ětničeskoj antropologii*.

647 CHYNKU, *Kěprěrija* 58. Mit Türken und Mongolen im ethnisch-historischen Sinn ist hier freilich nicht zu rechnen. Die ersteren traten in Osteuropa in der 2. Hälfte des 6. Jh.s auf, sind aber nie westlich der Krim gewesen. Die Mongolen suchen das Gebiet erst in den dreißiger Jahren des 13. Jh.s heim.

648 ČEBOTARENKO, *Naselenija*.

649 J. NEMESKÉRI - A. KRALOVÁNSZKY - L. HARSÁNYI, *Trephined skulls from the tenth Century*. AAH 17, 1965, 361.

650 P. BOEV, *SimboliČni trepanacii ot Bălgarija*. Izvestija na Instituta po Morfologii 9—10, 1964, 289—297; DERS., *SimboliČni trepanacii ot SSSR*. Ebendort 11, 1965, 113—127.

651 J. NEMESKÉRI - K. K. ÉRY - A. KRALOVÁNSZKY, *A magyarországi jelképes trepanáció*. Antropológiai Közlemények 4, 1960, 5; É. GARAM, *The Szebény I—III Cemetery*. In: *Avar Finds 110*; I. KOVRIG, The Tiszaderzs Cemetery. *Ebendort 236*.

größerer Anzahl bei den landnehmenden Ungarn nachzuweisen.[652] Aufgrund ihrer Verbreitung könnte man diese Sitte für eine bulgarisch-türkische Eigentümlichkeit halten,[653] und dies mag auch für die Beurteilung der Gräberfelder von Cepreria und Limbar' einen wertvollen Anhaltspunkt liefern.

In den Berichten über die Freilegung eines Siedlungsplatzes von Limbar', der in das 8—10. Jahrhundert datiert wird, werden Tonkessel erwähnt, die mit grauer eingeglätteter Keramik und mit glimmergemagerten Drehscheibengefäßen vergesellschaftet waren.[654] Die sowjetische Fachwelt hält die Glimmermagerung für ein Merkmal, das für die altrussische Töpferei charakteristisch war,[655] doch stellt sie auch ein wichtiges technisches Charakteristikum der spätawarischen und ungarischen Keramik des 10.—11. Jahrhunderts dar. Von großer Bedeutung ist eine in Chanska festgestellte Jurte.[656] Ihr Grundriß wurde leider nicht publiziert, die geborgenen Funde sind jedoch ungewöhnlich vielfältig und haben einen relativ guten Datierungswert. Die Materialvorlage zeigt klar die Linien- und Wellenzier der Gefäße, die als ostslawische Merkmale betrachtet werden. Nur kurz wird auf die hier ebenfalls vertretenen Tonkessel eingegangen. Auffällig ist aber ihre enge typologische und — soweit dies anhand der Unterlagen beurteilt werden kann — technologische Verwandschaft mit den Tonkesseln des Karpatenbeckens. Gerade von dieser Verwandtschaft her scheinen die Kessel von Chanska (Abb. 59: 10) mit denen des Karpatenbeckens enger zusammenzuhängen als mit Vergleichsstücken aus der Saltovo-Majaki- oder der Balkan-Donau-Kultur. Ähnliche Tonkessel sind aus der rumänischen Moldau bekannt,[657] was zeigt, daß es sich nicht um einen Einzelfall handelt. Ihre Verbindungen mit den Funden des frühharpadenzeitlichen Karpatenbeckens sind noch zu berücksichtigen. Bei der Datierung der Siedlung von Chanska ist zu bedenken, daß in den Siedlungen

der benachbarten Balkan-Donau-Kultur die eingeglättete Keramik ausgesprochen häufig vorkommt (in Kalfa und Ětulija mehr als 20 %[658]), während sie hier nicht vorkommt. Dies ist deshalb von Bedeutung, weil sich einerseits in der Keramik der ungarischen Landnahmezeit immer mehr Merkmale der Balkan-Donau-Kultur zeigen, während andererseits in den Siedlungen des 9.—11. Jahrhunderts östlich der Theiß bislang keine eingeglättete Tonware gefunden werden konnte. Das bedeutet, daß für die Datierung der Hütte von Chanska die Parallelen im Karpatenbecken ausschlaggebend sein können, nicht aber jene aus Novgorod,[659] das wesentlich weiter entfernt ist und historisch wie kulturell nie mit diesem Gebiet verbunden war. Die Zusammenhänge betreffen nicht nur die Keramik, sondern auch einen in Bronze gegossenen Ösenknopf, für den es im Material des Karpatenbeckens aus dem 10. und seltener aus dem 11. Jahrhundert, wie auch im Fundgut der südrussischen Steppen bis in das 11.—12. Jahrhundert Analogien gibt.[660] Die deltaförmigen Pfeilspitzen waren schon bei den landnehmenden Ungarn allgemein verbreitet.[661] (Die im Querschnitt quadratische Pfeilspitze, von Sebestyén irrtümlich als Panzergeschoß bezeichnet, beweist nicht unbedingt einen Einfluß der westlichen Kriegskunst im Osten, sondern findet sich auch in den frühesten Gräbern der landnehmenden Ungarn.[662]) Aus den genannten Gründen wird man sich der vom Autor der Publikation vorgeschlagenen Datierung der Hütte von Chanska in das 11.—12. Jahrhundert nicht anschließen, sondern früher datieren. Die engen Zusammenhänge des Fundmaterials aus der Jurte von Chanska mit dem Material der landnehmenden Ungarn im Karpatenbecken wird überdies historisch interpretiert werden dürfen.

Urnengräber sind im ganzen Gebiet der Balkan-Donau-Kultur belegt. Nicht selten sind die Urnen mit Steinplatten umgeben und mit einem Gefäß abgedeckt, in einem Fall sogar mit einem scheibengedrehten Tonkessel.[663] Unter den Beigaben sind vor allem die eisernen Gürtelschnallen und die flachen Pfeilspitzen hervorzuheben. Bemerkenswert sind auch zwei reiche Ei-

652 DIENES, Vélemény 118. Einen paläopathologischen Überblick bereitet derzeit GRYNAEUS, Krankheiten vor, der echte wie symbolische Trepanationen ausführlich behandelt.

653 I. FODOR vertritt die Ansicht, daß die symbolische Trepanation bei den Spätawaren und den landnehmenden Ungarn nicht nur auf einen bulgarisch-türkischen, sondern vielleicht auf den alanischen Einfluß zurückzuführen ist. FODOR, Contacts 57—58, Anm. 9.

654 G. I. POSTIKĖ, Raskopki poselenija Limbar'-Kėprerija. AO 1981 (Moskva 1983) 400—401.

655 POSTIKĖ, wie A. 654; ČEBOTARENKO, Naselenie 13.

656 ČEBOTARENKO, Naselenie 8—10.

657 SPINEI, Moldova Fig. 12/8—13.

658 ČEBOTARENKO, Naselenie 10.

659 wie das ČEBOTARENKO, Naselenie 15 tut

660 SZŐKE, Emlékei 79; G. A. FĚDOROV-DAVYDOV, Kočevniki Vostočnoj Evropy pod vlastju zolotoordynskich chanov (Moskva 1966) 69 f und 66, Fig. 12/2.

661 SEBESTYÉN, Bogen 193—205.

662 HAMPEL, Alterthümer Taf. 415/11 und 436/1—5.

663 M. COMŞA - A. RADULESCU - N. HARTUCHI, Necropolă de incineraţie de la Castelu. MCA 8, 1962, 655, Fig. 1 a-b.

senfunde, die aus vielerlei landwirtschaftlichen Geräten und Schmiedewerkzeugen bestehen.[664]

Die Erforschung der Balkan-Donau-Kultur befindet sich derzeit in einem Stadium, das noch nicht berechtigt, „weitergehende Aussagen über ihre ethnische Zusammensetzung zu machen".[665] Es wird allgemein angenommen, daß diese Kultur territorial und auch zeitlich mit der nördlichen Ausbreitung des bulgarischen Staates im 9.—10. Jahrhundert zusammenhängt[666] und/oder wird als Variante der Saltovo-Majaki-Kultur angesehen.[667] Beides ist durchaus stichhaltig und läßt gleichzeitig auf mögliche ethnische Komponenten der Kultur schließen. Die rumänischen Archäologen schätzen die Rolle eines autochthonen, vom kulturellen Standpunkt als byzantinisch bezeichneten Ethnikums — das der „Urrumänen" — neben den Bulgaren und Slawen besonders hoch ein.[668] Viele Archäologen sind der Ansicht, daß das bloße Vorkommen der Keramik vom Typ Saltovo schon irgendwelche Einflüsse der Steppenkultur zeigt. Die Höhe des Anteiles dieser Ware würde dann Rückschlüsse auf die ethnischen Verhältnisse gestatten. Die eingeglättete Drehscheibenkeramik macht in den Siedlungsplätzen der Region zwischen 20 und 30 % vom keramischen Gesamtmaterial aus. Doch natürlich kann der Anteil der Zierkeramik alleine noch kein Maßstab für die ethnisch-kulturelle Verschmelzung sein. Abge-

sehen von der methodischen Problematik ist ein derartiger Schluß auch deshalb verfehlt, weil das gleiche Verhältnis zwischen Keramikprodukten, die in zwei verschiedenen Techniken hergestellt worden waren, auch an zwei Siedlungsplätzen der Saltovo-Majaki-Kultur, einer in der Kuban-Gegend und einer am Don, beobachtet werden konnte.[669] Auch unter der Keramik der Balkan-Donau-Kultur, die als slawisch angesprochen wird, finden sich Formen und technologische Details, die der slawischen Töpferkunst sonst fremd sind.[670] Im Gegenteil: Verzierungsformen, die an Gefäßen der Balkan-Donau-Kultur zu beobachten sind, dicht nebeneinander angebrachte umlaufende Linien, sind auch bei den Gefäßen der Saltovo-Majaki-Kultur oder — um die rumänische Terminologie zu gebrauchen — an den Gefäßen vom Typ Saltovo häufig zu erkennen. So wurde also zu recht betont, daß diese verschiedenartigen Keramiktypen nicht nur zusammen vorkommen, sondern eine Einheit bilden.[671] Auch die Sitte, den Toten Wegzehrungen mitzugeben, ist kein eindeutig slawischer Ritus, denn Beigaben dieser Art sind bei der Saltovo-Majaki-Kultur, bei den Spätawaren und in den Gräberfeldern der Donaubulgaren nachzuweisen. Die extreme Vorstellung, die Gemeinsamkeiten zwischen der protobulgarischen Kultur und der Saltovo-Majaki-Kultur wären dem Einfluß der Slawen zuzuschreiben, die nach Bulgarien eingewandert sind, ist nur am Rande zu erwähnen.[672] Eine alleinstehende und wegen ihres weiten Blickwinkels und ihrer Objektivität wohl richtungsweisende Hypothese scheint hingegen beachtenswert: Eine allzu schematische Darstellung der Verschmelzung der Bulgaren und Slawen sei höchst problematisch. Die N-S-Orientierung der Gräber, die Speisebeigaben, die Pferdebestattung, die eingeglättete wellenlinienverzierte bzw. mit parallelen Linien versehene Drehscheibenkeramik sind, so meint der Autor, allein für die Bulgaro-Türken kennzeichnend. Ein Großteil dieser für die Balkan-Donau-Kultur charakteristischen Merkmale sind im 8. Jahrhundert nicht im ganzen Gebiet Bulgariens, also nicht in den von Slawen bewohnten Landstrichen, sondern lediglich in der Dobrudscha verbreitet. Die beiden Volksgruppen seien also nicht miteinander verschmolzen, die Balkan-Donau-Kultur mithin nicht der archäologische Nieder-

664 M. COMŞA - E. GHEANNOPULOS, *Unelte şi arme din epocă feudală timpuri descoperite la Radovanu (jud. Ilfov.).* SCIV 20, 1969, 617—621; M. COMŞA - C. DECULESCU, *Un deposit de unelte si arme descoperit la Curcani (jud. Ilfov).* SCIV 23, 1972, 469—473.

665 ČEBOTARENKO, *K voprosu* 86.

666 ZD. VÁNA, *Einführung in die Frühgeschichte der Slawen* (Neumünster 1970) 75; FĔDOROV - POLEVOJ, *Archeologija* 307—319; M. I. ARTAMONOV, *K voprosu o karpato-dunajskoj kul'ture.* In: *Tezisy dokladov vsesojuznoj sessii posvjaščennoj itogam archeologičeskich i ětnografičeskich issledovanij 1966 goda* (Kišiněv 1967) 30—31.

667 PLETNĔVA, *Balkano-dunajskaja kul'tura* 75—76.

668 I. NESTOR, *Contributions archéologiques aux problème des Protoroumains. La civilisation de Dridu.* Dacia 2, 1958, 371—382; E. ZAHARIA, *Cîteva observatii despre arheologia şi istoria sec VIII—XI. pe teritoriul R. S. România* (Aluta 1969) 115—128; DERS., *Săpăturile* 155—157. Kritisch dazu Z. HILCZERÓVNA, *Le problème de la civilisation de Dridu.* Sla. Ant. 17, 1970, 161—170; COMŞA, *La civilisation* 431. Nur der Kuriosität wegen soll auch die Ansicht erwähnt werden, derzufolge die eingeglättete Keramik der Dridu-Kultur Gemeinsamkeiten mit den Gefäßen vom Typ Marosszentanna (= Černjachov) haben soll, die in einer ähnlichen Technik hergestellt wurden: P. DIACONU, *Quelques problèmes de la période comprise entre le VIIᵉ s. et le commencement du Xᵉ s.* Dacia 18, 1974, 291. Vom Standpunkt der Chronologie trennen die beiden Kulturen mindestens 3—4 Jahrhunderte. Von anderen Forschern wurden die Beziehungen zwischen der Balkan-Donau-Kultur unter Einschluß der Dridu-Kultur und der Saltovo-Majaki-Kultur nie bezweifelt.

669 V. S. FLĔROV, *Poselenie VIII—IX vv. u st. Bogojavlenskoj.* SA 1971/2, 264; GADLO, *Kočev'e* 122.

670 ČEBOTARENKO, *K voprosu* 93.

671 ST. MIHAJLOV, *Les Slaves et la culture méditerranéenne à l'époque du premier royaume bulgare.* In: *Les Slaves* 72, Anm. 60.

672 P. N. TRET'JAKOV Beitrag in: *Les Slaves* 100.

schlag dieses Prozesses, sondern die Bulgaro-Türken wären infolge der Angriffe der Petschenegen und Kumanen untergegangen, die Slawen hätten schließlich die türkischen Überreste im Wege eines Akkulturationsprozesses in sich aufgenommen.[673]

Die Erforschung der Balkan-Donau-Kultur spielt für die ungarische Frühgeschichte und für die Archäologie der Landnahmezeit aus zwei Gründen eine zentrale Rolle. Bevor es zur ungarischen Landnahme im Karpatenbecken gekommen ist, siedelten die Magyaren nördlich des Unterlaufs der Donau und östlich der Karpaten, also gerade dort, wo die Balkan-Donau-Kultur seit dem Ende des 9. Jahrhunderts nachgewiesen ist. Andererseits stießen die nach Siebenbürgen und an die Theiß vordringenden landnehmenden Ungarn möglicherweise auf Völkerschaften, deren materielle Kultur mit der Balkan-Donau-Kultur übereinstimmte oder zumindest verwandt war. Aufgrund einiger Keramikfunde rechnen die ungarischen Archäologen mit dem Einfluß der Dridu-Kultur bis in die Gebiete östlich der Theiß.[674] Die Beziehungen zwischen der Balkan-Donau-Kultur und den landnehmenden Ungarn wurden bislang nicht untersucht.

Die **Bucov-Kultur** oder die Fundkomplexe vom Typ Bucov wurden nach dem Fundmaterial einer groß angelegten Siedlungsgrabung bei Bukarest benannt. Die rumänische Forschung hält das Material und die Befunde für die Hinterlassenschaft der autochthonen Bevölkerung des 8.—10. Jahrhunderts.[675] Ihr Verbreitungsgebiet liegt außerhalb der Steppenzone des Gebiets zwischen Donau und Dnestr, weswegen wir hier nicht näher darauf eingehen wollen.

Anläßlich einiger Ausgrabungen in der Umgebung der Flüsse Prut und Dnestr wurden große (2500 bis 4000 m²) befestigte Siedlungsplätze freigelegt. An der Mündung des Flusses Byk (Bîcul) in den Dnestr liegt der Siedlungsplatz Kalfa. Die ältere, untere Schicht wurde in das 8. und 9. Jahrhundert datiert und als slawisch interpretiert. Die obere hingegen wurde in das 9.—10. bzw. in das 9. Jahrhundert gestellt und als byzantinisch-bul-

garisch bezeichnet, bzw. mit dem Typ Dridu (d. h. „Urrumänen") in Zusammenhang gebracht.[676] Aus dem Fundmaterial sticht die handgeformte und auf der Drehscheibe hergestellte Keramik der Balkan-Donau-Kultur hervor. Von den Erdburgen, die in der Waldsteppe festgestellt werden konnten, ist die von Ėkimaucy[677] am linken Ufer des Flusses Reut am bedeutendsten. Nach dem kurzen Grabungsbericht wurde hier eine große Anzahl Fragmente, ausschließlich von Drehscheibengefäßen, Ohrgehänge vom Typ Tokaj, deltoidförmige Pfeilspitzen (Abb. 62: 1), ein punziertes und palmettenverziertes Scheidenende (Abb. 59: 7), Lanzenspitzen mit schmaler Klinge (Abb. 62: 6), eine Eisenschere, Dirheme aus dem 10. Jahrhundert und anderes zutage gefördert. Nach Meinung des Ausgrabungsleiters zeugen die Fundobjekte von der Existenz einer altrussischen Kultur, die Erdburg soll eine Stadt der Tivercen gewesen sein, die vom Bayerischen Geografen erwähnt wird (?). Die Siedlung wäre am Beginn des 11. Jahrhunderts im Zuge eines Angriffs der Reiternomaden zu Ende gegangen. Diese Interpretation des Fundmaterials wird allerdings der Vielfältigkeit und dem hohen Anteil der Fundobjekte nicht gerecht, die zweifellos mit der Steppenkultur in Zusammenhang stehen. Dazu kommt, daß die Analyse der Tierknochen ergeben hat, daß dem Pferd in der Burg von Ekimauci ein allererster Rang zugekommen ist.

Funde vom altungarischen Typ östlich der Karpaten

Trotz erheblicher Bemühungen ist derzeit die osteuropäische Archäologie nicht in der Lage, die archäologische Hinterlassenschaft der Altungarn in Etelköz, d. h. in ihrer letzten Heimat vor der Landnahme genau zu bestimmen. In den Gebieten, die von den Altungarn entweder durchwandert oder sogar eine zeitlang beherrscht worden waren, fanden sich wiederholt Fundobjekte, bisweilen auch Formen der Pferdebestattung, die mit den Funden und Bodendenkmälern der landnehmenden Ungarn nahe Verwandtschaft zeigen. Von einem Fundkomplex, der sicher aus dem 9. Jahrhundert stammt und mit den Ungarn zu tun hat, wurde bis dato jedoch nichts bekannt. Es gibt gewisse Gegenstände, Grabfunde, die von der früheren Forschung in diesem Zusammenhang genannt wurden. So z. B. wurde um die Jahrhundertwende in Tankeevka im Obervolgage-

673 ARTAMONOV, *Bolgarskie kul'tury* 8—13.
674 K. MESTERHÁZY, *A Tiszántúl IX—X századi bolgár emlékei.* FA, 1977, 162—169. Freundliche mündliche Mitteilung von B. M. SZŐKE über Beobachtungen anläßlich der Vorbereitungen der Archäologischen Topographie Ungarns im Kreis Szarvas.
675 M. COMŞA, *Cultura materială veche romaneasca* (Bucureşti 1978); DIES., *Die örtliche Keramik aus den Siedlungen des 8.—10. Jahrhunderts von Bucov-Ploieşti.* Dacia 23, 1979, 231—264; DIES., *Die Keramik vom byzantinischen Typus aus den Siedlungen von Bucov-Ploieşti.* Dacia 24, 1980, 323—339.

676 ČEBOTARENKO, *Kalfa;* SĂMPETRU, *La région* 246—251.
677 G. B. FĖDOROV, *Gorodišče Ekimaucy.* KSIIMK 40, 1953, 104—126.

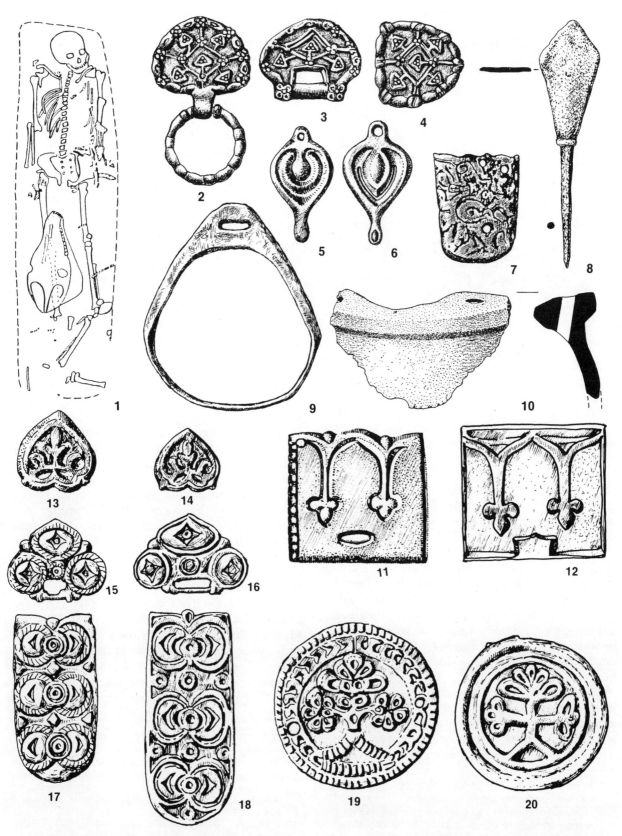

Abb. 59: *Funde von altungarischem Typ östlich der Karpaten*. I. 1: Grabplan von Probota: partielle Pferdemitbestattung, zu den Füßen der Toten gelegt; 2—4: lilienverzierte Gürtelbeschläge, aus Silber gegossen; 5, 6: aus Bronze gegossene untere Teile von Beschlägen mit Anhängsel; 7: Ortband eines Säbels aus Silber, mit Palmettenverzierung; 8: deltoidförmige Pfeilspitze, 9: Steigbügel von landnahmezeitlichem Typ; 10: scheibengedrehte Tonkesselfragmente von arpadenzeitlichem Typ; 11, 12: Verwandte Gürtelbeschläge aus Gnëzdovo und Nagykőrös; 13—18: Ähnliche Gürtelbeschläge aus Krjukovo kužnovo und Tiszakécske bzw. Karancslapujtő; 19, 20: Ähnliche Beschläge aus Archangelsk und Érsekújvár (Nové Zámky, CSSR).

Abb. 59 a: Punzierte Zierscheibe aus Silberblech, Hintergrund vergoldet, aus Karanaevo (Baschkirien).

biet ein Grab entdeckt, das aufgrund der Gürtelgarnitur, der Steigbügelform und der Sitte der Pferdebestattung gewisse Ähnlichkeiten mit der Archäologie der landnehmenden Ungarn zeigt.[678] Inzwischen wurde das Gräberfeld mit mehreren hundert Bestattungen freigelegt und es zeigt sich nunmehr deutlich, daß dieser Fundort einer Völkerschaft zuzuordnen ist, die den Altungarn in vielerlei Hinsicht nahesteht, mit diesen jedoch nicht ident sein kann.[679] Ähnlich verhält es sich mit dem Fundgut von Vorobёvo, Flur Golubye lesk, bei Voronež unweit des Don.[680] Es unterscheidet sich nicht von dem der Saltovo-Majaki-Kultur, die Ähnlichkeit mit dem Fundmaterial der Landnahmezeit hängt jedoch einfach mit den vielfältigen Beziehungen zwischen der Saltovo-Majaki-Kultur und der Kultur der ungarischen Landnahmezeit zusammen — hat also keine weitergehenden historischen Ursachen. Allein aufgrund der räumlichen und chronologischen Zusammenhänge liegt es auf der Hand, daß in der landnahmezeitlichen Hinterlassenschaft auch Fundobjekte vom Typ Saltovo-Majaki vertreten sind. Das bedeutet noch lange nicht, daß diese Tatsache zu historisch-ethnischen Schlußfolgerungen berechtigt: Auch wenn sich im Osten eine noch so nahe

Parallele zu den Fundobjekten aus dem Karpatenbecken findet, läßt sich daraus nicht folgern, daß jene zwingend altungarisch sind. Die einzige erlaubte Folgerung ist chronologischer Natur. Die in Ungarn gefundenen Objekte, zu denen uns sehr nahe oder genauer fast identische Analogien aus dem Osten bekannt sind, stammen aller Wahrscheinlichkeit nach aus der frühesten Periode der Landnahmezeit.[681] Jedoch ist die Folgerung in der gegensätzlichen Richtung nicht erlaubt; die zitierten Funde, Gräber und Gräberfelder dürfen nicht kurzschlüssig als altungarisch bezeichnet werden.[682] Gleiches gilt für die Funde aus der Umgebung von Kiev und Černigov, die mit der landnahmezeitlichen Schmiedekunst viele Gemeinsamkeiten aufweisen.

In Moldau und Muntenien wurde eine Anzahl Gräber freigelegt, die Merkmale der Steppenkultur aufweisen und mit den Materialien und Funden der Petschenegen aus Osteuropa (10. Jahrhundert) weitgehend übereinstimmen.[683] Zwei Gräber unterscheiden sich jedoch von den übrigen in gewisser Hinsicht: Im Tal des Flusses **Kogil'nёk** südlich von Kišinëv wurde eine Bestattung freigelegt, zu deren Füßen die zusammengefaltete Pferdehaut (d. h. Fell mit Schädel und Fußknochen) deponiert worden war.[684] Die lyraförmige Gurtschnalle, eine Bronzeschelle, die deltoidförmigen Pfeilspitzen, vor allem aber der Bestattungsritus entsprechen dem der landnehmenden Ungarn, während das Material der mit ihm bestatteten Frau zumindest kulturell, ja vielleicht sogar chronologisch anders zu beurteilen ist. Sie hatte einen Haarring mit Kugelende, eine Tüllenpfeilspitze und eine Eisenschere. Bedauerlicherweise war die Trense des Pferdezaumzeugs stark fragmentiert, sodaß sich nicht festellen läßt, ob sie tatsächlich zu den für die Petschenegen charakteristischen Gebißtypen mit geradem Mundstück gehörte. Bei **Probota** am östlichen Zugang zum Paß Ojtoz wurde das Grab eines Mannes gefunden, dem man neben die Füße ebenfalls eine abgezogene Pferdehaut gelegt hatte.[685] (Abb. 59: 1) Außerdem fanden sich in

678 FETTICH, *Metallkunst* 125 und Taf. XVIII/15—19; ZA-KHAROV - ARENDT, *Studia Levedica* 74.

679 E. A. KHALIKOVA - E. P. KAZAKOV, *Le cimetière de Tankeevka.* In: *Anciens Hongrois* 21—221; FODOR, *Altungarn* 18—22.

680 FETTICH, *Metallkunst* 193—194, Taf. XVIII/1—14; MER-PERT, *Ugorskie (vengerskie) plemena* 682, Anm. 2; É. MOL'NAR, *Problemy ètnogeneza v drevnej istorii vengerskogo naroda* (Studia Historica 13, Budapest 1955) 117; FEHÉR, *Zur Geschichte* 286.

681 Hier sind vor allem die Gürtel- bzw. Pferdegeschirrbeschläge von Nagykőrös, Karancslapujtő, Tiszakécske, Vereb und Szakony zu erwähnen, deren Analogien aus Gnёzdovo bei Smolensk, aus dem Gebiet des Cna-Flusses in Mordvinien (Panovo und Elizavet-Michajlovka) und des Don (Archangelsk, Bujlovka, Borševo) ans Tageslicht kamen.

682 I. ERDÉLYI, *Újabb adatok* 99; DERS., *Grabfunde* 121—123.

683 SÂMPETRU, *La région* 259; BÁLINT, *Tombes* 19.

684 T. G. OBULDUEVA, *Kurgan èpochi bronzy na r. Kogil'nik.* Izvestija Moldavskoj filialii Akademii Nauk SSSR 5, 1955, 37.

685 E. ZAHARIA - N. ZAHARIA, *Sondajul salvare din necropolă de la Probota.* MCA 8, 1962, 602—605.

seinem Inventar deltoidförmige Pfeilspitzen. Dieser Bestattungsritus ist den Petschenegen völlig fremd,[686] während er für das Totenbrauchtum der landnehmenden Ungarn durchaus kennzeichnend ist. Er wird bei künftigen Überlegungen zur Lokalisierung von Etelköz beachtet werden müssen.

Aus den Gebieten östlich der Karpaten sind derzeit lediglich zwei Gräber von **Krylos** (UdSSR)[687] bekannt, die nach der Auffassung ungarischer Archäologen mit den Magyaren während ihres Aufenthaltes in Etelköz in Zusammenhang gebracht werden können (Abb. 60: 1—8). Alle Fundobjekte und auch die beobachteten Bestattungsriten[688] fügen sich gut in die Hinterlassenschaft der landnehmenden Ungarn ein. Die Bedeutung der Gräber von Krylos liegt darin, daß sie, bedingt durch ihre geografische Lage — sie wurden in der Nachbarschaft von Chalič am Oberlauf des Dnestr, etwa 110 km nordöstlich vom Verecke-Paß entfernt freigelegt — typochronologisch und kulturell in einen logischen Zusammenhang mit den landnehmenden Ungarn gebracht werden können. In beiden Hügelgräbern fanden sich Bestattungen mit „ausgestopfter Pferdehaut", einfache goldene Haarringe und gepreßte Gürtelbeschläge, Kleiderschmuck, ferner ein steinbesetzter Fingerring vom Typ Saltovo, birnenförmige Steigbügel, eine Stangentrense, Riementeiler, ein palmettenverziertes silbernes Peitschenende, Pfeilspitzen und vieles andere. Möglicherweise ist der Zeitpunkt der Anlage dieser Gräber nicht weit von den Jahren der ungarischen Landnahme entfernt, die hier Bestatteten dürften unmittelbare Angehörige der landnehmenden Ungarn gewesen sein.

Wenn es überhaupt erlaubt ist, diese Frage aufzuwerfen, ist die ethnische Bewertung eines Grabfundes, der am **Sadovaja Višnja** im Quellengebiet des Dnestr aufgefunden worden ist,[689] weniger klar. Die kleinen Gürtelbeschläge, das gegossene Ohrgehänge mit Kugelreihenanhänger, der steinbesetzte Fingerring vom Typ Saltovo finden ihre nächsten Parallelen tatsächlich im landnahmezeitlichen Fundgut. Angesichts der geografischen

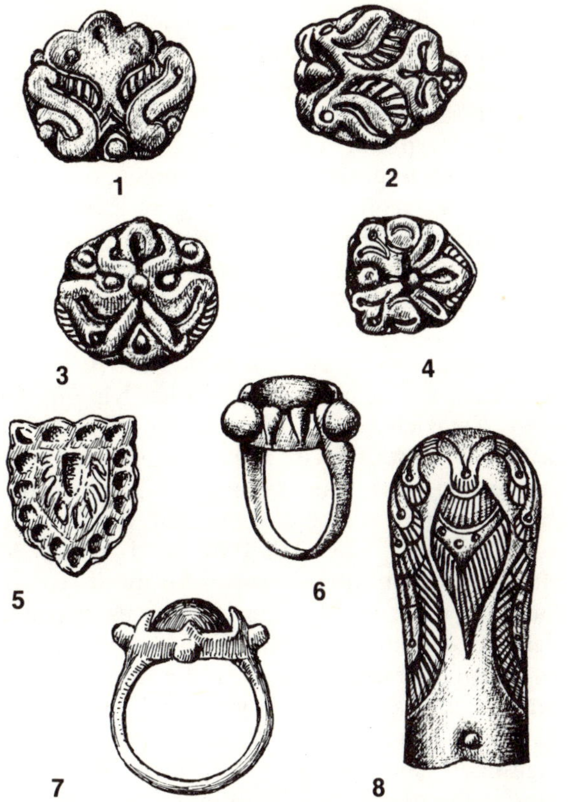

Abb. 60: *Funde von altungarischem Typ östlich der Karpaten. II.* 1—4: aus Silber- bzw. Goldblech gepreßte Gürtelbeschläge mit Palmettenverzierung; 5: aus Silber gegossener Gürtelbeschlag; 6, 7: goldene Ringe mit Glaseinlagen, 8: Peitschenende aus Silberblech, mit Palmettenverzierung.

Lage des Fundortes und des wenig auffälligen Bestattungsritus ist jedoch eine Zuordnung der Bestattungen zum ungarischen Ethnikum problematisch.[690]

Einem ganz anderen Problemkreis gehört das in **Przemyśl** freigelegte Gräberfeld an,[691] der zweite ungarische Fundort neben Krylos, der außerhalb der Karpaten gelegen ist.

So ist die Lösung der Frage, wo und wie der Nachlaß der Altungarn im 9. Jahrhundert zu su-

686 SÄMPETRU, *La région* 262; BÁLINT, *Tombes* 19.

687 J. PASTERNAK, *Die ersten altungarischen Grabfunde nördlich der Karpaten.* In: FETTICH, *Metallkunst* 297—303.

688 Allerdings handelt es sich um Hügelgräber, die bei den landnehmenden Ungarn unbekannt waren, — sofern die aufgeschütteten Hügel mit den Gräbern gleichzeitig sind, was aus der Publikation nicht eindeutig hervorgeht. Nach einer mündlichen Mitteilung von I. ERDÉLYI sind noch nicht alle Kurgane untersucht.

689 O. O. RATIČ, *Bagate pochovannja rubežu X—XI st. u Sudovij Vyšni.* In: *Seredni viki na Ukrajini* (Kiev 1971) 162—168.

690 E. DĄBROWSKA, *Éléments hongrois dans les trouvailles archéologiques au Nord des Karpates.* AAH 31, 1979, 341—356.

691 A. KOPERSKI - M. PARCZEWSKI, *Wczesnośredniowieczny grób Węgra koczownika z Przemyśla.* AAC 18, 1978, 151—199; A. KOPERSKI, *Cmentarzysko „staromadziarskie" w Przemyślu* (Przemyśl 1979); KOPERSKI - PARCZEWSKI, *Das altungarische Reitergrab* 213—230. Der Grabungsleiter A. KOPERSKI ermöglichte mir freundlicherweise 1976, die Besichtigung der Ausgrabungen und der Fundobjekte. Vgl. auch den Vortrag von 1978: Cs. BÁLINT, *A kalandozások néhány kérdése.* In: *Nomád társadalmak és államalakulatok* (Budapest 1983) 359—363.

chen sei und bestimmt werden kann — auch vom methodologischen Standpunkt her — schwer.[692] Lange Zeit hindurch wurde diese Frage in der sowjetischen Forschung nicht konkret gestellt.[693] Der Schwerpunkt dieser Untersuchungen liegt also bei den ungarischen Archäologen, denen sich einige ihrer Kollegen im heutigen Tatarien und Baschkirien angeschlossen haben, da letztere von der Frage nach der Lokalisierung Magna Hungarias (der altungarischen Urheimat) näher berührt worden sind. Die Tatsache, daß sich die meisten und besten Analogien zum Fundgut der landnahmezeitlichen Ungarn um das Volga-Knie im heutigen Tatarien konzentrieren, ist heute unbestritten.[694] Daraus ergibt sich die heute verbreitete Vermutung, daß Magna Hungaria wohl in dieser Region liegen müßte.[695] Zeit und Richtung der Auswanderung nach Etelköz sind wegen des Mangels chronologisch und kulturell entsprechender Funde im Don-Donau-Zwischenstromgebiet aber stark umstritten. Nach der neueren ungarischen Forschung dürfen die ' oben zitierten Gräberfelder aus chronologischen Gründen nicht als direkte Vorgänger der landnehmenden Ungarn angesehen, sondern eher mit jenen Ungarn verbunden werden, die in der alten Heimat zurückgeblieben sind.[696]

Zur Problematik des archäologischen Nachlasses der Altungarn in Etelköz zurückkehrend, ist es auffallend, daß die Westgrenze der Saltovo-Majaki-Kultur tatsächlich am Donec liegt.[697] Vor 20 Jahren galt noch die Region westlich davon als die „unerforschte ukrainische Variante der Saltovo-Majaki-Kultur".[698] Inzwischen ist die ukrainische Frühmittelalterforschung sehr aktiv geworden, aber trotzdem kann sie keine bedeutende Fundgruppe aufweisen, die zu dieser vermutlichen Variante gerechnet werden könnte. Das ukrainische Steppengebiet war natürlich im 9.

692 Die Untersuchung der früheren Periodisierung der ungarischen Frühgeschichte gehört zu einem ganz anderen Fachgebiet und zu anderen geographischen Regionen, weshalb hier nicht darauf eingegangen wird.

693 Unlängst wieder in: STEPI EVRAZII

694 Die bekanntesten und wichtigsten Gräberfelder sind Bol'še Tarchany (GENING - CHALIKOV, *Rannye bolgary* 5—66), Tankeevka (E. A. KHALIKOVA - E. P. KAZAKOV, *Le cimetière de Tankeevka.* In: *Anciens Hongrois* 21—221), Bol'šie Tigany (E. A. CHALIKOVA - A. CH. CHALIKOV, *Altungarn an der Kama und im Ural. Das Gräberfeld von Bolschie Tigani.* Rég. Füz. II. 21, 1981).

695 Eine Auswahl neuester Arbeiten aus der reichen Literatur: E. A. CHALIKOVA, *Magna Hungaria.* Voprosy Istorii 1975/7, 37—42; I. FODOR, *Où le dominicain Julien de Hongrie retrouva-t-il les Hongrois de l'Est?* In: *Anciens Hongrie* 9—20; Diskussionsbeiträge von R. G. KUZEEV, T. M. GARIPOV, V. F. GARIPOV, In: *Congressus* 197—202, 232—236; N. A. MAŽITOV, *Rezension: Chalikova — Chalikov,* Altungarn an der Kama und am Ural. SA 1985/2 276—279.

696 FODOR, *Altungarn* 39—40
Es ist leicht einzusehen, daß diese Behauptung — wenn man lediglich die Chronologie berücksichtigt — völlig berechtigt ist. Das Vorkommen von zwei wichtigeren Bestattungsbräuchen der landnehmenden Ungarn (partielle Pferdebestattung bei den Füßen des Toten und Leichentuchbeschläge) im genannten Gebiet widerspricht der erwähnten Konzeption auch nicht. Eine Frage scheint aber offen geblieben zu sein. Vom Blickwinkel der Methologie ist es schwer zu erklären, warum und wie eine bedeutende Gruppe östlicher Analogien landnahmezeitlicher Funde des Karpatenbeckens zu dieser Zeit und in diesem Gebiet vorkommt. (Laut freundlicher Mitteilung von Frau M. SCHULZE-DÖRRLAMM, wird diese Erscheinung mit Hilfe

ihrer neueren Fundkartierungen noch deutlicher unterstrichen.) Es ist eigentlich kaum vorstellbar, daß das Bestehen dieser Analogien im Fundmaterial zweier Volksgruppen, die zeitlich durch mehrere Generationen und räumlich durch Tausende Kilometer voneinander getrennt waren, lediglich das Ergebnis einer rein zufälligen Konvergenz sein sollen. Für eine bessere Durchleuchtung dieser Erscheinung benötigt die Forschung neuere archäologische und anthropologische Forschungsergebnisse. Es ist zu bemerken, daß I. FODOR vor einer historischen Überbewertung der erwähnten Ähnlichkeiten warnt und die späte, vermutlich gegen 830 stattgefundene Abwanderung der Altungarn aus Magna Hungaria völlig ablehnt (FODOR, *Altungarn* 52. Anm. 56; 54—55, Anm. 58.). Hier sollte noch ein anderes Problem kurz erwähnt werden. Es zeigt nicht zuletzt auch, wie vorsichtig tatsächlich Analogien für historische Interpretationen zu behandeln sind. Dank N. A. MAŽITOV wurde in den letzten Jahren eine bedeutende Anzahl von frühmittelalterlichen Gräbern aus dem heutigen Süd-Baschkirien bekannt (N. A. MAŽITOV, *Južnyj Ural v VII-XIV vv.* Moskva 1977, DERS., *Kurgany Južnogo Urala VIII—XII vv.* Moskva 1981). Ein — wenn auch geringer — Teil dieser Fundmaterialien weist eine gewisse Verwandtschaft mit entsprechenden Fundtypen der landnehmenden Ungarn auf: birnenförmige Steigbügel, mit bronzenen Beschlägen verzierte Sattelbögen, ein tropfenförmiger Pferdegeschirrbeschlag, die Form der Parierstange und des Griffknaufs eines Säbels. Besonders bemerkenswert ist eine runde Zierscheibe aus Silberblech mit punzierter Palmettenverzierung (Abb. 59 a). Das Vorkommen solcher Funde könnte z. B. im Dnepr-Dnestr-Gebiet leicht mit der Anwesenheit der Altungarn in Zusammenhang gebracht werden — was die Gegend zwischen Volga und Ural im 9.—10. Jahrhundert betrifft, ist eine ähnliche ethnische Interpretation aber auszuschließen: diese Gräberfelder sollten wohl den Baschkiren und/oder Petschenegen gehört haben. Warum aber dort bei diesen Völkern den ungarischen ähnliche Fundtypen auftreten, bleibt unbeantwortet. Sehr weitführend, auch das Gebiet der Methodologie berührend, wäre es zu untersuchen, ob die erwähnten Analogien nicht mehr als die Zugehörigkeit zu demselben chronologischen Horizont, zu derselben Mode der europäischen Steppenvölker zeigen würden. — Nur vollständigkeitshalber soll hier erwähnt werden, daß G. VÉKONY — allein durch die Forschung — die Idee gekommen ist, daß Levedia östlich der Volga, im Gebiet des Flußes Emba, zu suchen sei: G. VÉKONY, *Levédia meg Atel és Kuzu.* MNy 82, 1986, 41—53.

697 PLETNĚVA, *Ot kočevij* 11, Abb. 2; SEDOV, *Vostočnye slavjane* 135, Karte 20: „k"; PARCHOMENKO, *Saltovskaja kul'tura* 110, Abb. 20: 4.

698 PLETNĚVA, *Ot kočevij* 187, Abb. 50: 8.

Jahrhundert nicht unbewohnt. Die Funde im Mittel-Dnepr-Gebiet — obwohl nicht sehr zahlreich und wenig bekannt — geben uns konkretes Zeugnis davon. Es ist aber schwer zu beurteilen, wieweit der Großteil dieser Gräber mit Recht zur Saltovo-Majaki-Kultur gerechnet werden darf, wie es in der Publikation getan wurde.[699] Vor allem sind die meisten der genannten Grabfunde unpubliziert und noch dazu sehr arm. Soweit wir sie kennen, bestehen die Beigaben vor allem aus Keramik, deren Form und eingeglättete Verzierung zweifellos zu dieser Kultur gehören.[700] Das ist an sich keine Neuheit, denn Keramiköfen zur Herstellung von Gefäßen vom Typ Saltovo sind aus diesem Gebiet seit langem bekannt.[701] Die W-O-Orientierung dieser Gräber ist auch als Merkmal der Saltovo-Majaki-Kultur bekannt, wiewohl sie bei den landnehmenden Ungarn charakteristisch ist. Für die chronologische Bestimmung ist noch der Umstand hilfreich, daß für die Gräber der früheren Periode (6.—7. Jahrhundert) in dieser Gegend vorwiegend die N-O-Orientierung typisch ist.[702] Aus der Reihe der Grabbeigaben, die in der erwähnten Arbeit der Saltovo-Majaki-Kultur zugerechnet worden sind, kann hier noch der Steigbügel von Michajlovka[703] erwähnt werden, der von der typischen Steigbügelform der Saltovo-Majaki-Kultur abzuweichen scheint. Wenn wir hinzufügen, daß auch die durch Landesbegehungen identifizierten Siedlungsspuren vom Typ Saltovo[704] nicht näher veröffentlicht wurden, dann ist es wahrscheinlich kein Zufall, daß die oben erwähnten Funde in der neuesten Zusammenfassung der Saltovo-Majaki-Kultur auf ukrainischem Boden[705] nicht beachtet worden sind. Ihre eingehende Untersuchung könnte aber auch die Archäologie der Altungarn berühren. Wenn wir einerseits immer den Fehler vermeiden wollen, von einem Fund oder von einer Ornamentik, direkte ethnische Folgerungen zu ziehen, sollten wir andererseits nicht aus den Augen verlieren, daß einige Objekte, deren Verzierung eine enge Verwandtschaft mit jenen der landnehmenden Ungarn zeigen, gerade westlich des Verbreitungsgebietes der Saltovo-Majaki-Kultur bzw. an ihrer Nordwestgrenze vorkamen.[706] Aus Mangel an näheren Angaben und

zahlreicheren Funden soll hier nicht näher darauf eingegangen werden. Soviel darf man jedoch sagen, daß die geringe Zahl der vergleichbaren Funde aus dem 9. Jahrhundert in der Ukraine zunächst die Idee unterstützen läßt, wonach das Aufblühen der landnahmezeitlichen Kultur und Kunst nicht schon in Etelköz oder um Kiev, wie

(siehe S. 679, 681) denke ich hier vor allem an die Palmetten-Ornamentik eines Köcherbeschlages aus Vološanka, an die sog. Blumen-Ranken-Verzierung der Gürtelgarnitur aus dem ehemaligen Elisavetgrad, heute Kirovograd (Abb. 59: 2—4) und an eine Riemenzunge aus der Poltava-Gegend (Abb. 56: 7). Bedauerlicherweise berücksichtigt die ukrainische Forschung diese Funde nicht. Hier sind auch noch Funde vom Oberlauf des Donec und des Don zu erwähnen, die sehr gute, sogar fast identische Analogien im ungarischen landnahmezeitlichen Material haben. Unter ihnen ist seit langem der Fund von Vorobevo und der rosettenverzierte Pferdegeschirrbeschlag von Borševo bekannt (siehe S. 680 und FEHÉR, *Zur Geschichte* 303, Abb. 15: 1). Dazu kann man noch die Gürtelgarnitur von Bujlovka und einen palmettenverzierten Beschlag von Archangelsk zählen, (siehe I. ERDÉLYI, *Neuer altungarischer (?) Grabfund aus Südrussland.* Mitt. Arch. Inst. 8—9, 1978—1979, Taf. 69: 2; Abb. des vorliegenden Bandes), die in Vereb bzw. in Szakony und Érsekújvár (Nové Zámky, ČSSR) gute Analogien haben (siehe BÁLINT, *Datierung* 142—143, 147). Erinnern wir uns noch an die Tatsache, daß der bisher einzige Tonkessel der Saltovo-Majaki-Kultur, der aufgrund der Publikationen technologisch und typologisch mit den landnahmezeitlichen ident ist, ebenfalls in diesem Gebiet am Donec vorkam (KRASIL'NIKOV, *Gončarnaja masterskaja* 269, Fig. 2, 7a-b; DERS., *Die Keramik der Saltovo-Majaki-Kultur am Donec.* In: *Keramik.*). Die Bedeutung des Grabritus bei einem Grab des Friedhofs Dronovka am Donec darf nicht überschätzt werden, aber es ist erwähnenswert, daß Schädel und Langknochen vom Schaf am Ende eines W-O orientierten Grabes niedergelegt worden sind, siehe S. I. TATARINOV - A. G. KOPYL, *Dronovskie drevnebolgarskie mogil'niki na r. Severskij Donec.* SA 1981/1, 301, Abb. 2: 4. Partielle Pferdebestattungen sind in der Saltovo-Majaki-Kultur — wenn sie auch nicht so häufig vorkommen, wie die ganzen Pferdemitbestattungen — in dieser Gegend schon bekannt (z. B. Netajlovka bei Saltovo, siehe FODOR, *Altungarn* 55, Anm. 62.). Es ist nicht ausgeschlossen, daß der Kopf- und Langknochenkult beim Grab von Dronovka einen Einfluß der Altungarn zeigt. Interessant ist ein Fund aus dem unteren Dnepr-Gebiet, wo beim Dorf Manvelovka eine Totenmaske aus Silberblech ans Tageslicht kam, siehe ČURILOVA, *Pogrebenie.* Ähnliche Funde wurden bisher vor allem aus dem Volga-Kama-Gebiet bekannt. Dieses Totenbrauchtum wird in der gegenwärtigen Forschung mit den Altungarn in Zusammenhang gebracht, siehe S. 220. Beim heutigen Forschungsstand soll nachdrücklich betont werden, daß wir weit entfernt davon sind, die oberwähnten Funde einfach als altungarisch betrachten zu wollen. Jedoch ist die Erscheinung selbst, daß mit den landnahmezeitlichen verwandte Funde in der osteuropäischen Steppe westlich bzw. nordwestlich der Saltovo-Majaki-Kultur bzw. in ihrem Randgebiet häufiger vorkommen als östlich und südöstlich des Don, bemerkenswert.

699 ŠVECOV, *Pogrebenija*

700 EBENDORT 100, Fig. 2

701 Kancirka, siehe S. 120

702 ORLOV, *Kul'tura* 100, Tabelle 2

703 E. A. SYMONOVIČ, *Kočevničeskie pogrebenija u sela Michajlovka.* KSIA 87, 1962. 67—69.

704 ŠVECOV, *Pogrebenija* 101

705 PARCHOMENKO, *Saltovskaja kul'tura*

706 Neben den bei Kiev, Černigov, Fativiž und Biticy, d. h. am Nordrande des Steppengebietes gefundenen Objekten

man früher vermutete, sondern erst im Karpaten-becken erfolgt sein dürfte.[707]

Ein ganz neuer Fund könnte neues Licht in die Untersuchung dieses Fragenkreises bringen. Nach dem Abschluß des Manuskripts des vorliegenden Bandes wurde das Gräberfeld beim Dorf **Subbo-tica** am rechten Ufer des Flusses Adžamka (Ne-benfluß des Ingul) in der Umgebung von Kirovo-grad bekannt.[708] Hier kamen mehrere Elemente gemeinsam vor, die irgendeine Verbindung mit der landnahmezeitlichen Kultur verraten. Auf einer Oberfläche von etwa 1800 m² wurde ein Grab zerstört und zwei weitere freigelegt. Schon aus der Sicht der Geschichte der Steppenvölker ist die feste Tatsache, daß dieser Platz lediglich einer kleinen Familie als Friedhof diente, besonders wichtig. Dadurch wird nun auch besser ver-ständlich, warum es so schwer ist, Gräberfelder der Nomaden in den osteuropäischen Steppen aus dem 6.—9. Jahrhundert zu entdecken. In den systematisch erforschten Gräbern wurden auch partielle Pferdebestattungen beobachtet, deren Form — Schädel und Langknochen bei den menschlichen Füßen — für die landnehmenden Ungarn so typisch ist. Der Typ der Steigbügel, ei-niger Pferdegeschirrbeschläge, einer Pfeilspitze, der kugelförmigen Knebelenden ist mit dem der Ungarn des 10. Jahrhunderts verwandt. Besonders prachtvoll sind die vergoldeten Gürtelbeschläge aus Gußsilber; ihre menschlichen Darstellungen werden in der Forschung der frühmittelalterlichen Steppenkunst noch häufig von Interesse sein. Aus dem Blickwinkel der ungarischen Metallkunst ist die Herstellungs- und Verzierungstechnik der Be-schläge besonders beachtenswert; Diese Tech-niken sind in der Saltovo-Majaki Kultur wie die ähnlichen Darstellungen selbst in der ungarischen Kunst fremd. Alle Beigaben sind gut ins 9. Jahr-hundert zu datieren. Kein Fund und Befund läßt an die Petschenegen und ans 10. Jahrhundert denken. Bei der ethnisch-historischen Beurteilung dieses Gräberfeldes sind auch ihre Unterschiede zur Saltovo-Majaki Kultur schwerwiegend. Be-rücksichtigt man die Lokalisierung des Etelköz (DAI Par. 38.), wo einer der von Constantinos Porphyrogennetos erwähnten Flüsse den Namen Chingulos trägt, der in der Forschung meistens mit dem Fluß Ingul identifiziert wird, und denkt man an die in Anm. 706 zitierten Funde, wird klar, daß die archäologische Forschung des Ge-

bietes westlich des Don und südlich von Kiev in der künftigen Forschung der altungarischen Früh-geschichte doch eine gewichtigere Rolle spielen werden soll.

* * *

Nach dem Abzug der Ungarn aus Etelköz 895 ergriffen die **Petschenegen** — wie aus authenti-scher Quelle bekannt ist — auch vom Land zwi-schen dem Dnestr und Don-Unterlauf Besitz. Die rumänische Geschichtsforschung und Archäo-logie datiert indes die Ansiedlung der Petsche-negen am Unterlauf der Donau um etwa ein Jahr-hundert später, an das Ende des 10. Jahrhunderts. Einige in diesem Gebiet freigelegte Gräber mit Merkmalen, die für die Petschenegen charakteri-stisch sind, wären dementsprechend erst im 11. Jahrhundert angelegt worden.[709] In der rumäni-schen Fachliteratur werden auf der Scheibe ge-drehte Tonkessel behandelt, die den Petschenegen des 10.—11. Jahrhunderts zuzuordnen sind oder zumindest deren Einfluß widerspiegeln.[710] Östlich des Prut sind unseres Wissens Funde dieser Art lediglich von Chanska bei Kišinёv belegt. Eine zu-sammenfassende Darstellung der Objekte, die mit der Steppenkultur zusammenhängen und aus Fundkomplexen stammen, wurde erst vor kurzem veröffentlicht.[711] Die in Muntenien freigelegten Gräber, die nach den Funden und dem Bestat-tungsritus den petschenegischen Gräbern entspre-chen,[712] unterscheiden sich nicht von denen, die in anderen Teilen der südrussischen Steppe ge-funden worden sind. Daneben gibt es aber auch einige Gräber, die nicht genau datiert werden können, sei es, daß sie nur unvollständig publi-ziert worden sind, oder daß die Bestattung als Einzelgrab verschiedene Interpretationen er-laubt.[713] Dazu gehört das Grab von **Moviliţa**,[714] das aufgrund der W-O-Orientierung, der Bestat-tung mit ausgestopfter Pferdehaut und der delto-idförmigen Pfeilspitzen auch im 10. Jahrhundert angelegt worden sein könnte. Die Steigbügel, die für diese Periode einen gewissen typochronologi-schen Datierungswert haben, wurden nicht publi-ziert, so ist es theoretisch nicht auszuschließen, daß man es in diesem Fall mit einem aus dem 9. Jahrhundert stammenden altungarischen Grab zu

707 FETTICH, *Kunst* 38; LÁSZLÓ, *Steppenvölker* 70; DIENES, *Un-garn* 74; I. FODOR, *Einige Beiträge zur Entfaltung der un-garischen Kunst der Landnahmezeit*. AR 17, 1979, 66.

708 N. M. BOKIJ — S. A. PLETNĚVA, *Zahoronenie sem'i voina-kočevnika X v. v bassejne Ingula.* SA 1988/2, 99—115.

709 SĂMPETRU, *La région* 240—242, 254—262.

710 Siehe Anm. 48.

711 SPINEI, *Realitati.*

712 M. SĂMPETRU - D. SERBANESCU, *Mormîntul călăreţ nomad descoperit la Curcani (jud. Ilfov).* SCIV 22, 1971, 452, Fig. 7; SĂMPETRU, *La région* 257.

713 (Autorenkollektiv), *Santierul Jijei* SCIV 3, 1952, 108—111.

714 GH. DIACONU - P. DIACONU, *Un mormînt de călăreţ nomad din secolele XI—XII descoperit la Moviliţa (R. Urziceni, Reg. Bucureşti).* SCIV 18, 1967, 135—139.

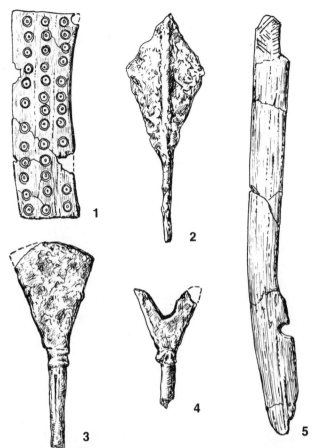

Abb. 61: *Funde aus Frumušica.* 1: beinerner Köcherbeschlag mit Würfelaugenzier; 2—4: Pfeilspitzen; 5: beinerne Bogenversteifung vom unteren Teil.

tun hat. Eine Schelle oder ein Ösenknopf reichen nicht aus, um zu entscheiden, ob ein Grab im 9. oder 10. Jahrhundert entstand. So kann man auch keine näheren Angaben über die Gräber 2 und 7 machen, die beim Dorf **Zernešti** in Moldavien (UdSSR) entdeckt worden sind. Grab 7 enthielt eine partielle Pferdebestattung mit ausgestopfter Pferdehaut.[715] Auch das in der Nähe des sowjetmoldavischen Dorfes **Frumušica** freigelegte Grab dürfte in das 11. Jahrhundert zu datieren sein. Keinesfalls stammt es aus der Zeit der Goldenen Horde, wie der Kollege meint, der es veröffentlicht hat. Auch hier wurden einige Funde gemacht, die an die landnehmenden Ungarn erinnern: längliche Bogenversteifungen, deltoidförmige Pfeilspitzen und solche mit gegabelten oder halbrunden Schneiden sowie ein würfelaugenverzierter beinerner Köcherdeckel[716] (Abb. 61).

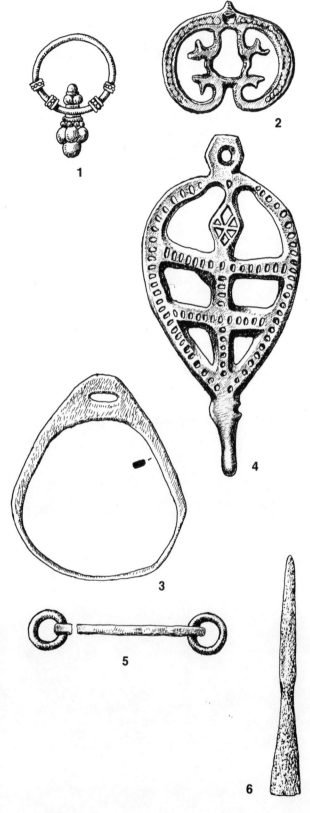

715 N. A. KĚTRARU, *Archeologičeskie issledovanija v kagul'skom rajone v 1958 g.* In: *Dalekoe prošloe Moldavii* (Kišinëv 1969) 49—53.

716 V. I. GROSU, *Pogrebenie u s. Frumušika.* In: *Archeologičeskie issledovanija v Moldavii (1974—1976 gg.)* (Kišinëv 1981) 159—164. Der Fund wurde mit qualitätvollen Zeichnungen neupubliziert und dabei in das 10. Jh. datiert: FODOR, *Problematik* 100—102.

Abb. 62: *Gegenstände aus Funden der Petschenegen.* 1: silberne Ohrgehänge vom Typ Tokaj; 2, 4: aus Bronze gegossene Anhängsel; 3: Steigbügel vom Typ der Landnahmezeit; 5: Gebiß mit geradem Mundstück; 6: Lanze mit Tüllenende.

Eine neue, sehr objektive Zusammenfassung hat unsere Kenntnis von Funden der Steppenvölker im 10.—13. Jahrhundert aus der rumänischen und sowjetischen Moldau wesentlich erweitert.[717] Das Werk gibt einen guten Überblick der Denkmäler der Petschenegen, unter denen sich auch einige finden, die mit den Materialien und Befunden der landnehmenden Ungarn praktisch identisch sind. So könnten der Grabfund von Grozešti, die Steigbügel von Sabalat (Abb. 62: 3), einige Pfeilspitzen von Dodeşti und Lucaşovka, der untere Teil eines zweiteiligen Anhängers von Dăneşti (Abb. 59: 5) und anderes ohne weiteres als altungarisch gelten, wenn eine Datierung *vor* 895 gesichert werden könnte. Bedauerlicherweise ist dies nicht möglich, die Funde gestatten lediglich eine Einordnung in das letzte Drittel des 9. *und* das 10. Jahrhundert. Da der weitaus größere Teil der Funde mit den ungarischen Materialien doch nichts zu tun hat und eindeutig jünger ist, werden die Komplexe wohl den Petschenegen, teilweise auch den Uzen zuzuordnen sein, wie dies der Autor vorgeschlagen hat. Politisch gesehen lag die Moldau noch jahrhundertelang unter der Herrschaft der Steppenvölker.

---

717 Spinei, *Realitati* Fig. 29, 33, 40/1 u. a.

Die Awaren

Der historische Rahmen

Die aus Zentralasien stammenden Awaren sind vermutlich mit einem Volk ident, das in den chinesischen Quellen Žuan-žuan genannt wird und dessen Name sich möglicherweise aus denen der unbekannten Stammesteile Uar (= awarisch) und Hjŏn (chŏn = hunnisch) bildete. Die gleiche ethnische Zusammensetzung wiesen auch die mittelasiatischen Hephthaliten auf. Die Žuan-žuan übernahmen am Ende des 4. Jahrhunderts nach den Hiung-nu und den späteren Sien-pi die Herrschaft über Zentralasien. Bereits um 350 hatten sie die seit rund einem halben Jahrhundert im südlichen Teil der kazachischen Steppe ansässigen Hunnen verdrängt — letztere mußten gegen Westen ausweichen. Andere Stämme der Žuan-žuan (diesmal: Uarhunnen) siedelten sich in Sogdien und Baktrien an. 467 kam bei dem Stammesteil der Uar, welcher in Tocharistan ansässig war, die Hephthaliten-Dynastie an die Macht, deren Herrschaft die Türken 558 ein Ende setzten. Die westlich von Tocharistan lebenden Hjŏnen (weiße Hunnen) weiteten ihre Herrschaft nördlich bis in die Talas-Gegend, bis zum Nordrand des Tarim-Tales und bis nach Ostpersien aus. Gegen 450 vertrieben die asiatischen Awaren die Sabiren und bulgarische Stämme (Onoguren, Oguren, Saraguren) aus der Tienšan- und Ili-Gegend, die sich gegen 463 in Osteuropa niederließen. Zwischen 552 und 555 wurde die Herrschaft der asiatischen Awaren von den Türken gestürzt. Ihr letzter Kagan hieß Anakui. Ein Teil der nun abziehenden Stämme wandte sich im Dezember 557 über Vermittlung des alanischen Herrschers an den byzantinischen Heerführer Laziké und bat um Aufnahme in das Byzantinische Reich. Andere Stämme wanderten in die südlichen Gebiete der heutigen Mongolei, eine dritte Gruppe bat in der chinesischen Hauptstadt um Asyl. Die häufig erwähnte Nachricht, die europäischen Awaren hätten ihren Namen nur angenommen, um Furcht zu erregen, wären also in Wirklichkeit Pseudoawaren, geht auf einen antiken Gemeinplatz zurück, wodurch den barbarischen Völkern sogar ihre historische Tradition streitig gemacht werden sollte. Die Gesandten waren in Byzanz erfolgreich, und die Awaren ließen sich vorübergehend in der osteuropäischen Steppe nieder, wo sich ihnen mehrere Völkerschaften anschlossen. 562 und 566 stießen sie mit den Franken zusammen, möglicherweise im heutigen Thüringen.

567 boten die Langobarden unter ihrem Herrscher Alboin den Awaren ein Bündnis gegen die Gepiden an, die im Karpatenbecken östlich der Theiß und in Transsylvanien lebten. Der Vertrag, der den Awaren nicht nur das Gebiet und den Besitz der Gepiden, sondern auch ein Zehntel des langobardischen Viehbestandes zusicherte, kam den Awaren auch deshalb gelegen, weil sie vom Osten her einem nicht unerheblichen Druck der Türken ausgesetzt waren. Noch im selben Jahr besetzten die Awaren unter der Führung ihres Kagans Bajan die Große Ungarische Tiefebene. Nachdem die Langobarden 568 nach Italien abgezogen waren, übernahmen die Awaren auch die Herrschaft über deren Siedlungsgebiete in Pannonien. Da nur wenige Personennamen und Würdebezeichnungen auf uns gekommen sind, konnte die Linguistik bis heute nicht überzeugend klären, welche Dialekte der türkischen oder mongolischen Sprachen das Volk des Bajan gesprochen haben könnte.

Die nächsten Jahrzehnte der awarischen Geschichte bis zum Ende des 6. Jahrhunderts waren von verschiedenen Balkanfeldzügen gekennzeichnet (582, 584: Sirmium und Singidunum fallen in die Hände der Awaren). Als Folge der awarischen Angriffe wurde die byzantinische Grenze am Unterlauf der Donau geschwächt und der Weg für die Landnahme der Slawen auf dem Balkan frei. Der byzantinische Gegenschlag unter dem Heerführer Priskos (598, 601—602) fügte den Awaren schwere Verluste zu, doch wurde der erfolgreiche Heerführer im entscheidenden Moment von Kaiser Phokas zurückgerufen.

In den Jahren nach 620 wird das Awarenreich erschüttert: Unter Führung des fränkischen Kaufmannes Samo machen sich um 623 die slawischen Wenden an der West- bzw. Nordwestgrenze Pannoniens von der awarischen Herrschaft frei. Nach dem Tod des Samo zerfällt dessen Reich jedoch wieder. 626 belagern die Awaren im Bündnis mit den Persern vergeblich Konstantinopel. Um 630

147

brechen im awarischen Reich Unruhen aus, da die bulgarischen Stämme im Awarenreich die Würde des Kagans beanspruchen. Bereits damals waren die Bulgaren die wichtigsten Vasallen und Verbündete der Awaren im Karpatenbecken. Als Folge des Bürgerkrieges flüchteten 9000 bulgarische Familien zu den Bayern, wo die meisten von ihnen umgebracht wurden. Zwischen 630 und 640 trennten sich die dalmatinischen Slawen von den Awaren. Um 634/635 besiegte Kuvrat, der Herrscher der Onogur-Bulgaren, die Awaren in der Gegend von Kuban in mehreren Schlachten, wodurch die Onogur-Bulgaren ihre politische Unabhängigkeit erlangten. Die Magna Bulgaria bestand bis zum Tod Kuvrats gegen 650/660.

Die Krise des awarischen Reiches dauerte fast zwei Generationen. Ihr Ende brachte eine Neubelebung der diplomatischen und auch der kriegerischen Aktivitäten in allen Richtungen. 678 wurde ein Gesandtenbesuch in Byzanz verzeichnet, 692 wurden vermutlich mit den Franken Grenzvereinbarungen getroffen. Diese Veränderungen hängen möglicherweise mit der Übersiedlung onogur-bulgarischer und anderer Völkerschaften aus Osteuropa in das Karpatenbecken zusammen, die für die achtziger Jahre des 7. Jahrhunderts angenommen wird.

Das 8. Jahrhundert war eine Zeit relativer Ruhe und friedlicher Beziehungen der immer mehr Akkerbau treibenden Awaren zu den benachbarten Völkerschaften, insbesondere zu den Langobarden in Italien und den Bayern. Nachdem es Karl dem Großen gelungen war, Bayern endgültig dem Frankenreich anzugliedern und Herzog Tassilo III. ins Kloster zu schicken, begann er einen Feldzug gegen die Awaren. Seine große Armee verlor allein im Herbst 791 mehrere Grafen, Bischöfe und einen Großteil des Pferdebestandes. Karl der Große betrat danach nie wieder awarischen Boden. 795 brechen innere Auseinandersetzungen zwischen den zwei höchstrangigen awarischen Fürsten aus. Unterdessen unterwirft sich der Herrscher des westlichen Landesteils, der Tudun, Karl dem Großen und wenig später gibt einer der Führer der unter awarischer Oberhoheit im Drau-Save-Zwischenstromland lebenden Slawen, Vojnimir, dem Markgrafen Erich von Friaul den Weg ins Innnere der Avaria zur Schatzkammer des Kagans frei. Pippin befindet sich 796 im Zentrum des Awarenreiches („hringus"), als sich der Kagan und die Katun (= die erste Frau) sowie der Tarhan (Herrscher des östlichen Landesteils ?) unterwerfen. Durch die Annahme der Taufe wird die fremde Herrschaft zusätzlich anerkannt. Die Gewalttätigkeiten — vor denen Bischof Arno von Salzburg so sehr warnte — führten zu Unruhen, denen Vergeltungsaktionen folgten (799, 802). Zwischen 803 und 804 brach der bulgarische Kan Krum in einem großen Feldzug die Macht der Awaren jenseits der Theiß. Der awarische Kagan wählte daraufhin das kleinere Übel, flüchtete zu den Franken und ließ sich taufen (Theodor). Der nun unter fränkischer Oberhoheit lebende Teil des Awarenvolkes wählte noch bis 811 zwei weitere Kagane (Abraham und Isaak). Gegen 850 findet sich unter den Herzögen des fränkischen Pannoniens auch einer mit dem awarischen Namen (?) Cemicas. 860 wird in einer Urkunde eine Grenzregion mit dem Namen der Onoguren erwähnt („Uuangariorum marcha").

Literatur

K. CZEGLÉDY, *Heftaliták, hunok, avarok, onogurok.* MNy 50, 1954, 142—151; MORAVCSIK, *Byzantinoturcica* 70—76; SINOR, *Introduction* 231—234, 269—270; J. DEÉR, *Karl der Große und der Untergang des Awarenreiches.* In: *Karl der Große. I. Persönlichkeit und Geschichte.* Hg. W. Braunfels, Düsseldorf 1965, 719—791; A. KOLLAUTZ - H. MIYAKAWA, *Geschichte und Kultur eines völkerwanderungszeitlichen Nomadenvolkes.* (Klagenfurt 1970); A. AVENARIUS, *Die Awaren in Europa.* (Amsterdam - Bratislava 1974); D. NÉMET, *K voprosu ob avarach.* In: *Turcologica.* (Leningrad 1976) 298—305; BÓNA, *A népvándorlás kor* 310—346; S. SZÁDECZKY-KARDOSS, *Avarica. Über die Awarengeschichte und ihre Quellen.* Acta Ant. et Arch. 24, 1986; J. HARMATTA, *Az avarok nyelvének kérdéséhez.* AT 30, 1983, 71—84; L. LIGETI, *A pannóniai avarok etnikuma és nyelve.* MNy 82, 1986, 129—151; W. POHL, *Die Awaren. Ein Steppenvolk in Mitteleuropa 567—822 n. Chr.* (München 1988; es konnte in diesem Buch nicht mehr berücksichtigt werden).

Einleitung

Alle wichtigen Fragen in der archäologischen Erforschung der Awarenzeit,[1] unter Einschluß der historischen Interpretation, basieren letzten Endes auf dem Problem der Chronologie. Diskussionen beginnen bei der Art und Weise, wie eine typologische Durchdringung des Fundmaterials durchzuführen ist, aus der sich ja dann zwangsläufig eine Gliederung des Materials ergibt, betreffen Arbeitstechniken wie typochronologische Gliederung, Kartierung und Kombinationsstatistik und schließlich auch die Umschreibung kulturell-ethnischer Gruppen durch den Archäologen.

Die Inventare der ersten Awarengeneration im Karpatenbecken (letztes Viertel des 6. Jahrhunderts) wurden mit Hilfe der zentralasiatischen Parallelen, der langohrigen Steigbügel und der Scheiterhaufenfunde als solche erkannt.[2] Überdies kommen bis ins erste Viertel des 7. Jahrhunderts, vornehmlich in reichen Bestattungen, byzantinische Münzen vor, deren Bedeutung für die Gliederung der awarischen Hinterlassenschaft schon sehr bald erfaßt wurde,[3] weil sie eine chronologische Fixierung verschiedener Fundmaterialien bis zu einem gewissen Grad ermöglichen. Dementsprechend ist die Phase der awarischen Präsenz im Karpatenbecken zwischen etwa 600 und 650 zugleich die Periode, deren Material absolutchronologisch am sichersten datiert ist.

Das spätawarische Fundgut setzt sich von dem der früheren Perioden unter anderem auch — und das ist allgemein bekannt — durch die Technologie des Bronzegusses ab, die jetzt der Treib- und Preßblechverzierung in fast allen Bereichen, vor allem aber bei der Gürtelproduktion, vorgezogen wird. Je nach Standpunkt des Wissenschaftlers wies man sie den Sarmaten aus dem 4. und 5. Jahrhundert,[4] den „Hunno-Bulgaren" aus dem 5. Jahrhundert,[5] den Awaren aus dem 6. Jahrhundert[6] zu, man hielt sie für die materielle Erbschaft zentralasiatischer bzw. ugrischer oder kaukasischer Volkselemente, die um 670/680 eingewandert wären,[7] man brachte sie — entsprechend einer Theorie von der „doppelten Landnahme" — mit den „ersten" landnehmenden Ungarn in Zu-

1 Bibliographie zur Erforschung der Awarenzeit: BANNER - JAKABFFY, *Bibliographie* Bd. 1, 435—445; Bd. 2, 197—200; Bd. 3, 182—189; Bd. 4, 283—293. Eine ausführliche Zusammenfassung über die Forschungsgeschichte gehört noch zu den Desideraten. Die erste ethnische Bestimmung der awarischen Denkmäler gelang 1874 FERENC PULSZKY, *Avar leletekről.* Zur Erforschung der Awarenzeit bis zum Ersten Weltkrieg siehe: BÓNA, *Avar leletei.*; zur Periode zwischen 1945—1970 DERS., *Vierteljahrhundert.* Einen ausgezeichneten aber kurzen Überblick bietet: TOMKA, *Le problème* 234—252.

2 NAGY, Zichy útja 402; KOVRIG, *Contribution*; BÓNA, *A népvándorlás kora* 239; DERS., *Vierteljahrhundert* 289—291; DERS., *A népvándorlás kor* 310. Die Forschung hat bei der Bestimmung der frühesten Awarenfunde des Karpatenbeckens (bis Anfang 7. Jh.) zugegebenermaßen gewisse Schwierigkeiten, doch sollte dies nicht als Folge einer rein typologischen Denkweise überkritisch betrachtet werden (wie dies z. B. A. K. AMBROZ und B. S. BACHRACH tun). Wenn auch BACHRACH die münzdatierten frühawarenzeitlichen Gräber überhaupt nicht und das gesamte awarische Fundgut nur aus zweiter oder dritter Hand kennt, darf doch nicht bezweifelt werden, daß eine Gruppe von Funden noch in das 6. Jh. zu stellen ist. Immerhin wissen wir, daß die Awaren seit 568 im Karpatenbecken gelebt haben. Auch bei anderen Völkerschaften, wie bei den Gepiden und Ungarn, stellt die Umschreibung der Denkmäler der ersten Generation nach der Landnahme ein Problem dar, dessen Ursachen vom wissenschaftstheoretischen Standpunkt hinterfragt werden müssen. Siehe dazu BÓNA, wie S. 21, Anm. 16.

3 F. PULSZKY, *Magyarország archaeologiája.* (Budapest 1894); HAMPEL, *Alterthümer.*

4 HAMPEL, *Alterthümer* Bd. 1, 23. Kritik seiner Grundkonzeption und Methode: TOMKA, *Le problème* 218, 235 f mit Anm. 9 und 10.

5 SIMONYI, *Bulgaren.*

6 A. ALFÖLDI, *Der Untergang der Römerherrschaft in Pannonien.* Bd. 2, (Leipzig - Berlin 1926) 2—30; J. EISNER, *Pour dater la civilisation „avare".* Byzantinoslavica 9, 1947—48, 45—54. Die Ansicht, die seit Jahrzehnten als überholt gilt, wird von BAKAY, *Időrend* 79—85 erneut aufgegriffen. Seine Beweisführung wurde von der ungarischen Forschung als nicht stichhaltig abgelehnt. Siehe dazu TOMKA, *Koporsóhasználat* 50; GARAM, *A közép avarkor* 207; GY. FÜLÖP, *Avarkori temető Kajászó-Újmajorban.* AR 18, 1980, 324; BÓNA, *Avar leletei* 81—82, 124.

7 LÁSZLÓ, *Études* 179—180 und 284—293; DERS., *Les problèmes soulevés par le groupe à la ceinture ornée de griffon et de rinceaux de l'époque avare finissante.* AAH 17, 1965, 73—75.

sammenhang (vgl. Exkurs)[8] oder mit der ungarischen Landbevölkerung des 10. Jahrhunderts.[9] Schließlich wird der spätawarische Formenkreis von Verfechtern einer einmaligen Einwanderung und einer darauf folgenden ungebrochenen Entwicklung auch als Ergebnis von modischen Veränderungen, die im Laufe der Zeit eingetreten sind, erklärt.[10] Die meisten der genannten Vorstellungen sind nur mehr von forschungsgeschichtlichem Interesse. Das wohl modernste Erklärungsmodell rechnet mit einer ständigen ethnischen Mobilität, insbesondere zwischen dem Karpatenbecken und dem osteuropäischen Steppengebiet, die sich im Fundgut entsprechend niedergeschlagen hätte.

Der Beginn einer Verbreitung des spätawarischen Fundmaterials, genauer des Leittyps, nämlich der greifen- und rankenverzierten Gürtelbeschläge, ist nur über Umwege datierbar, was zu ganz unterschiedlichen Auffassungen der verschiedenen Kollegen geführt hat. So finden sich in der Literatur Angaben bezüglich des Beginns der Spätawarenzeit um 670/680,[11] um 700[12] und sogar erst gegen 720.[13] Ausschlaggebend für die Datierungsversuche sind zumeist eher statistische Gründe, zuletzt bemühte man sich auch, westliche Fremdmaterialien für absolutchronologische Fixierungen heranzuziehen.[14] Bemerkenswert ist, daß die überwiegende Mehrzahl der Kollegen nicht mit einer Einwandererwelle rechnet,[15] die Träger der spätawarischen Gruppe gewesen sei.[16]

Einen großen Fortschritt in der typochronologischen Analyse des awarischen Fundmaterials stellte die Ausgliederung der sogenannten zweiten oder mittelawarischen Gruppe dar.[17] Man bemühte sich in der Folge, diesen Horizont archäologisch und historisch, insbesondere ethnisch, zu interpretieren, und brachte sie mit onogur-bulgarischen Einwanderern in Zusammenhang, die um 670/680 in das Awarenreich gekommen sein sollen, ein Deutungsversuch, der von einigen Kollegen allerdings bestritten wird. Während auf der einen Seite methodische und typochronologische Gründe für die Ablehnung der genannten historischen Interpretation geltend gemacht werden,[18] steht bei dem Großteil der slowakischen Forschung die historische Vorstellung am Beginn der Überlegungen, daß die Slawen bei der Ausprägung der spätawarischen Kultur einen tragenden Anteil gehabt hätten. In beiden Fällen wird — wenn auch aus verschiedenen Gründen — mit einem Beginn der Mittelawarenzeit im 2. Viertel oder nach Mitte des 7. Jahrhunderts gerechnet. Gewisse Fundtypen der früheren Periode waren sicher bis in die 70/80er Jahre des 7. Jhdts., teilweise sogar als Leittypen der Mittelawarenzeit, in Gebrauch.[19]

Es wurden bereits Versuche unternommen, das awarenzeitliche Fundgut nach Generationen zu gliedern,[20] doch bedürfen die dabei erzielten Ergebnisse noch zahlreicher Vergleiche und Korrekturen anhand anderer großer Materialkomplexe.

8 LÁSZLÓ, *Kettős honfoglalás* 184—186, mit der früheren Literatur.

9 GYÖRFFY, *Tanulmányok* 123—126.

10 MAROSI-FETTICH, *Dunapentele* 96—97; CSALLÁNY, *Grabfunde* 176—178; FETTICH, *Győr* 53—55. Die neueste Tendenz der ungarischen Forschung zur spätawarischen Kultur, siehe Anm. 51, zeigt eine Annäherung — wenn auch mit der Betonung einer Einwanderung gegen 670/680 — an diese Konzeptionen.

11 Z. B. MAROSI-FETTICH, *Dunapentele* 38 und 97; K. HOREDT, *Das Awarenproblem in Rumänien.* In: *Symposium* 110; DEKÁN, *Herkunft* 444; LÁSZLÓ, *Kovrat* 226; BIALEKOVÁ, *Die slawische Zeit* 227.

12 Z. B. CSALLÁNY, *Grabfunde* 180; VINSKI, *Zu den Funden* 58; BIALEKOVÁ, *Zur Frage* 30; ZL. ČILINSKÁ, *Critères de datation de l'industrie à ferrures moulées dans les nécropoles du VIe au VIIIe siècles.* In: *Conférence* 74. DAIM-LIPPERT, *Sommerein* 87 vermutet das Ende der Mittelawarenzeit vor 700.

13 CSALLÁNY, *Szegedi* 357; DERS., *Szabolcs-Szatmár megye avar leletei.* Jósa András Muzeum Évkönyve 1, 1960, 77; H. MITSCHA-MÄRHEIM, *Eine awarische Grenzorganisation des 8. Jahrhunderts in Nieder-Österreich.* Jbuch d. RGZM 4, 1957, 134.

14 BIALEKOVÁ, *Beziehungen* 326.

15 Für die Ansiedlung: LÁSZLÓ, *Études* 179—180 und 289; KOVRIG, *Alattyán* 231—236; WERNER, *Zum Stand* 280—282.

16 Siehe S. 170.

17 KOVRIG, *Alattyán* 227—230; SZABÓ, *Az egri múzeum* 49—52; BÓNA, *Iváncsa*; GARAM, *Adatok*; DIES., *A közép avarkor*; DIES., *Angaben zu den archäologischen und historischen Fragen der Mittelawarenzeit.* In: *Problemi seoba naroda* 117—124; DIES., *Kisköre* 53—73. Der Fachterminus „mittelawarisch", erstmals auf den Zeitraum von 650—700 bezogen und mit einer Bedeutung, welche in der ungarischen Forschung ungebräuchlich ist, bei VINSKI, *Zu den Funden* 58. Die in der heutigen ungarischen Awarenforschung gültige Chronologie basiert auf einer Periodisierung, die zunächst durch MAROSI - FETTICH, *Dunapentele* 98—99 skizziert und später durch historische Interpretationen verfeinert wurde.

18 F. DAIM (DAIM - LIPPERT, *Sommerein* 91).

19 Siehe z. B. die Großriemenzunge von Typ Kunágota-Mersin, byzantinische Verzierungselemente mit einem Kreis bzw. Monogramm in der Mitte, im Fund von Ozora, die für die Frühawarenzeit typischen doppelschildförmigen Beschläge in Dunaújváros-Öreghegy und die Armreifen mit trompetenförmigen Enden im Schatz von Nemesvarbók, Zemiansky Vrbovok, ČSSR.

20 GY. TÖRÖK, *Das awarenzeitliche Gräberfeld von Halimba im VI.—IX. Jahrhundert.* In: *Symposium* 265—277; DERS., *Kétrétegű temetkezések a halimbai avar temetőben.* FA 20, 1969, 94—97; DERS., *Az avar kor első és második felének temetkezései Halimbán* (Manuskript, Budapest 1978, Druck in Vorbereitung).

DIE ARCHÄOLOGISCHEN
PERIODEN DER AWARENZEIT

1971 erschien ein in vielerlei Hinsicht nach wie vor aktueller Artikel zum Stand der ungarischen Frühgeschichtsforschung,[21] in dem versucht wurde, alle wichtigen Fragen anzusprechen. Demgegenüber liegt immer noch keine eingehende typochronologische Bearbeitung des awarenzeitlichen Fundgutes vor, die sämtliche Zeitstufen, Qualitätsgruppen und regionale Unterschiede gleichermaßen berücksichtigt. Die typochronologisch wohl qualitätvollsten Arbeiten — und das hat durchaus methodische Gründe — sind monographische Analysen einzelner Gräberfelder bzw. Siedlungen.[22] Überregionale Forschungen werden durch den ungünstigen Publikationsstand erschwert, denn gerade mehrere Fundkomplexe von besonderer Bedeutung sind nach wie vor unpubliziert und stehen für eine derartige Durchdringung des Materials nicht zur Verfügung. Ein zweiter Grund mag aber auch darin liegen, daß der weitaus überwiegende Teil der ungarischen Frühgeschichtsforschung historisch orientiert ist, also versucht, gleichermaßen schriftliche und archäologische Quellen zu berücksichtigen. Der Autor bekennt sich eher zu dieser Forschungsrichtung, wiewohl nicht oft genug festgestellt werden kann, daß eine historische Interpretation archäologischen Fundmaterials erst nach dessen relativ- und absolutchronologischer Analyse machbar ist.

Das Fundgut aus der Awarenzeit ist, zunächst einmal hinsichtlich der Zahl der freigelegten Bestattungen, unermeßlich reich und bestenfalls mit dem der Merowinger oder dem der Slawen im gesamten Mittel- und Osteuropa zu vergleichen. Mit der regen Bautätigkeit und dem Großeinsatz von Maschinen hängt es zusammen, daß in Ungarn fast täglich neue Fundmeldungen kommen und damit die Menge unpublizierten Materials weiter zunimmt. Gleichzeitig werden Archäologen immer mehr mit administrativen Aufgaben betraut, die mit ihrem eigentlichen Arbeitsgebiet, den Kulturwissenschaften, herzlich wenig zu tun haben. Die systematische Vorlage und Auswertung des Fundgutes kann mit der Bergung gefährdeter Fundkomplexe nicht mehr Schritt halten, zumal die Forschung in den letzten Jahrzehnten neue Bearbeitungstechniken entwickelt hat, die zwar weitreichende und fundierte Aussagen über die Menschen, die hinter dem Fundmaterial stehen, ermöglichen, aber sehr zeitaufwendig sind, sodaß sich der Archäologe quasi in einer Schere befindet. Ein Teil der ungarischen Forschung hat gerade in den letzten Jahren ein besonderes Schwergewicht auf die systematische Erforschung von awarenzeitlichen Siedlungen gelegt und so das Bild, das bis dato letztlich einzig auf den zahlreichen Grabfunden basiert, ergänzen können. Die slowakischen Archäologen veröffentlichen seit den 60er Jahren fast regelmäßig Materialien von großen awarenzeitlichen Gräberfeldern, und wenn sich ihre historisch-ethnischen Interpretationen auch meistens von denen der ungarischen Kollegen unterschieden, bieten diese Ausgrabungen der internationalen Forschung zweifellos eine sehr wichtige Basis. Die Grabungstätigkeit die Awarenzeit betreffend ist erfreulicherweise seit den 70er Jahren auch im Burgenland, Österreich, und in gewissen Maßen in Vojvodina, Jugoslawien, intensiviert worden.

Der folgende Überblick kann das erwähnte Manko nicht ausgleichen, doch soll versucht werden, die verschiedenen Standpunkte zu chronologischen Problemen sowie zu Fragen der historischen und ethnischen Interpretationen einander gegenüberzustellen und vom — zugegebenermaßen subjektiven — Standpunkt des Autors aus zu werten.

Ohne das Phänomen aus volkshistorischer Sicht werten zu wollen, scheint es doch angebracht, ein wesentliches Interpretationsproblem anzusprechen: Es ist beachtenswert, daß die mittelawarischen Fundmaterialien in manchen Zügen an die vorangegangene Periode anknüpfen. In gleicher Weise gibt es neben einigen Unterschieden auch starke Ähnlichkeiten zwischen dem

---

21 BÓNA, *Vierteljahrhundert.*
22 KOVRIG, *Alattyán;* ČILINSKÁ, *Nové Zámky;* BÓNA, *Dunaújváros;* GARAM, *Kisköre;* DIES., *Das awarenzeitliche Gräberfeld von Tiszafüred,* im Druck, freundliche Mitteilung der Autorin; DAIM - LIPPERT, *Sommerein;* DAIM, *Leobersdorf.*

spätawarischen Fundgut und der mittelawarischen Hinterlassenschaft. Diese Tatsache kann natürlich nicht überraschen, ebensowenig wie das Vorkommen einiger Fundtypen während der gesamten Awarenzeit oder die Belegung von Gräberfeldern über Periodengrenzen hinweg. Trotz der im weitesten Sinn politischen Erschütterungen des Awarenreiches in den Jahren nach 626 erlebten natürlich viele Awaren noch das letzte Viertel des Jahrhunderts und — wenn die Vorstellung von einer quantitativ bedeutender östlichen Zuwanderung um 670/680 richtig ist — vermittelten den mit ihnen sicherlich verwandten Neuankömmlingen Elemente der geistigen und materiellen Kultur der Frühawaren. Die Fremden verschmolzen mit der hier lebenden Bevölkerung und wurden dadurch selbst zu „Awaren".[23]

Frühawarenzeit

Die Herausbildung der frühawarenzeitlichen Kultur dürften wohl drei unterschiedliche Traditionen beeinflußt zu haben: zuerst die euroasiatische Steppenkultur, wohin der vorwiegende Teil des Fundmaterials gehört, z. B. Waffen, Pferdegeschirr, Bestattungsbräuche. Zweitens sind die Parallelen für eine bedeutende Gruppe awarenzeitlicher Gegenstände im gesamten Osteuropa bei den Steppenvölkern und ihren Nachbarn verbreitet; sie sind entweder direkt, öfters indirekt von byzantinischer Herkunft, z. B. pyramidenverzierte Ohrgehänge, Gürtelbeschläge vom Martinovka-Typ bzw. mit Granulationsverzierung,[24] Amphoren. Eine dritte Gruppe scheint sich im Karpatenbecken herausgebildet zu haben, z. B. dreiförmige Schwertattachen, Stempelverzierung der Keramik, Flechtbandornamentik. Die Kartierung aller Parallelen würde zur Beleuchtung der Herkunft der frühawarischen Kultur wesentlich beitragen. Es ist merkwürdig, daß die sonst als typisch anerkannten Fundtypen in Pannonien häufiger vorkommen als östlich der Donau und besonders der Theiß. Wenn in dieser Verbreitung der verschiedenen Fundtypen auch ethnisch-kulturelle Unterschiede, politische Einheiten eine gewisse Rolle spielen dürften, der erwähnte Unterschied zwischen dem westlichen und östlichen

Teil des Karpatenbeckens scheint so groß zu sein, daß seine Gründe wohl irgendwo anders liegen können. Auffallend ist es noch, daß diese Konzentration vor allem in den östlichen Gebieten Pannoniens festzustellen ist, wo sich der Großteil der umfangreichen frühawarenzeitlichen Gräberfelder befindet. Aufgrund der geographischen Lage kann diese Erscheinung nicht erklärt werden. Das Gebiet östlich vom Plattensee zwischen Szentendre im Norden und Pécs im Süden ist von der Landschaft her recht vielfältig; der mittlere Teil ist in Richtung West eine Fortsetzung der großen ungarischen Tiefebene, nördlich und südlich davon ist aber die Landschaft abwechslungsreicher, mit kleineren Bergen und Hügeln. Die letztgenannten Regionen sind für das reiternomadische Leben kaum geeignet. Diese unterschiedliche Verbreitung mehrerer Fundtypen wird vom Umstand unterstrichen, daß die Verbreitung der frühawarischen Ansiedlungen im Osten und Westen des Karpatenbeckens doch recht einheitlich war. Also könnte eine besonders intensive Werkstattaktivität und/oder eine größere Bevölkerungskonzentration aus politischen Gründen das kurz beleuchtete Problem erklären. In den Fundkomplexen der frühawarischen Gräber stechen besonders die großen, zumeist aus Gold gefertigten Ohrgehänge mit kugel- oder pyramidenförmigen, granulierten Anhängern hervor (Abb. 63: 3, 4). Die Damen trugen ferner Perlenketten, wobei die einzelnen Perlen aus einer glasähnlichen Substanz, bisweilen einfärbig, häufig jedoch bunt sind und eine gequetscht kugelige Form haben (Abb. 63: 7). An den Gelenken hatten sie einfache Armreifen aus Eisen oder prächtige offene Armreifen aus Silberblech mit trompetenförmigen Enden und einer flächendeckenden Verzierung. In den Gräbern finden sich überdies Pinzetten, die der Schönheitspflege dienten, und beinerne Nadelbüchsen von rundem Querschnitt.

Die Männer dokumentierten ihren sozialen Rang vor allem mittels der prächtigen Gürtelgarnituren (Abb. 64). Zwar gibt es neuerdings Hinweise dafür, daß schon vor dem Anbruch der Awarenzeit im Karpatenbecken, wohl über Vermittlung der Byzantiner, vielteilige Gürtelgarnituren nach Mitteleuropa gelangt sind, doch stellten die Awaren mit Sicherheit das erste Volk in Europa dar, bei dem die vielteilige Gürtelgarnitur einen unverzichtbaren Trachtbestandteil eines männlichen Mitgliedes der gehobenen Gesellschaftsschicht darstellt. In der frühen Awarenzeit waren Gürtelgarnituren aus Silber-, Gold- oder Bronzeblech gebräuchlich, die entweder unverziert waren oder eine gepreßte Ornamentierung aufwiesen. Dabei dürften insbesondere die

---

23 Ein dynamisches ethnisches Bild bietet: POHL, *Das awarische Kaganat und die anderen Gentes im Karpatenbecken, 6.—8. Jh.* In: *Die Völker Südosteuropas im 6. bis 8. Jahrhundert,* Hg.,; B. HÄNSEL, Südosteuropa-Jahrbuch 17, München - Berlin 1987, 41—52.

24 Die sehr weitführende Frage nach den gegenseitigen Beeinflussungen der awarischen, byzantinischen und sassanidischen granulationsverzierten Gürtel- und Pferdegeschirrbeschläge kann hier nicht erörtert werden.

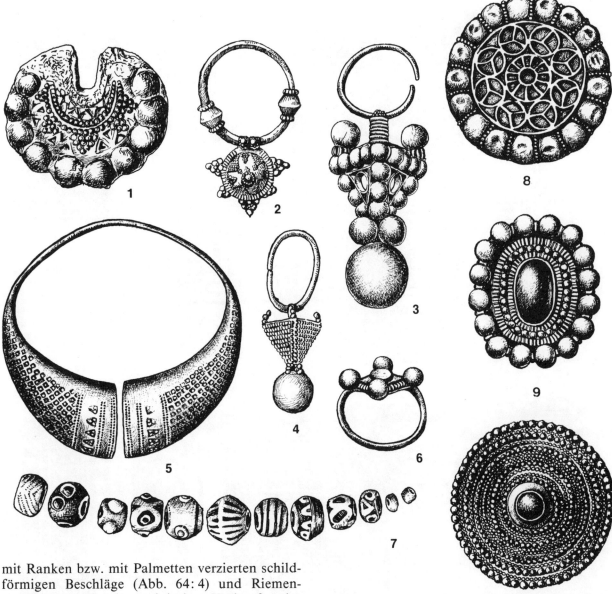

mit Ranken bzw. mit Palmetten verzierten schildförmigen Beschläge (Abb. 64: 4) und Riemenzungen entweder byzantinischer Herkunft oder
zumindest von byzantinischen Vorbildern inspiriert sein:[25] hier sind vor allem die Riemenzungen
und Beschläge mit Vögeln, die Trauben (?) auf-
picken, und solche mit vegetabilischer Zier zu
nennen. Die Granulationszier kommt nur auf
Goldbeschlägen der reichsten Garnituren vor. Die
Flechtbandornamentik, Tierstil II, bzw. sog.
„Zahnschnitt", Abb. 65: 5, ist häufiger und wird
für Gold- und Silberbeschläge verwendet. Für
die frühawarischen Gürtel sind Beschläge
und herabhängende Nebenriemen charakteristisch. Zur Grundausrüstung des Mannes gehört
häufig auch ein Feuerschläger, dessen Enden
leicht nach innen gebogen sind. Er befand sich

Abb. 63: *Frühawarenzeitlicher Schmuck*. 1: aus Gold gepreßtes,
halbmondförmiges Ohrgehänge; 2: sternverziertes, silbernes Ohrgehänge; 3, 4: goldenes Ohrgehänge mit pyramidenförmigem Anhängsel; 5: silberner Armreif mit trompetenförmigen Enden und mit punzierter Verzierung; 6: kugelverzierter Fingerring aus Gold; 7: Glasperlen verschiedener Typen; 8: goldene Agraffe, mit Zellenreihen und
Perlen verziert; 9: ovalförmiger Gürtelbeschlag mit Steineinlage, aus Gold; 10: gepreßter bronzener Scheibenan-
hänger mit Steineinlage, aus Gold, in der Mitte Glasperle.

25 Diese „Inspiration" läßt sich auch an anderen Fundtypen
feststellen, siehe z. B. Abb. 63: 2, 5, 10; 67: 7.

bisweilen in einer Tasche oder in einem Beutel,
der mit einem beinernen Taschenverschluß gesichert war (Abb. 68: 6).

Beim Pferdegeschirr sind „apfelförmige" Steigbügel typisch, wobei sowohl „langohrige" als
auch solche mit schleifenförmiger Öse vorkommen. Die „Apfelform" entsteht dabei durch

153

Abb. 64: *Frühawarenzeitliche Gürtelverzierungen.* 1: goldene Schnalle von höchster Qualität aus einer Werkstätte von Konstantinopel; 2, 7: gepreßte goldene Beschläge mit Punkt-Strich-Verzierung; 3: goldene Pseudoschnalle in Perlkugelrahmen mit Zellenreihen und Steineinlagen verziert; 4: aus Bronzeblech gepreßter Beschlag mit zurückblickender Löwen(?)darstellung, vergoldet; 5: aus vergoldeter Bronze gepreßter Beschlag, im II. Stil verziert; 6. bronzener Prägestock zur Herstellung von Beschlägen vom Typ Martinovka; 8, 10: sog. Aufhängerbeschläge vom Nebenriemenende mit Zellen- und Kugelreihen verziert bzw. unverziert, aus Gold bzw. aus Bronze, 9: aus Silber gegossener Beschlag mit doppeltem Adlerkopfmotiv; 11: Riemenzunge aus Silberblech, mit halbkugelförmigen Eintiefungen und Punkt-Strich-Verzierung; 12: aus Goldblech gepreßte Großriemenzunge mit Ranken- und perlenreihenähnlicher Verzierung; 13. Großriemenzunge aus Silberblech mit punzierter Verzierung; 14: goldene Großriemenzunge in Perlkugelrahmen, in Zellen Glaseinlagen.

154

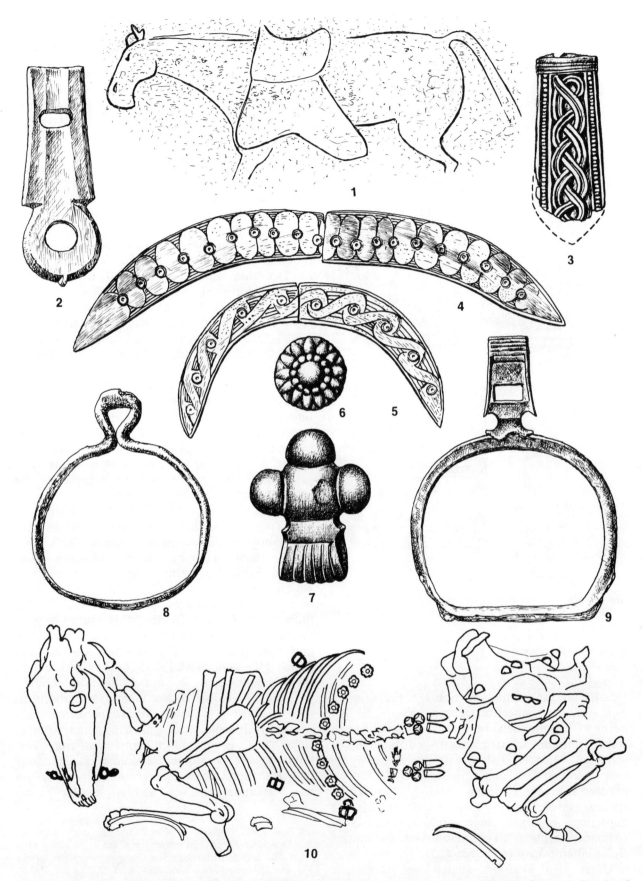

Abb. 65: *Frühawarenzeitliches Pferdegeschirr.* 1: eingeritzte Zeichnung auf einem „Knotenlöser": Pferdekopfschmuck, Sattel und Decke. 2: Knochenanhängsel zur Befestigung von Lederriemen; 3: auf Bronzeblech gepreßte Riemenzunge vom Geschirr, mit Flechtbandmotiv; 4, 5: aus Knochen geschnitzte Platten zur Verzierung des Sattels mit eingeritzter Ranken- bzw. Punkt-Kreis-Verzierung; 6: halbkugelförmiger Beschlag mit Rosettenverzierung; 7: aus Bronzeblech gepreßtes Riemenende vom Geschirr; 8. Steigbügel mit schleifenförmiger Öse, 9: langohriger Steigbügel aus Eisen; 10: Pferdegrab mit reich verziertem Geschirr.

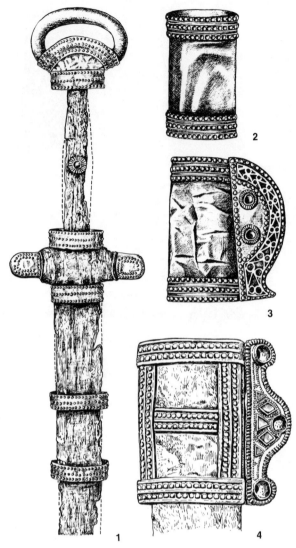

Abb. 66: *Frühawarenzeitliche Schwerter*. 1: Schwert mit aus Silberblech gefertigten symbolischen Parierstangen und Ring am Griffenende; 2, 3: Schwertgriff und P-förmige Hängeöse aus Goldblech mit Einlagen; 4: 3-förmige Hängeöse aus Goldblech mit Einlagen.

eine leichte Einwölbung der Sohle. Weiters finden sich einfache kleine Ringtrensen, selten sind beinerne Gurtschnallen belegt. Die Lederriemen waren mit unverzierten, halbkugelförmigen Beschlägen versehen (Abb. 65: 7), die Schwanzriemen trugen bisweilen ein oder zwei Reihen gepreßter silberner Rosetten (Abb. 65: 6). Nebenriemen endeten mit Blechriemenzungen, die mit gepreßten Bandgeflechten ornamentiert waren (Abb. 65: 3). Die Sättel konnten reich geschnitzte Beinplatten tragen (Abb. 65: 4, 5).

Unter den Waffen stechen besonders die Schwerter mit geraden und langen Klingen hervor, die sich in zwei Gruppen einteilen lassen. Zur ersteren gehören Waffen mit P-förmigen Hängeösen und regelrechten Knäufen an den Griff-

enden (Abb. 66: 2, 3), zur zweiteren solche mit dreiförmigen Attachen und symbolischen Parierstangen sowie massiven Ringen am Ende des Griffes (Abb. 66: 1, 4). Als Stoß- oder Wurfwaffe diente außerdem ein Speer mit schilfblattförmiger Spitze (Abb. 67: 6); der zusammengesetzte Reflexbogen war mit schmalen Knochenplatten versteift (Abb. 67: 2, 3). Man verschoß Pfeile mit breiten, bisweilen „pfeifenden", immer aber dreiflügeligen Pfeilspitzen (Abb. 67: 4, 5). Manchmal findet man Fragmente von Panzern, die aus kleinen Ringen bzw. schmalen Eisenblechplatten gefertigt waren.

Ein Teil der Äxte mag wohl als Werkzeug für die Holzbearbeitung gedient haben (Abb. 68: 7), andere waren vermutlich als Kampfaxt benützt worden (Abb. 68: 8). Vom frühawarenzeitlichen Handwerk hat man, dank einiger Goldschmiede-Gräber, gewisse Kenntnisse (z. B. Abb. 68: 3—5), während die flachen Spinnwirtel (Abb. 68: 1, 2) nur wenig über die Arbeit der Frauen aussagen.

Im frühawarischen Fundmaterial gibt es Töpfe, Flaschen und Tüllengefäße aus grauem, feinem und gut gebranntem Ton, die auf der schnellen Scheibe hergestellt sind und offenbar Manufakturware darstellen (Abb. 68: 9). Die Masse des Materials wird aber von handgefertigten Gefäßen gebildet (Abb. 68: 10), die oft eingeschnittene oder eingedrückte Ränder aufweisen.

Vor allem in den reichen Grabinventaren stechen Importwaren hervor, die in der Frühawarenzeit hauptsächlich aus Byzanz kamen (z. B. Abb. 63: 8), darunter byzantinische Münzen, Amphoren, Seidenfragmente, Klappwaagen und Gewichte, aber auch Schnallen vom Typ Sucidava und Korinth, Ohrgehänge mit Pfauendarstellungen und Kreuze. In der Mitte einer Großriemenzunge aus Törökkanizsa, Novi Kneževac, Jugoslawien, steht ein byzantinisches Monogramm ΑΡΕΘΟU ← gen. ARETHAS.[26] Die Verbreitung dieser Fundtypen — außer die der Gürtelschnallen — wurde bisher nicht systematisch erforscht, obwohl sie auch die Möglichkeit für gewisse historische Aussagen beinhalten könnte, siehe das geographisch uneinheitliche Vorkommen der Gewichte, Schnallen, Preßmodelle usw. Künftige Untersuchungen können klären, ob das Vorhandensein von Sieblöffeln, der gegos-

---

26 Schon W. A. VON JENNY wies darauf hin, daß ein solches Monogramm nicht unbedingt auf eine byzantinische Herkunft des letzten Besitzers der Gürtelgarnitur deutet, siehe *Ein frühbyzantinisches Preßmodell aus Kleinasien*. PZ 24, 1933, 298. Das Grab von Törökkanizsa war eigentlich eine Pferdemitbestattung — wie auch die Goldschmiedegräber von Kunszentmárton und Fönlak, Felnac, Rumänien, was eindeutig für die awarische Zugehörigkeit der Bestatteten spricht.

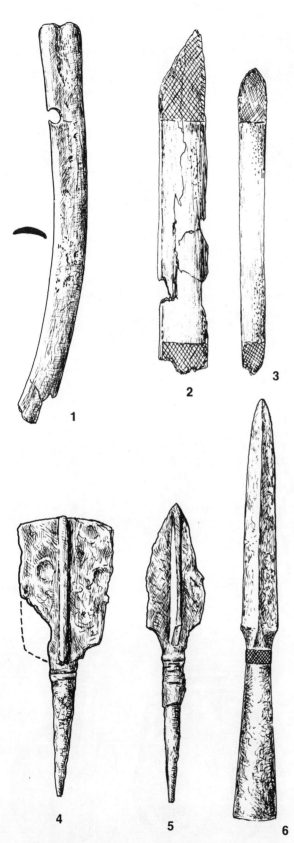

7

Abb. 67: *Frühawarenzeitliche Kriegerausrüstung:* 1—3: knöcherne Bogenversteifungen vom oberem Ende (1) und vom Griff (2, 3); 4, 5: dreiflügelige Pfeilspitzen (4: „pfeifender" Pfeil); 6: Stoßlanzenspitze; 7: aus Silberblech gepreßter Spangenhelmbeschlag mit Darstellung eines Fisch fressenden Adlers.

senen Armreifen mit verbreiterten Enden sowie die Vorliebe für gewisse Verzierungselemente, z. B. Punkt-Strich, dreiecksförmige Punze, Nachahmung von Filigran, auf ein ethnisches Weiterleben bzw. den Fortbestand von Werkstätten oder auf ständig aus Byzanz in das Karpatenbecken gekommene Inspirationen zurückzuführen ist. Schließlich ist noch zu erwähnen, daß sich auch Materialien von germanischer Herkunft — insbesondere silbertauschierte eiserne Gürtelbeschläge — in den Gräberfeldern befinden.[27]

Die Körpergräber sind zumeist in West-Ost-, Ost-West- oder Nordost-Südwest-Richtung orientiert. Fallweise finden sich Reste von verbranntem Pferdegeschirr (möglicherweise auch vom Pferd) in besonderen Gruben. Häufiger sind die partielle oder vollständige Pferdebestattung (Abb. 65: 10), wobei bisweilen die beiden Bestattungsarten in ein und demselben Grab kombiniert sind, sowie selbständige, von der Bestattung des Mannes abseits angelegte Pferdegräber.

Erst seit wenigen Jahren kennen wir regulär ergrabene Siedlungen. Sie zeigen quadratische, in die Erde eingetiefte Häuser mit Pfahlkonstruktion, Öfen aus gebranntem Lehm und mit Steinpackungen (Abb. 69.) sowie freistehende Öfen. Die Siedlungen weisen eine lockere Anlage auf und sind zumeist von Gräben umgeben bzw. durchzogen, was geradezu als wesentliches Strukturmerkmal des awarischen Siedlungstyps aufgefaßt werden kann.

Anhand der Grabfunde läßt sich das frühawarische Siedlungsgebiet gut umschreiben. Wesentlich kleiner als das von den Awaren tatsächlich beherrschte Gebiet, umfaßte es die östliche Hälfte Pannoniens, die Tiefebene sowie das von Tälern

---

27 Laut freundlicher Mitteilung bereitet P. STADLER eine Zusammenfassung der germanischen Importwaren im frühawarenzeitlichen Fundgut vor.

157

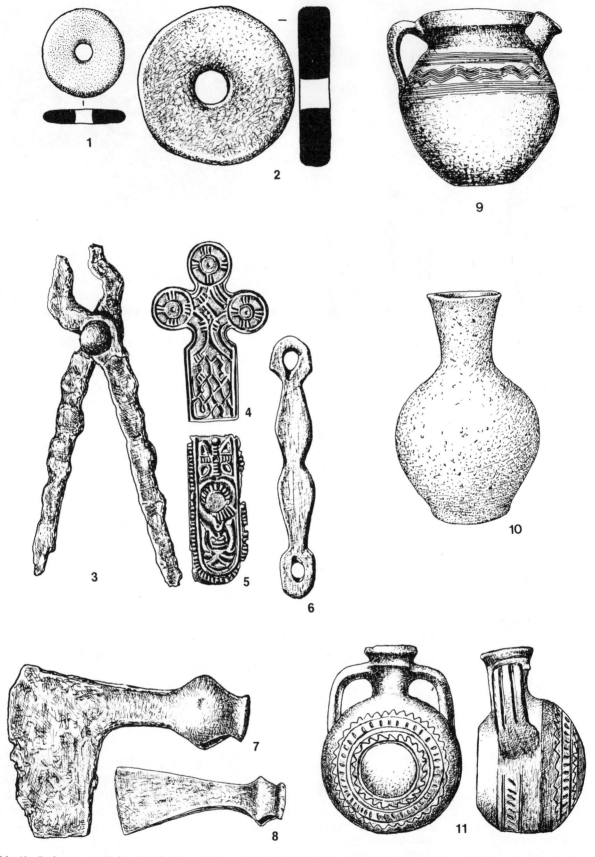

Abb. 68: *Frühawarenzeitliches Handwerk und Keramik.* 1, 2: flache Spinnwirtel aus Ton; 3: eiserne Beißzange; 4, 5: aus Bronze gegossener Prägestock zur Herstellung von Pferdegeschirr— bzw. Gürtelbeschlägen; 6: beinerner Taschenverschluß; 7, 8: eiserne Äxte; 9: Krug vom Typ „graue Keramik"; 10: handgeformtes Gefäß; 11: scheibengedrehte Feldflasche.

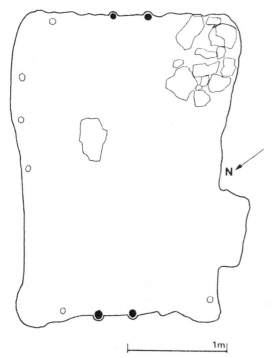

Abb. 69: *Grubenhaus aus dem 6.—7. Jahrhundert.* Eingetieftes viereckiges Haus mit Pfostenkonstruktion; Eingang vom Süden, Ofen aus Steinpackung.

durchzogene Gebiet Siebenbürgens. Die Funde der letzten Jahre zeigen, daß die Nordwestecke des Karpatenbeckens westlich von Győr und das südliche Wiener Becken während dieser Zeit bereits besiedelt waren.

Unsere Überlegungen zur Gesellschaftssozialstruktur basieren hauptsächlich auf ethnographischen Vergleichen unserer wenig konkreten Quellenangaben. Man könnte an ein zentralistisch (dynastisch?) orientiertes Herrschaftssystem denken, dem eine Zehnerstruktur zugrundeliegt.

Mittelawarenzeit

Viele mittelawarische Fundtypen lassen sich von frühawarischen Vorgängern ableiten, so zum Beispiel die handgeformten Gefäße mit viereckigem Mundsaum und die Ohrgehänge mit Bommelanhängern (Abb. 70: 1), doch sind sie jetzt eher kleiner und mit bescheidenerer Ornamentierung versehen. Halsketten bestehen aus geschliffenen geometrischen oder doppelkonischen Perlen. Die Steigbügel sind nicht mehr apfelförmig, sondern rund, tragen aber bisweilen immer noch die schleifenförmige Öse. Daneben kommt bereits der hohe, hufeisenförmige Steigbügel vor (Abb. 71: 9), der dann in der Spätawarenzeit fast ausschließlich verwendet wird. Auch einige Gefäße erinnern an die frühawarischen Formen (Abb. 71: 11), insbesondere schwarze und

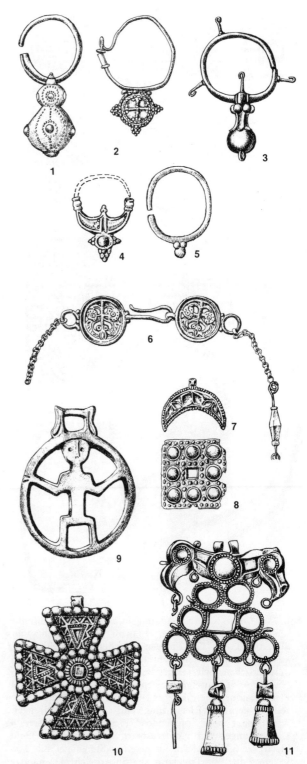

Abb. 70: *Mittelawarenzeitlicher Schmuck.* 1: goldener Bommelohrring; 2, 4: sternverziertes Ohrgehänge (2: filigranverziert, aus Gold; 4: aus Bronze gegossen); 3: goldener Ohrring mit Seitensprossen, Glasperle in keulenförmiger Fassung; 5: Goldohrring mit drei Wülstchen; 6: hakenförmiges Schlußende einer goldenen Halskette, mit zwei palmettenverzierten gegossenen Rundscheiben 7: lunulaförmiger Goldanhänger mit Zellen; 8: gepreßte Agraffe aus Silberblech; 9: aus Bronze gegossener Anhänger; 10: aus Silberblech gepreßtes Kreuz; 11: Anhänger aus Goldblech mit zwei Adlerköpfen und drei Glöckchen.

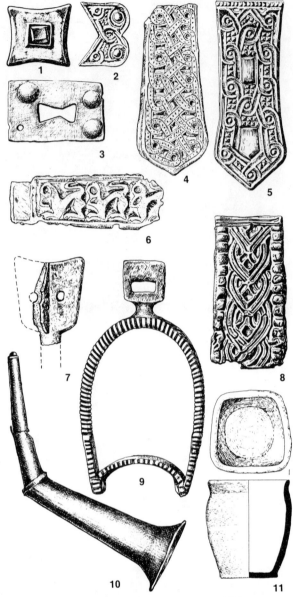

Abb. 71: *Mittelawarenzeitliche Gegenstände.* 1—6: Gürtelbeschläge bzw. Riemenzunge. 1: Quadratischer Beschlag aus Silberblech, mit Glaseinlagen versehen; 2: Lochschützer aus Silberblech, mit Ranken und Glaseinlagen verziert; 3: durchbrochener viereckiger Beschlag aus Bronzeblech mit Nieten; 4, 5: gepreßte Riemenzungen aus Silberblech mit Flechtbandornamentik (5: mit Glaseinlagen); 6: aus Bronzeblech gepreßte Riemenzunge mit Greifendarstellungen; 7: Fragment einer „pfeifenden" Pfeilspitze aus Eisen; 8: Riemenzunge vom Pferdegeschirr, aus gepreßtem Goldblech; 9: Silbertauschierter eiserner Steigbügel mit konkavem Tritt; 10: Trinkhorn aus Silberblech; 11: handgeformtes Tongefäß mit viereckigem Rand.

graue Typen, die auf der Töpferscheibe hergestellt sind. Häufig sind auch Töpfe mit leicht eingezogenem Halsteil und mit durch Fingertupfenleisten verzierten Rändern. Soweit wir heute sehen, erinnert auch die Bauweise der Häuser und die Siedlungsstruktur an die Frühawarenzeit. Neue Ohrringtypen, die im frühawarischen Mate-

rial keine Vorgänger haben, sind solche mit pyramidenförmiger Silber- oder Bronzekügelchenzier oder mit Perlenanhängern. Auffallend, aber selten sind mit Glaseinlagen versehene, aus Bronze- oder Silberblech gefertigte Mantelschließen, die sich lediglich in Frauengräbern finden. Neben den Perlenketten konnten auch Halsreifen aus Draht getragen werden, denen manchmal ein kleiner Blechbehälter anhängt.

Am Handgelenk finden sich bisweilen Armreifen von rhomboidem oder rundem Querschnitt. Nur in Männergräbern kommen, zumeist beim Schädel, Zopfspangen vor, die paarweise auftreten und in der Mittelawarenzeit aus Blech gefertigt wurden. Die Riemenzungen und Gürtelbeschläge — wie in der Frühawarenzeit aus Gold-, Silber- oder Bronzeblech gemacht — sind mit Ketten- oder Flechtbändern (Abb. 71: 4, 5), oder aber mit einer geometrischen Ornamentik verziert; die Seiten der quadratischen Beschläge sind leicht eingezogen (Abb. 71: 1). Einige prächtige Beschläge und Riemenzungen dieser Zeitstufe sind mit Einlagen aus Glas versehen (Abb. 71: 5). Ein Grundproblem der Typochronologie betrifft den Nachweis von Greifen- und Rankenverzierungen auf Blechen (Abb. 71: 6), die in der Spätawarenzeit die Motivik der Gürtelbeschläge beherrschen, denn es erhebt sich die Frage, ob sich die spätawarische Ornamentik auf mittelawarische Wurzeln zurückführen läßt oder ob der mittelawarische Motivkreis noch eine Zeitlang neben dem spätawarischen weiterlebt, ob sich beide Gruppen chronologisch überlappen. Charakteristisch sind auch Lochschützer (Abb. 71: 2) und selbständige, verzierte Nebenriemen. Die Eisenschnallen sind trapez- oder achtförmig.

In den Männergräbern finden sich häufig Feuerschläger aus Eisen, deren lange Enden abgerundet und nach innen gebogen sind. In die Mittelawarenzeit datieren die ersten Belege für runde Beschläge am Pferdegeschirr. Die Steigbügel erhalten jetzt gerade Sohlen und statt der Ringtrensen treten solche mit seitlichen Knebeln auf. Anstelle des frühawarischen Schwertes findet der einschneidige Säbel mit gerader Parierstange Verbreitung, daneben werden als Waffen Streitaxt und Streitbeil sowie ca. 30 cm lange Kampfmesser verwendet.

Auch in der Mittelawarenzeit, offenbar besonders während eines kurzen Zeitraumes gegen 670, kommen wieder byzantinische Münzen und Schmuckgegenstände (Abb. 70: 2, 6, 7, 11) ins Land. Was die Bestattungssitten betrifft, so finden sich bisweilen Stollengräber sowie Grabgruben mit seitlichen gewölbten Nischen. Zumeist wurde im Sarg bestattet, häufig finden sich Gefäße als Belege für spezielle Speisebeigaben. Die partielle

Pferdebestattung kommt sehr selten vor; wenn das Pferd mitgegeben wird, so wird es an der rechten Seite des Mannes begraben, wobei der Kopf des Pferdes bei den Füßen des Reiters liegt. Als Nachahmung der selten gewordenen Münzen tritt in der Mittelawarenzeit bisweilen das unverzierte Goldblechscheibchen auf, das dem Toten als Obulus mitgegeben wird. Bestattungen sind nun weniger tief und häufig Nord-Süd, bisweilen Südost-Nordwest orientiert. Sporadisch kommt auch die Trepanation vor, die möglicherweise eine magische Bedeutung hat. Erst kürzlich wurde der Typ einer schwarzen, scheibengedrehten Keramik beschrieben, der vorwiegend in den Komitaten Tolna und Fejér verbreitet war.

Im Verlauf der Mittelawarenzeit wird das Siedlungsgebiet um Wesentliches erweitert, insbesondere finden sich nun auch awarische Funde in der Kleinen Ungarischen Tiefebene (also beiderseits der Donau im Bereich von Győr) und im südlichen Wiener Becken. Auch in der Gesellschaftsstruktur dürften Änderungen eingetreten sein: die mittel- und spätawarische Gesellschaft war wohl einheitlicher gegliedert als die frühawarische, doch stellt sich die Frage, ob die bisher bekannten Gräberfelder tatsächlich einen kompletten Querschnitt durch die awarische Gesellschaft zeigen. Die wenigen reichen mittelawarischen Gräber (Igar, Tótipuszta, Cibakháza und Kiskőrös-Vágóhíd, sogar im ausgeraubten Zustand noch imponierend) erbrachten vor allem byzantinischen Schmuck sowie zwei Kreuze (Abb. 70: 6, 10, 11).

Spätawarenzeit

In vielerlei Hinsicht findet die Kultur der Mittelawarenzeit im 8. Jahrhundert ihre Fortsetzung. Der Mann trägt weiterhin Zopfspangen, doch während man sie ursprünglich aus Blech gefertigt hatte (Abb. 72: 12), werden sie nun häufiger gegossen und haben prismenförmige Querschnitte. In Frauengräbern finden sich nach wie vor Spinnwirtel; die doppelkonischen sind jetzt häufiger und tragen bisweilen eine Zick-zack- oder Rillenzier (Abb. 76: 5). Auch die beinernen Nadelbüchsen treten in einer gedrechselten Variante weiterhin auf (Abb. 76: 3). Eine Kontinuität zeigen auch die Endversteifungen der zusammengesetzten Reflexbögen, die lediglich breiter werden, sowie die Verwendung der Säbel (Abb. 75: 1), der dreiflügeligen Pfeilspitzen (Abb. 75: 4, 5) und der Steigbügel mit geraden Sohlen (Abb. 74: 1).

Neu sind in den Fraueninventaren schwarze melonenkernförmigen Perlen (Abb. 72: 9), ovale Ohrgehänge mit teilweise geschliffenen, länglichen Perlen (Abb. 72: 4), sowie Mantelschließen

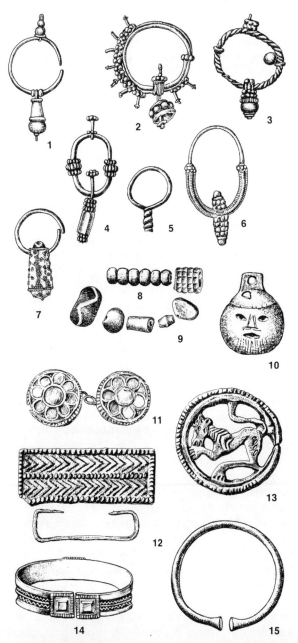

Abb. 72: *Spätawarenzeitlicher Schmuck.* 1: Bronzener Ohrring mit keulenförmigem Anhängsel und Glasperle; 2: Goldener Ohrring mit Seitensprossen und mit kugelverziertem Anhängsel; 3: vergoldeter Silberohrring mit tordiertem Ring und mit Glasperlenanhängsel; 4: granulationsverziertes bronzenes Ohrgehänge mit ovalem Ring, Anhängsel aus stangenförmiger Glasperle; 5: Bronzedrahtohrring mit Spiralende; 6: aus Bronze gegossener Ohrring mit traubenförmigem Anhängsel; 7: granulationsverziertes goldenes Ohrgehänge mit oktaederförmigem Anhängsel und mit silbernem Ring; 8: stangenförmige und maisförmige Perle; 9: Perlen von verschiedenem Typ (rechts: melonenkernförmige); 10: aus Bronze gegossene Schelle mit Menschenkopfdarstellung; 11: rundes Agraffenpaar aus Bronze mit Glaseinlagen; 12: langrechteckige Zopfspange aus Bronzeblech in Perlenrahmen, vergoldet; 13: aus Bronze gegossene durchbrochene Zierscheibe mit Tierdarstellung; 14: bronzenes Armband mit offenen Enden, die mit quadratförmigen Glaseinlagen verziert sind; 15: bronzener Armring mit kolbenförmig verdicktem, verziertem Ende.

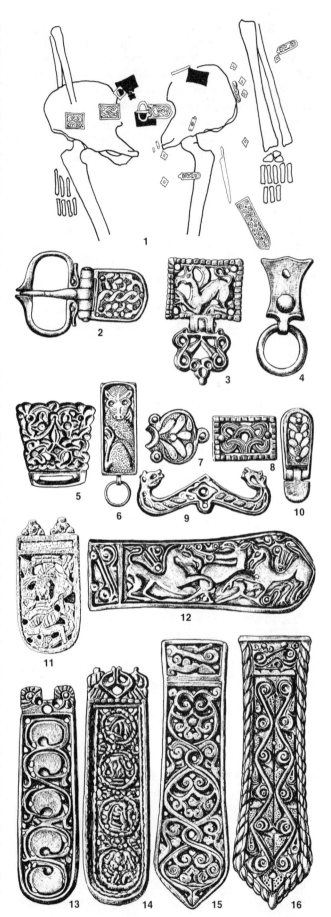

Abb. 73. *Spätawarenzeitlicher Gürtel.* 1: Gürtelzierate in situ; 2; 7, 10: Schnalle, Lochschützer, Nebenriemenbeschlag mit Rankenverzierung, Hintergrund punziert; 3: zweiteiliges Gürtelanhängsel mit Greif-Darstellung; 4: Beschlag mit Ringanhängsel; 5: trapezförmiger Beschlag mit Rankenverzierung; 6: Schlaufenbeschlag mit Ringanhängsel, Darstellung eines imaginären Tieres (Wildschwein?); 8: viereckiger Beschlag mit Rankenverzierung; 9: Taschenbeschlag (?) mit Tierkopfdarstellungen; 11: Riemenzunge mit Kampfszene eines Mannes und Tieren; 12: Hauptriemenzunge mit Tierkampfszene: Hirsch angreifender Greif; 13: Hauptriemenzunge mit Kreislappenranken; 14: Hauptriemenzunge, in den Medaillons menschliche Kopfdarstellungen; 15, 16: Großriemenzungen mit Rankenmotiv (16: punziert) — alle aus Bronze gegossen, teils vergoldet.

mit blütenförmigen Glaseinlagen. Gegen Ende der Awarenzeit kommen neue Ohrringformen vor, insbesondere Bronzedrahtohrringe mit S-förmigem Ende und solche mit Spiralende (Abb. 72: 5), die dann im 9. Jahrhundert weiter verwendet werden.

Bekannt sind die gegossenen Gürtelgarnituren, die in zahlreichen Männergräbern vorkommen und deren Ornamentik gewissen Wandlungen unterworfen ist, sodaß sie für die chronologische Gliederung des Fundmaterials recht gut geeignet sind. Besonders bekannt geworden ist die sogenannte Greifen-Rankenornamentik, die während eines Großteils der Spätawarenzeit die Verzierung der Gürtelgarnituren bestimmt. Sie ist äußerst abwechslungsreich, nur selten finden sich zwei vollkommen gußgleiche Exemplare. Neben den verschiedenen Tierkampfdarstellungen, bei denen im allgemeinen ein Raubtier oder ein Greif bzw. zwei Greife ein zumeist nicht näher identifizierbares Huftier anfallen, finden sich auch am Lebensbaum (?) stehende Tiere, Jagdszenen, Menschendarstellungen, die auf späthellenistische Vorbilder verweisen, und auch bis heute ungeklärte kultische (?) Szenen. An der Rückseite der Hauptriemenzungen kommen häufig verschiedene Rankenmotive (flach, S-förmig, traubenförmig, symmetrisch) oder Lebensbäume vor. Neuere chronologische Untersuchungen zeigen, daß gegen das dritte Drittel der Spätawarenzeit die Tier- und Menschendarstellungen fast völlig verschwinden und abstrakte, geometrische Rankenverzierungen auftreten. Die Gürtelbeschläge selbst sind im allgemeinen quadratisch oder wappenförmig; häufig sind auch Scharnierbeschläge, wobei die Anhänger aus kleinen gegossenen Ranken, Ringen oder fast dreieckigen Palmetten bestehen. Außer den Hauptriemenzungen und Beschlägen enthalten die Gürtelgarnituren noch gegossene Schnallen, Riemenschlaufen, sog. Propellerbeschläge, Lochschützer (oder „Lochkranzbeschläge") und kleinere Nebenriemenzungen, die von den Hauptriemen an sogenannten Nebenriemen herabhängen.

162

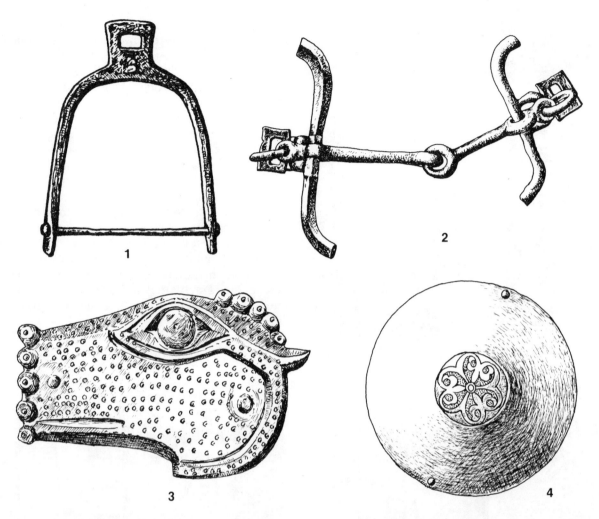

1

2

3

4

Abb. 74: *Spätawarenzeitliches Pferdegeschirr*. 1: eiserner Steigbügel mit geradem Tritt; 2: eiserne Knebeltrense mit S-förmigen Psalien; 3: silberner Beschlag mit punzierter Verzierung; 4: bronzene Phalere, die silberne Mitte halbkugelförmig und mit Punzierung verziert.

Für das Pferdezaumzeug sind große Phaleren charakteristisch, die als Verzierung links und rechts des Pferdkopfes angebracht und zumeist aus Bronze- oder Eisenblech gefertigt waren (Abb. 74: 4). Die eisernen sind oft mit einer reichen Silber- oder Kupfertauschierung versehen. Beide Typen tragen in der Mitte große halbkugelförmige Zierknöpfe.

Charakteristische Schmuckstücke dieser Periode sind — abgesehen vom einfachen Bronzedrahtohrring — runde oder ovale Ohrgehänge mit quadratischem Drahtquerschnitt (Abb. 72: 2, 3, 7) und Glas- oder Pastenperlen (Abb. 72: 8, 9), Spiralfingerringe, quadratische bzw. kastenförmige Mantelschließen und Armreifen, die am Ende Glaseinlagen tragen (Abb. 72: 14) oder mit Tierköpfen verziert sind.

Wo in den Gräbern Arbeitsgeräte gefunden worden sind, erhalten wir einen kleinen Einblick in das Handwerk. Außer dem Messer sind hier vor allem die Sichel (Abb. 76: 6) und der Dechsel zu nennen. Relativ häufig ist der Holzeimer nachgewiesen, seltener kommen einige Gußformen vor (Abb. 76: 1). Die Keramik wurde noch nie zusammenfassend abgehandelt; man begnügte sich bis

heute, verschiedene Typen zu umschreiben und in ihrer Verbreitung zu untersuchen. Neben der handgefertigten wird die auf der Scheibe nachgedrehte und daher ebenmäßigere immer bestimmender. Bei letzterer treten häufig Wellenbänder, gerade Linien und Kammeinstiche am Hals als Verzierung auf, während sich bei handgefertigten Typen — wenn sie überhaupt verziert sind — Fingereindrücke oder Einschnitte am Mundsaum finden. In Siedlungen des Theißgebietes, wesentlich seltener in Gräbern, wurden auch Gefäße mit eingestempelten geometrischen Mustern nachgewiesen, die an Textilstrukturen erinnern und die von den frühawarischen Typen streng zu unterscheiden sind. Von besonderer Bedeutung ist die eher seltene sogenannte gelbe Keramik (Abb. 79), die von hervorragender Qualität ist und praktisch in allen bekannten Formvarianten vorkommt. In

163

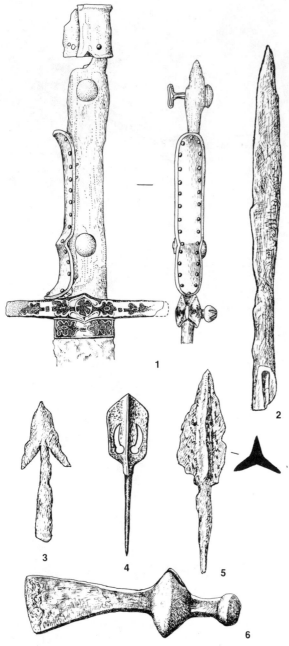

handgemachte Gefäße u. a., die nach Größe und Technologie in weitere Untergruppen zusammengefaßt werden können.

In den letzten Jahrzehnten wurde der Siedlungskeramik etwas mehr Augenmerk geschenkt. Dabei zeigte es sich, daß die älteren, stark verwurzelten Theorien von eigenen, speziell für die Bestattung hergestellten „Grabgefäßen" jeder Grundlage entbehren. Die handgemachte, wenig qualitätvolle Ware macht in manchen Siedlungen gar zwei Drittel des Keramikbestandes aus. Die scheibengedrehte Keramik hat im täglichen Leben jedoch keine untergeordnete Rolle gespielt, man verwendete sie z. B. für die Lagerung und vermutlich besonders bei festlichen Anlässen, wobei das Begräbnis ebenfalls als Fest verstanden werden kann. Auch jene Schmuckgegenstände, welche die Tracht der Bestatteten auszeichnen, sind wahrscheinlich wohl nicht jeden Tag angelegt worden.

Die ältere, aber bis heute wirkende grobe Einteilung der Keramik in einen „Donau-" und einen

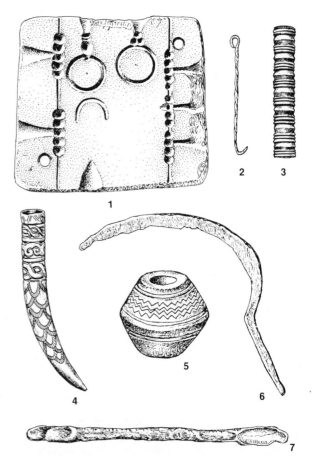

Abb. 75: *Spätawarenzeitliche Waffen.* 1: Griff und Parierstange eines Säbels, mit silbernem Griffende und Fingerhalter aus Silberblech; die Parierstange und der oberste Teil der Klinge sind punziert; 2: eiserne Tüllenlanze; 3—5: eiserne Pfeilspitzen; 6: eiserne Axt.

günstigen Fällen ist eine Bemalung erhalten, die direkt in der mittelasiatischen Kunst ihre Entsprechung findet.

In die Gräber gelangten vorwiegend Töpfe, die sich nach Form und Proportion zunächst in drei typologische Gruppen mit zahlreichen Varianten trennen lassen (kugelförmige, bikonische und solche mit hohem Umbruch). Daneben finden sich vereinzelt Töpfchen, kleine Becher, Krüge, Schalen, Kannen, Teller, amphorenähnliche,

Abb. 76: *Spätawarenzeitliches Handwerk und Werkzeuge.* 1: Gußform aus Stein; 2: eiserne Nadel; 3: Nadelbehälter aus gedrechseltem Knochen; 4: Knotenlöser aus Knochen, mit eingeritzter Verzierung; 5: bikonischer Spinnwirtel aus Ton, mit Zickzack-Verzierung; 6: eiserne Sichel; 7: eiserner Holzbohrer.

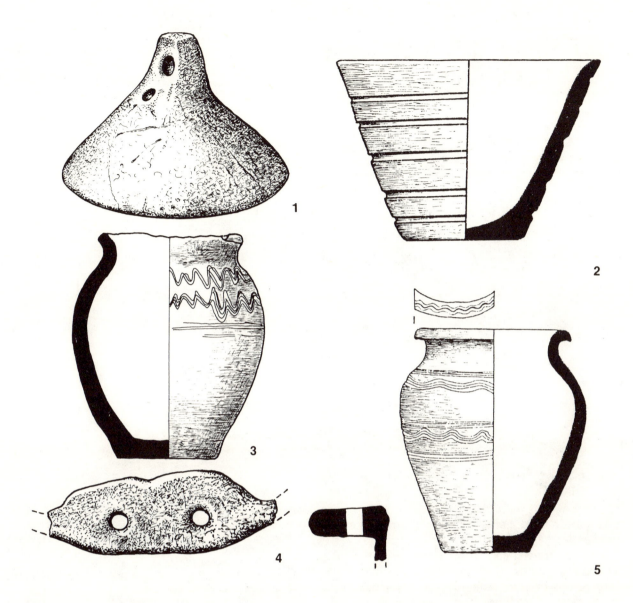

Abb. 77: *Spätawarenzeitliche Keramik.* 1: handgeformter Deckel, mit Loch unter der Öse; 2: scheibengedrehter Topf mit Linienverzierung; 3: handgeformter Topf mit Wellenverzierung; 4: Bruckstück eines handgeformten Tonkessels; 5: scheibengedrehter Topf mit Wellen- und Linienverzierung, Innenseite des Randes auch verziert.

„Theißtyp" ist ahistorisch. Dieser Theorie nach leben im Nordwesten in der scheibengedrehten Ware römische Traditionen nach, während die handgemachte auf sarmatische Wurzeln zurückgeht. Schon die tschechoslowakischen Kollegen, welche diese typologische Gliederung selbst entwickelt und interpretiert hatten, wiesen auf Übereinstimmungen der beiden Gruppen hin.

Von kulturgeschichtlicher Bedeutung ist die Tatsache, daß in den Siedlungen auch Deckel gefunden worden sind, was sich mit dem klassischen Nomadenbild nicht verträgt. Mit Hilfe des Deckels läßt sich die Garzeit der Speisen verkürzen, und sie erhalten einen ganz anderen Geschmack. Die Krausengefäße dienten zur Bevorratung von Getreide, was, verbunden mit der Tatsache, daß sich in den Siedlungen relativ selten Vorratsgruben finden, darauf hinweisen kann, daß Getreide bei den Spätawaren zumindest teilweise auch oberirdisch aufbewahrt wurde. Im

Siedlungsmaterial treten weiters handgeformte Tonkessel auf, die an der Randinnenseite gelochte Lappen zum Aufhängen tragen, sowie sogenannte Backglocken, die aber mit wenigen Ausnahmen bislang nur östlich der Donau nachgewiesen sind. Sie sind aus grobem, schlecht gebranntem Ton hergestellt.[28] Während der Spät-

---

28 Die seit der Urzeit bekannten Backglocken waren bei den Spätawaren und den landnehmenden Ungarn verbreitet (bis 11./12. Jh.). Auf welchem Weg sie zu den frühmittelalterlichen Steppenvölkern gelangt sind, ist unsicher. Die Verwendung der Backglocken läßt sich mit Hilfe neuzeitlicher ethnographischer Parallelen aus dem Balkan re-

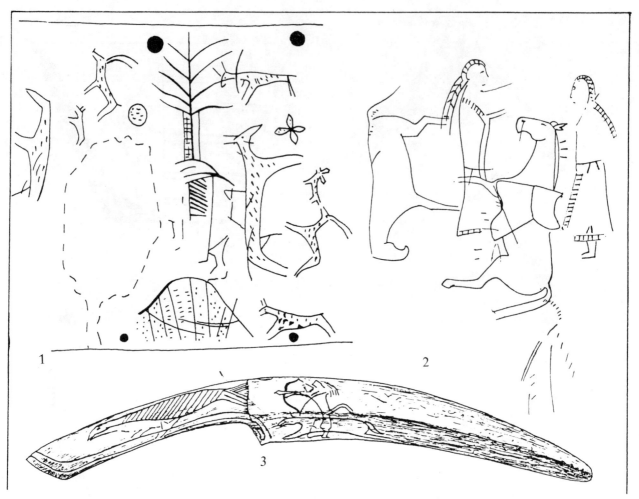

1   2

3

awarenzeit wird gerne Schamott zur Magerung verwendet.

Die quadratischen Häuser waren eingetieft, die Dachkonstruktion war von einem Pfahlwerk getragen, das in ganz Osteuropa in ähnlicher Form nachgewiesen ist. Die Öfen waren aus Stein oder aus gebranntem Lehm, es konnte aber auch ein im Freien stehender Ofen geborgen werden, dessen Basis mit Gefäßfragmenten ausgelegt war. Seit kurzem sind auch einige spätawarische Töpferöfen bekannt.

Über die Siedlungsstruktur ist noch wenig bekannt, doch zeigen einige Fundstellen eine dichte, konzentrierte Siedlungsform, andere „Dörfer" waren offenbar weitläufig angelegt und folgten

Abb. 78: *Awarenzeitliche Ritzzeichnungen auf Knochengegenständen.* 1: Verschiedene Wildtiere, Sonne und Mond um den Lebensbaum; 2: Männer mit Zöpfen, in einen Kaftan gekleidet, eines der Pferde ist aufgesattelt; 3: Der berittene Jäger trägt langes Haar und einen Bogenköcher, schießt mit dem Bogen auf einen Vogel.

keinem offensichtlichen System. Zwischen den einzelnen Häusern konnten einfache Gräben freigelegt werden. Wo die vermutlich dazugehörenden Gräberfelder gefunden wurden, befanden sie sich einige hundert Meter von den Siedlungen entfernt. Die Friedhöfe umfaßten bisweilen weit über tausend Bestattungen, was demographische und natürlich auch chronologische Probleme aufwirft,[29] um deren Lösung man sich bislang kaum

---

konstruieren: Zunächst säuberte man die erhitzte Herdplatte von Glut und Aschenresten, stülpte dann die vorgewärmte Glocke über das Backgut und bedeckte sie zusätzlich mit der Glut; siehe den Vergleich mit prähistorischen Daten und neuzeitlichen ethnographischen Beobachtungen: B. RŐMER, *A sütőharang a történelem előtti időktől napjainkig.* Ethnographia 77, 1966, 390—416. Was die Speisezubereitungsart in den Tonkesseln betrifft, werden — nach ethnographischen Vergleichen zu urteilen — darin jene Speisen gekocht worden sein, die ohne Umrühren gegart werden konnten.

29 Würde man die Gräber vom spätawarischen Typ ausschließlich ins 8. und beginnende 9. Jahrhundert datieren, müßte man zumindest in einigen, gut erforschten Gegenden (Tiszavasvári, Kiskőrös, Komárno), wo in der Umgebung der heutigen Siedlung bis zu 10 awarische Gräberfelder aufgedeckt werden konnten, für bestimmte Perioden von der Zahl her mit einer Bevölkerung rechnen, wie sie im Karpatenbecken erst im Spätmittelalter erreicht wurde und die bei der frühmittelalterlichen Wirtschaftsweise nicht lebensfähig gewesen wäre. Im Gegensatz dazu steht die auffallend geringe Zahl von Grä-

bemüht hat und für die es auch nur wenige sichere Anhaltspunkte gibt. So läßt sich darüber diskutieren, ob die reich ausgestatteten Männergräber in diesen großen Gräberfeldern einer awarischen Mittel- oder einer Kriegerschicht zuzurechnen sind, oder ob es sich bei diesen lediglich um die Oberschicht einer abgeschlossenen kleinen Gemeinschaft handelt. Offen ist auch die Frage, wieso bis dato keine einzige spätawarische Bestattung der obersten Führungsschicht bekannt ist. In Anbetracht der bis zu 4 Meter tiefen Gräber des noch unveröffentlichten Gräberfeldes von Hortobágy-Árkus,[30] das auch in seinem ausgeraubten Zustand noch auffallend reich war, wäre es vorstellbar, daß die Bestattungen der spätawarischen Führungsschicht wegen ihrer außergewöhnlichen Tiefe noch nie gefunden worden sind.

Die sehr wenigen Hinweise auf die Lebensformen der Spätawaren zeigen, daß der Hauptteil der Bevölkerung seßhaft gewesen sein könnte und in Dörfern lebte. Zahlreiche Sicheln, die wohl aus abergläubischen Gründen in die Gräber kamen, belegen den Ackerbau. Die Analyse der Tierknochen im Abfall der Siedlungen zeigt einen überwiegenden Anteil von Rinderknochen und nur wenige Pferdeknochen, ähnlich wie die Dörfer der Balkan-Donau-Kultur. Im Gegensatz dazu steht z. B. die Saltovo-Majaki-Kultur, deren Landwirtschaft dank der Pflugfunde und einiger paläobotanischer Untersuchungen verhältnismäßig gut bekannt ist und wo das Verhältnis von Pferde- und Schafknochen (das nomadische Erbe) zu Rinder- und Schweineknochen (Merkmal einer seßhaften Lebensweise) ausgeglichen ist. Die untergeordnete Rolle von Pferd und Schaf in den spätawarischen Siedlungen deutet einerseits auf eine seßhafte Wirtschaftsweise, deren Grundlage der Ackerbau war. Andererseits kann man vermuten, daß der bemerkenswerte Mangel an Pferdeknochen in den Siedlungen eng mit der Sitte der Pferdebestattung verbunden sein mag (siehe Tabelle 3).

Tabelle 3. Prozentuelle Verteilung der Tierknochen in den awarenzeitlichen Siedlungen, Bestimmung von L. Bartosiewicz, S. Blažić, I. Takács und I. Vörös.

Fundort / Tierart %	Eperjes	Hunya	Szekszárd-Bogyiszló	Dunaújváros-Alsófoki patak	Dunaújváros-Öreghegy	Tatabánya-Alsógalla	Óbecse, Bečej, Jugoslawien	Tarjánpuszta
Pferd	8	7	6	12	–	1 Stück	12	3
Rind	59	60	66	53	42	etwa Hälfte	52	77
Schaf/Ziege	17	22	16	23	33		6	10
Schwein	13	9	9	8	21	Viertel	6	8
Esel					+			+
Huhn	+				+	+	+	+
Gans	+				+			
Hund					+			+
Vogel							+	
Wildschwein	+					+		
Hirsch	+						+	
Hase	+		+			+		+
Schildkröte							+	
Wildkatze								+
Reh	+							

In der spätawarischen Periode erreicht das awarische Siedlungsgebiet seine größte Ausdehnung. Die Grenze des von den Awaren bewohnten Landes verlief im Westen entlang des Wienerwaldes und der Ostalpen, im Norden durch die heutige Slowakei, im Osten durch Siebenbürgen und im Süden entlang der Drau und der Donau, doch lag der Schwerpunkt der Besiedlung in den Tiefebenen.

bern, die in das 9. Jahrhundert datiert werden. Es ist so gut wie ausgeschlossen — und darauf hat, lange Zeit vergeblich, schon Gyula Rhé aufmerksam gemacht (*Veszprém megyei avar emlékek.* In: *Közlemények Veszprémvármegye múltjából* 2, 1924, 28) —, daß die Awarenkriege einen derart katastrophalen Bevölkerungsrückgang verursacht haben. Mit möglichen Ursachen für die Konzentration von Gräberfeldern in bestimmten Gebieten hat sich Á. Cs. Sós, *A keceli avarkori temetők* (Rég. Füz. II. 3, 1958) 23 kurz befaßt.

30 E. H. Tóth, *A Hortobágy-árkusi avar temető* (Vortrag, gehalten 1982 in Velem). Besonders tiefe Gräber kennen wir auch aus der Frühawarenzeit, beispielsweise aus Szegvár-Oromdűlő, wo sich die Bestattung in 6 m Tiefe befand (Vortrag von G. Lőrinczy, Budapest 1985).

ETHNOHISTORISCHE
FRAGEN

In der Orientalistik wird seit etwa 200 Jahren nach dem Ursprung der Awaren geforscht,[31] doch alle dieser Frage gewidmeten Arbeiten befassen sich ausschließlich mit der Bevölkerung, die sich 568 im Karpatenbecken angesiedelt hat. Die Orientalistik und die Literarhistorie — letztere stützt sich vorwiegend auf byzantinische Quellen und berücksichtigt kaum die anderssprachigen Angaben — schenkten bislang den Überlegungen verschiedener ungarischer Frühmittelalterarchäologen im Zusammenhang mit einer möglichen zweiten Einwanderungswelle um 670/680 keine Beachtung. Daher wird die Frage nach der Zusammensetzung des spätawarischen Ethnikums in der Orientalistik vorläufig erst gar nicht gestellt. Dies ist umso bedauerlicher, als die Archäologie auf Grund ihrer entwickelten Methoden bald durchaus in der Lage sein wird, eigene Theorien über die Herkunft der ethnischen Komponenten der awarischen Bevölkerung zu entwickeln.

Die Fragen, ob die Frühawaren — deren lange Haartracht (siehe Abb. 78) den Byzantinern gleich aufgefallen ist — zentral- oder mittelasiatischen Ursprungs sind, scheint nun aufgrund der Analyse ihrer archäologischen Hinterlassenschaft besser erleuchtet,[32] in der man sowohl Elemente zentralasiatischer Herkunft,[33] wie auch solche aus Mittelasien fand, obwohl die letzteren scheinbar überwiegen. Die Gräberfelder der landnehmenden Awaren zeigen Bestattungssitten, die auf zentralasiatische Wurzeln zurückgehen,[34] so zum Beispiel die in einer getrennten Grube niedergelegten, verbrannten Pferdegeschirre samt den langohrigen Steigbügeln. Die eisernen Steigbügel an sich waren, wie allgemein bekannt ist, eine fernöstliche Erfindung[35] und wurden von den Awaren nach Europa gebracht. Die vielteiligen Gürtelgarnituren, die Schwerter mit P-förmiger Öse, die Kelche und andere Typen lassen sich bis Mittelasien verfolgen. Die anthropologischen Daten,[36] die ein ähnliches Verhältnis zwischen mongoliden und pamiriden Elementen zeigen, unterstützen dieses Ergebnis.

Die Verbreitung der mittelawarischen Kultur im Karpatenbecken wurde mit der Einwanderung einer onogur-bulgarischen Volksgruppe in Zu-

---

31 MORAVCSIK, *Byzantinoturcica* 72—76; SINOR, *Introduction* 231—232 und 265—267; CZEGLÉDY, *From East* 120—121, A. 47.

32 BÓNA, *A népvándorlás kora* 239—240; TOMKA, *Avarkori régészetünk* 179—184, BÁLINT, *Vestiges* 203—206.

33 Einer verbreiteten Meinung nach (siehe Anm. 32 und WERNER, *Zum Stand* 283—284) ist ein Ohrgehänge-Typ (siehe Abb. 63: 1 und 116: 3) von zentralasiatischer Herkunft. Aufgrund neuerer Funde läßt sich aber die Frage stellen, ob die Prototypen dieses Schmuckes nicht in Mittelasien zu suchen sind (siehe Anm. S. 246, 36).

34 Die in der ungarischen Forschung oft zitierte Behauptung über die zentralasiatische Herkunft der „frühawarenzeitlichen", eigentlich: mittel- und spätawarenzeitlichen, siehe Anm. 97, Stollengräber geht auf ein sprachliches und ter-

---

41 G. NAGY, *Magyarország története a népvándorlás korában.* In: *A magyar nemzet története* I (Budapest 1895) CCCXL; ebenso ohne Resonanz in der ausländischen Forschung blieb GY. LÁSZLÓS 1940 gemachte *erste* Bemerkung (also nicht 1955 in den *Études!*) über den möglichen Zusammenhang des Kulturwechsels im Fundmaterial und der schriftlichen Quellen gegen 680, siehe GY. LÁSZLÓ, *Újabb keresztény nyomok az avarkorból.* Dolgozatok 16, 1940, 152.

42 Quellennachweis siehe: P. CHARANIS, *Kouver, the Chronology of his Activities and their Ethnic Affects on the Region around Thessalonica.* Balkan Studies 11, 1970, 230; S. SZÁDECZKY-KARDOSS, *Zum historischen Hintergrund der ersten Inschrift des Reiterreliefs von Madara.* In: *Acta of the Fifth International Congress of Greek and Latin Epigraphy,* Cambridge 1967 (Oxford 1971) 473—477. Anders verhält es sich jedoch mit der von einigen Kollegen vertretenen Auffassung, die mittelawarische Periode würde bereits in der Mitte des 7. Jahrhunderts beginnen. Ein Zusammenhang mit der schriftlichen Nachricht über die Ansiedlung des vierten Kuvrat-Sohnes in Pannonien wäre damit nolens-volens unmöglich. In der Beurteilung des Beginns der mittel- und spätawarischen Periode und deren Verhältnis zueinander sind in naher Zukunft noch Änderungen denkbar, doch ist festzuhalten, daß die mittel- und spätawarischen Materialien und Befunde unseres Erachtens gegenüber den frühawarischen derartig einschneidende Neuerungen zeigen, daß diese nur mit dem Auftreten einer neuen Bevölkerung zu erklären sind.

43 Diese Tatsache ist allerdings kein Beweis gegen die Wanderungstheorie. Auch das türkische Fundgut in Zentralasien, das frühawarische und das landnahmezeitliche ungarische Material zeigen nur wenige Anklänge an die Funde aus ihren vormaligen Heimatgebieten.

sammenhang gebracht, deren Rolle in der Entwicklung und Verbreitung dieser Kultur später nuancierter beurteilt wurde, d. h. daß neben den Onogur-Bulgaren auch andere Volksgruppen in Betracht gekommen seien.[37]

Die Relativ- und Absolutchronologie der Spätawarenzeit birgt noch viele offene Fragen, weil es für deren Beantwortung keine Anhaltspunkte gibt, die mit denen verglichen werden können, die uns für die Frühawarenzeit zur Verfügung stehen.[38] Der Ursprung der spätawarischen Kultur und des Volkes, dessen Hinterlassenschaft sie darstellt, ist nach wie vor unklar. Insbesondere ist aber umstritten, inwieweit neu zugewanderte östliche Völkerschaften an ihrer Ausbildung beteiligt waren. Mehrere angesehene Kollegen halten auf Grund verschiedener Überlegungen die Unterschiede zwischen den früh-, mittel- und spätawarischen Fundmaterialien lediglich für eine Angelegenheit der Typologie, für Ergebnisse von Modeströmungen.[39] Eine besondere Bedeutung hat dabei bisweilen die unterschiedliche Einschätzung der Bedeutung einer slawischen Beteiligung an der materiellen awarischen Kultur im Karpatenbecken.

Die Mehrzahl der ungarischen Archäologen vertritt — wie erwähnt — die Ansicht, daß eine Gruppe Bulgaren, die 670/680 unter der Führung ihres Herrschers Kuber im Karpatenbecken eingefallen ist, bei der Ausbildung der mittelawarischen Gruppe die entscheidende Rolle gespielt hat. Polnische, jugoslawische und rumänische Kollegen haben diese Konzeption entweder übernommen oder sind aufgrund ihrer eigenen Forschungen zu ähnlichen Ergebnissen gekommen.[40] Als Argument wird ins Treffen geführt, daß die Veränderungen gegenüber der früheren Periode im Fundmaterial so grundlegend sind — immerhin geht es ja nicht nur um neue Fundtypen, Schmuck, Waffen, Pferdegeschirr und Keramik, sondern auch um Bestattungsbräuche —, daß sie nicht als Ergebnis einer inneren Entwicklung, eines Wandels in der Mode, mit Handel oder der Einwanderung von Handwerksmeistern erklärt werden können. Offensichtlich änderte sich in der Spätawarenzeit auch die Herrschaftsstruktur (wie die Titel der Würdenträger zeigen) und das anthropologische Bild (Zunahme des mongoliden Elements). Bereits am Ende des vorigen Jahrhunderts wurden ungarische Archäologen darauf aufmerksam,[41] daß der archäologische Befund mit einer schriftlichen Nachricht zusammenpaßt, dergemäß Kuber, einer der Söhne Kuvrats, nach Pannonien übersiedelte und hier Untertan des awarischen Kagans wurde.[42]

Kritiker der Theorie verweisen auf das Kulturmodell der ethnischen Mobilität, darauf, daß ständig Einflüsse, insbesondere aus der osteuropäischen Steppe und dem byzantinischen Bereich, auf die Awaren eingewirkt haben, die nicht unbedingt auf eine literarisch bezeugte Einwanderung bezogen werden dürfen und — letztes Endes — auf die Tatsache, daß wichtige mittelawarische Verzierungselemente, das Flechtband und die Kettenzier, weder im Volga-Don-Gebiet noch im heutigen Bulgarien nachgewiesen sind.[43] Einige

---

37 BÓNA, *Iváncsa* 259—261; DERS., *Bulgaren* 107—108. DERS., *A népvándorlás* kor 326.

38 Da in der Spätawarenzeit die Münzbeigabe nicht üblich war, ist hier die Forschung auf verschiedene typologische Methoden angewiesen, in letzter Zeit gewinnt der Einsatz von kombinationsstatistischen Verfahren, zumeist im Wege der elektronischen Datenverarbeitung, an Bedeutung. Doch schon G. NAGY erkannte 1897, daß die Gürtelbeschläge mit Rankenmotiv jünger sind, als die mit Greifenbeschlägen: *Budapest a népvándorlás korában*. Budapest Régiségei 5, 1897, 93.

39 Z. B. AMBROZ, *Problemy.*

40 I. NESTOR, *Anmerkung.* In: *Les Slaves* 49—50; M. COMŞA, *Östliche Elemente im Balkan-Donau-Raum im 7.—8. Jahrhundert.* Beiträge zur Ur- und Frühgeschichte II. Festschrift für W. Coblenz (Berlin 1982) 11—14; J. BÉREŠ, *Keramik aus den sog. awarischen Gräberfeldern und Siedlungen des 7. und 8. Jahrhunderts in der Slowakei (Zusammenfassung).* SlA 33, 1985, 63; VINSKI, *Zu den Funden* 57; J. KOVAČEVIĆ, *Avarski kaganat* (Beograd 1982) 127; LIPPERT, *Zur Frage* 490. WERNER unterstützte ursprünglich ebenfalls diese These: *Zum Stand* 282, nahm zuletzt aber eine gegensätzliche Haltung ein: *Vrap* 44—51.

41 G. NAGY, *Magyarország története a népvándorlás korában.* In: *A magyar nemzet története* I (Budapest 1895) CCCXL; ebenso ohne Resonanz in der ausländischen Forschung blieb GY. LÁSZLÓS 1940 gemachte *erste* Bemerkung (also nicht 1955 in den *Études!*) über den möglichen Zusammenhang des Kulturwechsels im Fundmaterial und der schriftlichen Quellen gegen 680, siehe GY. LÁSZLÓ, *Újabb keresztény nyomok az avarkorból.* Dolgozatok 16, 1940, 152.

42 Quellennachweis siehe: P. CHARANIS, *Kouver, the Chronology of his Activities and their Ethnic Affects on the Region around Thessalonica.* Balkan Studies 11, 1970, 230; S. SZÁDECZKY-KARDOSS, *Zum historischen Hintergrund der ersten Inschrift des Reiterreliefs von Madara.* In: *Acta of the Fifth International Congress of Greek and Latin Epigraphy,* Cambridge 1967 (Oxford 1971) 473—477. Anders verhält es sich jedoch mit der von einigen Kollegen vertretenen Auffassung, die mittelawarische Periode würde bereits in der Mitte des 7. Jahrhunderts beginnen. Ein Zusammenhang mit der schriftlichen Nachricht über die Ansiedlung des vierten Kuvrat-Sohnes in Pannonien wäre damit nolens-volens unmöglich. In der Beurteilung des Beginns der mittel- und spätawarischen Periode und deren Verhältnis zueinander ist in naher Zukunft noch Änderungen denkbar, doch ist festzuhalten, daß die mittel- und spätawarischen Materialien und Befunde unseres Erachtens gegenüber den frühawarischen derartig einschneidende Neuerungen zeigen, daß diese nur mit dem Auftreten einer neuen Bevölkerung zu erklären sind.

43 Diese Tatsache ist allerdings kein Beweis gegen die Wanderungstheorie. Auch das türkische Fundgut in Zentralasien, das frühawarische und das landnahmezeitliche ungarische Material zeigen nur wenige Anklänge an die Funde aus ihren vormaligen Heimatgebieten.

Kollegen beziehen zwar Kuber in ihre Überlegungen ein, betonen aber den raschen Abzug seiner Gruppe nach Süden, sodaß sich in ihren Augen die Wanderung auf die awarische Kultur nicht entsprechend auswirken konnte.[44] Andere Forscher rechnen mit einer Einwanderung um 680, und als deren Folge mit neuen Verhältnissen im Karpatenbecken und in den benachbarten Gebieten.[45]

Daß sich um 670 verstärkt Kontakte mit dem Byzantinischen Reich im archäologischen Fundmaterial[46] niedergeschlagen haben, ist unbestritten, wenn auch über die Ursachen der wiederauflebenden Beziehungen noch keine Einigkeit erzielt werden konnte. Wenn Näheres über die byzantinisch-spätawarischen Beziehungen bekannt sein wird, könnte eine Revision des gängigen Geschichtsbildes notwendig sein. Bei der Herausbildung der spätawarischen Kunst mag dieser Umstand ebenfalls eine Rolle spielen.

Die Übereinstimmungen und Unterschiede im Fundmaterial der Mittel- und Spätawarenzeit wurden auf breiter Basis noch nicht analysiert. Neben dem Unterschied in der Technologie und in der Ornamentik des Gürtelschmuckes gibt es zahlreiche Übereinstimmungen und Ähnlichkeiten, ja man könnte sogar sagen, eine typologische Kontinuität zwischen den beiden Perioden. Unterschiede zeigen sich dagegen nach der Meinung eines Kollegen bei den Säbeln,[47] was sich vielleicht auch mit einer langsameren Entwicklung sowie in der zunehmenden Häufigkeit der sog. gelben Keramik erklären ließe. Anschauliche Berührungspunkte zwischen den beiden Kulturgruppen zeigen die schon erwähnten in Preßtechnik hergestellten Riemenzungen mit Greifendarstellungen und vor allem jene Gräberfelder, die allen Anzeichen nach kontinuierlich von derselben Bevölkerung benutzt wurden und in denen — natürlich aus verschiedenen Belegungsstufen — Funde der Früh- und Mittelawarenzeit bzw. der Mittel- und Spätawarenzeit geborgen wurden.[48] Leider gibt es nur wenige Anhaltspunkte in bezug auf den Beginn der spätawarischen Gruppe. Ein Datierungsvorschlag fixierte ihn auf 670/680, wobei die Greifen-Rankengruppe in ihrer archäologisch-historischen Bedeutung erstmals richtig erkannt wurde.[49] Nachdem sich die Dreiteilung des awarischen Fundmaterials durchgesetzt hatte und der Beginn der mittelawarischen Gruppe mit 670/680 fixiert wurde, mußte der Übergang von der Mittel- zur Spätawarenzeit zwangsläufig verschoben werden — etwa an die Wende vom 7. zum 8. Jahrhundert.[50] Einige ungarische Kollegen neigen in letzter Zeit zu der Annahme, daß die spätawarische Kultur als Weiterentwicklung der mittelawarischen zu betrachten ist.[51] Sie schöpfte also aus eigenen lo-

---

44 Z. B. BAKAY, *Időrend* 176 und W. POHL, *Das Awarenreich und die „kroatischen" Ethnogenesen.* In: *Bayern* I.

45 Die beiden Ereignisse schließen einander nicht aus, mußten doch nicht alle in den Jahren 670/680 eingewanderten Leute Kuber nach Thessaloniki gefolgt sein. J. WERNER brachte den seit langem bekannten Schatz von Vrap/Albanien mit der Ansiedlung Kubers auf dem Balkan in Zusammenhang. Vgl. dazu J. STRZYGOWSKI, *Altai-Iran und Völkerwanderung* (Leipzig 1917) 1—40; J. WERNER, *Neue Aspekte zum awarischen Schatzfund von Vrap.* Iliria 1, 1983, 191—201; DERS., *Vrap* 19—23 und 68 f. Seine historische Interpretation des Schatzes basiert allerdings auf einer extremen Frühdatierung der spätawarischen Gußindustrie, der man schwerlich folgen kann. Siehe auch É. GARAM, *Rezension; J. WERNER, Der Schatzfund von Vrap in Albanien.* Bonner Jahrbücher 187, 1987, 855—857. Eine ganz neue These entwickelt RUSU, *Vrap 193,* wonach die Gegenstände von Vrap in der Zeit Constantins V. hergestellt worden seien, während der Schatz selbst 798 versteckt wurde. Zur chronologischen und historischen Bewertung von Vrap ist ein Schatz vom Eisernen Tor an der Unteren Donau bemerkenswert, zu dem ein Krug gehört, der nicht nur typologisch mit jenem aus Vrap verwandt ist, sondern dessen Inschrift auch denselben Psalm von David 29:3 enthält. Der Schatz ist wahrscheinlich ins 10. Jahrhundert zu datieren, siehe G. MARJANOVIĆ-VUJOVIĆ, *Pontes — Pont de Trajan le dépot médiéval B. Djerdapske Sveske 4,* Beograd 1987, 137—142.

46 Abgesehen von den Münzen und der bestrittenen Herkunft der Ornamentik der spätawarischen Gürtelgarnituren (siehe Anm. 61.) sind insbesondere zu erwähnen: Das berühmte Kreuz von Závod mit byzantinischer Inschrift, die emaillierte Kreuzdarstellung am Boden der Tasse 21 und das leider verlorengegangene Kreuz des Schatzes von Nagyszentmiklós und mehrere dünnwandige rote Flaschen und Krüge vom Typ Szeged-Fehértó A, Grab 242 (siehe: *Awaren* 44, Abb. 35, Mitte). Die handgemachten Amphoren aus Gátér 193 sind zwar lokaler Produktion, haben aber sicher byzantinischen Import zum Vorbild. Zur eigentlichen Handelsware gehören die Glasgefäße von Kishegyes (Mali Idjoš, Jugoslawien), Csólyospálos und Kiskundorozsma (unpubliziert; freundliche Mitteilung von E. WICKER und B. KÜRTI bzw. K. GUBITZA, *A kishegyesi régibb középkori temető.* AÉ 27, 1907, 361.), Seidenstoffe aus Hortobágy-Árkus (Bestimmung und freundliche Mitteilung von M. KNOTIK).

47 SZABÓ, *Az egri múzeum* 47.

48 P. TOMKA, Rezension: GARAM, *Kisköre* AAH 33, 1981, 394—395.

49 MAROSI - FETTICH, *Dunapentele* 38 und 97; LÁSZLÓ, *Études* 179—180 und 289; KOVRIG, *Alattyán* 231—235.

50 BÓNA, *Vierteljahrhundert* 288 und 323—324. Ähnliche Gedanken, aber von einem ganz anderen Punkt ausgehend, bei CSALLÁNY, *Grabfunde* 180; VINSKI, *Zu den Funden* 58; BIALEKOVÁ, *Zur Frage* 30. Die Dauer der mittelawarischen Periode wird von der gegenwärtigen Forschung auf etwa zwei Generationen geschätzt: DAIM - LIPPERT, *Sommerein* 81; BÓNA, *Daciatól Erdőelvéig* 174; É. GARAM teilte mir ihre bei der Aufarbeitung des Materials aus dem Gräberfeld von Tiszafüred gemachten Beobachtungen freundlicherweise mündlich mit.

51 I. BÓNA, *Ein asiatisches Reitervolk an der mittleren Donau.* In: *Awaren* 15. Übrigens sind die erwähnten Gedanken und Analysen der neuesten ungarischen Forschung bisher noch nicht veröffentlicht worden.

kalen awarischen Traditionen, aber auch aus dem östlichen Erbe, und verarbeitete byzantinische bzw. südosteuropäische Einflüsse.[52]

Schon früher wurde im Zusammenhang mit dem Ursprung der Greifen-Rankengruppe die These vertreten, diese könnte das Ergebnis einer Verschmelzung von Bevölkerungselementen sein, die aus dem Kamagebiet, und anderen, die aus Zentralasien oder dem Kaukasus gekommen wären. Erstere hätten die Rankenzier[53], die zweitere den Greif mitgebracht.[54] Unterdessen stellte sich aber heraus, daß sich zu diesem Zeitpunkt Abwanderungen aus dem Kamagebiet in westlicher Richtung und auch Verbindungen mit dem Karpatenbecken nicht nachweisen lassen.[55] Andererseits wurde in der Zwischenzeit offenkundig, daß die rankenverzierten Gürtelbeschläge der Kamaregion — die in die materielle Kultur des Obervolga- und Kamagebietes eingebettet sind. — wohl als die dortige Ausstrahlung der Saltovo-Majaki-Kultur,[56] nicht aber als charakteristische, ethnospezifische Objekte zu betrachten sind. (Im übrigen sind sie dort erst in der zweiten Hälfte des 7. Jahrhunderts belegt[57].) Zur Deutung („Ikonographie") der spätawarischen Hauptriemenzungen lassen sich, zumindest aus typologischer Sicht, die Tierkampfszenen der sibirischen Bronzen aus der Hiung-nu-Zeit durchaus als Parallelen anführen,[58] nur daß der zumindest 500jährige Abstand zwischen den spätawarischen Gürtelbeschlägen im Karpatenbecken und den zentralasiatischen Funden kaum zu überbrücken ist, zumal derartige Objekte aus den asiatischen Steppen des 4.—7. Jahrhunderts kaum bekannt sind.[59] Vermutungen über das Auftreten von Kulturelementen aus dem Kaukasusgebiet im Karpa-

tenbecken können endgültig verworfen werden, zumal es sich bei den angeblichen kaukasischen Parallelen zweifellos um Erscheinungen einer Variante der Saltovo-Majaki-Kultur handelt. Deren Ähnlichkeiten mit awarischen Fundmaterialien hängen dementsprechend mit den Beziehungen der Saltovo-Majaki-Kultur zum Karpatenbecken zusammen, nicht aber mit direkten Kontakten der Awaren zum Kaukasus-Gebiet. Es besteht derzeit weder ein archäologischer[60] noch ein historischer Grund, eine Wanderung vom Kaukasus in Richtung Karpatenbecken im 7. Jahrhundert anzunehmen.

So bekommt man den Eindruck, die spätawarischen Verzierungselemente könnten die Abstammung der spätawarischen Bevölkerung nicht einfach zu erkennen geben — aber ähnliches dachten nur wenige Kollegen. Wenn wir aber die Herkunft der spätawarischen Kunst untersuchen wollen, sollten wir doch eine Trennung zwischen Herausbildung der gesamten spätawarischen Kultur und jener der gegossenen Gürtelindustrie machen. Der Autor dieser Zeilen ist völlig mit der Behauptung einverstanden, wonach die spätawarische Kultur als solche eine lokale Entwicklung aus der mittelawarischen darstellt. Daraus folgt aber nicht zwangsläufig, daß auch der Übergang von der Preß- zur Gußtechnik ebenso und ausschließlich eine lokale, lediglich awarische Erscheinung gewesen sein muß. Es ist zu bedenken, daß gegossene Gürtelbeschläge, die typologisch und auch in ihrer Ornamentik den spätawarischen meist sehr nahe sind, in derselben Periode auch in den osteuropäischen Steppen in Gebrauch waren, Saltovo-Majaki-Kultur und ihre Ausläufer in das Volga-Kama-Gebiet und in den Nord-Kaukasus. Da können wir natürlich Gemeinsamkeiten genauso wie Unterschiede feststellen. Einerseits kommen der Greif, die Tierkampfszene und die hellenistischen Motive und Szenen in den letztgenannten Gebieten kaum oder nie vor, sie gehören also zu den Spezifika der spätawarischen Kunst. Andererseits müssen wir damit rechnen, daß die Verzierungselemente dieser Gürtelbeschläge — zumindest in den nordöstlichen Randgebieten Europas — der Lokalbevölkerung fremd gewesen sein müssen; z. B. wächst die Weintraube im Norden überhaupt nicht. Gemeinsamkeiten in Form und Technik, teilweise in der Ornamentik und in der Chronologie der Verbreitung — das alles weist auf eine weitverbreitete Modeströmung hin. Über die Entstehung und Art der Ausweitung sind bisher noch keine Erklärungen möglich, auch gehört eine solche Analyse nicht zu den Aufgaben dieses Bandes. Betrachtet man lediglich die Spät-

52 BÓNA, *Daciatól Erdőelvéig* 174, DERS., *Avar művészet.*

53 MAROSI - FETTICH, *Dunapentele* 88 und 96.

54 LÁSZLÓ, *Études* 179—180; DERS., *Kettős honfoglalás* 163 und 168; DERS., *Kovrat* 226—227. Die älteren Bezeichnungen für chronologische Einheiten: „Gruppe II und III nach J. HAMPEL", „Volk der Blechgarnituren", „Volk der Greifen und Ranken nach GY. LÁSZLÓ" sind heute überholt.

55 KOVRIG, *Alattyán* 239; WERNER, *Zum Stand* 283; I. ERDÉLYI - I. OJTOZI - W. F. GENING, *Das Gräberfeld von Newolino* (AH 46, 1969) 59; BÓNA, *Vierteljahrhundert* 288; I. FODOR, Rezension: ERDÉLYI - OJTOZI - GENING, *Newolino* AÉ 98, 1971, 292—293.

56 BÓNA, *Avar művészet* und in *Awaren* 20 vertritt den Standpunkt, daß — gerade umgekehrt — awarische Gürtelbeschläge aus dem Karpatenbecken nach Osteuropa gelangt sind (z. B. Fund von Stolbica).

57 GENING, *Chronologija* Tabelle S. 100—101; GOLDINA, *Chronologija* 84—85, mit Fig. 1.

58 LÁSZLÓ, *Steppenvölker* 62.

59 SPRIŠEVSKIJ, *Pogrebenie* 35 mit Fig. 1 und 5; GAVRILOVA, *Kudyrgë* Taf. XVIII, 24; WERNER, *Zum Stand* 280 mit Fig. 1, 4, 5.

60 ERDÉLYI, *Az avarság* 142.

awaren, ist es leicht — wie es die bisherige Forschung tatsächlich und mit Recht vermutete —, byzantinische und/oder mittelasiatische Einflüsse in Betracht zu ziehen. Unter Berücksichtigung der sehr unterschiedlichen historischen Verhältnisse sind diese Beziehungen zwischen den einzelnen genannten osteuropäischen Gebieten gut bekannt. Die Wege — und die Art und Weise der Verbreitung der hier besprochenen gemeinsamen Erscheinung müssen jedoch noch ausführlich untersucht werden, wobei es sicher bedeutend sein kann, daß in den erwähnten Regionen überall (auch) türkisch gesprochen wurde.

Auch die von der Kunstgeschichte inspirierte Auffassung, die spätawarischen Greifen-Rankenbeschläge wären byzantinische oder sogar altmährische Erzeugnisse,[61] ist zu verwerfen, da sie in dieser Form ahistorisch ist und zahlreiche archäologische Fakten — wie die Umwelt der awarischen Greife — nicht berücksichtigt. Damit wollen wir jedoch nicht behaupten, daß der Einfluß der byzantinischen auf die spätawarenzeitliche Kultur unbedeutend gewesen wäre, ganz im Gegenteil. Hier darf man nicht nur die gut bekannten hellenistischen Darstellungen, die von Verfechtern der genannten Theorie so ausführlich in Betracht gezogen wurden, vor Augen haben, sondern auch die — fast „internationalen" — Palmetten und Ranken der byzantinischen und der spät- und postsassanidischen Kunst. Zuerst muß man sich vergegenwärtigen, wieweit die früh- und mittelawarenzeitliche Kultur von Byzanz beeinflußt war. Dann sind die unveränderte geopolitische Lage im Karpatenbecken im 8. Jahrhundert und jene — wenn auch nicht zahlreichen — aus Byzanz stammenden oder unter byzantinischem Einfluß hergestellten Objekte[62] zu berücksichtigen. So ist es kaum riskant zu behaupten, daß die Beziehungen der Bewohner des Karpatenbeckens zu Byzanz nach der bulgarischen Landnahme nicht abgebrochen worden sind.[63] So ist z. B. die Herkunft des Greifs, eines der wichtigsten Elemente der spätawarischen Ornamentik und wohl auch der awarischen Glaubenswelt

weiter zu untersuchen. Trotz neuerer Forschungen[64] scheinen die Zusammenhänge dieses berühmten Wesens der awarischen Kunst mit dem vorderasiatisch-byzantinischen und/oder mit dem persischen bzw. postsassanidischen Senmurw noch immer nicht überzeugend geklärt zu sein.[65] Eines der wichtigsten Elemente der spätawarischen Ornamentik und wohl auch der Glaubenswelt ist der Greif, der mit hoher Wahrscheinlichkeit mit dem persischen Senmurw zusammenhängt. Entscheidend ist jedoch, daß die Gürtel mit Greifendarstellung nur im Awarenreich und nur für den awarischen Markt hergestellt worden waren. Die Verbreitung der Beschläge deckt sich nicht mit dem Vorkommen byzantinischer Produkte, die teilweise gut bekannt sind. Was die Vorstellungswelt betrifft, die hinter dem Greif und dem Senmurw steht, sind noch eingehende Analysen notwendig, doch dürften sie eine Rolle als Beschützer gespielt haben.[66] Der Senmurw ist in Persien in diesem Sinn mit Sicherheit zu Beginn des 7. Jahrhunderts erstmals belegt, beispielsweise erscheint er auf den Reliefs von Tāq-i Bostān.[67] Um ihn kennenzulernen, waren die Awaren wohl nicht unbedingt auf eine Vermittlung durch Byzanz[68] angewiesen, wie dies z. B. auch das Vorkommen des Kruges von Pavlovka (Abb. 52: 2) im Mittel-Dnepr-Gebiet zeigt. Verschiedene Bestattungssitten, Waffen, Pferdegeschirrtypen und Trachtbestandteile lassen ver-

61 J. DEKÁN, *Zur archäologischen Problematik der awarisch-slawischen Beziehungen.* In: *Symposium* 71—93; DERS., *Herkunft*; ZD. KLANICA, *Zur Frage des Ursprungs der gegossenen Bronzeindustrie des 7.—8. Jh. im Karpatenbecken.* Balcanoslavica 1, 1972, 97—105. Eine ausführliche Kritik dieser Theorien bietet B. M. SZŐKE, *Über die späthellenistischen Wirkungen in der spätawarenzeitlichen Kunst des Karpatenbeckens. Eine kritische Untersuchung.* Dissertationes Archaeologicae II/3 (Budapest 1974) 61—77.

62 Siehe Anm. 46.

63 Zum ersten Mal: G. FEHÉR, *Les relations avaro-byzantines et la fondation de l'état bulgare.* (résumé) AAH 5, 1954, 58—59.

64 WERNER, *Vrap* 59—61; DAIM, *Leobersdorf.*

65 Über dieses Thema siehe den einzigen Aufsatz von A. GRABAR, *Le rayonnement de l'art sassanide dans le monde chrétien.* In: La Persia nel medioevo . Accademia Nazionale dei Lincei 160, 1971, 679—710.

66 In der awarischen Forschung wird der erste diesbezügliche Hinweis darauf I. KOVRIG, *Avar leletek a Nógrád megyei Bozitapusztáról.* Magyar Muzeum 2, 1947, 16—17 verdankt. Ausführliche Analysen der Senmurw-Darstellungen bei K. V. TREVER, *Sobaka-ptica: Senmurv i paskudž.* Izvestija Gosudarstvennoj Akademii Istorii Material'noj Kul'tury 100, 1933, 293—328; G. A. PUGAČENKOVA, *Grifon v antičnom i srednevekovom iskusstve Srednej Azii.* SA 1959/2, 70—84; P. O. HARPER, *The Senmurv.* Bulletin of the Metropolitan Museum of Art, November 1961, 95—101.

67 SH. FUKAI - K. HORIUCHI, *Tāq-i-Bustān II* (Tokyo 1972) Tab. XLV und XLVI. Dazu siehe K. RIBOUD, *A Newly Excavated Caftan from the Northern Caucasus.* The Textile Museum Journal 4, 1976, 21—42.

68 Diesen Standpunkt vertritt ZD. VINSKI, *Zu späteren byzantinischen Schnallen und die Frage ihrer Beziehung zu awarischen Ziergebilden.* Vjesnik Arheološkog Muzeja u Zagrebu 8, 1974, 80—81. Man muß aber betonen, daß die Wechselwirkungen zwischen der byzantinischen und der sassanidischen Kunst bei weitem noch nicht genügend aufgearbeitet sind. Insbesondere sind die Kleinfunde noch weitgehend unerforscht. Zum awarischen Greifenmotiv siehe DAIM, *Der awarische Greif und die byzantinische Antike.* In: H. FRIESINGER - F. DAIM (Hg.), *Typen der Ethnogenese II* (Denkschriften der ÖAW, Wien 1989).

muten, daß zu Ende des 7. Jahrhunderts eine neue Bevölkerungsgruppe ins Karpatenbecken gekommen war, welche die neuen Motive mitgebracht bzw. entwickelt hat.

In der spätawarischen Kultur gibt es außer dem Greifen und dem pfauenschwänzigen Drachen, der mit ersterem leicht verwechselt werden kann, auch noch andere mittelasiatische Elemente. Hier sind die Eberkopfdarstellungen [69] und auch verschiedene Motive, die mit dem Lebensbaum zusammenhängen, zu nennen. Die mittelasiatischen Verbindungen zeigen sich auch in der gelben Keramik und in den Bemalungen derselben, die allerdings nur in sehr wenigen Fällen gut erhalten sind.[70] (Abb. 79.) Auch die pamiriden anthropologischen Elemente in der mittel- und spätawarischen Bevölkerung sowie eine wesentliche Verzierungsform der spätesten awarischen Periode weisen in den Osten: die gravierte Ranken- und Lilienornamentik mit punziertem Hintergrund, der sogenannte Nagyszentmiklós-Stil (Abb. 73: 2, 7, 10), der im Blatnica-Horizont eine große Rolle spielt.[71] Beide Begriffe, Nagyszentmiklós-Stil und Blatnica-Horizont, wurden seit dem Beginn unseres Jahrhunderts mit der spätesten Phase der awarischen Kultur in Verbindung gebracht.[72] Hier gibt es auffallende Übereinstimmungen mit der Ornamentik der mittelasiatischen Goldschmiedekunst,[73] doch ist vorläufig völlig rätselhaft, wie

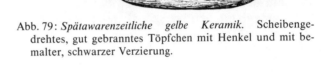

Abb. 79: *Spätawarenzeitliche gelbe Keramik.* Scheibengedrehtes, gut gebranntes Töpfchen mit Henkel und mit bemalter, schwarzer Verzierung.

diese Verzierungsweise in das Karpatenbecken gekommen ist. Die Vorstellung, daß sie zu Beginn des 9. Jahrhunderts von Zuwanderern aus dem Chasarischen Kaganat mitgebracht worden sein könnte,[74] ist unbeweisbar, da die Quellen darüber keine Aussage treffen,[75] obwohl wir sonst über die Geschichte der Chasaren im 8. und 9. Jahrhundert gut informiert sind, und ist auch aufgrund der damaligen politischen Verhältnisse unwahrscheinlich. Mehrere Überlegungen sprechen also gegen eine derartige Theorie: Erstens war diese Verzierungsart bei den chasarischen Schmieden unbekannt,[76] zweitens müßte die Wanderung einer Völkerschaft aus Sogdien oder Mittelasien in den schriftlichen Quellen einen Niederschlag gefunden haben, drittens wäre auch dann nicht erklärbar, warum sich nur mittelasiatische Goldschmiedemeister einer Wanderung (oder Flucht) nach dem Westen anschließen hätten sollen. Dagegen spricht auch, daß die Analyse des spätawarischen Fundmaterials außer der genannten Verzierungstechnik und einigen anderen typologischen Veränderungen nichts zeigt, was auf eine

69 Garam, *Bőcs* 39 und 49; Erdélyi, *Az avarság* 147.

70 Vgl. D. Bialeková, *Žltá keramika z pohrebísk obdobia avarskej ríše v Karpatskej kotline.* SIA 15, 1967, 5—76; dies., *Zur Frage;* É. Garam, *A későavar kori korongolt sárga kerámia.* AÉ 96, 1969, 207—240; dies, *Die spätawarenzeitliche gelbe Keramik.* MFMÉ 1969/2, 151—162.

71 D. Bialeková, *Zur Datierungsfrage archäologischer Quellen aus der ersten Hälfte des 9. Jh.s bei den Slawen nördlich der Donau.* In: Rapports du IIIᵉ Congrès International d'Archéologie Slave 1 (Bratislava 1979) 93—104; Horváth, *Üllő* 114—115.

72 P. Reinecke, *Studien über Denkmäler des frühen Mittelalters.* MAG 29, 1899, 33—52.

73 Den ersten Hinweis darauf verdanken wir A. Alföldi, *Ein Awarenfund aus Keszthely.* In: *Festschrift für Otto Tschumi* (Frauenfeld 1948) 129—130. Unlängst fand Maršak, *Serebro* ein großes Echo in der ungarischen Forschung, die heute dazu neigt, die gesamte frühmittelalterliche mittelasiatische Goldschmiedekunst mehr oder weniger mit der sogdischen zu identifizieren. Vor einer Übertreibung irgendeines „Pansogdismus" warnte schon Darkevič, *Metall 71.* Für die Untersuchung der eventuellen zentralasiatischen Wurzeln der spätawarischen Kultur und besonders der Ornamentik der Gürtelgarnituren ist es höchst wichtig, daß die Gürtelbeschläge des zeitgenössischen Sogdiens sehr selten verziert waren und wenn doch, so stehen ihre Ranken denen der Spätawaren nicht näher, als irgendwelche anderen Analogien aus den riesengroßen Gebieten zwischen Byzanz und dem Fernen Osten, siehe V. I. Raspopova, *Pojasnyj nabor Sogda VII—VIII vv.* SA 1965/4, 78—91; dies., *Osnovanija dlja datirovki metalličeskich izdelij iz Pendžikenta.* KSIA 158, 1979, 106—113.

74 Szőke, *Beziehungen* 109—110; Kovrig, *Alattyán* 236—241; Erdélyi, *Az avarság* 205.

75 Aus den bekannten schriftlichen Angaben schließt G. Vékony, *Onogurok* 77—78, daß das Karpatenbecken um 700 von den Onoguduren und 805 von den Onoguren besiedelt wurde.

76 Die Schmiedekunst Chasariens wurde zuletzt behandelt von Darkevič, *Metall* 167—170.

173

neue Einwandererwelle schließen läßt.[77] Dabei mag es bedeutsam sein, daß der Handelsverkehr zwischen Europa und Zentralasien gerade in den Jahren nach 830 intensiver wurde, wie auch der Dirhem-Verkehr belegt.[78]

Die bisher alleinstehenden Funde von Dunacséb (Čelarevo, Jugoslawien, am unteren Lauf der Donau)[79] weckten kräftige Resonanzen in Journalistenkreisen. Es handelt sich um ein typisches spätawarenzeitliches Gräberfeld, was Trachtbestandteile, Beigaben und Bestattungssitten betrifft. Bemerkenswert sind lediglich die römischen Ziegel, die in Zweitverwendung in beraubte Gräber gelangt sind und die verschiedene nachträglich eingeritzte Zeichen und Darstellungen tragen, die als jüdische 'Menora', 'Lulav' (Palmenblatt) und 'Etrog' (Zitrone) interpretiert und mit dem jüdischen Glauben der Chasaren in Zusammenhang gebracht werden.[80] Entscheidend ist die höchst komplizierte Frage, wie sich der chasarische Glaube des 9. Jahrhunderts (die Chasaren haben den jüdischen Glauben frühestens an der Wende des 8. zum 9. Jahrhundert, wahrscheinlich aber erst in den dreißiger Jahren des 9. Jahrhunderts übernommen[81]) in einem awarischen Gräberfeld des 8. Jahrhunderts im Karpatenbecken niedergeschlagen haben kann. Wie gelangten wohl Volksgruppen jüdischen Glaubens in das Karpatenbecken, wenn die letzte gesicherte Einwanderung gegen 670/680 stattfand? Wenn auch die jüdische Herkunft der genannten Zeichen bzw. Darstellungen plausibel zu sein scheint, ist es gleichzeitig höchst unwahrscheinlich, daß die hier Bestatteten tatsächlich der jüdischen Religionsgemeinschaft angehört haben. Während der Tagung 1981 in Belgrad[82] wurde mehrmals darauf hingewiesen, daß die Bestattungsform selbst sicher nicht mit dem Judentum vereinbar ist — ganz abgesehen von der rein reiternomadischen Prägung der Grabbeigaben! Die in der jugoslawischen Journalistik und Geschichtswissenschaft verbreitete Idee, wonach wir es hier mit aus Chasarien stammenden Juden zu tun hätten, kann so gut wie ausgeschlossen werden.[83] Die Frage nach dem Verwendungszweck dieser Zeichnungen und Ziegel bleibt jedoch offen.

Der ethnische Hintergrund der spätawarischen Kultur ist also noch weitgehend unbestimmt, doch können beim derzeitigen Forschungsstand einige zu berücksichtigende Tatsachen festgehalten werden:

1. Außer der erwähnten schriftlichen Quelle über die Wanderung Kubers und seiner Bulgaren nach Pannonien gibt es noch andere historische Daten über die Anwesenheit onogur-bulgarischer Gruppen im Karpatenbecken des 8. und 9. Jahrhunderts.[84]

2. Es gibt archäologische Zeichen dafür, daß um 670/680 eine neue Volksgruppe aus dem Osten im Karpatenbecken auftauchte.

3. Die mittel- bzw. spätawarische Hinterlassenschaft zeigt Verbindungen mit der materiellen Kultur Chasariens bzw. mit der vorwiegend von Onogur-Bulgaren getragenen Saltovo-Majaki-Kultur.[85] Die Verbindungen der Spätawaren zur Saltovo-Majaki-Kultur sind zumindest so intensiv wie die der Donau-Bulgaren, die ja keiner weiteren historischen Erklärung bedürfen.[86]

4. Die spätawarische Gruppe zeigt einige Ähnlichkeiten mit mittel- und zentralasiatischen Fundmaterialien, insbesondere was einen Teil der Gürtelgarnituren und das Pferdegeschirr, aber auch was die gelbe Keramik betrifft; des weiteren nimmt in der Spätawarenzeit offensichtlich das mongolide und pamiride Element im anthropologischen Material zu.[87] Davon abgesehen, sind je-

---

77 Dies gilt auch für die vorläufig noch nicht verifizierbaren Vermutungen, daß die großen Pferdegeschirr-Phaleren aus der spätawarischen bzw. der spätesten Periode der Awarenzeit mit einer Bevölkerung in Verbindung gebracht werden können, die hier in der zweiten Hälfte des 9. Jahrhunderts angesiedelt worden war (Kabaren?). Vgl. I. ERDÉLYI, *Különös leletek a jugoszláviai Vajdaságban.* AT 26, 1979, 93—95; DERS., *Kabary (kavary) v Karpatskom bassejne.* SA 1983/4, 174—181. Zu den Pferdegeschirren mit großen Phaleren vgl. GARAM, *Tiszafüred.* Kritisch zur Theorie einer Einwanderung zu Beginn des 9. Jh.s siehe I. BÓNA, *Előszó* In: G. Kiss - P. Somogyi, *Tolna megyei avar temetők.* Dissertationes Pannonicae III. 2 (1984) 25.

78 Die Literatur dazu bei: BÁLINT, *Dirhem* 106—107. Eine ausgezeichnete Behandlung der Frage bei NOONAN, *Dirhems* 152—282.

79 BUNARDŽIĆ, *Izveštaj*; DERS., *Menore iz Čelareva* (Beograd 1980). Ich danke dem Grabungsleiter für die Möglichkeit, die Funde studieren zu können.

80 Siehe das stenographierte Protokoll einer Diskussionstagung, organisiert und herausgegeben von der Jüdischen Gemeinde Jugoslawiens: Naučni skup. Menore iz Čelareva, Beograd 1983.

81 Siehe dazu S. 15—16.

82 Ebendort.

83 Es ist daran zu erinnern, daß wir aus Chasarien selbst keine archäologischen Hinweise kennen, die mit jüdischer Religion in Zusammenhang stehen. Einzelne Befunde stellen jüdische Grabsteine aus Phanagoria dar, siehe ARTAMONOV, *Istorija chazar* 277; PLETNĚVA, *Chasaren* 127; sie stammen aber laut mündlicher Mitteilung von I. A. LEVINA (Leningrad) aus dem 1.—2. Jahrhundert und wurden in der Chasarenzeit nur sekundär verwendet.

84 BÓNA, *Bulgaren* 107—112.

85 Siehe S. 56.

86 Dabei ist der sehr unterschiedliche Forschungsstand im Karpatenbecken und am Balkan zu berücksichtigen.

87 L. BARTUCZ, *Über die anthropologischen Ergebnisse der Ausgrabungen von Mosonszentjános, Ungarn.* In: N. FETTICH, *Bronzeguß und Nomadenkunst.* (Skythika 2, Prag 1929) 87—98; P. LIPTÁK, *Kecel-környéki avarok.* Biológiai Közlemények 2, 1954, 179; DERS., *Zur Frage* 308.

doch keine auffallenden Beziehungen zum asiatischen Fundgut festzustellen. Was die gelbe Keramik betrifft, so sind Gefäßfragmente ähnlicher Machart und ähnlichen Aussehens in Siedlungen um Kuban in dieser Zeit häufig belegt. Einige sowjetische Kollegen bringen diese mit den Onogur-Bulgaren in Zusammenhang,[88] doch ließe sich diese Frage natürlich nur in speziellen Untersuchungen klären. Nach einer neueren Studie könnte die Greifen-Ranken-Ornamentik der Spätawarenzeit auf zentralasiatische Wurzeln zurückgehen,[89] doch muß sie nicht zwingend von einer asiatischen Einwanderergruppe vermittelt worden sein.[90] Es wäre durchaus möglich, daß diese Motive z. B. durch Seidenstoffe vermittelt worden sind, die zwar in großen Mengen verhandelt worden sind, sich aber im Fundmaterial des Karpatenbeckens nicht erhalten haben.

5. Die noch nicht überzeugend enträtselten Runenzeichen des Schatzes von Nagyszentmiklós (siehe unten) zeigen Übereinstimmungen mit der ebenfalls noch nicht entschlüsselten chasarischen Runenschrift. Letztere ist mit dem türkischen Alphabet[91] verwandt, weswegen die chasarischen und zentralasiatischen Runen, etwas vereinfachend, als die schriftliche Ausprägung der zwei großen türkischen Dialekte aufgefaßt werden könnten, des sogenannten gemeintürkischen und des tschuwaschischen Dialekts. Dementsprechend lassen sich die Runen auf dem wohl hauptsächlich spätawarischen Goldschatz von Nagyszentmiklós durchaus als Sprachdenkmäler der Spätawarenzeit begreifen.

Diese Auffassung wird auch durch eine kürzlich in einem spätawarenzeitlichen Gräberfeld von Szarvas entdeckte Nadelbüchse untermauert, die ebenfalls eine Runeninschrift trägt, von der die meisten Zeichen mit denen des Schatzes von Nagyszentmiklós übereinstimmen.[92]

6. Die zentralasiatischen Kulturelemente, die sich im spätawarischen Fundmaterial finden, konnten unschwer entweder in Chasarien selbst oder im Wege der Handelsbeziehungen über das Chasarische Reich erworben werden. Die Geschicke des Chasarischen Reiches hängen eng mit denen des westtürkischen Kaganates zusammen. Letzteres wurde gerade im Jahr 680 wiedererrichtet, was östlich der Volga zu Völkerverschiebungen führte. Im Fall der zentralasiatischen Karluken läßt sich das auch mit schriftlichen Quellen belegen. So ist es durchaus vorstellbar, daß diese Ereignisse auch im europäischen Teil der Steppe Auswirkungen gezeigt haben,[93] doch ist dies vorläufig nur eine Arbeitshypothese.

Wenn wir die Wirksamkeit des neuen ethnischen Impulses vom Osten gegen 670/680 besser erfaßen wollen, wäre es demnach nicht undenkbar, daß der Ursprung der spätawarischen Kultur — einmal abgesehen von den grundlegenden Einflüssen auch bis dato nicht ausreichend erfaßter Wirkungen der mittelawarischen Kultur und der noch weniger untersuchten Prägungen seitens der byzantinischen Kunst — eher innerhalb der Grenzen des Chasarenreiches zu suchen ist, als im türkischen Kaganat. Es scheint notwendig, sich künftig in weitaus stärkerem Maß als bisher der Geschichte und Archäologie der Bulgaro-Türken[94] anzunehmen.

---

88 Vgl. KOVALEVSKAJA, *Severokavkazskie drevnosti* 92; mündliche Mitteilung von A. V. GADLO, 1983.

89 BÓNA, *Avar művészet*.

90 Diese Ansicht vertritt BIALEKOVÁ, *Beziehungen* 325.

91 Zur Runenschrift der Türken siehe S. 244, Anm. 31. Zur Runenschrift der Chasaren I. VÁSÁRY, *A magyar rovásírás. A kutatás története és helyzete*. In: *Keletkutatás* (1974) 170—171. Zu den bisherigen awarischen Runenschriften und -zeichen: I. VÁSÁRY, *Runiform Signs in Objects of the Avar Period (6th—8th cc. A. D.)*. AOH 25, 1972, 335—347; ERDÉLYI, *Az avarság* 182—185.

92 Über den 1983 geborgenen Fund siehe I. JUHÁSZ, *Der awarische Nadelbehälter mit Runenschrift von Szarvas*. AAH 35, 1983, 373—377. Der Ausgrabungsleiterin danke ich für die Erlaubnis, die Nadelbüchse von Szarvas besichtigen zu dürfen. Die Runenschrift wird aus turkologischer Sicht von A. RÓNA-TAS und I. VÁSÁRY untersucht. Über ihre Zusammenhänge mit den Runenschriften an den Goldgefäßen von Nagyszentmiklós wurde ich von den beiden Kollegen dankenswerterweise mündlich in

Kenntnis gesetzt. Seine Ansichten äußerte A. RÓNA-TAS anläßlich eines Vortrages über *Runeninschriften im Karpatenbecken*, den er 1985 in Budapest gehalten hat: A. RÓNA-TAS, *A szarvasi tűtartó felirata*. Nyk 87, 1985, 225—248. Hier ist zu erwähnen, daß J. HARMATTA unlängst die awarenzeitlichen Runenzeichen erneut bearbeitet hat: *Avar rovásírásos edényfeliratok*. AT 31, 1984, 272—284. Nach seiner Analyse wären diese Inschriften in türkischer Sprache abgefaßt; so wären die Awaren von ihrem Ursprung her weder Žuan-žuan noch Hephtaliten. Der Archäologe G. VÉKONY beschäftigt sich mit der Inschrift von Szarvas und auch allgemein mit den frühmittelalterlichen Runenschriften. Seinen linguistischen Gedankengang und seine Argumentation kann der Autor des vorliegenden Buches nicht beurteilen, was aber seine Schlußfolgerung bezüglich der Nadelbüchse von Szarvas betrifft — die Inschrift sei auf ungarisch geschrieben worden —, so kann ich dieser schon aus historischen Gründen, siehe: *Exkurs*, nicht folgen. Siehe G. VÉKONY, *Későnépvándorláskori rovásfeliratok a Kárpát-medencében*. Életünk Könyvek, Szombathely, o. J.

93 I. ECSEDY, *Western Turks in Northern China in the Middle of the 7th Century*. Acta Antiqua Hungarica 28, 1985, 258. Wenngleich die 679 im westtürkischen Kaganat beginnenden Ereignisse aus bloßen Gründen der geographischen Entfernung jene Bulgaren, die zu dieser Zeit bereits am Dnepr und am Unterlauf der Donau siedelten, nicht berührt haben dürften, so ist es doch ein Verdienst D. BIALEKOVÁS, als erste auf mögliche ethnohistorische Folgen der politischen Veränderungen im östlichen Chasarien hingewiesen zu haben (*Beziehungen* 325).

94 Eine Zusammenfassung und die neuere Literatur bietet FODOR, *Contacts*; RÓNA-TAS, *Periodization*.

DIE ARCHÄOLOGISCHE HINTERLASSENSCHAFT DER VERSCHIEDENEN ETHNISCHEN ELEMENTE IM KARPATENBECKEN ZUR AWARENZEIT

Das Volk Bajans hatte — wie auch alle anderen Steppenvölker — keinen einheitlichen Ursprung. Dennoch gelang es bisher noch nicht, die archäologischen Funde der verschiedenen ethnischen Gruppen, die unter der Herrschaft der Awaren im Karpatenbecken lebten, voneinander zu trennen. Es wurden allein Versuche unternommen, die Hinterlassenschaft der Kutriguren zu definieren (Abb. 80.),[95] doch waren diese nicht gut fundiert, und es liegt auch kein archäologisches Vergleichsmaterial in ausreichender Menge aus den osteuropäischen Steppen vor, das für eine derartige ethnische Bestimmung ausreichen würde. Einige Erscheinungen könnten für die künftige Forschung jedoch etwas Hoffnung bringen. So ist bemerkenswert, daß z. B. die vollkommenen und partiellen Pferdebestattungen in der Frühawarenzeit — trotz einiger gemeinsamer Vorkommen — im westlichen und östlichen Karpatenbecken unterschiedlich verbreitet waren;[96] ähnliches kann man z. B. von der Verbreitung der Armreifen mit trompetenförmigen Enden sagen. Hier soll noch einmal betont werden, daß die Mehrzahl der in den 50er Jahren so oft behandelten Stollengräber nicht in die Frühawarenzeit, sondern in eine spätere Periode gehört.[97] Sonst ist ihr Vorkommen — wie schon früher bemerkt wurde[98] — für das Theiß-Maros-Körös-Gebiet typisch. Diese Erscheinung wird durch neuere Grabungen noch besser unterstrichen.[99] Weil wir auf ein höchst umfangreiches archäologisches Datenmaterial der Spätawarenzeit zurückgreifen können, scheint es auf lange Sicht aussichtsreicher, ethnische Komponenten der Spätawaren, als solche der Früh- oder Mittelawaren herauszuarbeiten. Ein besonderes Augenmerk wird dabei den Bestattungssitten geschenkt werden müssen. Aller Wahrscheinlichkeit nach scheint auch die Keramikbeigabe in der späteren Periode ein ethnospezifisches Merkmal zu sein, da manchmal große Gräberfelder — vor allem im östlichen Teil des Karpatenbeckens — sehr arm an Gefäßen sind, während sie westlich der Theiß und besonders der Donau viel häufiger vorkommen. Im Gegensatz dazu sind die Tonkessel und Backglocken in der Großen Tiefebene häufiger vertreten. Die vor kurzem unternommenen typologischen und motivgeschichtlichen Studien versprechen auch einiges: Im 7.—8. Jhdt. könnten lokale Gruppen faßbar werden.[100] Es ist aber zu betonen, daß die

---

95 Vgl. FETTICH, *Vestiges* 85—97; CSALLÁNY, *A kuturgur-bol-gárok (-hunok) régészeti hagyatékának meghatározása.* AÉ 90, 1963, 21—37. Dazu kritisch BÓNA, *Vierteljahrhundert* 301—303.

96 B. KÜRTI, *Csongrád megye avar kori településtörténetének vázlata.* In: Múzeumi kutatások Csongrád megyében. Szeged 1986, 26—27; NÉMETHI, Lovas temetkezések, Karte II.

97 I. JUHÁSZ, *Awarisches Gräberfeld in der Sandgrube der LPG „Béke" bei Orosháza.* Acta Ant. et Arch. 14, 1971, 84; KÜRTI, *Avar kor* 191—192; NAGY, *Avar kaganátus* 237.

98 CSALLÁNY, *Grabfunde* 160—163.

99 NÉMETHIS Fundkatalog kann noch mit weiteren Angaben ergänzt werden. Aus der Frühawarenzeit: L. SELMECZI - L. MADARAS, *Avarkori és X—XII. századi magyar köznépi sírok Rákóczifalván.* SzMMÉ 1979—1980, 167, Taf. XVI: 3. Gräber aus der mittleren bzw. späten Awarenzeit: I. JUHÁSZ, *Újabb adatok az avar temetkezési szokások ismeretéhez. MFMÉ 1969/2* 148—149; DIES., *Fundbericht in Rég. Füz.* 38, 1985, 69; 37, 1984, 75 und P. MEDGYESI'S Fundbericht in RF 38, 1985, 69 und Örménykút 11, laut freundlicher Mitteilung von É. GARAM und L. KOVÁCS.

100 Siehe z. B. TETTAMANTI, *Fót* 349; P. STADLERS *Vortrag in Zwettl 1986:* G. FANCSALSZKYS Dissertation, in Vorbereitung und G. KISS' vielsprechende Untersuchungen, auch in Vorbereitung, bezüglich der Spätawarenzeit. Es sollte noch darauf hingewiesen werden, daß man im Fall relativ gut erforschter Gebiete auch mit den „weißen Flecken"

Abb. 80: *Byzantinischer Halsreif aus der Frühawarenzeit.*

Kartierung von Verzierungselementen und Fundtypen nicht unbedingt ethnische Einheiten erkennen lassen muß, sondern viel eher irgendwelche Verwaltungsbezirke und/oder Werkstattkreise. Wie anhand der Tierknochen in den Gräbern gezeigt werden konnte, sind bestimmte Tierarten für einzelne Regionen charakteristisch.[101] Jüngste archäozoologische Untersuchungen lassen erkennen, daß es darüber hinaus auch regionale Unterschiede bei den mitgegebenen Fleischarten gibt,[102] die höchstwahrscheinlich ethnisch interpretiert werden können. Trotz aller — zweifelsohne notwendigen — Versuche, das spätawarische Polyethnikum genauer zu analysieren, scheint es derzeit aussichtsreicher, diejenigen awarenzeitlichen Völkerschaften archäologisch zu bestimmen, die europäischer Herkunft sind.

Das archäologische Fundgut der Stämme und Volksteile, die im Karpatenbecken in Abhängigkeit der Awaren gelangt sind, war schon Gegenstand mehrerer Studien.[103] Dabei gingen die Wissenschaftler von nicht belegbaren, historisch-archäologischen Modellen aus (so sollen z. B. Stollengräber für „echte" Awaren typisch sein[104]) oder bedienten sich — und dieser Grundfehler ist bedauerlicherweise in Ungarn wie auch in anderen Ländern noch heute gang und gäbe — überholter Methoden aus der heroischen Zeit der Archäologie, denen zufolge direkt vom Objekt auf das Ethnikum geschlossen wird. All dies ist letzlich ein Ergebnis der geringen Zahl und der ungenügenden Aussagekraft der Quellen und des Bestrebens, die archäologischen Daten mit den schriftlichen in Einklang zu bringen, wobei man letztendlich dem archäologischen Fundgut einen gleichrangigen historischen Quellenwert zuschreiben möchte. Man wird aber ehrlicherweise zugeben müssen, daß bei der Analyse der inneren ethnischen Komponenten der awarenzeitlichen Fundkomplexe kaum bleibende Ergebnisse erzielt worden sind. Die methodologische Schwierigkeit liegt in der sehr komplexen Beziehung zwischen archäologischer Kultur und Ethnos. Das bedeutet in unserem Fall, daß die frühawarische Kultur vorwiegend an Ort und Stelle, d. h. im Karpatenbecken, herausgebildet worden ist, infolgedessen dürften daran auch verschiedene Volksgruppen der landnehmenden Awaren und der Urbevölkerung beteiligt gewesen sein.

Lediglich was die Vorstellung von einem Weiterleben der Sarmaten unter den Awaren betrifft, konnte gezeigt werden, daß keinerlei historische oder archäologische Daten derartige Aussagen rechtfertigen.[105] Eine ähnliche Annahme in Zusammenhang mit den Hunnen konnte beim gegenwärtigen Stand der Forschung weder verifiziert noch widerlegt werden. Auch Mutmaßungen über die Bulgaren, die sich im 5. Jahrhundert noch vor den Awaren hier angesiedelt hätten, konnten nicht untermauert werden.[106]

Besonderes Augenmerk schenkte man naturgemäß den Gepiden, die in den Quellen als potente Bewohner der östlichen Hälfte des Karpatenbeckens im 5. und 6. Jahrhundert häufig genannt sind, bis sie 567 von den Awaren besiegt wurden. Obwohl man grundsätzlich davon ausgehen muß, daß große gepidische Bevölkerungsgruppen unter der awarischen Herrschaft weitergelebt haben, vom zentralen Gebiet Siebenbürgens[107] abgesehen, sind die archäologischen Belege dafür mehr als dürftig. Das Vorkommen einer Speerspitze, eines Schildbuckels oder eines bestimmten Keramiktyps in frühawarischen Gräberfeldern[108] wurde bisweilen vorschnell[109] mit den Gepiden in Zusammenhang gebracht, und großartige theoretische Gebäude, denen zufolge bestimmte mittel- und spätawarische Gürtelbeschläge sowie die Punktkreisverzierung späte Ergebnisse der gepidischen Schmiedekunst wären,[110] sind vollkommen verfehlt. Sonderbar ist, daß es ausgerechnet in Südost-Pannonien mögliche Belege für ein Weiterleben der gepidischen (?) Kultur unter den Awaren gebe, in einem Gebiet, das nie gepidisch, sondern langobardisch gewesen ist.[111] Bei entsprechender Vorsicht — Objekte sind

---

operieren kann. Als Beispiel sei hier die Verbreitung der spätawarenzeitlichen Pferdegeschirre mit Großphaleren erwähnt. Sie kann unterschiedlich ausgewertet werden, siehe É. GARAM, *Pferde- und Reiterbestattungen in der Spätawarenzeit (8.—9. Jhdt.)* In: *Bayern* 126., auffallend ist aber auch ihr Fehlen im Donau-Theiß-Zwischenstromgebiet, ebendort 128. Abb. 2. und É. GARAMS *Vortrag in Velem*, 1982.

101 J. GY. SZABÓ, *A Mátra-vidéki avarkori temetők állatcsontleteinek néhány tanulsága.* SzMMÉ 1981, 65—70.

102 I. TAKÁCS' freundliche Mitteilung.

103 Zum gegenwärtigen Stand der Erforschung dieses Problems und mit zahlreichen Literaturangaben: BÓNA, *Vierteljahrhundert* 294—307.

104 CSALLÁNY, *Bácsujfalu.*

105 BÓNA, *Bulgaren* 96, 97, 100.

106 SIMONYI, *Bulgaren*; SALAMON - ERDÉLYI, *Környe* 65. Dazu kritisch BÓNA, *Bulgaren* 79—81 mit Anm. 1—5.

107 BÓNA, *Daciatól Erdőelvéig* 163.

108 Z. B. S. NAGY, *Mečka — ein frühmittelalterliches Gräberfeld beim Dorfe Aradac.* In: *Symposium* 165—173; DERS., *La nécropole de Mečka* (Inventaria Archaeologia 17/Y 159 — Y 168/1973).

109 BÓNA, *Vierteljahrhundert* 298—299.

110 MAROSI - FETTICH, *Dunapentele* 77; FETTICH, *Győr* 53—54; DERS., *Symbolischer Gürtel* 80—81; DERS., *Basaharc* 107—113.

111 Z. B. K. HOREDT, *Die Deutung des Gräberfeldes von Környe.* Jbuch des RGZM 18, 1971, 200—208; M. MARTIN, Rezension: SALAMON - ERDÉLYI, *Környe.* Zeit-

für sich gesehen an kein Ethnikum gebunden[112] — müssen wir die Funde vom Typ Környe[113] als Besonderheit werten. Neben den Möglichkeiten diese Gräberfelder als Friedhöfe „byzantinischer Söldner" oder „awarenzeitlicher Germanen" zu interpretieren, wäre eine dritte, wenn auch sehr gewagte Deutung möglich, die allerdings in der Fachliteratur wenig Beachtung fand: es wäre nicht ganz undenkbar, daß bulgarische Gruppen, deren Anwesenheit im frühawarenzeitlichen Karpatenbecken grundsätzlich gesichert ist, die gepidischen Trachtbestandteile und Waffen bewahrt und später nach Pannonien gebracht hätten.[114]

Im Zusammenhang mit den awarenzeitlichen Germanen ist die Verbreitung von Gegenständen — vor allem von Gürtelgarnituren — im auslaufenden 7. Jahrhundert zu erklären, die aus Norditalien und dem bayerisch-alemannischen Raum nach Pannonien gekommen sind,[115] zumal sie bei der absolutchronologischen Datierung des Übergangs von der Mittel- zur Spätawarenzeit eine wesentliche Rolle spielen dürften.[116] Die überholte Auffassung, wonach die frühawarischen Bandgeflechte herulischen Ursprungs sind, soll hier lediglich der Vollständigkeit halber erwähnt werden.[117] Da diese Ornamentik ausschließlich im Karpatenbecken in frühawarischer Umgebung belegt ist, wird man auch hier nach ihrem Ursprung suchen müssen.[118] Einen anderen Hinweis, daß man bei der Herausbildung der frühawarenzeitlichen Kultur auch mit lokalen Einflüssen rechnen muß, stellt die gestempelte Keramikverzierung dar. Sie ist bei den Frühawaren sicher nicht östlicher Herkunft und kommt vorwiegend in Pannonien vor. Vor einer voreiligen germanischen Zuordnung dieser Ornamentik warnt aber der Umstand, daß die langobardischen, gepidischen und die awarischen Stempel — wie die Gefäßformen selbst — völlig unterschiedlich sind.[119] Ein ähnliches Dilemma zeigt auch die frühawarenzeitliche graue Keramik.[120] Sie scheint weder von rein germanischer noch rein östlicher Herkunft zu sein.[121]

Es gibt neben Környe nur einen weiteren mit Sicherheit awarenzeitlichen Fundkomplex (Siedlung und Gräberfeld von Kölked-Feketekapu), der — neben starken byzantinischen Beziehungen — auch mit der germanischen Formen- und Verzierungswelt enge Verwandtschaft zeigt. Leider stehen uns hier nur wenige kurze Vorberichte zu Verfügung.[122] Die Analyse des hier geborgenen Fundmaterials wird für die Kenntnis der Hinterlassenschaft der verschiedenen (germanischen?) Stämme und Volksteile, die unter der Herrschaft der Awaren in Pannonien gelebt haben, von ganz großer Bedeutung sein, zumal sich auch in anderen Gräberfeldern im östlichen Pannonien Hinweise für eine ähnliche Situation finden. Was das östliche Karpatenbecken betrifft, so wird man bei den wenigen gepidischen Fundobjekten in frühawarischen Gräberfeldern entscheiden müssen, ob und inwieweit man sie als Nachweis für das Weiterleben der Germanen unter awarischer Oberhoheit gelten lassen kann.

Eine heftige Diskussion im Zusammenhang mit den ethnischen Komponenten der awarenzeitlichen Bevölkerung wird über die Hinterlassenschaft der Slawen geführt.[123]. Die Hypothese über

schrift f. Arch. und Kunstgeschichte der Schweiz 30, 1973, 110—112. — In dieser Richtung liegt offenbar auch der Versuch von A. KISS zur Lösung der ethnohistorischen Probleme im Zusammenhang mit dem Gräberfeld von Kölked-Feketekapu (freundliche Mitteilung von A. KISS und in: H. WOLFRAM, *Conversio Bagoariorum et Carantanorum.* (Wien – Köln – Graz 1979) 105. Anm. 18.).

112 Auf diesen Umstand machte P. TOMKA, *Rezension* 229 aufmerksam. Zu anderen Fehlinterpretationen: BÁLINT, *Östliche Beziehungen* 141, A. 30.

113 SALAMON - ERDÉLYI, *Környe.* Vgl. auch TOMKA, *Rezension* 229; Á. SALAMON, *Über die ethnischen und historischen Beziehungen des Gräberfeldes von Környe (VI. Jh.).* AAH 21, 1969, 273—297.

114 In diesem Gräberfeld sind die Pferdebestattungen häufiger vertreten, als sonst in der Frühawarenzeit: TOMKA, *Rezension* 231. Dieser Umstand fand im bisherigen Schrifttum zum Gräberfeld von Környe keine Beachtung.

115 Der frühere Standpunkt der ungarischen Forschung zu den Gürtelbeschlägen vom sog. „alpinen Typ": I. BÓNA, *Beiträge zu den ethnischen Verhältnissen des 6.—7. Jahrhunderts in Westungarn.* AR 2—3, 1961—1962, 49—68. Neuere Ansichten: F. STEIN, *Awarisch-merowingische Beziehungen. Ein Beitrag zur absoluten Chronologie der awarenzeitlichen Funde.* In: *Symposium* 233—244. J. ZÁBOJNÍK, *K výskytu predmetov západného pôvodu na pohrebiskách z obdobia avarskej ríše v Dunajskej kotline.* SIA 26, 1978, 193—214; DAIM - LIPPERT, *Sommerein* 87.

116 DAIM - LIPPERT, *Sommerein* 86—87.

117 N. FETTICH, *Zum Problem* 320.

118 Die derzeit beste Darstellung dieser Frage findet sich bei BÓNA, *Népvándorlás kor* 331; DERS., *Avar művészet.*

119 Mündliche Mitteilung von Á. B. TÓTH.

120 Zusammenfassend: D. BIALEKOVÁ, *Zur Frage der grauen Keramik aus Gräbern der Awarenzeit im Karpatenbecken.* SIA 16, 1968, 205—227; GY. ROSNER, *A VI—VII. századi szürke kerámia és ethnikai vonatkozásai a Kárpát-medencében.* BÁMÉ 2—3, 1971—1972, 223—226; BÓNA, *Dunaújváros* 73—76.

121 Freundliche Mitteilung von T. VIDA.

122 A. KISS, *Das Gräberfeld und die Siedlung der awarenzeitlichen Bevölkerung von Kölked.* FA 30, 1979, 185—191. Siehe auch seine Ausgrabungsberichte in AÉ seit 1971.

123 Der Zielsetzung des vorliegenden Bandes entsprechend werden hier lediglich slawische Funde aus der Awarenzeit und dem awarischen Siedlungsbereich kurz abgehandelt, nicht jedoch jene Slawen, die zwar unter der politischen Macht der Awaren, aber außerhalb deren engerer Siedlungsgrenzen lebten. Die archäologische Hinterlassen-

frühawarenzeitliches slawisches Material im Karpatenbecken basierte lange Zeit auf der methodisch unzulässigen, vorschnellen Verknüpfung von archäologischen und historischen Daten. Dementsprechend gäbe es im Fundgut des 6. und 7. Jahrhunderts im Mitteldonaugebiet Objekte, die sich weder mit den Awaren noch mit den ursprünglich hier lebenden Germanen verbinden lassen und deren Parallelen im Mitteldneprgebiet und auf dem Balkan nachweisbar sind. Es wäre daher immerhin vorstellbar, daß die Awaren im Karpatenbecken auch ostslawische Elemente übernommen haben.[124] Leider können wir die dabei herangezogenen Typen nicht als zuverlässige Merkmale der Ostslawen betrachten,[125] einerseits, weil es darunter solche von offensichtlich byzantinischem Ursprung gibt, die nahezu in ganz Europa Verbreitung fanden, und sich einige ihrer Wurzeln bis zu den Ostgermanen verfolgen lassen (Abb. 82: 3, 5).[126] Andererseits wurden sie in frühawarenzeitlichen Gräbern geborgen, machen im Fundmaterial einen unbedeutenden Anteil aus und sind nicht mit anderen ethnisch interpretierbaren Typen kombiniert, was zu einer entsprechenden historischen Aussage notwendig wäre.[127] Eine große Rolle bei der These von den frühawarenzeitlichen Slawen spielte die Keramik vom damals so genannten Typus Žitomir, von dem sich später herausstellte, daß er mit dem Typus Korčak identisch ist. Da aber gerade letzterer mit Hilfe der Urnen vom Prager Typ bestimmt wurde,[128] schließt das unseres Erachtens einen Zusammenhang dieser Keramikformen im Karpatenbecken mit den Ostslawen aus. Zuverlässige Informationen über die Einwanderung und die Lebensweise slawischer Gruppen in Pannonien im 7. Jahrhundert lassen sich von noch unpublizierten Gräberfeldern erwarten, die insbesondere im westlichen Plattenseebereich freigelegt worden sind.[129] Die Ansicht, wonach im Banat bereits in der Hunnenzeit Slawen gelebt haben sollen, wird hier lediglich der Kuriosität halber erwähnt.[130] Keine stichhaltigen Belege konnten auch für die sogar noch heute bisweilen geäußerte Interpretation des frühawarenzeitlichen Fundes von Čadjavica an der Drau (Abb. 64: 13; 80.) als slawisches Fürstengrab beigebracht werden.[131]

schaft der eigenständigen slawischen Völkerschaften und der Problemkreis des 9. Jahrhunderts im Karpatenbecken müssen Gegenstand eines Handbuches der slawischen und der ostfränkischen Archäologie sein. Eine ausgewogene Zusammenfassung der Funde, Probleme und des Forschungsstandes: B. M. SZŐKE, *A Kárpát-medence 9.—10. századi régészeti kutatásának vázlata és fő kérdései.* Zalai Gyűjtemény 25, 1986, 21—36; 26, 1987, 47—64.

124 Z. B. Sós, *Oroszlány* 120—124; DIES., *Csepel* 50; BÓNA, *Vierteljahrhundert* 305—307; KISS, *Avar Cemeteries* 155, Anm. 12; ČILINSKÁ, *Development* 243—245.

125 I. NESTOR, *Les éléments les plus anciens de la culture matérielle slave dans les Balkans.* In: *Sympozijum* 144—146.

126 Zusammenfassende Darstellung: BÁLINT, *Östliche Beziehungen* 133—135; siehe auch S. 88.

127 BÓNA, *Opponensi vélemény* 57—58.

128 ARTAMONOV, *Voprosy rasselenija* 33.

129 Bis zuletzt hatte es den Anschein, als ob sich anhand des Gräberfeldes von Pókaszepetk die Frage der Präsenz der (Ost)Slawen in der frühawarischen Zeit lösen ließe. Á. Cs. Sós, *Vorläufige Mitteilungen über die Ausgrabungen in Pókaszepetk.* FA 14, 1962, 67—82; DIES., *Archäologische Angaben zur Frage der Frühperiode des awarisch-slawischen Zusammenlebens.* In: *Symposium* 221—238; DIES., *Jelentés a pókaszepetki ásatásokról.* AÉ 100, 1973, 66—76; DIES., *Westungarn* 84—89. Siehe auch BÓNA, *Vierteljahrhundert* 305—306. Die Ausgräberin hält es für eine Bestattungsstätte mit gemischtem Ethnikum, wo die Pferdebestattungen auf eine awarische oder bulgarische Führungsschicht, die Brandbestattungen und die Maskenfibeln auf ostslawische Frauen, die Funde merowingischen Typs aus dem 6. Jahrhundert aber auf germanische (prälangobardische) Elemente schließen lassen. Die nomadisierenden Volksschichten wären demnach in der Minderheit gewesen. — Angesichts der Tatsache, daß sich von einzelnen Fundobjekten nicht oder nur sehr bedingt auf die Volkszugehörigkeit des Bestatteten schließen läßt, sowie angesichts neuer Daten, welche die Rolle der Maskenfibeln als Merkmal für das slawische Ethnikum in Frage stellen, und der erweiterten Kenntnisse zu Brandbestattungen bei Steppenvölkern im 6. und 7. Jahrhundert bedarf das Gräberfeld einer sehr umsichtigen Analyse. Anhaltspunkte dazu gibt auch die Bearbeitung des Materials des zum Teil ähnlichen und in der Nachbarschaft von Pókaszepetk freigelegten Friedhofes von Zalakomár: SZŐKE - VÁNDOR, *Neuere Ergebnisse* 207—212. Bei der künftigen ethnischen Bewertung des berühmten Gräberfeldes von Pókaszepetk muß wohl auch der Umstand eine gewichtige Rolle spielen, daß die selbständigen Pferdegräber in so großer Zahl — wie in Környe, siehe Anm. 114. — vorkamen, laut NÉMETHI, *Lovas temetkezések* 84. Die Bearbeitung des Gräberfeldes von Á. Cs. Sós - Á. SALAMON ist im Druck.

130 F. BARIŠIĆ, *Priscus comme source de l'histoire ancienne des Slaves du Sud.* Zbornik Radova Vizantinološkog Instituta 21, 1952, 62—63. Dazu kritisch D. DIMITRIEVIĆ, *Über ethnische Probleme der Woiwodina in der Zeit der Einwanderung der Slawen.* In: *Simpozijum* 92—94.

131 A. ALFÖLDI, *Zur historischen Bestimmung der Awarenfunde.* ESA 9, 1934, 300. — FETTICH, *Čadjavica* 55—61; VINSKI, *Zu den Funden* 63—64; ČILINSKÁ, *Development* 244—245. Es wäre für die ost- und mitteleuropäische Archäologie lehrreich, wenn man untersuchen würde, wie es Schritt für Schritt zur Bestimmung des Fundes von Čadjavica als slawisch kam und welche „Beweise" dafür erbracht wurden. Die zuverlässigste Basis dafür wäre die Verwandtschaft mit dem Fund von Martinovka (und dessen Umfeld), der in Anlehnung an B. A. RYBAKOV für slawisch gehalten wird. Bei dieser Einschätzung des Fundes von Čadjavica wird als immer wiederkehrendes Argument angeführt, daß er in Kroatien zutage gekommen sei, was allerdings nur verwaltungsmäßig zutrifft, weil kroatische Funde aus dem 7.—10. Jahrhundert lediglich aus einem mehrere hundert Kilometer entfernten Gebiet, von der dalmatinischen Küste, bekannt sind. Bei der ethnischen Beurteilung des Komplexes als slawisch scheint VINSKI am objektivsten. Beachtenswert sind die Äußerungen der kroatischen Historikerin N. KLAIĆ im Rahmen ihres Vortrages *Wehranlagen von der*

Ferner wurde eine Kette von Hypothesen formuliert, die dann in der Bestimmung einer Doppelbestattung des Gräberfeldes von Pécs – Köztemető als ostslawisch gipfelt. Der im Grab gefundene Schmuck wäre ostslawischer Herkunft, im übrigen wäre die Bestattung mit einer Stelle bei Maurikios in Zusammenhang zu bringen, der von antischen Frauen berichtet, die ihren Männern in den Tod folgten.[132] Die Frage frühawarenzeitlicher (Ost-) Slawen wird jedenfalls noch eingehender Untersuchungen bedürfen. Ein wenig besser sieht die Lage in Siebenbürgen aus. Dort ist ihre Anwesenheit im ersten Drittel des 7. Jahrhunderts im berühmten Gräberfeld von Mezőbánd, Band, Rumänien,[133] mit Sicherheit belegt, während mehrere andere Fundorte mit ähnlicher ethnisch-kultureller Zugehörigkeit in das Ende des 6.—7. Jahrhunderts zu datieren sind.[134] Hier ist auch zu erwähnen, daß Ostslawen in Siebenbürgen und im gesamten Nordosten des Karpatenbeckens in den späteren Jahrhunderten, wohl bis zur ungarischen Landnahmezeit, archäologisch und linguistisch gut belegt sind.[135]

Der slawische Anteil an der awarenzeitlichen Kultur wird in der späten Periode, wenn die Kontakte durch die Ausdehnung des Siedlungs- und Herrschaftsgebiets viel enger werden, bedeutend. Die Analyse dieses riesengroßen Problemkreises

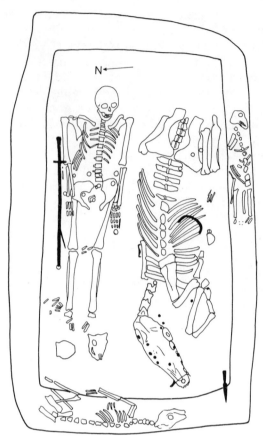

Abb. 81: *Spätawarenzeitliches Grab eines Kriegers.* Dem Toten war unter anderem sein Säbel (siehe Abb. 75:1) und ein Topf mitgegeben worden, sowie sein reich aufgezäumtes Pferd. Daneben fanden sich Reste von zwei Schafen, Ziegen und von einem weiteren unbestimmbaren Tier (Hund?).

Urzeit bis zum Mittelalter (Novi Sad, 1986): „Während sich noch die Historiker zweifelnd fragen, ob z. B. die neuere Forschung vielleicht doch Recht hat, die kroatische Landnahme schon für das Ende des 8. Jahrhunderts zu postulieren, gehen die Archäologen einfach über das Problem hinweg und bezeichnen alle Gräberfelder außerhalb der byzantinischen Provinzstädte als altkroatisch." In: Híd 40, 1986, 529.

132 A. KISS, *Abriß der Siedlungsgeschichte und der ethnischen Verhältnisse des Komitates Baranya in der Awarenzeit.* Acta Ant. et Arch. 14 (Szeged 1971) 109. — Derzeit stehen keine ausreichenden Belege zur Verfügung, um dies zu widerlegen, doch sollte man bedenken, daß Doppelbestattungen auch bei den Steppen- und kaukasischen Völkern bekannt sind. Die *gleichzeitige* Bestattung, die für unsere Theorie conditio sine qua non ist, läßt sich mit den gegenwärtigen Methoden nicht beweisen. In der Mitteldnepr-Region und in der mit Sicherheit ostslawischen Korčak-Kultur finden sich aber keine Belege für die erwähnten Fundtypen.

133 I. KOVÁCS, Les fouillages de Mezőbánd. Dolg. 4, 1913, 390—429.

134 BÓNA, Dacia 177—178, 573.

135 Siehe die Hügelgräber vom Typ Királyhelmec, Chrálovský Hlmec, ČSSR, und Szilágynagyfalu, Nuşfalău, Rumänien, F. BUDINSKÝ-KRIČKA, *Slovanské mohyly na východnom Slovensku.* S1A 6, 1958, 138—199; M. KOMŠA, *Kurgannyj mogil'nik s truposožženiem v Nušfalau. Dacia 3, 1959, 525—534,* siehe auch: BÓNA, *Daciatól Erdőelvéig* 574—575. Die Bewertung dieser Fundgruppe siehe EBENDORT 178—188; DERS., *Szabolcs-Szatmár megye régészeti emlékei.* In: *Szabolcs-Szatmár megye műemlékei I,* Budapest 1986, 82—83.

würde den Rahmen des vorliegenden Bandes sprengen. So wird hier nur angedeutet, daß wir im Herzen des awarischen Siedlungsgebietes, Wiener Becken — die Linie Nyitra, Neutra, heute: Nitra, ČSSR — Kassa, Kaschau, heute: Košice, ČSSR — Nagyvárad, Großwardein, heute Oradea, Rumänien — Eisernes Tor — Sava-Gebiet — Burgenland plus das Siebenbürgische Becken, bis zum Untergang der awarischen politischen Macht mit eindeutigem Übergewicht der letzteren rechnen dürfen.

Noch vor zwei bis drei Jahrzehnten waren viele Kollegen der Auffassung, spätawarische Funde, die außerhalb der heutigen ungarischen Landesgrenzen zutage kamen, hätten automatisch als slawisch zu gelten. Heute spricht man vor allem in tschechoslowakischen und jugoslawischen Publikationen eher von „slawisch-awarischen" Funden.[136] Dahinter steht die Überzeugung, daß

136 Einen kurzen Forschungsüberblick bietet: BIALEKOVÁ, *Die slawische Zeit* 227; GARAM, *Tiszafüred.*

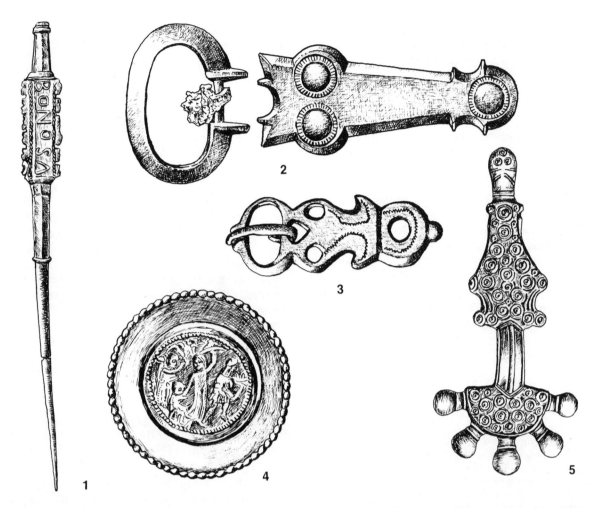

die awarische Tracht, Kultur und die Bestattungsbräuche nur Modeerscheinungen oder archäologische Phänomene ohne ethnische Bedeutung gewesen wären (Abb. 81). Gleichzeitig werden die
entsprechenden Analogien außerhalb des heutigen Ungarn als slawische Ethnospezifika betrachtet.[137] Der Begriff „slawisch-awarisch" ist
aber auch aus historischen Gründen fragwürdig:
Da die Awaren im 8. Jahrhundert unbestritten die
Herren des Karpatenbeckens waren und sich
dementsprechend auch durch Gesandte am fränkischen Hof und in Byzanz vertreten lassen
konnten, nachdem also nicht nur von einer weitgehend homogenen materiellen Kultur, sondern
auch von einer politischen Einheit gesprochen
werden kann, ist sicher die Bezeichnung „awarisch" für alles angebracht, was nachweislich innerhalb der awarischen Herrschaftsgrenzen zutage gekommen ist, ungeachtet dessen, was für
Stammesteile, Bevölkerungsgruppen oder Einflüsse in diesem awarischen „Ethnikum" aufgegangen sind oder eine Rolle gespielt haben

Abb. 82: *Fremde Waren aus der Frühawarenzeit.* 1: Stylusnadel
aus Gold und Silber, mit Inschrift: BONOSA; 2: gegossene
Gürtelschnalle vom Alpen-Typ; 3: byzantinische Gürtelschnalle aus Bronze gegossen; 4: silberne Scheibenfibel mit
vergoldetem Medaillon, mit Darstellung der Auferstehung
Christi (?); 5: Maskenfibel („fibule digitale", „pal'čataja fibula") aus gegossener Bronze, reich punziert.

mögen. Die Einheitlichkeit der materiellen Kultur
läßt sich an Hand der Gürtelgarnituren, aber auch
der Bewaffnung und der Pferdebestattungen, de-
monstrieren. Man neigt auch häufig dazu, einen
anderen grundlegenden Fehler zu machen, nämlich von bestimmten Fundtypen, die im 9. Jahrhundert weite Verbreitung gehabt haben, auszu-
gehen und ihre Vorformen im awarischen Fundmaterial dementsprechend als slawisch zu bestimmen (Ohrgehänge mit Spiralanhänger, gegossene Varianten der Ohrgehänge mit Doppel-
perlen).[138] Die Aufteilung der awarenzeitlichen
Keramik im Karpatenbecken in einen „Donau-"
und einen „Theißtyp", wobei der erstere den
Slawen und der zweitere den Awaren zugewiesen

137 GY. GYÖRFFY, *Die Erinnerung an das großmährische Fürstentum.* AAH 17, 1965, 41—45.

138 FETTICH, *Symbolischer Gürtel;* DERS., *Das awarenzeitliche
Gräberfeld von Pilismarót-Basaharc.* Studia Archaeologica
(Budapest 1965) 115—120. Dazu kritische Anmerkungen
bei BÓNA, *Vierteljahrhundert* 307.

wurde, entbehrt jeder Grundlage.[139] Sorgfältige Analysen konnten zeigen, daß es keinen wesentlichen Unterschied im awarenzeitlichen Fundmaterial aus dem heutigen Ungarn und aus den unmittelbar benachbarten Gebieten gibt, den man als ethnisch bedingt interpretieren könnte.[140] Das verbreiteteste Beispiel ist das Gräberfeld von Devínska Nová Ves (früher Theben-Neudorf, bzw. Dévényújfalu, ČSSR), bei dem versucht wurde, awarische und slawische Komponenten auszugliedern.[141] Indem man die Grabeinheiten auflöste und auf eigenartige Weise gruppierte, entstand der Eindruck, dieser Friedhof würde quasi einem slawischen Vorposten gegen das Awarenreich zugehören. Sicher ist unbestreitbar, daß die awarische Kultur beispielsweise auf die Tracht der Slawen im awarischen Einflußgebiet eine große Attraktion ausgeübt hat. So läßt sich durchaus darüber diskutieren, ob nicht einige reiche Grabfunde aus den Randbereichen (beispielsweise Krungl, Hohenberg, Blatnica[142]) mit slawischen

Sippenoberhäuptern in Zusammenhang zu bringen sind. Anders wird wohl die Situation im Kerngebiet des Awarenreiches gewesen sein. Einen guten Hinweis zeigt ein Vergleich der archäologischen Daten und der Ortsnamen im heutigen Komitat Heves, wo die Verbreitung der slawischen Ortsnamen und die der awarischen Gräberfelder einander ausschließen.[143] In dieser Region kann man für das 8. Jahrhundert mit einer zahlenmäßig beträchtlichen slawischen Bevölkerung wohl noch nicht rechnen.[144]

Zonen, in denen mit Sicherheit eine slawische Bevölkerung angenommen werden kann, sind die nordöstlichen Ausläufer des Karpatenbeckens und Siebenbürgen sowie das Drau-Save-Zwischenstromland, wo die Südslawen sicher schon gegen Ende des 8. Jahrhunderts gegenüber den Awaren ein Übergewicht hatten. Dessen ungeachtet wird man im Flachland innerhalb des Awarenreiches mit keinen zahlenmäßig bedeutenden und unabhängigen slawischen Gruppen rechnen dürfen, bis dann im ersten Drittel des 9. Jahrhunderts am Unterlauf der Theiß die Ansiedlung der Abodriten und Timočanen erfolgte.[145] Eine überzeugende Analyse zeigte die nördliche Kulturgrenze zwischen dem awarischen und dem slawischen Kulturgebiet entlang der Linie Bratislava (Preßburg) — Nitra (Neutra, beide ČSSR).[146] Eine ähnliche Untersuchung läßt sich vorläufig für die südlichen und südöstlichen Randbereiche nicht durchführen, da hier der archäologische Forschungsstand noch zu mangelhaft ist.

Eine besondere Bedeutung im Rahmen der awarischen Archäologie kommt der sogenannten Keszthely-Kultur zu. Die kennzeichnenden Fundtypen (Körbchenohrgehänge, Stilusnadeln, Scheibenfibeln [Abb. 82: 1, 4], Armreifen mit Schlangenköpfen und die zusammen damit häufig vorkommenden spiralornamentierten, trapezförmigen Anhänger und Gürtelbeschläge vom Typ Martinovka) finden sich konzentriert im Raum um Keszthely am Westende des Plattensees und

139 B. SZŐKE, *Az avarkori temetők „nomád" kerámiája.* AÉ 84, 1957, 53—57; BÓNA, *Dunaújváros* 73; BÁLINT, *Eperjes.*

140 SZATMÁRI, *Randgebiete* 173—174.

141 J. EISNER, *Devínska Nová Ves. Slovanské pohrebiste* (Bratislava 1952). Dazu kritische Anmerkungen bei B. SZŐKE, Rezension: EISNER, AÉ 80, 1953, 166—170; S. SZATMÁRY, *A dévényújfalusi temető ethnikai és történeti problémái.* Komárom Megyei Múzeumok Közleményei 1, 1968, 107—132. Die Ansicht, die Donau hätte schon im 8. und 9. Jahrhundert die Grenze zwischen Awaren und Slawen gebildet, wird seit Eisner immer wieder geäußert, z. B. ZD. KLANICA, *Die Slawen im Marchgebiet und ihre Beziehungen zum awarischen Stammesverband.* In: *Berichte über den II. Internationalen Kongreß für slawische Archäologie II* (Berlin 1973) 343. ZL. ČILINSKÁ, *Zur Frage der Wachtsiedlungen an der mittleren Donau im 8. Jh.* In: *Symposium* 125—132; DIES., *K otázkam* 39. Unter der Annahme, die Awaren hätten den südlichen Teil der heutigen Slowakei 680 besiedelt, bietet BIALEKOVÁ, *Die slawische Zeit* 226 eine andere Erklärung. — Den Grenzlandcharakter der Slowakei im 8.—9. Jh. will die slowakische Forschung in der unbestreitbaren Tatsache erkennen, daß sich in den Gräberfeldern der spätawarischen Zeit eine große Zahl von Waffen und Pferdebestattungen fand. Paradoxerweise wird dies ebenfalls als Beweis für die ethnische Sonderstellung der hier Bestatteten herangezogen. Solange aber die östlichen Grenzbereiche des awarischen Kaganats nicht ähnlich intensiv erforscht sind, sollte man sich vor weitführenden Folgerungen hüten. Was den Süden betrifft, ist es erwähnenswert, daß in der Umgebung von Szeged, die sicher noch nicht zum Grenzgebiet gehörte, in dem Gräberfeld Fehértó-B 89 % der Männergräber eine Waffenbeigabe enthielten, siehe B. KÜRTI, *A VII. századi változások.* In: SZEGED 193. Es wäre jedenfalls nicht überraschend, wenn — wie dies in den Steppen üblich gewesen ist — die Bewohner von Randgebieten mit dem Ziel angesiedelt wurden, die Grenze zu schützen. Vgl. dazu G. VÉKONY, *The Role of a March in Ethnic and Political Changes.* AOH 33, 1979, 301—314.

142 Die Literatur dazu und die Diskussion ihrer slawischen oder germanischen Zugehörigkeit bei P. KOROŠEC, *Zgodnjesrednjeveška arheološka slika karantanskih slovan.*

Dela Slovenska Akademii Znanosti i Umetnosti 22/1, 11/1 (Ljubljana 1979) 24—31.

143 J. GY. SZABÓ, *Topographische Angaben zur spätvölkerwanderungszeitlichen Siedlungsgeschichte des Mátra-Gebietes.* In: *Symposium,* 249—250. Die hier erwähnten Ortsnamen finden sich allerdings erst in Urkunden des 11.—13. Jahrhunderts.

144 BÓNA, *Vierteljahrhundert* 306.

145 BÓNA, *Opponesi vélemény* 49. Das bestreitet Sós, *Westungarn* 92—93. I. BÓNA, *Magyarország régészete és története a római uralom végétől a honfoglalásig* (Manuskript, Dissertation zur Erlangung des akademischen Doktorgrades, Budapest 1972) 130 und 373.

146 M. PARCZEWSKI, *Rekonstruktionsversuch der Besiedlungsgeschichte der frühmittelalterlichen Slowakei.* AAC 15, 1975, 31—50.

— in geringerer Zahl — im Komitat Baranya. Die Objekte lassen sich in das 6.—8. Jahrhundert datieren, wobei eine innere Chronologie erst in groben Zügen erarbeitet werden konnte. Ein gewisser Teil der Fundmaterialien könnte aus byzantinischen Werkstätten stammen, andere wurden sicher von ortsansässigen Meistern angefertigt. Schon vor längerer Zeit erblickte man im Keszthely-Material den Beweis für das Weiterleben der romanisierten Bevölkerung[147], obwohl — wenn es sich tatsächlich um eine autochthone Bevölkerung handeln soll — im archäologischen Fundmaterial eine chronologische Lücke von rund drei Generationen klafft. Aktuell ist nach wie vor die mit Belegen überraschend gut verifizierbare These, derentsprechend von den Awaren eine spätantike Volksgruppe aus Mösien und Singidunum nach Pannonien verbracht worden war, wodurch die Keszthely-Gruppe mit der byzantinischen Kultur in Zusammenhang gebracht wird.[148]

147 A. KISS, *Die Stellung der Keszthely-Kultur in der Frage der römischen Kontinuität Pannoniens.* JPMÉ 1967, 49—59; DERS., *Avar Cemeteries* 155.

148 BÓNA, *Iváncsa* 257—258 und Anm. 122; DERS., *A népvándorlás kor* 322.

DAS WEITERLEBEN DER AWAREN
IM 9. JAHRHUNDERT

Nach der gängigen Auffassung verloren die Awaren während der Ereignisse an der Wende vom 8. zum 9. Jahrhundert ihre politische Autonomie, und — so scheint es derzeit — spätestens bis 828 auch ihre kulturelle Selbständigkeit. Mit den Awarenkriegen hätte somit auch die Slawisierung der vormals awarischen Bevölkerung begonnen.[149] Auf Grund moderner historischer Untersuchungen[150] kann man jedoch jene älteren Gemeinplätze verwerfen: Für den Zusammenbruch des Awarenreiches bildete der sehr verlustreiche Feldzug Karls des Großen lediglich den Anstoß. Die entscheidende Rolle spielten wohl innere Auseinandersetzungen, zu denen es kam, als die Franken anrückten. Das oft zitierte und mit fränkischer Zustimmung eingerichtete awarische „Reservat" zwischen Carnuntum und Savaria (= östlich davon) konnte selbstverständlich nicht alle überlebenden Awaren aufnehmen[151], und man wird davon ausgehen können, daß die Awarenkriege nur die westlichen Teile des Reiches betroffen haben. Sie bedeuteten nicht notwendigerweise den unverzüglichen Untergang der materiellen Kultur der Awaren, und die Diskussion um ihr Weiterleben betrifft zunächst hauptsächlich Fragen der Chronologie. In den letzten Jahren ist es gelungen, eine innere Gliederung des spätawarischen Fundmaterials zu erstellen. Was die Absolutchronologie betrifft, gibt es größere Schwierigkeiten, da Münzbeigaben vollkommen fehlen, und auch im Wege der Kulturkontaktmethode sind die Möglichkeiten begrenzt, weil bekannterweise die westlichen Friedhöfe im 8. und 9. Jahrhundert beigabenlos sind. Der ungünstige Quellenstand[152] hat zu Extremvorstellungen vom totalen Aussterben, der vollständigen Slawisierung und dem unveränderten Weiterleben der Awaren bis zur Ankunft der Ungarn geführt.

Langsam klärt sich das Bild in Pannonien. Einerseits bilden hier die fränkischen Feldzüge durchaus einen terminus ante quem für die spätawarischen Friedhöfe, andererseits gibt es immer mehr Belege für eine eigenartige Mischkultur, die zeitlich zwischen der Blütezeit der spätawarischen Gruppe und der Landnahme der Ungarn angesetzt werden muß. Typologisch bildet sie gleichsam eine Fortsetzung der spätawarischen Fundgruppe, doch sind auch die Unterschiede bezeichnend: grundsätzlich fehlen Pferdebestattungen, und im Durchschnitt ist die Ausstattung der Gräber ärmlicher. Waffen treten selten auf, und auch die awarischen Gürtelgarnituren sind bestenfalls mit wenigen Einzelstücken in sekundärer Verwendung vertreten.[153] Diese archäologi-

149 Z. B. E. MOÓR, *Zur Geschichte der südslawischen Völkerschaften im Karpatenbecken*. Studia Slavica 8, 1962, 267; B. SZŐKE, *A bjelobrdói kultúráról*. AÉ 86, 1959, 34; KOVRIG, *Alattyán* 238. Zur Slawisierung der Region siehe ČILINSKÁ, *K otázkám* 37—38.

150 Eine zusammenfassende Auswertung der Quellen bietet J. DEÉR, *Karl der Große und der Untergang des Awarenreiches*. In: *Karl der Große I. — Persönlichkeit und Geschichte* (Düsseldorf 1965) 741—795. Zu den Feldzügen siehe I. BÓNA, *„Cundpald fecit"*. AAH 18, 1966, 321—324; DERS., *Nagy Károly*; P. VÁCZY, *Der fränkische Krieg*.

151 Die Quellenstelle, die vom Kagan spricht, der „mit seinem Volk" flieht, mag den Stamm des Würdenträgers meinen, was einer typischen Terminologie der Steppenvölker entsprechen würde.

152 Zusammenfassende Arbeiten, die den gegenwärtigen Standpunkt der ungarischen Archäologie allerdings nicht mehr in allen Fragen angemessen widerspiegeln: BÓNA, *Vierteljahrhundert* 324—333; TOMKA, *Le problème*; GY. FÜLÖP, *La survivance des Avars au IXᵉ siècle*. Alba Regia 16, 1978, 87—97; B. M. SZŐKE, *A Kárpát-medence a magyar honfoglalás előestéjén*. Valóság 1979/12, 10—11; KISS, *Avar Cemeteries* 155—156.

153 Von besonderer historischer und archäologischer Bedeutung sind die Ausgrabungen von R. Müller, B. M. Szőke und L. Vándor, die seit einigen Jahren im Bereich des Kisbalaton (Westende des Plattensees) verstärkt durchgeführt werden. Als Folge seiner Freundschaft mit den Franken mußte Pribina, der Fürst von Nitra/Neutra 833/836 fliehen und bekam gegen 840 von Ludwig dem Deutschen ein *beneficium*, das 846/848 in ein *allodium* umgewandelt wird. Sein Herrschaftszentrum war Mosapurc/Zalavár. Die Ausgrabungen betreffen nicht nur Fragen im Zusammenhang mit dem slawischen, von den Franken abhängigen, Fürstentum, sondern auch die ethnische Zuordnung einiger Brandgräberfelder (Pókaszepetk, Zalakomár). Es wäre immerhin möglich, daß Pribina seine Herrschaft nicht zufällig in einer Gegend errichten durfte, in der schon vorher Slawen gelebt hatten. Die neuen Ent-

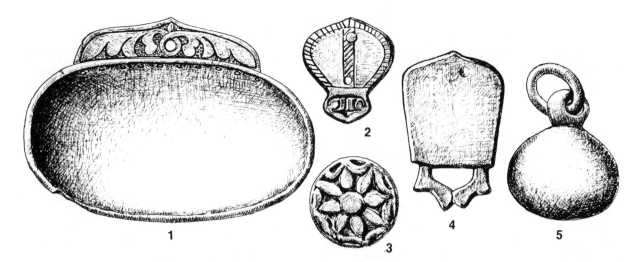

Abb. 83: *Spätawarenzeitliche Funde aus Ada.* 1: silberne Schale mit breiter punzierter Öse; 2: aus Bronze gegossener Gürtelbeschlag; 3: aus Bronze gegossener Pferdegeschirrbeschlag, halbkugelförmig, ursprünglich stark vergoldet; 4: schildförmiger Gürtelbeschlag aus gegossener Bronze, ursprünglich versilbert; 5: Lassoende aus gegossener Bronze.

sche Gruppe, die man als „fränkische Randkultur" oder sogar als „Typus Sopronkőhida-Pitten-Pottenbrunn"[154] bezeichnet hat, findet in den Gebieten östlich der Donau, die von den Franken unberührt gelassen worden waren, keine Entsprechungen. Dort wäre ein Vergleich mit dem Fundgut aus Siebenbürgen sehr wichtig, das von den Bulgaren besetzt worden war. Die Funde, die derzeit aus dem Becken von Siebenbürgen vorliegen, sind leider weder vom quantitativen Gesichtspunkt noch vom Publikationsniveau her für eine Analyse geeignet.

Die Frage der awarischen Kontinuität östlich der Theiß, besonders aber im Donau-Theiß-Zwischenstromland, ist nach wie vor ungeklärt, zumal wir nichts Genaues über die Nordwestgrenze des bulgarischen Reiches wissen und auch keine Vorstellung davon haben, wie weit eine bulgarisch-slawische Landnahme im östlichen Karpatenbecken erfolgt ist. Auch in den archäologisch gut bekannten Regionen, beispielsweise im Raum von Szeged, Csongrád und Szentes fehlt völlig ein archäologischer Horizont, der kulturell und chronologisch mit den Bulgaren zusammenhängen könnte.[155] Diese Frage ist auch deswegen ent-

scheidend, weil die Slawen, die im 10. Jahrhundert in Ungarn gelebt haben, nach der Ortsnamenforschung der südslawischen Gruppe zuzurechnen sind.

Unter den genannten Umständen wird ein kürzlich ins Leben gerufenes Forschungsprojekt[156] besondere Bedeutung erlangen, in dessen Rahmen unveröffentlichte Gräber und Fundkomplexe, die im Rahmen des spätawarischen Materials eine Sonderstellung einnehmen, aufgenommen und analysiert werden sollen. Kennzeichnend für das 9. Jahrhundert dürften Importgegenstände sein, insbesondere Waffen aus dem Westen und Schmuck aus dem westslawischen Bereich. Wichtig sind auch die in diesem Zusammenhang begonnenen Siedlungsgrabungen, welche die Grundlagen für eine typochronologische Durchdringung des keramischen Fundmaterials aus dem 9. und 10. Jahrhundert schaffen sollen.[157] In diesem Zusammenhang soll auch nochmals auf die bereits erwähnten Untersuchungen im Komitat Zala bzw. im Kisbalatongebiet[158] verwiesen

deckungen, deren Bedeutung nicht hoch genug eingeschätzt werden kann, bringen nicht zuletzt Licht in die Problematik des awarischen Weiterlebens.

154 BÓNA, *Vierteljahrhundert* 322; P. TOMKA, *Avarok a Kisalföldön.* In: *Régészeti barangolások Magyarországon* (Budapest 1978) 156; zum Fundmaterial siehe H. FRIESINGER, *Studien zur Archäologie der Slawen in Niederösterreich* I-II. Mitteilungen der Prähistorischen Kommission der Österreichischen Akademie der Wissenschaften 15—16 (1971—1974), 17—18 (1975—1977).

155 Eine Ausnahme dürfte nur ein anthropomorpher Schmuckanhänger aus Bronze darstellen (ähnlich CSALLÁNY, *Zierscheiben* 319, Abb. 18/1und 2); British Museum, Medieval and Late Antiquities 1939, Inv. Nr. 7—4. 2; Z. T. ALADŽOV, *Die Religion der heidnischen Protobulgaren im Lichte einiger archäologischer Denkmäler.* PZ 60, 1985, 77, Abb. 5

156 B. M. SZŐKE, *Methodologische Bemerkungen zur Definition der aus dem 9. Jahrhundert stammenden Denkmäler des Karpatenbeckens.* Mitt. Arch. Inst. 10—11, 1980—1981, 183—197; GARAM, *Tiszafüred.*

157 Der Sammelband von verschiedenen Autoren „*Frühmittelalterliche Siedlungsforschungen in Ungarn*" ist in Vorbereitung.

158 Von B. M. SZŐKE und R. MÜLLER freundlicherweise erteilte mündliche Auskunft über ihre noch unveröffentlichten Ausgrabungen. Siehe auch B. M. SZŐKE - L. VÁNDOR, *Neue Ergebnisse der Ausgrabungen im Kisbalaton-Gebiet.* In: *Die Bayern II* 207—212.

werden. Vielsagend ist hier die Vergesellschaftung je eines fränkischen Schwertes, eines Spornes, eines Langsaxes sowie verschiedener Schmuckgegenstände vom westslawischen Typ mit spätawarischen Fundgegenständen, aber auch das Vorkommen von Gürtelzierat, wie er für das 9. Jahrhundert bezeichnend ist.[159] Kulturell höchst bedeutsam, wenn auch typochronologisch wenig aussagekräftig, sind sporadische Vorkommen von spätawarischen Fundgegenständen in slawischen Gräbern, beispielsweise in Mähren oder der Slowakei. Ähnliches gilt für das bisweilen in Gräbern der ungarischen Landnahmezeit auftretende awarische Material[160], da es sich hier wohl um aufgesammelte Gegenstände in sekundärer Verwendung handelt. Eine in diesem Zusammenhang aufgestellte Theorie über das getrennte Nebeneinanderleben der Spätawaren und der landnehmenden Ungarn in der ersten Hälfte des 10. Jahrhunderts braucht unseres Erachtens nicht weiter diskutiert zu werden.[161] Für die awarische Kontinuitätsfrage ist hingegen der Grabfund bedeutsam, der in Ada (Jugoslawien) am unteren Lauf der Theiß entdeckt worden ist.[162] Es handelt sich dabei um eine Pferdebestattung mit Steigbügeln und Gürtelbeschlägen, die in das 9. Jahrhundert datiert werden können (Abb. 83), und eine ausgezeichnete Parallele zu einer Schale des Schatzes von Nagyszentmiklós. Der Fund zeigt, daß in dieser Gegend auch nach den bulgarischen Einfällen und dem Auftreten der Südslawen noch awarische Krieger lebten, die sich nach der alten Mode kleideten, und — was noch wichtiger ist — bestatten ließen.[163]

Häufig finden sich im Bereich spätawarischer Gräberfelder auch Bestattungen des 9. und 10. Jahrhunderts. Es verwundert nicht, daß dies

manchmal zu Spekulationen bezüglich einer spätawarisch-ungarischen Koexistenz geführt hat.[164] Gräber, die nebeneinanderliegend aufgefunden wurden, grundsätzlich als gleichzeitig angelegt zu betrachten, ist ein methodischer Fehler. Es muß daher betont werden, daß in den genannten Fällen keinesfalls erwiesen ist, daß die Gräberfelder tatsächlich kontinuierlich belegt worden sind, oder gar, daß spätawarische und Bevölkerungsgruppen der landnahmezeitlichen Ungarn nebeneinander gelebt und bestattet hätten. Eine Ausnahme bildet vielleicht das Gräberfeld von Prša (vorm. Perse, ČSSR),[165] bei dem die spätawarischen Bestattungen und die münzdatierten Gräber aus dem 11. Jahrhundert einander nicht nur ergänzen — diese Beobachtung läßt sich auch in anderen Fällen machen —, sondern wo auch die Orientierung der späten Gräber der nord-südlichen Ausrichtung der awarischen Bestattungen folgte, obwohl die Gräber dieser Periode sonst west-ost-orientiert sind. Daneben gibt es noch — und das ist derzeit nicht zu deuten — einen Gräberfeldteil, der mit dem ersteren in keinerlei Verbindung steht und mit Sicherheit in das 10. Jahrhundert datiert werden kann.[166] Ohne Kommentar sei hier auch eine C14-Analyse erwähnt, die an Hand von Fundmaterial aus dem spätawarischen Gräberfeld von Čelarevo (ungarisch Dunacséb, Jugoslawien) vorgenommen worden ist. Demnach dürfte das Grab 969 $\pm$ 66 Jahre (British Museum Laboratory) angelegt worden sein.[167]

Art und Weise einer eventuellen Übergabe sind noch völlig ungeklärt, da wir uns erst in der Phase der Fragestellung befinden; es ist aber doch schon erwähnenswert, daß in dem Fundgut der ungarischen Landnahmezeit jene Keramiktypen vorhanden sind, die mit großer Wahrscheinlichkeit nicht aus dem Osten von den Ungarn ins Karpatenbecken mitgebracht worden sind (handgeformte Tonkessel, Backglocken, Deckel). Dieser Fragenkreis bleibt heute noch unerforscht.[168]

159 Z. B. manche Funde von den Gräberfeldern in Hortobágy-Árkus und Zalakomár. Vgl. dazu A. Točík, *Slawisch-awarisches Gräberfeld in Holiare* (Archaeologia Slovaca Catalogi 1, 1968) Taf. LXXXVIII/8—10; F. Daim, *Archäologische Zeugnisse zur Geschichte des Wiener Raums im Frühmittelalter.* Wiener Geschichtsblätter 36, 1981, 194—196 usw.

160 Bálint, *Süd-Ungarn*; J. Dombay, *Árpád-kori temetők Baranyában I.* JPMÉ, 1960, Tab. 13; Tomka, *Le problème* 249, Anm. 83. D. Csallány, *A X. századi avar továbbélés problémája.* Szabolcs-Szatmári Szemle 1, 1956, 46.

161 D. Csallány, *Az Átokháza-bilisicsi avarkori sírleletek.* MFMÉ 1957, 129—130.

162 S. Nagy, *Le cimetière de Vrbas de l'époque avare et ses rapports avec le trésor de Nagyszentmiklós et la tasse en argent d'Ada.* In: *Conférence,* Tab. 21. 1. — Eine Bearbeitung des Materials durch den Verfasser dieser Zeilen befindet sich in Vorbereitung.

163 Cs. Bálint, *A Dél-Alföld a IX-X. sz-ban. A honfoglalás előestéje.* Tiszatáj 1976 (Okt.) 10, 34. Nach Rusu, *Vrap* 193 wären Vrap, Nagyszentmiklós und Ada gleichzeitig, d. h. würden aus dem 8. Jahrhundert stammen.

164 Zuletzt J. Gy. Szabó, *Das Weiterleben des Spätawarentums auf dem Alföld im 10. Jahrhundert.* MFMÉ 1966/2, 61—71; Gy. Török, *Das Weiterleben der einheimischen Bevölkerung in Halimba während der awarisch-frühmagyarischen Besiedlung.* In: Festschrift R. Pittioni. (ArchA - Beiheft 14, 1976) 351—365.

165 A. Točík, *Výzkum v Prši na Slovensku.* Archeologické Rozhledy 1950, 171—174; ders., *Pohrebisko a sídlisko z doby avarskej ríše v Prši.* SlA 11, 1963, 122, Fig. 4; ders., *Gräberfelder* Tab. XXVII-XXIX.

166 Bálint, *Bijelo brdo* 242—243.

167 Bunardžić, *Izveštaj* 53. Eine gute Auswahl aus dem Fundmaterial: R. Bunardžić, *Čelarevo. Risultati delle ricerche nelle necropoli dell' alto medioevo.* Catalogo 22, Edizione cataloghi dalle esposizioni del Museo cittadino (Novi Sad 1985).

168 Kurzer Hinweis: Cs. Bálint, *Eperjes.*

DER GOLDSCHATZ VON
NAGYSZENTMIKLÓS

1799 wurde in Nagyszentmiklós (Sînnicolaul Mare, Rumänien), einem Ort am Ufer der Aranka, der bedeutendste Schatzfund des frühen Mittelalters, der jemals im Karpatenbecken geborgen werden konnte, entdeckt (Abb. 84.). 23 Goldgefäße wurden in die Wiener Schatzkammer gebracht, doch wird berichtet, daß außerdem Ohrgehänge gefunden worden wären, sowie ein Kreuz, das angeblich bis zum Zweiten Weltkrieg (!) im nahegelegenen orthodoxen Kloster von Bezdin aufbewahrt worden sei.[169] Die Fundumstände deuten darauf hin, daß es sich um einen Verwahrfund handelt: Die Objekte lagen auf einem Haufen, ganz oben befand sich der größte der Krüge, dazwischen angeblich Fragmente von sackstoffartiger Textilstruktur.

Die Literatur über diesen Goldschatz würde bereits eine kleinere Bibliothek füllen. Er wurde schon aus archäologischer, technischer, kunsthistorischer, philologischer und auch historischer Sicht untersucht[170], doch konnte im Grunde genommen keine der entscheidenen Fragen, die mit dem Goldschatz zusammenhängen, endgültig gelöst werden. Die Herkunft, die chronologische Einordnung der einzelnen Objekte, der Zeitpunkt der Vergrabung und die möglichen historischen Umstände, die dazu führten, als auch die ethnischen Bezüge der verschiedenen Goldgefäße sind auch nach den bis heute veröffentlichten einschlägigen Studien im wesentlichen ungeklärt. Das grundlegende Problem ist — wie zumeist in der Archäologie — das der Altersbestimmung, die vor jeder historischen Interpretation durchgeführt werden muß. Die Begrenzung der möglichen Entstehungszeit auf das 8., das 9. oder das 10.—11. Jahrhundert würde auch die Zahl der möglichen Antworten auf die anderen Fragen per ipso einschränken. Möchte man bei einer neuerlichen Untersuchung des Problemkreises auf der Basis des heutigen Forschungsstandes einen Schritt weiterkommen, wird man sehr strenge methodische Richtlinien befolgen müssen. So kann die Lösung nur ein *minutiöser* Vergleich der verschiedenen technischen, Form- und Verzierungselemente bringen. Z. B.: Die Erklärung einer der dargestellten Szenen im Sinne der arpadenzeitlichen Turul-Sage[171] mag irreführend sein, weil deren bildliche Darstellung aus anderen Quellen nicht bekannt ist. Auch darf man sich bei der Datierung des Schatzes nicht von der unmittelbaren Nachbarschaft des Fundortes zur Burg des Ajtony am Maros beeinflussen lassen (Entfernung 8 km). Letzterer war von Csanád, dem Heerführer König Stephans, besiegt worden.

Die Bestimmung des Schatzes als ein hunnischer bzw. germanischer Fund aus dem 5. Jahrhundert[172] wurde bald zu einer forschungsgeschichtlichen Kuriosität. Auch die von Philologen angeregte These, derentsprechend es sich bei dem Fund um einen petschenegischen Hort aus dem 11. Jahrhundert handelt,[173] fand in anderen Wissenschaftszweigen keinerlei Resonanz und wurde auch von der Turkologie von Anfang an abgelehnt; sie ist aus archäologischen, philologischen und historisch-methodologischen Gründen ausgeschlossen. In der internationalen Forschung sind heute zwei grundverschiedene Theorien weiter verbreitet: In Anlehnung an die Monographie des bulgarischen Kunsthistorikers MAVRODINOV wird der Goldschatz noch immer gerne für ein Meisterwerk der bulgarischen Goldschmiedekunst des 9. Jahrhunderts gehalten, der sich auch bis zuletzt in

169 I. ERDÉLYI - L. PATAKI, *Die Belohnung der Finder des Attila-Schatzes von Nagyszentmiklós*. MFMÉ 1971, 2, 145.

170 Vgl. BANNER - JAKABFFY, *Bibliográfia* I, 445—447; II, 219.

171 CSALLÁNY, *Zierscheiben* 324. Zweifel äußert A. BARTHA, *The Hungarian Society in the 9th and 10th Centuries* (Studia Historica 85, Budapest 1975) 134, Anm. 39.

172 J. HAMPEL, *A nagy-szentmiklósi kincs.* AÉ 3, 1884, 66, 67 und 117.

173 J. NÉMETH, *Die Inschriften des Schatzes von Nagy-Szent-Miklós* (Biblioteca Orientalis Hungarica II, Budapest 1932); DERS., *The Runiform Inscriptions from Nagy-Szent-Miklós and the Runiform Scripts of Eastern Europe.* Acta Linguistica Academiae Scientiarum Hungaricae 21, 1971, 1—52.

bulgarischem Besitz befunden hätte.[174] Einige ungarische Wissenschaftler nehmen an, daß der Goldschatz von einem Ungarn, vielleicht vom genannten Fürst Ajtony, vergraben worden ist, die einzelnen Teile wären aber zu verschiedenen Zeiten hergestellt worden, teilweise in der Landnahmezeit oder der Arpadenzeit, andere Objekte werden für awarisch, bulgarisch oder kaukasisch gehalten.[175] Man muß zugeben, daß sich über die Stichhaltigkeit der letztgenannten chronologischen und ethnischen Zuordnungen streiten läßt, doch ist es aus archäologischer Sicht absolut unverständlich, wie sich die bulgarische Theorie so lange halten konnte.[176] Unter den Fundobjekten, die uns als Produkte der bulgarischen Goldschmiedekunst aus dem 8. oder 9. Jahrhundert derzeit bekannt sind, gibt es kein einziges Stück und kein Verzierungsmerkmal, das mit dem Goldschatz von Nagyszentmiklós in irgendeinem Zusammenhang stehen könnte. Geradezu absurd ist eine erst vor kurzem geäußerte Überlegung, derzufolge der Goldschatz — sowohl was den Hersteller als auch was den ehemaligen Eigentümer betrifft — von rumänischer Herkunft ist.[177] Ein vor kurzem erschienener Aufsatz analysiert den Schatz vom Blickwinkel der byzantinischen Kunst aus; demnach wären die Gefäße in Konstantinopel hergestellt worden und Kaiser Constantins V. (741—775) hätte sie den awarischen Županen Buela und Butaul (sic!) geschenkt.[178] Wenn auch gewisse Zierelemente des Schatzes zweifellos aus der Steppe stammen, ist es doch notwendig, seine byzantinischen Merkmale künftig besser zu untersuchen.

Ein wichtiges Argument der bulgarischen Theorie war die philologische Analyse der In-schriften, die sich auf mehreren Gefäßen befinden. Es stellte sich jedoch heraus, daß der sogenannte unterstrichene Buchstabe B in der türkischen, aber mit griechischen Buchstaben verfaßten Inschrift nicht ausschließlich in der Mitte des 9. Jahrhunderts, sondern auch wesentlich früher belegt ist.[179] Die mit griechischen Buchstaben geschriebene türkische Inschriften, aber auch solche mit türkischen Runen und griechischen Buchstaben, dürften zum Teil von den Kunstschmieden selbst, andere wiederum vom Besitzer oder von den Besitzern angebracht worden sein. Eine der bislang angebotenen Lesungen der Inschriften wurde inzwischen allgemein anerkannt: Die mit griechischen Buchstaben und in griechischer Sprache verfaßten Inschriften dürften dementsprechend in irgendeiner Form mit dem byzantinischen Taufritus zusammenhängen. Die türkischen hingegen gestatteten zwei grundsätzlich verschiedene Lesarten (türkisch: Boila čaban; oder bulgaro-slawisch: Boila zoapan), die vollkommen konträre historische Interpretationen ermöglichen. Wenn auch die bisher unternommenen Versuche zur Enträtselung der Runenschrift nicht überzeugen können, so wird doch die Verbindung der Schriftzeichen mit dem chasarischen Alphabet und der türkischen Runenschrift allgemein anerkannt.[180]

Form und Verzierung der einzelnen Teile des Schatzes lassen auf den ersten Blick vermuten, daß sie wohl Produkte verschiedener Werkstätten sind und aus verschiedenen Perioden stammen. Dementsprechend hat man versucht, die Stücke in einigen Gruppen oder Komplexen zusammenzufassen. Aufgrund der Vielzahl der typologischen Kriterien, die bei so einer Gliederung zur Anwendung kommen können, läßt sich die Zahl derartiger Gruppen beliebig vermindern oder erhöhen, insbesondere zeigt sich, daß es der äußeren Form nach ähnliche bzw. nahezu gleiche Gefäße gibt,

174 Z. B. W. Thomsen, *Une Inscription de la Trouvaille d'Or de Nagy-Szent-Miklós.* Kgl. Danske Videnskabernes Selska., Hist.-filol. Meddelelser (København 1917) 352—353; G. Fehér, *Les monuments de la culture protobulgare et leurs relations hongroises.* AH 7, 1931, 128—129; Mavrodinov, *Nagyszentmiklós* 207—208; M. Comşa, *Die bulgarische Herrschaft nördlich der Donau während des IX. und X. Jh. im Lichte der archäologischen Forschungen.* Dacia 4, 1960, 405—406; R. Noll, *Vom Altertum zum Mittelalter* (Führer durch das Kunsthistorische Museum 8, Wien 1974²) 84—85; St. Vaklinov, *Formirane na starobălgarskata kultura VI-XI vek.* (Sofija 1977) 146—151.

175 Z. B. Csallány, *Rapports* 358—359; ders., *Zierscheiben* 322—325; G. Fehér, *A nagyszentmiklósi kincs-rejtély megfejtésének útja.* AÉ 77, 1950, 43—44; László, *Contribution* 186—198; László - Rácz, *Der Goldschatz*; Györffy, *Tanulmányok* 107—119; ders., *István király* 165 und 175.

176 Wie Tryjarski, *Schriften 2* bemerkte: „die protobulgarische Hypothese . . . ist heutzutage in Bulgarien zum Axiom geworden."

177 R. Florescu, *Aurul Carpaţilor. Calendar al revistei Transilvania* 1978. Kritische Anmerkungen dazu bei Cs. Bálint, *A nagyszentmiklósi kincsről — kétféleképpen.* Tiszatáj 1978 (Mai) 5, 100—102.

178 Rusu, *Vrap* 189. Anm. 8. Der Gedankengang läßt sich wegen eines drucktechnischen Fehlers nicht vollkommen nachvollziehen. Die vorliegende kurze Zusammenfassung stammt aus einer Arbeit von M. Rusu: *L'importance des contacts historiques pour la datation du trésor de Sînnicolau Mare.* (Manuskript).

179 Bóna, *A népvándorlás kor* 344—345; Bóna plant, wie er freundlicherweise mitteilte, eine spezielle, diesem Problem gewidmete Studie zu schreiben.

180 Siehe noch S. 244, Anm. 31.

Abb. 84: *Funde aus dem Schatz von Nagyszentmiklós.* 1: Krug Nr. 2; 2: Krug Nr. 3; 3: Trinkhorn Nr. 17; 4: Kelch Nr. 23; 5: Schale Nr. 9; 6: Schale Nr. 21; 7: Schale Nr. 8; 8: Dose Nr. 19; 9: stierköpfige Schale Nr. 13. — alle aus Gold, 3, 6, 8 ursprünglich mit Glaseinlagen.

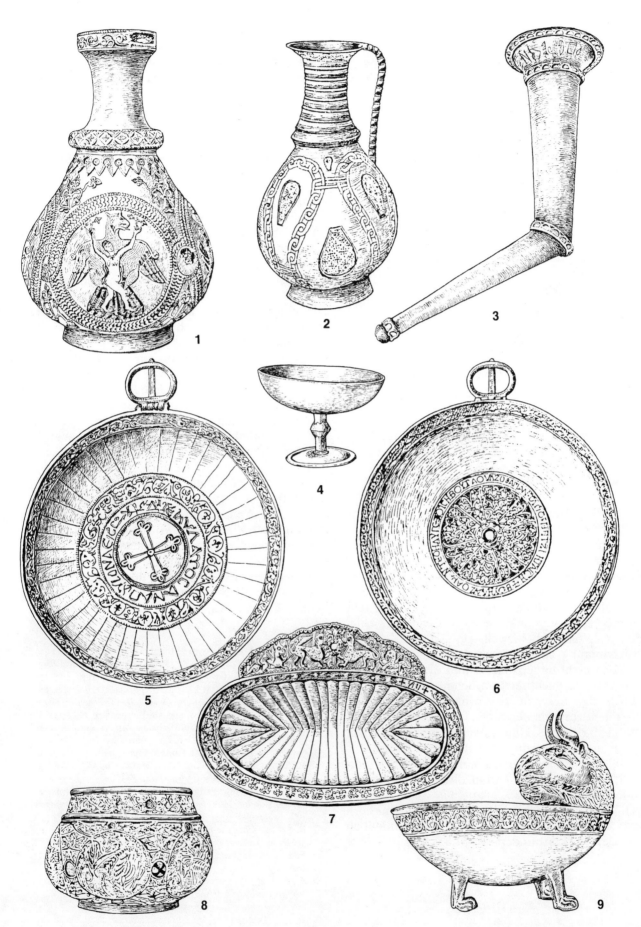

1

2

Abb. 85: *Awarenzeitliche Parallellen zum Schatz von Nagyszentmiklós I.* 1: Kelch aus Silber, 2: Trinkhorn aus Gold

die sich jedoch schmiedetechnisch voneinander unterscheiden. In diesem Fall sind zwei Deutungen möglich. Einerseits könnten die Gegenstände in derselben Werkstatt, doch von unterschiedlich begabten Handwerkern hergestellt worden sein, oder aber sie stammen aus verschiedenen Zeiten, wobei jeweils ein Gefäß die spätere Nachahmung eines älteren Stückes darstellt. Es ist auch nicht undenkbar — und die Möglichkeit wurde in der Fachliteratur noch nicht erwogen —, daß einige bescheidener ornamentierte Gefäße unvollendete Arbeiten sind. Obwohl demzufolge die stilkritische Untersuchung der einzelnen Form- und Verzierungselemente mit größter Vorsicht gehandhabt werden muß, sind doch verschiedene Ähnlichkeiten mit diversen Fundmaterialien aus ganz unterschiedlichen Zeitstufen augenfällig. So stammen Parallelen zum Trinkhorn und den beiden Kelchen bislang ausschließlich aus dem 7. Jahrhundert (Abb. 85),[181] zur Schale

mit breiter Handhabe hingegen aus einem Grabfund des 9. Jahrhunderts (Abb. 83: 1) sowie aus einem Schatzfund, der ebenfalls im 9. Jahrhundert vergraben worden ist.[182] Die Kettenzier, die sich am Bauch der Krüge No. 3, 4 befindet, tritt auf mittelawarischen Riemenzungen und Beschlägen[183] aus der zweiten Hälfte des 7. Jahrhunderts auf (Abb. 71: 5; 84: 2), verschiedene Rankenornamente auf spätawarischem, gegossenem Gürtelzierat des 8. Jahrhunderts.[184] Was die Formen und Proportionen der Krüge sowie die Strukturmerkmale betrifft, wird man unter den Erzeugnissen der spät- und nachsassanidischen, aber zum Teil auch unter den auf uns gekommenen Beispielen der T'ang-Schmiedekunst aus dem 6. bis 9. Jahrhundert[185] und bis zu einem gewissen Grad unter der awarischen Keramik des 7. bis 8. Jahrhunderts Entsprechungen finden.[186] Die eingravierte Rankenzier und der punzierte Hintergrund sind typisch für die sogdische Goldschmiedekunst des 7. bis 10. Jahrhunderts sowie für die der T'ang vom 8. bis zum 10. Jahrhundert und kommen auch in der spätesten Phase der Awarenzeit häufig vor. Ähnliche Gravierungen und Punzierungen wurden an den einzelnen Objekten des Schatzes in verschiedenen Stilen und mit unterschiedlichen Werkzeugen angebracht.[187]. Der mit kreisförmigen Punzen flächendeckend verzierte Hintergrund ist auch in der Schmiedekunst der ungarischen Landnahmezeit, wohl in deren frühester Periode, in geringem Maß belegt.[188] Die Ähnlichkeiten zwischen der Darstellung auf der Zierscheibe von Rakamaz und den sog. Ganymed-Szenen des Schatzes (ein Greif hält einen Menschen bzw. ein Raubvogel zwei Knaben in den Krallen) beweist nach der Ansicht einiger Archäologen Verbindungen mit der ungarischen Schmiedekunst des 10. und 11. Jahrhunderts[189],

---

181 Mala Pereščepino, Bócsa, Szeged-Átokháza bzw. Zemianski Vrbovok (vorm. Nemesvarbók, ČSSR), Želovce (Zsély), Budapest-Tihanyi tér.

182 Ada (Jugoslawien), Vrap (Albanien).

183 Obwohl mit ganz anderen chronologischen Schlußfolgerungen, machten auf diese Ähnlichkeit schon FETTICH, *Zum Problem* 313 und LÁSZLÓ, *Steppenvölker* aufmerksam.

184 HORVÁTH, *Üllő* 117; LÁSZLÓ - RÁCZ, *Der Goldschatz* 150.

185 Diese östlichen Beziehungen sind allgemein bekannt, sie wurden am bislang ausführlichsten von MAVRODINOV abgehandelt. In den neuesten Zusammenfassungen über die östliche Schmiedekunst finden sich ebenfalls Hinweise auf den Goldschatz von Nagyszentmiklós: MARŠAK, *Serebro* 55, 62—63; DARKEVIČ, *Metall* 173.

186 Dieses Problem wurde noch nicht untersucht, Hinweise finden sich bei HORVÁTH, *Üllő* 104—109; SÓS, *Westungarn* 137.

187 B. SZŐKE, *Über die Beziehungen Moraviens zu dem Donaugebiet in der Spätawarenzeit.* Studia Slavica 1960, 75—112.

188 Tiszabezdéd, Bana, Več (vorm. Bodrogvécs, ČSSR), Mezőzombor.

189 Z. KÁDÁR, *A nagyszentmiklósi kincs triumfális képtípusainak eredetéről.* FA 13, 1961, 117—128; LÁSZLÓ - RÁCZ, *Der Goldschatz* 82—108. Siehe auch A. 175.

Abb. 86: *Awarenzeitliche Parallellen zum Schatz von Nagyszentmiklós II.* 1, 2: Panzerhemd (?) eines Bogenschützen aus Nagyszentmiklós (Krug No. 2.) und Mödling (Zierscheibe); 3, 4: ∾-förmige Punzen in Nagyszentmiklós (Krug No. 2.) und Fészerlak (Teil einer Gürtelschlaufe); 5, 6: „Siglen" in Kiskőrös (Teil einer Zopfspange) und in Nagyszentmiklós (Krug No. 3.);
7, 8: Punkt-Strich-Ornamentik in Nagyszentmiklós (Krug No. 3.) und in Akalan.

möglicherweise zeigt sich hier aber nur die Langlebigkeit von Motiven. Dazu muß ergänzend betont werden, daß uns aus der ungarischen Landnahmezeit bislang noch überhaupt keine Menschendarstellungen bekannt sind. Die These vom ungarischen Ursprung einzelner Goldgefäße des Schatzes stützt sich teilweise auf die Vermutung, an zwei Krügen wären Nachbildungen von Siglen der Münzen König Stephans des Heiligen zu erkennen.[190] Dem wäre entgegenzuhalten, daß ähnliche „Siglen" nicht nur an den Münzen des Ungarnkönigs belegt sind[191], sondern im Gegensatz dazu mit Verzierungselementen an so manchen mittel- und spätawarischen Funden übereinstimmen und auch unter den zeitgenössischen osteuropäischen und zentralasiatischen Funden Parallelen haben.[192] Gegen die Theorie von der ungarischen Herkunft einiger Teile des Schatzes sprechen auch kleinere schmiedetechnische Beobachtungen des Verfassers an den einzelnen Goldgefäßen.[193] Besonders schwer wiegt auch die Tatsache, daß die für die landnahmezeitliche

Schmiedekunst so bezeichnende Palmettenverzierung und die typische Anordnung der Rankenornamente an keinem einzigen Stück des Goldschatzes von Nagyszentmiklós vorkommen. Abgesehen davon, daß — wie erwähnt — in der Landnahmezeit keine Menschendarstellungen auftreten, sind auch die Tierdarstellungen des 10. Jahrhunderts in Ungarn sehr selten, und die wenigen vorhandenen anders gestaltet als die an den Goldgefäßen. Auch die Form der bislang aus dem 10. Jahrhundert bekannten Tassen (3 Stück) steht mit keinem der Gefäße von Nagyszentmiklós in Zusammenhang.

Historische Interpretationen bzw. Aussagen über den Schatz werden durch den Umstand sehr erschwert, daß die einzelnen Teile offenbar an verschiedenen Orten und zu unterschiedlichen Zeiten entstanden sind. Daraus folgt, daß das ethnische Umfeld des letzten Besitzers bei weitem nicht mit dem des Auftraggebers des ältesten Stückes übereinstimmen muß. Mehrere bedeutendere, uns bekannte historische Ereignisse könnten Anlaß zur Vergrabung des Schatzes gegeben haben: Die fränkischen und/oder bulgarischen Feldzüge gegen die Awaren; die Ansiedlung südslawischer Stammesteile, die vor den Bulgaren nach 820 geflohen sind, am Unterlauf der Theiß; im Falle man die Vergrabung einem bulgarischen Besitzer anlastet, die Landnahme der Ungarn; rechnet man mit einem ungarischen Eigentümer, hätten innere Zwistigkeiten am Vorabend der Staatsgründung oder der genannte Feldzug Csanáds gegen Ajtony zur Verbergung geführt. Der Verfasser hält den Goldschatz von Nagyszentmiklós für eine Sammlung von Meisterwerken der awarischen Schmiedekunst, von denen einige Stücke aus dem 7., die meisten aber aus dem 8. Jahrhundert stammen. Verschiedene auffällige Verbindungen mit der mittelasiatischen Schmiedekunst, insbesondere der spezifische Charakter dieser Beziehungen, bedürfen noch der näheren Untersuchung. Im Rahmen einer Arbeitshypothese könnte man die Vermutung äußern, daß die historischen Umwälzungen an der Wende vom 8. zum 9. Jahrhundert bzw. in der ersten Hälfte des 9. Jahrhunderts zur Verbergung des wohl großartigsten frühmittelalterlichen Schatzes Mitteleuropas geführt haben.[194]

190 Gy. László, *Die Anfänge der ungarischen Münzprägung.* Annales Universitatis Scientiarum Budapestiensis - Sectio Historica 4, 1962, 50; ders., *Contribution* 194—195.

191 Mavrodinov, *Nagyszentmiklós* 208; Sós, *Westungarn* 139, Anm. 61; Györffy, *István király* 338.

192 In der Forschung blieben die Beobachtungen von Horváth, *Üllő* 117, in bezug auf das Vorkommen dieser „Siglen" in spätawarischer Umgebung unbeachtet. An mittel- und spätawarischen Gürtelbeschlägen und Armreifen sind ähnliche, dreieckige Punzierungen in verschiedener Anordnung häufig. Über ähnliche Ornamente aus dem Osten: Maršak, *Serebro* T 1; und Abb. 2: 1 des vorliegenden Bandes.

193 Unter diesen Beobachtungen erwähnenswert ist daneben die schon von mehreren Forschern festgestellte Analogie in der Ausführung der Kleidung des Fürsten auf der Jagd, Krug Nr. 2, und der Machart der Zierscheibe aus Mödling, Abb. 86: 1. Interessant wäre das Studium der sog. Siglen, deren Form und Verwendungsweise auf die spätrömische Goldschmiedekunst zurückgehen soll. Dreieckförmige Punzen kommen in der frühbyzantinischen und in den von Byzanz beeinflußten Kulturen, z. B. Germanen des Karpatenbeckens, Krim- und Pontus-Gebiet, Nordkaukasus, vor. Auf mittel- und spätawarischen Gürtelbeschlägen sind ähnlich dreieckige Punzierungen in verschiedener Anordnung häufig, bei den landnehmenden Ungarn sind sie jedoch unbekannt. Ähnliche Ornamente aus dem Osten behandelt z. B. Maršak, *Serebro,* Taf. 1 und Abb. 2: 1 des vorliegenden Bandes. Die Übereinstimmung der Verzierung einer awarischen Zopfspange mit den Siglen der Krüge No. 3 und 4 wurde schon von Horváth, *Üllő* 117 beobachtet, blieb aber in der Forschung unbeachtet. Es liegt auch auf der Hand, daß die Ornamentik des Kruges No. 3 mit der wohl bekannten Punkt-Strich-Ornamentik verwandt ist, welche geographisch, kulturell und auch chronologisch am nächsten in der Frühawarenzeit vorkommt, z. B. Abb. 86: 2. Von größter Bedeutung ist die Übereinstimmung einer völlig einzigartigen Punze des Kruges No. 2 und eines Gürtelbeschlags aus dem spätawarenzeitlichen Gräberfeld von Toponár, siehe Abb. 86: 4.

194 Aus der reichen Literatur hier nur ein alter und ein neuer ähnlicher Standpunkt: G. Nagy, *A honfoglalók.* Ethnographia 18, 1907, 337; Bóna, *A népvándorlás kora* 346. — Meine Konzeption habe ich erstmals in einem Beitrag, zitiert in Anm. 1 des 1. Kapitels des vorliegenden Buches, bekanntgegeben. Sie ist auch durch makrophotographische Aufnahmen, von F. Daim und L. Streinz im Jahr 1976 gemacht, unterstützt. Diese neuen Aufnahmen habe ich mehreren Kollegen gezeigt und auch auf der Tagung in Velem 1982 vorgeführt.

Die Ungarn

Der historische Rahmen

Die erste gesicherte Quellenangabe über die Vorfahren der Ungarn, die eine finno-ugrische Sprache verwendeten, bezieht sich auf ein Ereignis am Unterlauf der Donau zwischen 836 und 838. Aufgrund der in der Quelle verwendeten Bezeichnungen „Ungr", „Turk" und „Hun" ist es denkbar, daß zu diesem Zeitpunkt die politische Verselbständigung des Stämmebundes eingesetzt hat. Bis dahin sind die Altungarn mit den Bezeichnungen anderer Völker und Stammesvereinigungen versehen worden, z. B. Sabir, Onogur, Türk, wobei in jedem Einzelfall zu prüfen ist, inwieweit die jeweilige Bezeichnung auf die Altungarn bezogen werden kann. Die ungarische Geschichte des 9. Jahrhunderts läßt sich mittels einer Analyse sowohl byzantinischer wie auch mittelasiatischer Quellen beleuchten. Die Siedlungsgebiete der Altungarn lagen damals in der osteuropäischen Steppenzone. Ihre östliche Grenze verlief lange Zeit entlang der Volga und des Don. Das später als Etelköz bezeichnete Siedlungsgebiet lag möglicherweise seit dem 2. Drittel des 9. Jahrhunderts zwischen dem Don und der Donau. Die Lokalisierung dieses Gebiets ist jedoch noch nicht endgültig geklärt. Die Diskussion darüber wird hauptsächlich von der Linguistik geführt, denn die Lösung des Problems hängt vorrangig von bulgarisch-türkischen Lehnwörtern in der ungarischen Sprache ab, welche bestimmte Pflanzen bezeichnen, die im altungarischen Siedlungsgebiet vorkamen („som" = Kornelkirsche, „kőris" = Esche), und es ist zu klären, ob diese aus der Sprache der Bulgaren am Kuban oder jener an der Volga, oder aus dem Wortschatz beider stammen könnten.

Die Abhängigkeit vom Chasarischen Kaganat ist nicht immer gleich stark gewesen, auch ist umstritten, wie lange es ein regelrechtes Vasallenverhältnis gegeben hat. Es wird behauptet, daß es dabei zur Übernahme politischer Strukturen, insbesondere des doppelten Fürstentums gekommen ist, das mit der Steppenkultur ganz allgemein in Zusammenhang stehen soll. Nach den Zeugnissen der Schriftquellen sowie der sprachwissenschaftlichen, archäologischen und musikgeschichtlichen Hinweise waren die Altungarn in Chasarien einem starken bulgaro-türkischen Einfluß ausge-

setzt. Davon zeugen die europäischen Benennungen (hungarus, venger, usw.), die alle von „Onogur" kommen, während ihre Eigenbezeichnung „magyar" lautet. Nach Auskunft der sprachlichen Entlehnungen gerieten die Magyaren auch mit alanischsprachigen Volksgruppen in engeren Kontakt, doch ist unklar, wo dieser zu lokalisieren wäre. Alanisch sprechende Völkerschaften könnten außer im Nordkaukasus auch an vielen anderen Stellen der osteuropäischen Steppe gelebt haben. Die mittelasiatischen Quellen lassen vermuten, daß das prächasarische Siedlungsgebiet der Magyaren, Magna Hungaria genannt, im heutigen Baschkirien zu suchen ist: In der ältesten arabischen Quelle, die sich auf die Altungarn bezieht, werden diese Baschkiren genannt, obwohl sie mit den uns bekannten Baschkiren nicht verwandt waren, da letztere zur Kipčak-Sprachgruppe der türkischen Völker gehören und erst im 9. Jahrhundert in ihrer heutigen Heimat angesiedelt worden sind. Die Geschichte der in der Urheimat zurückgebliebenen Magyaren — sie wurden von einem Reisenden im 13. Jahrhundert unter den Volgabulgaren entdeckt — und der Volksgruppen, die in den mittelalterlichen russischen Quellen als „možar", „mešcer" bezeichnet werden — bildet eigene Fragenkomplexe. Nach einer durchwegs stimmigen Hypothese wanderten die Vormagyaren im 6. oder 7. Jahrhundert aus der Gegend von Tobol und Isim in das heutige Baschkirien. Das Land von Tobol und Isim fällt im wesentlichen auch mit der Urheimat des ugrischen Zweiges der finno-ugrischen Völker zusammen, denn aufgrund sprachwissenschaftlicher und archäologischer Daten vermutet man heute, daß die finno-ugrischen Völker im 4. Jahrtausend vor Chr. an den östlichen Ausläufern des Ural und entlang des Ob entstanden sind. Auch die Urheimat der uralischen Völker, welche die Finno-Ugrier und Samojeden umfassen, wird heute vorwiegend für Westsibirien angenommen.

Die Urgeschichte der Magyaren bzw. der Finno-Ugrier stellt heute eine Disziplin für sich dar, deren Vertreter zu den ersten in der Geschichte der europäischen Wissenschaft gehörten, die eine moderne interdisziplinäre Forschung (Zusammenarbeit von Linguistik, Archäologie,

Pflanzengeographie, Anthropologie und Namenskunde) verwirklichten.

895/896 nahmen die Magyaren das Karpatenbecken in Besitz, wobei sie den Verecke-Paß und andere transsylvanische Pässe überquerten. Die Landnahme im Karpatenbecken geschah nicht ganz freiwillig. Die Ungarn mußten den Petschenegen weichen, die am linken Ufer der Volga lebten, und — ihrerseits von den Uzen im Osten bedroht — den Fluß überquerten und gegen die Magyaren zogen. Unmittelbar auslösend war aber der bulgarisch-byzantinische Krieg, der 894 ausbrach. Während sich die Byzantiner an die Ungarn um Hilfe wandten, suchten die Bulgaren die Petschenegen als Verbündete. Im Verlauf des Krieges vernichteten die Petschenegen die ungarischen Siedlungsplätze in Etelköz, als sie gerade von ihren Kriegerscharen verlassen waren.

Den Ungarn waren Mitteleuropa und das Karpatenbecken bereits bekannt. Die Bayern und/oder die Mähren riefen sie des öfteren als Verbündete in den gegeneinander geführten Kriegen zu Hilfe (862, 881, 892, 894). Das Karpatenbecken gehörte am Ende des 9. Jahrhunderts größtenteils zur Grenzzone zwischen dem Fränkischen Reich und Bulgarien. Die Nachkommen der Awaren übten keinerlei Herrschaftsgewalt aus, der tatsächliche Einfluß der bulgarischen Khane und des mährischen Großfürstentums reichte nicht über Transsylvanien und den Unterlauf der Theiß bzw. die Garam-Donau-Linie hinaus. Die karolingische Provinz Oriens stellte für die Ungarn keinen ernsthaften militärischen Faktor dar. Die entscheidende Schlacht, die das politisch-ethnische Schicksal des Karpatenbeckens nun für gut 1000 Jahre bestimmte, wurde 907 bei „Brezalauspurc" (Pozsony, Preßburg, Bratislava, ČSSR) geführt und endete mit der völligen Niederlage des bayrischen Heeres.

Die Magyaren lebten zur Landnahmezeit in einem Stammesbund, wobei die oberste Macht durch den sakralen Herrscher „Kende" und den Sachwalter, den Heerführer „Gyula" ausgeübt wurde. Außer diesen beiden Ämtern ist noch ein drittes, das des Horka bekannt. Ihre heidnische Glaubenswelt ließ sich mit Hilfe ethnographischer, sprachwissenschaftlicher und orientalistischer sowie mit archäologischen Quellen rekonstruieren. Die landnehmenden Stämme selbst waren unterschiedlicher Herkunft: Neben denen, die eine finno-ugrische Sprache verwendeten, gab es auch türkische Volkselemente, die einen tschuwaschischen und/oder gemeintürkischen Dialekt sprachen,[1] des weiteren waren auch alanische Gruppen mit in das Karpatenbecken gekommen. Sie assimilierten die in ihrer neuen Heimat vorgefundenen Völkerschaften (awarische Restbevölkerung, West-, Ost- und Südslawen) und schließlich auch verschiedene Zuwanderer aus dem Osten, die im letzten Drittel des 10. Jahrhunderts ihren Weg in das Mitteldonaubecken fanden (Volgabulgaren, Petschenegen).

Die schon früher in Mittel- und Westeuropa durchgeführten Streifzüge — in den meisten Fällen als Folge von Bündnissen — wurden 898 fortgesetzt. Nach einigen kleineren Rückschlägen kam es 933 bei Merseburg zur ersten schweren Niederlage der Ungarn gegen Heinrich I. Die Schlacht am Lechfeld bei Augsburg 955, die für die Ungarn mit empfindlichen Verlusten endete, machte den ungarischen Streifzügen gegen Westeuropa ein Ende, doch fielen sie auch nachher noch in das Byzantinische Reich ein. Der letzte Raubzug gegen Byzanz wurde 970 erwähnt. Diese Streifzüge waren weder für die Magyaren noch für die Steppenvölker allgemein charakteristisch, sondern die Folge eines gesellschaftlichen Prozesses, der sich zu verschiedenen Zeiten und mit unterschiedlicher Intensität auch bei den meisten anderen Völkern Europas nachweisen läßt.

Mit dem Christentum wurden die Magyaren ab der Mitte des 10. Jahrhunderts näher vertraut, nachdem es bereits im 9. Jahrhundert in Südrußland vereinzelt zu Kontakten mit dem griechischen Christentum der Byzantiner gekommen war. Gegen 948 ließ sich der dritte Würdenträger (der Horka namens Bulcsu), um 950 auch der Gyula von Ostungarn in Konstantinopel taufen. Letzterer geleitete einen für „Turkia" (= Ungarn) geweihten Bischof nach (Ost-) Ungarn, dessen Nachfolger auch noch im 11. Jahrhundert im Amt waren. Der Großfürst Taksony nahm um 960 Kontakte zum westlichen Christentum auf, worauf der Papst 963 den Missionsbischof Zacheus weihte. 972 bekehrten die Mönche Bruno und Wolfgang aus St. Gallen mehrere Fürsten. Géza, der nach Taksony an die Macht kam, entsandte seine Gesandten 973 zur Reichsversammlung in Quedlinburg. Sein Sohn Vajk wurde bei dieser Gelegenheit durch den Prager Bischof Adalbert getauft. Er bestieg den Thron als Stephan I. im Jahr 997 und bat Papst Silvester II. um eine Krone, die er auch erhielt. Zu Weihnachten des Jahres 1000 wurde Stephan zum König gekrönt, ein symbolischer Akt, der zugleich als Beginn des ungarischen Staates gilt. Stephan wurde bereits 1083 heilig gesprochen.

---

1 Die zeitgenössische Nachricht von der Zweisprachigkeit der Magyaren wird gewöhnlich auf das Ungarische und auf irgendeine Türksprache bezogen (DAI Par. 39).

Einführende Literatur

GY. PAULER, *A magyar nemzet története Szent Istvánig (Budapest 1900)*; MARQUART, *Streifzüge*; J. MELICH, *A honfoglaláskori Magyarország (Budapest 1923)*; GY. NÉMETH, *A honfoglaló magyarság kialakulása (Budapest 1930)*; A MAGYARSÁG ŐSTÖRTÉNETE (HRSG. L. LIGETI, BUDAPEST 1943, REPRINT 1986); GYÖRFFY, *Tanulmányok*; DERS, *Autour de l'état des sémi-nomades: le cas de la Hongrie Studia Historica 15 (Budapest 1975)*; DERS, *Wirtschaft und Gesellschaft der Ungarn um die Jahrtausendwende Studia Historica 186 (Budapest 1983)*; I. BOBA, *Nomads, Northmen and Slavs Slavo-Orientalia 2 (Wiesbaden 1967)*; SZ. DE VAJAY, *Der Eintritt des ungarischen Stämmebundes in die europäische Geschichte Studia Hungarica 4 (Mainz 1968)*; GY. KRISTÓ, *Levedi törzsszövetségétől Szent István államáig (Budapest 1980)*; K. MESTERHÁZY, *Nemzetségi szervezet és az osztályviszonyok kialakulása a honfoglaló magyarságnál (Budapest 1980)*; BARTHA, *Hungarian Society*; FODOR, *Wanderung*; K. CZEGLÉDY, *Magyar őstörténeti tanulmányok Budapest Oriental Reprints A2, 1985*; P. HAJDÚ - P. DOMOKOS, *Die uralischen Sprachen und Literaturen Bibliotheca Uralica 8 (Budapest - Hamburg 1987)*.

Einleitung

1834 erschien die erste wissenschaftliche Publikation eines landnahmezeitlichen Grabes (Bene-puszta).[2] Seitdem hat sich die Zahl der Fundorte im Karpatenbecken, die mit den Ungarn der Landnahme- und Arpadenzeit in Zusammenhang stehen, auf über 1400 erhöht,[3] wobei die Materialien und Befunde natürlich sehr unterschiedlichen Quellenwert haben. Wie in der Awarologie besteht die größte Schwäche der landnahmezeitlichen Archäologie darin, daß sich die Forschung fast ausschließlich auf Grabfunde bzw. Gräberfelder stützt. Dies hat primär forschungsgeschichtliche Gründe, hängt aber auch mit methodologischen Schwierigkeiten zusammen, sowie mit dem, in Ungarn schon seit Jahrhunderten betriebenen, Intensivackerbau. Erfreulicherweise hat sich in den letzten Jahren die Intensität der Siedlungsforschung erheblich verstärkt.

Der Begriff „Landnahmezeit" wird in der ungarischen Archäologie und Geschichtsforschung immer mehr auf den Zeitraum von 895 bis um 972 eingeschränkt, während das letzte Drittel des 10. Jahrhunderts neuerdings als die „Zeit der Staatsgründung" bezeichnet wird. Im vorliegenden Kapitel werden jedoch das Fundmaterial des gesamten 10. Jahrhunderts und die damit zusammenhängenden Fragen besprochen. Der Grund dafür liegt zunächst in Datierungsschwierigkeiten, darüber hinaus scheint aber eine komplexe Behandlung des ganzen 10. Jahrhunderts auch deswegen angezeigt, weil es in der Hinterlassenschaft der Staatsgründungszeit und der frühen Arpadenzeit eine Anzahl von Fundtypen gibt, die auch schon in der Landnahmezeit in Gebrauch waren.

Eine Verbreitungskarte mit Fundorten der Landnahme- und Früharpadenzeit[4] zeigt nicht nur das ungarische Siedlungsgebiet, sondern spiegelt auch den jeweiligen regionalen Forschungsstand wider. Einerseits läßt die größere Dichte von Fundpunkten in einem bestimmten Gebiet nicht unbedingt auf eine stärkere Besiedlung während der Landnahmezeit schließen, andererseits werden ganze Landesteile des ehemaligen ungarischen Gebietes von der Forschung stiefmütterlich behandelt, und deshalb wird man bei der historischen Interpretation von Verbreitungskarten besondere Vorsicht walten lassen müssen. Im besonderen gilt das für Gebiete, die zwar zum seinerzeitigen ungarischen Herrschaftsbereich gehört haben, heute aber außerhalb der ungarischen Staatsgrenzen liegen.[5]

Über die Archäologie dieser Periode liegt bereits ein umfangreiches, in ungarischer Sprache erschienenes Schrifttum vor.[6, 7] Unlängst wurden jedoch zwei populärwissenschaftlich angelegte Arbeiten[8] und ein forschungsgeschichtlicher Überblick[9] in internationalen Sprachen publiziert. Erfreulicherweise wendet die europäische Forschung in den letzten Jahren auch dieser Periode der Geschichte des Karpatenbeckens wieder mehr Aufmerksamkeit zu.[10] Vor allem anhand der in der Acta Archaeologica Hungarica erschienenen Arbeiten lassen sich die neuen Forschungsergebnisse im Zusammenhang mit der ungarischen Landnahme- und Arpadenzeit verfolgen.

---

2 M. JANKOVICH, *Egy magyar hősnek — hihetőleg, Bene vi-téznek — ki még a' tizedik század elején, Solt fejedelemmel, I. Berengár császárnak diadalmas védelmében Olaszor-szágban jelen volt, újdonnan felfedezett tetemeiről, 's öltöze-tének ékességeiről.* A Magyar Tudós Társaság Évkönyve 2, 1832—1834, 281—296.

3 SZŐKE, *Emlékei*; TOČÍK, *Gräberfelder.* Zu den Ergebnissen der jüngsten Ausgrabungen in Ungarn siehe die jährlichen Ausgrabungsberichte in AÉ und KISS, *Studien*

4 G. FEHÉR - K. ÉRY - A. KRALOVÁNSZKY, *A Közép-Duna-medence magyar honfoglalás- és kora Árpád-kori sírleletei* (RT 2, Budapest 1962).

---

5 Ein erfreuliches Gegenbeispiel stellt die heutige Süd-westslowakei dar, wo die Grabungstätigkeit und ihre Auswertung objektiv durchgeführt wird.

6 J. HAMPEL, *A honfoglalási kor hazai emlékei.* In: GY. PAULER - S. SZILÁGYI, *A magyar honfoglalás kútfői* (Budapest 1900) 509—830; DERS, *Újabb*; LÁSZLÓ, *Élete*; SZŐKE, *Emlékei*; BAKAY, *Ipoly*; MESTERHÁZY, *Nemzetségi*; KISS, *Baranya.*

7 FETTICH, *Kunst*; LÁSZLÓ, *Koroncó*; DIENES, *Kisvárda*; LÁSZLÓ, *Kettős honfoglalás* 161—187.

8 DIENES, *Ungarn*; FODOR, *Wanderung.*

9 I. DIENES, Rezension: SZŐKE, *Emlékei AÉ 91, 1965, 134—139;* DERS, *Über neuere Ergebnisse und Aufgaben unserer archäologischen Erforschung der Landnahmezeit.* MFMÉ 1964—65/2, 73—111.

10 GIESLER, Untersuchungen; SCHULZE, *Kriegergrab* und M. SCHULZE-DÖRRLAMS im Druck befindliche Arbeit.

FUNDMATERIAL

Abb. 87: *Landnahmezeitlicher Kopfschmuck.* 1: punzierter Silberkegel eines Kappenendes; 2: gepreßte Silberscheibe, als Kopfschmuck verwendet; 3: gegossene bronzene Beschläge mit Anhänger als Kopfschmuck verwendet, in situ.

Persönlicher Schmuck

Über den *Kopfschmuck* liegen derzeit nur wenige zuverlässige Angaben vor. In einigen Fällen konnten verschiedene Schmuckstücke an der Stirn bzw. an den Schläfenpartien bestatteter Frauen beobachtet werden (Abb. 87: 2, 3; 95: 3a), sie waren offensichtlich an einer Kopfbedeckung aufgenäht. Ein aus Silberblech getriebener und reich verzierter Kegel dürft das Ende einer hohen, spitzen Kappe dargestellt haben (Abb. 87: 1).[11]

11 FETTICH, *Metallkunst*; LÁSZLÓ, *Élete* Tab. IV/2; DIENES, *Orosháza* 149, Fig. 9.

Der *Haar- und Ohrschmuck* war allgemein verbreitet und ist in zahlreichen Varianten belegt. Durch die Wahl des Materials (Gold, Silber, Bronze) dokumentiert er bis zu einem gewissen Grad die materielle Situation der ehemaligen Besitzer. Ohrringe mit Kugelanhängern (Abb. 88: 7) wurden lange Zeit von Angehörigen fast aller sozialer Schichten getragen und waren auch nicht auf ein bestimmtes Gebiet beschränkt. Ihr Ursprung ist im Chasarischen Reich zu suchen. Sie wurden durchwegs von Frauen der Mittelschicht getragen; die gegossenen Exemplare galten wohl als weniger wertvoll als die Gehänge aus Preßblech, die Machart könnte also mit der ungleichen Kaufkraft der Besitzerinnen zusammenhängen. Offene, einfache Ringe sind im Karpatenbecken des 10. Jahrhunderts — wenn nicht ein wenig früher — ebenfalls in allen Gesellschaftsschichten und in allen Landesregionen nachzuweisen. Beide Geschlechter und alle Altersstufen sind gleichermaßen als Träger vertreten (Abb. 88: 1). Ohrringe mit Spiralenden lassen sich möglicherweise auf regionale, spätawarische Typen zurückführen (Abb. 88: 2). Gleiches gilt für Ohrringe mit S-för-

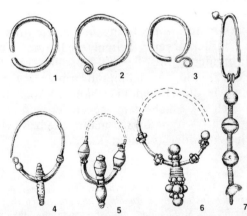

Abb. 88: *Landnahmezeitlicher Haar- und Ohrschmuck.* 1: offener, einfacher silberner Ring; 2: Ohrring mit Spiralende aus Bronze; 3: Ohrring mit S-förmigem Ende aus Bronze; 4: aus Silber gegossener Ohrring mit Traubenverzierung; 5: Kugelverzierter Ohrring aus Bronze; 6: silberner Ohrring mit Weintrauben vom Typ Tokaj; 7: silberner Ohrring mit Kugelanhängern.

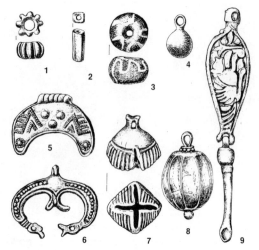

Abb. 89: *Landnahmezeitlicher Halsschmuck*. 1—3: Glaspastenperlen; 4: aus Bronze gegossener Ösenknopf; 5: granulationsverzierte, aus Silber gegossene Lunula; 6: aus Bronze
gegossener Anhänger; 7: aus Bronze gegossene Schelle;
8: punzierter goldener Ösenknopf; 9: aus Bronze gegossener Ohrlöffel.

migem Ende (Abb. 88: 3), die dann in verschiedenen Ausprägungen ab der Mitte — wenn nicht
schon ein wenig früher, d. h. ab dem ersten Drittel
— des 10. Jahrhunderts über 300 Jahre lang in
Mode waren. Teilweise wurden sie als Handelsware auch in Ost- und Mitteleuropa verbreitet.
Die früher übliche Annahme, bei den sog. Schlä-
fenringen mit S-förmigem Ende handle es sich um
typische Trachtbestandteile der Slawen, wird in
der ungarischen Literatur heftig bestritten. Bestimmte Varianten der Ohrringe mit Weintrauben-
zier oder Untergruppen der Gehänge vom Typ
Tokaj (Abb. 88: 6), der einen eiförmigen Ring und
ein traubenartiges Anhängsel aufweist, lassen sich
auf Vorformen aus dem mährischen Gebiet, andere wieder auf wolhynische und byzantinische
Typen zurückführen. Seltenere Formen des
10. Jahrhunderts sind die mit Kugeln verzierten
(Abb. 88: 5) und die halbmondförmigen Ohrgehänge sowie die Halbmondanhänger. Auch hier
lassen sich — nach dem gegenwertigen Forschungsstand — typologisch mährische bzw. wolhynische Vorbilder anführen.[12]

Perlenketten sind bei den landnehmenden Ungarn nicht sehr häufig. Im allgemeinen wurden
Glaspastenperlen verwendet, die kugel- oder fäß-
chenförmig oder zylindrisch waren (Abb. 89:
1—3), doch gibt es auch aus zwei bis fünf Gliedern bestehende Stangenperlen.[13] Eine Typologie
wurde bisher noch nicht erarbeitet,[14] und auch die
Bedeutung der Perlen im Rahmen des Binnenhan-
dels und des europäischen Fernverkehrs ist noch
nicht erforscht.

Lunulen wurden von Frauen und Kindern am
Hals getragen. Die verschiedenen Typen, die im
Karpatenbecken des 10. Jahrhunderts verbreitet
waren, könnten in Südrußland entstanden[15] sein
(Abb. 89: 5). Die Frage ihrer Herkunft hängt aber
mit der Lösung der Ursprungsfrage der sog. Bijelo
Brdo-Kultur zusammen. (Dies gilt auch für andere Fundtypen des 10. Jahrhunderts wie z. B. einige Ohrring-, Perlen-, Halsreifentypen.) Lunulen
sind auch aus dem Karpatenbecken des 8.—9.
Jahrhunderts bekannt, kommen dann aber erst
wieder in der sog. Bijelo Brdo-Kultur vor.

Ohrlöffel sind nur durch zwei Funde vertreten
(Abb. 89: 9) Parallelen zu diesem aus Bronze gegossenen weiblichen Zubehör finden sich in der
Saltovo-Majaki-Kultur sowie in einer etwas ab-
weichenden Form bei den Petschenegen, die im
11. Jahrhundert in Osteuropa lebten.

Amulette, also Gegenstände die Unglück ab-
wehren sollten, finden sich in Frauen- und Kindergräbern, und zwar ebenfalls in Zusammenhang
mit dem Halsschmuck. Meistens bestanden sie
aus durchbohrten Tierknochen oder -zähnen. Dieselbe Funktion hatten wohl auch die bronzenen
Sägezahnanhänger.[16]

Unter den *Kreuzen* gab es sowohl einfache, aus
Blech gefertigte Varianten (Abb. 90: 2), als auch
sog. Reliquiarkreuze. Die ersteren wurden wohl
ab der Mitte des 10. Jahrhunderts, d. h. seit dem
Beginn der institutionalisierten Beziehungen mit
dem byzantinischen Christentum, verbreitet, während die letzteren etwas jünger sein dürften. Ihre
Parallelen finden sich in großer Zahl in Mittel-
und Osteuropa, doch stellt eine gut fundierte Ty-

12 M. ČOROVIĆ-LJUBINKOVIĆ, *Metalni nakit bjelobrdskog tipa
Starinar 2, 1951*, 21—55; A. KRALOVÁNSZKY, *Beiträge zur
Frage der Ausstattung, Chronologie und ethnischen Bestimmung der sog. Schläfenringe mit S-Enden*. Studia Slavica 5,
1959, 327—361; SZŐKE, *Emlékei* 42—44 und 86—89; K.
MESTERHÁZY, *Az S-végű hajkarika elterjedése a Kárpát-medencében*. DMÉ 1962—64, 95—111; DERS, *Középkori ék-
szerek nemesfém változatai: arany S-végű hajkarikák*. AR
20, 1983, 143—151; SZABÓ, *Sarud* IV; GIESLER, *Untersuchungen* 104—109; SZŐKE - VÁNDOR, *Pusztaszentlászló*
51—59; KISS, *Studien* 252—254.

13 SZŐKE, *Emlékei* 52—54; GIESLER, *Untersuchungen*
131—132.

14 Einige Typen wurden ausführlicher behandelt bei SZŐKE -
VÁNDOR, *Pusztaszentlászló* 60—65. Siehe auch: K. SZI-
LÁGYI, *Computergestützte Merkmalenlage ungarischer
Perlen aus dem 10. bis 12. Jahrhundert*. Ethnographisch-
Archäologische Zeitschrift 28, 1987, 89—96.

15 A. KRALOVÁNSZKY, *Adatok a Kárpát-medencei X—XI. századi félholdalakú csüngők kérdéséhez*. AÉ 86, 1959,
76—82; SZŐKE, *Emlékei* 50—51; GIESLER, *Untersuchungen*
130—131; SZŐKE - VÁNDOR, *Pusztaszentlászló* 65—66.
KISS, *Studien* 313—315.

16 HAMPEL, *Alterthümer* III, Taf. 345/4; DIENES, *Kunst* I,
101—102; II, Taf. 39/1.

pochronologie noch immer ein bedauerliches Desiderat dar. Es wird wohl mit den direkten byzantinischen Kontakten zusammenhängen, daß byzantinische Kreuze in großer Zahl auch jenseits der Theiß aufgefunden wurden.[17]

Die *Schellen* wurden entweder in Bronze gegossen oder aus Eisenblech gemacht (Abb. 89: 7). Sie kommen eher in Frauen- und Kindergräbern vor und lassen sich im gesamten östlichen Mitteleuropa, Osteuropa und in der Steppe sogar bis in die Amur-Gegend nachweisen.[18]

Unter den verschiedenen *Halsreifentypen* sind die tordierten und die geflochtenen am weitesten verbreitet. Nach den heute hauptsächlich vertretenen Datierungsansätzen stammen sie, wie auch die in ganz Ost- und Nordeuropa verbreiteten Parallelen, aus der zweiten Hälfte des 10. Jahrhunderts. Die häufigste Variante ist der Halsring mit schleifen-hakenförmigen Enden, doch sind auch Exemplare belegt, die aus einem einzigen Draht bestehen, wie auch gegossene Stücke, deren Form eine Torsion imitieren soll. Es ist nicht ausgeschlossen, daß die Mode, Halsreifen zu tragen, auf byzantinische Einflüsse irgendwelcher Art zurückgeht. Eine Übernahme der Halsreifen von einer ortsansässigen Vorbevölkerung oder aus Chasarien ist nicht wahrscheinlich, da mögliche Belege dafür zahlenmäßig unbedeutend sind.[19]

Halsketten fanden sich vor allem in Frauen- und Kindergräbern des Gemeinvolkes. Manche waren mit blattförmigen Anhängern aus Silberblech versehen[20] (Abb. 90: 1).

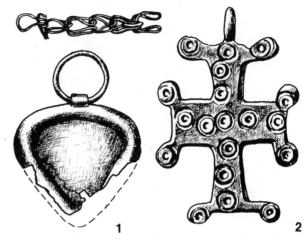

Abb. 90: *Landnahmezeitlicher Halsschmuck.* 1: silbernes herzförmiges Anhängsel mit Kette; 2: aus Bronze gegossenes Kreuz;

Der *Kaftanschmuck* verzierte die beiden Säume des Obergewandes, das sich in der Mitte öffnete (Abb. 92: 5), war aus Silber gegossen und bestand aus zwei Teilen. Er wurde von Frauen der mittleren und oberen Schichten getragen und war vermutlich bis gegen Ende des 10. Jahrhunderts in Gebrauch.[21]

Auch die *Beschläge mit Anhängern* sind Trachtbestandteile der Wohlhabenderen, gehören aber zu den meistverbreiteten Verzierungen der landnahmezeitlichen Frauenkleider (Abb. 92: 1, 2). Sie sind zweiteilig und aus Silber oder Bronze gegossen. Aufgrund ihrer sehr abwechslungsreichen Ornamentierung lassen sie sich in mehrere Gruppen einteilen, von denen einige sehr unterschiedliche territoriale und soziale Verbreitungen zeigen. Möglicherweise wurden sie an Kleidungsstücken getragen, die man zwar über dem Hemd,

17 Szőke, *Emlékei* 61—62; Zs. Lovag, *Byzantine Type Reliquary Crosses in the Hungarian National Museum.* FA 22, 1971, 145 mit Fig. 1; 147 mit Fig. 2; dies, *Bronzene Pektoralkreuze aus der Arpadenzeit.* AAH 32, 1980, 363—368; Szabó, *Sarud* IV, 111—112 und Anm. 90.

18 Szőke, *Emlékei*, 59—61.

19 Szőke, *Emlékei* 92—94; Szabó, *Sarud* IV, 52—62; Giesler, *Untersuchungen* 116—120; Kiss, *Studien* 307—313.

20 Z. B. Dienes, *Ungarn* Taf. 54; Kiss, *Studien* 254—255.

21 Dienes, *Ungarn* Taf. 59; Mesterházy, *Nemzetségi* 106—108; Kürti, *Algyő* 330, Tab I; Bálint, *Süd-Ungarn.*

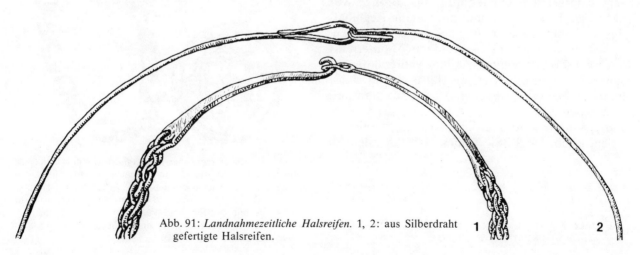

Abb. 91: *Landnahmezeitliche Halsreifen.* 1, 2: aus Silberdraht gefertigte Halsreifen.

Abb. 92: *Landnahmezeitliche Kleiderschmuckstücke.* 1, 2: aus Silber gegossene Beschläge mit Anhänger; 3, 4: rhombusförmige Hemdkragenzierstücke, aus Silber gegossen bzw. aus Goldblech gepreßt; 5: aus Silber gegossener Kaftanschmuck.

Gräbern der Mittelschicht. Selten finden sich auch aus Mähren stammende Ösenknöpfe, die sog. „gombíki"[24] (Abb. 114: 5).

Haargeflechtschmuck nennt man in Bronze gegossene Scheiben, die sich in Frauengräbern finden (Abb. 93: 2). Als Motiv für die Verzierung diente meistens ein pferdeartiges Wesen mit Greifenkopf, an oder hinter dessen Rücken sich eine Palmette befindet. Der Schmuck wurde entweder paarweise am Ende des Haargeflechtes der Frau befestigt oder in einen Zopf eingeflochten, in den manchmal auch Perlen und Kaurischnecken gesteckt wurden (Abb. 93: 1, 3). Diese Scheiben konnten vorwiegend bei Frauen der weniger begüterten Mittelschicht festgestellt werden. Ihre Verbreitung zeigt weder in territorialer noch in chronologischer Hinsicht irgendeine Auffälligkeit.[25]

aber unter dem mit Kaftanschmuck verbrämten Obergewand trug. Jede Garnitur bestand durchschnittlich aus 20—30 Einzelstücken. Sie wurden bis weit in das 11. Jahrhundert hinein verwendet.[22]

Die *rhombusförmigen Hemdkragenzierstücke* waren meist aus Silber gegossen (nur in zwei Funden sind sie aus Goldblech gepreßt) und wahrscheinlich in zwei Reihen am V-förmigen Ausschnitt eines Hemdes oder Oberkleides aufgenäht (Abb. 92: 3, 4; 95: 3b). Während des gesamten 10. Jahrhunderts verbreitet, fanden sie sich großteils in Gräbern, die der Mittelschicht zuzurechnen sind. Sie waren aber nicht so lange in Mode und hatten keine so weite Verbreitung wie die Beschläge mit Anhängern.[23]

Bei den *Knöpfen* waren verschiedene Arten in Gebrauch. Am häufigsten kommen die massiv gegossenen oder aus zwei halbkugeligen Hälften zusammengesetzten Ösenknöpfe aus Bronze vor (Abb. 89: 4). Bisher konnte noch keine Regelhaftigkeit in ihrer Verbreitung nachgewiesen werden. Anscheinend wurden sie sowohl von Männern als auch von Frauen jeglichen Alters während des gesamten 10. und in der ersten Hälfte des 11. Jahrhunderts getragen, wobei sich keine sozialen und ethnischen Unterschiede feststellen lassen. Punzierte Knöpfe sind allerdings wesentlich seltener belegt (Abb. 89: 8). Sie finden sich vor allem in

24 SZŐKE, *Emlékei* 78—79. Zur Art und Weise, wie die Männermäntel geknöpft wurden, siehe L. KOVÁCS, *Viselet, fegyverek In:* GY. KRISTÓ, *Az Árpádház háborúi* (Budapest 1986).

25 FETTICH, *Metallkunst* 73—94; CSALLÁNY, *Zierscheiben* 293—295; DERS, *Haarschmuck* 282—283; SZŐKE, *Emlékei* 77—78; J. GY. SZABÓ, *A honfoglaláskori lemezes korongok viselete.* EMÉ 1, 1963, 95—116; DERS, *Das silberne Taschenblech von Túrkeve-Ecsegpuszta.* AAH 32, 1980, 286—290; DIENES, *Ungarn* 32—43; I. FODOR, *Honfoglalás kori korongjaink származásáról. A verseci és tiszasülyi korong.* FA 31, 1980, 189—215; KISS, *Studien* 248—251.

Abb. 93: *Landnahmezeitlicher Haargeflechtschmuck.* 1: haargeflechtschmuck in situ; 2: aus Bronze gegossener, durchbrochener Haargeflechtschmuck mit Palmettenverzierung; 3: aus Bronze gegossener, durchbrochener Haargeflechtschmuck mit Greifen- und Palmettenverzierung und weiteren Teilen des Haargeflechtschmucks (Rekonstruktion von I. Dienes).

22 SZŐKE, *Emlékei* 73—75; Ž. DEMO, *Bjelobrdski privjesci u Jugoslavi.* Podravski Zbornik 1983, 271—298; BÁLINT, *Süd-Ungarn.*

23 SZŐKE, *Emlékei* 76—77; DIENES, *Ungarn* Tab. 53; BÁLINT, *Süd-Ungarn;* KÜRTI, *Algyő* 333—334.

Die punzierten und gepreßten *Zierscheiben* gehören zu den spektakulären Besonderheiten der weiblichen Tracht der Mittel- und Oberschicht. Sie wurden von der Pubertät bis ins hohe Alter getragen und waren offensichtlich bei allen ungarischen Volksteilen verbreitet. Die aus Silberblech gefertigten und oft vergoldeten Schmuckstücke kommen zumeist paarweise vor. Aufgrund ihrer Ornamentierung lassen sie sich in mehrere typologische Gruppen einteilen. Es wird angenommen, daß die mit Palmetten oder Tierdarstellungen (Abb. 94: 1, 2) verzierten die älteren, die mit geometrischen Mustern versehenen (Abb. 94: 3) hingegen die eher jüngeren sind. Es scheint, daß diese punzierten Scheiben in derselben Form wie der zuvor genannte gegossene Haargeflechtschmuck verwendet worden sind (Abb. 94: 4), obwohl die punzierten Scheiben wesentlich größer sind. Die Unterschiede könnten mit zwei verschiedenen Moderichtungen oder Traditionen zusammenhängen, möglicherweise aber auch mit den verschiedenen sozialen Schichten, denen die jeweiligen Träger angehörten.[26]

26 Siehe Anm. 25. Der Fund von Karos und die ausführliche Grabzeichnung werden zur Lösung der Trachtfrage höchstwahrscheinlich entscheidend beitragen, freundliche Mitteilung von L. Révész. Dank der besonders reichen Beigaben und der mannigfaltigen Beobachtungen stellt dieses Gräberfeld heute das bedeutendste Denkmal der Landnahmezeit dar.

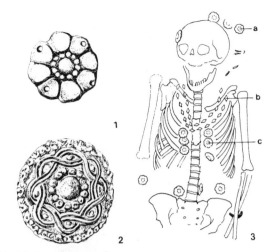

Abb. 95: *Landnahmezeitliche gepreßte Kleiderschmuckstücke.* 1, 2: gepreßte Kleiderschmuckstücke aus Silberblech; 3: in situ.

Die gepreßten, vergoldeten *Kleiderschmuckstücke* wurden aus runden, dünnen Silberblechen angefertigt und waren an den Rändern gelocht, sodaß sie auf den Kaftan, das Hemd oder die Haube genäht werden konnten (Abb. 95: 1—3; 96: 3). Sie waren während der Landnahmezeit im gesamten Siedlungsgebiet bei den Frauen des gemeinen Volkes und der Mittelschicht beliebt.[27] Dagegen wurden die aus Silber gegossenen, sehr selten zusätzlich mit Punzierung verzierten Kleiderschmuckstücke (Abb. 96: 4, 5) bei den reicheren Gesellschaftsschichten verwendet.

Arabische, byzantinische und westliche *Münzen* dienten während der Landnahmezeit als Kleiderschmuck und wurden bisweilen auch am Pferdegeschirr befestigt.[28]

Männer von Rang trugen *Gürtel*, die mit gegossenen Silberbeschlägen bestückt waren (Abb. 97), oder in seltenen Fällen mit Verzierungen aus gepreßtem Gold- oder Silberblech. Weniger begüterte oder sozial weniger hoch gestellte Personen trugen wohl unverzierte Gürtel, die höchstens mit einer Eisenschnalle versehen waren. Die teilweise gedrungenen, teilweise schmäleren Beschläge waren im Bereich der Taille befestigt. Die Hauptriemenzunge bildete das Ende des Gürtels und ließ sich nicht durch die Schnalle ziehen. Der Gürtel war somit nicht vollständig zu öffnen, son-

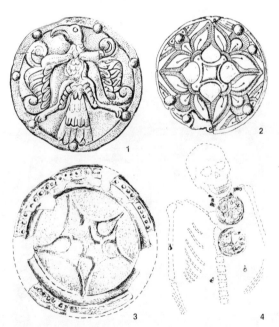

Abb. 94: *Landnahmezeitliche punzierte Zierscheiben.* 1, 2: silberne Zierscheiben mit Adler- bzw. Palmettenverzierung; 3: bronzene Zierscheibe mit geometrischem Muster, 4: Zierscheiben in situ.

27 DIENES, *Ungarn* Taf. 55, Fig. 11; DERS, *Orosháza* 146—147; BÁLINT, *Szabadkígyós* 68—72; DERS, *Honfoglaláskor* 129; DERS, *Süd-Ungarn.*
28 SZŐKE, *Emlékei* 55—59; CS. BÁLINT, *Honfoglalás kori sírok Szeged-Óthalmon.* MFMÉ 1968, 68—78; KOVÁCS, *Münzen*; DERS, *Byzantinische Münzen im Ungarn des 10. Jahrhunderts.* — AAH 35, 1983, 149—151.

Abb. 96: *Landnahmezeitliche Oberkleiderschmuckstücke.* 1: aus Silber gegossene Mantelschließe; 2: aus Bronze gegossener Gürtelbeschlag einer Frau; in der Mitte war vermutlich Pastaeinlage; 3: gepreßter und vergoldeter silberner Kaftanschmuck; 4, 5: aus Silber gegossene und vergoldete Kleiderschmuckstücke von Männern (der letzte war noch mit Punzierung versehen).

dern nur in der Weite variabel (Abb. 98). Diese Gürtelstruktur war auch bei den zeitgleichen Steppenvölkern bzw. bei Völkerschaften, die enge Beziehungen zur Steppe hatten, in Gebrauch. In den Gräbern findet man die Beschläge meist in Trachtlage. Vom Gürtel hingen die Waffen herab, ferner die Tasche und ein Teil der Gebrauchsgegenstände. Der Gürtel mit Beschlägen ist ein typisches Merkmal der reicheren Männergräber, weswegen es auch verfehlt wäre, lediglich die Bestattungen mit Säbel, Gürtelgarnituren und mitbestattetem Pferd den landnehmenden Ungarn zuzuschreiben. Der Gürtel mit Beschlägen wurde von

wohlhabenden Männern sämtlicher landnahmezeitlicher ungarischer Volksgruppen getragen. Auch manche Frauen der Mittelschicht trugen viereckige Beschläge aus gegossenem Silber, die offenbar ebenfalls an einem Gürtel befestigt oder in der Taillengegend des Kleides aufgenäht waren (Abb. 96: 2).[29]

Die *Taschen* waren aus Leder gemacht, hingen vom Gürtel herab und enthielten, den archäologischen Beobachtungen nach, einen Feuerstein und andere kleine Gegenstände. Am stärksten verbreitet waren vermutlich die einfachen Ledertaschen ohne Metallbeschläge, doch waren auch sie dekoriert, wie ein glücklicherweise erhalten gebliebener Fund zeigt (Abb. 99: 2).[30] In knapp über 20 Fällen war die Schauseite der Tasche mit einer oft vergoldeten Silberplatte (Abb. 99: 1), in einzelnen Fällen stattdessen mit einer Eisen- oder Kupferplatte bedeckt. Viele davon sind unverziert. Die punzierten und mit jeweils anderen Palmetten verzierten Exemplare sind jedoch nicht von ungefähr die bekanntesten Fundstücke der

---

29 I. DIENES, *A perbetei lelet. Milyen volt a honfoglaló magyarok öve?* AÉ 86, 1959, 145—156; DERS, *Honfoglaló magyarok sírjai Nagykőrösön.* AÉ 87, 1960, 184—186; DERS, *A karancslapujtői honfoglalás kori öv és mordvinföldi hasonmása.* AÉ 91, 1964, 18—39; BÁLINT, *Honfoglaláskor* 130; MESTERHÁZY, *Nemzetségi* 109—11. Über einen Frauengürtel: BÁLINT, *Süd-Ungarn* (zu den Beschlägen: DIENES, *Ungarn* 57—58 mit Tab.); KISS, *Studien* 283—289.

30 ÉRY, *Reconstruction* 105, Fig. 17.

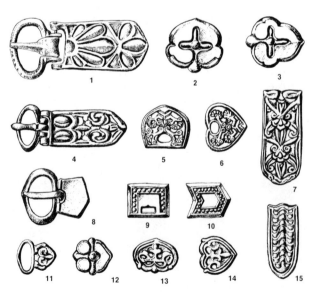

Abb. 97: *Landnahmezeitliche Gürtelverzierungen.* 1, 4, 8, 11: Schnallen (die letztere für den inneren Riemen verwendet); 2, 3, 5—7, 9, 10, 12—14: Beschläge; 15: Riemenzunge.

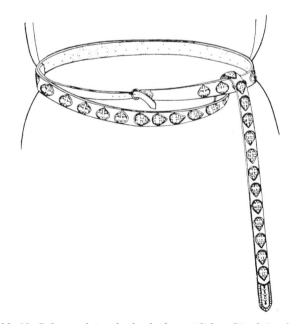

Abb. 98: *Rekonstruktion des landnahmezeitlichen Gürtels* (nach I. DIENES)

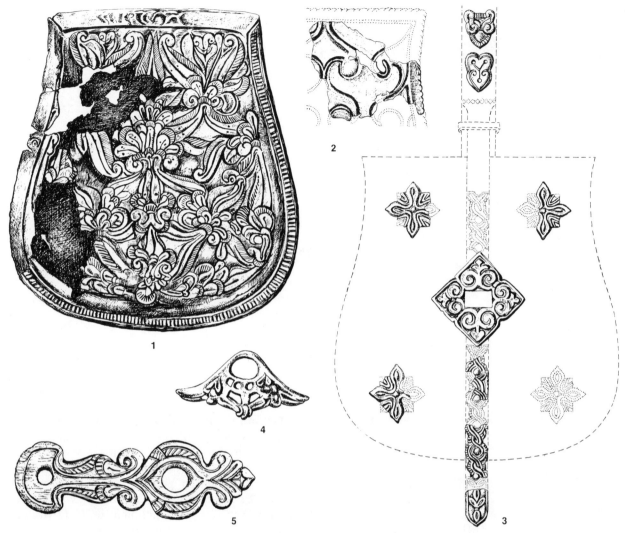

Abb. 99: *Landnahmezeitliche Taschen.* 1: silberne, vergoldete Taschenplatte mit Palmettenverzierung; 2: Palmettenverzierung einer Ledertasche; 3: Rekonstruktion einer mit Beschlägen verzierten Tasche (nach I. Dienes); 4: aus Bronze gegossenes Taschenaufhängsel; 5: palmettenverzierter Beinbeschlag einer Tasche (?).

Landnahmezeit.[31] Obwohl die verhältnismäßig große zusammenhängende Fläche nicht nur Pflanzenmotive, sondern auch kompliziertere figürliche Darstellungen ermöglicht hätte, trägt lediglich eine der bisher gefundenen Taschenbeschläge Darstellungen von Fabelwesen (Abb. 115: 1). Es scheint daher die Auffassung stichhaltig, daß Tierdarstellungen eher am Beginn der Landnahmezeit häufig gewesen sind, während sich später die Pflanzenmotive durchgesetzt hätten.[32] Die Taschenbeschläge zeigen keine gleichmäßige Verbreitung im Land, und man könnte meinen, vor allem wenn diese Beobachtung mit anderen Erscheinungen kombiniert wird, daß dies mit ethnischen Unterschieden zusammenhängt.[33] Sicher bezeichneten die verschieden ausgeführten Taschen auch eine gesellschaftliche

Position[34], und so wird man die plattierten Taschen als ein Rangabzeichen bestimmter Volksgruppen bezeichnen dürfen. Bei einem dritten Taschentyp war die Vorderfront lediglich mit Beschlägen verziert (Abb. 99: 3). Nach der Theorie eines Kollegen hätten wir es hier mit dem unmittelbaren Vorläufer der plattierten Taschen zu tun.[35] Die Zahl der Taschen mit Beschlägen ist geringer als die der plattierten, doch kommen sie in den gleichen Gebieten vor und auch die soziale Zugehörigkeit der Besitzer dürfte ident sein. Parallelen zu den plattierten Taschen kennen wir aus dem heutigen Mordwinien und aus dem Sied-

31 FETTICH, *Metallkunst* 221—237; CSALLÁNY, *Zierscheiben* 281—282; SZABÓ, *Túrkeve* 284—285; KISS, *Studien* 245—246.

32 Siehe A. 141.

33 Zum ersten Mal: DIENES, *Kisvárda* 131—137.

34 DIENES, *Farkasrét*; DERS, *Vélemény* 12.

35 DIENES, *Farkasrét* 200—209.

205

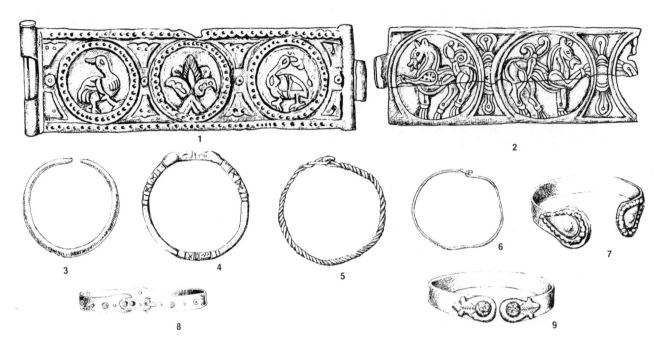

Abb. 100: *Landnahmezeitliche Armreifen.* 1, 2: In Bronze gegossener bzw. aus Silberblech gefertigter, vergoldeter Armreif mit punzierter Verzierung; 3, 4: aus Bronze gegossener Tierkopfarmreif mit offenem bzw. geschlossenem Ende; 5, 6: aus Bronze- bzw. Golddraht gefertigte Armreifen mit haken-schleifenförmigen Enden; 7—9: bandförmige Armreifen aus Silber bzw. aus Bronze, mit gepreßter Verzierung bzw. mit Steineinlage.

lungsgebiet der Čeremissen,[36] zu den beschlagenen hingegen aus dem Baltikum und aus Südschweden sowie der Umgebung von Kiev.[37] Einen vollkommen anderen Aufbau hatten offensichtlich die Taschen mit „Aufhängebeschlägen" (Abb. 99: 4): Sie lassen sich allerdings derzeit noch nicht rekonstruieren, da es noch an exakt dokumentierten Befunden mangelt.[38] Ihre Analogien sind aus Šarkel, der Volga-Kama-Region, dem Nord-Kaukasus und auch aus der Umgebung von Kiev bekannt.[39] Ein schön geschnitzter palmettenverzierter Beinbeschlag muß wohl an der Öffnung einer Tasche noch unbekannten Typs befestigt gewesen sein (Abb. 99: 5).[40]

Der *Armreifen* war ein häufiges persönliches Schmuckstück der ungarischen Frau jeglichen sozialen Ranges. Es sind mehrere Typen und zahl-reiche Varianten zu unterscheiden. Tordierte Armreifen waren während des gesamten 10. Jahrhunderts in Verwendung. Die am weitesten verbreitete Variante, die mit schleifen-hakenförmigen Enden (Abb. 100: 5), kann im Karpatenbecken mit dem ungarischen Ethnikum in Verbindung gebracht werden. Die geschlossenen Tierkopfarmreifen (Abb. 100: 4) wurden von den Angehörigen der Mittelschicht und dem gemeinen Volk gleichermaßen getragen. Die Variante mit offenen Enden (Abb. 100: 3) läßt ein Weiterleben antiker Traditionen annehmen und dürfte von den landnehmenden Ungarn aus Südrußland mitgebracht worden sein. Eine typochronologische Untersuchung der aus Draht gefertigten Armreifen (Abb. 100: 6) zeigt, daß im Laufe der Zeit immer dickere Drähte verwendet wurden, die immer komplizierter verdreht oder verflochten wurden. Die Armreifen mit verjüngten Enden waren bei den Ungarn im 10. Jahrhundert allgemein verbreitet. Gleiches gilt auch für die bandförmigen Armreifen (Abb. 100: 7—9), wobei die begüterteren Damen Exemplare trugen, an deren sich verbreiternden Enden Glaspastenverzierungen befestigt waren; in einem Fall verwendete man sogar einen Halbedelstein. Bei anderen, allerdings seltenen Untergruppen ist entweder die Oberfläche mit punzierten Rankenverzierungen versehen, oder die Enden sind tordiert. Eine andere seltene Variante ist der Spangenarmreif, der aus Silberblech mit punzierter Zier oder aus Gußbronze gemacht wurde (Abb. 100: 1, 2). Dieser Typ ist wohl auf byzantinische Vorbilder zurückzuführen. In einigen Fällen fanden sich Silberblechbänder, die an den Enden der Kleiderärmel und Hosenbeine aufgenäht waren, doch ist nicht

36 ERDÉLYI, *Újabb adatok* 95—99; DERS, *Az ősmagyarság régészeti emlékei Kelet-Európában.* In: *Őstörténeti tanulmányok* 68—72.

37 I. DIENES, *Honfoglalás kori tarsolyainkról.* FA 16, 1964, 79—110.

38 E. P. KAZAKOV, *O nekotorych vengerskich analogijach v veščevom materiale tankeevskogo mogil'nika.* In: *Problemy archeologii i drevnej istorii ugrov* (Moskva 1972) 162 und Fig. 1/9.

39 Abb. 23: 16, S. 34 und 114. Anm. 501.

40 TOČÍK, *Gräberfelder* 121 und Taf. LV/39.

ausgeschlossen, daß dies lediglich eine Bestattungssitte darstellt und die Verzierungen erst vor der Grablegung angebracht worden waren.[41]

Die Sitte, *Fingerringe* zu tragen, war bei Frauen der Mittelschicht nicht so verbreitet wie bei denen des gemeinen Volkes. Die ersteren trugen vor allem Ringe vom Typ Saltovo mit Pasten- oder Steineinlagen, in zwei Fällen wurden dazu antike Gemmen verwendet (Abb. 101: 1, 2). Bei den Angehörigen der niederen Gesellschaftsschichten finden sich häufig einfache offene bandförmige Ringe (Abb. 101: 4). Charakteristisch sind auch in Bronze gegossene Ringe mit sich verbreiternden Köpfen. Als Verzierung dienten Pentagramme

---

41 SZŐKE, *Emlékei* 65—73; I. DIENES, *Einige gemeinsame Züge der frühfeudalen Kulturen Osteuropas.* AAH 17, 1965, 27—28; SZABÓ, *Sarud IV*, 62—67; GIESLER, *Untersuchungen* 120—124; KISS, *Studien* 257—264, 303—307, 315—325.

Abb. 101: *Landnahmezeitliche Fingerringe.* 1, 2: Ringe aus Silber bzw. aus Gold, mit Einlagen; 3, 4: einfache Ringe, gegossen bzw. aus Draht gefertigt; 5: Blechring mit 8-förmigem Kopf; 6: Ring mit abgetrepptem Kopf; 7, 8: Ringe mit verbreiterten Köpfen. 3—8: alle aus Bronze.

Abb. 102: *Landnahmezeitliche Fußbekleidung.* 1: aus Silber gegossene Verzierungen, teils vergoldet. 2: in situ.

oder Vögel mit ausgebreiteten Flügeln; Analogien dazu kommen am Balkan häufig vor (Abb. 101: 7, 8).[42]

Verzierungen der Fußbekleidung (Stiefelbeschläge ?) fanden sich bisweilen in den Gräbern reicherer Frauen und lassen sich im ganzen 10. Jahrhundert nachweisen. Dabei umsäumten Nägel mit halbkugeligen Köpfen oder kleine Beschläge aus Bronze oder Silber den Rand der Fußbekleidung, vor allem aber die Spitze des Schuhs oder Stiefels (Abb. 102).[43]

Gebrauchsgegenstände

Beinkämme fanden sich bislang lediglich in zwei Gräbern, wobei es sich um den zweizeiligen, seit der frühbyzantinischen Zeit weit verbreiteten Typ handelt (Abb. 104: 2).[44] Im gesamten ungarischen Bereich wurden bislang drei *Tassen* aus Silberblech (Abb. 103.) gefunden, die aber alle sehr verschiedene Typen repräsentieren.[45] Weiters

---

42 SZŐKE, *Emlékei* 63—65; GIESLER, *Untersuchungen* 109—113; SZŐKE - VÁNDOR, *Pusztaszentlászló* 67—70; 74—77; KISS, *Studien* 251—252.

43 CSALLÁNY, *Haarschmuck* 284—299.

44 BAKAY, *Ipoly* 143.

45 I. FODOR, *Megjegyzések a zempléni sir értékeléséhez.* AÉ 103, 1976, 284; L. SELMECZI, *Der landnahmezeitliche Fund von Kétpó.* AAH 32, 1980, 250—251.

1

2

Abb. 103: *Landnahmezeitliche Silbertassen.* Beide vergoldet und punziert, (1 ist vermutlich der untere Teil eines Kruges).

kennen wir einige aus Knochen *geschnitzte Vogel-köpfe*, die wohl an Stäben befestigt gewesen sind (Abb. 104: 3), und deren Bestimmung unbekannt ist. Sie als „Schamanenstäbe" zu deuten ist zumindest problematisch.[46] In zwei Bestattungen fanden sich *Peitschenknäufe* (Abb. 104: 1).[47]

Arbeitsgeräte

Da die archäologische Erschließung von Siedlungen der Landnahmezeit noch am Anfang steht, sind auch Arbeitsgeräte weniger bekannt, da sie nur äußerst selten bei Bestattungen mitgegeben wurden. In den meisten Fällen, wo Arbeitsgeräte dennoch ins Grab gelangt sind, ist es offenkundig, daß sie den Toten aus abergläubischen Gründen mitgegeben wurden; so wurde beispielsweise ein Spaten mit der Spitze nach oben in die Grabgrube gestellt. Das weitgehende Fehlen von Geräten in Gräbern könnte in irgendeiner Form mit der Jenseitsvorstellung der landnehmenden Ungarn in Zusammenhang stehen. Die Bestattung des Toten in Festkleidung und ohne Geräte mag beispielsweise Ausdruck der Vorstellung sein, daß die Seele im Jenseits ihre irdische Arbeit nicht fortzusetzen hat,[48] und das wiederum würde bedeuten, daß die ungarische von der Vorstellungswelt z. B. der Germanen und Slawen wesentlich abweicht.[49]

Leider wurde diese Frage noch nicht aufgegriffen. Was die wenigen Geräte betrifft, die wir aus dem 10. Jahrhundert haben, so handelt es sich um einen Dechsel, eine kurze Sense, eine Hacke, ein Spatenblatt (Abb. 105: 4), einen Schilfschneider, eine Pferdefessel, einen Pferdestriegel, ein Joch (Abb. 105: 3), eine Schafschere (Abb. 105: 1), eiserne Nadeln sowie Nadelbüchsen. Sicheln und Wetzsteine (Abb. 105: 2, 5) sind häufiger belegt. In einem Grab mit Pferdebestattung konnte an-

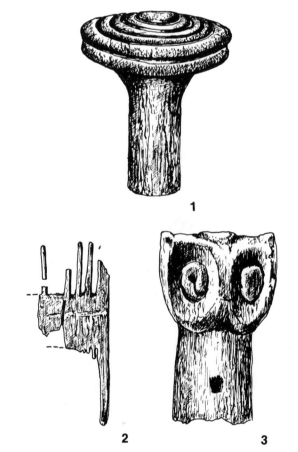

1

2   3

Abb. 104: *Landnahmezeitliche Knochengegenstände.* 1: Peitschenknauf, gedrechselt; 2: Fragment eines zweizeiligen Kammes; 3: Stabende.

46 DIENES, *Ungarn* Taf. 71—72; DERS, *Farkasrét* 179—180; KOVÁCS, *Waffengeschichtsforschung* 95 mit Anm. 114—117; K. MESTERHÁZY, *Hitvilág és társadalom kapcsolata a honfoglaló magyaroknál.* In: Előmunkálatok a Magyarság Néprajzához 3, 1978, 42.
47 FETTICH, *Adatok* 90, Fig. 70/3; TOČÍK, *Gräberfelder* 104 und Taf. XXXVIII/5.
48 CS. BÁLINT, Beitrag in: Ethnographia 85, 1974, 602.
49 Immerhin würde das erklären, warum die im täglichen Leben unentbehrlichen Messer, Feuerschläger und Feuersteine in den Grabinventaren oft fehlen.

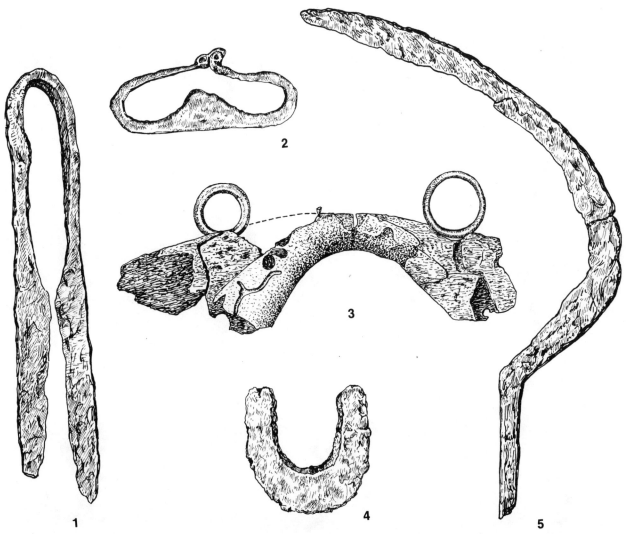

1   4   5

geblich sogar ein Mahlsteinpaar beobachtet werden.[50] Kulturhistorisch beachtenswert sind auch die Schlüsselfunde.[51]

Abb. 105: *Landnahmezeitliche eiserne Arbeitsgeräte.* 1: Schafschere; 2: Wetzstein; 3: Joch; 4: Spatenblatt; 5: Sichel.

Keramik

Die Zahl der publizierten Siedlungsplätze, die mit Sicherheit in das 10. Jahrhundert datiert werden können, ist derzeit noch minimal, daher kennen wir die Keramik der ungarischen Landnahmezeit fast nur aufgrund der Gefäße bzw. Gefäßtypen, die bei den Bestattungen mitgegeben worden sind (Abb. 106: 1—3, 5, 6). Das dabei gewonnene Bild muß einseitig sein, da für die Beerdigung — entsprechend den Bestattungssitten —

nur Zierkeramik, und auch hier nur bestimmte Typen ausgewählt wurden. Immerhin ist dieser Brauch im gesamten ungarischen Gebiet des 10. Jahrhunderts zu beobachten, lediglich in Pannonien kommt er weniger häufig vor.[52] Vom Material, der Machart, der Gefäßform, der Verzierung, aber auch von der Form des Bodenstempels her fügen sich die bekannten Keramiktypen in ihren Grundzügen in das allgemeine Bild der im Karpatenbecken und Umgebung verbreiteten Töpfereierzeugnisse ein.[53] Im Gegensatz zur Keramikproduktion der Nachbarn war für die frühe ungarische Töpferei die Verwendung von Glimmer und Quarz zur Magerung, der gegliederte und stark ausladende Rand, die Verzierung des Aufgehenden mit unregelmäßig umlaufenden Linien

50 A. Kralovánszky, *Kora Árpád-kori mezőgazdasági eszközök a Közép-Duna medencéből.* Magyar Mezőgazdasági Múzeum Közleményei 1962, 116—123. Seitdem gefundene Arbeitsgeräte: Aufzählung bei K. Mesterházy, Rezension: I. Dienes, *A honfoglaló magyarok.* SMK 1, 1973, 368.

51 K. Mesterházy, *Régészeti adatok kulcs szavunk eredetéhez.* FA 34, 1983, 157—164.

52 A. Kiss, *Über die mit Keramik verbundenen Bestattungssitten im Karpatenbecken des 10.—11. Jahrhunderts.* MFMÉ 1969/2; 175—182; Bálint, *Süd-Ungarn.*

53 Kvassay, *Kerámia*

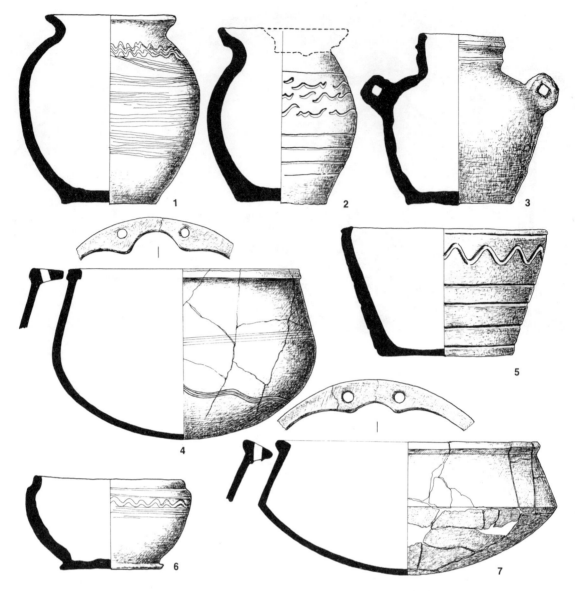

Abb. 106: *Landnahmezeitliche Keramik.* 1: Topf; 2: Topf mit Rand zur Haltung des Deckels ausgestaltet. 3: Gefäß mit hohem Hals; 4, 7: scheibengedrehte Tonkessel; 5, 6: Schüsseln.

und die Verwendung bestimmter ausgefallener Formen, beispielsweise der Backglocken und Tonkessel, charakteristisch.[54] Auffallend ist außerdem die seltene Beimischung von Schamott, sowie der völlige Verzicht auf Verzierungen mit Überzügen (z. B. Engobe), Einglättungen oder Einstempelungen. Am häufigsten finden sich gedrungene, im allgemeinen dunkel gefärbte, mittelmäßig gebrannte Töpfe, deren Bauch und Schulter mit losen Wellenbändern verziert sind. Oft gibt es auch Einstich- und Rädchenverzierungen. Interessant sind auch einige höhere Flaschen und Krüge, die aber im allgemeinen handgeformt und unverziert sind. Sowohl in den Gräbern wie auch in den bisher bekannten Siedlungen treten kugelförmige Gefäße mit hohem

zylindrischem und gegliedertem Hals auf, an deren Schulter je zwei kleine Ösenhenkel sitzen — ein Gefäßtyp östlicher Herkunft.[55] Charakteristisch sind vor allem die scheibengedrehten Tonkessel mit innen angebrachten Ösen, an denen sie über dem Feuer aufgehängt werden konnten (Abb. 106: 4, 7). Sie wurden durch die Ungarn im Karpatenbecken verbreitet, fanden bis in das 13. Jahrhundert Verwendung und sind vor allem in

---

54 Lediglich die letzteren traten bereits bei den Spätawaren auf, wenngleich auch die awarischen Formen noch nicht auf der Drehscheibe hergestellt worden waren.

55 MESTERHÁZY, *Kerámiánk* 99—115; FODOR, *Észrevétel* 113, Anm. 42.

den Ebenen in großer Zahl belegt.[56] Hypothesen über eine petschenegische oder „urrumänische" Herkunft der Tonkessel im Karpatenbecken entbehren jeder Grundlage: Sie gehören zu den typisch ungarischen Formen.[57]

Pferdegeschirre

Die Holzteile der *Sättel* sind, von einigen seltenen Ausnahmen abgesehen, in der Erde vergangen. Ihre Verwendung als Grabbeigabe ist durch eiserne Steigbügel belegt, die häufig in den Gräbern angetroffen werden.[58] Von den Ausmaßen und vom Aufbau her stimmen sie mit den im Frühmittelalter in den eurasischen Steppen benützten Typen überein, worauf einige erhaltene Metall- und Knochenverzierungen schließen lassen (Abb. 107).[59] Der Sattel wurde im Grab üblicherweise in der Beingegend des Toten deponiert.

Unter den *Steigbügeln* ist der sogenannte birnenförmige Typ (Abb. 108: 2) am weitesten verbreitet, eine Steigbügelform, die in verschiedenen Varianten auch bei anderen zeitgenössischen Steppenvölkern belegt ist. Charakteristisch für die landnehmenden Ungarn ist der Typ mit einer direkt an die Schulter geschmiedeten Öse (Abb. 108: 1). In der zweiten Hälfte des 10. Jahrhunderts dürfte sich dann der Steigbügel mit breiter Sohle durchgesetzt haben. Der langdreieckige Steigbügel (Abb. 108: 3), der wohl auf westliche Einflüsse zurückgeht, aber auch ein Typ, bei dem die Öse manchmal gegenüber dem Steigbügel

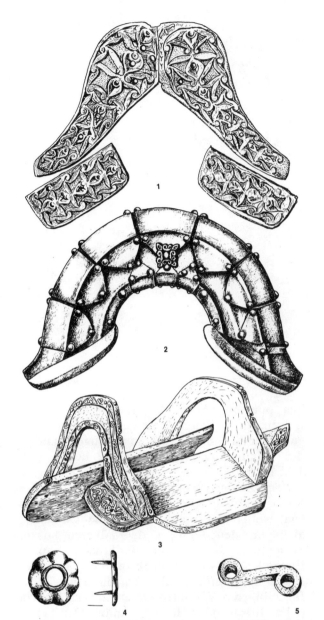

Abb. 107: *Landnahmezeitlicher Sattel.* 1: beinerne Platten des vorderen Sattelbogens und der vorderen Enden der Seitenbretter; 2: mit Silberplatten bedeckter und in der Mitte mit einem Beschlag verzierter vorderer Sattelbogen; 3: Rekonstruktion eines mit beinernen Platten reich verzierten Sattels (nach Cs. Bálint); 4, 5; Lochschützer vom hinteren Ende der Seitenbretter, aus Bronze bzw. Silber gegossen.

---

56 In der Umgebung einiger heutiger Dörfer sind mehr als ein Dutzend Fundorte bekannt. I. TORMA und D. JANKOVICH machten diese Beobachtungen bei Geländebegehungen zur Vorbereitung der archäologischen Topographie der Komitate Veszprém und Békés im Kreis Szarvas (freundliche mündliche Mitteilung).

57 FODOR, *Ursprung* 323—349; TAKÁCS, *Tonkessel* 133—134.

58 LÁSZLÓ, *Koroncó* 137—138.

59 Cs. BÁLINT, *A gádorosi honfoglaláskori nyereg.* AÉ 101, 1974, 17—44; DERS, *Selles* 17—23 und Tab. 18—29; E. H. TÓTH, *The Equestrian Grave of Izsák-Balázspuszta from the Period of the Magyar Conquest.* Cumania 4, 1976, 141—173; K. MESTERHÁZY, *Ein landnahmezeitlicher Sattel aus Ártánd.* AAH 32, 1980, 295—308. Die vom Autor dieses Buches vorgeschlagene Rekonstruktion des hinteren Sattelteiles, die auf der Konzeption von LÁSZLÓ, Koroncó aufbaute, muß aufgrund des Fundes und der Beobachtungen von L. RÉVÉSZ (siehe Anm. 26) revidiert werden. Schon der Fund von Izsák (siehe den oben zitierten Aufsatz von TÓTH, 164, Fig. 23a—c) zeigte die Schwäche meiner Rekonstruktion. Demnach scheint es nun ausgeschlossen zu sein, daß die Verzierungen des hinteren Sattelteiles bei den landnehmenden Ungarn nicht horizontal von hinten zu sehen gewesen waren, sondern sie müssen vielmehr (auf der Vorderseite des nach hinten geneigten hinteren Sattelteiles) von oben sichtbar gewesen sein.

selbst um 90 Grad verdreht ist, stammen aus der Zeit um die Jahrtausendwende und waren vor allem im nördlichen Teil des Karpatenbeckens verbreitet.[60] Auch der Gebrauch von hölzernen Steigbügeln ist bekannt (Abb. 108: 10). Manche Stücke waren mit Silbertauschierungen (Abb. 108: 4) oder noch seltener mit Plattierungen verziert, wobei die aufgehämmerten Bleche zusätz-

---

60 Voneinander unabhängige Beobachtung von L. KOVÁCS (siehe Anm. 61) und M. SCHULZE-DÖRRLAMM (nach ihrer freundlichen Mitteilung).

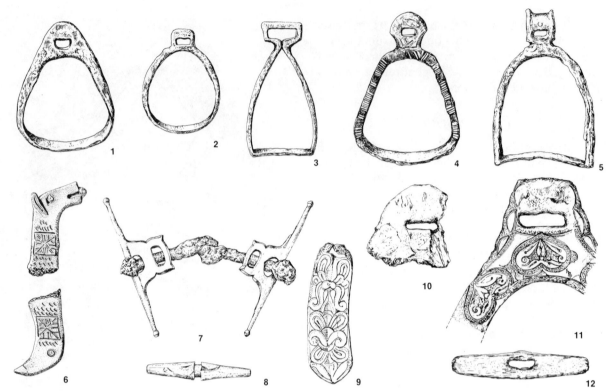

lich punziert (Abb. 108:11) waren.[61] Beinerne Bolzen, die vielleicht mit einer variablen Befestigung der Steigbügel zusammenhängen, sind aus der Landnahmezeit nur selten belegt (Abb. 108:12).[62]

Beim *Zaumzeug* sind beide Varianten, die Ringtrense und die Knebeltrense gleichermaßen belegt, wobei die kompliziertere Knebeltrense vor allem in den Gräbern der höheren sozialen Schichten — auch in denen der Frauen — auftritt. Einige Knebel wurden aus Bronze gegossen (Abb. 108:6, 7), in einem Fall sogar die ganze Trense. Bei billigeren Varianten waren sie aus Knochen (Abb. 108:9) oder Holz geschnitzt. Der Typ der Ringtrense war in der frühmittelalterlichen Steppe allgemein verbreitet. Die Trensen fanden sich in den Gräbern zumeist in der Beingegend des Bestatteten oder bei den Pferdeknochen. In den Bestattungen mit „ausgestopfter Pferdehaut" (siehe unten) wurden sie im Maul des aufgezäumten und gesattelten Pferdes angetroffen.[63]

Abb. 108: *Landnahmezeitliches Pferdegeschirr.* 1—5: verschiedene Typen von Steigbügeln, 6, 7: Trense mit aus Bronze gegossenem Knebel; 8: beinerner Knebel vom Zügel und der Kandare; 9: knöcherner Trensenknebel mit geschnitzter Verzierung, unterer Teil; 10: eiserne Öse eines hölzernen Steigbügels; 11: eingehämmerte Silberplattierungen mit punzierter Verzierung eines Steigbügels; 12: beinerner Bolzen (?) zur Befestigung des Steigbügels.

Beinerne Knebel ermöglichten die Entfernung der Trense mitsamt dem Zügel, beispielsweise um dem Pferd die Nahrungsaufnahme zu ermöglichen, ohne das restliche Riemenwerk abzunehmen. Bisher wurde erst ein einziges aus Knochen gefertigtes Exemplar aufgefunden (Abb. 108:8), die meisten dieser sinnreichen Objekte waren vermutlich aus Holz gemacht.[64]

War das Riemenzeug mit gegossenen, oft auch vergoldeten *Silberbeschlägen* versehen, so bedeutete das nicht nur eine wesentliche Wertsteigerung des Pferdegeschirrs, sondern auch eine wesentliche Mehrbelastung für das Pferd, die sich in Kilogramm ausdrücken läßt. Schon aus diesem Grund werden die reich ornamentierten Pferdegeschirre nicht bloß für die meisten Ungarn unerschwinglich gewesen, sondern auch von den wohlhabenderen nur bei festlichen Anlässen benutzt worden sein. Am häufigsten belegt sind die sog. rosettenverzierten Geschirre (Abb. 109:6—8), mit denen Pferde aufgezäumt wurden, die

61 I. DIENES, *A honfoglaló magyarok fakengyele.* FA 10, 1958, 125—142; RUTTKAY, *Waffen* I, 353—356; K. MESTERHÁZY, *Karoling-normann típusú kengyel a honfoglaló magyaroknál.* FA 32, 1981, 211—222; L. KOVÁCS, *Über einige Steigbügeltypen der Landnahmezeit.* AAH 38, 1986, 195—225.

62 DIENES, *Lószerszám* 232; I. FODOR, *Vorbericht über die Ausgrabungen am Szabolcs-Vontatópart und in Szabolcs-Kisfalud.* AAH 28, 1976, 373—374; Zu den Fundobjekten aus Ungarn siehe: A. N. KIRPIČNIKOV, *Snarjaženie vsadnika i verchovogo konja na Rusi IX—XIII vv* (Archeologija SSSR El-36, Leningrad 1973) 78.

63 DIENES, *Lószerszám* 208—232; DERS, *Farkasrét* 210—211; RUTTKAY, *Waffen* 356—358.

64 DIENES, *Lószerszám* 221—227.

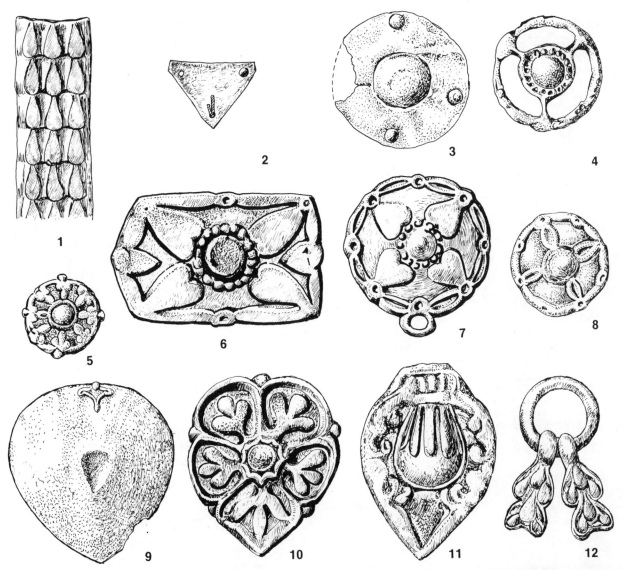

für Frauen bestimmt waren.[65] Reich verzierte Zaumzeuge für Reitpferde der Männer sind seltener belegt (Abb. 109: 1, 5).[66] In diesen Fällen ist die Anzahl der Beschläge wesentlich niedriger und sie waren auch meistens unverziert (Abb. 109: 3). Manchmal verzierte man die Pferdebrust bzw. die Brustriemen mit herzförmigen Anhängseln, die oft mit den rosettenverzierten Beschlägen vorkommen; für das Zaumzeug wohlhabenderer Männer wurden gegossene Beschläge verwendet (Abb. 109: 9—11). Wohl in der Absicht, die schönen Beschläge zu imitieren, befestigten manche am Riemenwerk ihrer Pferde westliche Münzen oder Silber- bzw. Bronzeplättchen (Abb.

Abb. 109: *Landnahmezeitliche Pferdegeschirrbeschläge.* 1: Beschläge aus gegossenem Silber eines Brust- bzw. hinteren Riemens; 2: mit Fäden am Geschirr befestigtes Silberblech; 3: gepreßtes Silberblech; 4: Riemenverteiler aus gegossener Bronze; 5: aus Silber gegossener, vergoldeter Beschlag; 6—8: rosettenverzierte Beschläge, aus Silber bzw. aus Bronze gegossen, teils vergoldet; 9—11: Verzierungen der Brust, alle aus Silber; 12: aus Bronze gegossener Riemenverteiler.

109: 2).[67] Als Riementeiler dienten durchbrochene Bronzescheiben in der Form von Speichenrädern oder Ringe mit Bronzelaschen (Abb. 109: 4, 12).

Waffen[68]

Der *Säbel* gilt als die charakteristische Nahkampfwaffe der leichten Steppenreiterei. Im Gegensatz zu den Typen, die in den vorangegan-

---

65 I. Dienes, *A bordányi (Csongrád m.) honfoglaló magyar asszony lószerszáma.* MFMÉ 1956, 39—42; Szőke, *Emlékei* 11—18; Mesterházy, *Nemzetségi* 99—105; Kiss, *Studien* 255—257.

66 Budinský-Krička - Fettich, *Zemplín* Fig. 20—24; Dienes, *Farkasrét* 210—212.

67 Bálint, *Süd-Ungarn.*

68 Zum gegenwärtigen Forschungsstand siehe Kovács, *Waffengeschichtsforschung* 81—98.

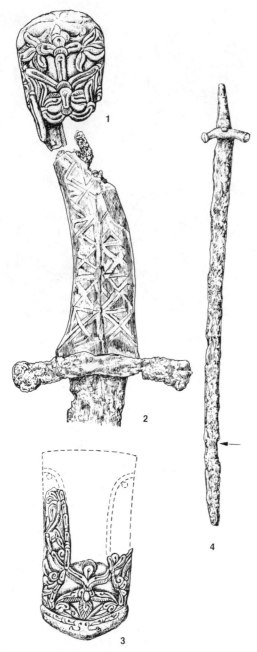

Abb. 110: *Landnahmezeitlicher Säbel*. 1, 3: Griffende und Ortband aus reich verziertem Silberblech, Hintergrund vergoldet; 2: mit verzierten Knochenplatten bedeckter Griff; 4: eiserner Säbel mit Elman (Rückschneide).

Säbelbeigaben gelten mit Recht als Ausdruck eines besonders hohen (kriegerischen) Ranges.[69]

Unter dem traditionellen Namen „Schwert Karls des Großen" wird in Wien unter den kaiserlichen Reichsinsignien ein Säbel aufbewahrt, der ein Meisterwerk der Waffen- und Goldschmiedekunst des späten Frühmittelalters darstellt. Die prachtvolle Waffe stammt zweifelsohne aus dem Bereich der Steppenkultur. Sie ist außergewöhnlich reich ornamentiert, mit Goldplatten verziert und verfügt über eine Blutrinne, in die ebenfalls eine punzierte Kupferplatte eingeschlagen ist (Abb. 111.).[70] Üblicherweise wird sie als Parallele zu den landnahmezeitlichen Säbeln angeführt, man vergleicht sie aber auch mit einigen Exemplaren aus Zmejskaja Stanica im Nordkaukasus (siehe z. B. Abb. 12: 1).[71] In mehreren Details unterscheidet sich das Wiener Stück aber wesentlich von den kaukasischen Exemplaren (Form der Parierstange und der Aufhängeösen, Vorhandensein eines Beschlags am unteren Teil des Griffes und die Ornamente). Wichtig scheint, daß die Blutrinne an Säbeln in der fraglichen Zeit (9. bzw. 10. Jahrhundert) ausschließlich bei den landnehmenden Ungarn bekannt ist.[72] Es wurde auch die Vermutung geäußert, das „Schwert Karls des Großen" wäre ein ungarisches Produkt aus der Umgebung von Kiev und stamme aus dem 9. Jahrhundert.[73] Die

69 RUTTKAY, *Waffen* 287—293; L. KOVÁCS, *Der Säbel von Benepuszta*. AAH 32, 1980, 309—316; DERS, *Fegyverei*; DERS, *Waffen* 246—248; KISS, *Studien* 246—248.

70 Z. TÓTH, *Attilas Schwert. Studie über die Herkunft des sogenannten Säbels Karls des Großen in Wien* (Budapest 1930); FETTICH, *Metallkunst* Tab. LXXVII—LXXVIII; BUDINSKÝ-KRIČKA - FETTICH, *Zemplín* 190—199 und Fig. 34—43.

71 Siehe Anm. 50 des Osteuropa-Kapitels.

72 CS. BÁLINT, *Der landnahmezeitliche Grabfund von Pestlőrinc*. AAH 32, 1980, 244, Fig. 3; FODOR, *Baltikumi kapcsolatai* 87.

73 FETTICH, *Kunst* 29—35; dazu I. DIENES, (Anmerkungen zur Antwort Nándor Fetticchs) AÉ 96, 1969, 120—121; FODOR, *Baltikumi kapcsolatai* 87. Es ist bekannt, daß N. FETTICH den normannischen Einfluß auf die altungarische Kunst im Gebiet von Kiev überbewertet hat. So ist hier zu bemerken, daß diese Beurteilung im Falle des Wiener Säbels auch die nördlichen Analogien der Drachen stark beeinflußt haben soll. (Diese Drachen sind auf der in die Blutrinne eingeschlagenen Kupferplatte zu sehen.) Es ist aber zu berücksichtigen, daß ähnliche Drachendarstellungen schon bei den Awaren (Ende 7. Jahrhundert), an der Kama (9.—10. Jahrhundert) und im Orient (z. B. Bagdad, Anfang 9. Jahrhundert) verbreitet waren (P. GRÓFS freundliche Mitteilung über seine Neubearbeitung des Gräberfeldes von Abony; E. A. HALIKOVA, *Ősmagyar temető a Káma mentén*. AÉ 103, 1976, 66, Abb. 11: 17; J. STRZYGOWSKI, *Asiens bildende Kunst in Stichproben, ihr Wesen und ihre Entwicklung* (Augsburg 1930) 293, Abb. 282.

genen Jahrhunderten verwendet wurden, ist der Griff des landnahmezeitlichen Säbels gegenüber der Klinge leicht abgewinkelt, letztere ist etwas gebogen (Abb. 110). In den Gräbern lagen die Säbel zumeist an der linken Seite des Bestatteten.

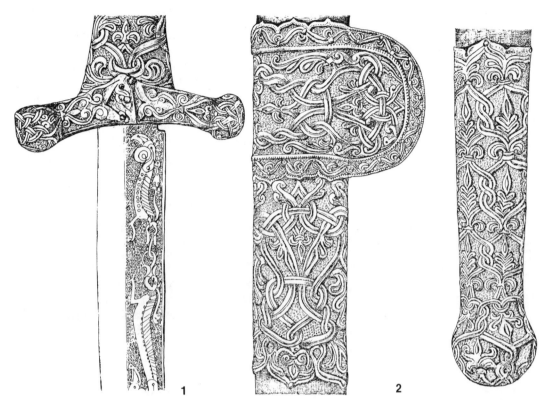

1   **2**   **3**

Bestimmung des Wiener Säbels als ein altrussisches Erzeugnis aus dem 11. Jahrhundert[74] entbehrt aber jeder Grundlage.

Auf dem Gebiet des arpadenzeitlichen Ungarn wurden zahlreiche westeuropäische *Schwerter* aus dem 10.—11. Jahrhundert gefunden, wobei vor allem der Typ Petersen-X vertreten ist (Abb. 112: 1) (die Typen H, S, T, U und Y kommen seltener vor) sowie ein mit nördlichem Bandgeflecht verziertes Ortband (Abb. 114: 4). Anscheinend waren die einstigen Besitzer der Schwerter zumeist sozial niedriger gestellt als die der Säbel. Dabei muß man jedoch auch den chronologischen Unterschied, d. h. die verschiedenen Perioden einer massiveren Verbreitung der Säbel und der Schwerter, berücksichtigen. Hingegen deutet nichts darauf hin, daß die Schwertbesitzer selbst nichtungarischer Herkunft gewesen wären.[75]

Im Veitsdom zu Prag wird ein Schwert mit beinernem Knauf und mit Parierstange aufbewahrt, wobei letztere mit nördlichen Bandgeflechten verziert sind. Es gilt als Waffe König Stephan des

Abb. 111: *Der „Wiener Säbel".* 1: Griff und oberer Teil mit punziertem Goldblech bedeckt (die Silberbänder des Griffes mit Steineinlagen stammen aus der Neuzeit!); 2: oberer Teil der Scheide mit Hängeösen, mit punziertem Goldblech bedeckt; 3: unteres Ende.

Heiligen.[76] Bisweilen versuchte man in Mitteleuropa die Vorteile des Säbels mit denen des Schwertes zu vereinen (Abb. 112: 2). Die so entwickelten Schwerter mit Säbelgriff fanden bei den Ungarn in der zweiten Hälfte des 10. Jahrhunderts eine gewisse Verbreitung.[77]

Auch die Ungarn des 10. Jahrhunderts benutzten die *asymmetrischen Reflexbögen*, wie sie in den eurasischen Steppen schon seit dem 6. Jahrhundert Verbreitung gefunden hatten. In den Gräbern blieben lediglich die geschnitzten Knochenversteifungen erhalten (Abb. 112: 7). Von der Form, Größe und Anzahl dieser Beschläge läßt sich auf einen Bogentyp schließen, der von dem der Spätawaren abweicht.[78] Die Bögen wurden

---

74 Die sowjetische Forschung zitiert lediglich: A. N. Kirpičnikov, *Sablja*

75 K. Bakay, *Archäologische Studien zur Frage der ungarischen Staatsgründung.* AAH 19, 1967, 105—173; Ruttkay, *Waffen* 245—252; Kovács, *Remarks*; Kiss, *Studien* 299—303.

76 N. Fettich, *A prágai Szent István kard régészeti megvilágításban.* In: *Szent István Emlékkönyv III* (Budapest 1938) 475—516.

77 P. Paulsen, *Säbelschwerter im Ostseeraum.* In: Festschrift La Baume (Bonn 1956) 123—156; Kovács, *Remarks*.

78 Als Folge langjähriger Studien schriftlicher Quellen, bildlicher Darstellungen und ethnographischer Parallelen wurde versucht, den landnahmezeitlichen Reflexbogen zu rekonstruieren. Vermutlich wurde er aus mehreren miteinander verbundenen Birkenholzteilen hergestellt. Außen (in Zielrichtung) wurde er mit Sehnen, innen mit

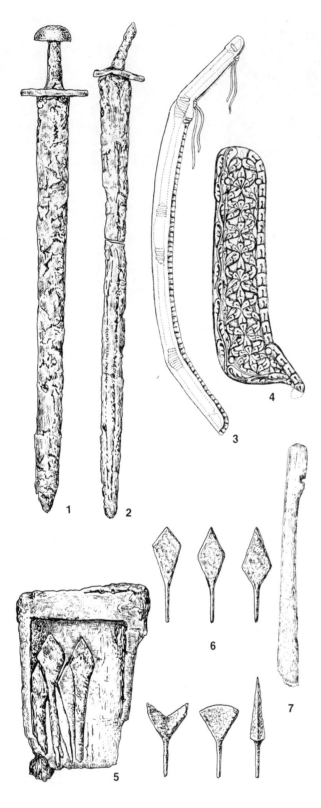

mit aufgezogener Sehne oder in entspanntem Zustand rechts oder links der Toten in die Gräber gelegt.[79]

Die *Bogenköcher* wurden nur dann — sehr selten — in den Gräbern dokumentiert, wenn sie an der Öffnung mit beinernen Beschlägen versehen waren (Abb. 112: 4). Sie waren offensichtlich aus Leder gefertigt und hingen vom Gürtel herab (Abb. 112: 3).[80]

Auch von den *Pfeilen* erhielten sich nur die Eisenspitzen. Es sind verschiedene Varianten und Größen belegt: delta-, rhombus- und blattförmige sowie zweiflügelige längliche und schmale Exemplare (Abb. 112: 6).[81] Die drei erstgenannten kamen am häufigsten vor, möglicherweise waren sie für den Kampf bestimmt, während die anderen vielleicht zur Jagd auf Wasservögel sowie auf Pelztiere, Hoch- und Niederwild verwendet wurden. Die Zahl der in die Gräber mitgegebenen Pfeile könnte mit dem Rang des Bestatteten innerhalb seiner Sippe in Zusammenhang gestanden haben.[82] Pro Männergrab kamen höchstens 7—9, häufiger 2—4 Stück vor.

Die *Pfeilköcher* waren zumeist aus Holz oder Rinde gemacht und hingen vom Gürtel herunter. Die Pfeile wurden stets mit der Spitze nach oben getragen. Fallweise war die Öffnung des Köchers mit Eisenblech (Abb. 112: 5) oder Beinplatten verziert. Ein Gerüst aus Eisenbändern verstärkte die Konstruktion. Im allgemeinen finden sich Köcher im Grab an der linken Seite des Bestatteten, was aber nicht unbedingt auf die Tragweise rückschließen läßt.[83]

Hornstreifen beklebt. Die Knochenversteifungen befestigte man an den beiden Enden und in der Mitte der Waffe. Mit einem in dieser Weise verfertigten Bogen konnte im Versuch 150—200 m weit geschossen werden, zielgenau immerhin noch 60—70 m weit. Beachtenswert ist nicht nur der typologische Unterschied zu den awarischen Kompositbögen, sondern auch die größere Stärke und Durchschlagskraft des jüngeren ungarischen Typs. Dazu siehe GY. FÁBIÁN, *Archaeologia experimentalis. Honfoglaláskori magyar íj rekonstruálása Természettudományi Közlemények 98, 1967, 98—101;* DERS, *Újabb adatok a honfoglaláskori íjászat kérdésköréhez MFMÉ 1980—81/1, 63—76.*

79 SEBESTYÉN, *Bogen* 229—240; A. F. MEDVEDEV, *Ručnoe metal'noe oružie. Luk i strely, samostrel VIII—XIV vv (Moskva 1966) 7—19;* KŐHALMI, *A steppék nomádja;* RUTTKAY, *Waffen* 318—324.

80 SEBESTYÉN, *Bogen* 240—241; GY. LÁSZLÓ, *Contribution à l'archéologie de l'époque de migrations.* AAH 8, 1957, 172—186.

81 SEBESTYÉN, *Bogen* 241—246; RUTTKAY, *Waffen* 325—333.

82 DIENES, *Bashalom* 257—262.

83 I. ZICHY, *A honfoglaláskori tegez és keleti kapcsolatai.* Turán 2, 1917, 152—165; SEBESTYÉN, *Bogen* 246—252; GY. LÁSZLÓ, *Adatok a kunok tegezéről.* Néprajzi Értesítő 32, 1940, 51—59; RUTTKAY, *Waffen* 333—334; L. RÉVÉSZ, *Adatok a honfoglalás kori tegez szerkezetéhez.* Acta Ant. et Arch. - Suppl. 5, 1985, 35—53.

Abb. 112: *Landnahmezeitliches Schwert und Bogen.* 1: zweischneidiges Schwert; 2: Säbelschwert; 3: Bogenköcher (Rekonstruktion von Gy. László); 4: beinerner Beschlag mit geschnitzter Palmettenverzierung eines Bogenköchers; 5: Mundsaum eines Pfeilköchers aus Eisen mit den angerosteten eisernen Pfeilspitzen; 6: Pfeilspitzentypen (nach K. Cs. Sebestyén); 7: geschnitzte Knochenversteifung, oberer Teil.

In den Gräbern des 10. und 11. Jahrhunderts konnten mehrere Typen von *Beilen und Äxten* geborgen werden: Die leichte Streitaxt sowie eine schwerere, die mit beiden Händen geführt wurde, der sog. Fokosch (mit drei verschiedenen Nackenformen), das Bartbeil und auch das normale Beil. Es ist schwer zu sagen, welche der Typen im Kampf und welche nur zur Arbeit verwendet wurden.[84] Die Beigabe eines Beiles könnte einen niedrigeren Rang des Bestatteten signalisieren als die eines Säbels.

Lanzen kommen in den ungarischen Gräbern des 10. und 11. Jahrhunderts sehr selten vor. Dies steht im Gegensatz sowohl zu den schriftlichen Quellen, die von der Verwendung der Lanzen berichten, als auch zu den östlichen archäologischen Befunden und Darstellungen. Entsprechend einer interessanten Hypothese könnte dieser Umstand mit einer Sitte in Zusammenhang stehen, bei der die Lanze im Zuge der Bestattung in den Grabhügel gesteckt wird.[85]

Schutzwaffen fehlen völlig in den Grabinventaren des 10. und 11. Jahrhunderts, wiewohl die schriftlichen Quellen bezeugen, daß Lederhelme, Lederpanzer und Schilde verwendet wurden.[86]

---

84 RUTTKAY, *Waffen* 305—313; FODOR, *Doroszló* 152—156; KOVÁCS, *Fegyverei*; DERS, *Waffen* 248—250; DERS, *Régészeti jegyzet baltaneveink eredetéhez.* Nyelvtudományi Közlemények 81, 1979, 389—392.

---

85 L. KOVÁCS, *Über die ungarischen Lanzen aus dem 10—11. Jh.* Mitt.Arch.Inst. 7, 1977, 61—73; DERS., *Bemerkungen zur Bewertung der ungarländischen fränkischen Flügellanzen.* Mitt. Arch. Inst. 8—9, 1978—79, 97—119; DERS, *Fegyverei*; DERS, *Waffen* 250—251; RUTTKAY, *Waffen* 297—305.
86 KOVÁCS, *Remarks.*

BESTATTUNGEN

Gräber und Bestattungssitten [87]

Die Gräberfelder wurden immer auf Hügeln angelegt, an hochwassersicheren Plätzen. Sie finden sich eher an östlichen oder südöstlichen Hängen, während Nordlagen offenbar vermieden wurden. In einigen Fällen fanden sich Reste von Gräben, die offensichtlich die Friedhöfe umgrenzten.[88] Die Grabgruben waren — mit kleineren und größeren Abweichungen — zumeist westöstlich ausgerichtet, die Toten lagen mit dem Blick gegen Osten. In den wenigen Fällen, wo entgegengesetzte Orientierungen vorliegen, vermutet man die Gründe im Bereich des Aberglaubens. Die Grabsohle ist zumeist eben; nur selten waren das eine oder beide Enden des Grabes stärker eingetieft, oder hatte man eine Stufe belassen. Die Gräber waren unterschiedlich tief angelegt, doch da die ursprüngliche Erdoberfläche nicht bekannt ist, lassen sich diesbezügliche Beobachtungen nicht exakt auswerten. Die durchschnittliche Grabtiefe von 100—120 cm war geringer als die der Awarenzeit (150—180 cm). Wie auch in den meisten anderen frühgeschichtlichen Perioden waren die reicher ausgestatteten Gräber zumeist tiefer, während die Kleinkinder eher seicht lagen. Neugeborene und Säuglinge wurden oft nur in eine Grube oder einen Graben geworfen.[89] Die Grabgruben waren stets rechteckig und hatten abgerundete Ecken. Die in der Awarenzeit bisweilen üblichen Stollengräber kommen bei den Ungarn nicht vor, und auch die in der Völkerwanderungszeit häufigen Nischengräber und Grabgruben mit seitlichen gewölbten Ausnehmungen konnten bislang nur in sehr wenigen Gräberfeldern beobachtet werden. Ziemlich selten sind Grabgruben mit Absätzen an den Längsseiten belegt.

Recht einheitlich ist die Lage der Bestatteten in den Gräbern: Die Toten finden sich stets in Rükkenlage, die Arme sind längs des Körpers ausgestreckt, die Hände liegen auf dem Schoß. In einem dieser Fälle hielt der Tote offensichtlich einen Blumenstrauß in der Hand.[90] Bisweilen wurden dem Toten die Hände über der Brust gekreuzt, was zu der Vermutung geführt hat, diese Sitte könnte auf einen Einfluß der Ostkirche zurückzuführen sein.[91] Die Beine sind zumeist ausgestreckt, doch fanden sich auch Skelette in Hokkerstellung. Lange Zeit brachte man diese Bestattungsform mit den Unfreien in Zusammenhang, doch wurden neuerdings wohl berechtigte Zweifel an dieser These angemeldet.[92] Stets eine Quelle für Spekulationen sind Sonderbestattungen, wie sie auch in der ungarischen Landnahmezeit vorkommen, beispielsweise Skelette in Bauchlage.[93] Brandbestattungen waren nach den bisherigen archäologischen Kenntnissen bei den landnehmenden Ungarn ungebräuchlich.[94] Regelrechte Särge, wie sie bei den Spätawaren verbreitet waren, konnten für die ungarische Landnahmezeit bislang nicht nachgewiesen werden. Im 10. Jahrhundert verwendet man lediglich 2—4 cm starke Bretter, die entlang der Grabwände aufgestellt wurden, wobei der Teil am Fußende manchmal fehlte. Der gegenwärtig verbreiteten Meinung nach dürften Särge erstmals wohl um

---

87 S. Tettamanti, *Temetkezési szokások a X.—XI. században a Kárpát-medencében.* Studia Comitatensia 3, 1975, 79—122; G. Lőrinczy, *Szegvár-Szőlőkalja X. századi temetője.* ComArchHung. 1985, 155—156.

88 Bálint, *Szabadkígyós*, Karte zwischen den Seiten 50—51; Szabó, *Kál* 267, Abb. 3.

89 Z. B. Kovalovszki, *Doboz* 36. Unveröffentlichte Ausgrabungen von Cs. Bálint und D. Jankovich in Örménykút (Komitat Békés - Südostungarn).

---

90 Bálint, *Szabadkígyós* 73.

91 Szabó, *Sarud* IV, 74—94. Zweifel an dieser Idee: Bálint. Byzantinische Beziehungen 216.

92 Szabó, *Sarud* III, 67—69.

93 Szabó, *Sarud* III, 36—65.

94 Eine Ausnahme findet man im Sankt Gallener Jahrbuch: während des Streifzugs im Jahr 926 wurden die Leichen zweier verunglückter Ungarn verbrannt (siehe Monumenta Germaniae Historia, Scriptores, II, 106.), was wohl nicht als slawischer Einfluß bewertet werden kann, wie es V. Bobkov in seiner unpublizierten Dissertation tat (Budapest 1984). Die erwähnte Geschichte könnte entweder mit den Seelenvorstellungen der Ungarn (I. Dienes, *A honfoglaló magyarok lélekhiedelmei.* In: *Régészeti barangolások Magyarországon.* Hg.: V. Szombathy (Budapest 1978) 196.), oder — so glaube ich — mit der sehr weitführenden Frage verbunden sein, wie und wo in den verschiedenen Streifzügen ums Leben gekommene ungarische Krieger bestattet worden sein könnten.

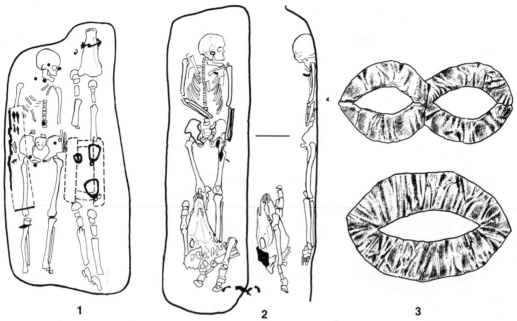

1   **2**   **3**

die Mitte des 10. Jahrhunderts in Gebrauch gekommen sein und fanden dann gegen Ende des 10. Jahrhunderts bereits allgemeine Verbreitung. Der Eichensarg eines sehr reich ausgestatteten Männergrabes war sogar mit Seide überzogen.[95] Aufgrund der Verfärbungen unter den Skeletten läßt sich bisweilen auf die Verwendung von hölzernen Unterlagen schließen. In einem Grab ist man angeblich auf die Reste eines Kopfpolsters aus Moos gestoßen.[96] In den Grabfüllungen fanden sich häufig kleinere und größere Holzkohlestücke sowie Gefäßfragmente. Da keinerlei Beobachtungen über spätere Beraubungen oder andere Störungen gemacht wurden, heißt das wohl, daß wir es hier mit den Resten von Zeremonien zu tun haben, die im Zusammenhang mit der Bestattung stehen. Bei solchen Anlässen dürften auch Pfeile in das Grab geschossen worden sein. Verschiedene Bräuche hängen mit der Angst vor Wiedergängern zusammen, so das Abschneiden einzelner Extremitäten oder auch das Durchbohren des Toten. Manchmal wurde der Säbel oder das Messer so ins Grab gelegt, daß die Spitze zum Kopf gerichtet war, bisweilen wurde der Gürtel des Toten gelöst oder Hirse auf den Grabboden gestreut.[97]

Abb. 113: *Landnahmezeitliche Bestattungsbräuche.* 1: Bestattung „mit ausgestopfter Pferdehaut", im Maul des Pferdes ist die Trense, im Bereich des Pferderückens Steigbügel und Gurtschnalle (d. h. des Sattels); an der rechten Seite des Mannes die eisernen Beschläge des Pfeilköchers; 2: Bestattung mit zu den Füßen gelegter Pferdehaut (= Pferdeschädel und Langknochen); 3: Silberplatten eines Leichentuchs.

Tierbestattungen. Bei den landnehmenden Ungarn war die Pferdemitbestattung vorwiegend in einer einzigen Variante üblich: Dem Pferd wurde die Haut abgezogen und nur der Schädel sowie die Extremitäten belassen. Der Archäologe findet dementsprechend Schädel- und Beinknochen im Grab.[98] Zumeist wurden die Reste des Pferdes zu Füßen des Bestatteten niedergelegt (Abb. 113: 2). Bei dem selteneren Grabritus, der sog. „Bestattungen mit ausgestopfter Pferdehaut" (Abb. 113: 1), wurden die Überreste des Pferdes in anatomisch richtiger Ordnung an der Seite des Reiters begraben. Es ist nicht befriedigend geklärt, welche Vorstellungen hinter den beiden verschiedenen Formen der Pferdemitbestattung stehen. Laut einer Hypothese basieren die beiden Varianten auf ethnischen Unterschieden, während eine andere Theorie sie mit unterschiedlichen religiösen Vorstellungen der landnehmenden Ungarn erklärt.[99] Die Pferdemitbestattung selbst stand si

95 BUDINSKÝ-KRIČKA - FETTICH, *Zemplín* 41—45. Zu den verschiedenen Sargrekonstruktionen siehe B. J. HORVÁTH, *A Dunaújváros-öreghegyi honfoglaláskori temető* AR 17, 1979, 288—289.
96 Z. B. KÜRTI, *Algyő* 342.
97 J. GY. SZABÓ, *Honfoglalás kori sirok Eger-Répástetőn.* EMÉ 2, 1964, 119—129; BÁLINT, *Szabadkígyós* 75—77; KÜRTI, *Algyő* 343.

98 LÁSZLÓ, *Koroncó* 133—140; BÁLINT, *Tombes* 5—36; FODOR, *Régészetünk* 161—162; KISS, *Studien* 265—283.
99 BÁLINT, *Tombes* 20—21; I. DIENES, *Archäologische Beweise des Seelenglaubens der Ungarn zur Zeit der Landnahme.* AR 17, 1979, 87—88.

cherlich nur den gesellschaftlich höher stehenden freien Ungarn zu; sie ist nur in geringer Zahl in Frauen- und Kindergräbern nachzuweisen. Das Alter der mitbegrabenen Pferde deutet darauf hin, daß öfters wohl das Lieblingspferd des Bestatteten getötet wurde, da sich die Tiere zumeist im kräftigsten Alter befanden.[100] Niemals wurden andere Tiere in die Gräber gelegt. Zwischen den Grabstätten fand man gelegentlich Hundeschädel und Hundeskelette und ein einziges Mal das Skelett eines Jungochsen.[101]

Auf die Verwendung von *Leichentüchern* verweisen manchmal Silberplättchen oder Silberbeschläge, die in der Augen- oder Mundgegend aufgefunden wurden. In einem Grab lagen Silberplättchen, die in ihrer Form an einen Mund oder eine Brille erinnern (Abb. 113: 3). Die Verwendung der mit Metallplättchen oder Beschlägen versehenen Leichentücher gehört zu den charakteristischen Bestattungsbräuchen der landnehmenden Ungarn. Parallelen dazu sind vorwiegend aus den Gräberfeldern der Kama-Ural-Gegend bekannt,[102] der Brauch selbst, das Gesicht des Verstorbenen mit aus Gold oder Silber gefertigten Plättchen oder „Brillen" aus Stoff zu bedecken, mag aber wohl aus Mittelasien in die frühmittelalterlichen osteuropäischen Steppen gelangt sein. Der Weg, die Art und Weise sowie eventuelle ethnische Beziehungen, die bei dieser Vermittlung eine Rolle spielen konnten, sind bis heute nicht geklärt.[103]

Die *Wegzehrung* wurde den Verstorbenen in speziellen Gefäßen mitgegeben, wobei auch Tierknochen danebenliegen konnten. Letztere sind hier aber weitaus seltener belegt als in der Saltovo-Majaki-Kultur oder bei den Spätawaren, was

vielleicht auch abweichende religiöse Vorstellungen anzeigt.[104]

Der *Obulus,* eine nichtdurchlochte Münze, die in den Mund, in die Hand oder auf die Brust des Bestatteten gelegt wurde, ist seit dem Beginn der ungarischen Münzprägung mehr oder weniger regelmäßig belegt. Die Verbreitung dieses Brauches im frühen Mittelalter zeigt, daß die Hypothesen über ihren Ursprung im westlichen Christentum und Zusammenhänge mit der byzantinischen Christianisierung im 10. Jahrhundert verfehlt sind.[105] Vielmehr handelt es sich um eine heidnische Praxis, die auf byzantinische Grundlagen zurückgeht und in Mittel- und Osteuropa verbreitet war.[106]

Nach dem derzeitigen ungarischen Forschungsstand spiegeln die Gräberfeldstrukturen die familiäre und gesellschaftliche Situation der Bestatteten annähernd getreu wider. Demnach zeigt eine von den übrigen Familienmitgliedern getrennte Bestattung bei den meisten Steppenvölkern den höheren Rang des Verstorbenen an.[107] Landnahmezeitliche Einzelgräber waren sicher keine Bestattungen von Angehörigen der niederen sozialen Schicht. Interessant sind kleinere, isoliert liegende Grabgruppen von nur 4—10 Bestattungen. Hier wurden wohl Kleinfamilien beerdigt, die der Mittelschicht zuzuzählen sind. Friedhöfe mit 15—30 Bestattungen wurden bis vor kurzem mit Großfamilien in Zusammenhang gebracht,[108] doch wurde inzwischen die Möglichkeit in Abrede gestellt, diese Art der gesellschaftlichen Einheit in den landnahmezeitlichen Gräberfeldern beweisen zu können, zumal auch die Möglichkeit von seiten der Ethnographie festzustellen, ob die Großfamilie bei den Ungarn schon vor dem 18. Jahrhundert vorhanden war, nicht besteht.[109] Grä-

100 BÁLINT, *Tombes* 29—30.

101 A. KRALOVÁNSZKY, *Die landnahmezeitliche Rinderbestattung von Sárbogárd.* AR 6—7, 1965—66, 89—96; Cs. BÁLINT, *A kutya a X—XII. századi magyar hitvilágban.* MFMÉ 1971/1, 304—306.

102 I. DIENES, *Honfoglalóink halottas szokásainak egyik ugorkori eleméről.* AÉ 90, 1963, 108—111; FODOR, *Régészetünk* 163—174. Ein neuer Fund von großer Bedeutung aus dem Dnepr-Gebiet: ČURILOVA, *Pogrebenie* 262. Abb. 1: 2.

103 Neueste Bearbeitung der mittelasiatischen „brillenförmigen" Leichentuchbeschläge: K. RIBOUD, *Pratiques funéraires dans les nécropoles d'Astana.* In: *Cultures et monuments religieux dans l'Asie centrale préislamique.* Hg. F. GRENET (Paris 1987) 89—97. Ein bisher kaum berücksichtigter Fund einer Totenmaske aus dem Gräberfeld Šamši in Kirgisien (5. Jahrhundert) siehe: Pamjatniki kul'tury i iskusstva Kirgizii. Katalog vystavki (Leningrad 1983) 33, No. 141. M. BENKŐ bereitet einen Überblick über die mittelasiatische Funde vor. (Vorläufiger Bericht in der Zeitung Magyar Nemzet, 7. Juni 1986.) Vor einem voreiligen Rückschluß auf die ungarische Vorgeschichte soll gewarnt werden.

104 Nach der Auffassung von I. DIENES könnte man sich den Weg, den die Seele des Verstorbenen ins Jenseits zurückzulegen hatte, kürzer vorgestellt haben: DIENES, *Bashalom* 258.

105 E. KOLNÍKOVÁ, *Obulus mrtvych vo včastnostredovekých hroboch na Slovensku.* SlA 15, 1967, 189—254; BÁLINT, *Bjelo brdo* 237—242; DERS, *Süd-Ungarn*; KOVÁCS, *Münzen.*

106 BÓNA, *Studien* 74—91.

107 Zusammenfassende Darstellung des Problemkreises: GY. LÁSZLÓ, *Geschichtliche und archäologische Angaben zu dem Sagenkreis um Petőfi's Grab.* In: *Omagiu lui Constantin Daicoviciu* (Bucureşti 1960) 323—332.

108 LÁSZLÓ, *Élete* 125—165; DIENES, *Bashalom* 255 mit Anm. 14.

109 Seine Zweifel von dem Blickwinkel der Archäologie aus teilte freundlicherweise L. KOVÁCS mit. Laut mündlicher Information von L. KÓSA ist die Frage in der ethnographischen Forschung entweder mit einem Fragezeichen oder mit der Verweisung auf LÁSZLÓ's oben zitiertes Werk abgeschlossen. Zur ethnographischen Literatur siehe J. MORVAY, *Nagycsalád.* Stichwort in Magyar Néprajzi Lexikon III (Budapest 1980) 684—685. Das Problem wird in

berfelder des gemeinen Volkes mit einer zum Teil sehr hohen Gräberanzahl wurden häufig bis zum Ende des 11. Jahrhunderts belegt. Offensichtlich wurden hier gleichzeitig mehrere Familien auf demselben Bestattungsplatz beigesetzt.[110] Ab dem 12. Jahrhundert wird nur noch nach dem christlichen Ritus bestattet und die Friedhöfe um die jeweilige Kirche angelegt.

der awarenzeitlicher Archäologie mit ähnlicher Skepsis betrachtet, siehe P. Tomka, *A Győr, Téglavető dűlői avar temető belső csoportjai.* Arrabona 13, 1971, 70, Anm. 56.

110 K. Bakay, *A X.—XI. századi magyar köznép temetkezési rendjének egyik változata.* SMK 2, 1975, 23—46.

SIEDLUNGSPLÄTZE, WIRTSCHAFT, KULTUR

Die Erforschung der landnahmezeitlichen Siedlungen steht in Ungarn — wie dies auch in anderen Perioden des Frühmittelalters der Fall ist —, gemessen am Stand der Gräberarchäologie, noch am Anfang. Dies hat zunächst forschungsgeschichtliche Gründe, doch spielen dabei auch Schwierigkeiten bei der Datierung von Keramik des 8.—11. Jahrhunderts im Karpatenbecken eine Rolle. Dank einiger Ausgrabungen, die in den letzten Jahrzehnten durchgeführt worden sind,[111] und entsprechender Analysen zeigt sich, daß zwischen der Keramik des 10. und der Tonware des 11.—12. Jahrhunderts keine großen Unterschiede bestehen. Das könnte wohl auch bei den Siedlungen der Fall gewesen sein: Die ungarischen Häuser der Früharpadenzeit gehören einem Typ an, der im ganzen Frühmittelalter in Mittel- und Osteuropa verbreitet war. Wegen der geringen Anzahl von feststehenden chronologischen Angaben aus dem 10. Jahrhundert faßt die folgende Beschreibung die Charakteristik der Siedlungen und Siedlungsbestandteile des 10.—12. Jahrhunderts zusammen.[112] Sie waren in die Erde eingetieft, hatten eine quadratische Grundfläche und eine Firstbaum-Dachpfetten-Konstruktion. In einer Ecke befand sich der aus Lehm errichtete oder mit Steinen ausgelegte Feuerplatz. Bekannt sind Hütten mit Lehmbewurf, daneben solche, die mit Brettern ausgekleidet waren und auch Blockbauten, sehr selten konnten außerdem Reste von Oberflächenbauten nachgewiesen werden. Im Freien stehende Öfen dienten wahrscheinlich zum Kochen, Backen, Räuchern und Dörren. Auf allen Siedlungsplätzen stieß man auf Reste von ausgedehnten Grabensystemen, wie sie auch bei den awarenzeit-lichen Niederlassungen festgestellt wurden. Diese dürften zur Wasserableitung gedient haben, engten wohl auch den Bewegungsraum der Tiere ein und grenzten den eigenen Besitz von dem des Nachbarn ab. In einem Teil einer Siedlung wurden kreisförmige Gräben dokumentiert, die nach den Vorberichten des Grabungsleiters möglicherweise rund um Zelte angelegt worden waren. Ähnliche Situationen sind auch von anderen Siedlungsplätzen bekannt, doch konnten sie zunächst nicht näher gedeutet werden.[113] Die ungarischen Ansiedlungen wiesen stets eine lockere Struktur auf und hatten eine ziemlich große Ausdehnung. Auf frisch geackerten Feldern zwischen Anhöhen und Hügelketten lassen sich anhand der Streufunde weit hinziehende arpadenzeitliche Siedlungsreste sowie Häusergruppen in jeweils 100—200 m Entfernung feststellen.[114]

Lebensformen

Im Zuge der archäologischen Forschung der vergangenen zwei Jahrzehnte konnte gezeigt werden, daß der Ackerbau im Leben der Urmagyaren und der landnehmenden Ungarn eine weit größere Rolle gespielt hat, als zunächst angenommen worden war.[115] Künftige Untersu-

---

111 Siehe dazu FODOR, *Régészeti adalékok lakáskultúránk történetéhez.* Népi kultúra — népi társadalom 13, 1983, 102 mit Anm. 116.

112 I. MÉRI, *Árpád-kori népi építészetünk feltárt emlékei Orosháza határában* (RégFüz II. 12, 1964) 9—17; KOVALOVSZKI, *Doboz* 209; DIES, *Településásatások Tiszaeszlár-Bashalmon* (Fontes Archaeologici Hungariae, Budapest 1980) 40—43; BÓNA, *Dunaújváros* 80—81; SZABÓ, *Sarud* II, 36—49; FODOR, *Altungarn* 65—69.

113 I. MÉRI, *Az árkok szerepe Árpád-kori falvainkban.* AÉ 89, 1962, 211—219; GY. LÁSZLÓ, *Orientierungsbericht über die Ausgrabungen in Csongrád-Felgyő.* MFMÉ 1964—65/2, 113—121: KOVALOVSZKI, *Doboz* 204—209; BÓNA, *Dunaújváros* 64—66; L. SZABÓ, *Néprajzi adatok Árpád-kori falvaink árkainak rendeltetéséhez.* AÉ 102, 1975, 84—87; J. LASZLOVSZKY, *Karámok Árpád-kori falvainkban.* AÉ 109, 1982, 281—285.

114 I. HORVÁTH und D. JANKOVICH machten — wie sie mir freundlicherweise mitteilten — diese Erfahrung bei ihren Geländebegehungen in den Kreisen Dorog und Szarvas im Rahmen der Vorbereitungen zur archäologischen Topographie Ungarns. Ähnliche Beobachtungen bei J. LASZLOVSZKY, *Einzelhofsiedlungen in der Arpadenzeit.* AAH 38, 1986, 227—255.

115 Zu den Ackerbaukenntnissen der finno-ugrischen Völker in der Volgagegend siehe: V. F. GENING, *Azelinskaja kul'tura III—V vv.* Voprosy Archeologii Urala 5, 1963, XXIV/t./5; A. V. ZBRUEVA, *Istorija naselenija Prikam'ja v ananin'skuju épochu.* MIA 30, 1952, 47—48;

chungen werden der Frage nachgehen müssen, ob es in der Landwirtschaft größere geographische Unterschiede gibt, bzw. ob den verschiedenen sozialen Schichten und ethnischen Gruppen unterschiedliche Aufgaben zukamen. Daß den landnehmenden Ungarn die Tierzucht bekannt war, braucht nicht extra bewiesen zu werden, vielmehr sollte auch hier nach regionalen, sozialen und ethnischen Besonderheiten gesucht werden. Sicher war die Tierhaltung die einzige Wirtschaftsform, die in der Grassteppe den Lebensunterhalt auf lange Zeit sichern konnte.[116] Im Zusammenhang mit dem Fischfang hofft man auf die Auffindung von Gerätschaften und auf das Vorkommen von Nahrungsresten (Fischgräten, etc.). Weitreichende Aussagen ermöglicht die Auswertung der Tierknochen, die als Abfälle in den Siedlungen des 10.—12. Jahrhunderts zu finden sind. Bemerkenswert ist hier das Verhältnis der Haustier- zu den Wildtierknochen (97 % zu 3 %) sowie auffallende Häufigkeiten oder das fast völlige Fehlen bestimmter Tierarten.[117] Auch die Analyse von

pflanzlichen Resten, Samen, Kernen und Pollen kann wichtige Hinweise liefern, diese Untersuchungen befinden sich aber noch im Anfangsstadium.

Auf die Tätigkeit der *Handwerker* schließt man üblicherweise von ihren Erzeugnissen. Die überaus niveauvolle Ausführung zahlreicher Objekte läßt keine Zweifel darüber, daß sich bei den Ungarn bereits eine weitreichende Spezialisierung durchgesetzt hatte. Mehrere Hinweise lassen vermuten, daß es bei arbeitsintensiven Aufgaben eine hochgradige Zusammenarbeit zwischen den Vertretern einzelner Berufe gegeben haben muß,[118] was wiederum auf die Existenz von Werkstattzentren schließen läßt, wovon es im landnahmezeitlichen Ungarn sicherlich mehrere gegeben haben wird. Die zwei bislang aufgefundenen Guß- bzw. Preßformen wurden am Rande des ungarischen Siedlungsgebietes des 10. Jahrhunderts ausgegraben.[119] Bescheidenere Ansprüche konnten demnach auch an Ort und Stelle befriedigt werden. Verschiedene Werkstätten versorgten kleinere Gebiete: Für die einzige bisher freigelegte Töpferwerkstatt dieser Periode gibt es keinerlei Hinweise, daß wir es hier mit einer spezialisierten „Töpfersiedlung" zu tun hätten.[120]

Daß die Ungarn über ein beachtliches *medizinisches Wissen* verfügten, zeigen einige, auch heute noch als sehr gefährlich geltende, Trepanationen, die in vielen Fällen dennoch erfolgreich verlaufen sind.[121] In einem Frauengrab wurde sogar ein Werkzeug, das wohl zur Schädelöffnung gedient hat, freigelegt.[122] Die Schädeltrepanation muß in irgendeiner Form mit dem Heidentum in Zusammenhang gestanden haben, denn sie verschwand

JU. A. KRASNOV, *O vozniknovenii pašennogo zemledelija v lesnoj polose Vostočnoj Evropy.* SA 1968/2, 3—22; I. FODOR, *Einige kulturgeschichtliche Beziehungen der ungarischen Urgeschichte.* MFMÉ 1971/2, 165—174; DERS, *Altungarn* 24—34. In Ibn Rustas Bericht über die Ungarn um 870 im Süden Rußlands findet sich die Formulierung: „. . . sie besitzen viel Ackerland . . ." (siehe Les atours précieux, übersetzt von G. Wiet [Le Caire]). Wörter bulgarotürkischen Ursprungs in der ungarischen Sprache vor der Landnahmezeit, die auf den Ackerbau hinweisen: nach G. BÁRCZI, *A magyar szókincs eredete* (Budapest 1951): tarló (Stoppelfeld), búza (Weizen), árpa (Gerste), eke (Pflug), sarló (Sichel), szérű (Tenne), szór (streuen), őröl (mahlen), dara (Grieß), gyümölcs (Obst), alma (Apfel), körte (Birne), som (Herlitze), dió (Nuß), szőlő (Weintraube), szűr (abseihen), bor (Wein), seprő (Bodensatz), komló (Hafer), kender (Hanf), tiló (Breche), borsó (Erbse). (Weitere linguistische Angaben siehe LIGETI, *Török kapcsolatai* 287—294.) Zu den historischen und ethnographischen Forschungen über den Ackerbau bei den Ungarn siehe: G. FEHÉR, *Les monuments de la culture protobulgare et leurs relations hongroises.* AH 7, 1931, 1—2; P. VÁCZY, *A korai magyar történet néhány kérdéséről.* Száz. 1958, 303—304; I. SZABÓ, *A falurendszer kialakulása Magyarországon, X—XV. sz* (Budapest 1966) 7—35; T. HOFFMANN, *Vor- und Frühgeschichte der ungarischen Landwirtschaft.* Agrártörténeti Szemle - Suppl. 10, 1968, 29; R. MÜLLER, *Adatok a honfoglaló magyarság földműveléséhez.* Ethn. 1971, 249—259; M. FÜZES, *Régészeti-növénytani megjegyzések Moór Elemér: A bor és szőlő c. cikkéhez.* VMMK 10, 1971, 118.

116 Über mögliche Zusammenhänge zwischen den Grassteppenregionen und einem Teil des landnahmezeitlichen Fundgutes vgl. Cs. BÁLINT, *Természeti földrajzi tényezők a honfoglaló magyarok megtelepedésében.* Ethn. 91, 1980, 42—46; DERS, *Süd-Ungarn;* Kritik zu dieser Bemerkung: B. KÜRTI, *Települési viszonyok.* In: *Szeged* 239; FODOR, *Észrevétel* 105.

117 Tabellarische Zusammenfassung: Cs. BÁLINT, *A X—XIII. sz-i falvak régészeti kutatása (Helyzetkép).* In: F. MAKK (Hg.), *Fejezetek a régibbi magyar történelemből II* (Budapest 1985) 37.

118 Z. B. decken sich die Löcher an den Knochenplatten des Sattels von Gádoros mit denen der Holzkonstruktion und die konstruktiv bedingten Nägel der Knochenplatten wurden in die Ornamentierung einbezogen. Die Befestigung der Beschläge auf einem Seidenkleid im Grab 5 des Friedhofes von Eperjes-Takács lassen sich in ähnlicher Weise deuten. Siehe dazu: BÁLINT, *Süd-Ungarn.*

119 Bad Deutsch Altenburg (Österreich): HAMPEL, *Újabb tanulmányok* 266—267 und Abb. 116 (nach dem Bericht des Vereins Carnuntum 1897, 27). Zimony (Zemun, Jugoslawien): BÁLINT, *Süd-Ungarn.*

120 Die in Örménykút gefundenen Töpferöfen gleichen von ihrem Aufbau her den awarischen aus dem 7. Jahrhundert und denen, die bis dato aus der Saltovo-Majaki-Kultur bekannt geworden sind: Ausgrabungen von Cs. BÁLINT und D. JANKOVICH im südostungarischen Komitat Békés, Fundort 54.

121 J. NEMESKÉRI - A. KRALOVÁNSZKY - L. HARSÁNYI, *Trephined Skulls from the Tenth Century.* AAH 17, 1965, 343—367; L. BARTUCZ, *A praehistorikus trepanáció és orvostörténeti vontakozású sírleletei* (Budapest 1966); DIENES, *Vélemény;* GRYNAEUS, *Krankheiten.*

122 T. ANDA, *Recherches archéologiques sur la pratique médicale des Hongrois à l'époque de la conquête du pays.* AAH 1, 1951, 251—316.

völlig zu Beginn des 11. Jahrhunderts, als sich das Christentum in Ungarn endgültig durchsetzte.[123]

Am Skelettmaterial eines Gräberfeldes konnten Zahnextraktionen eindeutig nachgewiesen werden.[124] Die Forschungen über Karies sind in letzter Zeit intensiver geworden.[125]

Der *Handel* im 10. und 11. Jahrhundert läßt sich hauptsächlich aufgrund der Metall- und Knochenfunde, die der Boden bewahrt hat, rekonstruieren. Die Archäologie kann dementsprechend einen Katalog von Handelswaren erstellen, die in schriftlichen Quellen als solche nicht erwähnt wurden oder nicht erwähnt werden konnten. Die Rekonstruktion des Fernhandels ist unproblematisch,[126] da sich Waren aus fernen Landen vom einheimischen Material besser abheben. Es ist allerdings auch hier die Möglichkeit nicht auszuschließen, daß so manches Objekt aus der Ferne auf andere Weise als auf dem Wege des Handels hierher gelangt sein könnte (als Geschenk, Beute).

Mit Ausnahme der Schwerter[127] sind bei den landnehmenden Ungarn keine Fundobjekte westlichen Ursprungs bekannt; die Münzen gelangten nicht im Zuge des Handels in ungarischen Besitz, sondern als Beute und Sold.

Was den Osten betrifft, so pflegten die Araber[128] nördlich und nordöstlich des Karpatenbek-

kens sehr intensive Handelsbeziehungen, was sich im Fundmaterial des 10. Jahrhunderts — vor allem im nordöstlichen Landesteil — insofern zeigt, als dort einige wenige Dirheme geborgen werden konnten. Ein weiterer Beweis für Fernhandelsbeziehungen ist die Haut eines im Indischen Ozean heimischen Wales (Trigon sephon), mit der Griff und Scheide des Wiener Säbels („Schwert Karls des Großen") überzogen worden waren, und die wohl nur durch arabische Vermittlung in die Hand des Waffenschmiedes gelangt sein konnte. Auch ein Teil der Kaurischnecken (Cyprea moneta), die im 10. und 11. Jahrhundert im Karpatenbecken gerne an Halsketten getragen wurden (Abb. 114: 6), kam aus dem fernen Süden.[129]

Bei den Gegenständen byzantinischen Ursprungs oder Charakters läßt sich die Handelsware kaum von den Dingen trennen, die auf anderem Weg in ungarischen Besitz gekommen sind. An archäologischen Funden sind hier vor allem die Seidenfragmente zu erwähnen, Ohrgehänge mit Filigranverzierungen (Abb. 114: 1), Münzen, Kreuze, Gürtelschnallen mit Tierdarstellungen (Abb. 114: 7), Amphoren sowie ein Amulett mit Inschrift. In einem Fall konnten Spuren von Baumwolle nachgewiesen werden.[130]

In ungarischen Besitz gelangten auch einige punzierte Ösenknöpfe, hervorragende Produkte der mährischen Metallkunst (gombiki) (Abb. 114: 5), die aber typologisch in das vorangegangene Jahrhundert gehören.[131] Die nördlichen Beziehungen zeigen ein flechtbandverziertes Ortband und ein Anhänger (Abb. 114: 2), ein Axttyp und vielleicht die Anwendung der Niellotechnik (Abb. 114: 3).[132]

Gegenstände ungarischer Produktion gelangten im 10. Jahrhundert anscheinend nur in sehr geringer Anzahl in das „Ausland". Allein bei den südlichen Nachbarn (besonders in Bulgarien) wurden einige Gürtelbeschläge und Beschläge mit Anhänger, aber keine kompletten Garnituren, geborgen,[133] die sich überdies von den in Ungarn ge-

---

123 ÉRY, *Reconstruction* 19.

124 Zu den Untersuchungen von I. SONKODI siehe BÁLINT, *Szabadkígyós* 86 mit Anm. 94a.

125 I. PAP, *Oral Pathology and Social Stratification in the Hungarian Middle Ages.* Annales Historico-Naturales Musei Nationalis Hungarici 78, 1986, 339—345, mit weiterführender Literatur.

126 Ibrahim ibn Ja'qūb schrieb 967 über Prag: „... es kommen zu ihnen aus den Ländern der Türken (= Ungarn, Cs. B.) Mohammedaner, Juden und Türken gleichfalls mit Waren und gangbaren Münzen und führen von ihnen Sklaven, Zinn und verschiedene Felle aus ...". Der Kiever Fürst Svjatoslav erklärte im Jahre 969: „Mir behagt es nicht in Kiev zu sein, ich will in Perejaslavec an der Donau leben, das ist die Mitte meines Landes. Dort kommen alle Güter zusammen: ... aus Böhmen und Ungarn Silber und Pferde ..." (Povest Vremennych Let, übersetzt von R. TRAUTMANN.).

127 Nach GYÖRFFY, *István király* 107—108 hätten die Ungarn 907 in der Schlacht bei Preßburg eine große Menge Schwerter von den Franken erbeutet. Theoretisch ist es wohl möglich, aber aufgrund der bisher bekannten archäologischen Angaben ist dagegen einzuwenden, daß uns Schwerter mit Münzbeigaben aus der Periode der Streifzüge, d. h. gerade aus dem ersten Drittel des 10. Jahrhunderts nicht bekannt sind. Mit Ausnahme eines Schwertes von (höchstwahrscheinlich) byzantinischem Typ, das wohl mit byzantinischen Münzen ans Tageslicht kam, sind die münzdatierten Langwaffen der Landnahmezeit lediglich Säbel, siehe KOVÁCS, *Remarks.*

128 Es soll betont werden, daß wir es hier mit einem Sammelbegriff zu tun haben. Die Händler waren nicht unbedingt ausgesprochene Araber; aufgrund der Prägeorte der in Ost- und Nordeuropa gefundenen arabischen Münzen spielte in diesem Handel das Emirat der Samaniden die Hauptrolle.

---

129 Einige Exemplare stammen hingegen offensichtlich aus der Adria: SZŐKE, *Emlékei* 54—55; Z. A. MUGUREVIČ, *Vostočnaja Latvija i sosednie zemli v X—XIII vv.* (Riga 1965) 58.

130 Zusammenfassende Darstellung bei BÁLINT, *Byzantinische Beziehungen* 214—217.

131 BÁLINT, *Süd-Ungarn.* Ihre Chronologie: B. DOSTÁL, *Slovanská pohřebiště ze středni doby hradistni na Moravě* (Praha 1966) 209.

132 Z. B. DIENES, *Ungarn* Fig. 14; I. BÓNA, *Honfoglaláskori magyar sír Dunaújvárosban.* AÉ 98, 1971, 173—174; FODOR, *Doroszló* 156. Zum Fremdmaterial im ungarischen Fundgut des 10. Jh.s: BÁLINT, *Honfoglaláskor* 149—150; SCHULZE, *Kriegergrab* 496—503.

133 FEHÉR, *Bolgár-törökök* 47—64; BÁLINT, *Süd-Ungarn.*

fundenen wesentlich unterscheiden. Metalluntersuchungen könnten bestätigen, ob es sich in diesen Fällen um örtliche Imitationen der ungarischen Trachtbestandteile handelt. Lediglich die Beschläge mit Anhänger aus dem Vardar-Tal (Mazedonien) dürften in einer Werkstatt in Südungarn hergestellt worden sein.[134] Wie oft im Fall von Verwahrfunden, ist der Hintergrund eines ebendort zutage gekommenen Fundes unklar. Neben mehreren Arbeitsgeräten (Hammer, Beil, Hakenspieß, Ziehmesser, Sichel usw.) und einem Kreuz hat man mehrere Trensen und Steigbügel vom ungarischen Typ gefunden.[135] Diese Funde im heutigen Mazedonien sind deshalb besonders interessant, weil im mittelalterlichen Ungarn eine Überlieferung lebendig war, wonach sich eine ungarische Gruppe unter der Leitung des Heerführers Csaba „in Griechenland" angesiedelt hätte.[136]

Über den Binnenhandel wissen wir noch weniger. Nur vage — aber praktisch die einzigen — Anhaltspunkte liefert die Analyse von ähnlichen oder nahezu identen Objekten. In einigen Fällen wurden in einer Entfernung von 40—60 km Haargeflechtschmuckstücke gefunden, die aus derselben Gußform stammen.[137] Scheibenförmige Anhänger und Gürtelbeschläge, sichtlich aus ein und derselben Werkstatt, kamen in Fundorten zutage, die 60—80 km voneinander getrennt liegen, doch wurden auch Gürtelbeschläge aus derselben Produktion in 100—200 km Entfernung entdeckt.[138]

Kunst. Die Ungarn brachten einen neuartigen charakteristischen Verzierungsstil in das Karpatenbecken mit oder enwickelten ihn.[139] Die Herkunft dieses Stils ist trotz zahlreicher Untersuchungen noch immer nicht ganz geklärt. Die um die Jahrhundertmitte verbreitete Idee einer sassanidischen Abstammung ist überholt. Dank der

Abb. 114: *Fremde Waren im landnahmezeitlichen Fundmaterial.* 1: Granulationsverzierter goldener Ohrring vom byzantinischen Typ; 2: aus Bronze gegossener Beschlag nördlichen Typs; 3: Nielloverzierte Taschenaufhängerbeschläge; 4: bronzenes Schwertortband mit nördlicher Flechtbandverzierung; 5: punzierter bronzener Ösenknopf, vergoldet; 6: Kaurimuschel (Cyprea moneta); 7: aus Bronze gegossene Gürtelschnalle byzantinischen Typs.

134 V. JOVANOVIČ - LJ. VUKSANOVIČ - N. BERIČ, *New Finds from the Slavic Necropolis at Matičane near Priština.* Balcanoslavica 1, 1973, Tab. IV/4; KÜRTI, *Algyő* 327 und 331, I. Tab. 5.

135 T. JANAKIEVSKI, *Kale, s. Strezevo - Bitolsko.* Macedoniae Acta Archaeologica 6, 1980, 97—109. Aufgrund der Typologie der frühawarischen und ungarischen Steigbügel ist ganz klar, daß der Vorschlag des Autors, den Fund in die Zeit der awarischen Belagerung von Konstantinopel (626) zu datieren, völlig unbegründet ist. Nur ein einziger Steigbügel gehört zur Frühawarenzeit.

136 Über die sog. „Vardar-Türken" siehe MORAVCSIK, *Byzantinoturcica* 322; N. OIKONOMIDES, *Vardariotes - W.l.nd.r - V.n.nd.r: Hongrois installés dans la vallée du Vardar en 934.* Südostforschungen 32, 1973, 1—8.

137 Sarkad und Hencida, siehe FETTICH, *Metallkunst*, Taf. LXXX, 1—2 und FETTICH, *Adatok* 75, Abb. 47, 1—2.

138 BÁLINT, *Südungarn.*

139 Zusammenfassende Darstellung bei FETTICH, *Kunst;* LÁSZLÓ, *Művészet;* DERS., *Steppenvölker* 67—78: DIENES, *Kunst;* I. FODOR, *Einige Beiträge zur Entfaltung der ungarischen Kunst der Landnahmezeit.* AR 17, 1969, 65—73.

ausgezeichnet bearbeiteten sogdischen Metallkunst[140] ist heute deren Einfluß auf die Herausbildung der landnahmezeitlichen Kunst ziemlich gut bekannt, wenn er auch vielleicht ein wenig überbetont wird. Die Art und Weise der Kontakte bzw. der Übernahme ist noch eher unklar, da die

140 MARŠAK, *Serebro.*

zeitgenössische Kunst in Chasarien nicht das „missing link" zu sein scheint (siehe S. 71). Die sogdische Kunst muß aber nicht die einzige sein, die einen Einfluß auf jene des zeitgenössischen Chasariens ausgeübt hat. Die Forschung rechnet mit einem Einfluß z. B. Choresmiens, und besonders der byzantinischen Kunst. Dabei wird unsere Frage noch viel komplizierter, wenn man berücksichtigt, daß die byzantinische Kunst im Frühmittelalter verschiedene Elemente von der sassanidischen und der islamischen Kunst übernommen hat (wobei die letzteren auch starke byzantinische Einflüsse erlebten). So ist es auch nicht ausgeschlossen, daß einige östliche Komponenten der landnahmezeitlichen Kunst durch Byzanz, in „byzantinisierter" Form vermittelt worden sind.

Diese Ornamentik bestand zumeist aus Pflanzenmotiven. Tierdarstellungen sind verhältnismäßig selten, während Menschen überhaupt nicht abgebildet wurden. Das wichtigste Element der Ornamentik ist die völlig individuell gestaltete Palmette, die im wesentlichen aus einer Blüte mit 3—5 Kelchblättern besteht, wobei die Blattränder im allgemeinen von schmalen, geschwungenen und strichlierten Flächen begleitet werden. In der Mitte der Ranken und der Blätter sind kleine runde Punzen angebracht, von denen Linien oder andere Zierelemente ausgehen (Abb. 115: 3). Dieser Verzierungsstil, den man in Ermangelung eines besseren Ausdrucks in der älteren Terminologie als „Kreis der Taschenbeschlagplatten" bezeichnet, zeigt im landnahmezeitlichen Ungarn eine räumlich, zeitlich, aber auch quantitativ und vielleicht auch ethnisch begrenzte Verbreitung. Daneben gibt es noch eine andere, einfacher gestaltete Blätter- und Rankenverzierungsweise, die in einem weit größeren geographischen, chronologischen und sozialen Rahmen betrachtet werden kann und die sich in die Reihe der osteuropäischen frühmittelalterlichen Verzierungen nahtlos einfügt.

Unter den landnahmezeitlichen Tierdarstellungen findet sich häufig ein Mischwesen mit dem Körper eines Pferdes und dem Kopf und Schwanz eines Greifen. Außerdem sind stilisierte Darstellungen von Raubvögeln sowie die Abbildungen je eines Hirsches und eines Hundes (Abb. 115: 2) bekannt. Senmurw und Hippokampus kommen lediglich einmal vor (Abb. 115: 1). Sie sind auf derselben Taschenplatte abgebildet, die auch wegen ihrer Kreuzdarstellung im Mittelteil der Komposition unter den verzierten Taschenplatten einzigartig ist. Verwundert zunächst die geringe Anzahl der Tierdarstellungen, so zeigt sich — wenn man das ungarische Kunsthandwerk mit den östlichen Materialien vergleicht —, daß das Verhältnis der Tierdarstellungen zu den vege-

tabilischen Verzierungsarten im zeitgenössischen Chasarien und in den Steppen Asiens annähernd gleich ist. Berücksichtigt man aber die spätawarische, chasarische, armenische und grusinische, postsassanidisch-islamische, zentralasiatische und chinesische Kunst der T'ang-Zeit bzw. der Zeit der Fünf Dynastien und der Sung-Zeit, ergibt sich der Eindruck, daß das 9. Jahrhundert in den eurasischen Steppen und in den benachbarten Hochkulturen überall eine Übergangsperiode darstellt: Es findet eine Schwerpunktverlagerung von der Tierdarstellung zu vegetabilen Motiven statt. (Bei den Awaren begann diese Tendenz in der 2. Hälfte der späteren Periode.) Diese Wende fand aller Wahrscheinlichkeit nach in einem viel größeren Gebiet statt, so man sie nicht als eine rein ungarische Erscheinung betrachten darf (siehe auch die Theorie des Übergangs vom Totemismus zum sog. „heidnischen Staatsglauben").[141] Auch ist es kaum möglich, in dem Übergewicht der vegetabilischen Verzierungsarten ausschließlich einen rein islamischen Einfluß zu sehen, umso weniger, als ein entsprechendes Bildverbot — entgegen einer weitverbreiteten Vorstellung — in der islamischen Dogmatik niemals existierte.[142] Eine moderne kunsthistorische Bearbeitung dieses Problems fehlt noch.

Der landnahmezeitliche Motivschatz fand auch bei der Verzierung von Textilien und Leder Anwendung. Die lange Zeit nur von Metallgegenständen bekannten Ornamente blieben auch an beinernen Gegenständen erhalten und glücklicherweise sogar auf einem Lederrest. Wie früher erwähnt wurde, dürften bei der Entstehung der altungarischen Metallkunst, als die Altungarn in Chasarien lebten, sogdische Vorbilder, in denen ihrerseits Verzierungselemente der Sassaniden und auch der innerasiatischen und arabischen Kunst verarbeitet worden waren, entscheidenden Einfluß ausgeübt haben. Dazu kamen eigene Traditionen, welche den finno-ugrischen Völkern im Volga-Kama-Gebiet gemeinsam waren, Eigenheiten in der Formensprache des Chasarischen Kaganats und Merkmale, welche durch die Normannen aus der Gegend um Kiev vermittelt worden sind. Wahrscheinlich haben auch die postsassanidischen, sicher aber die byzantinischen Seidenstoffe insofern einen direkten Einfluß ausgeübt, als hier die Tierdarstellungen, die in Medaillons oder Kreise hineinkomponiert sind, eine große Rolle spielen. Ein Kollege vermutet, daß die ungarische Palmette den Lebensbaum

141 DIENES, *Ungarn* 67—68.
142 Ein Überblick der Forschungsgeschichte: O. G. BOL'ŠAKOV, *Islam i izobrazitel'noe iskusstvo.* Trudy Gos. Ėrm. 10, 1969, 142—156.

Abb. 115: *Landnahmezeitliche Ornamentik.* 1: Senmurw- und Hippocampusdarstellung; 2: Hundedarstellung auf einem Pferdegeschirrbeschlag; 3: die „Ungarische Palmette" im Stil des „Kreises der Taschenbeschlagplatten".

charakterisiert, somit wäre es auch kein Zufall, daß sie nach der Annahme des Christentums sehr bald verschwand.[143] Man soll aber nicht die Tatsache aus den Augen verlieren, daß den landnahmezeitlichen ähnliche Palmetten auch im 11. Jahrhundert in Ungarn vorhanden waren,[144] und die Palmette in der romanischen Kunst Westeuropas eines der beliebtesten Verzierungselement war. Diese Idee war schon A. ALFÖLDI nicht fremd, und das Lebenswerk von A. GRABAR hat es bewiesen: im Frühmittelalter gab es keine „reine" byzantinische, sassanidische und islamische Kunst, sondern lediglich *eine* Kunst. Auf ähnliche Ergebnisse wartet auch die Untersuchung der landnahmezeitlichen Kunst.

Über die *Schrift* der landnehmenden Ungarn ist uns archäologisch nichts bekannt. Die erhaltenen

Gegenstände wären auch kaum dazu geeignet gewesen, Inschriften zu bewahren. Auf zwei Bogengriffen sind sogenannte Tamgas eingeschnitten, familien- oder sippengebundene Symbole des Besitzers. Manche Ringe tragen Zeichen, die wohl hebräische Buchstaben imitieren sollten, bisweilen aber auch Verzierungen, die formal an türkische Runenschriften erinnern.[145]

143 I. DIENES, *Der Weltbaum der landnehmenden Ungarn.* In: *Congressus Quartus Internationalis Fenno-Ugristarum II (Budapest 1980)* 202—207.

144 Seit den 30er Jahren wird in der ungarischen Kunstgeschichtsforschung ab und zu sogar bis heute behauptet, daß die Palmetten der Kapitelle von romanischen Kirchen des 11. Jahrhunderts in Ungarn ein direktes Weiterleben der landnahmezeitlichen Kunst darstellten. Diese Möglichkeit wird von der modernen Forschung sowohl aus methodischen wie aus kunstgeschichtlichen Gründen stark bestritten (freundliche Mitteilung von E. Marosi).

145 I. DIENES, *Nemzetségjegy (tamga) a békési honfoglaláskori ijcsonton.* FA 14, 1962, 96—97, Taf. XVI; A. KISS, *11th Century Khazar Rings from Hungary with Hebrew Letters and Signs* AAH 22, 1970, 341—348; B. M. SZŐKE - L. VÁNDOR, *Das Gräberfeld von Pusztaszentlászló aus dem 11. Jahrhundert.* Mitt.Arch.Inst. 6, 1976, 103—104, Taf. 44.

ZUR HISTORISCHEN INTERPRETATION LANDNAHMEZEITLICHER ARCHÄOLOGISCHER QUELLEN

Eines der Grundprobleme der landnahmezeitlichen Archäologie ist nach wie vor die feinchronologische Gliederung des Fundmaterials, die ihrerseits zugleich die Voraussetzung für jede historische Interpretation, für das Erkennen historischer Ereignisse und Prozesse darstellt.[146] Die Münzen aus den Gräbern des 10. Jahrhunderts liefern keine ausreichende Basis für die Definition chronologischer Horizonte oder Stufen,[147] nicht nur, weil ihre Zahl gering ist. Ein Teil der byzantinischen Münzen war verhältnismäßig lange in Umlauf (siehe ihre viel frühere Prägungsperiode oder die Gebrauchsspuren), bevor sie unter die Erde kamen, bei vielen — höchstwahrscheinlich bei den byzantinischen — läßt sich außerdem nicht mehr sagen, als daß sie aus dem 10. Jahrhundert stammen, sie sind somit für die chronologische Durchdringung des Fundstoffes der Landnahmezeit ungeeignet.

Die arabischen Dirheme kommen selten vor, auch ist ihre territoriale Verbreitung uneinheitlich. Zwar stehen sie fraglos mit einem Teil der landnahmezeitlichen Funde in Zusammenhang, doch läßt sich vorläufig nicht entscheiden, ob diese Gruppe chronologischen Charakter hat, d. h. mit dem Material der ersten zwei landnahmezeitlichen Generationen im Karpatenbecken identisch ist, oder lediglich die archäologische Hinterlassenschaft eines Stammes bzw. Volksteiles darstellt, der (zufällig) auch Handel mit den Samaniden trieb. Dabei wäre es wichtig zu wissen, welcher Art diese Handelsbeziehungen waren, da davon der Datierungswert der Dirheme abhängt.

Von den westeuropäischen Denaren versprach sich die Forschung einiges, doch ist ein Teil davon sicher erst im 2. Drittel des 10. Jahrhunderts in das Karpatenbecken gelangt. Da sie oft mit früheren Prägungen in demselben Grab vorkommen, wird dadurch der Datierungswert der letzteren auch in den Fällen gering, wenn in ein Grab nur eine oder mehrere Münzen vom Anfang des 10. Jahrhundert gelangten. Dazu kommt noch, daß — wie eine Quelle zeigt — die Ungarn eine Tributzahlung mit falschen, im Ursprungsland nicht verwendeten Münzen bekommen haben (siehe Liudprand, Antapodosis V. 33).

Gesellschaftliche und ethnische Fragen spielen bei der Verteilung der Münzen in archäologischen Komplexen ebenfalls eine Rolle: An den Streifzügen gegen Westen nahmen nicht alle Gesellschaftsschichten und wahrscheinlich auch nicht alle landnahmezeitlichen Völkerschaften teil. Die Denare fanden sich auch in Frauen- und Kindergräbern, wobei ihre geographische Verbreitung sehr uneinheitlich ist. Offensichtlich gehört die Verwendung fremder Münzen als Tracht- oder Pferdegeschirrschmuck zur Reihe der lokalen Besonderheiten und war — wie auch der Totenobolus im 11. Jahrhundert — nicht in allen Teilen des landnahmezeitlichen Ungarn üblich. Es ist demnach möglich, daß die Verbreitung der westeuropäischen Denare nicht so sehr das frühe ungarische Siedlungsgebiet zeigt, als das einiger Volksgruppen oder -schichten, die bei den Streifzügen mitmachten und so einen Anspruch auf einen Teil der Beute erwarben. Weiters ist es auch möglich, daß die Verwendung dieser Münzen als Schmuck oder als Verzierung des Pferdegeschirres nur bei einigen ethnischen Gruppen verbreitet war, während die anderen — die wohl auch westliche Münzen besessen haben — sie nicht für diesen Zweck verwendet haben.

Das zweite Hauptproblem der Chronologie hängt mit den Trachtbestandteilen und Beigaben selbst zusammen. So manche Fundtypen waren noch im 11. Jahrhundert in Gebrauch, beispiels-

---

146 Ohne eine überkritische Position einnehmen zu wollen, wird doch die Frage gestellt werden müssen, ob die Archäologie überhaupt in der Lage ist, eine Feinchronologie für eine Periode zu erarbeiten, für die ein Mangel an genau datierbaren Funden kennzeichnend ist und die nur etwa ein Jahrhundert, in dessen Verlauf sie noch neuere, lokale Einflüsse erleben sollte, andauerte.

147 BÁLINT, *Öthalom* 68—78; KOVÁCS, *Münzen*; anders: SCHULZE, Kriegergrab.

weise Beschläge mit Anhängern, rautenförmige Hemdkragenzierstücke und gegossene Knöpfe. Daneben gibt es zweifellos eine Anzahl von Gegenständen, die nach der Jahrtausendwende nicht mehr in die Gräber gelangt sind: kugelverzierte Ohrgehänge, Kaftanappliken, palmettenverzierte Scheiben und solche mit Tierdarstellungen, Gürtel mit gegossenen Beschlägen, plattierte und mit Beschlägen dekorierte Taschen und Verzierungen der Fußbekleidung sind die charakteristischen Gegenstände der ungarischen Landnahmezeit. Daß sie auf das 10. Jahrhundert beschränkt sind, wird zumindest teilweise mit politischen Veränderungen zusammenhängen. Ursprünglich waren die genannten Objekte für Mitglieder der mittleren und oberen Gesellschaftsschichte charakteristisch, die bald — als Folge ihres sozialen Abstiegs oder der Übernahme christlicher Traditionen — auf heidnische Bestattungssitten, auf jeden Luxus verzichten mußten. Es ist daher vorstellbar, daß man Altstücke in das Grab eines ehemals Reichen gelegt hat, quasi zur Erinnerung an seinen früheren Wohlstand. Gleichzeitig mag aber eine neue Gesellschaftsschicht entstanden sein, die durch zahlreiche Streifzüge rasch reich wurde und sich teuren Schmuck, prachtvolle Bewaffnung und Pferdegeschirr leisten konnte — unvorstellbar für die alte Gesellschaft, in der noch feste gesellschaftliche Regeln Gültigkeit hatten. „Reich" bedeutet demnach nicht zwingend „vornehm". Daß diese Veränderungen nicht von heute auf morgen eintraten, zeigt das relativ späte Grabinventar von Bodrogvécs (Več, ČSSR), das neben einem verzierten Taschenblech auch ein Säbelschwert enthielt, das nach der einhelligen Meinung der Archäologie in das letzte Drittel des 10. Jahrhunderts zu stellen ist.[148]

Dennoch gibt es unbestreitbar gewisse Fortschritte in der chronologischen Gliederung des landnahmezeitlichen Fundmaterials. So konnte eine Fundgruppe umschrieben werden, die offensichtlich für die Periode der Staatsgründung typisch ist: Schwerter, Säbelschwerter, trapezförmige Steigbügel und Äxte mit Tüllenansatz.[149] Auch wurde versucht, einige Funde der ersten Generation im Karpatenbecken zu bestimmen.[150]

Derartige Bestrebungen werden in nächster Zukunft intensiviert werden müssen. Die Auswertung großer Gräberfelder und die Einbeziehung gewisser naturwissenschaftlicher Methoden in die relativchronologische Analyse wird die Forschung hoffentlich weiterbringen.[151]

Zu den Problemen der landnahmezeitlichen Archäologie, die nicht nur für ungarische Spezialisten interessant sind, gehört die Frage nach dem Beginn der sog. Bijelo Brdo-Kultur.[152] Stammen die Gräber mit Pferdebestattungen, Säbel, Gürtelgarnituren, etc. (= „Hampel-A-Gruppe") und die der sog. Bijelo Brdo-Kultur (= „Hampel-B-Gruppe") aus aufeinanderfolgenden chronologischen Phasen bei einem Wechsel gegen 970, oder sind sie gleichzeitig ? Bei einer Klärung wird man sich nicht auf die Typochronologie beschränken dürfen, sondern hat die ethnischen und sozialen Prozesse im Laufe des 10. Jahrhunderts zu berücksichtigen. Die Argumente, die für eine Frühdatierung der Bijelo Brdo-Kultur etwa in das erste Drittel des 10. Jahrhunderts sprechen, die anthropologischen, linguistischen, toponymischen und onomatischen Hinweise können hier nicht eingehend behandelt werden. Angesichts des Vorwurfs der Voreingenommenheit[153] soll lediglich die Stellungnahme eines slowakischen Kollegen zitiert werden, der bislang die meisten landnahmezeitlichen Gräberfelder außerhalb der heutigen ungarischen Staatsgrenzen ergraben und publiziert hat. Auch er kommt zu einer Datierung der Bijelo Brdo-Kultur in das erste Drittel des 10. Jahrhunderts.[154] Eine scharfe chronologische Trennung ist auch deshalb fraglich, weil die Pferdemitbestattungen nach 970 zwar seltener vorkommen, aber

148 KOVÁCS, Remarks.
149 Zuletzt: K. MESTERHÁZY, Karoling-normann típusú kengyel a honfoglaló magyaroknál. FA 32, 1981, 211—222; L. KOVÁCS, Honfoglalás kori sírok Nagytarcsán I—II Com.Arch.Hung. 1985, 125—139; 1986, 93—121. Siehe auch A. 60 und 69.
150 Č. BALINT, Pomošč vostočnych analogij v datirovke nachodok épochi obretenija rodiny vengramiIn: I. DIENES - J. KODOLÁNYI - V. VOIGT (Hg.), Congressus Internationalis Fenno-Ugristarum 6, Syktyvkar 1985 Studia Hungarica, Acta Sessionum (Budapest 1985) 77—80, sowie derselbe Text im Sammelband des Kongresses, Syktyvkar, im

Druck. M. SCHULZE-DÖRRLAMMS im Druck befindliche Arbeit hat eine ähnliche Zielsetzung.
151 Während die Archäologie einerseits die Verfeinerung der von I. Lengyel ausgearbeiteten Methoden, die der Forschung einen ganz neuen Weg anbieten können, erwartet, muß man andererseits mit Erstaunen feststellen, daß seine Ergebnisse bezüglich der relativen Chronologie einzelner Gräberfelder in klarem Widerspruch mit den „klassisch" erarbeiteten chronologischen Überlegungen stehen. So wird z. B. das Gräberfeld von Kál mit archäologischen Methoden für eine Generation datiert, während es nach den Untersuchungen I. LENGYELs 100 Jahre belegt wurde, siehe SZABÓ, Kál 265.
152 B. SZŐKE, A bjelobrdói kultúráról. AÉ 86, 1959, 32—47; A. KISS, Zur Frage der Bjelo Brdo-Kultur. AAH 25, 1973, 327—340; BÁLINT, Bjelo brdo; DERS., Vengri i t. n. belobrdskaja kul'tura. AAC 19, 1979, 97—146; DERS., Südungarn.
153 Der Begriff „großungarische Faszination" ZD. VINSKI, O postojanju radionica nakita starohrvatskog doba u Sisku. Vjesnik Arheološkog Muzeja u Zagrebu 4, 1970, 61, hat in einer wissenschaftlichen Diskussion nichts zu suchen.
154 A. TOČÍK, Zur Frage der slawisch-ungarischen Kontakte an der mittleren Donau im 10. und 11. Jahrhundert. In: II. Internationaler Kongreß für Slawische Archäologie II (Berlin 1973) 355.

nicht gänzlich aufhören, überdies charakteristische Typen der Bijelo Brdo-Kultur teilweise sogar für die Zeit vor 950 belegt sind. Umgekehrt ist verschiedentlich noch mit heidnischen Sitten im 11. Jahrhundert zu rechnen.[155]

Die Problematik der Bijelo Brdo-Kultur hängt eng mit der Frage nach der autochthonen Bevölkerung zusammen, die mit den landnehmenden Ungarn verschmolzen ist. In der 2. Hälfte des 9. Jahrhunderts lebten im nördlichen Pannonien Westslawen, in Siebenbürgen und wahrscheinlich am Oberlauf der Theiß Ostslawen, im südlichen Karpatenbecken und sogar in manchen Gebieten im Norden, wie in den heutigen Komitaten Nógrad und Zemplén, Südslawen (die beiden Komitatsbezeichnungen seien ursprünglich südslawische Namen !). Solange aber die archäologische Hinterlassenschaft dieser slawischen Völkerschaften nicht näher bekannt ist, muß es aus methodischen Gründen als unzulässig gelten, einzelne Elemente der Bijelo Brdo-Kultur herauszugreifen und für die „slawische" Vorbevölkerung in Anspruch zu nehmen, die ja von zumindest drei verschiedenen archäologischen Kulturen repräsentiert werden müßte. Ähnliches gilt für die Awaren, deren Weiterleben im 9. Jahrhundert bislang nicht bewiesen werden konnte, obwohl wir auch mit ihrem Anteil an der Bijelo Brdo-Kultur rechnen müssen.

Der ungünstige Forschungsstand der landnahmezeitlichen Archäologie allgemein, nicht nur die mangelnde Feinchronologie, ist dafür verantwortlich zu machen, daß einige rein historische Fragen von der Archäologie noch nicht abschließend gelöst sind. Zum Beispiel ist die Frage, welche Wege die Ungarn beim Überqueren der Karpaten gewählt haben, nur im Fall des Verecke-Passes, in dessen Umfeld sich einige landnahmezeitliche Fundorte befinden, archäologisch zu beleuchten.[156] In Siebenbürgen wäre zu vermuten, daß der Ojtozi-Paß benützt worden ist, doch ist dies vorläufig nicht beweisbar, weil die aus der östlichen Seite der Karpaten stammenden Funde nicht zweifelsfrei auf die Ungarn zurückgehen und überdies nicht genauer als in das 9. oder in das 10. Jahrhundert datiert werden können.[157] Über eine Theorie, die Ungarn wären auch entlang der unteren Donau in das Karpatenbecken gekommen,

ist vorläufig nicht zu entscheiden, da die entsprechenden archäologischen Funde noch zu dürftig und überdies nicht genau datierbar sind.

Aus den gleichen Gründen sind der Ablauf und die Intensität der ungarischen Besiedlung Siebenbürgens[158] im 10. Jahrhundert unbekannt. Die Frage ist, wie groß die ungarische Bevölkerungsgruppe war, die nach dem Überqueren der Karpaten in Siebenbürgen geblieben ist, und wie und in welcher Periode des 10. Jahrhunderts die Übersiedlung der ungarischen Volksmassen aus der Großen Tiefebene in das Becken Siebenbürgens abgelaufen sein sollte.[159]

Die Frage nach der Herkunft der Székler (ungarisch: székely)[160] ist auch nach zahlreichen historischen und philologischen Untersuchungen offen. Möglicherweise wird die Archäologie in Zukunft dazu Entscheidendes beitragen können, aber erst nach einer Intensivierung der entsprechenden Untersuchungen. Die derzeit bekannten Funde aus dem Széklerland (östliches Siebenbürgen) stammen vorwiegend aus dem 11. und 12. Jahrhundert,[161] d. h. aus einer Epoche, in der Grabbeigaben schon wenig typisch sind. Die wenigen Ausnahmen sind für die Untersuchung des Verhältnisses der Székler zu den Ungarn nicht geeignet. Die Zahl, die Ausdehnung und das Niveau der bislang in Siebenbürgen durchgeführten Grabungen in Siedlungen und Gräberfeldern des 11. und 12. Jahrhunderts reichen gleichfalls bei weitem nicht aus, um konkrete historische Schluß-

---

155 Das beste Beispiel dafür ist der Fall von Levente. Dieser war der Bruder der Könige Andreas I. und Béla I. und wurde 1047 noch heidnisch begraben.

156 Östlich der Karpaten: Krylos (UdSSR); westlich der Karpaten: Alsóverecke (Nižnij verecke, UdSSR), Szolyva (Svaljava, UdSSR), Beregszász (Beregovo, UdSSR).

157 Östlich des Ojtozi-Passes: Probota, Kogil'nik; westlich der Karpaten: Eresztevény (Eresteghin, Rumänien), Székelyderzs (Dârjiu, Rumänien).

158 Der historische Begriff „Siebenbürgen" ist nicht mit dem modernen, in Rumänien gebrauchten, identisch. Das Gebiet zwischen dem Bihar-Gebirge und der heutigen rumänisch-ungarischen Staatsgrenze gehörte nie zum historischen Siebenbürgen. Übrigens stellt die Tatsache, daß die rumänische Bezeichnung für Siebenbürgen „Ardeal" vom ungarischen „Erdély" abzuleiten ist, gleichzeitig eine historische Information dar.

159 Die ungarische Benennung „Erdély" kommt von dem alten „Erdőelve", was „jenseits des Waldes" („Transsylvanien") bedeutete, weil von der Ungarischen Tiefebene aus gesehen, Siebenbürgen hinter dem Bihar-Gebirge lag. Der Name läßt einen Zustand vor der massenhaften Besiedlung Siebenbürgens durch die Ungarn nachklingen. Siehe zuletzt: GY. KRISTÓ, *A feudális széttagolódás Magyarországon* (Budapest 1979) 94—110; GY. SZÉKELY, *Településtörténet és nyelvtörténet. A XII. századi magyar nyelvhatár kérdéséhez. In: Mályusz Elemér Emlékkönyv* (Budapest 1984) 324—338.

160 Literaturangaben bei BANNER - JAKABFFY, *Bibliográfia* I, 521—523; II. 224; III. 200; IV. 220; V. 337—338. Wichtige Zusammenfassungen: GY. GYÖRFFY, *A székelyek eredete és településük története. In: Erdély és népei* (Budapest 1941) 35—86; Z. KORDÉ, *A székely-kérdés a magyar történetírásban. In: Fejezetek* 5—22.

161 Zusammenfassende Mitteilungen: Z. SZÉKELY, *Korai középkori temetők Délkelet-Erdélyben. In: Korunk Évkönyve* (Kolozsvár 1973) 219—228; K. MESTERHÁZY, *Székelyek és magyarok. A székelyföldi régészeti kutatások tanulságai.* AÉ 101, 1974, 260—262.

folgerungen zu ziehen. Drei Fakten sind bei einer Untersuchung der Frühgeschichte der Székler beachtenswert:[162] 1. der Gleichklang des Volksnamens „székely" mit der Bezeichnung der „Eskil", eines volgabulgarischen Stammes; 2. nach einer ungarischen Tradition des 13. Jahrhunderts haben die ansässigen Székler die Ungarn anläßlich deren Landnahme im Karpatenbecken schon begrüßt; 3. das Bewußtsein der Székler einer ethnischen Selbständigkeit gegenüber den Ungarn. Unter den verschiedenen derzeit vertretenen Herkunftstheorien scheint dem Autor dieser Zeilen die einer Abstammung der Székler von den Awaren am plausibelsten zu sein. Sobald man sich dazu aufrafft, den Forschungsrückstand in den fraglichen Gebieten wettzumachen — eine Entscheidung, die wohl außerhalb der rein fachlichen Kompetenzen liegt[163] —, wird eine Beantwortung der genannten historischen Fragen vielleicht möglich sein.

Achtenswerte Bemühungen einer typochronologischen Gliederung des ungarischen Fundmaterials zeitigten einige Teilergebnisse. Dennoch — und das gilt wohl auch für alle anderen Steppenvölker — sind die historischen Probleme der Landnahmezeit nicht allein mittels der Strukturierung des Fundgutes zu lösen. Zwar läßt sich so etwas wie eine typologische Reihe aufbauen, doch erhebt sich die Frage, wieweit diese einer vergangenen Wirklichkeit entspricht, und, wenn ja, ob die Entwicklung tatsächlich vom Einfachen zum Komplizierten geht. Für uns ist vor allem der Mensch, das Medium von Interesse, aus dem die von uns typologisierten Objekte stammen, die Umwelt, in der sie verwendet wurden und in der sie sich entwickelten. Es ist die Gesellschaft mit ihrer höchst komplizierten Struktur, in der keine „Ordnung" herrschte, wie dies von typologischen Reihen suggeriert wird. Das Verhältnis der Objekte zu ihrer Umgebung wird von Faktoren bestimmt, die von uns zumeist nicht abgeschätzt werden können: von gesellschaftlichen, ethnischen, kommerziellen und — horribile dictu — subjektiven. Obwohl die Typologie eines der

grundlegenden Verfahren der Archäologie darstellt, sind die Objekte untrennbar mit der Umgebung, die sie hervorbringt, verbunden und können nur in dieser Verbindung mit Gewinn studiert und letztendlich richtig begriffen werden. Die ungarische Landnahmezeit liefert dafür ein gutes Beispiel: Im 10. Jahrhundert fanden zahlreiche historische Ereignisse statt, die ihrerseits Veränderungen im Sozialgefüge und Siedlungswesen auslösten. Weiters mag das Beharrungsvermögen der heidnischen Sitten verschiedentlich die Tiefe der Christianisierung beeinträchtigt haben, sodaß den Archäologen bei der Interpretation ihrer Daten größte Vorsicht zu empfehlen ist.

Die geäußerten Vorbehalte sind nicht überkritischer Natur, hängen sie doch unmittelbar mit dem ungenügenden Forschungsstand in den südlich und südöstlich benachbarten Gebieten zusammen. Angesichts des im frühmittelalterlichen Europa vordergründigen Reichtums der landnahmezeitlichen (wie auch der awarischen) Grabfunde werden in die Archäologie überzogene Erwartungen von seiten der historischen Nachbardisziplin gesetzt. Tatsächlich gibt es (vorläufig ?) zwischen den archäologischen und historischen Daten zur ungarischen Landnahmezeit keine direkten Verbindungen. Der einzige und unmittelbare Beweis für die Streifzüge nach dem Westen sind die von dort stammenden Denare. Mit dem komplizierten Prozeß der Staatsgründung können wir derzeit nur die zweischneidigen Schwerter in Zusammenhang bringen. Die Erfolge der orthodoxen Kirche zeigt lediglich die größere Verbreitung der Kreuzfunde östlich der Theiß, also in dem Gebiet „Turkias", wo die aus Konstantinopel stammenden Bischöfe tätig waren. Ohne Kenntnis der Schriftquellen wären sie allerdings kaum interpretierbar, wie es bei dem Vorkommen der Funde byzantinischen Ursprungs in anderen Landesteilen der Fall ist. Weitere ereignisgeschichtliche Schlußfolgerungen sind derzeit auf der Basis des landnahmezeitlichen Fundmaterials nicht möglich. Anders ist die Lage bei der Untersuchung von gesellschaftlichen Prozessen bzw. Tendenzen. So konnte man im Zuge der Gräberfeldanalysen die Entwicklung von der gentilen Gesellschaft zum Feudalismus beobachten. Nach der Ansicht des Autors können die im Fundmaterial schwach erkennbaren territorialen Unterschiede als ethnische, politische und/oder von Handwerk und Handel bestimmte Einheiten betrachtet werden.[164].

---

162 Ausführlicher: GYÖRFFY, *Tanulmnyok* 45—46, 65, 68.

163 Ein Blick auf den Fundkataster (s. Anm. 4) beweist, daß die Zahl der seit dem Ende des Ersten Weltkrieges außerhalb der modernen Staatsgrenzen Ungarns publizierten landnahmezeitlichen Gräber nur in der ČSSR in einem normalen Rhythmus zunahm, wenn man ihre Zahl (etwa 200) mit dem früheren Forschungsstand vergleicht. Die große Arbeit von A. KISS mag daher irreführen, weil der Leser den Eindruck gewinnen kann, bei der Verbreitung landnahmezeitlicher Fundtypen würde es sich um ein rein wissenschaftliches Faktum handeln, nicht um den Forschungsstand, dessen Ursachen nicht immer und ausschließlich in der Wissenschaft zu suchen sind: KISS *Studien.*

---

164 Diesbezügliche Versuche des Autors (siehe *Südungarn*) wurden teilweise stark kritisiert (DIENES, *Opponensi véemény* 116—118; SZABÓ, *Sarud IV* 114—115; FODOR, *Észrevétel* 105), scheinen aber andererseits mit den anthropolo-

Einige Funde, wie beispielsweise eine Hechel, bestimmte Tierknochen (Esel und Kamele) und Pflanzenreste stellen ganz neue Ansatzpunkte für die Wirtschaftsgeschichte dar. Das zeigt, daß es der Archäologie durchaus möglich ist, Historisches zur Landnahmezeit oder zu anderen Epochen auszusagen. Optimal wäre ein Gleichgewicht zwischen Archäologie und Geschichtswissenschaft, während es zu methodischen Fehlern kommt, wenn die archäologischen Quellen zur Illustration schriftlicher Nachrichten mißbraucht werden oder — andererseits — historische Überlieferungen von Archäologen vergewaltigt, historische Theorien vereinfacht und vorschnell adaptiert werden.[165] Eine vollständige Übereinstimmung archäologischer und historischer Modelle wäre auch in dem Fall nicht zu erwarten, daß beide der einstmaligen Wirklichkeit vollkommen entsprechen würden. Die Blickpunkte der beiden Wissenschaften sind a priori unterschiedlich. Auch wenn — theoretisch — das gleiche Ereignis, das gleiche Objekt in den jeweiligen Brennpunkt gebracht werden könnte, würden sich doch zwei verschiedene Bilder ergeben. Diese Tatsache läßt sich, indem man einer gemischten Argumentation ausweicht, nutzbar machen. Im Fall der Awaren und landnehmenden Ungarn bedeutet das, die Ergebnisse der Geschichtswissenschaft, der Archäologie, Linguistik, Ethnographie etc. zu berücksichtigen, es bedeutet aber auch, daß die Archäologie selbständig zu historischen Schlußfolgerungen gelangen kann.

---

gischen Forschungen in gewissem Einklang zu stehen: K. Éry, *Regionális különbségek a magyarság X. századi embertani anyagában. Anthrop. Közl. 22, 1978, 77—86:* und von anderen Forschern angenommen zu sein: Gy. Kristó, *Opponensi vélemény Bálint Csanád: Dél-Magyarország a X. században c. kandidátusi értekezéséről. AE 105, 1978,* 128—129; Kürti, Települési viszonyok. In: *Szeged* 241—242.

165 In der landnahmezeitlichen Archäologie geschah dies beispielsweise in den sechziger Jahren im Zusammenhang mit dem sog. Dukatus-Fragenkreis und in den siebziger Jahren infolge der direkten Heranziehung der sog. älteren Schicht der ungarischen Ortsnamen. Beide historischen Theorien stammen von Gy. Györffy. Ihre archäologische Umsetzung spielt heute in der Forschung schon eine bedeutend geringere Rolle.

EXKURS: DIE „DOPPELTE UNGARISCHE LANDNAHME"

Die Idee von einer „doppelten Landnahme" wurde zur Jahrhundertwende erstmals geäußert und in den siebziger Jahren von GY. LÁSZLÓ in Form einer wissenschaftlichen Theorie ausführlich begründet.[166] Der Ausgangspunkt seiner Überlegungen ist ein Ereignis, dessen Faktizität selbst im folgenden nicht zur Diskussion gestellt werden soll:

Nach den byzantinischen Quellen ließen sich zu Beginn des letzten Drittels des 7. Jahrhunderts Onoguren im Karpatenbecken nieder. Eine Einwanderung vom Osten spiegelt sich nach der Meinung einer Mehrzahl von Archäologen im zeitgenössischen Fundmaterial wider.

Die wichtigsten Argumente GY. LÁSZLÓS können wie folgt zusammengefaßt werden:

1. a. Die mittelalterlichen ungarischen Chroniken, die Bilderchronik und Simon de Keza, sprechen von einer „ersten ungarischen" Landnahme im Jahre 677, bzw. 700, wobei das Datum der „zweiten" mit der tatsächlichen Besiedlung des Karpatenbeckens zusammenfällt.

b. Die sog. Nestor-Chronik (Povest Vremennych Let) datiert das Auftreten der „weißen Ugren" in die gleiche Periode, wobei die „schwarzen Ugren" mit den landnehmenden Ungarn identisch sind.

c. Die Fremdbenennung der Ungarn ist vom Volksname „Onogur" abzuleiten.[167]

2. Ein Teil der Völkerschaften, die gegen 670 eingewandert sind, stammt wohl aus der Kama-Gegend, wo seit dem Neolithikum finno-ugrische Stämme lebten und wo die Lomovatovo-Kultur, deren Träger vielleicht die Väter der genannten Einwanderer waren, zu diesem Zeitpunkt ihr Ende findet.

3. Die Awaren lebten in großen Massen bis zur ungarischen Landnahme im Karpatenbecken.

4. Das spätawarische Siedlungsgebiet und das ungarische der Landnahmezeit ergänzen sich weitgehend.

5. Die ungarische Herkunft der Spätawaren zeigt auch eine aus 876 stammende Urkunde Ludwigs des Deutschen, wo eine „Uuangariorum marcha" genannt wird.[168]

6. Projiziert man die spätawarischen Fundorte auf eine Karte der ethnischen Verhältnisse im Karpatenbecken während der Regierung Stephans des Heiligen (1000—1038), rekonstruiert aufgrund mittelalterlicher Urkunden und Ortsnamen,[169] zeigt sich, daß sie vorwiegend auf Gebiete konzentriert sind, für die auch eine ungarische Besiedlung in der Árpádenzeit belegt ist. Nur wenige finden sich in Gebieten, die später von Ungarn nicht bewohnt wurden.

7. Nach den anthropologischen Untersuchungen gehörten die Spätawaren vorwiegend dem europiden Formenkreis an, die landnehmenden Ungarn dem turaniden, die árpádenzeitliche Bevölkerung des Karpatenbeckens zeigte wieder vornehmlich europide Merkmale, was das Einschmelzen des Spätawarentums im ungarischen Volk zeigt.

Gegen die Theorie LÁSZLÓS läßt sich einiges einwenden:[170]

1. Methodologisches:

a. Die Verzeichnisse awarischer und ungarischer Fundstellen entsprechen dem Forschungsstand von 1955 bzw. 1959. Gerade in den sechzi-

---

166 Zu früheren Ansätzen siehe LÁSZLÓ, *Kettős honfoglalás* 183—187. LÁSZLÓ hat seine Thesen und Argumente in mehreren Arbeiten dargelegt, so z. B. in der genannten, S. 161—190, und *A kettős honfoglalásról. Historia 4/1, 1982, 3—4.*

167 GY. NÉMETH, *On ogur, hét magyar, Dentümogyer. Kőrösi Csoma-Archivum* 1, 1921—1925 (Reprint: Leiden 1967) 148—150; J. MELICH, *Über den Ursprung des Namens Ungar. Archiv für slawische Philologie* 38, 1934, 244—250.

168 T. OLAJOS, *Adalék a (H)ung(a)ri(i) népnév és késő avarkori etnikum történetéhez. AT* 16, 1969, 87—90.

169 Entwurf I. KNIEZSA in Zusammenarbeit mit L. GLASER, *Ungarns Völkerschaften im XI. Jahrhundert.* Études sur l'Europe centro-orientale 16, 1938, Kartenbeilage.

170 Die ungarische Forschung übte von verschiedenen Standpunkten aus Kritik, zitiert in den folgenden Anmerkungen. Anläßlich der ersten öffentlichen Präsentation der Theorie von der „doppelten Landnahme" im Rahmen eines Vortrages, den GYULA LÁSZLÓ 1969 in Budapest gehalten hat, wurden von seiten der Geschichtswissenschaft, Philologie und Archäologie massive Einwände erhoben (P. VÁCZY, K. CZEGLÉDY und I. BÓNA). Dem Thema wird ein Sammelband gewidmet, hrsg. von I. FODOR, im Druck.

ger Jahren kam es jedoch zu einem Aufschwung der archäologischen Quellenerschließung.[171]

b. Der für die Verbreitungskarten gewählte Maßstab ist für Detailbeobachtungen ungeeignet.[172] Überprüft man die These LÁSZLÓS anhand der besser erforschten Gebiete, stellt man fest, daß sich die von den Awaren und den Ungarn besiedelten Bereiche *nicht* ergänzen.[173]

c. Auch wenn die Behauptung, die awarischen und ungarischen Siedlungsgebiete würden einander ausschließen, wahr wäre, müßte daraus noch nicht zwingend geschlossen werden, daß sie gleichzeitig bestanden hätten. Der Unterschied bei der Wahl des Siedellandes könnte auch mit anderen Lebensformen erklärt werden.

d. Die Karte der ethnischen Verhältnisse zur Zeit Stephans des Heiligen stützt sich in einigen Fällen nur auf wenige Quellenangaben, hat also nur einen geringen Informationswert. Grundsätzlich mag es gestattet sein, trotz der geringen Datensequenz eine derartige Karte für das beginnende 11. Jahrhundert zu erstellen, doch muß man sich darüber im klaren sein, daß sie im besten Fall Tendenzen zeigt, jedenfalls keine Detailtreue. Von den hoch- und spätmittelalterlichen Ortsnamen auf das 7. bis 8. Jahrhundert zu schließen, ist höchst gefährlich.[174] Nicht einmal die Verbreitung der Ortsnamen, die mit Stammesnamen der landnehmenden Ungarn gebildet sind, fällt mit den Fundorten des 10. Jahrhunderts zusammen.

2. Vom Gesichtspunkt der awarischen Archäologie:

a. Die spätawarische Fundgruppe — in LÁSZLÓS Terminologie die „Greifen-Ranken-Gruppe" — darf nicht mit dem mittelawarischen Material verwechselt werden.[175]

b. Die zitierte Lomovatovo-Kultur hört nicht um 680 auf, sie hat mit den Altungarn nichts zu tun, sondern viel eher mit einer permischen Volksgruppe. Eine Abwanderung ihrer Träger ist bestenfalls zu vermuten, läßt sich aber nicht beweisen.[176] Funde vom spätawarischen Typ sind

aus einem viel größeren Gebiet Chasariens bekannt. Sie können als Hinweis auf bislang unbekannte Beziehungen der Spätawaren zur Saltovo-Majaki-Kultur erklärt werden, oder beide schöpften aus einer gemeinsamen Quelle.[177]

c. Das Weiterleben eines Großteils der spätawarischen Bevölkerung im 9. Jahrhundert wird derzeit von der Mehrzahl der Archäologen abgelehnt und wäre erst zu beweisen. Das gemeinsame Vorkommen spätawarischer und landnahmezeitlicher Gräber zeigt zunächst nicht mehr oder weniger, als daß beide Völkerschaften einen bestimmten Platz als geeignet für eine Begräbnisstätte fanden.

3. Vom Gesichtspunkt der landnahmezeitlichen Archäologie:

a. Trotz diverser türkischer Merkmale der landnahmezeitlichen Kultur darf das Volk Árpáds nicht kurzschlüssig als rein türkisch bezeichnet werden.[178]

b. Die materielle Kultur der Landnahmezeit, insbesondere die Siedlungen, leben ungebrochen in der Arpadenzeit weiter. Das Verschwinden einzelner Kulturelemente (Schmuck, Bewaffnung, Pferdegeschirr) hängt wohl mit der Übernahme des Christentums und mit neuen Lebensformen zusammen, nicht mit wesentlichen ethnischen Veränderungen.

c. Die zitierten anthropologischen Untersuchungsergebnisse[179] stammen aus einer Zeit, in der die Gräberfelder des landnahmezeitlichen Gemeinvolkes noch in die Árpádenzeit datiert worden sind. Seit ihre tatsächliche chronologische Stellung bekannt ist, müssen auch die ursprünglichen Ansichten zur typologischen Zuordnung der landnahmezeitlichen Bevölkerung modifiziert werden. Auch die landnehmenden Ungarn zeigen vorwiegend europide Merkmale, keinesfalls sind sie als rein türkisch (turanid) zu bezeichnen. Ganz abgesehen davon würde aus der Tatsache, daß die Spätawaren und die arpadenzeitliche Bevölkerung beide mehrheitlich dem europiden Typus angehören, noch nicht zu folgern sein, daß sie anthropologisch ident wären, daß zwischen ihnen irgendwelche ethnischen Beziehungen bestehen würden. Beide Völkerschaften sind osteuropäischer Herkunft, und auch die Alttürken sind anthropologisch alles andere als einheitlich, da sie seit dem 6. Jahrhundert europide Volksgruppen aufgenommen haben. Neuere eingehende Untersuchungen haben gezeigt, daß die Spätawaren und die arpadenzeitlichen Ungarn — im Gegen-

171 BAKAY, *Ipoly* 187—188, A. 278. In seinem 1978 erschienenen Buch verwendete Gy. László eine leicht ergänzte Verbreitungskarte spätawarischer Fundorte (1978).

172 BAKAY, ebendort.

173 L. MADARAS, *A kettős honfoglalás elméletének néhány településtörténeti problémája. Acta Iuvenum 8, 1975, 45*; BÓNA, *Dunaújváros* 81; KÜRTI, *Az avar kor* 186

174 A. RÓNA-TAS, Diskussionsbeitrag in: *Congressus* 224—226; GY. KRISTÓ, *Nyelv és ethnikum. A „kettős honfoglalás" elméleti alapjaihoz. Szegedi Bölcsészműhely '82, 183*; BÓNA, *Népvándorlás kora* 328.

175 BÓNA, *Népvándorlás kora* 329.

176 Dazu siehe I. FODOR, *Vázlatok a finnugor őstörténet régészetéből. RF 2/15, 1973, 66—69*; R. D. GOLDINA, *Lomovatovskaja kul'tura v Verchnem Prikam'e (Irkutsk 1985).*

177 Siehe dazu S. 56.

178 Zuletzt: I. FODOR, *Finnugor vagy bolgár-török?* História 8/1, 1986, 3—4.

179 LIPTÁK, *Awaren*

satz zu früheren Ansichten — anthropologisch nicht näher zusammenhängen.[180]

d. Die „weißen Ugren" der sog. Nestor-Chronik sind mit den Ugriern,[181] also den Ungarn nicht identisch. Obwohl die Fremdbezeichnung der Ungarn tatsächlich von „Onogur" kommt, folgt daraus nicht unbedingt, daß mit dem Begriff „Onoguren" nur die „Ungarn" gemeint sind. Dies trifft in gleicher Weise die Interpretation der Bezeichnung „Uuangariorum marcha".

e. Abgesehen von den Berichten über die Streifzüge von 862 und 881, sowie den Vorposten, die für 892 bezeugt sind, spricht keine zeitgenössische Quelle von einer Anwesenheit der Ungarn im Karpatenbecken vor 895.[182] Dieser Umstand hat einiges Gewicht, bedenkt man die relativ zahlreichen und ausführlichen zeitgenössischen Angaben über das karolingische Pannonien.

f. Wäre die Theorie LÁSZLÓs zu halten, dann hätten sich die Spätawaren von den Ungarn Árpáds etwa 200 Jahre vor deren Einwanderung in das Karpatenbecken abgetrennt. Eine derartig lange getrennte Entwicklung zweier Volksteile hätte unweigerlich zur Herausbildung zweier verschiedener Sprachvarianten führen müssen. Daß es dazu nicht gekommen ist, spricht ebenfalls gegen die Theorie von der doppelten Landnahme.[183]

Obwohl die Argumentationskette in ihren Einzelheiten vielfach widerlegt worden ist, stellt die Theorie GYULA LÁSZLÓs von der „doppelten Landnahme" einen Versuch dar, auf einen Schlag eine Anzahl grundsätzlicher historischer Probleme der Awaren- und Landnahmezeit zu lösen. Von den kritisierten Punkten abgesehen, wurden doch einige Elemente des Modells in anderen Zusammenhängen von der Forschung anerkannt. Bislang konnte keine beruhigende Antwort auf die äußerst selten gestellte Frage gefunden werden, wie die Übereinstimmung der Tradition einer „ersten ungarischen Einwanderung" mit der von vielen Archäologen behaupteten mittelawarischen Landnahme zu erklären ist. Die Daten 677 und 700 sind nahezu identisch mit dem Zeitpunkt der onogurischen Wanderung in das Karpatenbecken. Nach den Historikern wäre dies alles bloß Zufall: Weil die in den ungarischen Chroniken verzeichneten Ereignisse als Folge von Abschreibefehlern falsch oder konfus wiedergegeben sind,[184] weil die Hunnen nicht im 7. Jahrhundert nach Europa gekommen sind, sondern 373[185] und schließlich, weil die Theorie von der hunnisch-ungarischen Verwandschaft keine ursprüngliche Tradition ist, sondern die Folge mittelalterlicher Gelehrsamkeit.[186] Obwohl die Berechtigung der genannten Einwände nicht bezweifelt werden soll, wäre doch zu berücksichtigen, daß einige politische Vorgänge im Zusammenhang mit den „Hunnen" bzw. „ersten Ungarn" in den ungarischen Chroniken stark an die awarisch-karolingischen Auseinandersetzungen erinnern[187] und daß die Onoguren — wie es die bulgarische Fürstenliste aus dem Mittelalter[188] zeigt — wegen der bekannten historischen Zusammenhänge eine eigene hunnische Tradition verarbeitet haben dürften. So wäre damit doch zu rechnen, daß die Angaben der ungarischen Chroniken über die „zwei ungarischen Landnahmen" mit der Eingliederung spätawarischer Volksgruppen in den ungarischen Stämmebund zusammenhängen.[189]

---

180 K. ÉRY, Összehasonlító biometriai vizsgálatok VI.—XII. századi Közép-Duna medencei népességek között. Anthrop. Közl. 14, 1970, 25.

181 Zur entsprechenden Bemerkung von J. HARMATTA siehe: GY. LÁSZLÓ, Őstörténetünk legkorábbi szakaszai (Budapest 1961) 21, A. 64.

182 GY. GYÖRFFY, A honfoglalásról újabb történeti kutatások tükrében. Valóság 1973/7, 1.

183 Freundliche mündliche Bemerkung von A. RÓNA-TAS.

184 KRISTÓ, Kettős honfoglalás 184—185.

185 GY. GYÖRFFY (Hg.), A magyarok elődeiről és a honfoglalásról (Budapest 1958) 221, A. 398.

186 Siehe GY. GYÖRFFY, Krónikáink és a magyar őstörténet. (Budapest 1948) 126—146 und zuletzt GY. KRISTÓ, Tanulmányok az Árpád-korról (Budapest 1983) 313—329, 551—556 mit weiterführenden Literaturangaben. Unlängst hat sich mit der Frage A. RÓNA-TAS beschäftigt: Ethnogenese und Staatsgründung. Die türkische Komponente in der Ethnogenese des Ungartums. (Vortrag Düsseldorf, 1984, dank freundlicher Mitteilung kenne ich seine Konzeption). Seiner Analyse nach sollte die vieldiskutierte Benennung eines Schwertes als „Attilas Schwert" authentisch gewesen sein. Dieses Schwert schenkte 1063 die Mutter des ungarischen Königs Salamon an Otto von Nordheim. Sonst beurteilt auch A. RÓNA-TAS die hunnisch-ungarische Verwandtschaft von Simon de Keza (13. Jahrhundert) als aus dem Westen stammende Idee. Dies ist auch die Meinung J. HARMATTAS, gibt daneben aber zu, daß die fürstlich-königliche Familie doch ein eigenes hunnisches Stammesbewußtsein gehabt haben dürfte, siehe Vorwort zur Reprint-Ausgabe in: Attila és hunjai. Hg. GY. Németh (Budapest 1940, Reprint 1986) XXXI—XXXV.

187 BÓNA, Nagy Károly 154—155.

188 O. PRITSAK, Die bulgarische Fürstenliste und die Sprache der Protobulgaren (Ural-Altaische Bibliothek 1, Wiesbaden 1955); LIGETI, Török kapcsolatai 463—468 mit weiterer Literatur.

189 I. ECSEDY sieht kein Hindernis dafür, daß neben oder hinter einer im Hochmittelalter entstandenen hunnischen Abstammungslegende auch eine im Karpatenbecken vorgefundene oder aus dem Osten mitgebrachte Tradition von einer hunnischen Abkunft der Ungarn lebendig gewesen sein könnte. Siehe dazu: I. ECSEDY, The Oriental Background to the Hungarian Tradition about „Attila's Tomb" AOH 36, 1982, 130.

Die Türken

Der historische Rahmen

Die Türken, die für alle verwandten Völkerschaften namengebend waren, wohnten in der Hiung-nu- und später in der Žuan-žuan-Zeit nördlich bzw. nordwestlich der letztgenannten in der Gegend um den Fluß Selenga und am Altai. In den chinesischen Quellen werden sie „t'u-küe" genannt, ein Name, der von dem türkischen Plural „Türküt" stammt, und es wird diskutiert, ob die ursprüngliche Form des Namens nicht doch „türk" war. Ihre mythische Urheimat, von der sie meinten, sie wäre von Erde und Wasser gesegnet, war der Wald Ötükän am Khangay-Gebirge. Weitere Gruppen, die sich ihnen anschlossen, kamen von den Südhängen des Altai-Gebirges. Wie bei allen anderen Völkerschaften der Steppe läßt sich auch ihre Geschichte schwer von jener der von ihnen unterworfenen Völker trennen. Nach ihrer bekanntesten Herkunftssage stammen sie von einer Wölfin ab. Nach der Überlieferung der chinesischen Quellen sind sie Abkömmlinge der Hiung-nu und haben während der Žuan-žuan-Zeit als Schmiede für ihre Herren gearbeitet. Die Oberherrschaft der Žuan-žuan streiften sie unter der Führung ihrer Kagane Bumyn (chinesisch „T'u-men") und Muhan (*Buhan) zwischen 552 und 555 ab. Anschließend unterwarfen sie zunächst die Hephthaliten im Westen, die Völkerschaften des späteren kirgisischen Reiches (9. Jahrhundert) im Norden und die Kitaj im Osten. Mit den ebenfalls nördlich des Altai lebenden „t'ie-lö" (= Tölös-Stämme) stießen sie bereits im 6. Jahrhundert zusammen. In den darauf folgenden kriegerischen Auseinandersetzungen schlossen sich ihnen so manche Stämme an, andere jedoch blieben ihnen feindlich gesinnt. Erstmals gelang es einem Volk, Zentral- und Mittelasien zu einer politischen Einheit zusammenzufassen: Am Höhepunkt ihrer Macht herrschten die Türken über die Steppe von Korea bis zur Volga, doch schon bald bildete sich eine westliche und eine östliche Hälfte heraus, und als Folge innerer Streitigkeiten sowie verschiedener diplomatischer Manöver der Chinesen wurde diese Trennung 582/83 gefestigt. Der westliche Teil bestand aus zehn, der östliche aus zwölf Stammesteilen. Die staatsbildenden Stämme gaben sich klingende Namen wie „On-oq bodun" (Volk der zehn Pfeile) oder „Tokuz-Oguz" (neun Oguz). Nachdem die Herrschaft der Türken von den Ujguren zerschlagen worden war, entstand daraus der Name der Sieger: „On Ujgur Tokuz-Oguz", der neue Name der Ujguren.

Die Zentren der beiden Kaganate befanden sich im Talas- bzw. Orhon-Tal, wodurch sie sowohl mit dem byzantinischen, als auch mit dem persischen und dem chinesischen Reich Kontakt halten konnten. Die Osttürken hatten noch eine zweite Hauptstadt, welche die Chinesen „Südhof der Barbaren" nannten. Sie befand sich an der Südgrenze der Gobi, und da die Wüste bloß in einem siebentägigen Fußmarsch bewältigt werden konnte, war diese Hauptstadt lebenswichtig für die Beziehungen der Türken zu den Chinesen. Die zweite Hauptstadt der Westtürken hieß „Toqmaq" oder „Kara Balgasun" und befand sich in der Umgebung des Issyk-Kul. Da die Türken aber auch bald die Herrschaft über Sogdien erlangten und damit einen bedeutenden Teil der Seidenstraße kontrollierten, wollten die Westtürken selbst vom Handel profitieren. Aus diesem Grund tauschten der Reichsgründer Ištemi bzw. sein Sohn Tardu Kagan 567/68 und 576 mit Byzanz Gesandte aus und forderten bei dieser Gelegenheit die „entflohenen Vasallen", die Awaren, zurück. Da sich die Verhandlungen nach der Meinung der Türken nicht zufriedenstellend entwickelten, eroberten sie 576 Cherson. Bereits 571 erlangten sie die Herrschaft über die Krim und besetzten gleichzeitig auch Ausläufer des Kaukasus. Die Chasaren konnten unter türkischer Oberhoheit jenseits des Kaukasus ihre Streifzüge durchführen. Nur dem chinesischen Reich gelang es, auf die türkische Geschichte einen entscheidenden Einfluß auszuüben. Byzanz lag zu weit entfernt, Persien erwies sich als zu schwach. Die Ausbreitung des mittelasiatischen Kalifats entwickelte sich bis zum Beginn des 7. Jahrhunderts sehr langsam und die Türken waren bis zum 8. Jahrhundert davon nicht weiter betroffen. Als es zur Konfrontation mit den Arabern kam, hatten die Chinesen die westtürkischen Kagane bereits gefangengenommen. Für die Beziehungen zwischen Türken und Chinesen waren abwechselnd Heiratskontrakte, Tauschhandel, „Geschenkaustausch" und bisweilen auch Kriege kennzeichnend. Während der Regierung des osttürkischen Kagans Ši-pi (609—619) standen die Türken am Höhepunkt ihrer Macht: Nach der Überlieferung einer chinesischen Quelle „blickten sie hoch vom Berge Yin-schan (Altai) herab und hegten nur Verachtung für das Reich der Mitte"[1] (China). Bisweilen gelang es den Türken, erfolgreich in die Innenpolitik des chinesischen Reiches einzugreifen. So gelangte beispielsweise die T'ang-Dynastie 618 mit türkischer Hilfe gegen die Sui an die Macht, und die Türken unterstützten auch später immer wieder die T'ang, wenn es zu inneren Auseinandersetzungen kam. 698 schlug sich ein chinesischer General auf die Seite der Türken und legte sich den Namen „Kagan des Südens" zu. Ein Nachkomme des letzten Sassanidenherrschers, der bei den Westtürken lebte, machte sich noch 728 Hoffnung auf den verlorenen persischen Thron.

630 stürzten die Chinesen das östliche Kaganat und bezwangen nach einigen Friedensversuchen zwischen 653 und 659 auch die benachbarten westtürkischen Stämme; andere konnten ihre Unabhängigkeit behaupten. Die Beziehungen der Türken zu der chinesischen T'ang-Dynastie werden durch das mit lebensnahen Reiterszenen in Relief verzierte Grabmal des 649 verstorbenen Kaisers T'ai-tsung, der die „Barbaren" im Norden besiegte, verdeutlicht. Er war es auch, der einen Teil der besiegten Osttürken in der Ordos-Gegend, in der großen Schleife des Hoang-ho, ansiedelte, während die an Ort und Stelle verbliebenen Stämme im Stammesbund der Sie-jen-to assimiliert wurden. 639 wollte T'ai-tsung den in die Ordos-Steppe geflüchteten Türken ihre Autonomie zurückgeben, doch befand sich das angebotene Gebiet im Besitz der Sie-jen-to. Die Türken waren zu diesem Zeitpunkt noch nicht bereit, ihrem Kagan auf dem Weg zur Wiedervereinigung zu folgen. Nachdem auch das westtürkische Reich zum ersten Mal ein Ende gefunden hatte, teilten die Chinesen das ehemalige türkische Herrschaftsgebiet in neue Verwaltungseinheiten auf. Von 670 bis 692 gelangte Ostturkestan in die Hände der Tibeter. Elteriš Kagan und dessen langjähriger Berater, der „weise Tonjukuk", nutzten deren Sieg über die Chinesen im Jahr 679, um 680 die türkische Autonomie zurückzugewinnen und mit ihrer Völkerschaft in die Gebiete nördlich der Wüste Gobi zurückzukehren. Im Gegensatz zu den zuvor in der Ordos-Steppe angesiedelten oder seßhaft gewordenen Žuan-žuan-Stämmen gelang es ihnen, eine Sinoisierung

zu vermeiden. In einer der wertvollsten Inschriften der zentralasiatischen Türken auf den Steinstelen am Orchon wurde Tonjukuk, dem Begründer des neuen Reiches, Bilge Kagan, dem Nachfolger des Elteriš Kagan sowie dessen Feldherrn Kül-tegin ein Denkmal gesetzt. Auch das westtürkische Kaganat verdankte sein Wiedererstehen der Ausbreitung der Tibeter (680). Die alte türkische Einheit in Mittelasien konnte allerdings nicht mehr erreicht werden. Der arabischen Expansion, die vom Beginn des 8. Jahrhunderts an mit der Islamisierung der Gebiete nördlich der Amu-Darja (Oxus) einherging, vermochten die Türken keinen Widerstand zu leisten. Ein einziges Mal versuchten die Chinesen, den am unteren Lauf des Ili wohnenden Stamm Türgeš gegen die Türken auszuspielen, doch blieben die Türken erfolgreich (689). Später wurden die Türgeš dem westtürkischen Kaganat angeschlossen, dessen letzte drei Herrscher sie stellten. Während ihrer Herrschaft bauten sie eine eigene Münzprägung auf. Mit dem Sieg der Osttürken über die Westtürken, die Türgeš und Karluken (699, 711) wurde die frühere Einheit des türkischen Reiches für eine kurze Zeit wiederhergestellt. Der endgültige Zusammenbruch erfolgte 745, als die Ujguren mit ihren Verbündeten, den Oguzen und Basmilen die Osttürken besiegten. Wenige Jahre später, 766, unterwarfen die Ujguren und Karluken die Westtürken. Die weltgeschichtlich bedeutsame Schlacht von 751 im Talas-Tal zwischen den Arabern, Karluken und Tibetern auf der einen sowie den Chinesen auf der anderen Seite endete mit der Niederlage des Reichs des Himmels. Mit diesem Sieg der Araber und ihrer Verbündeten begann die Türkisierung der mittelasiatischen Völkerschaften, die bis dahin verschiedene iranische Dialekte gesprochen hatten.

Einführende Literatur

É. CHAVANNES, *Documents sur les Tou-kiue (Turcs) occidentaux.* (Paris 1909); R. GHIRSHMAN, *Les Chionites-Hephtalites.* (Le Caire 1948); MAU-TSAI, LIU, *Nachrichten*; R. GIRAUD, *Les règnes d'Elterich, Qapghan et Bilgä.* In: *Contribution à l'histoire de Turcs d'Asie Centrale* (Paris 1960); J. HAMILTON, *Toquz-Oguz et On-Uygur.* Journal Asiatique 250, 1962; K. CZEGLÉDY, *Čogay-quzi, Qara-qum. Kök-Öng.* AOH 15, 1962, 55—69; DERS.: *Gardīzī on the History of Central Asia (145—780 A. D.).* AOH 27, 1973, 257—267; A. RÓNA-TAS, *Some Problems of Ancient Turcic.* Acta Orientalia 32, 1970, 209—228; E. G. PULLEYBLANK, *The Chinese Name for the Turks.* Journal of Oriental and African Studies 85, 1965, 121—125; L. N. GUMILËV, *Drevnie tjurki.* (Moskva 1967); H. ECSEDY, *Tribe and Tribal Society in the 6th Century Turk Empire.* AOH 25, 1972, 245—262; J. HARMATTA, *Irano-Turcica.* AOH 25, 1972, 263—273; P. B. GOLDEN, *The Migration of the Oğuz.* Archivum Ottomanicum 4, 1972, 45—84; LIGETI, Török kapcsolatai 322—332.

---

1 Übersetzt von LIU, *Nachrichten* I, 132.

Einleitung

Die politische Einheit des türkischen Reiches war — wie erwähnt — nur von kurzer Dauer. Die Masse der heute bekannten Fundmaterialien stammt aus dem Gebiet des damaligen osttürkischen Kaganates, vor allem aus dem Gebiet zwischen den Gebirgssystemen des Altai und des Sajan sowie aus dem Land am Issyk-Kul. Aus der Mongolei[2] und den Quellgebieten des Syr-Darja und des Ču kennen wir je einen, aus der Kazachischen Steppe mehrere Fundorte. Im Rahmen der archäologischen Erforschung der Türkenzeit beschränkt man sich gegenwärtig auf die Untersuchung der Bestattungsbräuche, auf Totengedenkstätten und auf die Bearbeitung des Fundmaterials aus Mittel- und Zentralasien,[3] soweit die heutige Sowjetunion daran Anteil hat. Siedlungsreste konnten bisher noch nicht freigelegt werden. Auch fehlt es noch an einer katastermäßigen Erfassung aller Fundorte. Erst kürzlich erschien die erste allgemeine Übersicht der materiellen Kultur Sibiriens, Mittel- und Zentralasiens vom 6. bis zum 10. Jahrhundert, in der die Fundorte, das Fundgut und auch die einschlägige Literatur erfaßt wurden.[4] Bis dahin wurden lediglich einzelne Gräberfelder, die wichtigsten Bestattungssitten, häufigere Fundtypen oder größere geographische Einheiten bearbeitet.

Die Entstehung einer anspruchsvollen, übergreifenden Analyse oder zusammenfassenden Arbeit wird derzeit vor allem in zweifacher Weise erschwert: Zunächst kommen türkenzeitliche Funde in einem Gebiet von enormen Ausmaßen vor, das sich überdies auf mehrere moderne Staaten erstreckt, in denen archäologische Forschung in sehr unterschiedlicher Intensität betrieben wird. Selbst in Tuva, dem am besten erforschten Gebiet, wurden nicht einmal fünfzig Kurgane und symbolische Gräber[5] aus dem 6. bis 8. Jahrhundert freigelegt.[6] Zum Vergleich: Dieses Areal ist etwa so groß wie das Karpatenbecken, wo aus dem gleichen Zeitraum rund 40.000 Awarengräber geborgen wurden. Aus dem Minusinsker Becken sind uns 43 türkische bzw. türkenzeitliche Gräber bekannt.[7] Die Zahl der bisher bekannten, vermutlich türkenzeitlichen, Gräber in ganz Asien liegt lediglich bei etwa 150; aber nur etwa ein Zehntel davon stammt aus der Region des westtürkischen Kaganats[8] und könnte Chasarien, also die späten Awaren und die Frühgeschichte der Ungarn — mithin Ost- und Mitteleuropa — näher berühren. Demgegenüber verdankt man dem Fundgut, insbesondere dem der kazachischen Steppe, ein unverhältnismäßig reiches Bild von den Gebrauchsgegenständen und dem Alltagsleben der städtischen Untertanen verschiedener Herkunft im westtürkischen Kaganat. Im türkenzeitlichen Fundgut aus Sogdien finden sich im übrigen türkische oder zumindest unter türkischem Einfluß hergestellte Gegenstände gemeinsam mit örtlich hergestellten bzw. postsassanidischen Produkten.[9]

---

2 Äußere Mongolei: Mongolische Volksrepublik; Innere Mongolei: heute Teil der Volksrepublik China.

3 Die im deutschen Sprachraum übliche Benennung und Umschreibung geographischer Großeinheiten Asiens ist für das vorliegende Kapitel nur beschränkt verwendbar, da die hier angesprochenen Kulturbereiche mehreren Einheiten angehören würden. Im folgenden wird daher die russische Terminologie verwendet, in der Kazachstan und Turkmenistan zu Mittelasien gerechnet werden. (Der deutschen Terminologie nach wäre Kazachstan ein Teil Nordasiens, Turkmenistan würde zu Vorderasien gehören.)

4 *Stepi Evrazii* 29—61.

5 Als „symbolisch" bezeichnet man in der sowjetischen Fachwelt Gräber, die keinerlei menschliche Reste enthalten, aber Trachtbestandteile und Beigaben entsprechend dem damaligen Bestattungsbrauch. Man nimmt an, das sie für Familienangehörige, die in der Ferne den Tod fanden, angelegt wurden.

6 Zusammenfassung des Forschungsstandes: Ju. I. Trifonov, *Drevnetjurkskaja archeologija Tuvy*. Učënye Zapiski Tuvinskogo Naučno-Issledovatel'skogo Jazyka, Literatury i Istorii 15, 1971, 112—122.

7 Zusammenfassung: Ju. S. Chudjakov, *Tipologija pogrebenij VI—XII vv v minusinskom kotlovine*. In: Archeologičeskij poisk, Severnaja Azija. (Novosibirsk 1980) 193—205.

8 Möglicherweise hängt dies damit zusammen, daß die zentralasiatischen Türken im westtürkischen Kaganat nur die Führerschicht bildeten. Eine herrschende Völkerschaft ist für die Archäologie immer dann schwer faßbar, wenn die materielle Kultur der überschichteten lokalen Bevölkerung eine besonders dominante Ausprägung zeigt.

9 Zusammenfassung: V. I. Raspopova, *Metalličeskie izdelija rannesrednevekovogo Sogda*. Leningrad 1980.

Die zweite prinzipielle Schwierigkeit ergibt sich daraus, daß bisher noch keine tragfähige Relativchronologie des Fundgutes erarbeitet worden ist. Der Hauptgrund dafür liegt in der bereits erwähnten Forschungslage und in dem Mangel an Gräbern mit Münzbeigaben, die zur Verfeinerung der Datierung herangezogen werden könnten. Selbst ein reicherer Münzfund würde die chronologischen Schwierigkeiten der Archäologie Sibiriens noch nicht aus der Welt schaffen, wie das Beispiel eines erst vor kurzem veröffentlichten Grabfundes zeigt.[10] Es gibt nämlich chinesische Münzen, die nur verschiedenen Dynastien, nicht aber den Prägejahren oder wenigstens den Regierungszeiten bestimmter Herrscher zugewiesen werden können. Ein noch unsichereres Hilfsmittel für die Datierung, das die Grablegung auf etwa eineinhalb Jahrhunderte eingrenzen läßt, sind die chinesischen Spiegel, die bisweilen in den sibirischen Gräbern einer im Ursprung nomadischen Bevölkerung vorkommen.[11] In besonders glücklichen, aber seltenen Fällen helfen einige gut erhalten gebliebene Seidenfragmente.[12] Was die Radiokarbonmethode betrifft, so liegt bislang nur eine einzige Messung vor und — abgesehen von den grundsätzlichen methodischen Problemen — ist die Ungenauigkeit dafür noch immer zu groß.[13]

In der Frage der Chronologie der türkischen Bodenfunde kann der nicht speziell eingearbeitete Archäologe umso leichter fehlgehen, als selbst unter angesehenen Spezialisten Meinungsverschiedenheiten darüber auftreten, ob ein Fundkomplex in das 6. bis 7. oder das 8. bis 9. Jahrhundert zu datieren sei. Es kommt sogar vor, daß ein und derselbe Archäologe in zwei verschiedenen Arbeiten zum selben Thema und mit dem gleichen Erscheinungsjahr unterschiedliche Zeitstellungen angibt.[14] Die innere Chronologie des türkenzeitlichen Fundgutes ist weitgehend unbekannt, und wir können uns im folgenden lediglich auf noch ungenügend abgesicherte Chronologiemodelle stützen: So gibt es bereits typochronologische Untersuchungen bestimmter Gegenstände sowie Versuche, darauf fußende archäologische Horizonte zu definieren [15]. Die dabei erzielten Ergebnisse sind nicht bloß das Resultat einer verfehlten Anwendung der typologischen Methode, sondern spiegeln wohl tatsächlich einen inneren Prozeß wider: Die Entwicklung geht vermutlich vom Einfachen zum Komplizierteren. Als Beispiel kann der türkische Sattel dienen. Die Verzierungen werden immer reicher (siehe die Steinstatuen), bei den Ensembles werden die Stückzahlen immer höher (vergleiche die Gürtelbeschläge). All das zeichnet sich allerdings erst ab, und obwohl die Tendenz wohl richtig erkannt wurde, bedürfen die typochronologischen Ergebnisse noch der Überprüfung und Verfeinerung.[16] Dabei ist auch zu betonen, daß es Gegenstände gibt, bei denen selbst im Laufe längerer Perioden keine wesentlichen Veränderungen in der Erscheinungsform (z. B. bei den knöchernen Gurtschnallen oder den langohrigen Steigbügeln) zu beobachten sind. Diese Tendenzen lassen sich nicht nur im türkischen Kulturbereich, sondern in ganz Mittel- und Zentralasien feststellen. Die bisher publizierten chronologisch-typologischen Übersichten und Tabellen für die Archäologie Mittel- und Zentralasiens können zumindest als Ausgangspunkt be-

10 OVČINNIKOVA, *Pogrebenie* 213.
11 Z. B. EVTJUCHOVA - KISELĚV, *Otčēt* 100, Fig. 29 und 34; E. R. RYGDYLON, *Kitajskie znaki i nadpisi na archeologičeskich predmetach s Eniseja.* Ėpigrafika Vostoka 5, 1951, 116—120, Fig. 4—9; A. D. GRAČ, *Drevnetjurkskoe pogrebenie s zerkalom Cin'vana v Tuve.* SĖ 1958. 4. 18—34. Aus sinologischer Sicht: R. F. ITS, *O nadpisi na kitajskom zerkale iz Tuvy.* Ebenda 35—37; DERS., *Drevnetjurkskie kurgany* 100, Fig. 50/5.
12 Die aus türkischen Gräbern stammenden Seidenfragmente wurden bisher noch nicht aus textiltechnischer und textilhistorischer Sicht bearbeitet. Vgl. A. A. ZACHAROV, *Materialy po archeologii Sibiri.* Trudy GIM 1, 1926, 104; GRAČ, *Archeologičeskie raskopki* 30, Fig. 29; DERS., *Archeologičeskie issledovanija* 135, Fig. 80 und 136, Fig. 83; vgl. auch Anm. 75. Es scheint historisch bedeutsam, daß ein völlig identisches und möglicherweise aus der gleichen Webe stammendes Gegenstück zu einem Seidenstoff aus einem türkischen Grab in der Mongolei in der Schatzkammer im Shōsōin in Nara (Japan) aufbewahrt wird (Vgl. BOROVKA, *Archeologičeskoe obsledovanie* 75). Er wird in die Nara-Periode (710—794) datiert. Vgl. *Kobijutsu* 13, 1966, 45, Abb. 2; *Nihon no bijutsu* 12, 1967/4, 33—34. Auf diese Parallele machte mich freundlicherweise GABRIEL VIAL (Centre d'Études Internationales des Textiles Anciens, Lyon) aufmerksam. Ein weiteres, vollkommen gleiches Stück wurde am Berg Mug, dem berühmten mittelasiatischen Fundort östlich von Samarkand, entdeckt und in das 7.—8. Jahrhundert datiert: I. B. BENTOVIČ - A. A. GAVRILOVA, *Mugskaja i katandinskaja kamčatye tkani.* KSIA 132, 1972, 31—37.
13 Nach der einzigen Radiokarbondatierung einer türkischen Bestattung in Zentralasien würden die ersten, bei Naima Tolgoy gemachten Funde in eine sehr frühe Periode der Türkenzeit datiert werden (540 ± 100; Berlin, DDR). Zur Freilegung siehe ERDÉLYI-DORJSÜREN-NAVAN,

Results. Die Daten der bisher unveröffentlichten Analysen stellte mir ISTVÁN ERDÉLYI freundlicherweise zur Verfügung. Im zitierten Fall konnte das Alter des Objektes lediglich auf zwei Jahrhunderte eingeengt werden.
14 VAJNŠTEIN, *Nekotorye voprosy* 81, Abb. 10/105; DERS., *Pamjatniki* 330.
15 Das nach den Sätteln erstellte Chronologiemodell: VAJNŠTEJN, *Pamjatniki* Taf. X—XI. Nach den Steigbügeln und Trensen: GAVRILOVA, *Kudyrgě* 81—85. Chronologie der Grabstatuen: EVTJUCHOVA, *Kamennye izvajanija*; GRAČ, *Drevnetjurkskie izvajanija;* ŠER, *Kamennye izvajanija.*
16 Vom methodischen Standpunkt erhebt sich die Frage, was von Untersuchungen dieser Art zu erwarten ist. Reflektieren diese „Tendenzen" oder „Entwicklungen" historische bzw. ethnische Prozesse ? Wenn ja, wie hat man sich diese vorzustellen ?

trachtet werden.[17] Das Fundmaterial aus dem 9. und 10. Jahrhundert, also aus der Periode nach der Türkenzeit, läßt sich bereits mit etwas größerer Sicherheit datieren.

Aufgrund der ungleichmäßigen Erforschung und der im Vergleich zur enormen geographischen Größe geringen Zahl archäologischer Funde scheint es vorläufig angebracht, lediglich von Funden aus der Türkenzeit oder von Funden türkischen Typs und nicht einfach von türkischen Funden zu sprechen, da ja die Hinterlassenschaften der im türkischen Kaganat lebenden verschiedenen Volksgruppen noch nicht auseinandergehalten werden können. Diesbezügliche Überlegungen auf der Basis einer vorwiegend typochronologischen Analyse erwiesen sich letztlich als nicht endgültig.[18] Vorläufig scheint es, als ob es in der materiellen Kultur, vor allem bei den am besten bekannten und erforschten Pferdegeschirrfunden, selbst bei so großen historischen Landschaftseinheiten keine so beträchtlichen Unterschiede gibt, wie man das im Falle des sicherlich von unterschiedlichen Völkern bewohnten Altai-Gebirges, des Minusinsker Beckens und der Umgebung des Gebirges Tannu-ola erwarten könnte. Da jedoch derzeit nicht eindeutig zu entscheiden ist, ob auffällige regionale Abweichungen auf chronologische oder ethnische Entwicklungen zurückzuführen oder auch von anderen Faktoren bestimmt sind, scheint es ratsamer, selbst in den verhältnismäßig gut erforschten Arealen Vorsicht walten zu lassen und keine übereilten historischen Schlüsse zu ziehen. Selbst der Begriff „Türkenzeit" wird in der Literatur nicht eindeutig verwendet. Im allgemeinen versteht man darunter den Zeitraum zwischen dem 6. und 10. Jahrhundert.[19] Aus Gründen der historischen Klarheit soll in der vorliegenden Arbeit — soweit möglich — nur derjenige Zeitraum Gegenstand der Untersuchung sein, in dem die Türken tatsächlich politische Macht ausübten (6. bis 8. Jahrhundert).

Als „Leitgräberfeld" der Türkenzeit, das die Archäologie der Türken forschungsgeschichtlich tatsächlich einleitete, gilt das Gräberfeld von Kudyrgė im Altai.[20] Die zahlreichen Fundstücke werden mit Hilfe einer chinesischen Münze (Prägejahr 575—577) datiert, und bilden somit die Grundlage für die Erforschung der Türkenzeit.

In der Archäologie Mittel- und Zentralasiens sind auch jene Merkmale, die als Grundvoraussetzung für die ethnische Zuordnung archäologischer Fundkomplexe betrachtet werden, nicht erarbeitet. In der gegenwärtigen Praxis wird jedes Fundstück, das aus dem 6. bis 8. Jahrhundert und aus dem Gebiet zwischen dem Altai und der Wüste Gobi sowie südlich vom Minusinsker Becken stammt, unter dem Sammelbegriff „türkisch" subsumiert. Vorläufig sind jedoch keine Gegenstände bekannt, die als typisch türkisch gelten können. Nicht eindeutig ist, ob die Sitte, neben dem Toten auch sein Pferd zu bestatten, innerhalb Mittel- und Zentralasiens eine türkische Eigenart dargestellt hat. Im Fundgut lassen sich zweifelsohne nur sehr wenige Formen und Verzierungsarten nachweisen, deren Verbreitung ausschließlich auf das türkische Kaganat beschränkt geblieben ist. Die wichtigsten persönlichen Schmuckstücke und Waffen, aber auch Zubehörteile des Pferdegeschirrs sowie einige wichtige Keramikmerkmale gehören zu jener Kategorie von Fundstücken, die aller Wahrscheinlichkeit nach in den Steppen zwischen dem Fluß Tola (Mongolei) und der Donau über alle ethnischen Grenzen hinweg verbreitet waren. Doch nicht einmal der Brauch der Pferdemitbestattung ist ein durchwegs anerkanntes ethnisches Kriterium.[21] Mehrere Forscher bringen diese Sitte mit dem Volk der T'ie-lö (Tölös) oder auch mit den Kirgisen in Verbindung.[22] Dennoch scheint es aufgrund verschiedener Verbreitungen bzw. Gruppierungen der Daten, als ob man diesen Grabbrauch, in Übereinstimmung mit mehreren sowjetischen Kollegen, als eines der Kriterien für die Identifizierung des türkischen Ethnikums zu halten hätte.[23] Dafür spricht unter anderem auch der Umstand, daß die Pferdemitbestattungen im türkischen Kaganat nicht nur in Männer- sondern auch in Frauen- und Kindergräbern — wenngleich auch wesentlich geringer an Zahl — zu finden sind. Natürlich müssen wir damit rechnen, daß die Toten in Gräbern mit Pferdebestattung nur einen Teil, nämlich die Mittel- und Führungsschicht der türkischen Bevölkerung bildeten, während Angehörige des gemeinen Volkes ohne Pferde, ja ohne Pferdegeschirrbeigabe beerdigt wurden. Als Beweis dafür werden Gräber angeführt, die im Gebiet von Tuva freigelegt worden sind. Sie stammen mit Sicherheit aus der Türken-

17 BERNŠTAM, *Trudy* Taf. XCV; VAJNŠTEJN, *Nekotorye voprosy* Fig. 10; GAVRILOVA, *Kudyrgė* Taf. XXXI; KYZLASOV, *Istorija* 20, Taf. I.

18 SAVINOV, *Ėtnokul'turnye svjazi* 339—350.

19 Siehe z. B. GRAČ, *Chronologičeskie i ėtno-kul'turnye granicy* 188—189 und zuletzt SAVINOV, *Narody*.

20 GAVRILOVA, *Kudyrgė*.

21 GUMILĖV, *Altajskaja vetv'* 107.

22 EVTJUCHOVA, *Archeologičeskie pamjatniki* 60—67; SAVINOV, *Ėtnokul'turnye svjazi* 343; TRIFONOV, *Ob ėtničeskoj prinadležnosti* 374. Zur Kritik an den beiden letzten Werken siehe: CHUDJAKOV, *Kök-tjurki* 194—206.

23 Siehe z. B. KISELĖV, *Istorija* 496—497; KYZLASOV, *Tuva* 51—53; ŠER, *Pamjatniki* 163; SAVINOV, *Narody* 51—57 und 61—71.

zeit, enthielten jedoch keine Pferdeskelette.[24] Neben dem sozialen Aspekt ergibt sich indes auch ein ethnohistorischer, denn auch die Awaren, die aus dem gleichen geographischen Umfeld stammen und die schließlich bis in das Karpatenbecken gelangten, gaben ihren Toten ganze Pferde mit.[25] Infolgedessen kann die Möglichkeit nicht ausgeschlossen werden, daß es auch unter jenen Völkern, die sich den Türken unterwarfen und in ihrem Siedelland blieben, manche gab, die diesen Bestattungskult pflegten.[26] Einer kürzlich erschienenen und im allgemeinen überzeugenden Zusammenfassung nach scheint die Kombination aus Pferdebestattung, typischem Pferdegeschirr, der Ziegendarstellungen, den Gedenkstätten und Steinstatuen ethnospezifisch zu sein.[27]

Im vorliegenden Kapitel kann der Autor lediglich einen Überblick der einschlägigen sowjetischen Fachliteratur aus dem Blickwinkel eines Außenstehenden bieten. Über die zahlenmäßig wesentlich bescheideneren, in ihrer Bedeutung jedoch keineswegs geringfügigeren Gräberfunde in der Mongolei und im chinesischen Ostturkestan[28] liegt noch keine Zusammenfassung vor. Eine ausführliche Behandlung der in der Orientalistik eingehend diskutierten politischen und sozialen Ge-

sichtspunkte sowie der Glaubenswelt der Türken würde den Rahmen dieser Arbeit sprengen.[29] Auch soll hier auf die Auswertung der chinesischen Quellen zum materiellen Leben und Bestattungskult der Türken[30] verzichtet werden, zumal die archäologischen und schriftlichen Zeugnisse — insoweit sie anhand der vorliegenden Fachliteratur beurteilt werden können — erst nach eingehenden Studien miteinander verglichen werden können. Die Untersuchung türkischer Runeninschriften und archäologischer Denkmäler mit türkischen Runen bleibt ebenfalls einem anderen Fachbereich vorbehalten.[31] Hingegen soll auf die archäologischen Funde der Frühawaren verwiesen werden, wo es möglich ist; dies scheint sowohl historisch wie kulturell angebracht und hilft gleichzeitig, die materielle und geistige Kultur beider Völker zu verstehen.

Die türkenzeitlichen Gräber machen in ihrer Gesamtheit auf einen mit der Archäologie der Steppenvölker im frühmittelalterlichen Mittel- und Osteuropa vertrauten Betrachter nicht den Eindruck großen Reichtums, allein die frühesten awarischen Gräberfunde im Karpatenbecken erscheinen in ihrer Zusammensetzung ebenso ärmlich. Diese Ähnlichkeit ist angesichts der vielfältigen Verwandtschaft der beiden Völker jedoch nichts Überraschendes. Auffällig ist das Fehlen von Edelmetallen in türkischen Gräbern (im Gegensatz zu den awarischen im ersten Viertel des 7. Jahrhunderts). So kamen bislang nur wenige Silbergegenstände zum Vorschein; Gold findet sich überhaupt nur in außerordentlich seltenen Fällen. Eine geringe Typenvielfalt innerhalb der Gesamtheit der Funde ergibt ein recht abwechslungsarmes Bild.

Einen Großteil der uns erhaltenen Gegenstände machen die wichtigsten Teile des Pferdegeschirrs und seltene Waffen aus. Es ist daher kein Zufall, daß man bisher bei chronologischen Gliederungen häufig vom Pferdegeschirr ausging. Die eigentlichen Trachtbestandteile und ihre Verzierungen dürften nicht sehr verbreitet gewesen sein. So stechen unter den Gräbern mit ziemlich homogenem Fundgut insgesamt nur ein bis zwei Gräber

24 KYZLASOV, *Istorija* 23.

25 Für die partielle Pferdemitbestattung der Frühawaren (Pferdehaut mit Kopf und Füßen) gibt es in Zentralasien bis nach dem Ende der Türkenzeit keine Analogien. Sie scheint also eher mittelasiatischer oder osteuropäischer (?) Herkunft zu sein. Zur Erklärung der frühawarenzeitlichen partiellen Pferdebestattungen schlägt I. BÓNA, *Szegvár* 20—21 einen ökonomischen Grund vor: der Übergang von der vollständigen zur partiellen Pferdemitbestattung sei eine Folge der großen Verluste des awarischen Pferdebestandes um die Zeit ihrer Landnahme gewesen. Zu berücksichtigen ist, daß partielle Pferdebestattungen auch in Gräbern der osteuropäischen Steppen zu finden sind. Zu erklären ist dies durch eine ethnisch-kulturelle Verwandtschaft dieser Bevölkerung mit den Frühawaren.

26 BOROVKA, *Archeologičeskoe obsledovanie* 73—74; M. GÁBORI, *Jelentés az 1958. évi mongóliai tanulmányutamról.* AÉ 87, 1960, 83—85; ERDÉLYI - DORJSÜREN - NAVAN, *Results* 348—353; N. SER-ODŽAV, *Mongolyn ēertnij tuuh* (Ulaanbaataar 1977) 192. Neuerdings beginnt man in der sowjetischen Forschung, die Awaren bei der Bewertung der türkischen Materialien und Bestattungssitten zu berücksichtigen (z. B. SAVINOV, *Narody* 38). Wiewohl diese Tendenz zu begrüßen ist, scheint es doch zu früh, aus Analogien zwischen dem Gräberfeld von Kudyrgė und der awarischen Archäologie auf ein Nachleben einzelner Kulturelemente der Žuanžuan schließen zu wollen (Ebendort).

27 SAVINOV, *Narody* 50—51.

28 Eine umfangreiche Zusammenfassung bietet M. MAILLARD, *Grottes et monuments d'Asie centrale* (Paris 1983). Zu einzelnen Grabfunden siehe DIES., *Essai sur la vie matérielle dans l'oasis de Tourfan pendant le Haut Moyen Âge.* Arts Asiatiques 29, 1973; K. FINSTERBUSCH, *Zur Archäologie der Pei ch'i- (550—571) und Sui-Zeit (581—618)* Münchener Ostasiatische Studien 1 (Wiesbaden 1976) Taf. 69—1, 3, 4.

29 Vgl. D. SINOR, *Introduction*; R. GROUSSET, *L'empire des steppes* (Paris 1969²) 124—172 — deutsch: *Die Steppenvölker. Attila - Dschingis Khan - Tamerlan* (Essen 1975); E. ESIN, *A History of Pre-Islamic and Early-Islamic Turkish Culture* (Istanbul 1980) 136—149.

30 LIU, Nachrichten *II.* 392—483.

31 S. E. MALOV, *Pamjatniki drevnetjurkskoj pis'mennosti* (Moskva - Leningrad 1951); DERS., *Enisejskaja pis'mennost tjurkov.* (Moskva - Leningrad 1952.); DERS., *Pamjatniki drevnetjurkskoj pis'mennosti Mongolii i Kirgizii* (Moskva - Leningrad 1959); S. G. KLJAŠTORNYJ, *Drevnetjurkskie runičeskie pamjatniki* (Moskva 1964); D. D. VASIL'EV, *Korpus tjurkskich runičeskich pamjatnikov bassejna Eniseja* (Leningrad 1983).

mit einem Edelmetallgürtel und Pferdegeschirrbeschlägen oder in seltenen Ausnahmefällen mit einem silbernen Trinkgefäß als Beigabe hervor. Wo eine Abweichung vom bescheidenen Durchschnitt vorliegt, sind die Gegenstände, die den Eindruck einer Art Luxus erwecken, im allgemeinen chinesischen Ursprungs (Seidenfragmente, Spiegel), wiewohl auch diese lediglich Zeugnisse von Kriegstributen oder von — möglicherweise erzwungenen — „Handelsbeziehungen" sein könnten.[32] Der Bodenbeschaffenheit und dem Klima in weiten Gebieten Mittel- und Zentralasiens ist es zu verdanken, daß auch bei den osteuropäischen Steppenvölkern bisher praktisch unbekannte Gegenstände und Werkzeuge aus Holz, Rinde und Leder, die große Aussagekraft bei der Erforschung des täglichen Lebens im weitesten Sinn haben, erhalten geblieben sind. Die Frage, warum in den Frauengräbern der Türkenzeit Ohrgehänge, Perlen und Armringe so auffallend selten vorkommen, warum Kleidungsverzierungen fast völlig fehlen und warum die Gürtel der Männer und das Pferdegeschirr so bescheiden verziert sind, diese Frage zu beantworten, würde weitergehende und teilweise theoretische Untersuchungen verlangen. Im Laufe der Zeit allerdings ist — ähnlich wie bei anderen frühmittelalterlichen Kulturen — bei den Grabbeigaben eine gewisse „Bereicherung" zu beobachten.

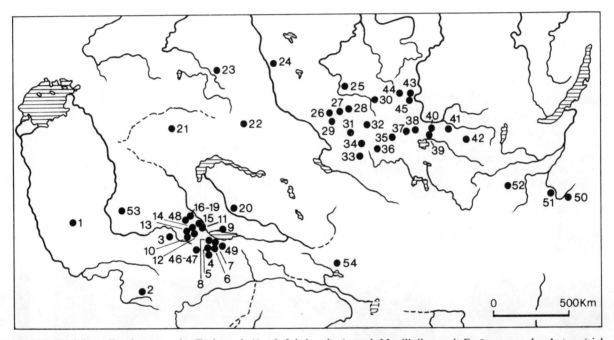

Karte VII: Wichtigste Fundorte aus der Türkenzeit (6.—8. Jahrhundert), nach Mogil'nikov, mit Ergänzungen des Autors (siehe: Beilage S. 292).

---

32 Zusammenfassend dargestellt in: I. ECSEDY, *Trade-and War-Relations between the Turks and China in the Second Half of the 6th Century.* AOH 21, 1968, 131—180.

FUNDMATERIAL

Schmuck

Persönliche Schmuckstücke, die mit Sicherheit als türkenzeitlich gelten können, sind zahlenmäßig so schwach vertreten, daß die Funde kaum zuverlässige Verallgemeinerungen erlauben. In Frauengräbern finden sich neben den einfachen Haarringen auch aus Silber oder Bronze gegossene Ohrgehänge,[33] die mit Kugelanhängsel oder mit Glaspastenperlen verziert sind (Abb. 116: 1, 2, 7). Verschiedene Ohrgehänge mit Kugelanhängsel

sind häufig auch an Steinstatuen (Kamennye babas), die immer Männer darstellen, festzustellen.[34] Dementsprechend finden sich in Männergräbern bisweilen einzelne Ohrgehänge, während sie in Frauengräbern eher paarweise vorkommen. In der einschlägigen Literatur wird häufig das sogenannte Ohrgehänge vom Typ Kudyrgė erwähnt, das aus einem mit Bronzeblechen umkleideten Harzstück besteht und außen goldplattiert und mit Preßverzierungen versehen ist (Abb. 116 :3).[35] Je ein typologisch ähnliches Exemplar ist aus Westsibirien, aus dem Gebiet des heutigen Baschkirien und aus der Umgebung von Kuban sowie aus der Schwarzmeerregion und dem Karpatenbecken bekannt,[36] doch fehlt bei

33 Vgl. Gavrilova, *Kudyrgė* 39—40; Grač, *Drevnetjurkskie kurgany* 110, Fig. 50. 20; L. P. Zjablin, *Srednevekovye kurgany na Issyk-kule (Po materialam raskopok 1954—1955 gg.)* Trudy Kirgizskoj Archeologo-Ėtnografičeskoj Ėkspedicii 2, 1959, 143. Fig. 2. 3.

Abb. 116: *Türkenzeitlicher Schmuck und Verzierungsstücke.* 1, 2: silberne Ohrgehänge mit kugelförmigem bzw. tropfenförmigem Anhängsel; 3: aus Kupfer (?) gepreßtes Ohrgehänge, mit Goldfolie bedeckt; 4: aus Bronze gegossener einfacher Armring mit offenen Enden; 5: einseitiger geschnitzter Beinkamm; 6: tropfenförmige Ohrgehänge aus Gold, mit Kugelverzierungen; 7: silberner Ohrring mit keulenförmigem Anhängsel und Glasperle; 8—10: Glasperlen; 11, 12: einfache Fingerringe aus Kupfer (?) bzw. Silber; 13: aus Bronze gegossene Schelle; 14: aus Bronze gegossene Anhängsel der Satteldecke.

34 Vgl. Evtjuchova, *Kamennye izvajanija* 106. Fig. 62. 1, 2.; F. H. Arslanova - A. A. Čarikova, *Kamennye izvajanija Verchnego Priirtiš'ja.* SA 1974/3, 222, Fig. 2/6, 227, Fig. 6/11.

35 Gavrilova, *Kudyrgė* Tab. IX/3, 4.

36 Z. B. N. Kondakov, *Russkie klady* I (Sankt Petersburg 1896) Fig. 106; Achmerov, *Ufimskie pogrebenija* Fig. 36/1—3; Bálint, *Vestiges* 205, Fig. 15/3, 4. Kugeln aus einer „harzähnlichen" Substanz wurden in einigen Gräbern des *spät*awarenzeitlichen Gräberfeldes von Abony festgestellt und chemisch untersucht: L. Márton, *Új leletek az abonyi régibb középkori sírmezőből.* AÉ 24, 1904, 316.

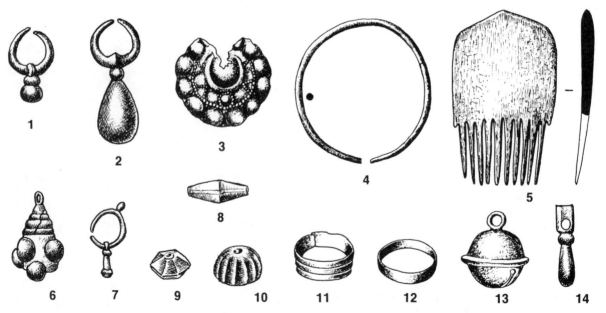

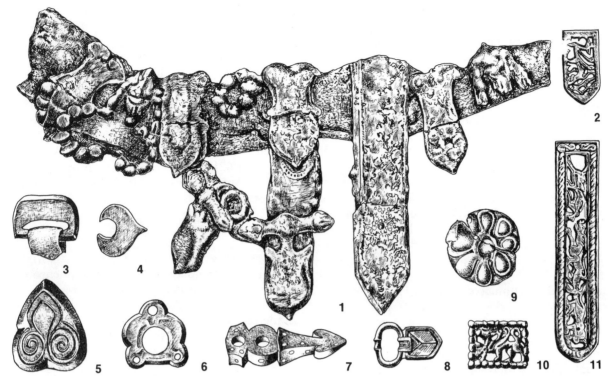

Abb. 117: *Türkenzeitlicher Gürtel.* 1: lederne Gürtelreste mit aus Silber gegossenen Beschlägen verschiedener Typen; 2: wahrscheinlich aus Bronze gegossene Riemenzunge mit Greifen- oder Hirschdarstellung; 3, 4: aus Silber gegossener einfacher Beschlag mit Resten eines Anhängsels aus Leder und ein Lochschützer; 5, 6, 9: aus Gold gepreßte Beschläge; 7: Gürtelanhängsel aus geschnitztem Knochen, mit Kreisverzierungen; 8: Schnalle aus gegossenem Silber; 10: aus Bronze gegossener Beschlag mit Greifendarstellung; 11: wahrscheinlich aus Bronze gegossene Riemenzunge mit Tierkampfszene.

diesen Stücken der Harzkern, oder er blieb zumindest nicht erhalten. Perlen kommen nur selten vor. Sie wurden vorwiegend aus Glaspaste hergestellt (Abb. 116: 8—10), ein Stück kennen wir aus Bernstein.[37] Darüber hinaus finden sich auch Kaurischnecken und gepreßter Kleiderschmuck, unverzierte oder gerippte Ringe sowie einreihige, aus Knochen bzw. aus Holz geschnitzte Kämme (Abb. 116: 5), wie sie manchmal auch bei den Frühawaren auftreten.

Der häufigste und vielfach auch einzige Trachtbestandteil in Männergräbern ist der Ledergürtel mit Beschlägen. Offensichtlich konnten es sich nur die Vornehmen leisten, neben dem üblichen Gürtel auch einen seidenen zu tragen.[38] Sofern die Chronologie der Grabstatuen richtig ist, zeigt sie, daß sich die Anzahl der kleinen Nebenriemen und der Zierbeschläge gegen Ende der Türkenzeit bedeutend erhöht (von ursprünglich vier bis auf sechzehn Stück). Das Vorkommen dieser Nebenriemen wird an das Ende des 7. und in das 8. Jahrhundert datiert.[39] Bei Ausgrabungen kamen einige glücklicherweise erhalten gebliebene Ledergürtelfragmente zutage, bei denen die Anordnung der verschiedenen Beschlagtypen beobachtet werden

kann (Abb. 117).[40] Unter den türkenzeitlichen Gürtelbeschlägen sind die sogenannten schildförmigen Beschläge (in der sowjetischen Fachliteratur als „heraldische" Beschläge bzw. mit dem in der osteuropäischen Steppenarchäologie gebräuchlichen Terminus Beschläge vom Typ Martinovka benannt) am charakteristischsten. Sie kommen von Tuva über die kazachische Steppe, das Kama- und Mitteldneprgebiet und den Nordkaukasus bis in das Karpatenbecken vor, wo sie im 6. und 7. Jahrhundert bei den Frühawaren auftreten.[41] Daneben sind die rechteckigen Blechbeschläge am weitesten verbreitet, deren eine Seite gerade, die andere hingegen leicht geschwungen ist. Bei den letzteren ist sehr häufig ein kleiner,

37 GAVRILOVA, *Kudyrgĕ* 40.

38 M. K. KADYRBAEV, *Pamjatniki rannich kočevnikov Central'nogo Kazachstana.* Trudy Instituta Istorii, Archeologii i Ètnografii (Alma-Ata) 7, 1959, 184; zusammenfassend SAVINOV, *Narody* 126—128.

39 MOGIL'NIKOV, *Tjurki* 40.

40 A. K. KIBIROV, *Rabota T'jan'-šan'skogo archeologičeskogo otrjada.* KSIÈ 26, 1957, 87, Fig. 4; OVČINNIKOVA, *Pogrebenie* 213, Fig. 3/13.

41 A. K. AMBROZ, Rezension: I. ERDÉLYI - E. OJTOZI - V. F. GENING, *Das Gräberfeld von Newolino.* SA 1973/2, 292, Fig. 2. Eine zusammenfassende Bearbeitung der Gürtelbeschläge vom sog. Typ Martinovka — insbesondere in Asien — steht noch aus.

rechteckiger Durchbruch zu beobachten, durch den wohl ein schmaler Riemen gezogen war, an dem etwas aufgehängt werden konnte. Es scheint, als könnte man hier die Entwicklung vom Gebrauchsgegenstand zum Symbol beobachten: Der Reiche trug mehrere Waffen und sonstiges Gut an seinem Gürtel, Wohlhabende dokumentierten also Besitztum und soziale Stellung mit ihren vielteiligen Gürtelgarnituren. Fallweise finden sich zwei Beschlagstypen, die wir später auch in der Saltovo-Majaki-Kultur (Siehe dazu Abb. 23:6, 11) und bei den landnehmenden Ungarn im 10. Jahrhundert kennen. Der eine Typ ist rundlich oder gedrungen, der andere schlank und herzförmig. Merkwürdigerweise ist die Schnalle am Haupttriemenende nicht bei allen Gürteln erhalten geblieben.[42] Der im allgemeinen aus Bronze-, manchmal aus Silberblech gefertigte Gürtel- und Pferdegeschirrschmuck wurde mit Hilfe zweier an der Rückseite des Beschlags festgelöteter schmaler Bänder befestigt, deren beide Enden durch den Riemen geführt und in der Art eines Splintes auseinandergebogen wurden. Interessant ist, daß dieselbe Befestigungsmethode auch beim Gürtelschmuck der Frühawaren sowie bei Beschlagstypen der osteuropäischen Steppen zu beobachten ist, bei deren Herstellung — wie heute allgemein angenommen wird — vermutlich auf byzantinische Vorbilder zurückgegriffen wurde.

In Zentralasien kommen gegen das 8. Jahrhundert immer häufiger bronzene und silberne gegossene Gürtelbeschläge vor. Auf die an sich zahlenmäßig weniger bedeutenden zentralasiatischen Gürtelbeschläge und Haupttriemenzungen verweist man gewöhnlich als wichtige Parallele zu den spätawarischen Greifenverzierungen. Sie sind aber so selten und ihre Motive sind — abgesehen von den um Jahrhunderte älteren sogenannten Ordosbronzen — den Verzierungen der türkenzeitlichen Gürtelbeschläge so fremd, daß es keineswegs evident ist, daß die zentralasiatischen Greifendarstellungen aus dem 6. bis 8. Jahrhundert auf lokale Vorbilder zurückgehen. Zunächst waren die Beschläge völlig unverziert. Später versah man sie mit halbrunden, buckelförmigen Verzierungen und — noch später (?) — mit Ranken und Palmetten. Letztere hängen offensichtlich mit dem weitreichenden Einfluß der chinesischen Goldschmiedekunst während der T'ang-Dynastie zusammen.[43] Es ist zwar nur ein

Detail, dennoch verdient es als chronologische (?) Besonderheit erwähnt zu werden, daß unter den Gürtelteilen auch ein geschnitzter Knochengegenstand vorkommt, der wohl zur Befestigung von Lederriemen gedient hat. Wie die Grabstatuen und mittelasiatischen Fresken zeigen, hing er immer vom Gürtel herab. Aufgrund der Typochronologie der Grabstatuen werden diese Anhänger in das 8. Jahrhundert datiert, während ähnliche Funde bei den Frühawaren im Karpatenbecken im 6. und 7. Jahrhundert, in der kazachischen Steppe aber bereits im 4. und 5. Jahrhundert vorkommen.[44]

Pferdegeschirr

Das Pferdegeschirr gehört zu den häufigsten Funden. Aufgrund der erwähnten typochronologischen Systematisierung läßt sich zwar eine gewisse Tendenz in der Entwicklung der Gegenstände feststellen, doch wissen wir noch nicht, ob die verschieden datierten Formen im türkischen Gebiet gleichermaßen verbreitet waren.

Sattel

Die im Laufe des 1. Jahrtausends nach Christus erfolgten Änderungen in der Sattelkonstruktion können — vor allem aufgrund einiger Funde von Tuva — dank der Erhaltung der Holzkonstruktionen und verschiedener Darstellungen gut verfolgt werden. Der Sattel der Hiung-nu (1.—2. Jahrhundert) besaß einen kreisbogenförmigen, gedrungenen Sattelbogen und gerade Seitenbretter. Das Aussehen des Sattels war wohl vom Sitzkissen bestimmt, für das die Holzteile lediglich als Stütze dienten. In der Türkenzeit sind die vorderen Sattelbögen hochgezogen und an ihrem unteren Ende geschwungen (Abb. 118: 5). Dadurch werden sie optisch betont, eine Entwicklung, die in der Kitajzeit (10. Jahrhundert) ihren Höhepunkt erlebte.[45] Die Seitenbretter der türkischen Sättel waren weniger breit ausgelegt, dagegen gibt es an ihrem unteren Rand — wohl zur besseren Verteilung der Lasten und um dem Pferd mehr seitliche Bewegungsfreiheit zu geben — eine geschwungene Verbreiterung (russische Bezeichnung: Lopast'). Die hinteren Sattelbögen wurden mit der Zeit ebenfalls höher und steil abfallend, wahrscheinlich, um den Reiter besser zu stützen oder wegen des größeren Raumbedarfs für schwere Waffen (siehe: Panzerausrüstung). Die Sattelbögen waren selten mit Beinplatten oder eisernen Blechbeschlägen, die Ränder mit bei-

42 Siehe z. B. D. F. VINNIK, *Tjurkskie pamjatniki talasskoj doliny.* In: *Archeologičeskie pamjatniki talasskoj doliny* (Frunze 1963.) 90, Fig. 16/3.

43 Zusammenfassung: B. GYLLENSVÄRD, *T'ang Gold and Silver* (Stockholm 1957).

44 BÓNA, *Studien* 52—54.

45 KŐHALMI, *A steppék nomádja* 118—123.; BÁLINT, *Selles*; SAVINOV, *Narody* 131—132.

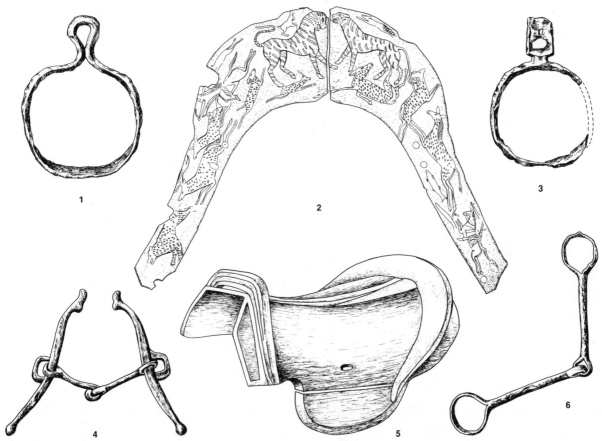

nernen Verzierungen versehen. In Kudyrgė wurde eine berühmte Beinplatte mit der Darstellung einer Jagdszene gefunden, die an einem vorderen Sattelbogen befestigt war und die im derzeit bekannten Fundgut einmalig ist (Abb. 118: 2). Die vorderen Enden der seitlichen Sattelbretter sind breit und kurz, haben dementsprechend keinerlei Funktion, die hinteren dienten — wie verschiedene Darstellungen zeigen — zur Aufhängung diverser Gegenstände.

Steigbügel

Bei den Türken sind zwei Hauptformen des Steigbügels belegt (Abb. 118: 1, 3),[46] die auch für die Frühawaren kennzeichnend sind. Bei der Entstehung der einen, einfacheren Form mit schleifenförmiger Öse vermutet man lokale Vorbilder, während bei der anderen langohrigen Form ein fernöstlicher Ursprung wahrscheinlich ist.[47] Beide Grundformen haben eine geschwungene Sohle, die Eisenstäbe sind bei den sorgfältig gefertigten Exemplaren von rechteckigem Querschnitt. Diese Typen blieben auch in den späteren Jahrhun-

Abb. 118: *Türkenzeitliches Pferdegeschirr I.* 1: Steigbügel mit schleifenförmiger Öse; 2: geschnitzte Knochenplatten der vorderen Seite des Sattels, mit eingeritzter Jagdszene verziert; 3: langohrige Steigbügel; 4: Gebiß mit S-förmigen Psalien; 5: Rekonstruktion eines türkenzeitlichen Sattels (von S. I. Vajnštejn); 6: einfache Ringtrense.

derten unverändert, nur ihre Sohle wurde etwas verbreitet, weswegen auch die ursprünglich seltene Längsrippe an der Sohle später allgemeine Verbreitung fand. Selten kommt auch ein Steigbügeltyp vor, der eine breitere Schulter und eine fast gerade Sohle aufweist. Unter den fachmännisch freigelegten Gräbern gibt es einige, in denen sich lediglich ein einzelner Steigbügel befand.[48] Im Minusinsker Becken kam in einem Kurgan neben den üblichen Steigbügeln vom lokalen Typ auch ein prächtig tauschiertes Steigbügelpaar chinesischen Ursprungs zutage.[49]

Gurtschnallen

In der mit der Türkenzeit befaßten archäologischen Fachliteratur werden bisweilen beinerne Gegenstände erwähnt, die in der Nähe des Sattels

46 SAVINOV, *Narody* 132—134.
47 KYZLASOV, *Istorija* 20.

48 MAKSIMOVA, *Srednevekovye pogrebenija* 149.
49 EVTJUCHOVA, *Archeologičeskie pamjatniki* 38—44.

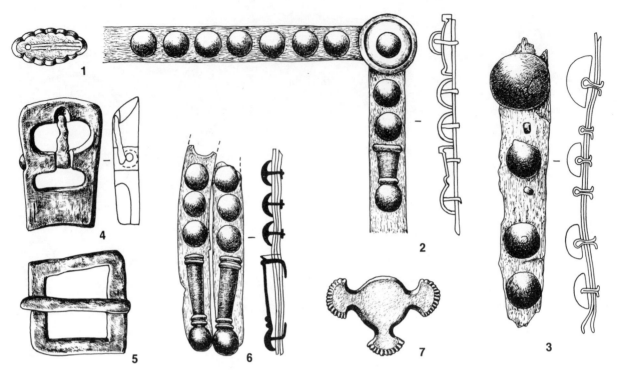

Abb. 119: *Türkenzeitliches Pferdegeschirr II*. 1: Geschirrbe-
schlag aus Goldblech gepreßt; 2, 3, 6: aus Bronze gepreßte
Beschläge mit Lederresten; 4: aus Knochen geschnitzte
Schnalle mit eisernem Dorn; 5: Gurtschnalle aus Eisen;
7: aus Silber gegossener Beschlag (Riemenverteiler?).

oder des Steigbügels im allgemeinen paarweise
vorkommen (Abb. 120: 4). Die Funktion dieser
Beinobjekte konnte bisher nicht eindeutig geklärt
werden. In den Grabungsberichten findet man
häufig die Erwähnung von ein bis zwei oder
manchmal von drei „Gurtschnallen" (Abb. 119: 4,
5). Nach der Theorie eines Kollegen handelt es
sich um Schnallen für zusätzliche Gurte, die auf
Gebirgsrouten benötigt wurden (?).[50]

Die Trense

Die Trense findet man fast immer im Maul der
auch im Grab aufgezäumten Pferde. Wie bei den
Magyaren im 10. Jahrhundert kommen die Kne-
beltrensen in reichen Frauengräbern und bei
wohlhabenden Männern, die Ringtrensen hingegen in den Gräbern des einfacheren Volkes vor
(Abb. 118: 4, 6). Man muß hinzufügen, daß bei einigen „Ringtrensen" der Ring von kleinerem
Durchmesser und mit dem Mundstück fest verbunden war. Hier dienten die Ringe in Wirklichkeit — wie einige wenige erhaltene Funde belegen
— zur Befestigung von Trensenknebeln aus Holz
oder Knochen. Eine spezielle Variante verfügt
beiderseits über zwei Ringe, von denen der eine
zur Befestigung des Kandarenriemens diente,
während der andere den Knebel aus organischem

Material umschloß. Lediglich die im Laufe der
Zeit immer größer werdenden Ringe und zusätzlich auftretende Riemen, Bänder und Ringlein
lassen eine gewisse typochronologische Entwicklung der „Ringtrense" in der Zeit vom 5. bis zum
10. Jahrhundert vermuten. Parallel dazu dürfte
auch die Knebeltrense eine Veränderung erfahren
haben: Die aus Knochen oder Holz gefertigten
Knebel verschwinden gegen Ende der Türkenzeit
völlig, während die aus Eisen geschmiedeten S-
förmigen allgemeine Verbreitung fanden. Die sich
verjüngenden Enden der Eisenknebel waren gebogen oder als Tierköpfe ausgebildet.[51]

Riemenführung, Beschläge, Sonstiges

Die genaue Struktur des Pferdegeschirrs ist —
ungeachtet einiger Darstellungen und mehrerer
gut erhaltener Riemenfragmente — immer noch
nicht bekannt. Anscheinend war die Kandare
häufiger verziert als der Brust- oder der Schwanzriemen.

So wie bei den Sassaniden und Awaren im 6.
und 7. Jahrhundert findet man auch im Gebiet
des türkischen Kaganats verzierte Pferdegeschirre
mit paarweise angebrachten Beschlägen (Abb.
119: 1—3, 6).[52] Die Verzierungen der Pferdegeschirre wurden auf die gleiche Weise wie die Gürtelbeschläge befestigt. Die spezielle Riemenfüh-
rung, bei der am Schwanzriemen (und vielleicht
auch am Brustriemen) von den waagrecht verlau-

---

50 GAVRILOVA, *Kudyrgĕ* 34.

51 GAVRILOVA, Kudyrgĕ 80—81. SAVINOV, *Narody* 134—135.
52 BÓNA, *Studien* 55—62; SAVINOV, *Narody* 135—137.

fenden Riemen auch senkrecht nach unten abzweigende zu denken sind (siehe Abb. 119: 7), scheint ein zentralasiatisches Charakteristikum zu sein. Spätsassanidische Darstellungen und einige Pferdegeschirrfunde der osteuropäischen Nomaden aus dem 6. und 7. Jahrhundert lassen ebenfalls einen locker herabhängenden Brustriemen und einen ähnlichen Schwanzriemen vermuten, nur daß bei letzterem die Riemen vom Riementeiler her sternförmig auseinanderlaufen (und somit Winkel von 120 Grad einschließen). Die Pferdegeschirrverzierungen zeichnen sich übrigens durch eine große Formenvielfalt aus. Es kommen sowohl halbkugelförmige wie glatte Beschläge vor; ferner kleine herzförmige und große mit Palmettenmuster sowie mit blattförmigen Anhängern. Beschläge mit Schellen dürften gegen Ende der Türkenzeit aufgetreten sein[53] und fanden erst später größere Verbreitung.

Im weiteren Sinne gehörte zur Reiterausrüstung auch die Peitsche. In einem Grab konnte ein aus Knochen hergestellter Peitschenknauf geborgen werden (Abb. 120: 1). Zu den seltenen Funden zählen auch eine offensichtlich an einem Brustriemen befestigte bronzene Schelle (Abb. 116: 13) sowie tropfenförmige bronzene Anhänger (Abb. 116: 14), die vielleicht Verzierungen der Satteldecke darstellten.

Waffen

Waffen gelten ebenfalls als relativ häufige Beigabe in Männergräbern der Türkenzeit, doch kommt es bei Bestattungen türkischen Typs wie auch bei den anderen frühmittelalterlichen Steppenvölkern selten vor, daß demselben Grab mehrere Waffenarten beigegeben wurden. Am häufigsten sind selbstverständlich Ausrüstungsteile der Bogenwaffe.

Bögen

Die Versteifungen der Bögen wurden anscheinend nicht nur aus Knochen gefertigt, denn man fand auch Bögen, bei denen Knochenplatten lediglich am Griff vorhanden waren. Die Fundstücke lassen darauf schließen, daß die symmetrischen türkenzeitlichen Bögen stärker gebogen und länger waren, als die asymmetrischen der Hiung-nu-Zeit (3. Jh. v. Chr. — 3. Jh. n. Chr.); außerdem ist bei den ersteren auch der Griffteil massiver (Abb. 121: 14). (Eine ähnliche Konstruktion hatten auch die hunnischen und awarischen Bögen, die im östlichen Mitteleuropa gefunden

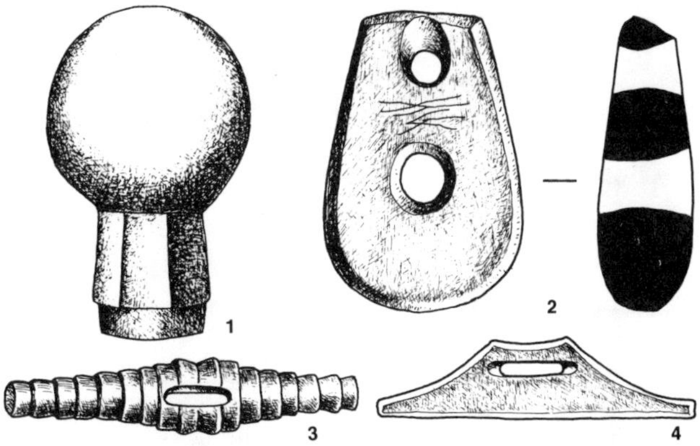

Abb. 120: *Gegenstände des türkenzeitlichen Reiterlebens.* 1: aus Knochen gedrechseltes Peitschenende; 2: Lassoende aus Stein; 3: Gegenstand aus Knochen zur Befestigung des Zaumzeuges; 4: beinerner Bolzen (?) zur Befestigung des Steigbügels;

wurden.) Sie unterscheiden sich von den früheren, aber auch von den späteren Bogentypen zusätzlich darin, daß beim Griffteil zumeist keine dritte schmale Knochenplatte vorhanden ist, welche die Stirnseite des Bogens verkleidete. Nach einer neueren Untersuchung[54] fand in der Türkenzeit und danach neben dem aus drei Platten zusammengesetzten Kudyrgė-Typ mit stark gebogenen Enden auch eine weitere Bogenart mit leicht gebogenen Enden und eine Variante mit lediglich zwei Griffplatten Verbreitung (Abb. 121: 13). Es gibt einige gut erhaltene Bogenfunde, bei denen man die Länge messen konnte: Sie betrug 1,4—1,5 m (in gespanntem Zustand 1,0—1,2 m). In einigen Fällen ließ sich auch der Werkstoff bestimmen: Sie bestanden aus Weidenholz.

Pfeile

Die Pfeilspitzen wurden aus Eisen, ein geringerer Anteil aus Knochen hergestellt. Erhalten sind aber auch einige aus Holz. Von der Form her gleichen sie im allgemeinen den in der vorangegangenen Periode verwendeten Typen.[55] Die Pfeilspitzen aus Eisen waren ausnahmslos dreiflügelig (Abb. 121: 5, 6), wobei die Flügel einiger Pfeilspitzen im unteren, schaftnahen Teil durchlöchert waren. Diese Art bezeichnet man gewöhnlich auch als Brandpfeile. Für die Türkenzeit waren die sogenannten Schwirrpfeile charakteristisch und häufig belegt.[56] Letztere tragen am

---

53 Siehe z. B. KYZLASOV, *Tuva* 102, 103. Fig. 6, 7, 8.

54 SAVINOV, *Ėtnokul'turnye svjazi* 146—152.; DERS., *Novvye materialy po istorii složnogo luka i nekotorye voprosy ego ėvoljucii v Južnoj Sibiri.* In: *Voennoe delo* 146—162.

55 Zur Typologie der Pfeilspitzen aus dem ersten Jahrtausend in Zentralasien siehe E. V. KOVYČEV, *Luk i strely vostočnozabajkal'skich plemen I tysjačeletija n. ė.* In: *Voennoe delo* 100—110. Zu den türkenzeitlichen Bögen und Pfeilen siehe SAVINOV, *Narody* 128—131.

56 Dieser Pfeilspitzentyp findet sich erstmals bei den asiatischen Hunnen und war nur in Asien verbreitet, während die sog. Brandpfeile auch bei den Awaren in Gebrauch waren, vgl.: KŐHALMI, *A steppék nomádja* 78—79; J. TÓTH, *Az avarok és honfoglaló magyarok harci eszköze: az íj és a nyíl.* Múzeumi levelek 51—52 (Szolnok 1986) 20.

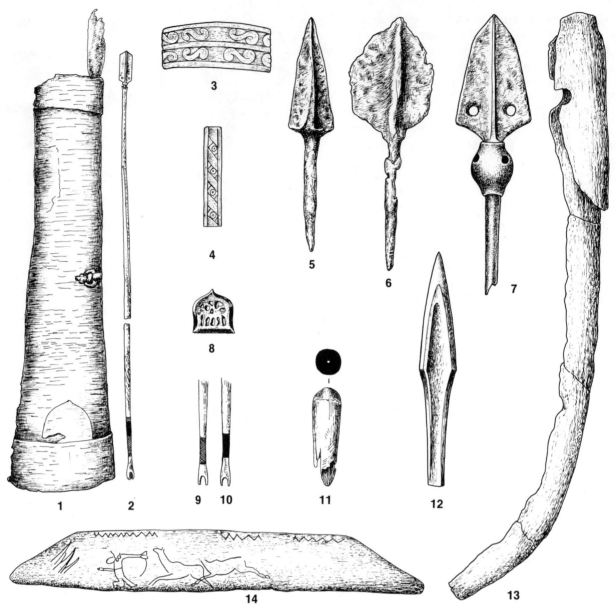

Abb. 121: *Türkenzeitliche Bögen und Pfeile.* 1: Köcher aus Birkenrinde mit Schnalle zum Aufhängen; 2: Pfeil aus Birkenholz mit eiserner Spitze und mit schwarzer und roter Bemalung; 3, 4: aus Knochen geschnitzte Köcherverzierungen mit S-förmigem Rankenmuster; 5—7: dreiflügelige Pfeilspitzen aus Eisen verschiedener Typen (einer ist mit einem knöchernen Ring zum Pfeifen versehen); 8: Köcherbeschlag aus gegossener Bronze, mit Darstellung eines Tieres und (Lebens?) Baumes; 9, 10: Bogenenden mit bemalter Verzierung; 11, 12: Pfeilspitzen aus Knochen verschiedener Typen; 13, 14: Knochenversteifungen des Bogens, die am Griff befestigte Platte ist mit eingeritzter Jagdszene verziert.

kleiner als die eisernen. Meistens sind sie sehr spitz oder haben ein abgerundetes Ende, weisen aber in jedem Fall einen kreisförmigen Querschnitt auf (Abb. 121: 11, 12). Diese Pfeilspitzen wurden gegen Ende der Türkenzeit offensichtlich seltener verwendet. In besonders glücklichen Fällen blieben ganze Pfeile erhalten, sie waren 69—74 cm lang.[57] In Tuva kamen in mehreren Gräbern Pfeilfragmente zutage, deren Enden eine Fiederung sowie Reste einer schwarzen und roten Bemalung zeigten (Abb. 121: 2, 9, 10).[58]

Schaftende, knapp hinter der eisernen Spitze ein fäßchen- oder kugelförmiges Knochenstück mit zwei oder drei Löchern, das vermutlich für ein durchdringendes Geräusch sorgen sollte (Abb. 121: 7). Die Knochenspitzen sind im allgemeinen

57 ARSLANOVA, *Bobrovskij mogil'nik* 77. 5; VAJNŠTEJN, *Pamjatniki* 305. Fig. 15.
58 VAJNŠTEJN, *Pamjatniki* 304. Fig. 16.

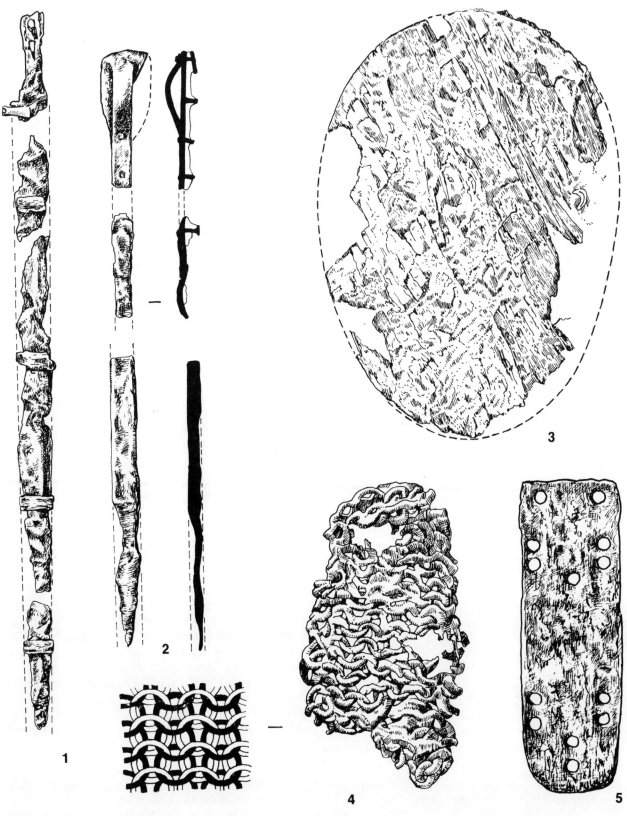

1

2

3

4

5

Abb. 122: *Türkenzeitliche Kampfausrüstung.* 1: Schwert mit Beschlägen der Scheide; 2: Kampfmesser mit kalottenförmigem Griffschutz; 3: Schild aus Holz; 4: Kettenpanzer, idealisiertes Detail; 5: Lamellenpanzer aus Eisenblech.

Köcher

Die Köcher[59] wurden aus Birkenrinde oder aus Holz angefertigt. Die Form ist stets sehr ähnlich. Die Köcher sind länglich und im Querschnitt oval. Ihr unteres Ende ist etwas verbreitert und ihre zum Träger gewandte Seite abgeplattet (Abb. 121: 1). Sie wurden mit Hilfe von kleineren Schnallen oder Eisenhaken aufgehängt. Manchmal waren sie mit Blech- oder Beinbeschlägen (Abb. 121: 3, 4, 8) verziert. Die Pfeile wurden darin mit den Spitzen nach oben verwahrt. In den Gräbern befanden sich die Köcher meistens an der rechten Seite des Skeletts.

Schwerter

In türkenzeitlichen Gräbern fanden sich bisher lediglich einige wenige Schwerter (Abb. 122: 1). Demgegenüber zeigen die meisten Grabstatuen, daß das Schwert zur Hauptausrüstung der dargestellten Krieger gehörte. Vielleicht wurde das Schwert gerade wegen seines relativ hohen Wertes nicht dem Toten mitgegeben.[60] Aus den Fundbeschreibungen und den publizierten Skizzen der erhaltenen Fragmente läßt sich nicht entscheiden, ob diese Waffen ein- oder zweischneidig waren, doch ist aufgrund der Darstellungen auf den Grabstelen eher letzteres anzunehmen. Typologisch weicht das türkenzeitliche Schwert von den im 9. Jahrhundert verbreiteten Langwaffen deutlich ab.[61] Charakteristisch ist seine breite Parierstange. Grabstatuen lassen darauf schließen, daß diese Waffen schräg oder fast waagrecht getragen wurden; sie waren an zwei Punkten aufgehängt und immer links am Gürtel befestigt (Abb. 131: 1). Einer terminologischen Inkonsequenz in der Fachliteratur wegen muß hier betont werden, daß die Türken keinen Säbel kannten. Wenn in der Literatur im Zusammenhang mit den Türken der Begriff „Säbel" (russisch: sablja) verwendet wird, so hat man darunter stets das Schwert zu verstehen.

Messer

Als Kampfmesser (russisch: kinžal) bezeichnet man das in Männergräbern aufgefundene große Messer, das eine Länge von 30—40 cm aufweist. Das Kampfmesser kennt man von mittelasiatischen Fresken, und es findet sich auch bei den Spätawaren. Nach der heute vertretenen Typochronologie der Steinstatuen waren Messer in Zentralasien vom 7. bis zum 9. Jahrhundert weit verbreitet. Sie wurden mit zwei Riemen am Gürtel befestigt und fast waagrecht getragen. Diese Messer sind gerade und — ähnlich wie die Schwerter und später die Säbel — mit einer massiven Parierstange versehen. In manchen Fällen hat man den Eindruck, als wenn der Griff gegenüber der Klinge abgeknickt wäre. Ein Kampfmesser, das allerdings nur ein einziges Mal belegt ist, soll besonders erwähnt werden, da es einen kalottenförmigen Griffschutz besitzt (Abb. 122: 2).[62] Ein ähnlicher Fund stammt aus dem Grab eines nomadischen (?) Kriegers in Korinth[63], das aus dem auslaufenden 6. oder 7. Jahrhundert stammt. Die Holzreste einiger Messergriffe aus Kudyrgė wurden xylotomisch untersucht — sie waren durchwegs aus Weidenholz gefertigt worden.[64]

Panzer, Sonstiges

Panzerfragmente kamen nur in wenigen Fällen vor, was im allgemeinen — ähnlich wie bei den Schwertern — mit dem hohen Wert der Objekte erklärt wird. Waffengeschichtlich und konkret im Hinblick auf die Beziehungen der Frühawaren zum Osten ist es interessant, daß sowohl der Lamellen- als auch der Kettenpanzer belegt sind (Abb. 122: 4, 5). Die Bestandteile des ersteren sind länglich rechteckig, mit abgerundeten Enden und vielen Löchern für die Verschnürung. Beim letzteren sind jeweils vier Ringe mit einem fünften verbunden. Die Frage, ob die Panzertracht der Türken auf chinesischen oder persischen Einfluß zurückgeht oder ob sie in Verbindung beider Traditionen entstanden ist, ist noch ungeklärt. Aufgrund der schriftlichen Zeugnisse und mehrerer Darstellungen ist es nicht überraschend — wenn auch eine archäologische Sensation —, daß in einem spättürkischen Grab ein hölzerner Schild mit einem Durchmesser von 78 cm geborgen werden konnte (Abb. 122: 3).

Das beinerne Peitschenschnurende ist bisher nur durch einen einzigen Fund belegt.[65] Mit einer Peitsche, die mit einem derartigen „Beschwerer" oder „Lot" (Abb. 120: 2) versehen war, konnte

59 VAJNSTEIN, *Pamjatniki* 301, Fig. 12.; KŐHALMI, *A steppék nomádja* 104—109; CHUDJAKOV, *Kök-tjurki* 203. Tab. IV; JU. I. TRIFONOV, *O berestjanyh kolčanach Sajano-Altaja VI—X vv. v svjazi s ich novymi nachodkadmi v Tuve.* In: *Voennoe delo Severnoj Azii* 189—199.

60 MOGIL'NIKOV, *Tjurki* 36.

61 Zu ihrer Übersicht und Typologie siehe JU. S. CHUDJAKOV, *Vooruž<enie kočevnnikov prialtajskich stepej v IX—X vv.* In: *Voennoe delo* 115—118.

62 GAVRILOVA, *Kudyrgė* Tab. XVII. 11.

63 G. DAVIDSON-WEINBERG, *A Wandering Soldier's Grave in Corinth.* Hesperia 43, 1974, 516. Fig. 1.

64 A. I. SEMĚNOV, *Vosstanovlenie kudyrginskich nožen drevnjetjurskskogo vremeni.* Sbornik Gos. Ėrmitaža 51, 1985, 35—38.

65 OVČINNIKOVA, *Pogrebenie* 215. Fig. 4. 2. 216—217; DIES., *K voprosu o vooruženii kočevnikov srednevekovoj Tuvy (po materialiam raskopok mogil'nika Ajmyrlyg).* In: *Voennoe delo* 140. Fig. 3.

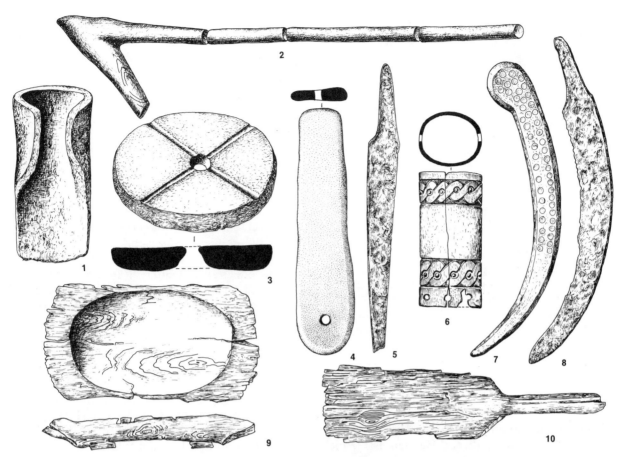

man wie mit einem Lasso ein Tier fangen oder sie auch im Kampf einsetzen.

Abb. 123: *Gegenstände des türkenzeitlichen Alltagslebens*. 1, 2: eiserne Hacke und Holzstiel; 3: Mahlstein; 4: Wetzstein; 5, 8: einschneidige Eisenmesser; 6: knöcherner Tiegel mit S-förmiger Rankenverzierung; 7: knöcherner Knotenlöser; 9: Holzschale mit vier Füßen; 10: Holzschaufel (?).

Gegenstände des Alltagslebens

Die Gegenstände des türkischen Alltags zeigen ein etwas abwechslungsreicheres Bild, als es beispielsweise anhand der frühawarischen Grabfunde gezeichnet werden kann. Dies ist vor allem zahlreichen Gegenständen aus Holz, aber auch anderen organischen Materialien zu verdanken, die oft in fast einwandfreiem Zustand erhalten geblieben sind.

Geräte

Die fast ausnahmslos einschneidigen, geraden unterschiedlich langen Eisenmesser (Abb. 123: 5), die in Frauen- und Männergräbern gleichermaßen vorkommen, gehören verständlicherweise zu den häufigsten Funden. Wetzsteine (Abb. 123: 4) sind dagegen viel seltener belegt. Darüber hinaus sind uns auch ein flacher Spinnwirtel, ein knöcherner „Knotenlöser" (Abb. 123: 7), ein Meißel mit knöchernem Griff und einige Feuersteine bekannt. Außergewöhnliche Funde sind einige flache Speiseschüssel (?) aus Holz (Abb. 123: 9). Nach unseren derzeitigen Kenntnissen benutzten die Türken kein Werkzeug aus Eisen zum

Feuerschlagen. Entsprechend einem Rekonstruktionsvorschlag verwendeten sie zu diesem Zweck wohl einen Bogenbohrer, der bei zahlreichen Naturvölkern zu beobachten ist (Abb. 124.).[66]

Unter den Werkzeugen belegen Hacken (Abb. 123: 1, 2) und Mahlsteinfunde (Abb. 123: 3) sowie Hirsereste die Ackerbaukenntnisse der Türken und ergänzen damit die einschlägigen Angaben chinesischer Quellen.[67] Vielleicht wurden auch schon in der Türkenzeit Bewässerungskanäle benutzt.[68] In der ganzen mittelasiatischen Steppe gab es im frühen Mittelalter einen ziemlich einheitlichen Hackentyp, der ein schmales kurzes Blatt hatte. Bei manchen noch älteren vergleichbaren Hacken blieben die Holzstiele vollständig oder zumindest teilweise erhalten; sie zeigen ein-

66 VAJNŠTEJN, *Pamjatniki* 322. Fig. 38.
67 LIU, *Nachrichten* I, 456—457.
68 KISELĖV, *Drevnjaja istorija* 495—496.

255

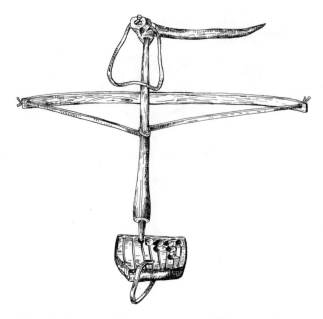

Abb. 124: *Rekonstruktion eines türkenzeitlichen Feuerbohrers.* (von S. I. Vajnštejn)

deutig die Befestigungsweise der Eisenteile. Die Art der Verwendung dieser Hacken ist jedoch nicht geklärt; in der einschlägigen Fachliteratur werden sie als Werkzeug zum Ackerbau, zur Holzbearbeitung oder — was allerdings unwahrscheinlich ist — als Waffe bezeichnet.[69] Einen seltenen Fund stellt eine Holzschaufel (?) dar (Abb. 123: 10).[70] Vereinzelt wurden auch Objekte geborgen, die zum Edelmetallguß verwendet wurden.

Gefäße

Töpfe sind ziemlich selten belegt[71] und in der Form variabel (Abb. 125: 1). Der für die asiatischen und europäischen Hunnen charakteristische hochwandige Eisenkessel mit zwei Henkeln (Abb. 125: 3) kommt auch noch in der Türkenzeit vor. Ein kleinerer Topf aus Eisen konnte ebenfalls geborgen werden (Abb. 125: 2). Keramik findet sich in den Gräbern des westtürkischen Kaganats häufiger. Sie schließt typologisch teilweise an Erzeugnisse der zentralasiastischen Töpferei an. Veröffentlichungen frühmittelalterlicher Materialien aus Zentralasien zeigen, daß dort Tontöpfe

oft die einzigen Grabbeigaben darstellten. Die Tontöpfe sind — soweit sich das anhand der Photoaufnahmen beurteilen läßt — aus grobem, kaum gemagertem Material handgeformt, hochwandig und mit einem wenig geschwungenen Rand; daneben gibt es auch solche von gedrungener Form. Sie sind mit netzartig angebrachten Ritzungen oder schrägen Eindrücken unterhalb des Randes verziert. Ein auf der Töpferscheibe hergestellter und aus einer Pferdebestattung in Samarkand stammender Henkelkrug war wohl das Erzeugnis eines örtlichen Töpfermeisters.[72] Die meisten männlichen Steinfiguren halten in ihrer rechten Hand Trinkgefäße oder Tassen. Die Form dieser Gefäße ist sehr abwechslungsreich. Es gibt hochwandige Henkelgefäße mit dickem Bauch oder ausladenden Rändern, Stielgläser, aber auch flache Tassen.[73] Ihre chronologische bzw. geographisch-typologische Systematisierung ist noch nicht gesichert. Die an den Steinstelen gezeigten Gefäße dürften nicht in die Gräber gelangt sein. In den symbolischen Gräbern und Urnenbestattungen des 8. und 9. Jahrhunderts fanden sich jedoch manchmal Silbergefäße, die den Darstellungen entsprechen. In Sibirien erhielten sich bisweilen Gefäße aus Holz, Birkenrinde und Leder, die dann infolge ihres Werkstoffes bestimmten Formen folgten.

Bekleidung

Für eine Rekonstruktion der türkenzeitlichen Bekleidung stehen der Archäologie keine hinreichenden bzw. gut ausgewerteten Belege zur Verfügung. An den Steinstatuen werden die Umrisse der Kleidung erst nach der Türkenzeit dargestellt, weswegen Rückschlüsse auf die Türken selbst nur beschränkt möglich sind. Unter den Darstellungen auf dem berühmten Stein von Kudyrgė findet man die graphische Andeutung eines nach links schließenden Kaftans und einer weichen Fußbekleidung. Aus einer erst vor kurzem veröffentlichten Zusammenfassung geht hervor, daß der am Stein von Kudyrgė dargestellte dreiteilige Kopfschmuck auch an den Steinstatuen des westtürkischen Kaganats zu beobachten ist.[74] Ein vielleicht aus der späten Türkenzeit stammender Fund, zwei ebenfalls links schließende Kaftane und ein Khalat, verdienen besondere Beach-

69 S. N. NESTEROV, *Tesla drevnetjurkskogo vremeni v Južnoj Sibiri.* In: *Voennoe delo* 168—172. Zusammenfassende Darstellung dieses Typs im frühmittelalterlichen Karpatenbecken mit zahlreichen Hinweisen auf Eurasien: KOVÁCS, *Hajdúböszörmény* 90—100.

70 GRAČ, *Drevnetjurkskie kurgany* 100. Fig. 50. 29.

71 MOGIL'NIKOV, *Tjurki* 38.

72 SPRIŠEVSKIJ, *Pogrebenie* 39. Fig. 4.

73 A. A. ČARIKOV, *O lokal'nych osobennostjach kamennych izvajanij Priirtiš'ja.* SA 1979/2, 179—190; SAVINOV, *Narody* 124—126.

74 S. M. ACHINŽANOV, *Ob ėtničeskoj prinadležnosti kamennych izvajanij v „trechrogich" golovnych uborach iz Semireč'ja.* In: *Archeologičeskie pamjatniki Kazachstana* (Alma-Ata 1978) 65—79.

256

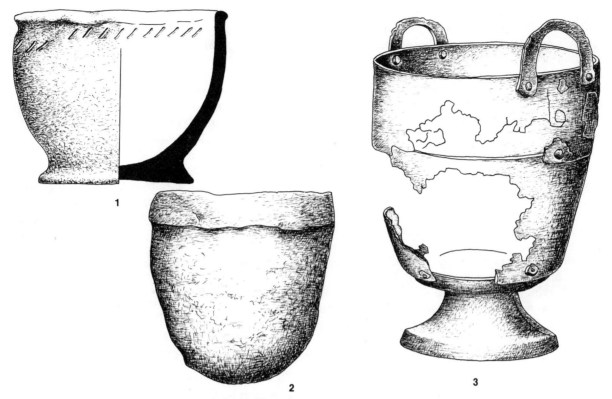

Abb. 125: *Türkenzeitliche Gefäße.* 1: handgemachter Becher aus Ton mit eingeschnittener Verzierung unter dem Rand; 2: Topf aus Eisen; 3: Eisenkessel mit zwei Henkeln.

tung,[75] weil sie aus Seide gefertigt wurden und uns der Schnitt des ersteren bekannt ist (Abb. 126.). Die reichhaltigen und vielseitigen Kleidungsfragmente aus zentralasiatischen Gräbern wurden bisher noch nicht textilgeschichtlich analysiert. Immerhin zeigen Fragmente chinesischer Seide aus türkenzeitlichen Gräbern, daß der Brauch verbreitet war, zumindest an Feiertagen oder bei Festen Seide zu tragen. Bisweilen fand sich selbst an der Fußbekleidung Seide. Im übrigen ist bekannt, daß man Kleider aus Wolle sowie Oberbekleidung und Decken aus Filz, Schaffell und Tarbaganleder (Sibirisches Murmeltier, Marmota sibirica) trug.

Taschen

Als Einzelfund ist eine in einem besonders reichen Männergrab gefundene Filztasche erwähnenswert,[76] die mit chinesischer Seide bezogen war und an deren Außenseite eine mäanderähnliche Ziernaht zu sehen ist. Ihre Form erinnert an die Taschen aus der ungarischen Landnahmezeit; die in Tuva gefundene scheint lediglich etwas ge-

75 ARSLANOVA, *Bobrovskij mogil'nik* 81—83.

Abb. 126: *Schnitt eines türkenzeitlichen Seidenkaftans* (nach F. Ch. Arslanova)

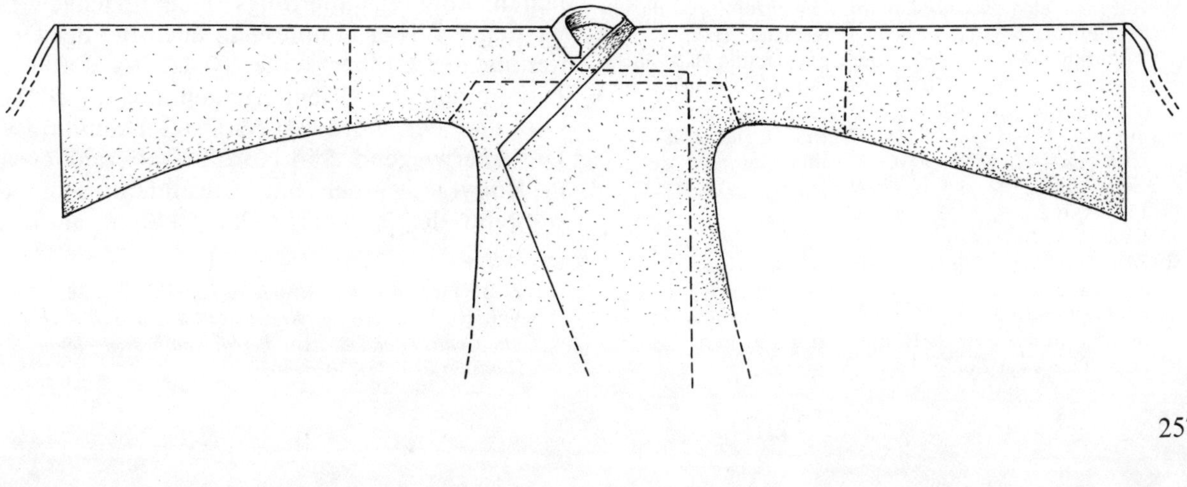

drungener zu sein' (Höhe zirka 10 cm, Breite 12—14 cm).[76] Ähnliche Ausmaße haben offensichtlich auch die Taschen, die auf zentralasiatischen Fresken der Ujguren-Zeit beobachtet werden können. Letztere wurden an der linken Seite mit einem kleinen Riemen am Gürtel befestigt getragen. Ihre Öffnung wurde mit einem Latz geschlossen, der über die Außenseite geschlagen und manchmal mit einem Riemen und einer Schnalle befestigt wurde.[78] Aus der Türkenzeit sind noch weitere Taschenfunde bekannt, die jedoch noch unveröffentlicht sind.[79]

Ornamentik

Von einer typischen Ornamentik der Türkenzeit kann man kaum sprechen, selbst wenn man im Rahmen eines zusammenfassenden Überblicks nur die wichtigsten Stile ansprechen möchte, denn trotz der geringen Zahl der türkenzeitlichen Funde sehen wir uns mit einer übergroßen Vielfalt der Formen und Verzierungen konfrontiert. Unter den verwendeten Verzierungselementen kommen der seit altersher in Eurasien verbreitete Punktkreis und das Flechtband vor, darüber hinaus werden auch vielerlei geometrische Figuren verwendet. Wegen der geringen Zahl der Belege läßt sich nicht entscheiden, inwieweit die bisher beobachteten figürlichen Darstellungen[80]

als Einzelfälle zu betrachten sind, oder ob die vereinzelten Jagd- und Tierkampfszenen bei den Türken — ähnlich wie die zeitgenössischen Belege aus dem osteuropäischen Steppengebiet — tatsächlich zum gängigen Musterschatz gehörten. Es ist der örtlichen Bodenbeschaffenheit zu verdanken, daß uns außer den Textilfragmenten auch bearbeitete Holzrindenstücke bekannt sind, auf denen farbige Spiralmuster in der Art der T'ang-Kunst und sorgfältig geschnitzte Ranken und Blätter vorkommen.[81] Es ist jedenfalls merkwürdig — die Gründe hierfür sollten vielleicht in einer besonderen Arbeit untersucht werden —, daß die zahlreichen Gürtelbeschläge, viele blattförmige Pferdegeschirrbeschläge und die wenigen bisher freigelegten Silbergefäße nur in Ausnahmefällen verziert worden waren.

Totenbrauchtum, Glaubenswelt

Bestattungen

Die Türken begruben ihre Toten unter Grabhügeln, den sog. Kurganen. Ärmere Gräber wurden häufig in ältere Hügelaufschüttungen eingetieft. Die Grabschächte waren im allgemeinen 50—100 cm tief, doch kommen auch beachtliche Abweichungen davon vor. So wurde in einem Fall das Skelett lediglich 10 cm unter dem Bodenniveau des Kurgans gefunden, in einem anderen Fall hingegen lag es in 5 m Tiefe. Die Gräber waren rechteckig, nur selten quadratisch, in Mittelasien kommen bisweilen auch Gräber mit einer gewölbten, seitlichen Nische vor (Abb. 127: 5). Vielfach wurde der restliche Grabschacht mit Steinen verfüllt, offensichtlich, um eine Beraubung zu erschweren. Anschließend wurde der Grabbereich über eine Fläche von 12—40 m² mit Steinen bedeckt. In einer typologischen Analyse wurde der Versuch gemacht, die Kurgane mit einer einschichtigen Bedeckung aus großen Steinen von jenen mit einer Schicht aus unterschiedlich großen Steinen zu trennen; andere Verschiedenheiten konnten allerdings nicht nachgewiesen werden.[82] Bisher konnte man auch bei der Orientierung der Gräber keine Systematik entdecken. Es kommen alle Orientierungen, außer der West-Ost- und der Nordwest-Südost-Ausrichtung vor. Die überwiegend Süd-Nord-orientierten Gräber in Kudyrgė werden mit Zuwanderern, die erst während der Türkenzeit hier sçßhaft geworden

76 GRAČ, *Archeologičeskie issledovanija* 127. Fig. 67, 128. Fig. 68; ein ähnlicher Fund wird von ARSLANOVA, *Pogrebenija* 56 beschrieben.

77 Zu einer anderen, in gutem Zustand geborgenen Tasche kennt man eine der Form und Konstruktion nach gute Analogie aus einem südschwedischen Fundkomplex des 10. Jahrhunderts: S. P. NESTEROV, *Pogrebenie s konem na r. Taštyk.* In: *Archeologija Severnoj Azii* (Novosibirsk 1982) 100, Fig. 5; A.-S. GRÄSLUND, *Vikingatidsvasken från Rösta i Ås.* In: *Jämten* 1975—76, 114, Fig. 2a. Die zeitliche und geographische Distanz zwischen den beiden Exemplaren zeigt, daß wir es hier mit einem sehr ausgeprägten, beständigen Typ zu tun haben, der — wie die ungarischen Analogien zeigen — auch mit den landnahmezeitlichen Taschen in Zusammenhang steht. Übrigens ist es durchaus berechtigt zu den Taschen einiger Steppenvölker Analogien aus Skandinavien anzuführen, da gut bekannt ist, daß der Norden weitreichende Handels- und Kulturkontakte mit dem Orient pflegte und daß solche Taschen dort im 9.—10. Jahrhundert in Gebrauch waren (siehe S. 206, Anm. 37).

78 Vgl. z. B. A. VON GABAIN, *Das Leben im uigurischen Königreich von Qočo (850—1250).* Veröffentlichungen der Societas Uralo-Altaica 6/II, Wiesbaden 1973, Tab. 4., 99, 48, 120, 68, 163.

79 KYZLASOV, *Istorija* 20.

80 Z. B. GAVRILOVA, *Kudyrgė* Tab. XVI, XVIII. S. 25.; ARSLANOVA, *Pogrebenija* 44. Tab. I. Das von ARSLANOVA genannte Grab dürfte — entgegen den Ansichten der Autorin — in der zweiten Hälfte oder gegen Ende der Türkenzeit angelegt worden sein.

81 Z. B. GRAČ, *Archeologičeskie raskopki* 37. Fig. 37.

82 Vgl. JU. I. TRIFONOV, *Konstrukcii drevnetjurkskich kurganov Central'noj Tuvy.* In: *Pervobytnaja archeologija Sibiri.* (Leningrad 1975), 192—193.

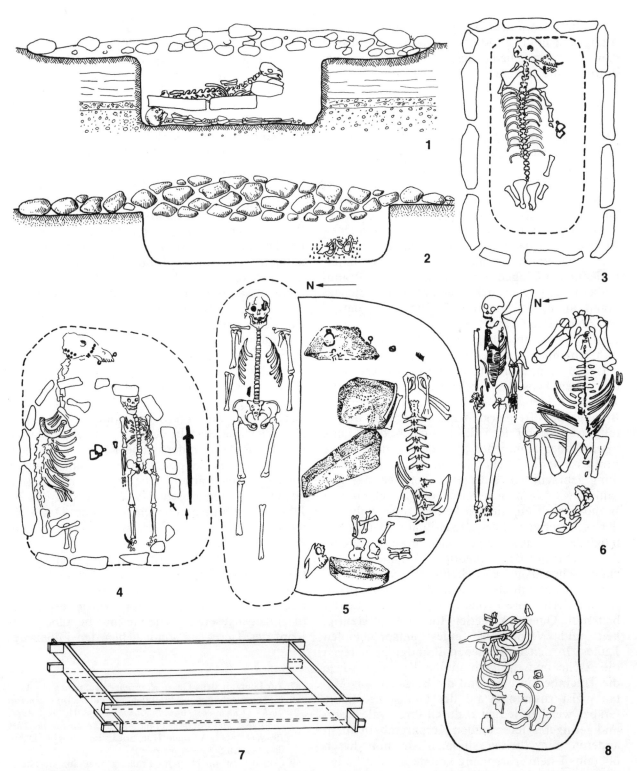

Abb. 127: *Türkenzeitliche Bestattungsgebräuche.* 1: Querschnitt eines Kurgans mit Pferdemitbestattung; 2: Querschnitt eines Kurgans mit Brandbestattung; die beiden Kurgane sind mit Steinen bedeckt; 3: Pferdegrab mit Pferdegeschirrbeigabe (= Steigbügel und Trense); 4—6: Pferdemitbestattungen verschiedener Varianten; 7: Rekonstruktion eines Holzsarges (von A. A.
Gavrilova); 8: Eisenbeigaben eines Kenotaphs (oder Brandbestattung?).

wären, in Zusammenhang gebracht. Die sonst im Altaigebiet übliche Ost-West-Orientierung würde dann — entsprechend dieser Theorie — zur Bestattungssitte der autochthonen Bevölkerung gehören.[83]

Nur bei einem geringen Teil der archäologisch dokumentierten türkenzeitlichen Bestattungen wurden die Toten verbrannt (Abb. 127: 2, 8). Diverse Hinweise auf Brandbestattungen im Altaigebiet erkannten die Archäologen erst vor kurzem.[84] Ähnliche Gräber wurden bislang — zumindest teilweise — als Schatzhorte oder symbolische Gräber (russisch: tajnik) gedeutet, und der Nachweis der Leichenverbrennung wird von manchen Archäologen nach wie vor strikt geleugnet.[85] Dabei haben wir es hier wohl mit zwei unterschiedlichen Dingen zu tun: Einerseits mit Brandgräbern und dem darin enthaltenen Leichenbrand, andererseits mit den Verbrennungsplätzen bzw. den Resten der Scheiterhaufen. An sich wäre die Leichenverbrennung bei den Türken nicht unwahrscheinlich, da auch im Nordosten der kazachischen Steppe neben den Körpergräbern spättürkischen Typs — von der Bearbeiterin als Bestattungen der Kimäk bestimmt — ebenfalls Brandgräber freigelegt wurden. Diese Bestattungsart wird mit der Führungsschicht der Kimäk bzw. mit den Samojeden (?), wobei letztere starke Einflüsse der türkischen Kultur zeigen, in Verbindung gebracht.[86] Die derzeit äußerst geringe Anzahl bzw. das mancherorts völlige Fehlen von Brandgräbern aus der Türkenzeit muß wohl mit der schwierigen Forschungssituation und mit möglichen Fehlinterpretationen erklärt werden, denn aufgrund der eindeutigen Angaben in den chinesischen Annalen scheint es unbestreitbar, daß die Türken noch vor dem ersten Drittel des 7. Jahrhunderts ihre Toten verbrannten. Leider bieten die Quellen keinerlei Hinweise auf Häufigkeit und Verbreitung eines entsprechenden Kultes. In den umstrittenen Brandgräbern lagen die Asche und die verbrannten Knochen sowie die Trachtbestandteile und die Beigaben aus Metall meist zusammen auf der Grabsohle. Diese Gräber weichen lediglich durch ihre ovale Form und geringere Tiefe von den Körpergräbern ab, in anderen Einzelheiten stimmen sie mit diesen überein. Totenverbrennung konnte in zwei Fällen sogar gemeinsam mit Pferdebestattung beobachtet werden. Die Frage der Leichenverbrennung, des

Übergehens der Türken zur Körperbestattung sowie der einschlägigen chinesischen Quellen dazu werden in der sowjetischen Fachliteratur öfters behandelt.[87] Bei der philologischen Analyse der chinesischen Quellen konnte nachgewiesen werden, daß die Verurteilung des Kultwechsels bei den Türken nur die Wiederholung einer tausendjährigen konfuzianischen Formel ist. Leider beweist die Stelle selbst lediglich das Vorhandensein der beiden Kultformen, bringt aber keinen Anhaltspunkt zur zeitlichen Bestimmung des Überganges von der Körper- zur Brandbestattung.[88] Wegen der relativ geringen Anzahl der Brandgräber damit zu argumentieren, daß die Leiche im zentralasiatischen Klima nach einer halbjährigen Aufbewahrung[89] dermaßen ausgetrocknet sei, daß nach dieser Zeit beim Verbrennen kaum noch Asche für die Bestattung übrigbliebe[90], fußt auf einem Mißverständnis. Die Chinesen schildern nämlich eindeutig, daß der Tote zunächst verbrannt, dann seine Asche aufbewahrt und diese erst nach geraumer Zeit bestattet wurde.[91]

Ein charakteristischer und einer verbreiteten Auffassung nach ethnospezifischer Ritus der Türkenzeit ist die Pferdebestattung (Abb. 127: 3—6).[92] Diese Bestattungsart tritt in Zentralasien um das 6. Jahrhundert ohne *direkte* Vorformen auf, seit diesem Zeitpunkt jedoch kann sie dort in verschiedenen Varianten bei einzelnen turksprachigen und mongolischen Völkern bis in das 20. Jahrhundert hinein beobachtet werden. Das wichtigste Element dieser Bestattungsform besteht darin, daß immer das ganze Pferd beigegeben wurde. Die partielle Pferdebestattung breitete sich in Zentralasien nach den derzeit bekannten Befunden erst im 9. Jahrhundert aus.[93] Ob rechts oder links des Toten, das Pferd wurde fast immer in entgegengesetzter Orientierung begraben, der Kopf des Tieres lag somit neben den Füßen des

83 Vgl. Gavrilova, *Kudyrgė* 59—60.
84 Grač, *Drevnejšie tjurkskie pogrebenija* 207—213.
85 Kyzlasov, *Istorija* 26.
86 Vgl. Arslanova, *Bobrovskij mogil'nik* 84; Mogil'nikov, *Tjurki* 33. Diese ethnischen Bestimmungen sind sonst nur mit Vorbehalt zu behandeln.

87 Zur Literatur siehe Grač, *Kamennye izvajanija* 426—430.
88 I. Ecsedy mündliche Mitteilung. Siehe dazu dies., *Ancient Turk (T'u-chüeh) Burial Customs*. AOH 38, 1984, 263—287; dies., *Slavery in the Burial Customs of the Turk Leaders*. Acta Antiqua Hungarica (im Druck). Daran dachte auch Savinov, *Narody* 35.
89 Čou-šu: „Wenn einer im Frühling oder Sommer starb, wartete man, bis das Gras und die Blätter der Bäume gelb wurden; wenn einer im Herbst oder Winter starb, wartete man das Aufsprießen und Blühen der Pflanzen ab." (Liu, *Nachrichten* I. 9).
90 Gumilëv, *Altajskaja vetv'* 108—109; Jisl, *Vorbericht* 76.
91 Siehe dazu Anm. 89.
92 Einen zuverlässigen Katalog türkischer Pferdebestattungen bietet Grač, *Drevnejšie tjurkskie pogrebenija* 212. Anm. 17—22.
93 P. Tomka, *Horse Burials among the Mongols*. AAH 21, 1969, 152; Bóna, *Szegvár* 19.

Toten. Manchmal wurde das Pferd 10—70 cm über dem Toten in die Grabaufschüttung gelegt (Abb. 127: 1), häufiger jedoch liegen der Tote und das Pferd, durch eine Steinplatte oder ein Brett voneinander getrennt, nebeneinander im Grab,[94] wiewohl das Pferd auch hier wie bei den Frühawaren etwas höher lag. Den Kopf des Tieres legten die Türken und später manchmal auch wieder die Awaren auf eine Steinplatte oder eine Erdbank. Bei den Türken bestand wohl keine Verpflichtung, das Pferd ohne Blutvergießen zu töten, denn bei einigen türkenzeitlichen Pferdebestattungen ist am Schädel des Tieres die Beilspur festzustellen. Hingegen war es, den neuzeitlichen Beschreibungen und ethnographischen Beobachtungen nach, bei einem Teil der zentralasiatischen Bevölkerung verboten, das Blut des Opfertieres auslaufen zu lassen oder seine Knochen zu zerbrechen,[95] ein Umstand, der in einer künftigen Untersuchung der türkischen Glaubenswelt von Bedeutung sein kann. Anhand der Grabbeigaben läßt sich feststellen, daß das Pferd immer aufgezäumt ins Grab gelegt wurde. Die Kandarenbeschläge, die Holzfragmente des Sattels und die Steigbügel sowie die beinernen Gurtschnallen können stets in derjenigen Fundlage dokumentiert werden, die ihren ehemaligen Funktionen entspricht. Sehr selten finden sich in einem Grab zwei oder sogar drei Pferde.[96] In Mittel- und Zentralasien wurden aber auch mehrere Pferdebestattungen ohne zugehörige Männergräber freigelegt (Abb. 127: 3).[97] In diesen Fällen waren die Tiere nicht nur aufgezäumt, sondern wie bei den anderen zeitgenössischen Steppenvölkern Osteuropas — auch wie bei den Frühawaren — zusätzlich mit Waffen bestattet worden. In der sowjetischen Fachliteratur werden diese Gräber daher zum Teil als symbolische Bestattungen angesprochen.[98] Die auf diese Weise beigesetzten Pferde waren in den meisten Fällen schon betagte (6—18

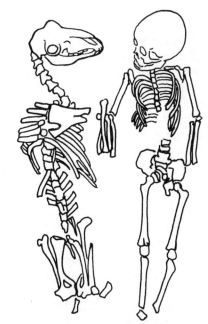

Abb. 128: *Türkenzeitliche Bestattung eines Kindes und eines Schafes.*

Jahre alte) Tiere.[99] Es scheint also, daß die Türken im Gegensatz zu den landnehmenden Ungarn und den Volga-Bulgaren[100] dem Toten nicht sein Lieblingspferd mitgaben.[101] Es kommt vor, daß anstatt eines Pferdes und in der entsprechenden Orientierung neben der Bestattung eines Jungen das Skelett eines Schafes gefunden wurde (Abb. 128.).[102] In Anlehnung an eine bekannte chinesische Quellenstelle (Sse-ma-C'ien Par. 110), die berichtet, daß die Kinder der Hiung-nu auf Schafen reiten, könnten die bestatteten Schafe gleichsam als Platzhalter für Pferde gedacht sein. In einem Fall wurde sogar eine Kamelmitbestattung gefunden.[103]

Belege für Särge liegen für die Türkenzeit in Innerasien nur in Ausnahmefällen vor, doch handelt es sich dabei vielleicht um ein Problem des Forschungsstandes, denn aus der vorangegangenen Hiung-nu-Zeit sind uns eine größere Anzahl von Särgen bekannt.[104] Die Sargabmessungen bei

94 Die Tatsache, daß Spuren eines Brettes, das zwischen dem Toten und seinem mitbestatteten Pferd eingesetzt war, auch aus der späten Awarenzeit bekannt sind, zeigt, daß diese Bestattungssitte der Steppenbevölkerung lange Zeit nachlebte und weit verbreitet war. Zur Frage der mittel- und innerasiatischen Pferdebestattungen aus der Sicht der frühawarischen Archäologie siehe BÓNA, *Szegvár* 17—19.

95 U. HARVA, *Die religiösen Vorstellungen der altaischen Völker* (Folklore Fellows Communications 125, Helsinki 1938) 563; LÁSZLÓ, *Koroncó* 147—148.

96 Z. B. BOROVKA, *Archeologičeskoe obsledovanie* 73—75; BERNŠTAM, *Trudy* 101; S. S. ČERNIKOV, *Vostočno-kazachstanskaja ekspedicija 1950 g.* KSIIMK 48, 1952, 90; KYZLASOV, *Istorija* 19; BÓNA, *Szegvár* 18.

97 GAVRILOVA, *Kudyrgė* 65; JA. A. ŠER, *Pogrebenie s konem v Čujskoj doline.* SA 1961/1, 280—282; BÓNA, *Szegvár* 18.

98 GAVRILOVA, *Kudyrgė* 65—66.

99 KYZLASOV, *Istorija* 21.

100 A. G. PETRENKO, *Rannebulgarskie lošadi.* In: *Tezisy dokladov naučnoj konferencii molodych učёnych* (Kazan'1967) 78—80; BÁLINT, *Tombes* 29—30.

101 Diese „praktische" Einstellung müßte anläßlich einer Untersuchung des Verhältnisses zwischen dem Reiter und seinem Pferd berücksichtigt werden und könnte mit der Glaubenswelt der Türken zusammenhängen.

102 LEVAŠEVA, *Dva mogil'nika* 130, Fig. 6, 2; — *Stepi Evrazii* 121. Fig. 18, 2.

103 B. B. OVČINNIKOVA, *Issledovanie tjurkskich pamjatnikov na mogil'nike Ajmyrlyg.* AO 1973 g. (Moskva 1984) 214.

104 Einen ausgezeichneten Überblick der Särge im frühmittelalterlichen eurasischen Steppenbereich bietet TOMKA, *Koporsó-használat;* BÓNA, *Szegvár* 15, betont, daß Särge bei den Bestattungen Mittel- und Zentralasiens ab der Mitte des ersten Jahrtausends n. Chr. verbreitet waren, wobei die frühawarenzeitlichen von diesen nur durch die Verwendung von Eisenbeschlägen abwichen.

einem gut erhaltenen und sorgfältig dokumentierten türkischen Fund betragen 203 × 65 × 26 cm, die Bretter waren miteinander verzapft (Abb. 127: 7). Aus dem westtürkischen Kaganat liegen aus derselben Zeit mehrere Sargbestattungen vor.

Manchmal sind auch Speisebeigaben nachzuweisen. Am häufigsten wurde Schaffleisch mitgegeben, in Tuva beispielsweise fast bei der Hälfte aller Pferdebestattungen.[105] In den „eigenständigen" Pferdegräbern, die keinen bestimmten Männergräbern zuzuordnen sind, wurden ebenfalls Schafsknochen festgestellt. Auch die Beigabe von Tongefäßen und Holzschüsseln deutet auf die Versorgung des Toten mit Speisen und Getränken hin, vor allem dann, wenn auf das Gefäß oder die Schüssel auch ein Fleischstück samt Messer gelegt wurde.

In zwei der beigegebenen Taschen fand sich je ein menschlicher Zahn. Die Besitzer dürften sie aus abergläubischen Gründen bei sich getragen haben. Mit der Glaubenswelt und dem Bestattungskult der Türken stehen nicht nur die Gräber in Zusammenhang, sondern auch gemeißelte Steinstatuen und unbearbeitete, aber in einer bestimmten Anordnung aufgestellte Steinsäulen.

„Gedenkstätten", Statuen

Unter den türkenzeitlichen „Gedenkstätten" sind die 1899 am Ufer der Tola, einem kleinen Nebenfluß des Orchon, entdeckten vier Steine mit den Aufschriften der osttürkischen Herrscher Tonjukuk („der Weise"), Kül-tegin (+731) und des Kagans Bilge (+734) weltbekannt und aus sprachwissenschaftlicher wie historischer Sicht von unschätzbarem Wert. Behandelt man das Problem ausschließlich aus archäologischer Sicht, so fragt man sich vor allem, ob auch die Gräber der Großfürsten im Bereich der Gedenkstätte zu suchen sind. Diese Frage konnte von der tschechoslowakisch-mongolischen Expedition (1958) leider nicht beantwortet werden. Die dennoch bedeutenden Ergebnisse der Untersuchung wurden lediglich in einem kurzen Vorbericht bekannt gemacht.[106] Es ist nach wie vor nicht auszuschließen, daß es in der Nähe Brandgräber gibt, die praktisch nur durch Zufall entdeckt werden können. Jedenfalls fand man ein Jahr vor den planmäßigen Ausgrabungen in unmittelbarer Nachbarschaft der Gedenksteine 18 blattförmige Pferdegeschirrbeschläge aus Gold im Erdhaufen eines Murmeltiers.[107]

Bei den Ausgrabungen selbst wurde beim Gedenkstein für Tonjukuk „ein Opferplatz" entdeckt, der jedoch von der Expedition aus Zeitgründen nicht mehr freigelegt werden konnte. In der Umgebung der beschrifteten Steine fanden sich noch eine weitere Stele mit türkischer Aufschrift und insbesondere ein „Sanktuarium", das aller Wahrscheinlichkeit nach von Chinesen erbaut oder zumindest inspiriert worden war. Dieses quadratische „Heiligtum" mit den äußeren Abmessungen von 13 × 13 m und einem inneren Hof von 10,25 × 10,25 m stand in der Mitte eines Areales von 67 × 28 m, das mit Ziegeln ausgelegt sowie mit einem 2 m tiefen und 1,2—6 m breiten Graben umgeben war. Das „Sanktuarium" stand auf 16 Holzpfeilern, hatte weißgetünchte Wände mit farbigen Fresken und offensichtlich in die Wände eingemauerten Drachenköpfen aus gebranntem Ton und war mit Ziegeln gedeckt. Innen lag die untere Hälfte einer Statuengruppe aus weißem Marmor, die zwei sitzende Figuren darstellt. Die Ausgräber kamen zu der Ansicht, daß es sich dabei um Kül-tegin und dessen Frau handeln dürfte. An der Ostseite des ziegelgepflasterten Areals legte man ein 2,9 m breites Tor frei, an dessen beiden Seiten je eine Statue mit zueinander gewandten Widdern stand. Zwischen dem Tor und dem „Sanktuarium" dürften sich ebenfalls Steinskulpturen befunden haben, von denen aber nur Fragmente erhalten sind: Mann mit Schwert (?), Frau mit Tuch und zwei kniende Männer. Die neu entdeckte Stele mit Runeninschrift stand in einem mit Holzpfeilern fundamentierten Pavillon, daneben befand sich die Statue einer Schildkröte. In einer der entdeckten „Opfergruben" (?) fand sich ein fragmentarisch erhaltener Kopf, den die Grabungsleiter mit Kül-tegin in Zusammenhang brachten und der seitdem auch in der Fachliteratur unter dessen Namen läuft (Abb. 129.).[108] Die Skulptur trägt eindeutig Merkmale der chinesischen Kunst, wiewohl die mongoliden Züge des dargestellten Mannes nicht abzustreiten sind. Auf seinen hohen Rang verweist der Kopfschmuck, der an eine Tiara erinnert und den man mit dem Diadem der „großen Frau" von Kudyrgė vergleichen könnte, aber auch der Vogel (Adler ?) als Teil der Bekrönung. Östlich der freigelegten Gedenkstätte stehen über eine Entfernung von 3 km insgesamt etwa 1000 Steinsäulen in einem Abstand von jeweils 2,6 m in einer Reihe.[109] Bei den Ausgrabungen kam man zu dem Schluß, daß die Gedenkstätte zunächst ausgeraubt und dann zerstört wurde. Dies könnte während des Ujgurenangriffes von 745 oder späte-

105 KYZLASOV, *Istorija* 19.
106 JÍSL, *Vorbericht* 72. Zu den Ausgrabungen siehe auch DERS., *Výzkum.*
107 Y. RINČEN, *Mélanges archéologiques.* CAJ 4, 1959, 299.

108 JÍSL, *Vorbericht* Tab. I. 1.; DERS., *Výzkum* Fig. 51.
109 ŠER, *Kamennye izvajanija* 13.

stens beim Angriff der Kirgisen im Jahre 840 der Fall gewesen sein. Die „Opfergruben" müssen zumindest teilweise bei dieser Gelegenheit angelegt worden sein, da ja das berühmte Statuenfragment in eine dieser Gruben gelangte.

Zahlreiche Fragen im Zusammenhang mit der Funktion und der Chronologie der Gedenkstätte können erst dann beruhigend beantwortet werden, wenn die Anlage vollständig untersucht ist und zumindest die bis dato erzielten Ergebnisse publiziert sind. Unklar ist insbesondere ihr funktionales und zeitliches Verhältnis zu drei weiteren, kleineren „Sanktuarien", die sich in ihrem Umkreis befinden, die aber noch nicht freigelegt werden konnten. Was das große „Heiligtum" betrifft, so ist ein Bericht im Kiu-T'ang-šu besonders bemerkenswert: Nach dem Tod von Kül-tegin (731) sandte der chinesische Kaiser einen Gesandten sowie einen Architekten zu den Türken, um für den namhaften Toten eine ihm würdige Gedenkstätte zu erbauen.[110]

Auch die Darstellungen auf dem Grabstein von Kudyrgė sind recht bekannt. Dieser Stein stammt aus einem Kindergrab und wurde 24 cm oberhalb des Kopfes gefunden (Abb. 130: 4). Einer Theorie nach hätte er ursprünglich zu einer Steinmauer gehört, die rund um das Grab errichtet worden war. Der 40 cm hohe Stein trägt auf der einen Seite die Darstellung eines männlichen Gesichtes mit Bart (Abb. 130: 2), auf der anderen Seite eine vieldiskutierte „Huldigungs-" Szene (Abb. 130: 1). Letztere läßt sich auf mancherlei Arten deuten, je nachdem, von welchem Gesichtspunkt aus man sie betrachtet: Ausdruck der Ehrerbietung für die Ahnen, eine schamanistische Beisetzungszeremonie oder ein Unterwerfungsakt, der gesellschaftliche, politische oder ethnische Grundlagen haben kann.[111] Angesichts unserer sehr lückenhaften Kenntnis der türkischen Glaubenswelt kann die Bedeutung dieser Darstellung nicht zweifelsfrei bestimmt werden. Sicher ist lediglich, daß es sich bei dieser Szene wohl kaum um ein alltägliches Ereignis handeln kann. Darauf deutet auch die Pferdekopf (?)-Maske des in der obersten Reihe knienden Mannes hin. Sofern man der publizierten Zeichnung trauen darf, trägt auch das oberste „Pferd" eine Maske.

Die sogenannten Einfriedungsmauern (russisch: ogradka) gehören zu den wichtigsten türkenzeitlichen Funden. Aneinandergereihte Steine oder Stelen bilden 1—5 m breite Quadrate oder

Abb. 129: *Kopf von der Marmorstatue des Kül-tegin.*

Rechtecke, deren Seiten gemäß den Himmelsrichtungen orientiert sind (Abb. 130: 3). Die sich ergebenden kleinen Areale haben manchmal auch „Eingänge", zu denen bisweilen bis zu einer Entfernung von 10—20 m aufgestellte Steine „hinführen", in anderen Fällen steht eine Steinstatue davor.[112] Ihre Bestimmung ist in der sowjetischen Fachliteratur umstritten, ihr türkischer Ursprung und ihr Alter gelten aber als eindeutig gesichert. Nach den Vorstellungen einiger Kollegen handelt

---

110 „Dann ließ er einen Grabtempel bauen, eine Statue aus Stein hauen und auf den vier Wänden (des Tempels) die Kampfszenen, in denen der Verstorbene kämpfte, malen." (LIU, *Nachrichten* I. 179).

111 Die Literatur dazu zitiert GAVRILOVA, *Kudyrgė* 19—21.

112 KYZLASOV, *Istorija* 23—33; N. D. KUBARĖV, *Novye svedenija o drevnetjurkskich ogradkach Vostočnogo Altaja.* In: *Novoe v archeologii Sibiri i Dal'nego Vostoka* (Novosibirsk 1979) 135—160.

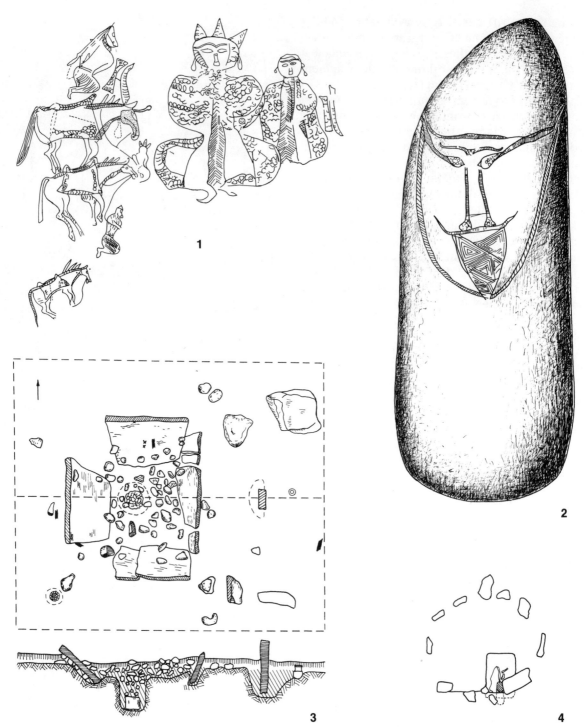

es sich bei diesen „ogradka" um — eventuell symbolische — Brandgräber oder sogar um Verbrennungsplätze. Spuren von Bestattungen konnten bisher nicht eindeutig nachgewiesen werden, obwohl nach der Auskunft mancher Autoren in ihrem Inneren bisweilen mit Asche gefüllte kleinere Gruben zu finden waren.[113] Andere Archäologen wiederum vertreten die Meinung, bei diesen Einfriedungsmauern handle es sich um Opfer-

Abb. 130: *Türkenzeitliche „Gedenkstätte".* 1, 2, 4: „Grabstein" mit eingeritzten Darstellungen einer Huldigungsszene (?) und eines männlichen Kopfes; Grabplan; 3: Einfriedungsmauer: Plan und Querschnitt.

plätze, sog. „rituelle Denkmäler",[114] die unabhängig von den Gräbern, bestenfalls in deren Nähe, errichtet worden und mit dem Gedenken des Toten in Zusammenhang gestanden sind.[115]

113 Vgl. GRAČ, *Drevnejšie tjurkskie pogrebenija* 208—210.

114 ŠER, *Kamennye izvajanija* 14.
115 EVTJUCHOVA, *Kamennye izvajanija* 132; VAJNŠTEJN, *Neko-*

Zu den sogenannten Grabstatuen (russisch: kamennaja baba) gibt es eine reichhaltige Literatur.[116] Es sind im allgemeinen 1,0—1,5 m hohe bearbeitete Steinsäulen, die Menschenköpfe oder -oberkörper darstellen (Abb. 131: 1, 2). Die Grabstatuen an sich sind keine typisch türkische Besonderheit, ähnliche Säulen waren in früheren, aber auch in späteren Jahrhunderten in der ganzen eurasischen Steppe gleichermaßen verbreitet.[117] Anhand der ziemlich einheitlichen Formmerkmale läßt sich aber eine türkische Gruppe innerhalb der Stelen ausgliedern. Bei den Kamennye babas der frühen Türkenzeit wurde nur der Kopf herausgearbeitet, die meisten zeigen hingegen den Körper bis zur Hüfte oder bis zu den Knien. Bei letzteren wurden die Säulen allseitig bearbeitet. Fast ausnahmslos wurden stehende, seltener sitzende Männer dargestellt, häufig tragen sie lange gezwirbelte Schnurrbärte und kleinere Kinnbärte. Manchmal sind sie mit Kopftüchern und längeren Kaftanen bekleidet, die ihrerseits mit einfachen oder mit Beschlägen verzierten Gürteln zusammengehalten werden. Beim derzeitigen Forschungsstand der Archäologie bilden die Attribute der Figuren brauchbare Hinweise bezüglich der Trachten und der Gebrauchsgegenstände.[118] Im allgemeinen ruht je-

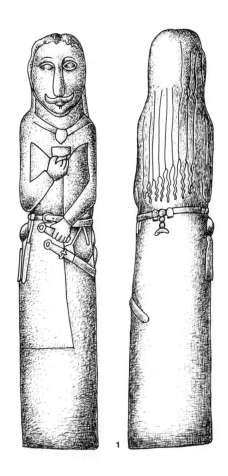

torye voprosy 61; TRIFONOV, *Ob etničeskoj prinadležnosti*, 353. Ihr ärmliches Fundmaterial siehe A. S. VASJUTKIN - V. N. FILIN - A. M. ILJUŠIN, *Novye nachodki predmetov vooruženija v drevnetjurkskich ogradkach Gornogo Altaja.* In: Voennoe delo Severnoj Azii 107—114.

116 EVTJUCHOVA, *Kamennye izvajanija*; GRAČ, *Kamennye izvajanija*; DERS., *Drevnetjurkskie izvajanija Tuvy po materialam issledovanij 1953—1960 gg.* (Moskva 1961); ŠER, *Kamennye izvajanija*; V. P. MOKRYNIN, *O ženskich kamennych izvajanijach Tjan'-san'ja i ich etničeskoj prinadležnosti.* In: *Archeologičeskie pamjatniki Priissykkul'ja* (Frunze 1975) 113—119; V. A. ŽUKOV, *Nachodka drevnetjurkskogo izvajanija v Tadžikistane.* In: *Material'naja kul'tura Tadžikistana* 3, 1978, 120—121; I. ERDÉLYI, *Recently Found Relics of Turcic Stone Sculpture from the Territory of the Mongolian People's Republic.* In: *Colloquies on Art and Archeology in Asia.* 3, 1978, 203—217; ITS, *O kamennych izvajanijach* 100—103; SAVINOV, *Narody* 57—60 und 71—74; V. D. KUBAREV, *Drevnetjurkskie izvajanija Altaja* (Novosibirsk 1984).

117 Die türkenzeitlichen Kamennye babas haben keine direkten chronologischen Vorgänger. Ähnliche Steinstatuen kommen nach der Türkenzeit in den osteuropäischen Steppen erst wieder im 10. bzw. 11. Jahrhundert bei den Petschenegen bzw. Uzen und später bei den Kumanen vor; es ergibt sich also ein Hiatus von mehreren hundert Jahren. Offensichtlich hängen diese Statuen in irgendeiner Form mit der sog. gemeintürkischen Gruppe der türkischen Sprachfamilie zusammen, da sie im Gebiet Chasariens völlig fehlen, dessen Bevölkerung — wie von einem Teil der Forschung angenommen wird — vorwiegend der tschuwaschischen Sprachgruppe der Turkvölker angehört hat.

118 Auch die typochronologische Gliederung der Statuen selbst basiert großteils auf mitabgebildeten Gegenständen und anderem Beiwerk.

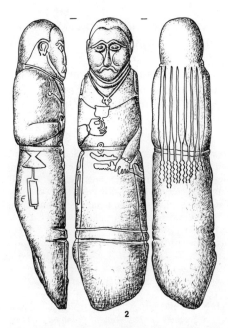

Abb. 131: *Türkenzeitliche Grabstatuen ("kamennye babas").*

weils die linke Hand der Männergestalten am Gürtel oder am Schwert. In ihrer abgewinkelten Rechten halten sie vielfach eine Trinktasse — eine Darstellungsform, die in der Gegend des Siebenstromlandes auftritt —, seltener einen Falken. Die sehr häufige Geste mit der Tasse zeigt, daß wir es hier mit einer Opfer- oder Huldigungsszene zu tun haben. Die Gesichter zeigen individuelle Merkmale, daher sind wohl ganz bestimmte Personen dargestellt. Eine heftige Diskussion wird aber darüber geführt, ob diese Statuen die von den Toten einst besiegten Feinde symbolisieren,[119] wobei die Statuen dann den „Balbals" der türkischen Runeninschriften entsprechen würden, oder ob sie als Darstellung der Bestatteten selbst zu betrachten sind.[120] Die Frage scheint nicht unlösbar: Die chinesischen Jahrbücher und die türkischen Aufschriften zeigen meines Erachtens eindeutig, daß zum Gedenken der wohl ranghöheren Toten zweierlei „Statuen" aufgestellt wurden, und die archäologischen Funde könnten dementsprechend interpretiert werden. Somit verewigten die Steinstatuen tatsächlich die verstorbenen Krieger, während die langen Steinsäulenreihen die besiegten Gegner — wohl die „Balbals"[121] — symbolisierten. Dieser Interpretationsvorschlag wird durch eine Runeninschrift untermauert, die sich auf einer Stele bei der Gedenkstätte für Kül-tegin befindet: „Dies ist der Balbal des Šad aus dem Volk der Tölös".[122] Eine dritte Interpretationsmöglichkeit wäre ebenfalls gegeben: Die Statuen könnten die Ahnen des Verstorbenen darstellen.[123] Die beschriebenen Steinstatuen Zentralasiens stammen aus dem 7. bis 10. Jahrhundert. Für eine Zuweisung an die Türken spricht unter anderem, daß sie in den Zentren beider Kaganate

(Altai-Orchon-Gebiet und Siebenstromland) in großer Zahl vorkommen.

Auch die sibirischen Felszeichnungen füllen bereits ein umfangreiches Schrifttum.[124] Ihre Entstehungszeit läßt sich schwer bestimmen, was auch mit den starken Abstraktionen in den Darstellungen zusammenhängt. Mit Sicherheit aus der Türkenzeit stammt eine Gruppe stilisierter Ziegendarstellungen, von denen eine auch an der Säule für Kül-tegin zu sehen ist, was im übrigen gegen die Annahme spricht, die stilisierten Ziegen hätten Tamgacharakter besessen.[125]

Herkunft, Entwicklung und Weiterleben des archäologischen Fundguts

Wie weit lassen sich die Wurzeln der materiellen Kultur der Türken zurückverfolgen, und wie lebt diese Kultur in den späteren Jahrhunderten fort? Diese Fragen wurden bis zuletzt meist nur im Zusammenhang mit der Analyse einzelner Typen und Bestattungssitten gestellt. Obschon für das Totenbrauchtum bereits ein guter Überblick und eine, bei Berücksichtigung des Forschungsstandes ausgezeichnete, Zusammenfassung vorliegt,[126] ist eine Untersuchung der Grundlagen wie auch des Fortlebens der türkischen materiellen Kultur und ihres wirtschaftlichen und geistigen Hintergrundes bedauerlicherweise nach wie vor ein Desiderat. Im folgenden sollen trotz des ungünstigen Forschungsstandes besonders diejenigen Aspekte der materiellen Kultur der Türken — zugegebenermaßen subjektiv — herausgegriffen werden, die möglicherweise für die Archäologie des östlichen Mitteleuropa, für das Verständnis der awarischen und ungarischen Hinterlassenschaft Bedeutung haben.

Die dreiflügeligen Pfeilspitzen, Hacken und flachen Holzschüsseln, die Vorliebe für chinesische

119 Siehe dazu den diesbezüglichen Satz einer der wichtigsten chinesischen Annalen der Epoche, des Sui-šu: „Hat dieser (der Verstorbene) einst einen Menschen (beim Kampf) getötet, dann wird ein Stein (vor das Grab) gelegt. Die Zahl der Steine beläuft sich manchmal auf hunderte oder tausende." (LIU, *Nachrichten* I. 42).

120 EVTJUCHOVA, *Kamennye izvajanija* 116; KISELEV, *Drevnjaja istorija* 509, 546; GRAČ, *Kamennye izvajanija* 428; ITS, *O kamennych izvajanijach* 103; MOGIL'NIKOV, *Tjurki* 42; L. R. KYZLASOV, *O naznačenii drevnetjurkskich kamennych izvajanij izobražujuščich ljudej.* SA 1964/2, 27—39.

121 Vgl. N. JA. BIČURIN, *Sobranie svedenij o narodach, obitavšich v Srednej Azii v drevnie vremena.* I (Moskva - Leningrad 1950) 230; L. R. KYZLASOV, *O značenii termina „balbal" drevnetjurkskich nadpisej.* Tjurkologičeskij Sbornik 1966, 201—208.

122 V. V. RADLOV - I. N. MELIORANSKIJ, *Drevnetjurkskie pamjatniki v Košo-Cajdame.* Trudy Orchonskoj Ėkspedicii 4, 1897, 45.

123 FEHÉR, *Bolgár-törökök 32;* G. A. FĒDOROV-DAVYDOV, *Kurgany, idoly, monety* (Moskva 1968) 26; I. FODOR, *A sírszobrok kérdéséhez.* FA 21, 1970, 113, Anm. 1.

124 A. D. GRAČ, *Petroglify Tuvy. I.—II. Sbornik Muzeja Antropologii i Ėtnografii* 17, 1957, 385—428 und 18, 1958, 339—384; V. A. RANOV, *Naskalnye risunki u kišlaka Ljanger/Zap. Pamir.* Trudy Kirgizskoj Archeologo-Ėtnografičeskoj Ėkspedicii 3, 1959, 121—124; JA. A. ŠER, *Petroglify Srednej i Central'noj Azii* (Moskva 1980); E. A. NOVGORODOVA, *Mir petroglifov Mongolii* (Moskva 1984).

125 Tamgas sind Besitz- und Sippenzeichen. A. D. GRAČ, *Voprosy datirovki i semantiki drevnetjurkskich tamgoobraznych izobraženij gornogo kozla.* Tjurkologičeskij Sbornik 1972, 316—332; MOGIL'NIKOV, *Tjurki* 42; SAVINOV, *Narody* 74—75; E. ESIN, *An Essay of Interpretation of the Mountain-goat Pictogramm Represented on the Tamga of the Kök-türk Dynasty (Summary).* Türk Kültürümü Araştırma Enstitüsü 51, I, A7, 1979, 135—136.

126 MOGIL'NIKOV, *Tjurki* 39—40; SAVINOV, *Narody* 8—30 und 89—123.

Spiegel und Seidenstoffe sowie die Sitte, den Toten Schaffleisch mitzugeben, sind bereits vor der Türkenzeit nachzuweisen und leben auch danach zumindest bis in das 10. Jahrhundert weiter. Die Bedeutung der lokalen Traditionen für die türkische materielle Kultur wird in der neueren sowjetischen Literatur besonders betont.

Hingegen sind mit dem Auftreten der Türken die kürzeren und stärker gebogenen Knochenversteifungen für die Reflexbögen, die weite Verbreitung der sogenannten Schwirrpfeile und die Verwendung des eisernen Steigbügels, des Panzers, des Gürtels und des Pferdegeschirrs mit Beschlägen verbunden. Verschiedene Varianten der Pferdebestattung, die Verwendung von Grabstatuen, die häufige Aufstellung von Kamennye babas sowie die paarweise Beerdigung und die Mehrfachbestattung lassen sich ebenfalls mit den Türken in Zusammenhang bringen.

Die charakteristischen Elemente der türkischen Kultur leben weiter, wie ihr Satteltyp, die „langohrigen" Steigbügel und der sog. Gurtspanner aus Knochen, die S-förmigen Trensenknebel, der Reflexbogen nebst Köcher, die rechteckigen unverzierten Gürtelbeschläge, der vom Gürtel herabhängende und wohl als Riementeiler gedachte Gegenstand aus Knochen, die kleine Tasche, ein Teil der Gefäß- und Tassenformen, die Bestattung unter kleinen Kurganen mit Steinabdeckung, die Pferdebestattung sowie die Aufstellung von Grabstatuen.

Nach dem Ende der Türkenzeit kommen in Innerasien mehrere Typen auf, die sich von denen des 6. bis 8. Jahrhunderts absetzen. So ändert sich die Gürtelstruktur, die Anzahl der Beschläge, ihre Machart und Verzierung. Neu sind der Säbel, die flache deltaförmige Pfeilspitze, der Köcher mit sich verbreiternder Öffnung und geschwungener Seitenwand, die Verwendung des eisernen Feuerschlägers, die Verbreitung der Palmettenornamentik, breitere Steigbügelsohlen, das Zusammenbiegen des Schwertes bzw. Säbels bei der Grablegung und die partielle Pferdebestattung.

Anhang

Abkürzungen

AAC	Acta Archaeologica Carpatica (Kraków)
AAH	Acta Archaeologica Academiae Scientiarum Hungaricae (Budapest)
Acta Ant. et Arch.	Acta Antiqua et Archaeologica (Szeged)
AÉ	Archaeologiai Értesítő (Budapest)
AEMAe	Archivum Eurasiae Medii Aevi (Wiesbaden)
AH	Archaeologia Hungarica (Budapest)
AO	Archeologičeskie Otkritija (Moskva)
AOH	Acta Orientalia Academiae Scientiarum Hungaricae (Budapest)
AR	Alba Regia (Székesfehérvár)
Arch.	Archeologija (Kiev)
Arch. Pam'.	Archeologični Pam'jatniki USSR (Kiev)
Arch. Pol.	Archaeologia Polski (Warszawa)
AT	Antik Tanulmányok (Budapest)
BMMK	Békés Megyei Múzeumok Közleményei (Békéscsaba)
CAJ	Central Asiatic Journal (Wiesbaden)
Com. Arch. Hung.	Communicationes Archaeologici Hungaricae (Budapest)
Comm. Arch. Hung.	Communicationes Archaeologici Hungariae (Budapest)
DMÉ	Déri Múzeum Évkönyve (Debrecen)
Dolg.	Dolgozatok (Kolozsvár, später Szeged)
EMÉ	Egri Múzeum Évkönyve (Eger)
ESA	Eurasia Septentrionalis Antiqua (Helsinki)
FA	Folia Archaeologica (Budapest)
HOMÉ	Herman Ottó Múzeum Évkönyve (Miskolc)
IAK	Izvestija Imperatorskoj Archeologičeskoj Komissii (Moskva)
Jahrbuch RGZM	Jahrbuch des Römisch-Germanischen Zentralmuseums (Mainz)
JPMÉ	Janus Pannonius Múzum Évkönyve (Pécs)
KSIA	Kratkie Soobščenija Instituta Archeologii (Moskva)
KSIA Kiev	Kratkie Soobščenija Instituta Archeologii (Kiev)
KSIÉ	Kratkie Soobščenija Instituta Ėtnografii (Moskva)
KSIIMK	Kratkie Soobščenija Instituta Istorii Material'noj Kul'tury (Moskva)
MAD	Materialy po Archeologii Dagestana (Machačkala)
MADISO	Materialy po Archeologii i Drevnej Istorii Severnoj Osetii (Ordžonikidze)
MAG	Mitteilungen der Antropologischen Gesellschaft (Wien)
MCA	Materiale şi Cercetarii Archeologice (Bucureşti)
MFMÉ	Móra Ferenc Múzeum Évkönyve (Szeged)
MIA	Materialy i Issledovanija po Archeologii (Moskva)
Mitt. Arch. Inst.	Mitteilungen des Archäologischen Instituts der Ungarischen Akademie der Wissenschaften (Budapest)
MNy	Magyar Nyelv (Budapest)
MTA II. OK.	Magyar Tudományos Akadémia II. Osztályának Közleményei (Budapest)
NAR	Norwegian Archeological Review (Oslo)
NyK	Nyelvtudományi Közlemények (Budapest)
OAK	Otcĕt za Archeologičeskoj Komissii (Moskva)

PZ   Prähistorische Zeitschrift (Berlin)
Rég. Füz.   Régészeti Füzetek (Budapest)
RVM   Rad Vojvodjanskih Muzeja (Novi Sad)
SA   Sovetskaja Archeologija (Moskva)
Sbornik Gos. Ėrmitaža   Sbornik Gosudarstvennogo Ėrmitaža (Leningrad)
SCIV   Studii şi Cercetarii de Istorie Veche (Bucureşti)
SĖ   Sovetskaja Ėtnografija (Moskva)
SlA   Slovenská Archeológia (Bratislava)
Sla. Ant.   Slavia Antiqua (Poznań)
SMK   Somogyi Múzeumok Közleményei (Kaposvár)
Soobšč. Gos. Ėrmitaža   Soobščenija Gosudarstvennogo Ėrmitaža (Leningrad)
StZV AUSAV   Studijné Zvesti AU Slovenské Akademie Vied (Nitra)
SzMMÉ   Szolnok Megyei Múzeumi Évkönyv (Szolnok)
Trudy Gos. Ėrmitaža   Trudy Gosudarstvennogo Ėrmitaža (Leningrad)
Viz. Vrem.   Vizantijskij Vremennik (Moskva)
VDI   Vestnik Drevnej Istorii (Moskva)
Vopr. Antr.   Voprosy Antropologii (Moskva)
ŽMNPr   Žurnal Ministerstvo Narodnogo Prosveščenija (Moskva)

Verzeichnis der Kurzzitate

ABRAMOVA, O proischoždenii kul'tury — M. P. ABRAMOVA - M. G. MAGOMEDOV, O proischoždenii kul'tury Andrej-aul'skogo gorodišča. In: Severnyj Kavkaz v drevnosti i v srednie veka. (Moskva 1980), 123—141.

ABRAMOVA, Novye materialy — M. P. ABRAMOVA, Novye materialy rannesrednevekovych mogil'nikov Severnogo Kavkaza. SA 1982/2, 135—155.

ACHMEROV, Ufimskie pogrebenija — R. B. ACHMEROV, Ufimskie pogrebenija VI—VIII vekov našej éry. KSIIMK 40, 1951, 125—137.

AJBABIN, Pogrebenija — A. I. AJBABIN, Pogrebenija konca VII— pervoj poloviny VIII vv. v Krymu. In: Drevnosti, 165—192.

AJBABIN, Pogrebenie — A. I. AJBABIN, Pogrebenie chazarskogo voina. SA 1985/3, 191—205.

ALFÖLDI, Bestimmung — A. ALFÖLDI, Zur historischen Bestimmung der Awarenfunde. ESA 9, 1934, 287—307.

AMBROZ, O voznesenskom komplekse — A. K. AMBROZ, O voznesenskom komplekse VIII v. na Dnepre. Vopros interpretacii. In: Drevnosti, 204—222.

AMBROZ, Problemy — A. K. AMBROZ, Problemy rannesrednevekovoj chronologii Vostočnoy Evropy. SA 1971/2, 96—123; 3, 106—132.

Anciens Hongrois — Les anciens Hongrois et les ethnies voisines à l'Est. (hg. I. Erdélyi), Studia Archaelogica 6 (Budapest 1977)

ARCHEOLOGIČESKIE ISSLEDOVANIJA — Archeologičeskie issledovanija srednevekovogo Kryma. (Kiev 1968)

ARCHEOLOGIJA UKRAINY — Archeologija Ukrainskoj RSR (Kiev 1975)

ARSLANOVA, Bobrovskij mogil'nik — F. CH. ARSLANOVA, Bobrovskij mogil'nik. Izvestija Akademii Nauk Kazachskoj SSR. Serija obščestvennych nauk 4, 1963, 68—84.

ARSLANOVA, Pogrebenija — F. CH. ARSLANOVA, Pogrebenija tjurkskogo vremeni v Vostočnom Kazachstane. In: Kul'tura drevnich skotovodov i zemledel'cev Kazachstana (Alma-ata 1696), 43—57.

ARTAMONOV, Sarkel — M. I. ARTAMONOV, Sarkel i nekotorye drugie ukreplenija v severozapadnoj Chazarii. SA 6 (1940), 130—165.

ARTAMONOV, Bolgarskie kul'tury — M. I. ARTAMONOV, Bolgarskie kul'tury Severnogo i Zapadnogo Pričernomor'ja. Doklady Otdelenij i Komissij Geografičeskogo Obščestva SSSR 15, 1970, 3—37.

ARTAMONOV, Ètničeskata prinadležnost — M. I. ARTAMONOV, Ètničeskata prinadležnost i istoričeskoto značenie na pastirskata kultura. Archeologija (Sofia) 11, 1969, 1—10.

ARTAMONOV, Istorija chazar — M. I. ARTAMONOV, Istorija chazar (Leningrad 1962)

ARTAMONOVA, Mogil'nik — O. A. ARTAMONOVA, Mogil'nik Sarkela-Beloj veži. MIA 109, 1963, 9—215.

ARTAMONOV, Nekotorye voprosy — M. I. ARTAMONOV, Nekotorye voprosy otnoščenija vostočnych slavjan s bolgarimi i baltami v processe zaselenija imi Srednego i Verchnego Podneprov'ja. SA 1974/1, 245—254.

ARTAMONOV, Sarkel-belaja veža — M. I. ARTAMONOV, Sarkel-Belaja veža. MIA 62 (1958), 7—84.

ARTAMONOV, Voprosy rasselenija — M. I. ARTAMONOV, Voprosy rasselenija vostočnych slavjan i sovetskaja archeologija. Problemy Vseobščej Istorii 1, 1967, 29—69.

Avar Finds — É. GARAM - I. KOVRIG - J. GY. SZABÓ - GY. TÖRÖK, Avar Finds in the Hungarian National Museum. I (Budapest 1975).

AVENARIUS, Die Awaren — A. AVENARIUS, Die Awaren in Europa (Amsterdam — Bratislava 1974).

Awaren — Awaren in Europa. Schätze eines asiatischen Reitervolkes 6.—8. Jh. Ausstellungskatalog (Frankfurt am Main 1985).

BAKAY, Időrend — K. BAKAY, Az avarkor időrendjéről. SMK 1, 1973, 5—86.

BAKAY, Ipoly

K. BAKAY, Honfoglalás és államalapításkori temetők az Ipoly mentén. Studia Comitatensia 6 (Szentendre 1978).

BÁLINT, Szabadkígyós

Cs. BÁLINT, X. századi temető a szabadkígyós-pálligeti táblában. BMMK 1, 1971, 49—86.

BÁLINT, Addenda

Cs. BÁLINT, Some Archeological Addenda to Golden's Khazar Studies. AOH 35, 1981, 397—412.

BÁLINT, A szaltovo-majaki

Cs. BÁLINT, A szaltovo-majaki kultúra avar és magyar kapcsolatairól. AÉ 102, 1975, 52—62.

BÁLINT, Bjelo brdo

Cs. BÁLINT, A magyarság és az un. bjelo-brdoi kultúra. Cumania 4, 1976, 225—252. Russisch: Vengry i t.n. belobrdskaja kul'tura. AAC 19, 1979, 98—143; Deutsch: in: Süd-Ungarn.

BÁLINT, Byzantinische Beziehungen

Cs. BÁLINT, Zur Frage der byzantinischen Beziehungen im Fundmaterial Ungarns. Mitt. Arch. Inst. 14, 1985, 209—223.

BÁLINT, Datierung

Cs. BÁLINT, Über die Datierung der osteuropäischen Steppenfunde des frühen Mittelalters. Schwierigkeiten und Möglichkeiten. Mitt. Arch. Inst. 14, 1985, 137—147.

BÁLINT, Dirhem-Verkehr

Cs. BÁLINT, Einige Fragen des Dirhem-Verkehrs in Europa. AAH 33, 1981, 105—131.

BÁLINT, Eperjes

Cs. BÁLINT, Die spätawarenzeitliche Siedlung von Eperjes, Kom. Csongrád. Varia Archaeologica Hungarica (im Druck)

BÁLINT, Honfoglaláskor

Cs. BÁLINT, A honfoglaláskor. In: Bevezetés a magyar őstörténet kutatásának forrásaiba. I/1 (Budapest, 1977), 121—164.

BÁLINT, Hunok

Cs. BÁLINT, Hunok, avarok, magyarok. Ausstellungsführer (Szeged 1973).

BÁLINT, Östliche Beziehungen

Cs. BÁLINT, Über einige östliche Beziehungen der Frühawarenzeit (568 bis ca. 670/680). Mitt. Arch. Inst. 10—11, 1980—1981, 131—146.

BÁLINT, Selles

Cs. BÁLINT, Les selles hongroises du Xe siècle et leurs rapports orienteaux. (Permanent International Altaistic Conference, Ankara 1973) Türk Kültürümü Araştirma Enstitüşü 51/I/A7 (Ankara 1979), 1—49.

BÁLINT, Süd-Ungarn

Cs. BÁLINT, Süd-Ungarn im X. Jahrhundert. Studia Archaeologica 10 (im Verlag abgegeben: 1975). — Kurze Zusammenfassung: Südungarn im 10. Jahrhundert (Dissertation-Thesen). Mitt. Arch. Inst. 8—9 (1978—1979), 179—187, wo auf Seite 181, wegen eines Fehlers des Herausgebers, statt Marosvásárhely (Tîrgu Mureş) Marosvár (urbs Morisena) zu lesen ist.

BÁLINT, Tombes

Cs. BÁLINT, Les tombes à ensevelissement de cheval chez les Hongrois aus IXe—XIe s. AEMAe 2, 1982, 5—36.

BÁLINT, Tonkessel

Cs. BÁLINT, Über einige Tonkessel aus der Umgebung von Šarkel. In: Keramik.

BANNER - JAKABFFY, Bibliográfia

J. BANNER - I. JAKABFFY, A Közép-Dunamedence régészeti bibliográfiája (Budapest 1954; 1968; 1981).

BĂRZU, Fortbestand

L. BĂRZU, Der Fortbestand der Rumänen im ehemaligen Dazien (Bukarest 1981).

BARAN, K voprosu

V. D. BARAN, K voprosu ob istokach slavjanskoj kul'tury rannego srednevekov'ja. AAC 21, 1981, 67—88.

BAUER, Münzkunde

N. BAUER, Zur byzantinischen Münzkunde des VII. Jahrhunderts. Frankfurter Münzzeitung, 2, 1931, 227—229.

Bayern

Die Bayern und ihre Nachbarn. Symposion im Stift Zwettl, 1982.

BEREZOVEC, Poselenija uličej

D. T. BEREZOVEC, Poselenija uličej na r. Tjasmine. MTA 108, 1963, 145—205.

BEREZOVEC, Slov'jany

D. T. BEREZOVEC, Slov'jany ji plemena saltovs'koji kul'tury. Arch. 19, 1965, 47—67.

BERNŠTAM, Očerki

A. N. BERNŠTAM, Istoriko-archeologičeskie očerki central'nogo Tjanšanja i Pamiro-altaja. MIA 26, 1952.

BERNŠTAM, Trudy

A. N. BERNŠTAM, Trudy semirečenskoj archeologičeskoj ėkspedicii „Čujskaja dolina". MIA 14, 1950.

BEŠEVLIEV, Protobulgarische Periode

VES. BEŠEVLIEV, Die protobulgarische Periode der bulgarischen Geschichte (Amsterdam 1981).

BIALEKOVÁ, Beziehungen

D. BIALEKOVÁ, Beziehungen zwischen Mittelasien und dem Karpatenbecken im 6.—8. Jahrhundert. In: Berichte über den II. Internationalen Kongreß für Slawische Archäologie. II. (Berlin 1973), 321—330.

BIALEKOVÁ, Die slawische Zeit   D. BIALEKOVÁ, Die slawische Zeit (Zusammenfassung). SIA 28, 1980, 225—228.

BIALEKOVÁ, Zur Frage   D. BIALEKOVÁ, Zur Frage der Genesis der gelben Keramik aus der Zeit des zweiten Awarischen Kaganats im Karpatenbecken. In: Symposium, 21—33.

BOBA, Nomads   I. BOBA, Nomads, Northmen and Slavs. (Slavo-Orientalia II), (The Hague — Wiesbaden 1967).

BOBRINSKOJ, Pereščepinskij klad   A. BOBRINSKOJ, Pereščepinskij klad. MAR 34, 1914, 111—120.

BOLDUR, Enigma   A. V. BOLDUR, The Enigma of the Ulichy-Tivertsy People. Balkan Studies 9, 1968, 55—89.

BÓNA, A népvándorlás kor   I. BÓNA, A népvándorlás kor és a korai középkor története Magyarországon. In: Magyarország története I/1 (Budapest 1984), 265—373.

BÓNA, A népvándorlás kora   I. BÓNA, A népvándorlás kora Fejér megyében. In: Fejér megye története az őskortól a honfoglalásig. 5 (Székesfehévár 1971), 221—314.

BÓNA, Avar leletei   I. BÓNA, A XIX. század nagy avar leletei. SzMMÉ 1982—1983, 21—160.

BÓNA, Avar művészet   I. BÓNA, Az avar művészet. In: A magyarországi művészet története. I. (im Druck).

BÓNA, Bulgaren   I. BÓNA, Das erste Auftreten der Bulgaren im Karpatenbecken (Studia Turco-Hugarica 5), (Budapest 1981), 79—112.

BÓNA, Daciaatòl Erdőelvéig   I. BÓNA, Daciatól Erdőelvéig. A népvándorlás kora Erdélyben (271—896). In: Erdély története I. — (Hg. B. Köpeczi) (Budapest 1986) 107—234, 565—582.

BÓNA, Dunaújváros   I. BÓNA, VII. századi avar települések és Árpád-kori magyar falu Dunaújvárosban (Fontes Archaeologici Hungariae), (Budapest 1973).

BÓNA, Iváncsa   I. BÓNA, Avar lovassír Iváncsáról. AÉ 97, 1970, 243—261.

BÓNA, Nagy Károly   I. BÓNA, Nagy Károly nyomdokain. In: Évezredek hétköznapjai. (Budapest 1979), 141—163.

BÓNA, Opponensi vélemény   I. BÓNA, Opponensi vélemény Cs. Dr. Sós Ágnes: A Dunántúl IX. századi szláv népessége c. kandidátusi disszertációjáról. Régészeti Dolgozatok 7, 1965, 32—59.

BÓNA, Studien   I. BÓNA, Studien zum frühawarischen Reitergrab von Szegvár. AAH 32, 1980, 31—95.

BÓNA, Szegvár   I. BÓNA, A Szegvár-sápoldali lovassír. Adatok a korai avar temetkezési szokásokhoz. AÉ 106, 1979, 3—30.

BÓNA, Vierteljahrhundert   I. BÓNA, Ein Vierteljahrhundert Völkerwanderungszeitforschung in Ungarn (1945—1969) AAH 23, 1971, 265—336.

BOROVKA, Archeologičeskoe obsledovanie   G. I. BOROVKA, Archeologičeskoe obsledovanie srednego tečenija r. Toly. In: Severnaja Mongolija II. (Leningrad 1927), 43—88.

BUDINSKÝ-KRIČKA - FETTICH, Zemplín   V. BUDINSKÝ-KRIČKA - N. FETTICH, Das altungarische Fürstengrab von Zemplín. Archaeologia Slovaca, Monographiae 2 (Bratislava 1973).

BUDINSKÝ-KRIČKA - TOČÍK, Šebastovce   V. BUDINSKÝ-KRIČKA - A. TOČÍK, Jazdecký hrob 94, 1967 z doby avarskej ríše v Košiciach časť Šebastovce. In: Zbornik práce L. Kraskovskej (Košice 1984), 172—195.

BUNARDŽIĆ, Izveštaj   R. BUNARDŽIĆ, Izveštaj za zaštitnog arheološkog iskopavanja ranosrednjovekovne nekropole na lokalitetu „Ciglana" kod Čelareva. Gradja za proučavanja Spomenika Kulture Vojvodine 8—9, 1978—1979, 33—67.

CALLMER, The Archaeology   J. CALLMER, The Archaeology of Kiev ca. A. D. 500—1000. A Survey. Acta Universitatis Upsaliensis. Figura 19, 1981, 29-52.

CHISVASI-COMŞA, Slavii   M. CHISVASI - COMŞA, Slavii de rasarit pe teritoriul R.P.R. si patrunderea elementului romanie in Moldava pe baza datelor arheologice. SCIV 9, 1958, 73—89.

Chuvash Studies   Chuvash Studies (hg. A. Róna-Tas), Bibliotheca Orientalis Hungarica 28 (Budapest 1982).

CHUDJAKOV, Kök-tjurki   JU. S. CHUDJAKOV, Kök-tjurki na Srednem Enisee. In: Novoe v archeologii Sibiri i Dal'nego Vostoka. (Novosibirsk 1979), 194—206.

CHYNKU, Kepreria   I. G. CHYNKU, Kepreria — pamjatnik kul'tury X—XII. vv. (Kišiněv 1973).

CHYNKU - RAFALOVIČ, Slavjane   I. G. CHYNKU - I. A. RAFALOVIČ, Slavjane i tjurko-bolgary v VI—X vv. na territorii po archeologičeskim dannym. In: Les Slaves 161—182.

COMŞA, CERAMICA   M. COMŞA, Ceramica locală. In: Dinogetia, I. (Bucureşti 1967), 134—229.

COMŞA, La civilisation   M. COMŞA, La civilisation balkano-danubienne (IXᵉ—XIᵉ s.) sur le terri-
                                    toire de la R.P. Roumanie. Dacia 7, 1963, 413—438.

COMŞA, Romains   M. COMŞA, Romains, Germains et Slaves dans le territoire de la Rou-
                                    manie aux VIᵉ—VIIᵉ siècles. Zbornik Narodnog Muzeja (Beograd) 9—10
                                    (1979), 103—120.

Conférence   Les questions fondamentales du peuplement du bassin des Carpathes
                                    des VIIIᵉ au Xᵉ siècles. Mitt. Arch. Inst. Beiheft 1, 1972.

Congressus   Diskussionsbeiträge zu Gy. László: Die ungarische Landnahme und ihre
                                    Vorereignisse. In: Congressus Quartus Internationalis Fenno-Ugristarum
                                    (Budapest 1980), 195—238.

CRUIKSHANK - DODD, Stamps   E. CRUIKSHANK - DODD, Byzantine Silver Stamps. Dumbarton Oaks Stu-
                                    dies 7, 1961.

CSALLÁNY, Bácsújfalu   D. CSALLÁNY, A bácsújfalusi avarkori hamvasztásos lelet. Adatok a ku-
                                    turgurbolgárok (hunok) temetési szokásához és régészeti hagyatékához.
                                    AÉ 80, 1953, 133-140.

CSALLÁNY, Gürtel   D. CSALLÁNY, Der awarische Gürtel. AAH 14, 1962, 445—480.

CSALLÁNY, Grabfunde   D. CSALLÁNY, Grabfunde der Frühawarenzeit. FA 1—2, 1939, 35—64.

CSALLÁNY, Haarschmuck   D. CSALLÁNY, Weiblicher Haarschmuck und Stiefelbeschläge aus der un-
                                    garischen Landnahmezeit im Karpatenbecken. AAH 22, 1970, 261—229.

CSALLÁNY, Rapports   D. CSALLÁNY, Rapports archéologiques entre les trouvailles de l'époque
                                    avare de Szeged et des cors à boire hunno-bulgare. AÉ 1946—1948,
                                    350—359.

CSALLÁNY, Zierscheiben   D. CSALLÁNY, Ungarische Zierscheiben aus dem X. Jahrhundert.
                                    AAH 10, 1959, 281—325.

CZEGLÉDY, From East   K. CZEGLÉDY, From East to West: The Age of Nomadic Migrations is
                                    Eurasia. AEMAe 3, 1983, 25—126.

ČEBOTARENKO, Kalfa   G. F. ČEBOTARENKO, Kalfa — gorodišče VIII-X vv na Dnestre (Kišinëv
                                    1973).

ČEBOTARENKO, K voprosy   G. F. ČEBOTARENKO, K voprosy ob ètniceskoj prinadležnosti balkano-du-
                                    najskoj kul'tury v južnoj časti Prutsko-dnestrovskogo meždureč'ja. In:
                                    Ètniceskaja istorija vostočnych romancev (Kišinëv 1979), 86—105.

ČEBOTARENKO, Naselenija   G. F. ČEBOTARENKO, Naselenija central'noj časti Dnestrovsko-prutskogo
                                    meždureč'ja v X—XII vv (Kišinëv 1982).

ČILINSKÁ, Development   ZL. ČILINSKÁ, The Development of the Slavs North of the Danube during
                                    the Avar Empire and their Social-Cultural Contribution to Great Mo-
                                    ravia. SIA 31, 1983, 237—273.

ČILINSKÁ, K otázkam   ZL. ČILINSKÁ, K chronologickým a etnickým otázkam pohrebisk 8. stor.
                                    na strednom Dunaji. In: IV. Medzinárodny kongres slovanskej arche-
                                    ologie. (Nitra 1980), 36—41.

ČILINSKÁ, Kov   ZL. ČILINSKÁ, Kov v ranosslovanskom umeni (Bratislava 1981).

ČILINSKÁ, Nové Zámky   ZL. ČILINSKÁ, Slawisch-awarisches Gräberfeld in Nové Zámky (Bratis-
                                    lava 1966).

ČURILOVA, Pogrebenie   L. N. ČURILOVA, Pogrebenie s serebrjanoj maskoj u sela Manvelovki na
                                    Dnepropetrovščine. SA 1986/4 261—266.

ČILINSKÁ, Želovce   ZL. ČILINSKÁ, Frühmittelalterliches Gräberfeld in Želovce (Bratislava
                                    1973).

DAI   Constantine Porphyrogenetus, De administrando imperio (Hg.: Gy. Mo-
                                    ravcsik - R. J. H. Jenkins), (Washington 1967)

DAIM, Leobersdorf   F. DAIM, Das awarische Gräberfeld von Leobersdorf, Niederösterreich.
                                    (Studien zur Archäologie der Awaren 3 = Denkschriften der Österr. Aka-
                                    demie der Wissenschaften 194, 1987).

DAIM - LIPPERT, Sommerein   F. DAIM - A. LIPPERT, Das awarische Gräberfeld von Sommerein am Lei-
                                    thagebirge, NÖ (Studien zur Archäologie der Awaren 1 = Denkschriften
                                    der Österr. Akademie der Wissenschaften 170, Wien 1984).

DARKEVIČ, Metall   V. P. DARKEVIČ, Chudožestvennyj metall Vostoka VIII—XIII. vv.
                                    (Moskva 1976).

DAVIDSON, Viking Road   E. H. R. DAVIDSON, The Viking Road to Byzantium (London 1976).

DEBEC, Paleoantropologija   G. F. DEBEC, Paleoantropologija SSSR. Trudy Instituta Étnografii 4, 1948.

DEKÁN, Herkunft   J. DEKÁN, Herkunft und Ethnizität der gegossenen Bronzeindustrie des 8. Jh.s SlA 21, 1972, 317—452.

DIACONU, Les Petchénègues   P. DIACONU, Les Petchénègues au Bas Danube. Bibliotheca Historica Romaniae 27, 1970.

DIACONU, K voprosu   P. DIACONU, K voprosu o glinjanych kotlach na territorii RNR Dacia 8, 1964, 250-263.

DIENES, Bashalom   I. DIENES, Un cimetière de Hongrois conquérants à Bashalom. AAH 7, 1956, 245—273.

DIENES, Farkasrét   I. DIENES, Honfoglalás kori veretes tarsoly Budapest-Farkasrétről. FA 24, 1973, 177—214.

DIENES, Kisvárda   I. DIENES, Honfoglaló magyarok. In: A kisvárdai vár története. (Kisvárda 1961), 94—196.

DIENES, Kunst   I. DIENES, Die Kunst der Landnehmenden Ungarn und ihre Glaubenswelt. In: Actes du XXIIe Congrès International d'histoire de l'art, Budapest 1969 (Budapest 1972), I. 101—109.

DIENES, Lószerszám   I. DIENES, A honfoglaló magyarok lószerszámának néhány tanulsága. AÉ 93, 1966, 208—238.

DIENES, Orosháza   I. DIENES, A honfoglaló magyarok. In: Orosháza története és néprajza. I. (Orosháza 1965), 136—174.

DIENES, Ungarn   I. DIENES, Die Ungarn um die Zeit der Landnahme (Budapest 1972).

DIENES, Vélemény   I. DIENES, Opponensi vélemény Bálint Csanád: Dél-Magyarország a X. században c. kandidátusi értekezéséről. AÉ 105, 1978, 107—127.

DMITRIEV, Mogil'nik   A. V. DMITRIEV, Mogil'nik épochi pereselenija narodov na reke Djurso. KSIA 158, 1979, 52—57.

Drevnosti, Épochi   Drevnosti Épochi velikogo pereselenija narodov V—VIII vekov (Moskva 1982).

Drevnosti, Podneprov'ja   Drevnosti Srednego Podneprov'ja (Kiev 1981).

DUNLOP, History   D. M. DUNLOP, The History of the Jewish Khazars (New York 1967).

ERDÉLYI, Az avarság   I. ERDÉLYI, Az avarság és Kelet a régészeti források tükrében (Budapest 1982).

ERDÉLYI, Grabfund   I. ERDÉLYI, Neuer altungarischer (?) Grabfund aus Südrußland. Mitt. Arch. Inst. 8—9, 1978—1979, 121—123.

ERDÉLYI, Les anciens Hongrois   I. ERDÉLYI, Les anciens Hongrois ont-ils été dans la région du Kouban? In: Les Anciens Hongrois, 249—252.

ERDÉLYI, Újabb adatok   I. ERDÉLYI, Újabb adatok a tarsolylemezek stílusának elterjedéséhez. AÉ 88, 1961, 95—99.

ERDÉLYI - DORJSÜREN - NAVAN, Results   I. ERDÉLYI - C. DORJSÜREN - D. NAVAN, Results of the Mongolian-Hungarian Archaeological Expeditions 1961—1964, AAH 19, 1967, 335—370.

ERDÉLYI - SALAMON, Környe   I. ERDÉLYI - Á. SALAMON, Das völkerwanderungszeitliche Gräberfeld von Környe. Studia Arch. 5 (Budapest 1971).

ERDÉLYI, Régészeti tanulmányúton   I. ERDÉLYI, Régészeti tanulmányúton a Krimifélszigeten. AÉ 107, 1980, 231—234.

ÉRY, Reconstruction   K. K. ÉRY, Reconstruction of the Tenth Century Population of Sárbogárd on the Basis of Archaeological and Antropological Data. Alba Regia 8—9, 1967—1968, 93—147.

ENZYKLOPÄDIE   Enzyklopädie zur Frühgeschichte Europas. Arbeitsmaterial (Berlin 1980).

ÉTNOKUL'TURNAJA KARTA   Étnokultur'naja karta territorii Ukrainskoj SSR v I tys. n. è (Kiev 1985).

EVTJUCHOVA, Archeologičeskie pamjatniki   L. A. EVTJUCHOVA, Archeoloičeskie pamjatniki enisejskich kyrgyzov (Chakasov) (Abakan 1948).

EVTJUCHOVA, Kamennye izvajanija   L. A. EVTJUCHOVA, Kamennye izvajanija Južnoj Sibiri i Mongolii MIA 24, 1952.

EVTJUCHOVA - KISELÉV, Otčët   L. A. EVTJUCHOVA - S. V. KISELÉV, Otčet o rabotach sajano-altajskoj archeologičeskoj ékspedicii v 1935 g. Trudy Gosudarstvennogo Isloričeskogo Muzea 16 (Moskwa 1941).

FĚDOROV, Pogrebal'nye sooruženija

G. S. FĚDOROV, Pogrebal'nye sooruženija i obrjady pogrebenij verchne-čirjurtovskich mogil'nikov i ich ětničeskaja interpretacija. Voprosy Istorii Ětnografii Dagestana 5, 1974, 204—224.

FĚDOROV - ČEBOTARENKO, Pamjatniki

G. B. FĚDOROV - G. F. ČEBOTARENKO, Pamjatniki drevnich slavjan (VI—XIII vv.). Archeologičeskaja karta Moldavskoj SSR 6, 1974.

FĚDOROV - FĚDOROV, Rannye tjurki

JA. A. FĚDOROV - G. S. FĚDOROV, Rannye tjurki na Severnom Kavkaze (Moskva 1973).

FĚDOROV - POLEVOJ, Archeologija Rumynii

G. B. FĚDOROV - L. L. POLEVOJ, Archeologija Rumynii (Moskva 1973).

FEHÉR, Bolgár-törökök

G. FEHÉR, A bolgár-törökök szerepe és műveltsége. (Budapest 1940)

FEHÉR, Zur Geschichte

G. FEHÉR, Zur Geschichte der Steppenvölker von Südrußland im 9.—10. Jh. Studia Slavica 5, 1959, 257—326.

FETTICH, Adatok

N. FETTICH, Adatok a honfoglaláskor archaeológiájához. AÉ 45, 1931, 48—112.

FETTICH, Basaharc

N. FETTICH, Das awarenzeitliche Gräberfeld von Pilismarót-Basaharc. Studia Archaeologica 3 (Budapest 1965).

FETTICH, Čadjavica

H. FETTICH, Der Fund von Čadjavica. Viestnik Hrvatskog Arheoložkoga Družtva 22—23, 1942—1943. 55—61.

FETTICH, Fativizs

N. FETTICH, A fativizsi lelet. Nyelvtudományi Közlemények 40, 1935, 79—87.

FETTICH, Győr

N. FETTICH, Győr története a népvándorláskorban (Győr 1943).

FETTICH, Kunst

N. FETTICH, Die altungarische Kunst (Berlin 1942).

FETTICH, Kunstgewerbe

N. FETTICH, Das Kunstgewerbe der Awarenzeit in Ungarn. AH 1, 1926.

FETTICH, Metallkunst

N. FETTICH, Die Metallkunst der landnehmenden Ungarn. AH 21, 1937.

FETTICH, Späthunnische Metallkunst

N. Fettich, Archäologische Studien zur Geschichte der späthunnischen Metallkunst. AH 31, 1952.

FETTICH, Symbolischer Gürtel

N. FETTICH, Symbolischer Gürtel aus der Awarenzeit (Fund von Bilisics). MFMÉ 1963, 61—89.

FETTICH, Vestiges

N. FETTICH, Vestiges archéologiques slaves de l'époque des grandes migrations dans le bassin des Carpathes — relations koutourgoures. Conférence 85—97.

FETTICH, Zum Problem

N. FETTICH, Zum Problem des ungarländischen Stils II. ESA 9, 1934, 308—322.

FILIN, Obrazovanie

F. P. FILIN, Obrazovanie jazyka vostočnych slavjan (Moskva — Leningrad 1962).

FODOR, Altungarn

I. FODOR, Altungarn, Bulgarotürken und Ostslaven in Südrußland. Opuscula Byzantina IV (Szeged 1977).

FODOR, Baltikumi kapcsolatai

I. FODOR, A magyarság baltikumi és skandináviai kapcsolatai a régészeti leletek alapján. SzMMÉ 1981, 85—89.

FODOR, Contacts

I. FODOR, On Magyar — Bulgar-Turkish Contacts. In: Chuvash Studies 45—81.

FODOR, Doroszló

I. FODOR, Honfoglaláskori sír Doroszlón. Com. Arch. Hung. 1981.

FODOR, Észrevétel

I. FODOR, Néhány régészeti észrevétel a kabar kérdésről. In: Régészeti tanulmányok Kelet-Magyarországról. Folklór és ethnográfia 24. (Debrecen 1986), 100—114.

FODOR, Ursprung

I. FODOR, Der Ursprung der in Ungarn gefundenen Tonkessel. AAH 29, 1977, 323—344.

FODOR, Wanderung

I. FODOR, Die große Wanderung der Ungarn nach Pannonien (Budapest 1982).

GADLO, Ětniceskaja istorija

A. V. GADLO, Ětniceskaja istorija Severnogo Kavkaza IV—X vv. (Leningrad 1979).

GADLO, Kočev'e

A. V. GADLO, Kočev'e chazarskogo vremeni u stanicy zaplavki na Nižnom Donu. Problemy Archeologii 2, 1978, 118—125.

GADLO, Pamjatniki

A. V. GADLO, Pamjatniki saltovo-majackoj kul'tury v Central'nom Predkavkaze. Problemy Otečestvennoj i Vseobščej Istorii 3, 1976, 99—103.

GADLO, Problema

A. V. GADLO, Problema Priazovskoj Rusi, i sovremennie archeologičeskie dannye o južnom Priazov'e VIII—X. vv. Vestnik Leningradskogo Universiteta 14, 3, 1968, 55—65.

GARAM, Adatok

SZ. É. GARAM, Adatok a közép avarkor és az avar fejedelmi sírok régészeti és történeti kérdéseihez. FA 27, 1976, 129—145.

GARAM, A közép avarkor

SZ. É. GARAM, A közép avarkor sírobulussal keltezhető leletköre. AÉ 103, 1978, 206—215.

GARAM, Aranyékszerek

SZ. É. GARAM, VII. századi aranyékszerek a Magyar Nemzeti Múzeum gyűjteményeiben. FA 31, 1980, 157—174.

GARAM, A tiszafüredi

SZ. É. GARAM, A tiszafüredi avar temető lósírjai. Adatok a késő avarkori lovastemetkezésekhez. AR (im Druck).

GARAM, Bőcs

SZ. É. GARAM, A bőcsi késő avarkori lelet és köre. AÉ 108, 1981, 34—50.

GARAM, Kisköre

SZ. É. GARAM, Das awarenzeitliche Gräberfeld von Kisköre. (Fontes Archaeologici Hungariae), (Budapest 1979).

GARAM, Vörösmart

SZ. É. GARAM, Der Fund von Vörösmart im archäologischen Nachlaß der Awarenzeit. FA 33, 1982, 187—212.

GAVRILOVA, Kudyrgė

A. A. GAVRILOVA, Mogil'nik Kudyrgė kak istočnik po istorii altajskich plemën (Moskva — Leningrad 1965).

GENING, Chronologija

V. F. GENING, Chronologija pojasnoj garnitury I tysjačeletija n. è. (po materialam mogil'nikov Prikam'ja). KSIA 158, 1979, 96—106.

GENING - CHALIKOV, Rannye bolgary

V. F. GENING - A. H. CHALIKOV, Rannye bolgary na Volge (Moskva 1964).

GIESLER, Untersuchungen

J. GIESLER, Untersuchungen zur Chronologie der Bijelo Brdo-Kultur. PZ 56, 1981, 1—167.

GODŁOWSKI, Die Frage

K. GODŁOWSKI, Die Frage der slawischen Einwanderung ins östliche Mitteleuropa. Zeitschrift für Ostforschung 28, 1979, 416—447.

GOLDEN, Khazar Studies

P. B. GOLDEN, Khazar Studies. A historic-philological inquiry into the origins of the Khazars. Bibliotheca Orientalis Hungarica 25/2 (Budapest 1980).

GOLDINA, Chronologija

R. D. GOLDINA, Chronologija pogrebal'nych kompleksov rannego srednevekov'ja Verchnem Prikam'e. KSIA 158, 1979, 79—90.

GORJUNOV, Rannie ètapy

E. A. GORJUNOV, Rannie ètapy istorii slavjan Dneprovskogo Levoberež'ja. (Leningrad 1981).

GRAČ, Archeologičeskie issledovanija

A. D. GRAČ, Archeologičeskie issledovanija v Kara-hole i Mongun-tajge. In: Trudy 73—150.

GRAČ, Archeologičeskie raskopki

A. D. GRAČ, Archeologičeskie raskopki v Mongun-tajge i issledovanija v Central'noj Tuve. In: Trudy 7—72.

GRAČ, Drevnejšie tjurkskie pogrebenija

A. D. GRAČ, Drevnejšie tjurkskie pogrebenija s sožženiem v Central'noj Azii. In: Istorija, archeologija i ètnografija Srednej Azii (Moskva 1968), 207—213.

GRAČ, Drevnetjurkskie izvajanija

A. D. GRAČ, Drevnetjurkskie izvajanija Tuvy po materialam issledovanij 1953—1960 gg (Moskva 1961).

GRAČ, Drevnetjurkskie kurgany

A. D. GRAČ, Drevnetjurkskie kurgany na juge Tuvy. KSIA 114, 1968, 105—111.

GRAČ, Granicy

A. D. GRAČ, Chronologičeskie i ètno-kul'turnye granicy drevnetjurkskogo vremeni. Tjurkologičeskij Sbornik 1966, 188—193.

GRAČ, Kamennye izvajanija

A. D. GRAČ, Kamennye izvajanija zapadnoj Tuvy. K voprosu o pogrebal'nom rituale tugju. Sbornik MAÉ 16, 1955, 401—431.

GRINČENKO, Pam'jatka

V. A. GRINČENKO, Pam'jatka VIII st. kolo Voznesenki na Zaporižži. Arch. 3, 1950, 37—62.

GRYNAEUS, Krankheiten

T. GRYNAEUS, Die Krankheiten und die Heilung bei den alten Ungarn. Manuskript (Budapest 1986).

GUMILĖV, Altajskaja vetv'

L. N. GUMILĖV, Altajskaja vetv' tjurok-tugju. SA 1959/1, 105—114.

GUMILĖV, New Data

L. N. GUMILĖV, New Data of the History of Khazaria. AAH 19, 1967, 61—103.

GYÖRFFY, István király

GY. GYÖRFFY, István király és műve (Budapest 1977).

GYÖRFFY, Tanulmányok

GY. GYÖRFFY, Tanulmányok a magyar állam eredetéről (Budapest 1959).

HAMPEL, Alterthümer

J. HAMPEL, Alterthümer des frühen Mittelalters in Ungarn. I—IV. Braunschweig 1905. (Reprint: Westmead, Farnborough, Hants, England 1971). — Statt dieses weltberühmten Werkes übte Hampels originelle und historisch klarer formulierte Fassung (A régibb középkor IV—X. sz. Magyarhonban, Budapest 1894. I—II.) größeren Einfluß auf die damalige ungarische Forschung aus.

HAMPEL, Újabb

J. HAMPEL, Újabb tanulmányok a honfoglalási kor emlékeiről (Budapest 1907).

HARPER, Silver Vessels

P. O. HARPER, Silver Vessels of the Sasanian Period, I (New York 1981).

HERMANN, Probleme

J. HERMANN, Probleme der Herausbildung der archäologischen Kulturen slawischer Stämme des 6.—9. Jh.s. In: Rapports (I), 49—75.

HORVÁTH, Üllő

T. HORVÁTH, Die awarischen Gräberfelder von Üllő und Kiskőrös. AH 19, 1935.

IERUSALIMSKAJA, K složeniju

A. A. IERUSALIMSKAJA K složeniju školy chudožestvennogo šelkotkačestva v Sogde. In: Srednjaja Azija i Iran (Leningrad 1972), 5—46.

IERUSALIMSKAJA, Soieries

A. A. IERUSALIMSKAJA, Trois soieries byzantines anciennes découverts au Caucase Septentrional. Bulletin de liaison du CIETA 24, 1966, 11—38.

IERUSALIMSKAJA, Tkani

A. A. IERUSALIMSKAJA, Archeologičeskie tkani kak datirujuščij material. KSIA 158, 1979, 114—120.

ITS, O kamennych izvajanijach

R. F. ITS, O kamennych izvajanijach v Sin'czjane. SÈ 1958/2, 100—103.

JÍSL, Vorbericht

L. JÍSL, Vorbericht über die archäologische Erforschung des Kül-tegin Denkmals durch die tschechoslowakisch-mongolische Expedition des Jahres 1958. Ural-Altaische Jahrbücher 30, 1960, 65—77.

JÍSL, Výzkum

L. JÍSL, Výzkum památniku v Mongolské Lidové Republice Archeologické Rozhledy 12, 1960, 86—113.

KARGER, Kiev

M. K. KARGER, Drevnij Kiev. I—II (Moskva-Leningrad 1961).

Keramik

Die Keramik der Saltovo-Majaki-Kultur und ihre Varianten. Varia Arch. Hung. (in Druck).

KIBIROV, Rabota

A. K. KIBIROV, Rabota Tjan-šanskogo archeologičeskogo otrjada. KSIÈ 26, 1957, 81—88.

KILIEVIČ, Rozkopky

S. R. KILIEVIČ, Rozkopky Velikogo Jaroslavskogo dvoru v Kyevi. Arch. 21, 1977, 92—101.

KIRPIČNIKOV, Sablja

A. V. KIRPIČNIKOV, Tak nazivaemaja sablja Karla Velikogo. SA 1965, 268—275.

KIRPIČNIKOV, Oružie

A. N. KIRPIČNIKOV, Drevnerusskoe oružie. Archeologija SSSR, Svod Archeologičeskich Istočnikov El-36 (Moskva — Leningrad 1966).

KISELËV, Drevnjaja istorija

S. V. KISELËV, Drevnjaja istorija Južnoj Sibiri. MIA 9, 1951².

KISS, Avar Cemeteries

A. KISS, Avar Cemeteries in Country Baranya (Budapest 1977).

KISS, Baranya

A. KISS, Baranya megye X—XI, századi sírleletei. (Magyarország honfoglalás és kora Árpád-kori leletanyaga, 1, (Budapest 1983).

KISS, Studien

A. KISS, Studien zur Archäologie der Ungarn im 10. und 11. Jahrhundert. In: H. Friesinger - F. Daim (Hg.), Die Bayern und ihre Nachbarn. II. (Wien 1985), 217—379.

KLEJN - LEBEDEV - NAZARENKO, Normanskie

L. S. KLEJN - G. S. LEBEDEV - V. A. NAZARENKO, Normanskie drevnosti Kievskoj Rusi na sovremennom ètape archeologičeskogo izučenija. In: Istoričeskie svjazi Skandinavii i Rossii (Leningrad 1970).

KLJAŠTORNYJ, Nadpis'

S. G. KLJAŠTORNYJ, Chazarskaja nadpis' na amfore s gorodišča Majaki. SA 1979/1, 270—275.

KOPERSKI - PARCZEWSKI, Das altungarische Reitergrab

A. KOPERSKI - M. PARCZEWSKI, Das altungarische Reitergrab von Przemysl (Südostpolen). AAH 21, 1978, 213—230.

KORZUCHINA K istorii

G. F. KORZUCHINA, K istorii Srednego Podneprov'ja v seredine I tys. n. è. SA 22, 1955, 61—82.

KOTOVIČ, O mestopoloženii

V. G. KOTOVIČ, O mestopoloženii rannesrednevekovych gorodov Varačana, Belendžera i Targu. In: Drevnosti Dagestana (Machačkala 1974), 232—255.

KOVÁCS, Hajdúböszörmény

L. KOVÁCS, Der landnahmezeitliche ungarische Grabfund von Hajdúböszörmény-Erdős tanya. AAH 33, 1981, 81—103.

KOVÁCS, Remarks

L. KOVÁCS, Remarks on the Evaluation of 10th—11th Century Hungarian Double-edged Swords. In: Studies in Ancient History (Budapest, im Druck).

Kovács, Waffen

L. Kovács, Die Waffen der landnehmenden Ungarn: Säbel, Kampfäxte, Lanzen. Mitt. Arch. Inst. 10—11., 1980—1981, 246—252 (das ist eine Zusammenfassung eines seit 1981 ungedruckten Werkes: A honfoglaló magyarok fegyverei: szablyák, balták, lándzsák).

Kovács, Waffengeschichtsforschung

L. Kovács, Über den Stand der landnahmezeitlichen Waffengeschichtsforschung. Mitt. Arch. Inst. 6, 1976, 81—98.

Kovalevskaja, Archeologičeskie sledy

V. B. Kovalevskaja, Archeologičeskie sledy prebyvanija drevnich bolgar na Severnom Kavkaze. Pliska-Preslav 2, 1981, 43—52.

Kovalevskaja, Severokavkazskie drevnosti

V. B. Kovalevskaja, Severokavkazskie drevnosti. In: Stepi Evrazii, 83—97.

Kovalovszki, Doboz

J. Kovalovszki, Előzetes jelentés a dobozi Árpád-kori faluásatásról (1962—1974). AÉ 102, 1975, 204—223.

Kovrig, Alattyán

I. Kovrig, Das awarenzeitliche Gräberfeld von Alattyán. AH 40, 1967.

Kovrig, Contribution

I. Kovrig, Contribution au problème de l'occupation de la Hongie par les Avars. AAH 6, 1955, 163—192.

Kovrig, Tiszaderzs

I. Kovrig, The Tiszaderzs Cemetery. In: Avar Finds 209—239.

Kőhalmi, A steppék nomádja

K. Kőhalmi, A steppék nomádja lóháton, fegyverben (Kőrösi Csoma Kiskönyvtár 12, Budapest 1972).

Krasil'nikov, Masterskaja

K. I. Krasil'nikov, Gončarnaja masterskaja saltovo-majackoj kul'tury. SA 1976/3, 267—278.

Kravčenko, Issledovanie

N. M. Kravčenko, Issledovanie slavjanskich pamjatnikov na Šturne. In: Slavjane i Rus (Kiev 1979), 74—92.

Kropotkin, Klady

V. V. Kropotkin, Klady vizantijskich monet na territorii SSSR. Arch. SSSR SAI E4-4 (Moskva 1962).

Kropotkin, Vizantijskaja čaša

V. V. Kropotkin, Vizantijskaja čaša iz krylosskogo klada VII vv. VV 31, 1971, 194—195.

Kubarёv, Ogradki

V. D. Kubarёv, Novye svedenija o drevnetjurkskich ogradkach Vostočnogo Altaja. In: Novoe v archeologii Sibirii i Dal'nego Vostoka (Novosibirsk 1979), 135—160.

Kucharenko, O nekotorych

Ju. V. Kucharenko, O nekotorych archeologičeskich nachodkach na Charkov'ščine. KSIIMK 41, 1951, 99—108.

Kurnatowska, Die „Sclaveni"

Z. Kurnatowska, Die „Sclaveni" im Lichte der archäologischen Quellen. Arch. Pol. 15, 1974, 51—66.

Kurnatowska, Slovianszczyzna

Z. Kurnatowska, Slovianszczyzna południowa. (Wrocław-Warszava-Kraków-Gdańsk 1977).

Kussaeva, Alanskij katakombnyj

S. S. Kussaeva, Alanskij katakombnyj mogil'nik XI—XII vv. u stanicy Zmejskoj (po raskopkam 1953). MADISO 1, 1961, 51—61.

Kussaeva, Archeologičeskie pamjatniki

S. S. Kussaeva, Archeologičeskie pamjatniki Vostočnoj Osetii (Cmi i Balta) kak istoričeskij istočnik dlja drevnoj Alanii (Avtoreferat), (Leningrad 1953).

Kuznecov, Glinjanye kotly

V. A. Kuznecov, Glinjanye kotly Severnogo Kavkaza. KSIIMK 99, 1964, 34—39.

Kuznecov - Runič, Pogrebenie

V. A. Kuznecov - A. P. Runič, Pogrebenie alanskogo družinnika IX v. SA 1974/3, 196—202.

Kürti, Algyő

B. Kürti, Honfoglalás kori magyar temető Szeged-Algyőn. MFMÉ 1978—1979/1, 323—347.

Kürti, Avar kor

B. Kürti, Az avar kor periodizációja. In: Szeged, 184—206.

Kvassay, Kerámia

J. Kvassay, Kerámia a X—XI. századi sírokban. Manuskript (Budapest 1982).

Kyzlasov, Istorija

L. R. Kyzlasov, Istorija Tuvy v srednie veka (Moskva 1969).

Kyzlasov, Tuva

L. R. Kyzlasov, Tuva v period Tjurkskogo kaganata (VI—VIII vv.) Vestnik Moskovskogo Universiteta Ser. IX. Istorija 1, 1960.

László, Művészete

Gy. László, A honfoglaló magyarok művészete Erdélyben (Kolozsvár 1943).

László, Contribution

Gy. László, Contribution à l'archéologie des migrations. AAH 8, 1958, 165—198.

László, Élete

Gy. László, A honfoglaló magyar nép élete (Budapest 1944).

LÁSZLÓ, Études — GY. LÁSZLÓ, Études archéologiques sur l'histoire de la société des Avars. AH 34, 1955.

LÁSZLÓ, Kettős honfoglalás — GY. LÁSZLÓ, A „kettős honfoglalás"-ról. AÉ 97, 1970, 161—187.

LÁSZLÓ, Koroncó — GY. LÁSZLÓ, Der Grabfund von Koroncó und der altungarische Sattel. AH 27, 1943.

LÁSZLÓ, Kovrat — GY. LÁSZLÓ, Kovrat kagán fiainak történetéhez. (Megjegyzések a kettős honfoglalás forrásainak értelmezéséhez), in: Őstörténeti tanulmányok 225—230.

LÁSZLÓ, Steppenvölker — GY. LÁSZLÓ, Steppenvölker und Germanen (Budapest — München 1974).

LÁSZLÓ - RÁCZ, Der Goldschatz — GY. LÁSZLÓ - I. RÁCZ, Der Goldschatz von Nagyszentmiklós (Budapest 1977).

LAUTERBACH, Untersuchungen — H. LAUTERBACH, Untersuchungen zur Vorgeschichte der Protobulgaren, nach einem Bericht bei Theophanes. In: Fr. Altheim - R. Stiehl, Die Araber in der Alten Welt. IV. (Berlin 1967), 539—619.

LEBEDEV, Èpocha vikingov — G. S. LEBEDEV, Èpocha vikingov v Severnoj Evrope (Leningrad 1985).

Les anciens Hongrois — Les anciens Hongrois et les ethnies voisines à l'Est. Studia Archeologica 6, 1977.

Les Slaves — Les Slaves et le monde méditerranéen au IXᵉ—XIᵉ s. (Sofia 1973).

LEMERLE, Invasions — P. LEMERLE, Invasions et migrations dans les Balkans depuis la fin de l'époque romaine jusqu'au VIIIᵉ siècle. Revue Historique 211, 1954, 265—308.

LEVAŠOVA, Dva mogil'nika — V. P. LEVAŠOVA, Dva mogil'nika kirgiz-chakasov. MIA 24, 1952, 121—136.

LIGETI, Török kapcsolatai — L. LIGETI, A magyar nyelv török kapcsolatai a honfoglalás előtt és az Árpádkorban. (Budapest 1986)

LIPTÁK, Avars — P. LIPTÁK, Avars and Ancient Hungarians (Budapest 1983).

LIPTÁK, Awaren — P. LIPTÁK, Awaren und Magyaren im Donau-Theiß-Zwischenstromgebiet. AAH 8, 1958, 199-268.

LIPTÁK, Zur Frage — P. LIPTÁK, Zur Frage der antropologischen Beziehungen zwischen dem mittleren Donaubecken und Mittelasien. AOH 5, 1955, 271—312.

LIU, Nachrichten — MAU-TSAI, LIU, Die chinesischen Nachrichten zur Geschichte der Ost-Türken (T'u-küe). Göttinger Asiatische Forschungen 10 (Wiesbaden 1958).

LJAPUŠKIN, K voprosu — I. I. LJAPUŠKIN, K voprosu o pamjatnikach volyncevskogo tipa. SA 29—30, 1959, 59—83.

LJAPUŠKIN, Pamjatniki — I. I. LJAPUŠKIN, Pamjatniki saltovo-majackoj kul'tury. MIA 62, 1958, 85—150.

ŁOWMIANSKI, Początki — H. ŁOWMIANSKI, Początki Polski. (Warszawa 1964)

MACULEVIČ, Vizantijskij antik — L. A. MACULEVIČ, Vizantijskij antik i Prikam'e. MIA 1, 1940, 139—158.

MACULEVIČ, Vojskovoj znak — L. A. MACULEVIČ, Vojskovoj znak V. v. Viz. Vrem. 16, 1959, 183—205.

MAGOMEDOV, Chazarskie poselenija — M. G. MAGOMEDOV, Chazarskie poselenija v Dagestane. SA 1975.

MAGOMEDOV, Kostjanye nakladki — M. G. MAGOMEDOV, Kostjanye nakladki sedla iz verchnečirjurtovskogo mogil'nika. SA 1975/1, 275—281.

MAGOMEDOV, K voprosu — M. G. MAGOMEDOV, K voprosu o proischoždenii kul'tury verchnečirjurtovskogo kurgannogo mogil'nika. MAD 7, 1977, 36—53.

MAGOMEDOV, Obrazovanie — M. G. Magomedov, Obrazovanie chazarskogo kaganata (Moskva 1983).

MAGOMEDOV, Pogrebal'nye sooruženija — M. G. MAGOMEDOV, Pogrebal'nye sooruženija chazar. MADISO 3, 1975, 63—71.

Majackoe Gorodišče — Majackoe Gorodišče (Moskva 1984).

MAKAROVA, Polivnaja posuda — T. I. MAKAROVA, Polivnaja posuda. Arch. SSSR El-38 (Moskva 1967).

MAKSIMOVA, Srednevekovye pogrebenija — A. G. MAKSIMOVA, Srednevekovye pogrebenija Semireč'ja. In: Novoe v archeologii Kazachstana (Alma-ata 1968), 146—158.

MAROSI - FETTICH, Dunapentele — A. MAROSI - N. FETTICH, Trouvailles avares de Dunapentele. AH 18, 1936.

MARŠAK, Serebro — B. I. MARŠAK, Sogdijskoe serebro (Moskva 1971).

MARŠAK - SKALON, Pereščepinskij klad — B. I. MARŠAK - K. M. SKALON, Pereščepinskij klad (Leningrad 1972).

MARQUART, Chronologie — J. MARQUART, Die Chronologie der alttürkischen Inschriften (Leipzig 1898).

MARQUART, Streifzüge — J. MARQUART, Osteuropäische und ostasiatische Streifzüge (Leipzig 1903), Reprint: Darmstadt 1961.

MAVRODINOV, Nagyszentmiklós — N. MAVRODINOV, Le trésor protobulgare de Nagyszentmiklós. AH 129, 1943.

MERPERT, Vengerskie plemena — N. JA. MERPERT, Ugorskie (vengerskie) plemena v južnorusskich stepjach. In: Očerki 674—683.

MESTERHÁZY, Kerámiánk — K. MESTERHÁZY, Honfoglalás kori kerámiánk keleti kapcsolatai. FA 26, 1975, 99-115.

MESTERHÁZY, Szervezet — K. MESTERHÁZY, Nemzetségi szervezet és az osztályviszonyok kialakulása a honfoglaló magyarságnál (Budapest 1980).

MICHAJLINA - TIMOŠČUK, Slavjanskie pamjatniki — L. P. MICHAJLINA - B. A. TIMOŠČUK, Slavjanskie pamjatniki bassejna verchnogo Pruta VIII—X vv. In: Slavjane, 205—215.

MICHEEV, Podon'e — V. K. MICHEEV, Podon'e v sostave chazarskogo kaganata (Char'kov 1985).

I. Międzynarodowy Kongres — Miedzynarodowy Kongres Archeologii Slowianskiej I—VI. (Wrocław — Warszawa — Kraków 1970).

MINAEVA, Keramika — T. M. MINAEVA, Keramika balky Kancyrka v svitli archeologičnych doslidžen'na Pivničnomu Kavkazi. Arch. 13, 1961, 119—128.

MOGIL'NIKOV, Tjurki — V. A. MOGIL'NIKOV, Tjurki. In: Stepi Evrazii 29—43.

MOÏSE DE CORÈNE — Géographie de Moïse de Corène, ed. A. Soukry (Venise 1881).

MORAVCSIK, Byzantinoturcica — GY. MORAVCSIK, Byzantinoturcica. I. Berliner Byzantinische Arbeiten 10 (Berlin 1983[3]).

MORAVCSIK, Onoguren — GY. MORAVCSIK, Zur Geschichte der Onoguren. Ungarische Jahrbücher 10, 1930, Nachdruck in: DERS., Studia Byzantina. (Budapest 1967), 84—118.

NAGY, Aradac — S. NAGY, Nekropola kod Aradca iz ranog sredneg veka. RVM 8, 1959, 45—102.

NAGY, Avar kaganátus — B. K. NAGY, Az avar kaganátus. In: Hódmezővásárhely története. I. Hg. R. Á. Várkonyi (Hódmezővásárhely 1984) 229—257.

NAGY, Zichy útja — G. NAGY, Zichy Jenő gróf harmadik ázsiai útja. AÉ 25, 1905, 385—416.

NÉMETHI, Lovas temetkezések — M. NÉMETHI, Koraavar kori lovas temetkezések. Manuskript, Diplomarbeit, Universität Budapest (Budapest 1987)

NOONAN, Dirhems — TH. NOONAN, Why Dirhems Reached Russia: The Role of Arab-Khazar Relations in the Development of the Earliest Islamic Trade with Eastern Europe. AEMAe 4, 1984, 151—282.

NOONAN, Russia — TH. NOONAN, Russia, the Near East and the Steppe in the Early Medieval Period: An Examination of the Sasanian and Byzantine Finds from the Kama-Urals Area. AEMAe 2, 1982, 269—302.

Novye Pamjatniki — Novye Pamjatniki drevnej i srednevekovoj chudožestvennoj kul'tury (Kiev 1982), 163—174.

Očerki — Očerki Istorii SSSR III—IX vv (Moskva 1958).

OVČINNIKOVA, Pogrebenie — B. B. OVČINNIKOVA, Pogrebenie drevnetjurkskogo voina v Central'noj Tuve. SA 1982/3, 210—218.

ŐSTÖRTÉNETI TANULMÁNYOK — Magyar őstörténeti tanulmányok (hg. A. Bartha - K. Czeglédy - A. Róna-Tas), (Budapest 1977).

PARCHOMENKO, Netajlovka — O. V. PARCHOMENKO, Pochoval'nyj inventar netajlivs'kogo mogyl'nyka VIII—IX st. Arch. 43, 1983, 75—87.

PLETNĚVA, Balkano-dunajskaja kul'tura — S. A. PLETNĚVA, Balkano-dunajskaja kul'tura. In: Stepi Evrazii 75—77.

PLETNĚVA, Chazary — S. A. PLETNĚVA, Chazary (Moskva 1976).

PLETNĚVA, Kočevničeskij mogil'nik — S. A. PLETNĚVA, Kočevničeskij mogil'nik bliz Sarkela-Beloj veži. MIA 109, 1963, 216—259.

PLETNĚVA, Ot kočevij — S. A. PLETNĚVA, Ot kočevij k gorodam. MIA 142, 1967.

PLETNĚVA, Pečenegi, torki i polovcy — S. A. PLETNĚVA, Pečenegi, torki i polovcy v južnorusskich stepjach. MIA 62, 1958, 151—227.

PLETNĚVA, Pečenegi, torki, polovcy   S. A. PLETNĚVA, Pečenegi, torki, polovcy. In: Stepi Evrazii 213—222.

PLETNĚVA, Risunki   S. A. PLETNĚVA, Risunki na stenach majackogo gorodišča. In: Majackoe gorodišče 57—94.

PLETNĚVA, Saltovo-majackaja kul'tura   S. A. PLETNĚVA, Saltovo-majackaja kul'tura. In: Stepi Evrazii 62—75.

PLETNJOVA, Chasaren   S. A. PLETNJOVA, Die Chasaren (Leipzig 1978).

PÓSTA, Studien   B. PÓSTA, Archäologische Studien auf russischem Boden. In: Dritte asiatische Forschungsreise des Grafen Eugen Zichy. III—IV (Budapest — Leipzig 1905).

PRICHODNJUK, Archeologični pam'jatky   O. M. PRICHODNJUK, Archeologični pam'jatky Seredn'ogo Pridneprov'ja VI—IX st. n. ě. (Kiev 1980).

PRICHODNJUK, K voprosu   O. M. PRICHODNJUK, K voprosu o prisutsvii antov v karpatodunajskich zemljach. In: Slavjane, 180—191.

PRICHODNJUK, Ob ětnokul'turnoj situacii   O. M. PRICHODNJUK, Ob ětnokul'turnoj situacii v Dneprovskom lesostepnom pogranič'e vo vtoroj polovine I tys. n. ě. In: Problemy 108—124.

Problemi seoba naroda   Problemi seoba naroda v Karpatskoj kotlini (Novi sad, Sympozium), (Novi Sad 1978).

Problemy   Problemy ětnogeneza slavjan (Kiev 1978).

PULSZKY, Avar leletekről   F. PULSZKY, A magyarországi avar leletekről. Értekezések a Történelmi Tudományok Köréből 3, 1874, 6—12.

PUTINCEVA, Verchnečirjurtovskij mogil'nik   N. D. PUTINCEVA, Verchnerčirjurtovskij mogil'nik. MAD 2, 1961, 248—264.

RAFALOVIČ, Slavjane   I. A. RAFALOVIČ, Slavjane VI—IX vekov v Moldavii (Kišiněv 1972).

Rapports   Rapports du IIIᵉ Congrès International d'Archéologie Slave. I—II (Bratislava 1975, Bratislava 1979).

RÓNA-TAS, Periodization   A. RÓNA-TAS, The Periodization and Scources of Chuvash Linguistic History. In: Chuvash Studies 113—170.

RUDAKOV, Elementy saltovo-majackoj   V. E. RUDAKOV, Elementy saltovo-majackoj kul'tury na posade baklinskogo gorodisčča. In: Social'noe razvitie Vizantii (Sverdlovsk 1979), 105—111.

Runen   Runen, Tamgas und Graffiti aus Asien und Osteuropa (hg. K. Röhrborn - W. Veenker), Veröffentlichungen der Societas Uralo-Altaica 19 (Wiesbaden 1985).

RUSANOVA, Slavjanskie drevnosti   I. P. RUSANOVA, Slavjanskie drevnosti VI—VII. vv. (Moskva 1976).

RUSU, Vrap   M. RUSU, Le trésor de Vrap a-t-il appartenu au prince slave Acamir de Belzitia? In: Zbornik posveten na B. Babiḱ. Hg. M. Apostolski (Prilep 1986) 187—194.

RUTTKAY, Waffen   A. RUTTKAY, Waffen und Reiterausrüstung des 9. bis zur ersten Hälfte des 14. Jahrhunderts in der Slowakei. I—II. SIA 23, 1975, 119—216; 24, 1976, 245—395.

RYBAKOV, Drevnie rusi   B. A. RYBAKOV, Drevnie rusi. SA 17, 1953, 23—104.

RYBAKOV, Remeslo   B. A. RYBAKOV, Remeslo drevnej Rusi (Moskva 1948).

SALAMON - ERDÉLYI, Környe   A. SALAMON - I. ERDÉLYI, Das völkerwanderungszeitliche Gräberfeld von Környe. (Studia Archaeologica 5), (Budapest 1971).

SAMOKVASOV, Mogily   D. SAMOKVASOV, Mogily russkoj zemli (Moskva 1908).

SĂMPETRU, La région   M. SĂMPETRU, La région du Bas-Danube au Xᵉ s. de notre ère. Dacia 18, 1974, 239—264.

SAVINOV, Ětnokul'turnye svjazi   D. G. SAVINOV, Ětnokul'turnye svjazi naselenija Sajano-Altaja v drevnetjurkskoe vremja. Tjurkologičeskij Sbornik 1972 339—350.

SCHULZE, Kriegergrab   M. SCHULZE, Das ungarische Kriegergrab von Asprès-les-Corps. Jahrbuch RGZM 31, 191, 473—514.

SCHULZE-DÖRRLAMM, Rezension   M. SCHULZE-DÖRRLAMM, Rezension: J. Werner, Der Grabfund von Malaja Pereščepina ... Bonner Jahrbücher 187, 1987, 852—854.

ŠČUKIN, Sovremennoe sostojanie   M. B. ŠČUKIN, Sovremennoe sostojanie gotskoj problemy i černjachovskaja kul'tura. Arch. Sb. (Leningrad) 18, 1977, 79—91.

SEBESTYÉN, Bogen   Cs. K. SEBESTYÉN, Bogen und Pfeil der alten Ungarn. Dolg. 8, 1932, 227—225.

SEDOV, Anten

V. V. SEDOV, Anten. Enzyklopädie zur Frühgeschichte Europas (Arbeitsmaterial), (Berlin 1980), 28—32.

SEDOV, Formirovanie

V. V. SEDOV, Formirovanie slavjanskogo naselenija Srednego Podneprov'ja. SA 1972/4, 116—130.

SEDOV, Vostočnye slavjane

V. V. SEDOV, Vostočnye slavjane v VI—XIII vv. Archeologija SSSR (Moskva 1982).

SEMËNOV, Chudožestvennyj metall

A. I. SEMËNOV, Chudožestvennyj metall romanovskogo pogrebenija na Donu. In: Chudožestvennye pamjatniki i problemy kul'tury Vostoka (Leningrad 1985), 90—100.

Seoba naroda

Seoba naroda. Archeološki nalazi jugoslovenskog Podunavlja (Zemun 1962).

SEMËNOV, Vizantijskie monety

A. I. SEMËNOV, Vizantijskie monety iz pogrebenij chazarskogo vremeni na Donu. Problemy archeologii 2 (Leningrad 1978), 180—183.

ŠER, Kamennye izvajanija

JA. A. ŠER, Kamennye izvajanija Semireč'ja (Moskva — Leningrad 1966).

ŠER, Pamjatniki

JA. A. ŠER, Pamjatniki altajsko-orchonskich ţjurok na Tjan'-šane. SA 1963/4, 158—166.

SIMONOVA, Rezension

E. SIMONOVA, Rezension: Suhobokov, Slavjane. AAH 31, 1979, 233—235.

SIMONYI, Bulgaren

D. SIMONYI, Die Bulgaren des V. Jahrhunderts im Karpatenbecken. AAH 8, 1957, 227—250.

Simpozijum

Simpozijum (Mostar 1968). Posebna izdanja 12. Centar za Balkanološka Ispitavanja 4 (Sarajevo 1969).

SINOR, Introduction

D. SINOR, Introduction à l'étude de l'Eurasie Centrale (Wiesbaden 1963).

Slavjane i Rus'

Slavjane i Rus' (Moskva 1968).

Slavjane na Dnestre i Dunae

Slavjane na Dnestre i Dunae (Kiev 1983).

SMILENKO, Glodos'ki skarby

A. T. SMILENKO, Glodos'ki skarby (Kiev 1965).

SMILENKO, Les ensembles

A. T. SMILENKO, Les ensembles archéologiques du littoral du Dniéper du type pereščepinskij et leur appréciation historique. In: I Międzynarodovy Kongres, III 127—132.

SMILENKO, Nachodka

A. T. SMILENKO, Nachodka 1928, g. u g. Novye Senžary. In: Slavjane i Rus', 158—166.

SMILENKO, Rečovy skarby

A. T. SMILENKO, Rečovy skarby. In: Archeologija Ukrajins'koji RSR, III. (Kiev 1975), 150—163.

SMILENKO, Slov'jany

A. T. SMILENKO, Slov'jany ta jich susidy v stepnovomu Podniprov'ji (II—XIII st.) (Kiev 1975).

Sós, Csepel

Cs. A, Sós, Újabb avarkori leletek Csepel szigetről. AÉ 88, 1961, 32—51.

Sós, Oroszlány

Cs. Á. Sós, Das frühawarenzeitliche Gräberfeld von Oroszlány, FA 10, 1958, 105—124.

Sós, Westungarn

Cs. Á. Sós, Die slawische Besiedlung Westungarns im 9. Jahrhundert. Münchner Beiträge zur Vor- und Frühgeschichte 22 (München 1973).

SPINEI, Moldova

V. SPINEI, Moldova in secolele XI—XIV. (Iaşi 1982).

SPRIŠEVSKIJ, Pogrebenie

V. I. SPRIŠEVSKIJ, Pogrebenie s konem serediny I tysjačeletija n. è. obnaružennoe okolo observatorii Ulugbeka. Trudy Muzeja Istorii Narodov Uzbekistana 1, 1951, 33—42.

ŠRAMKO, Drevnosti

B. A. ŠRAMKO, Drevnosti Severskogo Donca (Char'kov 1962).

STALSBERG, Scandinavian Relations

A. STALSBERG, Scandinavian Relations with Northwestern Russia during the Viking Age: the Archeological Evidence. Journal of Baltic Studies 13, 1982, 267—296.

STEIN, Histoire

E. STEIN, Histoire du Bas-Empire. II (Paris — Bruxelles — Amsterdam 1949).

STEPI EVRAZII

Stepi Evrazii v èpochu srednevekov'ja. Archeologija SSSR (Moskva 1981).

SUCHOBOKOV, Slavjane

O. V. SUCHOBOKOV, Slavjane dneprovskogo Levoberež'ja. (Kiev 1975).

SUCHOBOKOV - JURENKO, Ètnokul'turnye processy

O. V. SUCHOBOKOV - S. P. JURENKO, Ètnokul'turnye processy na territorii levoberežnoj Ukrainy v I tys. n. è. In: Problemy, 124—142.

ŠVECOV, Pogrebenija

M. L. ŠVECOV, Pogrebenija saltovo-majackoj kul'tury v Podneprov'e. In: Drevnosti Podneprov'ja 96—101.

SYMONOVIČ, O svjazach

E. A. SYMONOVIČ, O svjazach lesnych i lesostepnych rannesrednevekovnych kul'tur Podneprov'ja. Sa 1966/3, 38—51.

Symposium

Symposium über die Besiedlung des Karpatenbeckens im VII.—VIII. Jahrhundert (Nitra — Malé Vozokany 1966). Studijné Zvesti AU SAV 16, 1968.

Szabó, Avarkori emlékanyaga

J. Gy. Szabó, Az egri múzeum avar kori emlékanyaga. I. Koraavarkori sírleletek Tarnaméráról. Egri Múzeum Évkönyve 4, 1965, 29—71.

Szabó, Sarud

J. Gy. Szabó, Árpád-kori falu és temetője Sarud határában. II—III—IV. Egri Múzeum Évkönyve 13, 1975, 19—62; 16—17, 1980, 45—124, 14, 1977, 17—79.

Szabó, Túrkeve

J. Gy. Szabó, Das silberne Taschenblech von Túrkeve-Ecsegpuszta. AAH 32, 1980, 271—293.

Szádecky - Kardoss, Az avar történelem

S. Szádecky - Kardoss, Az avar történelem forrásai IV. AÉ 107, 1980, 86—97.

Szádecky - Kardoss, Ein Versuch

S. Szádecky - Kardoss, Ein Versuch zur Sammlung und chronologischen Anordnung der griechischen Quellen der Awarengeschichte nebst einer Auswahl von anderssprachigen Quellen. Opuscula Byzantina I (Szeged 1977).

Szatmári, Randgebiete

B. S. Szatmári, Das spätawarische Material der Randgebiete. MFMÉ 1969/2, 163—174.

Szeged

Szeged Története, I. A kezdetektől 1686-ig (hg. Gy. Kristó), (Szeged 1983).

Szőke, Beziehungen

B. Szőke, Über die Beziehungen Moraviens zu dem Donaugebiet in der Spätawarenzeit. Studia Slavica 6, 1961, 75—112.

Szőke, Emlékei

B. Szőke, A honfoglalás és kora Árpád-kori magyarság régészeti emlékei. Régészeti Tanulmányok 1 (Budapest 1962).

Szőke - Vándor, Pusztaszentlászló

B. M. Szőke - L Vándor, Pusztaszentlászló Árpád-kori temetője Fontes Archaeologici Hungariae, Budapest 1987.

Takács, Tonkessel

M. Takács, Die arpadenzeitlichen Tonkessel im Karpatenbecken. Varia Archaeologica Hungarica 1 (Budapest 1986).

Teodor, Romanitatea

D. Gh. Teodor, Romanitatea carpato-dunarana şi Bizanţul in veacurile V—XI e.n. (Iaşi 1981).

Teodor, Teritoriul

D. Gh. Teodor, Teritoriul est-carpatic in veacurile V—XI e.n. (Iasi 1978), englische Version: The East Carpathian Area of Romania V—XI Centuries A.D. British Archaeological Reports, International Series 8, 1980.

Tettamanti, Fót

S. Tettamanti, Avarkori sírok Fótról. Studia Comitatensia 17, 1985, 345—354.

Točík, Gräberfelder

A. Točík, Altmagyarische Gräberfelder in der Südwestslowakei. Archaeologica Slovaca — Catalogi 3 (Bratislava 1968).

Točík, Štúrovo

A. Točík, Slawisch-awarisches Gräberfeld in Štúrovo (Bratislava 1968).

Toločko, Istoryčna topografija

P. P. Toločko, Istoryčna topografija starodavn'ogo Kyeva (Kiev 1970).

Toločko, Drevnij Kiev

P. P. Toločko, Drevnij Kiev. (Kiev 1983).

Tomka, Avarkori régészetünk

P. Tomka, Avarkori régészetünk orientalisztikai vonatkozásairól. Kelet-kutatás 1974, 179.184.

Tomka, Koporsóhasználat

P. Tomka, Adatok a Kisalföld avarkori népességének temetkezési szokásaihoz. III. Koporsóhasználat a tápi temetőben. Arrabona 19—20, 1977—1978, 17—108.

Tomka, Le problème

P. Tomka. Le problème de la survivance des Avars dans la littérature archéologique hongroise. AOH 24, 1971, 217—252.

Tomka, rec.

P. Tomka, rec.: Salamon - Erdélyi, Környe, AT 20, 1973, 227—231.

Tóth, Kecskemét

H. E. Tóth, Frühawarenzeitlicher Grabfund in Kecskemét. AAH 32, 1980, 117—152.

Tóth, Nézzük meg

H. E. Tóth, Nézzük meg együtt a kunbábonyi avar fejedelmi sírleleteket. Művészet 1975/6, 27—29.

Tret'jakov, Čto takoe

P. N. Tret'jakov, Čto takoe „Pastyrskaja kul'tura"? SA 1971/3, 102—113.

Tret'jakov, Finno-ugry

P. N. Tret'jakov, Finno-ugry, balty i slavjane na Dnepre i Volga (Moskva — Leningrad 1966).

Tret'jakov, O drevnejšich rusach

P. N. Tret'jakov, O drevnejšich rusach i ich zemle. In: Slavjane i Rus', 179—187.

TRIFONOV, Ob ètniceskoj prinadležnosti

Ju. I. TRIFONOV, Ob ètničeskoj prinadležnosti pogrebenij s konem drevnetjurkskogo vremeni. Tjurkologičeskij Sbornik 1972. 351—374.

Trudy

Trudy Tuvynskoj Kompleksnoj Archeologo-Ètnograficeskoj Èkspedicii I—II (Moskva — Leningrad 1960, 1966).

TRYJARSKI, Schriften

E. TRYJARSKI, Die runenartigen Schriften Südosteuropas. In: Runen 1—15.

UVAROVA, Mogil'niki

P. S. UVAROVA, Mogil'niki Severnogo Kavkaza. Materialy po Archeologii Kavkaza 8, 1900.

VÁCZY, Fränkischer Krieg

P. VÁCZY, Der fränkische Krieg und das Volk der Awaren. Acta Ant. Hung. 20, 1972, 395—420.

VAJNŠTEJN, Nekotorye voprosy

S. I. VAJNŠTEJN, Nekotorye voprosy istorii drevnetjurkskoj kul'tury. SÈ 1966/3, 60—80.

VAJNŠTEJN, Pamjatniki

S. I. VAJNŠTEJN, Pamjatniki vtoroj poloviny I tysjačeletija v zapadnoj Tuve. In: Trudy II. 292—348.

VÁŇA, Betrachtungen

Z. VÁŇA, Betrachtungen zur Ethnogenese und Differenzierung der Slawen. Pam. Arch. 71, 1980, 233—235.

VÉKONY, A koraavarkori

G. VÉKONY, A koraavarkori keramikatipusok történeti topográfiájához. AÉ 101, 1974, 211—232.

VÉKONY, Onogurok

G. VÉKONY, Onogurok és onogundurok a Kárpátmedencében. SzMMÉ 1981, 71—82.

VELIKANOVA, K ètničeskoj antropologii

M. S. VELIKANOVA, K ètničeskoj antropologii Prutsko-Dnestrovskogo meždureč'ja v I tys. n. è. KSIA 105, 1965, 59—67.

VINSKI, Zu den Funden

ZD. VINSKI, Zu den Funden des 6. und 7. Jahrhunderts in Jugoslawien mit besonderer Berücksichtigung der archäologischen Hinterlassenschaft aus der ersten awarischen Khaganates. Opvscvla Archaeologica 8 (Zagreb 1958), 56—67.

Voennoe delo

Voennoe delo drevnich plemën Sibiri i Central'noj Azii (Novosibirsk 1981).

WERNER, Neues zur Frage

J. WERNER, Neues zur Frage der slawischen Bügelfibeln aus südosteuropäischen Ländern. Germania 38, 1960, 114—120.

WERNER, Slawische Bügelfibeln

J. WERNER, Slawische Bügelfilben des 7. Jahrhunderts. In: Reinecke Festschrift (Mainz 1950), 150—172.

WERNER, Vrap

J. WERNER, Der Schatzfund von Vrap in Albanien. Studien zur Archäologie der Awaren 2 (Wien 1986).

WERNER, Zum Stand

J. WERNER, Zum Stand der Forschung über die archäologische Hinterlassenschaft der Awaren. In: Symposium 279—286.

WERNER, Zur Herkunft

J. WERNER, Zur Herkunft und Ausbreitung der Anten und Sklavenen. Actes du VIIIᵉ Congrès International des Sciences Préhistoriques et Protohistoriques. I. (Beograd 1971), 243—252.

ZASECKAJA, Bosporskie

I. P. ZASECKAJA, Bosporskie sklepy gunnskoj èpochy kak chronologičeskij ètalon dlja datirovki pamjatnikov vostočnoevropejskich stepej. KSIA 158, 1979, 5—17.

ZASECKAJA, O chronologii

I. P. ZASECKAJA, O chronologii i kulturnoj prinadležnosti pamjatnikov južnorusskich stepej Kazachstana gunnskoj èpochi. SA 1978/1, 53—71.

ZAHARIA, Dridu

E. ZAHARIA, Săpaturile de la Dridu (Bucureşti 1967).

ZAKHAROV - ARENDT, Levedica

A. ZAKHAROV - W. ARENDT, Studia Levedica. AH 16, 1935.

ZJABLIN, Kurgany

L. P. ZJABLIN, Srednevekovye kurgany na Issikkule. Trudy Kirgizskoj Archeologo-Ètnografičeskoj Èkspedicii II. (Moskva 1959), 139—165.

150 let

150 let Odesskom Archeologičeskom Muzeju AN USSR (Kiev 1975).

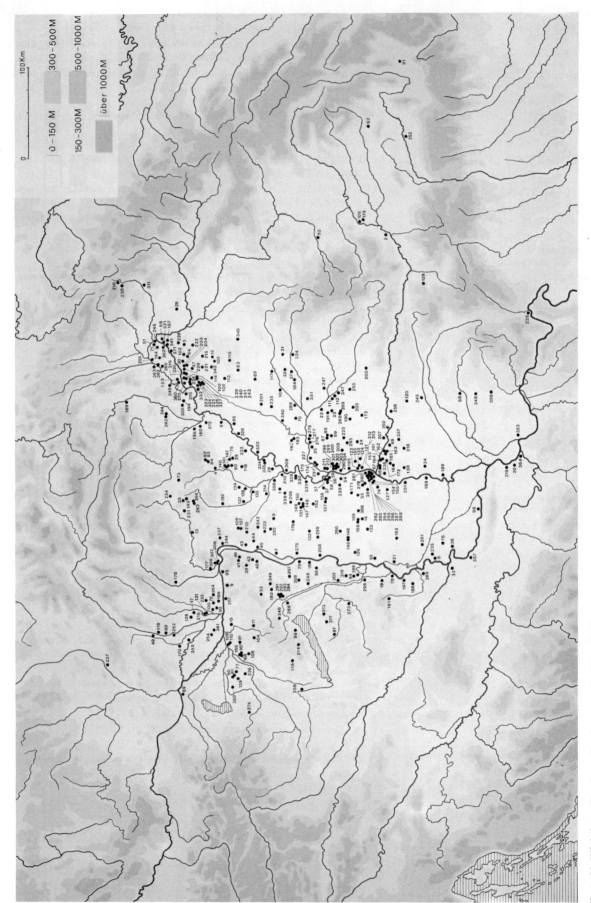

Karte V: Wichtigste Fundorte der Awarenzeit (siehe: Beilage S. 290 f.).

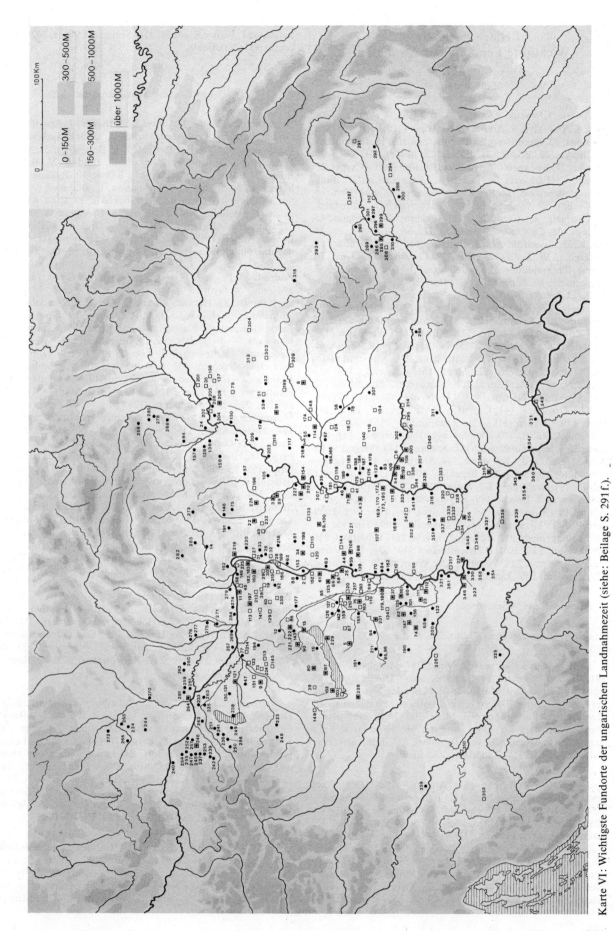

Karte VI: Wichtigste Fundorte der ungarischen Landnahmezeit (siehe: Beilage S. 291f.). –

289

Beilage zur Karte V
Wichtigste Fundorte der Awarenzeit

Frühawarenzeit

Ungarn: 1. Abony, 2. Adony, 3. Alattyán, 4. Alpár, 5. Andocs, 6. Apátfalva, 8. Ártánd, 9. Bágyog – Gyűrhegy, 10. Baja, 11. Bajna, 13. Bakonytamási, 15. Balatonfűzfő, 18. Békéscsaba, 19. Bicske, 20. Bikács, 21. Bócsa, 22. Boldog, 23. Bóly, 25. Bölcske, 27. Budapest – Angyalföld, 28. Budapest – Csepel, 29. Budapest – Farkasrét, 30. Budapest – Fehérvári út, 32. Budapest – Pesterzsébet, 34. Bugyi – Ürbőpuszta, 35. Buj, 37. Cikó, 38. Csabdi, 39. Csabrendek, 40. Csákberény, 41. Csanytelek, 42. Csengele, 43. Csengele – Feketehalom, 44. Csengőd, 45. Csolnok, 48. Csökmő, 49. Dány, 50. Dávod, 51. Debrecen, 54. Deszk, 58. Dunaföldvár, 61. Dunaújváros, 66. Előszállás, 68. Esztergom, 69. Fadd, 71. Gátér, 73. Gyarmat, 74. Gyód, 76. Gyönk, 79. Hajdúdorog, 80. Halimba, 82. Hird, 86. Inota, 87. Iregszemcse, 89. Jánoshida, 90. Jutas, 91. Kaba, 93. Kajdacs, 97. Káptalantóti, 98. Kecel, 100. Kecskemét – Sallai út, 102. Keszthely, 103. Keszthely – Fenékpuszta, 104. Kevermes, 106. Kiskőrös, 107. Kiskunhalas, 108. Kiszombor, 109. Klárafalva, 110. Kölesd, 111. Kölked, 112. Kölked – Feketekapu, 113. Környe, 114. Körösladány, 115. Kunadacs, 116. Körösladány, 118. Kunmadaras, 119. Kunszentmárton, 120. Kunszentmiklós – Bábony, 121. Lébény, 123. Ménfő (Ménfőcsanak), 124. Mezőberény, 125. Mezőfalva, 127. Mezőszilas, 129. Mór, 133. Nagykőrös, 134. Nagymányok, 137. Nyíregyháza, 138. Nyírtura, 140. Orosháza, 141. Oroszlány, 144. Páhi, 145. Pápa, 147. Pécs, 149. Pókaszepetk, 151. Rábapordány, 152. Rácalmás, 154. Rákóczifalva, 159. Simontornya, 160. Solymár, 163. Szárazd, 166. Százhalombatta, 167. Szebény, 170. Szeged – Fehértó, 171. Szeged – Kundomb, 174. Szeghalom, 175. Szegvár – Oromdűlő, 176. Szegvár – Sápoldal, 180. Szekszárd – Mocfacsárda, 181. Szelevény, 182. Szentendre – Nagykürti téglavető, 185. Szentes – Dónát, 189. Szigetszentmiklós – Háros, 193. Szőreg, 196. Tarnaméra, 197. Tatabánya, 199. Tépe, 201. Tiszabercel, 202. Tiszadada, 207. Tiszakécske, 209. Tiszavasvári, 210. Tolnanémedi, 212. Tószeg, 213. Tök, 214. Töltéstava, 215. Törökbálint, 217. Úzd, (Sárszentlőrinc) 219. Vác, 222. Várpalota, 224. Vaszar, 225. Visegrád, 226. Visznek, 228. Zalakomár, 229. Zamárdi, 230. Zámoly, 231. Závod, 232. Zsámbok.

Österreich: 246. Münchendorf.

ČSSR: 264a. Dévény – Devín.

Rumänien: 285. Nagyenyed – Aiud, 287. Mezőbánd – Band, 291. Korond – Corund, 294. Erzsébetváros – Dumbraveni, 205. Főnlak – Felnac, 299. Magyarlapád – Lopadea Noua, 303. Székelyhíd – Săcueni, 304. Székelyszentmiklós – Sînmiklauş, 305. Nagyszentmiklós – Sînnicolau Mare, 306. Németszentpéter – Sînpetru German, 308. Diód – Stremt, 309. Köröstarján – Tarian, 312. Dicsőszentmárton – Tîrnaveni, 313. Érmihályfalva – Valea lui Mihai, 314. Zádorlak – Zădaşeni.

Jugoslawien: 317. Apatin, 318. Aradka – Aradac, 320. Péterréve – Bačko Petrovo Selo, 322. Bijelo Brdo, 323. Bocsár – Bočar, 324. Gombos – Bogojeva, 326. Csadjavica – Čadjavica, 328. Péterréve – Čik (Petrovo Selo), 329. Csóka – Čoka, 332. Bácsfeketehegy – Feketić, 333. Szerbkeresztúr – Krstur, 334. Kúla – Kula, 335. Szeghegy – Lovčenac/Sekić, 336. Magyarmajdán – Majdan, 337. Kishegyes – Mali Idjoš, 338. Nagyolaszi – Mandjelos, 340. Homokrév – Mokrin, 342. Nosza – Nosa, 344. Novi Kneževac, 346. Eszék – Osijek, 348. Ram, 349. Bácsújfalu – Selenča, 350. Sziszek – Sisak, 352. Szabadka – Su-

botica, 353. Velika Kladuša, 356. Verbász – Vrbas, 362. Nagybecskerek – Zrenjanin.

Mittel – und Spätawarenzeit

Ungarn: 1. Abony, 3. Alattyán, 5. Andocs, 7. Ároktő, 8. Ártánd, 9. Bágyog – Gyűrhegy, 11. Bajna, 12. Bakonycsernye, 14. Balassagyarmat, 15. Balatonfűzfő, 16. Balatonszőlős, 17. Balmazújváros – Hortobágy – Árkus, 22. Boldog, 23. Bóly, 24. Bőcs, 25. Bölcske, 26. Budapest – Rákos, 30. Budapest – Fehérvári út, 31. Budapest – Népstadion, 33. Budapest – Tihanyi tér, 34. Bugyi – Ürbőpuszta, 36. Cibakháza, 37. Cikó, 43. Csengele – Feketehalom, 44. Csengőd, 46. Csongrád, 47. Csorna, 52. Debrecen – Haláp, 53. Debrecen – Ondód, 54. Deszk, 55. Dévaványa, 56. Doboz, 57. Dormánd – Hanyipuszta, 59. Dunapataj, 60. Dunaszekcső, 61. Dunaújváros, 62. Dunavarsány, 63. Dunavecse, 64. Edelény, 65. Egerág, 66. Előszállás, 67. Endrőd, 70. Fajsz, 71. Gátér, 72. Gerjen, 74. Gyód, 75. Gyöngyöspata, 76. Gyönk, 77. Győr – Téglavető – dűlő, 78. Gyula, 80. Halimba, 81. Hernád, 82. Hird, 83. Hódmezővásárhely, 84. Homokmégy – Halom, 85. Igar, 88. Iváncsa, 89. Jánoshida, 90. Jutas, 91. Kaba, 92. Kajászó, 94. Kapospula, 95. Kaposvár, 96. Kaposvár – Fészerlak, 97. Káptalantóti, 98. Kecel, 99. Kecskemét – Ballószög, 101. Kékesd, 102. Keszthely, 105. Kisköre, 106. Kiskőrös, 107. Kiskunhalas, 108. Kiszombor, 109. Klárafalva, 112. Kölked – Feketekapu, 114. Körösladány, 117. Kunhegyes – Bánhalma, 121. Lébény, 122. Mártély, 126. Mezőfalva, 226. Mezőkomárom, 128. Miskolc – Vezér út, 130. Mosonszentjános, 131. Mosonszentpéter/Mosonszentjános, 132. Nagyharsány, 135. Nagypall, 136. Nyékládháza, 139. Ordas, 142. Ozora – Tótipuszta, 143. Öskü, 146. Pásztó, 147. Pécs, 148. Pilismarót, 150. Polgár, 153. Ráckeve, 154. Rákóczifalva, 155. Regöly, 156. Romonya (= Ellend), 157. Sajószentpéter, 158. Sály, 160. Solymár, 161. Somogyvámos, 162. Sükösd, 164. Szarvas – Kákapuszta, 165. Szarvas – Rózsa, 167. Szebény, 168. Szeged – Átokháza, 169. Szeged – Baktó, 170. Szeged – Fehértó, 171. Szeged – Kundomb, 172. Szeged – Makkoserdő, 173. Szeged – Öthalom, 177. Székesfehérvár, 178. Székkutas, 179. Szekszárd – Bogyiszlói ut, 183. Szentendre – Pannonia telep, 184. Szentes – Berekhát, 186. Szentes – Kaján, 187. Szentes – Lapistó, 188. Szentes – Nagyhegy, 190. Szigetvár, 191. Szirák, 192. Szob, 193. Szőreg, 194. Táp, 195. Tápé, 197. Tatabánya, 198. Tatárszentgyörgy, 200. Terehegy – Márfa, 203. Tiszaderzs, 204. Tiszadob, 205. Tiszaeszlár, 206. Tiszafüred – Majoros, 208. Tiszalök, 209. Tiszavasvári, 211. Toponár, 212. Tószeg, 216. Túrkeve, 217. Úzd (Sárszentlőrinc), 218. Üllő, 219. Vác, 220. Váchartyán, 221. Várpalota, 223. Vasasszonyfa, 226. Visznek, 227. Zagyvarékas, 228. Zalakomár, 229. Zamárdi, 231. Závod.

Österreich: 233. Bad Deutsch–Altenburg (Carnuntum), 234. Drasenhofen, 235. Nemesvölgy – Edelstal, 236. Nagyhöflény – Grosshöflein, 237. Guntramsdorf, 238. Ilmic – Illmitz, 239. Kottingbrunn, 240. Langenlebarn, 241. Lajtapordány – Leithaprodersdorf, 242. Leobersdorf, 243. Margarethen am Moos, 244. Mistelbach, 245. Mödling 246. Münchendorf, 247. Perchtoldsdorf, 248. Rohonc – Rechnitz, 249. Ruszt – Rust, 250. Savanyúkut – Sauerbrunn, 251. Schwechat, 252. Sommerein, 253. Traiskirchen, 254. Wien – Unter St. Veit, 255. Wien – Liesing, 256. Völgyfalu – Zillingtal, 257. Zwöflaxing.

ČSSR: 258. Bárca – Barca, 259. Cseklész – Bernolakovo, 260. Horvátgurab – Chorvatský Grob, 261. Ciffer – Cífer – Pác, 262. Csataj – Čataj, 253. Csúny – Čunovo, 264b. Dévényújfalu – Devínska Nová Ves, 265. Dolní Dunajovice, 266. Hevlín, 267. Alsógellér – Holiare, 268. Kehnyec – Hraničná pri

Hornáde, 269. Komárom – Komárno, 270. Morvaszentjános – Moravský Ján, 271. Érsekújvár – Nové Zámky, 272. Pohorelice, 273. Perse – Prša, 274. Dunaradvány – Radvaň nad Dunajom-Virt, 275. Nagysurány — Surány, 276. Vágsellye – Sal'a-Duslo, 277. Sal'a Veča, 278. Zsebes — Šebastovce (Kassa – Košice), 279. Párkány – Štúrovo, 230. Kassamindszent – Valaliky Vsechsvätych, 281. Pozsonybeszterce – Záhorska Bystrica, 282. Nemesvarbók – Zemianský Vrbovok, 283. Zsély – Želovce, 284. Zsitvatő – Zitavská Tôn.

Rumänien: 285. Nagyenyed – Aiud, 286. Felenyed – Aiudul de Sus, 288. Baráthely – Bratei, 289. Csákó – Cicau, 290. Aranyosgyéres – Cîmpia Turzii, 292. Székelykeresztúr – Cristuru Secuiesc, 293. Doboka – Dăbicani, 296. Marosgombás – Gîmbas, 297. Hari – Heria, 298. Lesnyek – Lesnic, 299. Magyarlapád – Lopadea Noua, 300. Muzsna – Magina, 301. Marosnagylak – Noslac, 302. Németpereg – Peregu Mare, 305. Nagyszentmiklós – Sînnicolau Mare, 307. Székudvar – Socondor, 310. Tövis – Teiuş, 311. Temesvár – Timişoara, 315. Zilah – Zălau.

Jugoslawien: 316. Ada, 318. Aradka – Aradac, 319. Topolya – Bačka Topola, 321. Kiskőszeg – Batina, 322. Bijelo Brdo, 324. Gombos – Bogojevo, 325. Drenovac – Brodski Drenovac, 327. Dunacséb – Čelarevo, 329. Csóka – Čoka, 330. Dálya – Dalj, 331. Dunadombó – Dubovac, 337. Kishegyes – Mali Idjos, 339. Mitrovica, 341. Adorján – Nadrljan, 343. Novi Banovci, 345. Hódság – Odžaci, 346. Eszék – Osijek, 347. Pancsova – Pančevo, 351. Bácsandrás – Sokolač (Bački Sokolac), 352. Szabadka – Subotica, 354. Vinkovci, 355. Vajka – Vojka, 356. Verbász – Vrbas, 357. Egyházaskér – Vrbica, 358. Vukovár – Vukovar, 359. Zágráb – Zagreb, 360. Zimony – Zemun, 361. Vörösmart – Zmajevac.

Beilage zur Karte VI
Wichtigste Fundorte der ungarischen Landnahmezeit

1. Abony, 2. Alba Iulia – Gyulafehérvár. (Rum.), 3. Albertirsa, 4. Aldebrő – Mocsáros, 5. Anarcs, 6. Apatin (Jug.), 7. Áporka, 8. Ároktő, 9. Bajót, 10. Bakonszeg, 11. Bakonyszombathely, 12. Balassagyarmat, 13. Balkány, 14. Balotaszállás, 15. Bana, 16. Banatsko Arandjelovo – Oroszlámos (Jug.). 17. Bánov – Bánkeszi (ČSSR), 16. Baracs, 19. Bátaszék, 20. Batajnica (Jug.), 21. Bátmonostor, 22. Békés, 23. Békéscsaba, 24. Békéssámson, 25. Békésszentandrás, 26. Beregovo – Beregszász (UdSSR), 27. Berekböszörmény – Pál dombja, 28. Besenyszög, 29. Besenyőtelek – Szőrhát, 30. Beszterec, 31. Biharea – Bihar (Rum.), 32. Biharkeresztes – Ártánd, 33. Bijelo Brdo (Jug.), 34. Bočar – Bocsár (Jug.). 35. Bocsárlapujtő (Karancslapujtő), 36. Bogojevo – Gombos (Jug.), 37. Bokros, 38. Bordány, 39. Budakeszi – Barackos, 40. Budaörs – Kamaraerdő, 41. Budapest – Csúcshegy, 42. Budapest – Farkasréti temető, 43. Budapest – Mexikói út 41c., 44. Budapest – Pestlőrinc, Vöröshadsereg útja, 45. Budapest – Soroksár, 46. Budapest – Testvérhegy, 47. Buj, 48. Cenadul Mare – Nagycsanád (Rum.). 49. Červeník – Vágvörösvár (ČSSR), 50. Chotín – Hetény (ČSSR), 51. Čierna – Ágcsernyő (ČSSR), 52. Cluj-Napoca – Kolozsvár (Rum.), 53. Csákvár, 54. Csanytelek – Piactér, 55. Csólyospálos, 56. Csongrád – Petenchalom, 57. Csongrád – Rekettyés ér partja – Bukrospart, 58. Csongrád – Mámai dűlő, 59. Csongrád – Vendelhalom, 50. Csorna – Eperjes domb, 61. Csorna – Súlyhegy, 62. Dârjiu – Székelyderzs (Rum.), 63. Debrecen, 64. Demecser – Borzsovapuszta – Dinnyéshalom, 65. Derecske, 66. Deszk – Ambrus, 67. Deszk –

D. 68. Deta – Detta (Rum.), 69. Deutschaltenburg – Németóvár (Öst.), 70. Dévaványa, 71. Dobrá – Kisdobra (ČSSR), 72. Dolný Peter – Komáromszentpéter (ČSSR), 73. Domaháza, 74. Domaszék, 75. Dormánd, 76. Doroslovo – Doroszló (Jug.). 77. Dőr, 78. Dunaszekcső, 79. Dunaújváros – Öreghegy, 80. Dvorníki – Udvarnok (ČSSR), 81. Écs, 82. Eger – Almagyar, 83. Eger – Répástető, 84. Eger – Szépasszonyvölgy, 85. Egyek, 86. Előszállás, 87. Eperjes – Kiskirályság, 88. Eperjes – Nagykirályság, 89. Eperjeske, 90. Erdőtelek, 91. Eresteghin – Eresztevény (Rum.), 92. Érsekcsanád, 93. Esztergom, 94. Fácánkert, 95. Farmos – Büdöslapos, 96. Felsőörs, 97. Fiad, 98. Futog – Újfutak (Jug.), 99. Gádoros, 100. Gáva – Szincsedomb, 101. Gáva – Vásártér, 102. Gégény, 103. Geszteréd, 104. Gic, 105. Gîmbas – Marosgombás (Rum.), 106. — Gödöllő, 107. Gödöllő – Öreghegy, 108. Gyömöre, 109. Győr – Szeszgyár, 110. Győr – Téglavető dőlő, 111. Gyula – Nagy-Szabados tanya, 112. Gyula – Vármegyeháza, 113. Hajdúböszörmény, 114. Hajdúdorog – Temetőhegy, 115. Hajdúsámson – Majorsági föld, 116. Halimba, 117. Hencida – Szerdekhalom, 118. Heves – Kapitányhegy, 119. Hlohovec – Galgóc (ČSSR), 120. Hodoni – Hodony (Rum.), 121. Hódmezővásárhely – Kopáncs, 122. Hódmezővásárhely – Nagysziget, 123. Hódmezővásárhely – Szakálhát, 124. Hódmezővásárhely – Szőlőhalom, 125. Hódmezővásárhely – Vásártér, 126. Homokmégy – Halompuszta, 127. Horgoš – Horgos (Jug.), 128. Horný Jatov – Felsőjattó (ČSSR), 129. Hunedoara – Vajdahunyad (Rum.), 130. Hurbanovo – Bohata (ČSSR), 131. Imel' – Imely (ČSSR), 132. Izsák – Balázspuszta, 133. Jánoshalma – Kisráta, 134. Jászárokszállás – Gyöngyös patak mellett, 135. Jászberény – Alsómuszáj, 136. Jászdózsa – Kápolnahalom, 137. Jászfényszaru, 138. Jazovo – Józova (Jug.), 139. Jobaháza – Borsodi major, 140. Kál – belterület, 141. Kál – Erdőtelke, 142. Kál – Legelő, 143. Karancsalja – Lapostető, 144. Karos – Eperjesszög, 145. Kecel, 146. Kecel – Vádéi dűlő, 147. Kecskemét – Céduláházi domb, 146. Kecskemét – Csongrádi út, 149. Kecskemét – Fehéregyháza, 150. Kecskemét – Lakihegy, 151. Kecskemét – Magyari tanya, 152. Kecskemét – Városföld, 153. Kenézlő – Fazekaszug, 154. Kiskundorozsma – Gépállomás, 155. Kiskundorozsma – Kenyérváró halom, 156. Kiskunfélegyháza – Ferencszállás, 157. Kiskunfélegyháza – Izsáki úti iskola, 158. Kiskunhalas – Inoka puszta, 159. Kiskunhalas – Lakótelep, 160. Kistokaj – Homokbánya, 161. Kiszombor – C. 162. Kiszombor – E. 163. Kiszombor – F, 164. Klárafalva – B, 165. Klárafalva – Faragó, 166. Koroncó – Bábota, 167. Koroncó – Rácdomb, 168. Koroncó – Tószerdűlő, 169. Košice – Kassa (ČSSR), 170. Košúty – Nemeskosút (ČSSR), 171. Kömpöc, 172. Kübekháza – Újtelep, 173. Kunágota, 174. Kunszentmárton – Kökényzug – Jaksor, 175. Kunszentmárton – Köttön, 176. Ladánybene, 177. Letkés – Iskola, 178. Levice – Léva (ČSSR), 179. Lopadea Ungureasca – Magyarlapád (Rum.), 180. Lovasberény, 181. Lovászhetény, 182. Lőrinci – Selypi puszta, 183. Madaras – Árvai dűlő, 184. Magyarhomorog – Kónyadomb, 185. Majdan – Majdán (Jug.), 186. Majs, 187. Mándok – Tetenké, 188. Marcelova – Marcellháza (ČSSR), 189. Matejski Brod – (Novi Bečej) (Jug.), 190. Medgyesegyháza, 191. Mezőmegyer, 192. Mezőtúr – Dohányos gerinc, 193. Mezőtúr – Vízköz, 194. Mezőzombor – Bálványdomb, 195. Mindszent – Koszorús dűlő, 196. Miskolc – Repülőtér, 197. Mohács – Téglagyár, 198. Mol – Mohol (Jug.), 199. Mözs – Szárazdomb, 200. Musca/Mîsca – Muszka (Rum.) 201. Nádudvar – Mihályhalom, 202. Nagydorog – Pusztabereg, 203. Nagyhalász – Homokbánya, 204. Nagyhalász – Kiszombor-hegy, 205. Nagykamarás – Bánkút – Rózsa major, 106. Nagykőrös – Fekete dűlő, 207. Nădlac – Nagylak (Rum.), 208. Nagylók – Erdőmajor, 209. Nagymágocs – Mágocsi út, 210. Nagytarcsa – Homokbánya, 211. Nagytőke – Jámbor halom, 212. Nagytőke – Jámbor halom, 213. Nagyszokoly, 214. Nagyvázsony, 215. Napkor, 216. Nesvady – Naszvad (ČSSR), 217. Neszmély, 218. Nižnij Verecki – Alsóverecke (UdSSR), 219. Novi Banovci (Jug.), 220. Nyáregyháza

– Pótharaszti puszta, 221. Nyíregyháza – Királytelki országút, 222. Nyírkárász – Garahalom, 223. Ócsa – Alsópakonyi dűlő, 224. Oradea – Nagyvárad (Rum.), 225. Orosháza, 226. Orşova (Rum.), 227. Öcsöd – Mogyoróshalom, 228. Pap – Rózsadomb – Balázshegy, 229. Paszab, 230. Pudpolozja – Vezérszállás (UdSSR), 231. Piliny – Leshegy, 232. Pribeta – Perbete (ČSSR), 233. Prigrevica – Bácsszentiván (Jug.), 234. Prša – Perse (ČSSR), 235. Püspökladány – Eperjesvölgy, 236. Rábacsanak – Kossuth TSZ, 237. Rád – Kishegy, 238. Rakamaz – belterület, 239. Rakamaz – Göböljárás, 240. Rakamaz – Gyepiföld, 241. Rakamaz – Strázsadombi dűlő, 242. Rakamaz – Turóczi part, 243. Rásonysápberencs, 244. Rásonysápberencs – Paromdomb, 245. Săcălaz – Szakálháza (Rum.), 246. Šalamunova – Salamon (UdSSR), 247. Sarkad – Peckesvár, 248. Sárbogárd – Tringer tanya, 249. Sárospatak – Baksa tanya, 250. Şeitin – Sajtény (Rum.). 251. Senta – Zenta (Jug.), 252. Sered' – Szered I–II. (ČSSR), 253. Şiclau – Sikló (Rum.), 254. Silaš – Szilas (ČSSR), 255. Siner – Szinyér (ČSSR), 256. Sînpetru German – Németszentpéter (Rum.), 257. Skalica – Szakolca (ČSSR), 256. Solt – Tételhegy, 259. Soltszentimre, 260. Soltvadkert – Selymeserdő, 261. Sombor – Zombor (Jug.), 262. Somotor-Več – Bodrogvécs (ČSSR), 263. Sóshartyán – Hosszútető, 264. Sóshartyán – Zúdó tető, 265. Streda nad Bodrogom – Bodrogszerdahely (ČSSR), 266. Szabadbatytyán – Külcsapda – Heréskerti dűlő, 267. Szabadegyháza – Galamb tanya, 268. Szabadkígyós – Pálligeti dűlő, 269. Szabadkígyós – Tangazdaság, 270. Szabolcs – Vontatópart, 271. Szabolcsveresmart – Szalárddomb, 272. Szakáld – Mulató-domb, 273. Szakály, 274. Szakony – Kavicsbánya, 275. Szalkszentmárton – Paréjoshát, 276. Szarvas – belterület, 277. Szarvas – Kákapuszta, 278. Szarvas – Ószőlő, 279. Szatymaz – Jánosszállás, 280. Szatymaz – Összeszék, 281. Szeged – Algyő, 282. Szeged – Alsótanya – Feketeszék, 283. Szeged – Bojárhalom, 284. Szeged – Csongrádi út, 285. Szeged – Királyhalma – Rivó, 286. Szeged – Makkoserdő, 287. Szeged – Négyhalom dűlő, 288. Szeged – Öthalom dűlő, 289. Szeghalom – Kováshalom, 290. Szegvár – Oromdűlő, 291. Székesfehérvár – Demkóhegy, 292. Székesfehérvár – Maroshegy, 293. Székesfehérvár – Rádiótelep, 294. Székesfehérvár – Szárazrét, 295. Székkutas, 296. Szekszárd – Hidaspetre dűlő, 297. Szelevény – Menyasszonypart, 298. Szentes – belterület, 299. Szentes – Borbásföld, 300. Szentes – Derekegyháza, 301. Szentes – Nagyhegy, 302. Szentes – Nagyhegy, 303. Szentes – Nagyhegy, 304. Szentes — Szentlászló, 305. Szerencs, 306. Szob – Ipoly mente, 307. Szob – Kiserdő, 308. Szob – Vendelin, 309. Szolnok – Strázsahalom, 310. Szolnok – Szanda, 311. Szvaljava – Szolyva (UdSSR), 312. Tápé – Lebő, 313. Tápé – Malajdok – B. 314. Tápiószele – He-

gyes, 315. Tarcal, 316. Tengelic – Petőfi TSZ, 317. Tengőd – Hékut puszta, 318. Teremia Mare – Nagyteremia (Rum.), 319. Tiszabercel – Ráctemető, 320. Tiszabercel – Újsor, 321. Tiszabezdéd, 322. Tiszabura, 323. Tiszaeszlár – belterület, 324. Tiszaeszlár – Bashalom I., 325. Tiszaeszlár – Bashalom II., 326. Tiszaeszlár – Dióskert, 327. Tiszaeszlár – Újtelep, 328. Tiszafüred – Nagykenderföldek, 329. Tiszajenő – Eperjesi telep, 330. Tiszajenő – Kecskéspart, 331. Tiszakécske – Nagyszék, 332. Tiszalök – Kisfástanya, 333. Tiszanána – Vörös Csillag TSZ, 334. Tiszasüly – Éhhalom, 335. Tiszasüly – Rákóczi TSZ, 336. Tiszasziget, 337. Tomnatic – Nagyősz (Rum.), 338. Tömörkény, 339. Törtel – Demeter tanya, 340. Túrkeve – Ecsegpuszta, 341. Tuzsér – Boszorkányhegy, 342. Újfehértó – Micskepuszta, 343. Üllő, 344. Vác – Hétkápolna, 345. Valea lui Mihai – Érmihályfalva (Rum.), 346. Várpalota – Kálvária, 347. Vărşand – Gyulavarsánd (Rum.), 348. Vatina – Versecvát (Jug.), 349. Vereb – Lovasberényi országút, 350. Veszkény – Tormastyán dűlő, 351. Vésztő – Kótpuszta, 352. Voila – Vojla (Rum.), 353. Vojlovica – Hertelendyfalva (Jug.), 354. Vojnice – Bátorkeszi (ČSSR), 355. Vozokany – Pozsonyvezekény (ČSSR), 356. Vršac – Versec (Jug.), 357. Vukovar (Jug.), 358. Zagyvarékas – Avas, 359. Zalaszentgrót, 360. Zalkod – Szegfarki dűlő, 361. Zemianska Olča – Nemesócsa (ČSSR), 362. Zemplénagárd – Terebeshalom, 363. Zemplín – Zemplén (ČSSR), 364. Zemun – Zimony (Jug.), 365. Zmajevac – Vörösmart (Jug.), 366. Zsanya – Kőkút.

Beilage zur Karte VII
Wichtigste Fundorte der Türkenzeit

1: Samarkand, 2: Tamdy, 3: Dal'verzin, 4: Alamyšik, 5: Sonkul', 6: Čonnoo, 7: Kara Bulun, 8: Tal des Kočkor, 9: Kojsu, 10: Borižary, 11: Ken Bulun, 12: Kyzyl – Saj, 13: Nähe des Talas-Gebirges, 14: Kulan – Saj, 15: Tal des Flusses Ču, Paß Kegety, 16–19: Novopokrovka, Novopavlovka, Petrovka, Karabalty-Aspara, 20: Kapčagaj, 21: Žakcy-Arganaty, 22: Egiz – Kojtaš, 23: Boščekul', 24: Bobrovo, 25: Osinki, 26: Šibe, 27: Tuekta, 28: Kurota, 29: Jakonur, 30: Kudyrgė, 31: Katanda, 32. Kuraj, 33: Kara Koba, 34: Kojsu, 35: Üzün-tal, 36: Justyd, 37: Mongun-Tajga, 38: Kökel, 39: Sagly, 40: Ajmyrlyg, 41: Argalakty, 42: Ak Turug, 43: Ust' – Tes', 44: Kapčaly II, 45: Ujbat II, 46: Džanyš Bulak, 47: Teke Taš, 48: Sokuluk I, 49: Tortkül— alle auf dem Gebiet der UdSSR, 50: Naindė šumė, 51: Burhin gol, 52: Gol mod, — in Mongolei, 53: Ak tepe bei Taškent, UdSSr, 54: Yār, China.

Abbildungsnachweis

(Maßstab, wenn nicht anders angegeben, etwa 2:3)

Abb. 1: 1—12: *Kamunta,* E. CHANTRE, Recherches anthropologiques dans le Caucase. III. (Paris–Lyon 1887) Taf. XIII: 1, 3, 5, 6, 8—10, 14, 22; XIV: 2, 3, 8.

Abb. 2: 1—4: *Direktorskaja gorka,* ABRAMOVA, Novye materialy 139. Abb. 3: 24, 18, 13, 14.

Abb. 3: 1—28: *Mokraja balka,*
1, 3, 5, 17—19, 25: A. P. RUNIČ, Alanskij mogil'nik v „Mokroj balke" u goroda Kislovodska. MADISO 3, 1975, 139. Abb. 4: 1, 2, 5, 13, 21, 23, 25.
4, 7, 10, 11, 27: G. E. AFANAS'EV, Novye nachodki v Mokroj balke bliz Kislovodska. SA 1979/3 178. Abb. 9: 1, 2, 6—8.
2, 6, 16, 22—24: G. E. AFANAS'EV; Chronologija mogil'nika Mokraja balka. KSIA 158, 1979, 44. Abb. 1.
8, 9, 12—15, 20, 21, 26, 28: A. P. RUNIČ, Dva bogatych rannesrednevekovnuch pogrebenia iz Kislovodskoj Kotloviny. SA 1977/1, 251, Abb. 3: 3, 5, 8, 9, 11, 13, 14, 17, 28.
M: 1:5.

Abb. 4: 1—2: *Pesčanka,* I. A. VLADIMIROV, Izvlečenie iz otčeta o raskopkach, proizvedennych v 1898 godu v nalčikskom okruge terskoj oblasti. OAK za 1898, 130. Abb. 28, 29.
3, 4: *Kugul',* A. P. RUNIČ, Rannesrednevekovye sklepy Pjatigor'ja. SA 1979/4 245. Abb. 9: 11, 12.

Abb. 5: 1—8: *Galiat,* E. I. KRUPNOV, Galiatskij mogil'nik kak istočnik po istorii alan-osov. VDI 2, 1938/3 113—121; Abb. 3.
M: 1—7: 1:1, **8:** 1:8.

Abb. 6: 1, 2: *Pregradnaja stanica,* T. M. MINAEVA, Nachodka bliz stanicy Pregradnoj na r. Urupe. KSIIMK 68, 1957, 134, Abb. 52.
3: *Čufut kale,* V. V. KROPOTKIN, Mogil'nik Čufut-kale v Krymu. KSIA 100, 1965, 111, Abb. 44: 6.

Abb. 7: 1, 2: *Moščevaja balka,* Ieroussalimskaja, Cafetan Taf. III: 5, 1.
M: 1: etwa 1:4, **2:** etwa 1:11.

Abb. 8: 1, 2: *Moščevaja balka,* Ieroussalimskaja, Cafetan Taf. III: 4.
M: etwa 1:8.

Abb. 9: 1-8: *Martan-ču,* V. B. VINOGRADOV, Altungarische Parallelen zu einigen Gräbern des alanischen Gräberfeldes bei Martan-ču.
AAH 35, 1983, 218, Abb. 8; 216. Abb. 6; 215. Abb. 5: 5, 1; 214. Abb. 4.
M: 1: 1:32, **2—5:** 1:1, sonst 1:2.

Abb. 10: 1—3: *Duba-jurt,* A. P. KRUGLOV, Archeologičeskie raskopki v Čečeno-ingušetii letom 1936 g. Zapiski Čečeno-Ingušskogo Naučno-issledovatel'skogo Instituta Jazyka i Istorii 1 (Groznyj 1938) Abb. 4: 1, 23; Abb. 9: 8.
M: 1:1.

Abb. 11: 1—4: *Eškakon,* A. P. RUNIČ, Skel'ni mogylniki u verchiv'jach r. Eškakon na Pivničnomu Kavkazi. Arch. 16, 1975, 68. Abb. 3: 1—4.
M: 1—3: 1:1, **4:** 1:2.

Abb. 12: 1, 2: *Zmejskaja stanica,* V. A. KUZNECOV, Zmejskij katakombnyj mogil'nik. MADISO 1, 1961, Taf. V. 2, Taf. VI.
M: 1: etwa 1:2, **2:** etwa 1:3.

Abb. 13: 1—5: *Kolosovka,* F. A. DITLER, Mogil'niki v rajone poselka Kolosovka na reke Fars. Sbornik Materialov po Archeologii Adygei 2, 1961, Taf. I, Taf. XIX: 2.

Abb. 14: 1—3, 6—12, 14, 16: *Dyrso,* DMITRIEV, Mogil'nik 55. Abb. 2: 1, 6, 7, 14, 19, 22—24, 26, 27, 29.
M: 14: 1:3, **16:** 1:3.
4, 5, 13, 15: *Verchnaja Ešera,* JU. N. VORONOV - O. CH. BGAŽBA, Novye materialy VII v. iz mogil'nikov Abchazii. KSIA 158, 1979, 69. Abb. 12, 9, 5, 2.
M: 13: 1:5, **15:** 1:3.

Abb. 15: 1—10: *Uč tepe,* A. A. IESSEN, Raskopki bol'šogo kurgana v uročišče Uč-tepe. MIA 125, 1965,
1: 178. Abb. 30.
2, 7, 8: 179. Abb. 31.
3—6: 176. Abb. 28.
9: 172. Abb. 21.
10: 175. Abb. 26: 1.
M: 1—8: 1:1, **9:** 1:142, **10:** 1:3.

Abb. 16: 1—8: *Arcybaševo,* A. L. MONGAJT, Archeologičeskie zamètki. Mogila vsadnika u s. Arcybaševa. KSIIMK 41, 1951.
1—4: 128. Abb. 45: 12, 9, 5, 3.
5—7: 126. Abb. 43: 8, 4, 13.
8: 125. Abb. 42; 127. Abb. 44.
M: 1—7: 1:1, **8:** 1:10.

Abb. 17: 1—6: *Zarajsk (?),* PÓSTA, Studien.
1, 2, 6: 543. Abb. 306: 1, 3, 7.
3—5: 541. Abb. 305: 5, 2, 3.
M: 1—7: 1:1.

Abb. 18: 1: *Borodaëvka,* I. V. SINICIN, Archeologičeskie raskopki na territorii Nižnego Povolž'ja. (Saratov 1947) Taf. 9.
2: *Avilovka,* I. V. SINICYN, Archeologičeskie pamjatniki nizovjach reki Ilovki. Ucёnye Zapiski 39 (Saratov 1954) 231. Abb. 1.
M: 1: 1:4, **2:** 1:20.

Abb. 19: 1: *Unbekannter Fundort, Kuban-Gebiet,* PÓSTA, Studien, 312. Abb. 194: 3.
2: *Borisovo,* V. SACHANEV, Raskopki na Severnom Kavkaze v 1911—1912 godach. IAK 56, 1914, 30. Abb. 184.
M: 1, 2: 1:1.

Abb. 20: 1: *Šarkel,* Erdburg am rechten Ufer, PLETNĚVA, Ot kočevij 166, Abb. 55: 11.
2. *Majaki,* Erdburg, A. Z. VINNIKOV, Žilye i chozjajstvennye postrojki majackogo selišča. In: Majackoe gorodišče 106. Abb. 7.
M: 1, 2: 1:100.

Abb. 21: 1, 7: *Šarkel,* Burg, S. A. PLETNĚVA, Keramika Sarkela-Beloj veži. MIA 75, 1959, 235. Abb. 20: 1, 220. Abb. 8.
2, 4—6, 8: *Donec-Gebiet,* K. I. KRASIL'NIKOV, Die Keramik der Saltovo-Majaki-Kultur am nördlichen Mittellauf des Donec. In: Keramik.
3: *Kancerka,* A. T. SMILENKO, Die Keramik der Töpferwerkstätten von Balka Kancerka im Dneprgebiet. In: Keramik.
9: *Nord-Kaukasus-Gebiet,* V. A. KUZNECOV, Nordkaukasische Tonkessel. In: Keramik.
M: 1—5: 1:4, **6—9:** 1:5.

Abb. 22: 1—8, 10—12: *Šarkel, Erdburg am rechten Ufer.*
1—4: PLETNJOWA, Chasaren, Abb. 61, 64—66.
5, 6, 10: PLETNĚVA, Ot kočevij 147. Abb. 39: 1, 145. Abb. 38: 10.
7, 8, 11, 12: LJAPUŠKIN, Pamjatniki 132. Abb. 22, 121. Abb. 14, 119. Abb. 12, 118. Abb. 11.
9: *Šarkel, Kurgangräberfeld,* PLETNĚVA, Kočevničeskij mogil'nik 251. Abb. 24: 8.
M: 1—4, 6, 11: 1:4, **5:** 1:3, **7, 8:** 3:5, **9:** 1:5, **12:** 1:10.
Abb. 23: 1, 2: *Netajlovka,* PARCHOMENKO, Netajlovka 84. Abb. 8: 36, 37.
3, 9—16, 21: *Šarkel, Gräberfeld.*
4—8: *Verechne Saltovo,* FETTICH, Kunst. Abb. 47: 6—10.
3, 14: ARTAMONOVA, Mogil'nik 67. Abb. 53: 15, 57. Abb. 45.
9—12, 17—20: ARTAMONOV, Sarkel-Belaja-veža, zwischen S. 54—55. Abb. 34, B, 35.
13, 16, 21: PLETNĚVA, Ot kočevij 177. Abb. 49: 9, 163. Abb. 44: 65, 54.
15: Fotoarchiv Leningradskogo Otdelenija Instituta Archeologii AN SSSR.
Abb. 24: 1, 2: *Unbekannter Fundort, unteres Don-Gebiet.*
Muzej Istorii Donskogo Kazačestva. Katalog archeologičeskich kollekcij (Novočerkassk 1979) Taf. 32: 33, Taf. 26: 15.
M: 2: 1:3.
Abb. 25: 1—3, 5: *Šarkel, Gräberfeld.*
1: A. V. BANK, Greben' iz Sarkela-Beloj veži. MIA 75, 1959, 234. Abb. 1.
2: S. S. SOROKIN, Železnye izdelija Sarkela-Beloj veži. MIA 75, 1959, 190. Abb. 32: 2.
3, 5: ARTAMONOV, Sarkel-Belaja veža 40. Abb. 26, 39. Abb. 25: 8.
4: *Netajlovka,* PARCHOMENKO, Natajlovka, 81. Abb. 5: 1.
6: *Verchne Saltovo,* Archeologija Ukrainskoj RSR I. (Kiev 1975) 128. Abb. 104.
7: *Bagaevskaja stanica,* S. N. BRATČENKO - M. L. ŠVECOV, Srednevekovyj mogil'nik u stanicy bagaevskoj. SA 1984/3, 217. Abb. 3: 7.
M: 4: 1:6.
Abb. 26: 1: *Podgorovka,* S. A. PLETNĚVA, Podgorovskij mogil'nik saltovo-majackoj kul'tury. SA 1962/3 245. Abb. 3.
2: *Šarkel, Kurgangräberfeld,* PLETNĚVA, Kočevničeskij mogil'nik 227. Abb. 7.
M: 1, 2: 1:20.
Abb. 27: 1—7: *Stolbica,* KROPOTKIN, Klady Abb. 18: 1.
Abb. 28: 1—12: *Veselovskij,* M. G. MOSKOVA - V. E. MAKSIMENKO, Raboty bagaevskoj ěkspedicii v 1971 g. *In:* Archeologičeskie pamjatniki Nižnego Podonja. 2 (Moskva 1974) Taf. XXIX: 1, 2, 5—7, 9—11, 14, 15; Taf. XXII: 9, 11.
M: 8: 3:4, **9:** 1:4.
Abb. 29: 1—3: *Romanovskaja stanica,* KROPOTKIN, Klady Abb. 18: 2, 3, 5.
Abb. 30: *Šarkel,* Burg am linken Ufer, ARTAMONOV, Sarkel-Belaja veža zwischen S. 10—11, Abb. 3.
Abb. 31: 1—18: *Čir-jurt, Kurgangräberfeld.*
1, 2, 5, 16: MAGOMEDOV, Obrazovanie 85. Abb. 27: 1, 8, 10, 15.
3, 4, 8—10: 82. Abb. 24: 20, 26, 1, 22, 17.
6, 7: 84. Abb. 26: 7, 8.
11: MAGOMEDOV, Kostjanye nakladki 276. Abb. 1: 15.
13: 276. Abb. 1: 12.
12, 14: MAGOMEDOV, Obrazovanie 73. Abb. 20: 1, 25.
15, 18: 279. Abb. 3.
17: 276. Abb. 1: 1.
M: 1—10, 15, 16, 18: 1:1, **11:** 1:4, **17:** 1:5.
Abb. 32: 1—8: *Čir-jurt, Kurgangräberfeld.*
1—4, 8: MAGOMEDOV, Kostjanye nakladki 276. Abb. 1: 7, 5, 8, 10.

5—7: M. G. MAGOMEDOV, Verchnečirjurtovskij kurgannyj mogil'nik.
MAD 7, 1977, 16. Abb. 4: 30; 10. Abb. 2: 12; 12. Abb. 3: 8.
Abb. 33: 1, 2: *Majaki, Erdburg.* PLETNĚVA, Majackoe gorodišče 61. Abb. 3, 79. Abb. 14: 1.
M: 1: 1:4, **2:** 1:5.
Abb. 34: 1—3: *Kockij gorodok,* SMIRNOV, Serebro Nr. 92.
M: 2: 1.
Abb. 35: 1—3: *Uvak,* E. A. FĚDOROVA-DAVYDOVA, Pogrebenie znatnoj kočevnicy v orenburgskoj oblasti. MIA 169, 1969, 265. Abb. 3: 1, 3, 5.
4: *Šarkel,* Kurgangräberfeld, PLETNĚVA, Kočevničeskij mogil'nik 245. Abb. 19.
5: *Novonikolskoe,* A. S. KOMANTSEVA, Les sépultures nomades tardives du cimetière de Novonikolskoe. In: Anciens Hongrois 347. Taf. IV: 1.
M: 1—3, 5: 1:1.
Abb. 36: 1, 2, 4: *Sacharna golivka,* E. V. VEJMARN, Mogil'nik bilja vysoty „Sacharna golivka". Arch. Pam' USSR 13, 1963, 46. Abb. 5: 1, 18; 59. Abb. 16.
3: *Fedeşti-Vaslui* (Rum.), D. GH. TEODOR, Teritoriul est-carpatic in veacurile V-XI. e. n. (Bucureşti 1978) 172. Abb. 13: **1. Irrtümlich hier gereiht!**
5, 8, 9: *Ěski kermen,* AJBABIN, Pogrebenija 173. Abb. 4: 1, 6, 2.
6, 7: *Cherson,* A. I. AJBABIN, O poizvodstve pojasnych naborov v rannesrednevekovom Chersone. SA 1982/3 191. Abb. 1: 1, 4.
10, 11: *Tepsen',* AJBABIN, Pogrebenija 179. Abb. 6: 1, 4.
12: *Skalistoe,* 179. Abb. 6: 8.
13: *Skalistoe,* E. V. VEJMARN - A. P. SMIRNOV, Sosud s rospis'ju iz mogil'nika u sela Skalistoe. KSIA 100, 1965, 104. Abb. 42.
M: 13: 1:4.
Abb. 37: 1: „*Nordrussland",* RYBAKOV, Drevnie rusi 69. Abb. 13.
2—21: *Martinovka.*
2, 7, 11, 12, 14, 15: FETTICH, Metallkunst Taf. CXXIII: 13, 1, 3, 11, 9, 10.
3—6, 8—10: Taf. CXXII: 3, 4, 7, 6, 2, 1, 15.
13, 16, 21: Taf. X CXXIV: 1—3.
17—19: Taf. CXXI: 4, 3, 2.
20: FETTICH, Späthunnische Metallkunst Taf. XXIII: 2.
M: 20: unbekannt.
Abb. 38: 1—18: *Glodosy,* A. T. SMILENKO, Glodos'ki skarby. Taf. III: 1a; V: 2; IV: 1; 19. Abb. 9; III: 2; 19. Abb. 9 und IV. 5; 22. Abb. 15: 4, 2; V: 1; VII: 1; 33. Abb. 29: 6; 3; V: 4, 8; 24. Abb. 19: 8; 31. Abb. 26: 6; 38. Abb. 37: 30. Abb. 24; 25. Abb. 20.
M: 1—5, 7—9: 1:1, **14, 17:** 2:5, **15, 16:** 1:3, **18:** 1:8.
Abb. 39: 1—12: *Voznesenke,* GRINČENKO, Pam'jatka.
1, 3, 6, 7: Taf. III: 16, 11, 22, 23.
2: Taf. V: 2.
4, 12: Taf. II: 5, 14.
5, 8, 11: Taf. IV: 5, 9, 10.
9: Taf. VI: 9.
10: 47. Abb. 5.
M: 1, 3, 6, 7: 3:2, **2, 4, 5, 8, 11:** 1:1, **9, 10:** 1:2, **12:** 1:5.
Abb. 40: 1—8: *Kelegeja.*
1—6, 8: FETTICH, Metallkunst Taf. CXXIX.
7: Kievskij Muzej Istoričeskich Dragocennostej (Kiev 1974) Abb. 81.
M: etwa 1:1.
Abb. 41: 1, 3—7: *Novye Senžari;* SMILENKO, Nachodka 159. Abb. 1: 1, 5, 8, 9, 12; 161. Abb. 2.
2: *Kelegeja,* FETTICH, Metallkunst Taf. CXXIX: 25.
M: 1:1.
Abb. 42: 1—12: *Mala Pereščepino.*
1—4, 6—12: BOBRINSKOJ, Pereščepinskij klad Taf. VI; IX:

20, 21; XIV; X: 23, 28; VII: 15; XIV: 44; XVI: 54; XIII: 41; XII: 40.
5: Maršak - Skalon, Pereščepinskij klad, Titelblatt.
M: 1—3, 5—7: 1:4, **8:** 1:5, **9:** 2:5, **11:** 1:2.
Abb. 43: 1—18: *Mala Pereščepino.*
1, 10: Taf. XIII: 42, 41.
2, 3, 8, 13, 15, 16: Taf. XVI: 52, 54, 58, 59.
4: Taf. X: 29.
5, 7, 12, 14: Taf. XII: 40.
6: Taf. XV: 50.
9, 11: Taf. XIV: 46, 48.
17, 18: XI: 32, 37.
M: 1: 1:4, **2:** 1:20.
Abb. 44: 1, 2: *Zaliman,* M. L. Makarevič, Pochovann'ja sarmatskogo ta saltivs'kogo tipiv na Sivers'komu Dinci. Arch. 1957. Abb. 3.
M: 1:1.
Abb. 45: *Sivašovka,* R. S. Orlov, Kul'tura kočevnikov IV—VIII vv. In: Ètnokul'turnaja karta territorii Ukrainskoj SSR v I. tys. n. è. (Kiev 1985) 102. Abb. 18: 1.
M: 1:20.
Abb. 46: 1—5: *Jasinova,* Ajbabin, Pogrebenie 193. Abb. 2: 11, 3, 7, 8, 192. Abb. 1: 7.
M: 1—4: 1:1, **5:** 2:5.
Abb. 47: 1—4: *Vilchovčik,* Prichodnjuk, Archeologični pam'jatky 99. Abb. 61.
Abb. 48: 1: *Malij Ržavec,* Rvbakov, Drevnie rusi 75. Abb. 16.
2: Bezirk Čigirin, 85. Abb. 20: 5.
3, 4, 6, 7: *Chacki,* A. Bobrinskoj, Kurgany i slučajnyja archeologičeskija nachodki bliz mestečka Smely. III. (Sanktpeterburg 1901) 1/1: 3, 6, 7, 10.
5: *Ivachniki,* Archeologija Ukrainy 154. Abb. 40: 9.
M: 1—7: 1:1.
Abb. 49: *Zalesie,* Fettich, Späthunnische Metallkunst Taf. I.
Abb. 50: 1—5: *Zalesie,* Fettich, Späthunnische Metallkunst Taf. IV, VI: 1; VIII: 3; II: 1, 2.
Abb. 51: 1, 2: *Chomjakovo,* Smirnov, Serebro Taf. XLII, Nr. XLIII. Nr. 12.
3: *Ust'e Biskupie,* W. Antoniewicz, Archeologja Polski (Warszawa 1929) Abb. 41.
Abb. 52: 1: *Sloboda Limarovka,* Smirnov, Serebro Taf. XLVI. Nr. 80.
2: *Pavlovka,* Taf. XLIX. Nr. 83.
M: 1: 1:2, **2:** 1:3.
Abb. 53: 1—3, 5—7: *Kiev.*
1: Fettich, Metallkunst Taf. XXXIX.
2, 3, 6: Karger, Kiev I. 187. Abb. 25; 184. Abb. 35; 175. Abb. 31.
5: K. N. Gupalo - G. J. Ivakin, O remeslennom proizvodstve na kievskom Podole. SA 1980/2 206. Abb. 2.
7: Kirpičnikov, Oružie 65. Abb. 15.
4: *Černigov,* Fodor, Altungarn Taf. XV.
M: 1, 4: 1:6, **2, 3, 6:** 1:2.
Abb. 54: 1: *Tabaevka,* R. S. Orlov, Nekotorye osobennosti formirovanija drevnerusskogo chudožestvennogo remesla. In: Novye pamjatniki drevnej i srednevekovoj chudožestvennoj kul'tury. (Kiev 1982) 166. Abb. 1: 1.
M: 1, 2: 1:1.
Abb. 55: 1, 2, 4—6: *Topoli,* Kucharenko, O nekotorych 101. Abb. 6, 7; 100. Abb. 30.
3: *Novo pokrovka,* 104. Abb. 34.
M: 1, 2, 4: 1:1, **3, 5, 6:** 1:3.
Abb. 56: 1—6: *Fativiž.*
1—5: V. Kozlovs'ka, Sribnyj skarb časiv velykogo pereselennja narodiv z s. Fativyž na Černigivščyni. Zbirnik M. S. Gruševskogo, I. (Kiev 1928) Taf. I; 50. Abb. 1.
6: Erdélyi, Az avarság Abb. 83.
7: *Zarajsk,* Pósta, Studien 297. Abb. 185.
M: 1—7: 1:1.

Abb. 57: 1—4: *Tîrgşor,* Gh. Diaconu - P. Diaconu, Un mormint de calareţ din secolul VII. descoperit la Tîrgşor. SCIV 13, 1962, 166. Abb. 2: 1, 2, 6; 169. Abb. 3: 1/A.
5: *Castelu,* M. Comşa - A. Radulescu - N. Hartuchi, Necropolă de incineratie de la Castelu. MCA 8, 1962, 653. Abb. 3.
6, 7: *Sultana,* B. Mitrea, La céramique jaune de haute époque féodale de Sultana (dép. d'Ilfov). Dacia 17, 1973, Taf. I: 4; Ders., Şantierul Sultana. MCA 8, 1962, 669. Abb. 2: 1.
M: 1: 1:20, **4:** 1:4, **5:** 1:1, **6:** 1:2, **7:** 1:3.
Abb. 58: 1: *Castelu,* Comsa - Radulescu - Hartuchi, Castelu 655.
2: *Kalfa,* G. F. Čebotarenko, Kalfa — gorodišče VIII—X vv. na Dnestre. (Kisinëv 1973) 95. Abb. 13.
3: *Dridu,* Zaharia, Dridu 184. Taf. XLX: 4.
M: 1, 3: 2:5, **2:** 2:1.
Abb. 59: 1: *Probota,* Em. Zaharia - N. Zaharia, Sondajul de salvare din necropolă de la Probota. MCA 8, 1962, 602. Sbb. 6.
2—4: *Kirovograd,* ehem. Elizavetgrad, Fettich, Kunst 47.
5, 6: *Daneşti,* Teodor, Teritoriul 198. Abb. 3; Spinei, Moldova Abb. 3: 4.
7: *Ekimauci,* G. B. Fëdorov, Gorodišče Ekimaucy. KSIIMK 40, 1953, 108. Abb. 45: 3.
8, 10: *Chanska,* Čebotarenko, Naselenija 16. Abb. 4; 11. Abb. 2.
9: *Sabalaţ,* Spinei, Moldova Abb. 31: 3.
11: *Gnezdovo,* I. Dienes, Honfoglaló magyarok sírjai Nagykőrösön. AÉ 87, 1960, 186. Abb. 10.
12: *Nagykőrös,* ebendort Taf. XXX: 33.
13: *Karancslapujtő,* I. Dienes, A karancslapujtői honfoglalás kori öv és mordvinföldi hasonmása. AÉ 91, 1964, 28. Abb. 6: 1.
14—16: *Krjukovo-kužnovo,* ebendort Abb. 6: 2; und Krjukovo-kužnovskij mogil'nik (Moršansk 1952) 213. Taf. XXIX: 5, 6.
17, 18: *Tiszakécske,* Fettich, Metallkunst Taf. XXVIII: 1, 3.
19: *Archangelske,* A. N. Moskálenko, Raskopki na archangel'skom gorodišče v 1952—1953 gg. KSIIMK 62, 1956, 93. Abb. 77: 1.
20: *Érsekújvár* (Nové Zámky, ČSSR), M. Rejholcová, Pohrebisko z 10.—12. storočia v Novych Zámkoch. SlA 22, 1974, 456. Taf. VII: 14.
M: 1: 1:20, **2—7, 11—20:** 1:1, **8—10:** 1:2.
Abb. 59a: *Karanaevo,* N. A. Mažitov, Kurgany Južnogo Urala VIII—XII vv. (Moskva 1981) 108. Abb. 58: 25.
Abb. 60: 1—4, 6, 8: *Krylos,* Fettich, Metallkunst Taf. CXXXIV, 1, 11, 23, 37; CXXXV. 4—6, 20.
5, 7: *Răducaneni,* Teodor, Romanitatea Abb. 21.
M: 1—8: 1:1.
Abb. 61: 1—5: *Frumuşica,* Fodor, Problematik 101. Abb. 1: 5, 9, 13, 3, 15.
M: 1—5: 1:2.
Abb. 62: 1, 6: *Ekimauci,* Teodor, Romanitatea Abb. 17: 19, G. B. Fëdorov, Gorodišče Ekimaucy. KSIMMK 40, 1953, 109. Abb. 46: 2.
2: *Raducaneni,* Teodor, Romanitatea Abb. 21.
3: *Sabalaţ,* Spinei, Moldova Abb. 3: 3.
4: *Todireni,* Spinei, Moldova Abb. 27: 3.
5: *Pavlovka,* Spinei, Moldova Abb. 30: 12.
M: 1, 2, 4: 1:1, **3, 5, 6:** 1:4.
Abb. 63: 1: *Mezőszilas,* Bóna, A népvándorlás kora 302. Abb. 18.
2: *Čadjavica,* Fettich, Čadjavica Taf. III: 7.
3: *Hódmezővásárhely*-Madony, Awaren 30. Abb. 13.
4: *Körösladány,* I. T. Juhász, Néhány Békés megyei avarkori leletről. BMMK 2, 1973, 111, Abb. 7.
5: *Nagybecskerek/*Zrenjanin, Jug., Bálint, Hunok Abb. 10.

6: *Bócsa,* LÁSZLÓ, Études Taf. XXXV: 19.
7: *Környe,* ERDÉLYI - SALAMON, Környe Taf. XIII: 6.
8: *unbekannter Fundort,* GARAM, Aranyékszerek 159.
Abb. 1: 1.
9: *Kunbábony,* TÓTH, Nézzük meg Abb. 11.
10: *Szegvár,* Awaren 27. Abb. 10.
M: 1—10: 1:1.
Abb. 64: 1: *Kunbábony,* TÓTH, Nézzük meg, Titelblatt.
2, 7: *Kunágota,* BÓNA, Avar leletei 146. Abb. 2.
3: *Tépe,* LÁSZLÓ, Études, Taf. LVII: 2.
4: *Csóka* (Čoka, Jug.), Awaren 26. Abb. 9.
5: *Káptalantóti,* BAKAY, Időrend 49. Taf. XXXII: 7.
6: *Gátér,* FETTICH, Kunstgewerbe Taf. VI.
8, 9, 14: *Bócsa,* LÁSZLÓ, Études, Taf. XXXV: 12, 18;
XLVII: 19.
10: É. GARAM, Über die frühawarischen Grabfunde von
Zsámbok. FA 34, 1983, 143 Abb. 3: 9.
11: *Aradka* (Aradac, Jug.), NAGY, Aradac Taf. XXIII: 12.
12: *Kecskemét,* TÓTH, Kecskemét 133. Abb. 18.
13: *Čadjavica,* FETTICH, Čadjavica Taf. III: 1.
M: 1—5, 7—13: 1:1.
Abb. 65: 1: *Nosza* (Nosa, Jug.), SEOBA NARODA Taf. XIII: 2.
2: *Szegvár,* BÓNA, Studien 53, Abb. 10: 1.
3, 6: *Verbasz* (Vrbas, Jug.), S. NAGY, Nekropola iz ranog
srednjeg veka u ciglani Polet u Vrbasu. RVM 20, 1971, 257.
Taf. XL: 11; 1.
4, 5: *Tiszafüred,* É. SZ. GARAM, Avar nyereg Tiszafüredről.
AÉ 96, 1969, 85; Abb. 4: 1, 2.
7: *Gyönk,* GY. ROSNER, Előzetes jelentés a Gyönk-Vásártér
úti avar temető feltárásáról. SzBMÉ 1971—1972. Taf. 1: 38.
8: *Csolnok,* KOVRIG, Contribution, Taf. IV: 1.
9: *Csengőd,* I. KOVRIG, Avar lószerszámveretek Csengődről.
Magyar Múzeum 1945, október 12. Abb. 2: 5.
10: *Aradka* (Aradac, Jug.), NAGY, Aradac Taf. XVI.
M: 1: 2:1, 2, 3, 6, 7: 1:1, 4, 5, 8, 9: 1:2, 10: 1:10.
Abb. 66: 1: *Kecskemét,* TÓTH, Kecskemét 121. Abb. 6.
2, 3: *Csepel,* I. ERDÉLYI, Die Kunst der Awaren. (Budapest
1966) Abb. 1.
4: *Kunbábony,* E. H. TÓTH, A kunbábonyi avar fejedelem.
(Budapest - Kecskemét 1971) 15.
Abb. 67: 1: *Káptalantóti,* BAKAY, Időrend 35. Abb. XXI: 1.
2, 3: *Aradka* (Aradac, Jug.), NAGY, Aradac Taf. XIV: 8, 9.
4, 5: *Környe,* ERDÉLYI - SALAMON, Környe Taf. V: 7, 9.
6: *Bácsújfalu,* CSALLÁNY, Bácsújfalu Taf. XXXI: 6.
7: *Szeged*-Öthalom, HAMPEL, Alterthümer III. Taf. 92: 1.
M: 1—3: 1:2, 4, 5: 1:1, 6: 1:3.
Abb. 68: 1: *Alattyán,* KOVRIG, Alattyán, Taf. II: 43a.
2, 3, 6: *Aradka* (Aradac, Jug.), NAGY, Aradac Taf. XI: 11, V:
3; XXV: 14.
4: *Fönlak,* FETTICH, Kunstgewerbe Taf. IV.
5: *Gátér,* FETTICH, Kunstgewerbe Taf. VI.
7: *Környe,* ERDÉLYI - SALAMON, Környe Taf. XVIII: 1.
8: *Bácsújfalu,* CSALLÁNY, Bácsújfalu Taf. XXXI: 5.
9: *Dunaújváros*-Öreghegy, BÓNA, Dunaújváros Taf. 30: 1.
10: *Csóka* (Čoka, Jug.), AWAREN 44. Abb. 35.
11: *Mór,* GY. TÖRÖK, Kora avar sírok Móron. AÉ 81, 1954,
Taf. IX: 13a, b.
M: 1, 3, 7: 1:2, 2, 5, 6: 1:1, 8—11: 1:4.
Abb. 69: *Tatabánya*-Alsógalla, B. S. SZATMÁRI, Avar temető és
telepásatás Tatabánya — Alsógalla mellett. SzMMÉ
1982—1983. 74. Abb. 14.
Abb. 70: 1: *Nagypeszek* (Šikenicke, ČSSR), J. LISZKA, Výs-
ledky záhranného výskumu u Šikenicke. Castrum Novum 2
(Nové Zámky 1983) 43. Abb. 1: 1.
2, 6: *Gács* (Halič, ČSSR), GARAM, Aranyékszerek 169.
Abb. 7: 1, 5.
3: *Tótipuszta,* BÓNA, A népvándorlás kora 307. Abb. 23.
4: *Budapest*-Fehérvári út, M. NAGY, A fehérvári úti avar temető. Budapest Régiségei 76. Abb. 20: 16.

5: *Kishegyes* (Mali Idjoš, Jug.), SEOBA NARODA 48. Abb. 22.
7: *Igar,* BÓNA, A népvándorlás kora 308. Abb. 24.
8: *Érsekújvár* (Nové Zámky, ČSSR), ČILINSKÁ, Nóvé Zámky
296. 328: 5.
9: *Tiszaderzs,* KOVRIG, Tiszaderzs 214. 14: 1.
10: *Székkutas*-Kápolna dűlő, NAGY, Avar kaganátus 248.
Abb. 20: 1.
11: *Ráckeve,* HAMPEL, Alterthümer I. 397. Abb. 1072.
Abb. 71: 1: *Szeged*-Átokháza, CSALLÁNY, Rapports Taf.
LXXV: 1.
2, 5: *Igar,* BÓNA, A népvándorlás kora 311. Abb. 27.
3: *Dunaradvány* (Radvaň nad Dunajom, ČSSR), J. ZÁ-
BOJNIK, Zur horizontalen Stratigraphie des Gräberfeldes in
Radvaň nad Dunajom — Zitavská Tôn. SIA. 33, 1985, 345.
Taf. 5: 15.
4: *Csataj* (Čataj, ČSSR), ČILINSKÁ, Kov Abb. 20;
6: *Zsély* (Želovce, ČSSR), ČILINSKÁ, Želovce 192. Taf. VIII:
20.
7: *Tiszaderzs,* KOVRIG, Tiszaderzs 214. 16: 10.
8, 9: *Vörösmart* (Zmajevac, Jug.), GARAM, Vörösmart 188.
Abb. 1: 1. 193. Abb. 4; 1, 2.
10: *Szeged*-Átokháza, CSALLÁNY, Rapports Taf. LXXVIII:
2.
11: *Pilismarót,* GY. TÖRÖK; The Pilismarót Cemetery. In:
Avar Finds 253. Abb. 10: 26.
M: 1, 3, 7: 1:2, 2, 5, 6: 1:1, 8—11: 1:4.
Abb. 72: 1: *Pilismarót,* J. GY. SZABÓ, The Pilismarót Cemetery.
In: Avar Finds 267. Abb. 13: IIIb₁.
2: *Bácstopolya* (Topola, Jug.), F. CSUBELA, Az avarok nyom-
ában. Magyar Szó 19. August 1977, 10.
3: *Csóka* (Čoka, Jug.), I. KOVRIG - J. KOREK, Le cimetière de
l'époque avare de Csóka. AAH 12, 1960, Taf. CII: 8.
4, 9: *Fót,* TETTAMANTI, Fót, Abb. 14: 5.
5, 8: *Párkány* (Štúrovo, ČSSR), TOCÍK, Štúrovo Taf. XVI: 7,
8.
6: unbekannter Fundort, unpubliziert. Musei Slavonije Os-
siek (Jugoslawien).
7: *Mór,* F. J. ANTONI, Avarkori temető Mór-kecskehegyen.
AR 17, 1979, Taf. I: 4.
10: *Érsekújvár* (Nové Zámky, ČSSR), ČILINSKÁ, Nové
Zámky Taf. XXXVI: 7.
11: *Ürbőpuszta,* I. BÓNA, Az ürbőpusztai avar temető. AÉ
84, 1957, Taf. XXXVIII: 2, 3.
12: *Üllő,* Á. CS. SÓS, Le deuxième cimetière avare d'Üllő.
AAH 6, 1955, Taf. LXX: 1.
13: *Tiszafüred,* É. SZ. GARAM, Spätawarenzeitliche durchbrochene Bronzescheiben. AAH 32, 1980, 169. Abb. 5: 3.
14: *Mártély,* HAMPEL, Alterthümer III. Taf. 84: 1a.
15: *Szirák,* Taf. 66: 5.
M: 14, 15: 1:2.
Abb. 73: 1: *Fót,* TETTAMANTI, Fót Abb. 4.
2, 7, 10: *Szentes*-Nagyhegy, CSALLÁNY, Gürtel Taf. XXVI:
2; 3, 18.
3: *Nyékládháza,* K. K. VÉGH, Awarenzeitliche Funde im
Museum von Miskolc. HOMÉ 7, 1968, Taf. VIII: 1—5.
4: *Vukovár* (Vukovar, Jug.), S. KARMANSKI, Nalazi iz perioda
seobe naroda u okolini Odžaka. (Odžaci 1975) Taf. XXX:
6.
5: *Keszthely,* unpubliziert, Ungarisches Nationalmuseum,
mit freundlicher Erlaubnis von Frau É. Garam.
6: *Toponár,* E. SIMONOVA, Toponár, awarisches Gräberfeld.
Mitt. Arch. Inst. 1970, 152. Taf. 36: 3; Zoologisches Gutachten von L. Bartosiewicz.
8: *Dunacséb* (Čelarevo, Jug.), R. BUNARDŽIĆ, Čelarevo. Ausstellungskatalog Roma, 1985 (Novi Sad 1985) Kat.-Nr.
345—350.
9: *Törökkanizsa* (Novi kneževac, Jug.), SEOBA NARODA Taf.
XXIV: 2.
11: *Komárom* (Komárno, ČSSR), ČILINSKÁ, Kov Abb. 11.

12: *Hódság* (Odžaci, Jug.), siehe KARMANSKI, oben Taf. XVII: 1a.
13: *Nyékládháza,* K. K. VÉGH, Awarisches Gräberfeld von Nyékládháza. HOMÉ 5, 1965, 200. Taf. II: 5.
14: *Szeged*-Fehértó, BÁLINT, Hunok Abb. 12.
15: *Szalánkemén* (Novi Slankamen, Jug.), Illustration in Zeitschrift Híd (Szabadka, Subotica, Jug.), April 1986, 494.
16: *Szentes*-Nagyhegy, CSALLÁNY, Gürtel XV: 9.
M: 1: 1:6.
Abb. 74: 1: *Szirák,* HAMPEL, Alterthümer II. 86.
2, 4: *Szob,* I. KOVRIG, The Szob Cemetery. In: Avar Finds 175. Abb. 15: 4.
3: *Kaposvár,* E. BÁRDOS, Avar temető Kaposvár határában. SMK 3, 1978, 41. Abb. 16.
M: 1, 2: 1:4, 3: 1:1, 4: 1:2.
Abb. 75: 1: *Kassa*-Zsebes (Košice, Šebastovce, ČSSR), BUDINSKÝ-KRIČKA - TOČÍK, Šebastovce 180. Abb. 4.
2, 3: *Párkány* (Štúrovo, ČSSR), TOČÍK, Štúrovo Taf. LI: 14.
4: *Székesfehérvár,* HAMPEL, Alterthümer II. 369.
5: *Zsély* (Želovce, ČSSR) ČILINSKÁ, Želovce Taf. VIII: 26.
6: *Alsógellér* (Holiare, ČSSR), A. TOČÍK, Slawisch-awarisches Gräberfeld in Holiare (Bratislava 1968) Taf. XLII: 1.
M: 2—4, 6: 1:3.
Abb. 76: 1: *Szeged*-Bilisics, AWAREN 65. Abb. 61.
2: *Zsély* (Želovce, ČSSR), ČILINSKÁ, Želovce Taf. VIII: 2.
3: *Jánoshida,* I. ERDÉLYI, A jánoshidai avarkori temető. RF II, 1, 1958, Taf. XLII: 3.
4: *Kiskőrös,* GY. TÖRÖK, The Kiskőrös-Cebe-Puszta Cemetery. In: Avar Finds 309. Abb. 14: 1a.
5: *Bokros,* O. TROGMAYER, Népvándorláskori telepnyomok Bokros határában. MFMÉ 1960—1962. Taf. I: 7.
6: *Párkány* (Štúrovo, ČSSR), TOČÍK, Štúrovo Taf. LI: 9.
7: *Majs,* A. KISS, Some Archaeological Finds of the Avar Period in County Baranya. JPMÉ 19, 1974, 141. Abb. 20: 3.
M: 3, 4, 7: 1:3.
Abb. 77: 1, 4: *Eperjes,* BÁLINT, Eperjes.
2: *Hódmezővásárhely*-Cinkus, I. FOLTINY, Die Spuren eines Gräberfeldes der Awarenzeit in Hódmezővásárhely-Cinkus. Dolg. 15, 1939, 177. Abb. 1: 2.
3: *Dunaújváros-Radiátorgyár,* I. BÓNA, Honfoglaláskori magyar sír Dunaújvárosban. AÉ 98, 1971, Abb. 1: 11.
5: *Abony,* T. VIDA, Későavar korongolt sírkerámia a Dunától Keletre. Diplomarbeit, Universität Budapest (Budapest 1986), Taf. VIII: 5.
M: 1—5: 1:3.
Abb. 78: 1: *Mokrin* (Jug.), GY. LÁSZLÓ, A népvándorlás lovasnépeinek ősvallása. (Kolozsvár 1946) 10. Abb. 4: 3.
2: *Szabadka-Pörös* kaszáló (Subotica, Jug.), LÁSZLÓ, Kettős honfoglalás 176. Abb. 7.
3: *Mandielos,* (Jug.), S. ERCEGOVIĆ-PAVLOVIĆ — Avarski konjanički grob iz Mandjelosa. Starinar 24—25, 1973—1974, Taf. IV: 1.
M: 1:1.
Abb. 79: *Szokolác* (Sokolac, Jug.), SEOBA NARODA 58. Abb. 1.
M: 1:3.
Abb. 80: *Čadjavica,* FETTICH, Čadjavica Taf. V: 1b.
Abb. 81 *Kassa-Zsebes* (Košice-Šebastovce, ČSSR), BUDINSKÝ-KRIČKA - TOČÍK, Šebastovce 173. Abb. 1. Zoologisches Gutachten von L. Bartosiewicz.
Abb. 82: 1, 4: *Keszthely*-Fenékpuszta, L. BARKÓCZI, A 6th Century Cemetery from Keszthely-Fenékpuszta. AAH 20, 1968, Taf. LVI: 5; LXX: 6.
2: *Zamárdi,* BAKAY, Időrend 13. Taf. IV: 4.
3: *Cikó,* KOVRIG, Contribution Taf. 2: 14.
5: *Csepel,* Á. Cs. SÓS, Avarkori leletek a Csepel szigetről. AÉ 88, 1961, Abb. 11: 1.
M: 1—4: 1:1, 5: 1:2.
Abb. 83: 1—5: *Ada* (Ada, Jug.).

1, 3: S. NAGY, Le cimetière de Vrbas de l'époque avare et ses rapports avec le trésor de Nagyszentmiklós et la tasse en argent d'Ada. In: Conférence Abb. 21: 1, 2a.
2, 4, 5: unpubliziert, Vojvodjanski Muzej, Novi Sad, mit freundlicher Erlaubnis von S. Nagy.
M: 1: 1:2, 2—5: 1:1.
Abb. 84: 1—9: *Nagyszentmiklós* (Sînnicolau Mare, Rum.), HAMPEL, Alterthümer III. Taf. 293, 295, 310, 317, 304, 315, 303, 312, 313, 307, 308.
M: 1—4: 1:3, 5—7, 9: 1:2.
Abb. 85: 1: *Budapest*-Tihanyi tér, GY. LÁSZLÓ, Das awarische Gräberfeld von Tihanyi-Platz. Dissertationes Pannonicae II, 11, 1941, Taf. XII: 1.
2: *Kunbábony,* TÓTH, Nézzük meg. 37.
M: 2: 1:3.
Abb. 86: 1, 3, 6, 7: *Nagyszentmiklós* (Sînnicolau mare, Rum.), LÁSZLÓ - RÁCZ, Goldschatz 62. Abb. 10, 66. Abb. 14 und Aufnahmen von F. Daim - L. Streinz.
2: *Mödling* (Österreich), F. DAIM - B. YOUNG, The Avars: Steppe People of Central Europe. Archaeology 37, 1984, 33.
4: *Toponár,* nach Aufnahme von Zs. Erdőkürti.
5: *Üllő,* nach Aufnahme von Zs. Erdőkürti.
8: *Akalan,* M. VAKLINOVA, Mittelalterliche Schmuckstücke aus Bulgarien, 6.—14. Jahrhundert. Sofija 1981, 27.
M: 1, 4: 3:1, 2: 3:2, 3: 5:1, 5, 8: 2:1, 6, 7: 4:1.
Abb. 87: 1: *Beregszász*-Kishegy (Beregovo, UdSSR), DIENES, Ungarn Abb. 12.
2: *Orosháza*-Pusztai, DIENES, Orosháza 146—147, Abb. 6, 7.
3: *Hódmezővásárhely*-Kopáncs, LÁSZLÓ, Élete Taf. IV: 2.
Abb. 88: 1, 4, 6: *Szentes*-Szentlászló, SZÉLL, Szentes Taf. VIII: 3, 14; V: 11.
2: *Szabadkígyós*-Pál ligeti tábla, BÁLINT, Szabadkígyós 38. Taf. V: 12.
3: Székesfehérvár-Szárazrét, BAKAY, Gräberfelder Taf. XXII: 4.
5: *Tápé*-Malajdok, SZÉLL, Dörfer 177. Abb. 1, 2.
7: *Sóshartyán,* DIENES, Ungarn Abb. 44.
Abb. 89: 1—3: *Szob*-Kiserdő, BAKAY, Ipoly Taf. XXII: 9, 12; XXI: 36.
4: *Szentes*-Szentlászló, SZÉLL, Szentes Taf. VIII: 1.
5: *Sárbogárd*-Tringer tanya, ÉRY, Sárbogárd Taf. XXV: 10.
6: *Székesfehérvár*-Maroshegy, BAKAY, Gräberfelder Taf. XX: 8.
7: *Gerendás*-Grjecs tanya, HAMPEL, Újabb tanulmányok Taf. 55: 5a—b.
8: *Mezőtúr*-Dohányos, SUPKA, Mezőtúr 266. Abb. 5: 1.
9: *Eger*-Szépasszonydűlő, GY. BARTALOS, Honfoglaláskori s egyéb régiség leletek Egerben és vidékén. AÉ 19, 1899, 358. Abb. IV: 2.
Abb. 90: 1: *Sóshartyán*-Hosszútető, I. FODOR, Honfoglaláskori művészetünk iráni kapcsolatainak kérdéséhez. AÉ 100, 1973, 36. Abb. 3: 6.
2: *Szob*-Kiserdő, BAKAY, Ipoly Taf. XXI: 39.
Abb. 91: 1: *Galgóc* (Hlohovec, ČSSR), HAMPEL, Alterthümer III. Taf. 338: 5.
2: *Zemplén*-Szélmalomdomb (Zemplín, ČSSR), BUDINSKÝ-KRIČKA - FETTICH, Zemplín Abb. 12: 1.
Abb. 92: 1: *Szentes*-Nagytőke, HAMPEL, Újabb tanulmányok, Taf. 88: 5.
2: *Timár,* unveröffentlicht, Ausgrabung von L. Kovács.
3: *Kiskunhalas*-Inoka puszta, HAMPEL, Alterthümer.
4, 5: *Buj*-Gyeptelek, CSALLÁNY, Haarschmuck Taf. XLI.
Abb. 93: 1: *Aldebrő*-Mocsáros, SZABÓ, Lemezes korongok 105. Abb. 2.
2: *Budapest*-Kispest, Szentlőrinc, DIENES, Ungarn Abb. 43.
3: *Tiszaeszlár*-Bashalom II. DIENES, Uralian, 102. Abb. 6.
Abb. 94: 1. *Zemplén*-Szélmalomdomb (Zemplín, ČSSR), BUDINSKÝ-KRIČKA - FETTICH, Zemplín Abb. 13 : 2.
2: *Eperjes*-Takács tábla, BÁLINT, Süd-Ungarn.

3: *Sárbogárd*-Tringer tanya, ÉRY, Reconstruction Taf. XXXI : 5.

4: *Dormánd*-Hanyipuszta, SZABÓ, Lemezes korongok 103. Abb. 1.

M: 1—3: 1 : 2

Abb. 95: 1: *Szabadkígyós*-Pál ligeti tábla, BÁLINT, Süd-Ungarn.

2: *Balotaszállás*, DIENES, Ungarn Abb. 55.

3: wie Abb. 87 : 2.

Abb. 96: 1: *Kömpöc*, DIENES, Ungarn 78. Abb. 12.

2: *Marosgombás* (Gîmbaş, Rum.), LÁSZLÓ, Művészete Taf. XI : 1.

3: *Szeged*-Bojárhalom, LÁSZLÓ, Élete Taf. XVII : 1.

4: *Nagykőrös*, DIENES, Nagykőrös Taf. XXIX : 3.

5: *Tarcal*, DIENES, Ungarn Abb. 25.

Abb. 97: 1—3, 5, 6, 12, 15: *Szered* (Sered, ČSSR), TOČÍK, Gräberfelder Taf. XLI : 1, 11.

4, 10, 13, 14: *Nagykőrös*, DIENES, Nagykőrös Taf. XXX : 1, 2, 27, 181. Abb 5.

7, 11: *Tarcal*, FETTICH, Metallkunst Taf. XLIII.

8, 9: *Vágvörösvár* (Červeník, ČSSR), TOČÍK, Gräberfelder Taf. XII : 16, 22.

Abb. 98: Rekonstruktion von I. Dienes, DIENES, A perbetei öv. AÉ 86, 1959, 153. Abb. 66 : 8.

Abb. 99: 1: *Kiskunfélegyháza*-Radnóti utca, H. TÓTH E., Honfoglaláskori sír Kiskunfélegyházán. AÉ 101, 1974. 121—122, Abb. 15—17.

2: *Sárbogárd*-Tringer tanya, ÉRY, Sárbogárd 105. Abb. 17.

3: *Újfehértó*-Micskepuszta, DIENES, Ungarn 71. Abb. 21.

4: *Eperjeske*, L. KISS, Eperjeskei honfoglaláskori temető. AÉ 39, 1920—1922, 50, Abb. 11.

5: *Szered* (Sered, ČSSR), TOČÍK, Gräberfelder Taf. LV : 39.

Abb. 100: 1: *Tiszaeszlár*-Bashalom II. DIENES, Kunst Taf. 25 : 5.

2: *Szarvas*, DIENES, Ungarn Abb. 47.

3: *Berettyóújfalu*, P. CSÉPLŐ, A csökmői és pusztakovácsi leletekről. AÉ 17, 1897, 440, 2.

4: *Dunapataj*, HAMPEL, Újabb tanulmányok 53.

5: *Ecséd*, ebendort.

6: *Zemplén*-Szélmalomdomb (Zemplín, ČSSR), BUDINSKÝ-KRIČKA - FETTICH, Zemplín, Abb. 12 : 4.

7: *Szeged*-Öthalom, BÁLINT, Öthalom 58. Abb. 3.

8: *Galgóc* (Hlohovec, ČSSR), HAMPEL, Alterthümer III. Taf. 38 : 3.

9. *Heves*-Kapitányhegy, V. PATAKY, Der Grabfund von Heves. FA 1—2, 1939, Taf. I. 17 a—b.

M: 4, 5, 8: 1 : 2, **6, 7, 9:** 1 : 3

Abb. 101: 1: *Mezőtúr*-Dohányos, SUPKA, Mezőtúr 265. Abb. 2.

2: *Szered* (Sered, ČSSR), TOČÍK, Gräberfelder Taf. LV. 17.

3: *Halimba*-Cseres, TÖRÖK, Halimba Taf. XXXIX : 624.

4, 6: *Piliny*-Sirmányhegy, A. NYÁRY, A pilinyi árpádkori temető. AÉ 24, 1904, 68, Abb. 5; 64. Abb. 2.

5: *Malajdok B.,* unpubliziert.

7, 8: *Szentes*-Szentlászló, SZÉLL, Szentes 243. Taf. VI : B. 12 a—b; Taf. V : B. 14 a—b.

Abb. 102: 1, 2: *Buj*, CSALLÁNY, Haarschmuck 298. Abb. 30.

Abb. 103: 1: *Kétpó*, L. SELMECZI, Der landnahmezeitliche Fund von Kétpó. AAH 32, 1980, 252. Abb. 1.

2: *Zemplén*-Szélmalomdomb (Zemplín, ČSSR), BUDINSKÝ-KRIČKA - FETTICH, Zemplín Abb. 9: 10—11.

Abb. 104: 1: *Kenézlő*-Fazekaszug, FETTICH, Adatok 90, Abb. 70 : 3.

2: *Eperjes*-Takács tábla, BÁLINT, Süd-Ungarn.

3: *Hajdúdorog*-Temetőhegy, FODOR, Wanderung Abb. 88.

M: 1: 1 : 2, **3:** 1 : 1.

Abb. 105: 1: *Udvarnok* (Dvorníky, ČSSR), TOČÍK, Gräberfelder Taf. XV : 2.

2: *Tiszabura*-Szőlőskert, FODOR, Wanderung Abb. XLVIII.

3: *Sárbogárd*-Tringer tanya, ÉRY, Sárbogárd 110. Abb. 13.

4: *Kecskemét*-Cédulaház, HAMPEL, Alterthümer III. Taf. 381. 1 a.

5: *Vágvörösvár* (Červeník, ČSSR), TOČÍK, Gräberfelder Taf. IX : 13.

Abb. 106: 1: *Algyő*, KÜRTI, Algyő 338. Taf. III : 3.

2: *Bezdéd,* KVASSAY, Keramik.

3: *Bény* (Bína, ČSSR), KVASSAY, Keramik.

4: *Koroncó*-Bábota, TAKÁCS, Tonkessel Taf. 10.

5: *Bánkeszi* (Bánov, ČSSR), TOČÍK, Gräberfelder Taf. I : 3.

6: *Szob*-Kiserdő, BAKAY, Ipoly 28. Taf. XIV.

7: *Örménykút*-54, TAKÁCS, Tonkessel Taf. 48 : 1.

M: 1—3, 5, 6: 1 : 3, **5, 7:** 1 : 8.

Abb. 107: 1: *Soltszentimre*, DIENES, Ungarn Abb. 64.

2: *Szakony*, DIENES, Ungarn 30. Abb. 8.

3: *Gádoros*-Bocskai utca, BÁLINT, Gádoros, 40. Abb. 24.

4: *Földeák*, unveröffentlicht, Ausgrabung von Cs. Bálint

5: *Szered* (Sered, ČSSR), TOČÍK, Gräberfelder Taf. LVII : 6.

M: 1: 1 : 3, **3:** 1 : 4

Abb. 108: 1: *Szeged*-Ásotthalom, Rivó; unveröffentlicht

2: *Karos*, GY. DÓKUS, Árpádkori sírleletek Zemplén vármegyében. AÉ 20, 1900, 51. 1 : 6.

3: *Kisdobra*-Ligahalom, ebendort 59. Abb. 2 : 1

4: *Szentes*-Nagyhegy, BÁLINT, Hunok Abb. 4.

5: *Zselickislak*, HAMPEL, Újabb tanulmányok Taf. 39. B. 3.

6: *Hencida*, DIENES, Ungarn Abb. 65.

7: *Zemplénagárd*, HAMPEL, Újabb tanulmányok Taf. I. B : 3, **M:** 1 : 2.

8: *Szarvas*-Lenin utca, DIENES, Lószerszám 222. Abb. 13 a.

9: *Kiszombor*-E, ebendort 217. Abb. 8.

10: *Kiszombor*-F, I. DIENES, A honfoglaló magyarok fakengyele. FA 10, 1958, Taf. 18. 1, 2.

11: *unbekannter Fundort,* CS. BÁLINT, L'archéologie française et les incursions hongroises. Cahiers de Civilisation Médiévale 11, 1968, Fig. 7. M: 1 : 2.

12: *Szabadkígyós*-Pál ligeti tábla, BÁLINT, Szabadkígyós, 50. Taf. I : 9. M: 1 : 2.

M: 2, 3: 1 : 3, **7, 11, 12:** 1 : 2.

Abb. 109: 1, 5: *Zemplén*-Szélmalomdomb (Zemplín, ČSSR), BUDINSKÝ-KRIČKA – FETTICH, Zemplín Abb. 23, Abb. 20. 3—5.

2, 7, 8: *Gádoros*-Bocskai utca, BÁLINT, Gádoros; FETTICH, Metallkunst Taf. XCIII : 3, 7.

3: *Vágvörösvár* (Červeník, ČSSR), TOČÍK, Gräberfelder Taf. IX : 28. M: 1 : 2.

4: *Komáromszentpéter* (Dolný Peter, ČSSR), TOČÍK, Gräberfelder Taf. LVII : 1.

6: *Szentes*-kunszentmártoni út, HAMPEL, Újabb tanulmányok Taf. 19 : 2.

9: *Piliny*-Leshegy, LÁSZLÓ, Művészete Taf. X : 1.

10: *Alsóverecke* (Nižnij Verecki, UdSSR); FETTICH, Metallkunst Taf. XXXIV : 1.

11: *Kolozsvár*-Zápolya utca (Cluj-Napoca, Rum.), LÁSZLÓ, Művészete Taf. I : 2.

12: *Geszteréd,* L. KISS, Der altungarische Grabfund von Geszteréd. AH 24, 1938, Taf. IX : 1.

M: 3: 1 : 2.

Abb. 110: 1: *Tarcal,* FETTICH, Metallkunst Taf. CXIV : 1.

2: *Szob*-Vendelin, DIENES, Ungarn Abb. 17.

3: *Rakamaz*-Strázsadűlő, DIENES, Uralian Taf. 18.

4: *Kenézlő*-Fazekaszug, FETTICH, Adatok, Fig. 56. M: 1 : 7.

Abb. 111: *Der „Wiener Säbel",* FETTICH, Kunst Fig. 35—37. **M:** 1 : 3.

Abb. 112: 1: *Kecel*-Vádéi dűlő, FETTICH, Metallkunst Taf. CXVII : 19.

2: *Kiskundorozsma*-Vöröshomok dűlő, A. BÁLINT, A Kiskundorozsma — Vöröshomok dűlői leletek. MFMÉ 1963. 95.

3, 4: *Kenézlő*-Fazekaszug, LÁSZLÓ, Íjtegez 112. Abb. 16.

5: *Magyarhomorog*-Kónyadomb, Dienes, Ungarn Abb. 20.

6: *Typentabelle*, Sebestyén, Bogen 194. Abb. 12.

7: *Karos*-Eperjesszög, Fettich, Metallkunst Taf. CXXXI : 8.
M 1, 2: 1 : 7, 3, 4, 7: 1 : 3, 5: 1 : 2.

Abb. 113: 1: *Rakamaz*-Túróczi part, Dienes, Ungarn 19. Abb. 5

2: *Gerendás*, K. Bakay – I. Kiszely, Neue Angaben zur Geschichte des Komitates Békés in der Landnahmezeit. Mitt. Arch. Inst. Taf. 35.

3: *Rakamaz*-Túróczi part, Dienes, Uralian Taf. 23.

Abb. 114: 1: *Vattina* (Vatin, Jug.), J. Szentkláray, Temes vármegye története. In: Magyarország vármegyéi és városai. Temes vármegye. (Budapest, o. J.) 236.

2: *Dunaújváros*-Radiátorgyár, I. Bóna, Honfoglaláskori magyar sír Dunaújvárosban. AÉ 98, 1971. Abb. 1 : 2.

3: *Bezdéd*, Fettich, Adatok, 55. Abb. 36 : 5, 7.

4: *Dombrád*, Dienes, Ungarn 55. Abb. 14.

5: *Tetőhegyes* (Senćanski Trešnjevac, Jug.), L. Szekeres, Zenta és környéke története. (Zenta 1971). 88—89.

6: *Vágvörösvár* (Ćervenik, ĆSSR), Toćík, Gräberfelder Taf. LVI : 3.

7: *Liptagerge* (Ondrochov, ĆSSR), A. Toćík, Flachgräberfelder aus dem IX. und X. Jh. in der Südwestslowakei. S1A Taf. LX : 20. M: 1 : 1.
M: 7: 1 : 1.

Abb. 115: 1: *Tiszabezdéd*, Dienes, Ungarn Abb. 11.

2: *Gádoros*-Bocskai utca, Fettich, Metallkunst XCIII : 11.

3: *Rakamaz*-Túróczi part, MALÉV-Kalender für 1981.

Abb. 116: 1—3, 11, 12, 14: *Kudyrgė*, Gavrilova, Kudyrgė Taf. XVIII : 1, XX : 1, IX : 4, XX : 5, 4, 24.

4, 8—10: *Naryn, Alamyšik:* Bernštam, Oćerki 86. Abb. 47 : 6, 13—15.

5: *Kökel:* Vajnštejn, Pamjatniki Taf. VI : 4.

6: *Issik-köl,* Zjablin, Issik-kul 143. Abb. 2 : 3.

7: *Ak-Turgur:* Vajnštejn, Nekotorye voprosy Abb. 10 : 53.

13: *Kyzil Kajnar:* Maksimova, Srednevekovye pogrebenija 150. Abb. 8.
M: 1—3, 6, 8—14: 1 : 1, 5, 7: 1 : 2.

Abb. 117: 1: *Taš tübe,* Kibirov, Rabota 87. Abb. 4.

2, 10, 11: *Kudyrgė:* Gavrilova, Kudyrgė Taf. XVIII : 25, XXIV : 12, XVI : 2.

3, 4: *Tal des Flußes Ću,* J. A. Šer, Pogrebenie s konem v Ćujskoj doline. SA 1961/1, 281. Abb. 2 : 2, 5.

5, 9: *Mongun tajga,* Grać, Archeologićeskie issledovanija zwischen S. 124 und 125. Abb. 60.

6: Ebendort, Abb. 99, gepreßt, nicht durchbrochen.

7: *Kyzil Kajnar:* Maksimova, Srednevekovye pogrebenija 152. Abb. 1.

8: *Ozen ala belig:* Vajňštejn, Pamjatniki Taf. IX : 5
M: 1, 2—4, 7, 10, 11: 2 : 3, 5, 6, 9: 1 : 1, 8: 1 : 2.

Abb. 118: 1—3: *Kudyrgė,* Gavrilova, Kudyrgė Taf. XIX : 22, XV : 12, XXII : 9.

4: *Kapćala II,* Levašova, Dva mogil'nika 127. Abb. 5 : 43.

5: *Kökel,* Vajnštejn, Pamjatniki 327. Abb. 40 : 1, 2.

6: *Borotal,* Kubarėv, Ogradki 152. Abb. 20.
M: 1, 3, 4: 1 : 4, 2: 1 : 2, 5: 1 : 6, 6: 2 : 5.

Abb. 119: 1: *Mongun-tajga.* Grać, Archeologićeskie raskopki, zwischen S. 28 und 29 Abb. 27.

2: *Ozen ala belig:* Vajnštejn, Pamjatniki Taf. IX : 2.

3: *Issik köl:* Zjablin, Issik kul 143. Abb. 2 : 8.

4; 6: *Kudyrgė,* Gavrilova, Kudyrgė Taf. XV : 13, XIV : 8.

5: *Borotal:* Kubarėv, Ogradki 152. Abb. 20.

7: *Süd-Tuva,* Grać, Drevnetjurkskie kurgany 110. Abb. 50 : 4.
M: 2 : 3.

Abb. 120: 1: *Mongun-tajga:* Grać, Archeologićeskie issledovanie 138. Abb. 86.

2: *Kudyrgė,* Gavrilova, Kudyrgė Taf. XVII : 3.

3: *Kuraj IV,* Evtjuchova - Kiselėv, Otćet 106. Abb. 47.

4: *Baj-tajga,* A. D. Grać – L. G. Nećaeva, Kratkie itogi issledovanij pervoj gruppy archeologićeskogo otrjada TKEIĖ. In: Ućėnye Zapiski VIII Tuvinskojgo Naućno-issledovatel'skogo Institituta Jazyka, Literatury i Istorii (Kyzyl 1960) 190. Taf. III : 3.

Abb. 121: 1: *Mongun-tajga.* Grać, Archeologićeskie issledovanija 133. Abb. 76.

2, 7, 9, 10, 12: *Kökel,* Vajnštejn, Pamjatniki 305. Abb. 17, 304. Abb. 15, 304. Abb. 16.

3, 4: *Ujbat II,* Chudjakov, Kök-tjurki 203. Taf. IV : 1.

5: *Kyzyl Kajnar,* Maksimova, Pogrebenija 148. Abb. 6.

6, 8, 11, 13: *Kudyrgė,* Gavrilova, Kudyrgė Taf. XVII : 9, 6, XI 4, XVII : 5.

14: *Taš tübe,* Kibirov, Rabota 87. Abb. 5.
M: 1, 2, 9, 10, 13: 1 : 5, 3—8, 11, 12: 2 : 3.

Abb. 122: 1, 2, 4: *Kudyrgė,* Gavrilova, Kudyrgė Taf. XVII : 13, 11; XXIV : 1, 6.

3: *Ća hol,* Ovćinnikova, Pogrebenie 215. Abb. 4;

5: *Mongun-tajga:* Grać, Archeologićeskie issledovanija 133. Abb. 77.
M: 1, 2: 1 : 3, 3: etwa 1 : 10, 4, 5: 2 : 3

Abb. 123: 1, 2, 5, 9: *Kökel,* Vajnštejn, Pamjatniki Taf. III : 16, I : 4, 330. Abb. 44 : 4, X : 6.

3: *Kuraj IV,* Evtjuchove - Kiselėv, Otćet 98. Abb. 21.

4, 6—8: *Kudyrgė,* Gavrilova, Kudyrgė, Taf. X : 3, 4, 58. Abb. 6 : 3, V : 3.

10. *Šagly,* Grać, Drevnetjurkskie kurgany 110. Abb. 29.
M: 1, 2: 1 : 3, 3: 1 : 9, 9: 1 : 2, 10: 1 : 4.

Abb. 124: Vajnštejn, Pamjatniki 322. Abb. 38.

Abb. 125: 1: *Kudyrgė,* Gavrilova, Kudyrgė Taf. XXIV : 14.

2: *Mongun-tajga,* Grać, Archeologićeskie raskopki 27. Abb. 25.

3: *Šagly,* Grać, Drevnetjurkskie kurgany 110. Abb. 50 : 28.
M: 1: 1 : 2, 2: 1 : 6, 3: 1 : 4.

Abb. 126: *Borovo,* Arslanova, Bobrovskij mogil'nik 82. Abb. 5.
M: 1 : 10.

Abb. 127: 1, 8: *Mongun-tajga,* Grać, Archeologićeskie raskopki 35. Abb. 35; 42. Abb. 41.

2: *Kapćaly I,* Levasova, Dva mogil'nika 125. Abb. 3.

3, 4, 7: *Kudyrgė,* Gavrilova, Kudyrgė Taf. VII : A, XV : A, XIII : B.

5; *Naryn, Alamyšik,* Bernstam, Oćerki 82. Abb. 44.

6: *Egij Kojtaš,* M. K. Kadyrbaev, Pamjatniki rannych koćevnikov Central'nogo Kazachstana. Trudy Instituta Istorii, Archeologii i Ėtnografii 7, 1959, 184. Abb. 18.

Abb. 128: *Kapćali II,* Levasova, Dva mogil'nika 130. Abb. 6 : 2

Abb. 129: *Kül-tegin Denkmal,* Jísl, Výzkum 101. Abb. 51.
M: etwa 1 : 2.

Abb. 130: 1, 2, 4: *Kudyrgė,* Gavrilova, Kudyrgė Taf. VI : 2, 3, A.

3: *Justyd,* Kubarėv, Ogradki 139. Abb. 3.
M: 1, 2: etwa 1 : 3, 3: 1 : 20, 4: 1 : 66.

Abb. 131: 1: *Sovchoz „Mićurinskij",* Rajon Zajsanskij, F. Ch. Arslanova - A. A. Ćarikov, Kamennye izvajanija Verchnego Priir-tiš'ja, SA 1974/3 222. Abb. 6 : 8.

2: *Unbekannter Fundort,* A. Šer, Petroglify Srednej i Central'noj Azii. (Moskva 1980) Taf. VIII : 89.
M: 1, 2: etwa 1 : 15.

Historische Völker- und Personennamen

Archäologische Kulturen und Fundorte